역사교육학 개론

김보림 나인호 문경호 박주현
백은진 윤종필 임병철 최병택

교육과학사

머리말

역사학은 과거의 사실을 단순히 나열하는 기록이 아니라, 인간이 어떠한 존재이며, 어떻게 변화하고 관계 맺으며 살아왔는지를 탐구하는 지적 활동이다. 따라서 역사교육은 역사학이라는 지식의 전달 이상의 의미를 가지며, 과거와 현재를 연결하여 인간의 삶과 행위, 가치와 선택을 깊이 이해하도록 이끄는 과정이다.

이번에 펴내는 『역사교육학 개론』은 역사교육학 분야에서 '개론'이라는 표제를 가진 최초의 저술이라는 점에서 그 의미와 책임이 결코 가볍지 않다. '개론'이라는 명칭은 단순한 입문서 이상의 무게를 지니며, 해당 분야의 지식 체계를 일정한 틀 속에서 정리하고, 이론과 실천을 위한 기초를 제공한다는 학문적 사명을 내포하고 있다.

오늘에 이르기까지 역사교육학이 하나의 학문 영역으로 성장할 수 있었던 것은 수많은 선학들이 축적해 온 선행연구와 교육 실천의 땀과 사유, 그리고 그 성과 덕분이다. 학문적 토대가 미비하던 시절부터 역사교육에 관한 연구를 꾸준히 이어온 선배 연구자들의 노력은 우리에게 풍부한 지적 자산을 남겼다. 본서는 이러한 연구 성과 위에 서서, 그 지적 전통을 계승하고 체계화하는 한편, 동시대의 교육 환경에 맞게 재해석하려는 시도의 결과물이다. 다시 말해, 이 책이 가능했던 것은 개인의 역량을 넘어선, 학문 공동체 전체의 성취 위에 서 있기 때문이다.

본서는 집필진 8명이 '개론'을 기획하고 오랜 기간 머리를 맞대고 만든 결과물이다. '개론'이란 단어가 주는 무게감 때문에 집필진들은 책을 쓰는 내내, '역사교육학'이라는 학문의 전모를 온전히 담아내고자 하는 책임감이 손끝을 붙드는 느낌을 받았다. 더불어 이론과 학교 현장의 간극을 어떻게 좁힐 수 있을지에 대한 고심도 깊어질 수밖에 없었다. 집필진들은 한마음으로 역사교육에 대한 진정성 있는 고민을 서로 나누며 다양한 논의를 거쳐 국내 역사교육의 문제들을 진단하고 반드시 알아야 할 최근 국내외 역사교육 이론들을 정리하며 최근의 역사교육 방법론들을 이 책에 녹여냈다. 이에 집필의 분담을 살펴보면 다음과 같다.

CHAPTER 01 역사교육학이란 무엇인가: 김보림
CHAPTER 02 역사교육의 목적은 무엇인가: 김보림
CHAPTER 03 역사학이란 무엇인가: 나인호
CHAPTER 04 역사교육 연구는 어떤 철학, 어떤 역사학에 기반하고 있는가: 윤종필
CHAPTER 05 역사 재현과 수용의 문제는 역사 이해와 어떻게 연관되는가: 박주현
CHAPTER 06 역사교육의 내용을 어떻게 선정하고 조직할까: 문경호
CHAPTER 07 어떤 세계사를 어떻게 가르칠 것인가: 임병철
CHAPTER 08 어떻게 가르치고 무엇을 평가할까: 문경호
CHAPTER 09 한국의 역사 교육과정, 어떻게 바뀌어왔나: 최병택
CHAPTER 10 역사과 교육과정 설계를 위해 알아야 할 기초적인 개념과 쟁점은 무엇인가: 백은진

Chapter 01에서 Chapter 10에 걸쳐 본서에서는 역사교육학의 기초 개념과 이론, 역사교육의 목적과 교과 독립 문제, 역사학과 역사교육학의 관계, 국내외 역사교육 이론, 역사교육학과 사회와의 관계, 역사교육 내용의 특성, 세계사 교육의 문제, 역사교육의 수업 설계, 방법, 평가, 우리나라 교육과정 변천 속에 나타난 서사, 교육과정 문해력에 이르기까지 역사교육의 연구분야 전반을 균형 있게 다루고자 하였다. 특히 예비교사가 수업을 설계할 때 필요한 수업지도안 작성 방법과 평가 방안을 실효성 있게 소개하여 이론에만 치우치지 않도록 하였다.

머리말

이 책의 주요 독자는 역사교육을 전공하는 대학생과 대학원생, 그리고 현장에서 역사교육을 실천하는 교사 및 연구자들이다. 그러나 역사교육을 통해 인간에 대한 깊은 이해와 통찰을 얻고자 하는 모든 분들이 읽을 수 있도록, 전문성을 유지하면서도 가능한 한 다양한 독자들에게도 접근 가능한 균형 있는 서술 체제를 유지하도록 하였다. 또한 각 Chapter의 서두에는 '챕터 개관'을 통해 각 장의 목적과 요약을 먼저 파악할 수 있도록 하였고, 삽화와 사유를 확장할 수 있는 질문을 배치하여 학문적 탐구와 실천적 적용이 함께 이루어지도록 구성하였다.

오늘날 디지털 기술의 발달, AI(인공지능)의 확산, 기후 위기와 같은 새로운 환경은 인간의 존재와 삶의 방식을 끊임없이 변화시키고 있다. 이러한 변화 속에서 역사교육은 인간이 무엇을 경험하고, 어떻게 살아왔으며, 앞으로 어떻게 살아갈 수 있는지를 성찰하는 지적·문화적 장이 되어야 한다. 이 책은 역사교육이 지향해야 할 핵심 가치이자 그 심연을 관통하는 본질인 '인간 이해'에 천착하며 서술되었다. 역사를 가르친다는 것은 곧 인간을 이해하도록 돕는 일이며, 인간을 이해하는 일은 다시금 자신을 성찰하고 타인과의 관계를 새롭게 발견하는 과정이 된다. 역사교육을 통한 인간을 이해하는 과정을 통해 나와 다른 타인을 수용하고 포용하는 능력, 다른 사람의 말을 경청하는 능력, 관용과 소통의 능력 등을 쌓아갈 수 있다. 역사교육은 바로 그 여정을 안내하는 등불이 되어야 한다.

본서 역시 과거와 현재의 연구 성과를 연결하고, 미래 역사교육의 방향을 모색하는 하나의 학문적 이정표로서 역할을 할 수 있기를 바란다. 더불어 책을 덮을 무렵, 독자들이 역사교육의 넓은 강줄기를 따라 흐르며 그 속에 깃든 수많은 사유와 숨결을 느끼길 바란다. 선학들이 그러했듯, 그리고 앞으로의 연구자들이 그러하리라 믿듯, 이 책 또한 역사교육의 긴 여정 속에 한 줄기 물길로 남아 또 다른 대화를 부르고 새로운 사유를 일으키기를 바란다.

끝으로, 이 책이 출간될 때까지 많은 분들의 도움을 받았기에 감사한 마음을 전한다. 먼저, 집필 과정에서 아낌없는 도움과 조언을 주신 여러 동료 연구자분들과 교사분들, 그리고 늘 우리에게 새로운 시각을 부여해준 학생들께 깊이 감사드린다. 또한 흔쾌히 출판을 독려해 주신 교육과학사의 한정주 대표님과 까다로운 교정 작업을 완성해 주신 편집부께 감사를 드린다. 앞으로 이 책이 변화하는 시대 속에서 역사교육을 고민하는 모든 이들에게 사유와 실천의 길잡이이자 역사교육의 새로운 지평을 여는 밑거름이 되기를 희망한다.

2025년 8월

대표 저자 김보림

차 례

차 례

차 례

CHAPTER 01

역사교육학이란 무엇인가

챕터 개관

목적 본 단원은 역사교육학의 개념과 학문적 의미를 이해하기 위해 설정하였다. 역사교육학에서 역사학과 교육학의 관계, 교사의 전문성 신장을 위한 교수내용지식 펜타곤 모형의 개념과 기능, 우리나라 사회과 교육과정의 설립 과정과 한계, 세계의 역사과 편제 현황을 살펴보고, 역사과 독립을 둘러싼 다양한 논의의 특질에 대해 이해할 수 있다. 또한 역사교육학 이론이 역사수업에 기여하는 점을 파악한다.

내용 요약 본 단원에서는 교과, 교육과정 등의 개념을 살펴보고, 역사교육학에서 역사학과 교육학의 관계에 대해 살펴보도록 한다. 또한 교사의 전문성을 살리기 위한 교수내용지식 펜타곤 모형에 대해 살펴본다. 특히 역사교육은 국가, 사회, 학교와의 관계 속에서 형성되며, 교수학습론의 인식론적 전환이라는 관점에서 교사, 학생, 교과서 등의 심층적 역할과 의미를 조명한다. 또한 역사과 독립과 사회과 통합에서의 논쟁점을 살펴보기 위하여 일제강점기 시행된 통합교과 '국민과'의 성격과 운영 방식을 고찰하고, 해방 이후 '교과' 체제가 충분히 청산되지 못한 배경을 탐구한다. 세계의 역사과 편제 현황을 살펴보는 가운데 미군정기 도입된 사회생활과(이후 사회과)는 현재 세계 여러 나라의 보편적 교과는 아니라는 점을 인식하고 사회과 안의 역사교육이 가지고 있는 현재의 여러 문제점을 파악하여 역사과 독립의 필요성을 우리 역사의 특수성과 세계사의 보편성이라는 관점에서 모색한다.

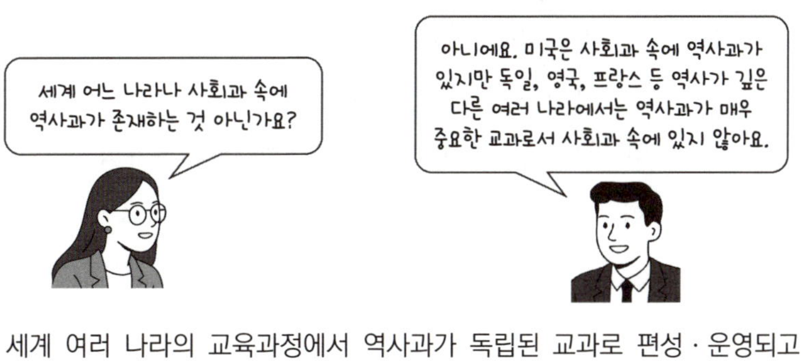

질문 세계 여러 나라의 교육과정에서 역사과가 독립된 교과로 편성 · 운영되고 있는 이유는 무엇일까?

I 역사교육학의 개념과 특성

1. 교과교육학으로서 역사교육학

1920년대 미국 교육을 이끌었던 듀이는 '교과'란 인간의 생활경험 속에서 경험의 성장을 위해 선택하고 조직한 '생활 경험'을 교과로 보아야 한다고 하였다(J. Dewey, 1916).

이러한 '경험중심 교육과정'과 달리 그가 비판한 '교과중심 교육과정'에서는 인류가 역사를 통해 축적해 온 문화유산들을 체계적으로 잘 정리해 놓은 '교과' 자체를 가르쳐야 한다고 했고, 이는 학생들이 공부해야 할 주제, 외워야 할 사실들을 의미하는 것이었다.[1)]

한편, '학문중심 교육과정'은 1957년 소련의 인공위성 스푸트니크호 발사에 자극받은 미국인들이 그동안 미국 교육의 주류를 이루었던 진보주의 교육을 비판하면서 시작되었다. 1959년 9월 매사추세츠주 우즈 홀(Woods Hole)에서 열린 회의에 참여한 브루너(J. Bruner), 슈왑(Joseph Schwab) 등은 학생 생활 경험을 중시하는 진보주의 교육으로는 수학과 과학 등의 지식과 기술의 폭발적인 증가에 대처할 수 없다는 것과 이에 대한 대처 방법으로 학문의 핵심적인 개념 및 원리(지식의 구조)를 가르쳐야 한다는 데 합의했다.[2)]

브루너는 그의 저서 『교육의 과정(The Process of Education)』(1960)[3)]에서 교육과정 원리로서 '지식의 구조(Structure of Knowledge)'를 설명하고 있다. '지식의 구조'는 교과에는 각각의 특유한 개념과 탐구 방법이 있다는 것을 전제로 하며, 각 교과마다 발견과 탐구의 학습이 강조되었다.[4)]

브루너는 각 학문의 기본 개념과 원리를 사용해서 해당 분야의 현상을 이해하고 학자가 학문을 탐구하는 것과 같은 방법으로 학문하는 방법을 배우게 하는 것이 교과라고 생각했다. 따라서 각 교과의 교육내용은 탐구의 결과로서의 지식뿐 아니라 그 탐구과정도 포함한다.[5)]

브루너는 피아제(Jean Piaget)의 인지발달 이론을 바탕으로 아동의 인지 발달은 질적인 차이를 나타낸다고 보았으며, 이러한 차이를 지식의 표현양식으로 개념화

하였다. 그는 이러한 표현양식을 동작적 표상, 영상적 표상, 상징적 표상으로 나누어 제시하였다.[6)]

① 동작적 표상: (피아제의 감각-동작기) 가장 먼저 발달하는 표현양식으로 아동이 세상을 경험하고 지식을 획득해 나가는 과정은 환경과의 직접적인 경험을 통해서 이루어진다. 즉, 아동은 물건을 손으로 만지거나 입으로 가져가 빨아 봄으로써 그 물건의 속성을 알게 되고, 시소 놀이를 통해 물체의 균형을 이해하게 된다.

② 영상적 표상: (피아제의 구체적 조작기) 대상 또는 경험을 기억하는 저장체계가 발달하여 아동이 대상에 대한 영상을 지니게 되고 간접적 경험을 통해 초보적 수준의 개념을 수립할 수 있는 시기이다. 이 시기에서 보다 효과적인 학습의 형태는 도해, 그림, 사진, 시범을 보이는 것, 견학하는 것 등과 같이 아동의 시각적 경험이나 감각적 경험을 이용하는 것이 된다.

③ 상징적 표상: (피아제의 형식적 조작기) 아동이 자기의 경험과 자기 주변에서 일어나는 사건을 기술하기 위해 언어와 개념을 사용할 수 있는 시기이다. 상징적 표현이나 언어적 표현을 통한 추상적 사고와 이해의 적용이 가능하기 때문에 어떤 개념이나 원리를 가르치고 그것의 구조를 파악하도록 지도하는 것이 효과적이다.

이것은 일정한 수업방법에 아동이 적응하도록 하는 전통적인 교수방법이 아니라 아동의 발달수준에 적응하는 새로운 형태의 교수방법을 개발하도록 촉진했다. 즉, 수업장면에서 아동에게 제시되는 지식은 아동의 인지발달 수준이나 성장환경에 맞추어 적당한 표현양식을 채택해야 효과적인 학습이 이루어질 수 있다는 것이다.

브루너는 이처럼 피아제와 같이 아동의 인지발달이 낮은 수준에서 보다 높은 수준으로 연속적인 과정을 거친다고 생각하였다. 그러나 브루너의 경우 아동의 인지발달은 환경을 이해하고 표현하는 능력의 증가에 의해서 이루어지며, 이러한 능력의 증가는 아동과 상호작용하는 환경의 질에 의해 결정된다고 보았다. 그래서 브루너는 아동의 인지발달 수준과 학습의 형태를 관련 지우려고 노력했으며, 그 결과 그는 “어떤 학습 과제이든지 어린이의 발달 정도에 맞도록 구조화하여 제시한다면 어떤 어린이라도 효과적으로 학습할 수 있다.”라는 명제를 발표했다.

이를 달리 말하면, “어떤 교과이든지 지적으로 올바른 형식으로 표현하면 어떤 발달단계에 있는 어떤 아동에게도 효과적으로 가르칠 수 있다.”라는 것이며, 새로운 지식을 만들어 내는 학자들이 하는 일이나 초등학생이 하는 일이나 모든 지적 활동은 근본적으로 동일하다는 것이다(Bruner, 1960).

브루너의 이론을 교수내용, 교육과정, 교수방법의 측면에서 정리해 보면 다음과 같다.

① 교수내용-‘교과의 구조를 가르친다’라는 의미

교과의 구조는 첫째 쉽게 이해할 수 있어 어린 나이에도 학습이 가능하며 둘째 오래 기억할 수 있으며 셋째 일반적 전이를 통해 미래의 쓸모에 대응할 수 있고 넷째 고등지식과 초보지식 사이의 간극을 좁힐 수 있다는 장점이 있다.

예를 들어 수학에서는 학생들이 곱셈 · 나눗셈 · 집합의 기초적인 법칙을 이해하게 되면 응용된 방정식은 전혀 새로운 방정식이 아니라 곱셈 · 나눗셈 · 집합의 기초적인 법칙의 변용에 불과한 것을 깨닫게 된다. 언어 학습에서는 어린 학생이 어떤 문장의 구조를 파악하고 변형규칙을 배우고 나면 급진적으로 여러 형태의 문장을 만들 수 있게 된다. 그러므로 어떤 교과이든지 기초적인 법칙들을 알기 쉽게 잘 표현하면 어떤 성장 과정의 어린아이들도 효과적으로 가르칠 수 있고, 학문의 최전선에서 학자가 하는 일과 어린이가 그 학문을 처음 배울 때 하는 일 사이에는 연속적인 관련성이 있게 된다.

② 교육과정-‘나선형 교육과정’[7)]

나선형 교육과정이란 각 교과의 중요한 기본구조를 어릴 때부터 가르칠 수 있고, 어린아이가 성장함에 따라 교과의 기본구조를 알기 쉽게 체계적으로 가르친다면, 학습자의 탐구는 깊이와 폭을 더해갈 수 있다. 이런 방식으로 교육과정을 조직하는 것이 나선형 교육과정이다. 이는 각 교과의 핵심적인 지식을 반복해서 가르치되, 학생의 연령이나 학년이 증가함에 따라 이를 점점 폭넓고 깊이 있게 가르칠 수 있는 것이 특징이다.

③ 교수방법-‘발견학습’

브루너는 ‘발견’을 “자신의 생각을 활용해서 스스로 지식을 획득하는 모든 방식”으로 정의하였다.[8)] 발견학습은 고등지식을 추구하는 학자들이 하는 일이나 초등지식을 학습하는 학생이 하는 일을 막론하고 모든 지식 활동은 근본적으로 동일하다는 것이 핵심적인 확신이자 근거이다. 이런 활동에서의 차이는 하는 일의 종류에 있는 것이 아니라 지적 활동의 수준에 있다는 것이다. 즉 역사학을 배우는 학생들은 역사학자들이 하듯이 물리 현상을 탐구한다는 것이다. 발견학습과 관련된 세 가지 활동은 사실을 아는 획득의 과정, 획득한 지식을 새로운 문제 사태에 맞게 조직하는 지식의 변용과정, 지식을 다루는 방법이 그 문제와 사태에 비추어 합리적인가를 점검하는 평가과정이다. 1970년대 발견학습이 개방되고 구조화되지 않은 교실 수업이 되자 이에 대한 비판이 일었고, 이를 보완하기 위해 탐구수업 모형들이 도출되었다.

칼라한과 클라크(Callahan & Clark)는 사회과 학습에서 발견학습을 다음과 같은 순서로 제시한다.[9)]

첫째, 학생이 발견하기를 바라는 일반원리를 선정한다(일반원리 선정).
둘째, 문제상황을 만든다(문제제기).
셋째, 문제상황 속에서 학습자는 문제해결을 위한 가설을 세운다(가설설정).
넷째, 가설을 확인하기 위한 질문이나 증명을 하도록 계획한다(가설확인).
다섯째, 학습자는 가설을 입증할 수 있는 증거를 찾아 그 가설을 확인한다(자료수집 및 확인).
여섯째, 원리 또는 개념을 도출한다(자료분석).
일곱째, 도출된 원리 또는 개념을 적용하고, 일반화한다(일반화).

이러한 발견학습은 '문제제기-가설설정-자료수집 및 확인-자료분석-일반화'와 같은 일반적인 사회과 탐구학습의 절차를 세분화한 것이며, 가설설정과 일반화와 같은 과정을 통해 학습한다는 것은 수학과 과학과 같은 교과에 더 적합해 보인다. 그러나 이후 발견학습과 탐구학습이 역사교육의 교수방법에 미친 영향도 크다. 왜냐하면 이들의 기본적인 원리는 학생이 스스로 탐구하는 데 있기 때문이다. 예를 들어 역사수업에서, 상기의 순서에 따라 발견학습을 진행한다고 하자.[10)]

세계사 수업에서 고대 도시문명의 발생을 전통적 방법으로 가르친 후 세계지도를 보여준다(일반원리 선정). 여기에는 지형적인 조건과 자연 자원이 표시되어 있을 뿐 지명은 표시하지 않았다. 이 지도에서 학생들은 주요 문명이 일어난 곳을 알아내는 것이 과제이다(문제제기). 학생들은 서로 토의한 결과 도시가 갖추어야 할 지리적 조건에 관한 다양한 이론들을 쉽게 만들었다(가설설정, 가설확인, 자료수집 및 확인). 이것을 통해 학생들은 문명이 아무 데나 서는 것이 아니라 잉여자원을 생산할 수 있는 강 유역이 존재한다면 나타난다는 것을 깨달았다(일반화). 결과적으로 이 문제를 풀이하는 동안 해답을 발견하는 과정에서 적어도 문명에 대해 흥미롭고 효율적으로 배울 수 있다. 이 수업은 강의식 수업을 통해 소개된 내용에서 인문지리 이론을 학생들이 스스로 발견하는 것이다.

상기의 수업 예시를 좀 더 분석해 보도록 하자.

- 〈설정된 가설〉 문명은 음식, 물, 지하자원 등 기본 자원이 충분한 장소에서만 발생한다.
- 〈가설의 확인〉 가설이 논리적으로 암시하는 것, 예를 들면 만약 문명이 기본 자원이 풍부한 장소에서만 발달한다면 간신히 먹고 살 수 있을 정도의 자원만 생산하는 지역은 문명을 발달시키기 어려울 것이라는 것을 찾아낸다.
- 〈자료수집 및 확인, 분석〉 가설을 확인한 후 에스키모들의 사례, 사하라나 고비 사막 지역 사람들의 사례 등을 찾아 문명이 발달되지 못한 조건들을 살펴본다. 적절한 자료가 입수되면 가설은 입증되고 결론이나 일반화에 도달한다. 적절한 자료를 찾을 수 없다면 가설은 수정되어야 한다.(가설의 수정과 피드백)
- 〈일반화〉 이러한 절차에 따라 학생들은 "만약 인간이 잉여자원을 생산할 수 있는 강 유역이 존재한다면 그곳에서는 문명이 나타난다."라는 일반화에 도달할 수 있다.

그런데 역사는 인간 행위의 결과이고, 개별적 인간 행동에 의한 개별적 사건 또한 중요성을 가진다. 실제로 역사 수업에서 역사교사가 교수할 역사 내용 중에서 '문명'의 성립 조건과 같이 일반화를 할 수 있는 사례는 한정적이고 일반화된 결론은 너무나 상식적이라 역사 탐구에서 그 효용성이 부족하다. 상기의 사례에서 '만약 인간이 잉여자원을 생산할 수 있는 강 유역이 존재한다면 그곳에서는 문명이 나타난다.'라는 일반화는 상식선에서 이해가 가능한 서술이다. 따라서 개별적 사실들을 다루는 역사 탐구에서는 듀이가 말하는 수학이나 과학, 또는 칼라한과 클라크가 말하는 사회과 학습에서 나타나는 예측적 가정인 가설과 일반화만으로 탐구할 수 없는 소재들이 더 많다. 발견과 탐구에 의한 학습은 가설의 의미를 조정하고, 일반화의 한계성을 수긍하는 역사수업에서 그 의미가 재정립될 필요가 있다.

이를 보다 엄밀히 말하면, 흔히 '가설'은 2개 이상의 변인 간 특별한 관계를 설정해 경험적으로 이를 검증할 수 있게 한 잠정적 진술이라고 한다. 그런데 가설을 먼저 설정하고 이를 검증하는 방식은 역사가들의 연구 방법과 다른 점이 많다. 따라서 역사연구에서는 '가설'이 아니라 '추정'이라고 하는 것이 더 적합하다. 또한 역사학의 연구 결과로서 지식은 법칙이 될 수 없으며, '일반화'라고 불리기보다는 이후 변화 가능성이 있는 '잠정적인 결론'에 해당한다.

브루너의 '지식의 구조' 이론은 교사들과 배우는 학생들에게 교육내용이 어렵다는 비판을 받았다. 학자와 어린 학생들의 지적인 구조는 다르다는 비판도 일었다. 또한 당시 미국 사회에서는 흑인인권운동, 여성해방운동, 베트남전 등 사회적인 관심의 변화가 일어나기 시작했고, 브루너의 학문중심교육에 사람들이 관심을 두지 않기 시작했다. 그 후 브루너 역시도 자신이 썼던 '지식의 구조' 이론을 재평가하는 『≪교육의 과정≫의 재음미(The Process of Education Reconsidered)』(1971)를 통해 자기반성을 하고 있다.

브루너는 이 책에서 학문중심적 교육과정의 지표였던 『교육의 과정』이란 책이 나오게 된 배경을 소련의 스푸트니크호 발사 사건 직후라 보고, 당시 자신을 포함한 하버드대 교수들이 수학과 과학을 먼저 가르친 후 다른 교과를 가르치자고 결정한 것은 합리적 오류를 범한 것이라고 자인한다.

또한 브루너는 '학문중심 교육과정'의 문제점으로서 '학습의 상호성' 즉 학습자의 동기를 유발하는 문제나 협동 학습의 시너지와 같은 부분을 전혀 다루지 못하고 있다는 점을 들고 있다. 더불어 학문 중심의 학교 교육의 문제점을 이야기하면서 교육과 사회와의 관련성이 더 강조되어야 한다고 주장하고 있다.

> 나는 기꺼이 역사의 구조, 물리학의 구조, 수학적 일관성의 성격 등에 관해서는 강조를 줄여야 한다고 선언하고 그보다는 오히려 우리가 당면하고 있는 여러 가지 사회적 문제와의 관련에서 교육과정을 다룰 것이다. 역시 우리는 그런 문제들을 해결하는 방법에 관심을 갖되 단순히 실제적인 행동으로 문제를 해결할 것이 아니라, 어디서 어떠한 형태로 발견한 지식이든지 간에 지식을 적용하여 문제를 해결하려고 할 것이다.[11)]

그는 당면한 여러 사회문제를 바라보며, '지식의 구조'보다는 사회문제와 관련 있는 지식에 주목해야 한다고 주장한다.

이상의 논의를 종합하여 보면, 학교에서 다루는 '교과'는 인류가 축적한 문화유산을 모두 학생들에게 가르칠 수 없기 때문에 각 시대와 사회의 목적에 따라 어떤 것을 우선하여 가르칠 것인가에 대한 합의를 거쳐야 한다. 우리나라도 국가교육과정은 이러한 사회적 합의 또는 목적성을 지닌 문화요소의 결정체이다. 따라서 각국의 역사 교과가 다른 교과와 통합 또는 구성되어 있는 체제도 다르다.

학교교육의 대부분을 차지하는 교과교육은 교육활동 중에서 생활지도나 특별활동과 구분되는 교과학습 지도를 지칭한다. '교과교육학'은 역사교육, 국어교육, 수학교육, 사회교육, 과학교육 등과 같은 교과교육을 대상으로 학문적 연구를 수행하는 것이다. 따라서 역사교육학, 국어교육학, 수학교육학, 사회교육학, 과학교육학 등을 '교과교육학'이라고 하는 것이다. 교과교육학은 교과지식과 교육방법이 서로 유리되어 겉돌고 있는 교육 현상을 바로 잡고 교육의 질을 높이는 데 공헌할 수 있는 영역이며 교과마다 관련 학문 영역의 기본 개념들은 무엇인지, 학생들이 그것을 어떻게 학습할 수 있는지를 밝히는 것이다.

2. 역사학, 교육학, 역사교육학의 관계

전근대사회에서 근대사회로 넘어오면서 우리나라의 전통 역사교육은 서구식 교육기관과 교과체제로 편성되었다. 미국의 경우 19세기 말부터 교과교육을 중요하게 생각하여 교육학, 교수법, 교육과정에 관심을 가져왔다.

반면, 우리나라에서 근대식 학교가 성립된 것은 갑오개혁기로 '역사교육학'이라는 학문이 대학에서 이론으로서 본격적으로 다루어진 것은 해방 이후가 된다.[12)]

해방 이후 역사교육학은 아직도 학문의 목적과 다양한 용어 및 개념 등에서 합의를 보지 못한 부분들이 많이 있으나, 학문적으로 볼 때는 그동안 매우 큰 발전을 이룬 것도 사실이다. 그동안 역사교육학의 주요 연구 분야는 변화가 있었다. 역사교육에 대한 국가의 간섭과 국정 교과서 등의 문제 등으로 인해 연구가 국가교육과정과 교과서의 내용을 중심으로 이루어졌고, 역사수업에 대해서는 수업모형에 대한 평면적 연구가 이루어졌다. 최근에는 실제로 역사수업에서 국가교육과정과 교과서가 미치는 영향이 얼마나 큰가라는 문제의식을 시작으로 '지식이 무엇으로 형성되는가'라는 것과 역사수업에 영향을 끼치는 교사의 인식과 수업 재구성, 학습자에 대한 구성주의적 인식이 반영된 수업 연구 등 인식론적 연구로의 변환이 있어 왔다.

양호환은 교수학습론에서 인식론의 변환을 주장하였다. 역사교육에서는 학습방법이나 수업모형보다 교사와 학생의 문제의식이 더욱 중요하며 교수 학습에 대한 인식론은 가르치는 행위의 처방이 아니라 가르치기 위한 지식의 성격과 그것을 만들어가는 과정에 대한 성찰이라고 했다. 역사 지식을 만들고 전달하는 과정에서 교사는 중계자가 아닌 독자적인 위치에서 적극적으로 개입하는 존재라는 것이다.[13)]

역사교육학의 학문체제가 불완전했던 시기에는 역사교육학에 대해 내용중심설과 방법중심설이 대두되었다. 즉 역사학 중심의 내용중심설과 교육학 중심의 방법중심설에 대한 각각의 문제를 짚고, 이를 서로 포괄하는 것이 역사교육학이라는 것이다. 당시 역사학 중심의 학계에서는 체제가 잡히지 않은 역사교육학에 대한 필요성을 경시하면서 '잘 알면 잘 가르칠 수 있다'라는 인식이 강했다. 또한 교육학 중심의 학계에서는 지식과 교과의 특징을 무시하고 무엇이든 잘 가르칠 수 있다는 생각이 팽배해 있었다. 즉 '역사로서(역사학/내용 중심)' 가르칠 것인가, '역사를 가지고(교육학/방법 중심)' 가르칠 것인가에 대한 이분법적 논의가 핵심이었다.

그런데 내용과 방법을 따로 떼어내어 생각하는 이러한 논의는 처음부터 잘못된 부분이 있다.

애초에 역사교육학은 내용과 방법을 따로 뗄 수 없는 학문이기 때문이다. 역사교육학을 하나의 건물이라고 생각한다면 교육학은 역사학이라는 네 벽면을 덮고 있는 지붕의 역할을 한다. 하나의 건물은 지붕과 벽면이 하나라도 없다면 허물어질 수밖에 없다. 그런데 중요한 것은 이 건물은 학교라는 하나의 체제를 떠나서는 존재가 없고, 국가와 사회라는 테두리 내에 서 있다는 것이다. 국가-사회-학교가 서로 역사교육학에 유기적으로 관계하고 있는 것이다. 이러한 설명은 무한한 내용과 연구방법을 가지고 있는 역사학의 입장에서는 역사학이라는 학문을 학교라는 테두리 안에 한계를 짓는 것이 아닌가 우려할 수 있는 것이겠지만, 역사교육학은 이상적인 역사학의 입장만을 고수해서도 안 되는 것이다.

'교육은 무엇이든 의도를 가지고 있다'는 말처럼 역사교육학 역시 학교라는 테두리에서 유용하지 않으면 의미가 없기 때문에 오히려 끊임없이 역사학의 의미 있는 이론들을 역사교육학에 접목시키는 노력이 필요한 것이다. 우리는 벽면(역사학) 하나만을 가지고 건물이라고 이름붙일 수 없듯, 지붕(교육학) 하나만을 가지고도 건물이라는 이름을 붙일 수 없다. 물리적인 조합으로는 교육학과 역사학의 성격이 살아있지만 화학적 조합으로는 '건물'이라는 새로운 존재가 탄생한다. 그리고 이렇게 조합된 건물은 자기 나름의 새로운 역할과 기능을 수행하는 것이다.

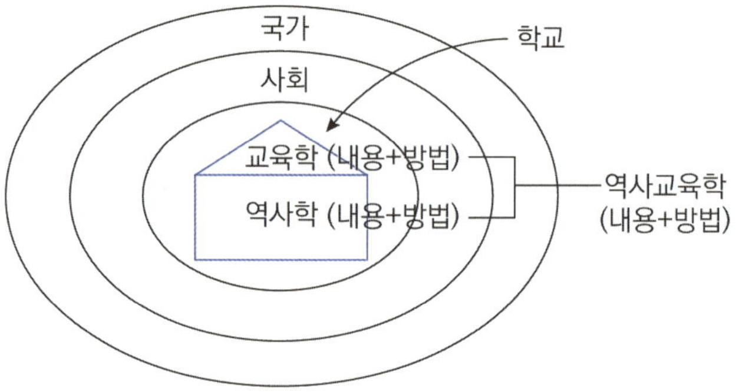

[그림 1-1] 역사교육학의 구조

그런데 여기에서 주목할 것은 역사학과 교육학 모두 각각 내용과 방법론을 가지고 있다는 점이다. 교육학이나 역사학이란 학문 역시 '내용과 방법'을 모두 가지고 있는 학문이기에 교육학을 '방법'적 성격만 가지고 논하거나 역사학의 '내용'적 성격만 가지고 논해서는 안 된다.

교육학이 역사교육학에서 '방법'만을 논하는 역할을 한다는 것은 잘못된 인식이다. 예를 들어 교육학의 연구 분야 중 교육사에 대한 연구 분야가 있다. 역사교육학의 연구 분야 중에도 역사교육사를 다루는 것이 있는데, 이는 교육학에서 다루는 교육사 내용과 중첩된다. 교육사 안의 역사교육사를 다루는 것은 필수적인 작업이다. 또한 반대로 역사학이 역사교육학에서 '내용'만을 다루고 있다고도 할 수 없다. 예를 들어 역사학에서 다루는 '내러티브'는 역사교육학의 서술 방식을 포함하는 교수 방법적 요소로서 다루어진다.

문제는 교육학의 내용과 방법, 역사학의 내용과 방법을 유기적으로 어떻게 역사교육학에 유용하게 활용할 것인가이며 역사교육학이 학문으로서 이들 학문과의 차이를 어떻게 둘 것인가이다. 역사교육학은 유기적, 살아있는 단일체로서 국가-사회-학교라는 환경 속에서 역사학과 교육학의 끊임없는 소통과 타 교과와의 연관 및 교과특정적 요소들을 통합한 학문이다.

따라서 역사교육학의 이론은 계속해서 교육학과 역사학의 내용과 방법을 차용하여 새로운 이론들과 개념들을 정립하여 나간다. 또한 역사교육학이 새로운 지평을 연다고 해서 역사학과 교육학의 성격이 모두 사라진다는 것도 있을 수 없는 것이다. 역사교육학을 잘 이해하기 위해서는 먼저 역사학과 교육학의 원리와 이론을 이해하는 것이 매우 중요하다.

3. '국가-사회-학교'와 역사교육

1) 국가

국가는 여전히 역사교육에 강력한 영향을 끼친다. 국가의 영향력은 크게 두 가지로 살펴볼 수 있다.

첫째, 국가외적인 측면이다. 다른 국가들과 역사 문제의 갈등이 심화되었을 때 국민들의 역사교육에 대한 관심과 이해가 커지는 것을 알 수 있다. 중국의 소위 '동북공정' 문제와 일본의 '역사교과서 문제'는 오히려 우리나라 역사교육을 강화하는 데 영향을 끼쳤다.

또한 최근 경제협력개발기구(OECD) 선진국들의 역사교육계 흐름, 유네스코(UNESCO) 등과 같은 국제 교육 관련 기구가 발표하는 지향점 등은 우리나라 전체의 교육과 역사교육에 강한 영향력을 행사한다.

경제협력개발기구(OECD)가 1997년부터 2003년까지 수행한 DeSeCo(Definition and Selection of Key Competencies) 프로젝트는 학생들과 청년들이 미래사회를 준비하기 위해 필요한 핵심역량(Key competency)을 제안하였다.

DeSeCo 프로젝트에서 정의된 '역량'이란 '특정 맥락의 복잡한 요구를 태도, 감정, 가치, 동기 등과 같은 사회적, 행동적 요소뿐만 아니라 인지적, 실천적 기술 등을

가동하여 성공적으로 충족시키는 능력'이다.[14)]

여기서는 핵심역량을 3가지 범주로 제시하였는데, '상호적으로 도구사용', '이질적인 그룹에서 상호작용하기', '자율적으로 행동하기'가 그것이다. 이는 기존의 개인적 지식 성취와 관련된 일반적 기능적 요소보다는 함께 살아가는 공동체적 능력을 키우려는 목적이 반영된 것이다. 또한 성인이 된 이후에도 마주하는 문제들을 해결할 수 있는 방법적 능력, 다원화 사회를 살아가는 사회생활 능력까지 포함하고 있다. '핵심역량' 개념이 발표된 이후 우리나라와 독일을 비롯한 많은 나라들이 역량중심 교육과정을 편성하고 있다. 최근 OECD는 DeSeCo 프로젝트의 후속 작업으로 '미래 교육과 기능 2030(The Future of Education and Skills 2030)'을 진행하였다.[15)]

지속가능발전(SD), 지속가능발전목표(SDGs), 지속가능발전교육(ESD)[16)]

지속가능발전(Sustainable Development, SD)은 미래세대가 그들의 욕구를 충족할 수 있는 기반을 저해하지 않는 범위 내에서 현세대의 요구를 충족시키는 발전이다.
이러한 개념은 인류가 자연과 공존하면서도 인구증가와 경제성장 속에 파생되는 전 지구적인 문제를 해결하여 풍요로운 삶을 누리고자 하는 의지에서 비롯되었다.

한편 지속가능발전목표(Sustainable Development Goals, SDGs)란 사람, 지구환경, 그리고 공동의 번영을 위한 행동 계획으로서 사람, 지구, 번영, 평화, 그리고 협력에 관한 범지구적 행동을 촉구하는 목표이다.

지속가능발전교육(Education for Sustainable Development, ESD)은 지속가능발전의 개념과 내용, 절차 등에 대한 학습 과정인 동시에 지속가능발전을 달성하는 데 필요한 능력과 의지를 길러주는 과정으로서의 교육을 의미한다. 다시 말해 개인에서부터 가정, 학교, 지역사회, 국가, 국제사회에 이르기까지 지속가능성과 관련된 쟁점을 이해하고 진단하며 해소하기 위한 교육을 말하는 것이다.

2002년 유엔총회에서는 2005년부터 2014년까지의 10년을 '유엔지속가능발전교육 10년(UN Decade of Education for Sustainable Development, 2005~2014: DESD)'으로 지정하였고, 유네스코를 그 선도기관으로 지정하였다. 또한 이것이 종료되는 2014년, 유네스코는 더욱 실천적인 국제사회의 노력을 촉구하는 차원에서 지속가능발전교육(ESD)을 위한 국제실천프로그램(Global Action Programme: GAP)을 제시하였다. 이어 2019년 11월 열린 제40차 유네스코 총회에서는 GAP의 종료 시점에 즈음해 2019년 이후의 지속가능발전교육의 이행 체계로 "2030을 위한 지속가능발전교육"(ESD for 2030)을 채택하였다.

우리나라의 경우 2015 개정 교육과정부터 지속가능발전교육(ESD)이 국가교육과정의 교과교육 목표 등에서 나타나고 있다.

둘째, 국가 내적인 측면이다. 국가의 내적인 측면에서 보면 크게 두 가지 형식에서 역사교육에 작동하는 국가의 모습을 볼 수 있다. 하나는 누구에게나 국가의 의도가 여실히 '보이는 측면'이다. 이는 국가교육과정이 국가와 학교교육의 역사교육에 미치는 영향력을 말한다. 역사교육의 목적은 국가교육과정에 따라 변화되어 왔다. 교과서 체제 역시 국정이냐 검정이냐 하는 문제는 국내 역사교육계의 큰 이슈가 되었다.[17)]

국가교육과정은 국가외적인 측면과도 끊임없이 소통한다. 국제 교육관련 기구들이 발표하는 지향점은 새로운 교육과정이 바뀔 때마다 하나의 지표가 된다. 실제로 총론을 구상하는 교육학자들은 각론으로서의 교과교육학의 지식을 구성하는 요소들과 탐구방법 등에 대한 이해가 부족할 수밖에 없기 때문에, 해외의 교육동향은 전체 총론으로서의 국가교육과정에 매우 중요한 영향을 끼치고 이때 교육학계의 새로운 이론들을 역사과에도 적용하라는 요구가 발생한다. 총론은 변화무쌍한 해외 교육동향을 받아들이지만 한 교과의 성격이 총론의 지향점만큼 쉽게 변화하는 것은 쉽지 않다. 따라서 때론 역사교육계가 새로운 경향과 이론들을 어떻게 역사교육에 적용할지에 대한 심층적 논의를 진행하기도 전에 역사 교육과정에 영향을 주기도 한다. 그런데 총론의 지향점이 각 교과에서도 힘을 발휘하기 위해서는 각 교과내의 충분한 논의의 시간이 필요함에도 불구하고 현실적으로는 우리나라는 총론과 각론이 함께 개발된다. 심지어 새로운 교육을 개창한 해외에서조차 새로운 이론을 자국의 역사교육에 도입하기 위해 수년간의 논의를 밟는 경우도 있고 실제 도입이 항상 성공적이기만 하지도 않다. 따라서 우선 국가교육과정 총론의 지향점과 목표가 각론으로서 각 교과의 목적과 동일해야 한다는 전제가 반드시 옳은가에 대해 생각해 볼 필요가 있다. 총론의 의미는 교육의 큰 방향을 제시해 주는 것이지만 각 교과의 목표 및 성격과 반드시 동일할 필요는 없다.[18)]

또한 국가교육과정은 국내의 정치적 변화에도 민감하다. 정권이 바뀔 때마다 역사교육과정도 바뀌고, 역사교육과정이 바뀔 때마다 정치적 요소의 영향을 받는 현상이 반복되었다. 이처럼 교육과정이 개정될 때마다 역사교육계의 이론적 틀에 대한 논의가 충분히 이루어지지 못한 채 역사교육의 전체적인 틀이 바뀌기도 한다.[19)]

국가교육과정의 각론으로서 역사교육과정이 건전한 논의를 거쳐 효율적으로 개발되기 위해서는 전체의 개발 과정에서 다음과 같은 유의할 점들이 있다. 첫째, 국가교육과정의 개발 및 절차는 공모단계, 개발자 선정단계, 개발의 단계에서 투명성과 공개성을 확보해야 한다. 정책의 비공개성은 국민의 신뢰를 약화시키고, 장기적으로 교육의 공익성과 효과성에도 부정적 영향을 줄 수 있다. 둘째, 총론이 각 교과의 고유한 영역, 즉 교과의 목적과 학문적 존재 의의에 과도하게 개입할 경우, 궁극적으로는 총론이 오히려 형식적 수준에 머물렀으며 교과를 실질적으로 포괄하지 못했다는 역설적인 비판에 직면할 수 있다. 이는 교육과정 개정이 이루어질 때마다 반복적으로 제기되어 온 문제이기도 하다. 이러한 반복을 피하기 위해서는 총론이 교과에 개입할 수 있는 범위와 한계를 사전에 충분히 공유한 후, 각 교과 개발이 이루어질 필요가 있다.

마지막으로, 국가교육과정은 국가 차원의 건강한 역사교육과 미래 세대의 역사의식 성장을 실질적으로 지원하는 방향으로 개발되어야 하며, 이는 모든 교육 주체가 공감할 수 있는 '행복한 교육과정'으로 나아가는 기반이 되어야 한다.

국가교육과정은 여전히 학교의 역사교육 전반, 교사 수급문제, 장기적으로는 우리나라 국민의 역사의식 등에 큰 영향을 끼치고 있는 중대한 일이다. 따라서 학계와 교사, 학부모들이 모두 만족할 만한 합의에 이르기까지 끊임없이 토의와 토론의 과정을 거쳐야 한다.

아울러 언론과 정치권 역시 주변국과의 역사 갈등이나 국내의 역사 관련 현안에 대해 보다 성숙하고 절제된 태도로 임할 필요가 있다. 인접 국가와의 역사 문제는 언제나 대중의 관심을 끄는 사안이며, 시급한 대응이 요구되는 경우도 적지 않다. 그럼에도 불구하고, 역사 담론에 참여하는 모든 주체들이 역사를 일시적인 정치적·사회적 수단으로 소비하기보다는 보다 책임 있는 자세로 접근할 때, 역사교육의 질적 환경 또한 개선될 수 있을 것이다.

역사적으로 성숙한 국가들은 주변국과의 역사적 갈등이 발생했을 때, 정치권이 먼저 학계의 의견을 구하고 언론은 전문가의 견해를 심층적으로 분석하며 대응 전략을 모색한다. 이 과정에서 정치인들은 입장을 함께하는 학자를 선별하기보다, 학계 내에서 전문성과 권위를 인정받는 연구자들의 보편적이고 사실 기반의 견해를 청취하고자 한다. 결국 국민이 선호하는 정치인의 유형—역사를 정치적 수단으로 활용하는 인물인가, 아니면 신중하고 절제된 태도로 접근하는 인물인가—은 그 사회의 역사인식 수준을 반영한다. 이러한 분별력은 살아있는 역사의식과 역사적 판단력에서 비롯되며, 이는 다시 한번 깊이 있는 역사교육의 필요성과 중요성을 상기시켜 준다.

국가의 역사교육은 어느 한 개인이나 단체의 문제가 아닌 국가의 문화적 성숙도를 보여주는 중대한 문제이다. 역사교육학계 또한 외부 환경의 변화에 유연하게 대응할 수 있는 자세를 가져야 한다. 즉, 언제나 학교 현장의 목소리에 꾸준히 귀 기울이고, 소통을 통해 실천 가능한 대안을 모색해야 한다. 아울러 학문 공동체 내부에서도 왜곡된 담론이나 잘못된 흐름에 대해 비판적 성찰을 바탕으로 공동의 노력을 기울일 필요가 있다. 또한 역사교육 관련 연구자들은 역사교육이 다양한 사회적·정치적 이해관계에 영향을 받을 수 있기에, 본래의 학문적 균형성과 공공성을 유지하기 위해 지속적인 성찰을 이어가야 한다.

국가의 역사교육에 대한 영향력 중 다른 하나는 국가의 영향력이 '보이지 않는 측면'이다. 국가교육과정이 역사 교사의 수업단위에 미치는 영향력을 생각해 보면 국가교육과정이 미치지 못하는 세세한 부분에서는 국가 전체의 지향점과 기조 등 '보이지 않는 측면' 때문에 수업은 영향을 받는다. 특히 '보이지 않는 측면'은 교사가 현대사를 어떻게 다룰까 하는 역사수업 등에서 자주 나타난다. 특히 독재가 심한 국가일수록 역사교사는 자유롭게 수업 목표를 설정하고 역사 내용을 다루는데 제약을 받는다. 역사수업에 영향을 주는 교사의 역사관, 역사교육관에서 작동하는 것 중의 하나는 교사 개인의 국가에 대한 인식과 신념이다. 때때로 교사 스스로도 자신의 인식이 국가에 대한 인식과 연동하는 것을 모를 수 있다.

이처럼 국가가 국가외적인 또는 국가내적인 측면에서 역사교육에 힘을 발휘할 때 나타날 수 있는 문제점은 아무리 좋은 선언적 구호를 지닌 교육이라도, 어떠한 교과라도 모두 포함시킬 수 있는 것은 아니기에 선언적 구호가 난무할수록 그때마다 역사교육학의 교과특정적 성격이 사라진다는 점이다. 진지한 고민 없는 해외교육 이론들은 자칫 해외에만 적합한 사례를 잘못 이해하거나 오인하여 국내에 도입되기도 한다. 학생의 흥미에 따라 수업을 운영한다는 의미의 '열린 교육'이 우리나라에 도입되었을 때 학교에서 교문을 없애는 해프닝이 일어난 것도 이러한 사례에 해당된다. 이에 대해 그동안 해방 이후 국가정책에 의하여 일시적으로 역사교육이 강화된 시기가 있었다는 반론이 있을 수 있으나 역사교육학계의 진지한 고민이 반영된 것이 아니면 그것은 일시적인 것일 뿐이라는 것을 수차례의 교육과정의 개정을 통해 교훈을 얻어 온 것도 사실이다.

2) 사회

역사교육을 둘러싼 외적인 요소로 사회, 문화적 측면을 볼 수 있다. 역사교육은 사회의 어느 곳에서나 이루어질 수 있다. 수학과 과학과 같이 학교에서 전문적 배움을 의지하고 있는 과목들과 달리 역사는 학교가 독점권한을 갖지 못하고 있는 것이다.

공중 속의 역사 기능을 이야기할 때 '기억문화'와 '역사문화'라는 두 가지 개념을 만나게 되는데 예를 들어 공중 속의 역사를 다루는 일에 대해 '기억문화'는 역사 속에서 자신의 역사적 정체성을 만드는 개인에게, '역사문화'는 공중 속의 역사를 다룰 때 지켜야 할 기준을 제시하는 역사학(또는 역사교육학)에게라는 각각 다른 행위자를 상정하여 부여한다.

기억문화 개념에는 기억의 사회적, 제도적 다원성이 녹아 있다. 그런데 기억문화가 기억담론을 개인적 차원으로 축소할 위험이 있고 또한 기억문화의 미래 지향이 너무 편협하다는 비판도 있다. 그래서 역사교육에서 그 대안으로 '역사문화' 개념을 제시하였다. 이는 집단적 역사의식, 즉 '역사문화'가 개인들의 역사적 '의식'의 총합이 아니라는 전제에서 출발한다. 뤼젠(Jörn Rüsen)에 의하면, '역사문화'의 특징은 역사의식의 활동 영역 전체이며 세계를 경험하고 해석하는 특별한 방법을 갖는 고유의 문화영역으로 설명하고 분석할 수 있고 역사교육의 범주로서 '삶에서 역사의식의 자리'를 표시한다.[20)]

노라(Pierre Nora)와 같은 학자들은 기억의 장소인 전쟁터, 유적지, 박물관뿐 아니라 과거에 관련된 문화적 생산물인 소설, 대중서적, 영화, 수필 등에도 관심을 가진다. 노라는 『기억의 장소』에서 '역사' 개념과 대립하는 것으로서의 '기억' 개념은 역사와 역사교육이 학교 공교육을 통해 공민의식 함양에 중요한 역할을 담당하는 프랑스에서 특히 힘을 발휘할 수 있다고 보았다. '기억의 장소(lieux de mémoire)'란 '민족적 기억이 구체화된, 그리고 사람들의 행동이나 수 세기에 걸친 작용을 통해 그것들의 아주 특별한 표상과 뚜렷한 상징물로 남게 된 물질적, 비물질적 장소'를 뜻하는 것으로, 이들이 공통적으로 가지고 있는 '그 무엇'을 토대로 물질적 대상과 상징적 대상을 모두 포괄하기 위해 고안된 개념이다. 다시 말해 그것은 공간적 장소를 가리키는 것이 아니라 국가(國歌)와 국기, 인물, 서적, 의례 등을 모두 포괄하는 독특한 개념이다.[21)]

역사수업에서 교사는 대중문화를 제거하려는 것보다 어떻게 학생들의 역사이해를 개발하는 데 활용할 수 있을 것인지를 궁리해야 한다. 역사 교사가 수업에서 부모님과 함께 가보았을 박물관을 소재로 이야기한다거나 일제강점기를 살았던 친족의 이야기를 상기시키는 것은 이러한 '문화적 기억', 즉 체험된 기억이 아닌 체험한 기억을 활용하는 것이다.

한편, 마르틴 뤼케(Martin Lücke)와 같은 학자는 1970년대부터 시작된 공공역사(public history)라는 개념을 고려할 때 유의할 점으로서 공공역사가 역사교육학의 원리 또는 핵심개념으로서 내러티브, 역사적 상상, 다원적 관점들을 차용하고 있다는 것을 이해해야 한다고 강조한다.[22)]

첫째, 내러티브 패러다임을 전제로 하여 공공역사 결과물을 서사로 간주한다면 서사의 타당성을 판단기준으로 삼을 수 있다. 공공역사 제품의 품질을 인정받으려면 그것의 생산과 추후 분석에서 학계의 연구현황을 공공역사 생산에 반영할 수 있도록 튼튼한 학문적 지식을 갖추어야 한다. 역사이론에서 내러티브는 소설이나 다른 문학작품의 서술형식과는 다른 역사학적 서술을 말한다. 이 구체적인 서술형태야말로 역사학을 사회과학, 문화연구, 기타 인문학과 구별해 주는데, 역사의 내러티브는 묘사가 아니라 서사이기 때문이다.

둘째, 공공 역사 생산을 통해 대중의 역사적 상상을 자극하는 것이 목표라면 이 역사적 상상을 미학적으로 충족시키기 위해 그들의 역사적 상상의 이미지를 알아야 한다. 즉 미디어를 통한 전유과정이 미학적 전유 과정이 될 수 있는 방법을 생각해 내는 전문 역량도 필요하다. 셋째, 다원적 관점이 공공역사 생산과 분석의 표준이 될 때 학문적 역사연구와 역사교과서도 마찬가지지만 이는 공공역사 생산에서 어떤 관점을 어느 정도로 관찰할 것인가. 그리고 어떤 관점들을 가지고 어떤 사회적, 문화적, 정치적 입장들을 특별히 고려할만 하다고 판단할 것이며 어떤 것들을 포기할 것인가를 판단하는 것이다.[23)]

3) 학교-역사교실, 역사수업의 장

학교는 관리자인 교장, 교감과 교사, 학생들로 이루어진 조직이다. 역사교사는 수업을 구성할 때 되도록 자율적인 내용과 방법을 구상할 수 있지만 위에서 살펴본 국가요인, 사회요인, 학교요인 모두를 고려한다. 역사교과는 학교 교육과정에서 단독으로 위치하고 있지 않고 다른 여러 교과와도 연관을 맺는다.

학교에서 역사교실은 역사수업을 하는 장이며 역사교사, 학생, 역사 교재(전통적 개념에서는 교과서)가 역사수업을 이루는 주요 요소가 된다. 역사교사는 교육과정에 따라 발행된 교과서 내용을 학생에게 그대로 전달하지 않고, 학생 역시 전달된 내용을 그대로 받아들이기만 하는 주체가 아니라는 점에서 교실 역사수업에 대한 유연성과 변화가능성에 주목한 연구들이 진행되었다. 즉 교사가 설명하고 학생은 듣는 일방적인 역사교육의 측면이 아닌, 주체로서 교사와 학생에 대한 인식론의 측면에서 역사 수업을 바라보는 것이다. 이러한 인식론의 측면에서 본 역사수업에 대한 이론은 다음과 같은 특징이 있다.

(1) 교사의 측면

수업에 대한 재구성은 교사가 국가교육과정에서 제시한 성취기준을 준거로 하여 해당 수업의 목표와 내용을 학습자의 특성과 수업 맥락에 맞게 변형·조정하는 일련의 과정을 의미한다. 이러한 재구성은 일반적으로 목표 재구성, 내용 재구성, 교과서 재구성, 수업 방식 재구성의 네 가지로 구분된다. '목표 재구성'은 국가 수준에서 제시된 성취기준을 토대로 교사가 학습자의 발달 단계, 학습 환경, 지역사회 맥락 등을 고려하여 수업 목표를 구체화·재설정하는 과정을 말한다. '내용 재구성'은 교과서에 제시된 역사적 사실, 개념, 사건, 사료 등 지식을 새로운 관점에서 재조직하거나 그 의미와 구조를 재정립하는 것으로, 기존 서술을 확장·축소하거나 다양한 해석 틀과 시각을 도입하여 역사 내용을 심화·재해석하는 과정을 포함한다. 엄밀히 말하면 '수업내용'은 '교과내용'을 기반으로 하지만 교과내용 그 자체는 아닌 것이다. '수업내용'은 수업의 여러 조건이나 목적을 고려해 '교과내용'을 수업에 맞게 변형한 것이다.[24] 반면 '교과서 재구성'은 주어진 교과서의 단원 구조, 학습 내용 배열, 제시 자료의 구성 방식을 학습자의 수준과 흥미, 수업 목표에 맞추어 조정하는 과정으로, 단원 순서를 변경하거나 자료를 삭제・추가・대체함으로써 교과서의 형식과 구조를 변형하는 것을 의미한다. 요컨대, 목표 재구성이 수업의 지향점을 새롭게 설정하는 데 초점을 두고, 내용 재구성이 역사 지식의 의미망과 인식 구조를 재정립하는 데 중점을 둔다면, 교과서 재구성은 학습 자료의 외형적 배열과 형식적 구조를 변형하는 데 주된 목적을 둔다고 할 수 있다. 마지막으로 '수업 방식 재구성'은 블록타임제(Block Time)와 같이 기존의 45~50분 단위 수업 시간을 2시간 이상 연속 운영함으로써 수업의 구조와 흐름을 재편하는 방식이다. 이는 단편적인 학습을 지양하고, 장시간 동안 주제 중심의 심층 학습이나 프로젝트형 학습, 현장 학습, 토론 및 사료 분석 활동 등을 가능하게 한다.

그러나 역사 교사들은 수업의 목표, 내용, 교과서, 수업 방식을 재구성함에 있어 여전히 국가교육과정과 교과서가 지니는 규범적・구조적 영향을 간과할 수 없다. 이는 국가교육과정이 성취기준과 학습 요소를 통해 수업의 방향성을 규정하고, 교과서가 그 구체적 내용과 자료의 선정・배열을 통해 수업 실행의 기본 틀을 제공하기 때문이다. 따라서 교사의 재구성은 본질적으로 이러한 제도적 틀 속에서 이루어질 수밖에 없으며, 창의적・비판적 재구성이 가능하다고 하더라도 국가 수준 교육과정과 교과서라는 준거 체계와의 긴장 관계를 내포하게 된다.

역사교사들은 일반적으로 교과서와 국가교육과정의 내용이 동일하다고 인식하는 경우가 많다. 따라서 국가교육과정의 문서 내용을 잘 이해하고 이를 유연하게 적용할 수 있는 '교육과정 문해력(curriculum literacy)' 즉 교육과정 리터러시를 성장시킬 필요가 있다.[25]

즉 교육과정 문해력은 현재 교육과정과 공식 문서에서 나타나는 용어인 핵심역량, 핵심아이디어, 성취기준, 성취수준, 판단기준, 교과목표, 과목목표, 학습목표 등의 용어에 대한 이해를 요한다. 교육과정에서 '교과'란 사회과, 수학과 등 여러 과목을 포괄하여 하나로 묶은 상위 단위를 의미하며, '과목'은 '역사', '한국사'와 같이 교육과정 내에서 독립적으로 편성되는 가장 기본적인 교육과정 편제 단위이다. 또한, '학교급'은 초등학교, 중학교, 고등학교와 같은 교육기관의 구분을 나타내며, '학년급'은 각 학교급 내에서 1학년, 2학년 등 학년별 구분을 지칭한다.

최근에는 국가 교육과정에 도달점을 말하는 성취기준이 제시되고 있으며 교과목표나 과목목표가 국가 교육과정 개발 단계에서 고려된다. 또한 학습목표는 교사가 실제 수업에서 국가교육과정에서 제시한 성취기준과 성취수준을 고려하여 재구성하는 목표로서 각 차시별 목표를 진술할 때에는 성취기준과 성취수준을 함께 진술하도록 하고 있다. 따라서 역사과 성취기준을 활용할 때에는 판단 기준(criteria)으로서의 역사과 성취수준도 염두에 둘 필요가 있다.[26]

교육과정 문해력이란 단순히 국가교육과정의 내용을 해독하는 수준을 넘어, 그 내재된 목표와 의도, 구성 원리를 파악하고 이를 토대로 수업 목표 설정, 학습 내용 조직, 교수・학습 방법 선택 등 실제 수업 설계 전반에 걸쳐 교육과정을 분석적이고 발전적으로 재구성할 수 있는 능력을 의미한다.

한편, 또 다른 측면에서 교사가 수업에서 겪는 어려운 상황은 다문화 가정의 학생이 수업에 함께 있을 경우 어떻게 가르칠까 하는 것이다.

한국인과 외국인의 결혼 비율이 늘어나면서 이들 사이에서 태어난 자녀들이 증가하고, 해외로 나갔던 교포들의 최근 한국사회로의 재이주 등으로 인해 역사수업의 교실은 이전보다 훨씬 다양한 배경을 가진 학생들로 구성되는 경우가 많다.[27]

다양한 배경을 가진 학생들을 대상으로 역사수업을 할 때 다중시각적(multiperspective) 역사수업을 고려할 수 있다.[28]

강선주는 정체성에 기초한 가치충돌의 해결방법으로 뤼젠이 제시한 다원적 방법(a pluralistic)과 통합적 방법(an integral)[29]에 착목하여, '다원적 다중시각', '통합적 다중시각', '학문중심 교육적 다중시각'의 세 가지 유형으로 구분하여 제시하고 있다.

첫째, 다원적 다중시각은 역사를 학습하는 기본적인 태도로서 다양한 판단 기준을 인정하고 장려한다. 다원적 다중시각을 통해 한국인과 일본인 사이에 야스쿠니 신사 참배에 대한 다른 관점을 이해할 수도 있다. 그러나 다원적 다중시각을 적용하는 수업은 결국 서로 다른 상황이나 조건(예를 들면 인종, 민족, 나라 등)에 따라

서로 다른 관점이 있다는 것을 이해하는 것으로 역사적 책임 문제까지는 다루지 못하고 있다.

독일과 프랑스가 만들어낸 공동의 역사교과서-다원적 다중시각 서술의 사례

독일과 프랑스는 프랑스 나폴레옹의 독일 침략으로부터 제2차 세계대전에 이르기까지 약 150년 동안 무려 네 차례의 전쟁을 치른 숙적이었다. 2003년 1월 엘리제 조약(독 · 프 우호조약, 1963) 40주년을 맞이하여 개최된 독 · 프 청소년 의회는 양국 정상에게 독 · 프 공동역사교과서 편찬을 요청했다. 이에 양국 정부는 교육부 및 외교부 관료와 학자들로 구성된 독 · 프역사교과서편찬위원회를 발족했다. 이에 70여 회의 독 · 프 역사대회를 거쳐 2007년부터 독일과 프랑스에서는 『독 · 프 공동 역사교과서』를 정식 교과서로 사용하고 있다. 이 교과서는 양국의 교육과정에 따르면서도 양측의 시각을 명확하게 반영한다. 같은 사건에 대한 다른 인식, 양국의 유사점과 차이점에 대한 이해, 양국 관계사 파악, 유럽 및 국제적 맥락에서 바라본 역사 등이 교과서의 중심 내용이다.[30)]

『독 · 프 공동 역사교과서』에서 '다원적 다중시각'을 보여주는 대표적인 것이 '공산주의'에 대한 서술이다.

공산주의(p. 137)
'독일 · 프랑스의 시각비교'

- 프랑스: 프랑스인들은 대부분이 공산당 하면 레지스탕스 및 1941년 이후 나치즘에 대항했던 소련을 떠올린다. 제2차 세계대전 이후 프랑스에서 공산당은 상당한 인기를 누렸고, 내각에도 참여하였다.
- 독일: 동독이 수립되고 소련의 위협이 가중되면서 사회민주주의자들 사이에서도 반공 정서가 팽배하였다. 베를린 봉쇄와 1953년 동독의 잔인한 민중 봉기 진압 등으로 부정적인 이미지였다.

프랑스에서는 공산주의자들이 레지스탕스와 전후 정부에 참여하였기 때문에 '공산주의'에 대해 긍정적인 이미지이지만, 분단국가 서독에서는 반공주의가 퍼져 있어 극도의 부정적인 이미지를 가지고 있음을 이 책의 독일 · 프랑스의 시각비교'란에서 그대로 서술하고 있다. 특히 이 책에서는 독일의 입장을 받아들여 동독을 공산주의 독재국가로 묘사하고 있는데, 프랑스에서는 공산주의 국가를 이렇게 부정적으로 묘사한 교과서가 그때까지 거의 없었다고 한다.[31)]

둘째, 통합적 다중시각의 방법은 뤼젠이 "'포용적이며 보편적인 인간성이라는 미래지향적 관념'에 기초하여 보편을 새로 정의해야 한다"고 하면서 '통합적 방법'에 대해 언급한 것과 관련이 깊다.[32)]

그러나 정체성과 관련한 역사 해석과 논쟁의 문제를 탈역사적인 보편적 형식으로 논할 수는 없다. 예를 들어 평화, 인권, 민주주의 등과 같은 원칙은 범교과적인 것인데, '민주시민을 위한 역사교육'의 논리도 결국 통합적 다중시각의 역사교육을 주장하는 것이다. 그러나 정체성의 문제와 관련된 국가, 민족을 배제한 채 그 역사적 의미를 해석할 수는 없다.[33)]

[그림 1-2] 일본 중학교 역사 교과서에 묘사된 일본의 '원폭' 피해사진과 서술

예를 들어 '히로시마 원폭'이라는 사건을 국가의 틀을 배제한 채 인권이라는 틀로, 혹은 그보다 넓은 의미의 '휴머니즘'이라는 개념만으로 역사적 의미를 해석할 수는 없다. 즉, 히로시마 '원폭' 사건을 담은 일본의 교과서가 피해자로서 일본 또는 일본 국민을 묘사한 경우, 소위 "희생을 당한 일본인에 대한 '휴머니즘'"이라는 틀, 즉 통합적 다중시각의 틀로서 '히로시마 원폭' 사건의 역사적 의미를 모두 해석할 수는 없는 것이다.[34)]

셋째, 이러한 문제점들에 대한 대안으로 학문중심 교육적 다중시각 이론은 윤리적 문제와 관련된 시각 충돌에 대해 '역사적 거리 인식하기', '복잡한 진실에 다가가려고 하기', '역사의식하기'의 세 가지 방법을 제안하고 있다. 첫째, '역사적 거리 인식하기'란 윤리적 문제를 시간의 맥락에서 판단하는 것이다. 예를 들면 특정한 사건에서 과거에 침략자로 지목된 사람이 오늘날에는 침략자로 간주되지 않을 수 다는 것을 인식하는 것이다. 둘째, '복잡한 진실에 다가가려고 하기'는 사회적 경향성이나 구조와 개인의 증언이 다르다는 점을 인식하면서, 개인들의 이야기를 큰 맥락에서 통합하여 토론과 대화를 통해 진실에 구축하는 것이다. 셋째, '역사의식하기'란 현실 사회 참여 및 미래 설계 차원에서 과거와 관계를 맺는 것이다. 과거인의 윤리적 판단에 귀를 기울이면서도 오늘날의 사회적 문제의식에 기초하여 과거 사건과 관련된 규범적, 윤리적 질문을 하는 것의 정당성을 강조한다.[35)]

(2) 학습자의 측면

학습자에 주목하는 기존 연구에서는 학생의 발달, 학습의 동기와 같은 심리적

측면을 중요시해 왔다. 또한 학습의 동기유발 요소로서 학생의 흥미요소에 대한 연구가 지속되었다.

알렉산더(P. A. Alexander)는 흥미 발달의 중요 요소는 지식이라고 했다. 학생은 자신이 알고 있는 영역에 더 흥미를 느끼고 흥미를 가진 영역에 더 전략적으로 접근한다고 보았다. 버긴(David. A. Bergin)은 개인적 흥미와 상황적 흥미를 교실 속으로 끌어들여 학생들의 흥미를 연구하였다. 그는 교실에서는 학생의 기질이나 적성과 같은 개인적 흥미보다 교사의 수업활동을 통한 상황적 흥미가 중요하다고 하였다. 그런데 상황적 요소는 일반적으로 개인의 흥미와 연결될 때 시간이 지나도 유지되는 흥미상태로 발달한다. 이를 보다 종합적으로 분석하면 다음의 〈표 1-1〉과 같다.[36]

〈표 1-1〉 학생들의 흥미 분석 준거[37]

영역	개인적 흥미	상황적 흥미	
		교사선호도	교과내용
분석 준거	• 교과에 대한 자신감(유능감) • 목표지향성 • 학생의 교과선호도 • 역사교과에 대한 가치와 노력 • 사전지식이나 경험	• 설명방식 • 교사성향	• 시대별, 주제별 흥미를 느끼는 내용

한편, 학습자의 발달단계나 흥미 외에도 학생들이 가진 성향에 대해 파악할 필요가 있다. 심리학자인 카를 융(Carl Gustav Jung)은 내향성에 대해 아래와 같이 말했다.[38]

> 외향적이고 합리주의적인 관점에서 보면 내향적 유형들은 가장 쓸모없는 인간들일 것이다. 그러나 보다 높은 관점에서 보면 그 사람들은 풍요하고 격동하는 세계와 그 넘치고 황홀한 삶이 밖에만 있는 것이 아니라 안에도 있다는 사실을 입증하는 살아 있는 증인들이다.

역사수업에서 학생의 내향성은 교수학습 구성에서 주의 깊게 고려해야 할 문제이다. 특히 학생 활동이 주가 되는 수업을 이끌 때 내향적 태도를 가진 학생들에 대해 교사가 가지는 편견에 대해 고민을 해야 할 필요가 있음을 말해준다. 강연 플랫폼으로 유명한 TED(Technology, Entertainment, Design)에서 '내성적인 사람들의 힘'을 강의한 수전 케인(Susan Cain)은 내성적이냐 외향적이냐 한 것은 한 개인에게 있어 '특징'이지, 단점이 아니라고 주장한다.[39)]

예컨대, 역사 수업에서 아이들은 계속해서 의견을 나누고, 발표하는 데 이를 잘 해내지 못하면 '소심한 아이'로 낙인찍힌다. 내성적인 사람들의 힘을 이용하기 위해서 교수자는 학생들의 성향을 빠르게 파악하고, 이를 발전적으로 활용할 수 있도록 수업에서 세심히 다루어야 한다.

한편, 최근의 학습이론의 인식론적 측면에서는 교사가 말하면 무조건 받아적었던 학습자가 아니라 학습자 역시 지식을 재구성할 수 있다는 점에 주목한다.

구성주의란 인식주체 또는 관찰자가 자신의 현실에서 경험적, 인지적 활동을 통하여 구성한 것이 실재 또는 현실이라고 하는 인식론이다. 구성주의자들이 부정하는 것은 우리의 지식이라는 것이 실제 세계를 그대로 모사 혹은 재현하는 것이라는 전제이다. 지식은 단순히 현실의 모사가 아니라 나름대로의 지식구조(인지구조)인 스키마를 형성하고 있는 인식의 주체로서의 사람이 자신의 경험세계에서 인지적 활동을 하면서 구성하는 '나름의 현실'을 지식이라고 본다.

지식구성의 인지적 측면 혹은 사회적 측면에 대한 강조 정도에 따라 구성주의를 구분하는 입장은 콥(P. Cobb, 1996)에 의해 제시되었다.[40)] 인지적 구성주의는 개인의 인지 발달과 학습 과정에 중점을 둔다. 이 접근 방식은 주로 피아제의 이론에 토대를 두고 있으며, 학습자는 자신의 경험을 통해 지식을 능동적으로 구성한다고 보았다. 피아제는 아동이 각자의 인지 구조를 활용해 새로운 정보를 기존의 지식과 통합하는 과정을 강조하였다. 이에 따르면. 인지적 구성주의는 학습자가 직접 탐구하고 문제를 해결하면서 지식을 형성하는 과정을 중요하게 생각한다.

반면, 사회적 구성주의는 지식을 만들고 공유하는 사회적 맥락에 초점을 맞춘다. 이 접근 방식은 주로 비고츠키(Lev Vygotsky)의 이론에 기반을 두며, 학습이 사회적 상호작용을 통해 이루어진다고 본다. 비고츠키는 언어와 문화가 학습 과정에서 중요한 역할을 한다고 강조하고, '근접발달영역(Zone of Proximal Development, ZPD)' 개념을 도입하여 학습자가 다른 사람의 도움을 받아 스스로 할 수 없는 문제를 해결하는 과정을 설명하였다. 사회적 구성주의는 협력 학습, 토론, 멘토링 등을 통해 지식을 공유하고 발전시키는 방법을 중요시한다.

두 접근 방식 모두 학습자가 능동적으로 지식을 구성한다고 보지만, 인지적 구성주의는 개인의 내부 과정을, 사회적 구성주의는 사회적 상호작용과 문화적 맥락을 중시한다는 점에서 차이가 있다.[41)]

한편 학습자가 역사를 어떻게 이해하는가의 측면에서 '역사 문해력(historical literacy)'이 역사 연구에서 중요하게 다루어진다. '역사 리터러시(historical literacy)'에서 'literacy'는 문해력 혹은 문식력 등으로 번역할 수 있으며, 실제로 역사교육 연구에서 '역사 리터러시'와 '역사 문해력' 용어는 병용되고 있다. '리터러시'가 읽기 · 쓰기 능력을 의미하는 만큼 '역사 리터러시'의 핵심은 역사 텍스트를 분석하고 자신의 해석을 형성하는 능력이며 더 나아가 자신의 역사 지식을 구성하여 표현할 수 있는 능력까지 포함한다.

이처럼 역사 문해력은 크게 역사적 사실에 대한 지식의 보유, 역사가의 탐구 과정 수행, 역사의식 함양의 측면에서 논의되었다. 전통적 관점에서 역사 문해력은 역사적 사실을 아는 것을 의미했으나 최근 호주, 미국, 영국과 같은 영미권의 교육과정에서는 이를 역사 탐구 수행 과정에서 동반되는 역사적 사고나 기능으로 보는 새로운 관점이 주목받고 있다.[42)]

(3) 교과서의 측면

교과서에 대한 전통적인 접근에서 교과서는 모든 사실과 진실만을 말한다는 교과서관이 중심이었다. 그러나 이에 반해 독자반응이론(reader-response theory)은 교과서를 해석하고 이해하는 데 있어 독자의 역할과 반응을 중심으로 하는 이론이다.

특히 로젠블랫(Louise Rosenblatt, 1957)의 독자반응이론은 텍스트와 독자 사이를 분석하는 방법론으로서, 독자를 능동적인 사람으로 파악한다. 독자는 단순히 텍스트의 정보를 이해하는 것을 넘어, 자신의 질문, 감정, 삶의 경험을 텍스트와 연관시키면서 해석의 의미를 재구성한다. 이 이론은 텍스트와 독자 사이를 동등하게 보고 이의 상호작용, 즉 '거래'를 통해 의미가 형성된다고 본다.[43)]

이후 1960~70년대 여러 학자들은 독자반응이론을 독립적인 문학 이론으로 발전시켜 나갔다. 특히 롤랑 바르트(Roland Barthes)는 텍스트의 의미가 고정된 것이 아니라, 독자의 해석 행위에 의해 생성된다는 점을 강조하였다. 그는 텍스트가 단순히 저자의 의도를 전달하는 것이 아니라, 독자가 텍스트를 읽고 해석하는 과정에서 다양한 의미가 만들어진다고 보았다.

또한 롤랑 바르트는 '작가의 죽음(death of the author, 1967)' 개념을 통해 저자의 권위를 해체하고, 독자가 텍스트 해석의 주체임을 주장하였다. 따라서 텍스트의 의미는 독자마다 다를 수 있으며, 독자의 경험, 문화적 배경, 심리 상태 등에 따라 다양하게 변모한다. 그는 '작품'의 경우 물리적·고정된 산물이고 '텍스트'는 의미가 끝없이 생성된다고 판단하여 독자의 해석 행위를 중시한 '텍스트'란 용어를 사용하는 것을 즐겼다. 대표적 해체 이론가인 자크 데리다(Jacques Derrida)가 종래의 '작품'이나 '책'의 개념을 대체하기 위해 '텍스트'의 개념을 사용한 것도 이와 유사한 측면이 있다.[44]

롤랑 바르트는 텍스트를 두 가지로 구분하였는데, '독자적 텍스트(readerly text)'란 '읽기 가능한 텍스트'로서 기계 사용에 대한 사용법의 설명처럼 의미가 명확히 전달되는 텍스트이고, '작가적 텍스트(writerly text)'란 '쓰기 가능한 텍스트'로서 독자가 작가처럼 의미의 생성에 활발하게 참여하는 텍스트라고 하였다.[45]

볼프강 이저(Wolfgang Iser)와 스탠리 피쉬(Stanley Fish)의 경우 독자의 개념을 연구했다. 즉, 볼프강 이저는 '내포된 독자(implied redear)'를 텍스트 내에 내재된 이상적 독자상으로서 텍스트가 수사적 장치와 구조를 통해 기대하는 독자를 의미한다고 하였다. 즉, 텍스트 속에는 쓰여 있지 않지만 내포되어(implied) 있는 부분—이저는 이것을 '틈새', '공백' 혹은 '불확정성'이라 부른다—이 있어 독자는 자신의 상상력을 통해 채워 나간다는 것이며 독자는 텍스트 속에 독자의 반응을 유도하는 구조의 그물망에 있다는 것이다. 그러나 이러한 논리는 독자의 역할을 저자가 텍스트 속에 이미 암시해 놓은 것을 찾아내게 하는 것으로 한정하여 독자의 창의성에 한계를 두었다는 비판을 받았다.[46]

반면, 스탠리 피쉬는 이에 대해 비판하면서 독자의 역할을 강화하기 위해 의미 형성의 주체로서 '정통한 독자(informed reader)'를 내세운다. 즉 통달하여 정통한 독자는 언어적 경험, 문학적 관습에 대한 지식, 언어학적 자질과 독서에 필요한 의미론에 대한 지식을 내면화한 사람이다. 하지만 이 역시 정통한 독자가 너무 이상적이며, 주관적·상대적 독서에 머무를 수 있다는 비판이 일자 그는 공통된 소양이나 규범, 가치관을 가진 '해석 공동체' 이론으로 선회한다. 즉, 개인의 독서 행위가 사회와 유리되어 이루어질 수는 없다는 것이다. 그러나 이 역시 해석 공동체 사이에서 내리는 판단이 충돌할 경우 어떤 해석이 더 타당한가를 분석할 수 없다는 난점이 있다.[47)]

독자반응이론은 문학이론에서 시작하였지만 이것을 역사교육에 적용하면 역사 교과서가 단순히 고정된 의미를 전달하는 것이 아니라, 독자(학습자)의 맥락에 따라 새로운 통찰과 의미를 생성할 수 있음을 보여준다. 예를 들어 볼프강 이저의 이론은 역사교육에서 텍스트의 '공백'을 학생들이 상상력으로 채워 능동적으로 의미를 구성하고 비판적 사고를 키우도록 할 필요성을 시사한다. 또한 스탠리 피쉬의 이론은 학생들이 속한 해석 공동체의 규범과 가치관을 인식하고, 이를 바탕으로 교과서를 통해 다원적 역사 이해를 수용하는 교육 환경 조성의 중요성을 강조하는 데 유용하다. 두 이론은 모두 교과서를 하나의 텍스트로서 학생이 주도적으로 의미를 형성하는 과정과 역사 해석의 다양성을 존중하기 위한 역사교육의 방향을 제안한다. 이러한 교과서관을 가진 교사는 교과서도 하나의 변화될 수 있는 텍스트라는 점을 인식하고 학생들에게 새롭고 다양한 관점을 부여하는 데 노력한다.

4. 교사의 전문성과 지식

그렇다면 교과교육학으로서 역사교육학의 이론은 수업현장에서 어떤 영향을 끼칠까. 그리고 역사교육학의 이론을 공부한 교사와 공부하지 않은 교사의 수업은 질적으로 어떤 차이가 있을까. 이러한 질문은 역사교사의 전문성과 교사가 갖추어야 할 지식이 무엇인지에 대한 해답을 요한다.

이 질문에 답을 하기 위해서는 먼저 역사교육학에서 다루는 분야가 무엇인지 살펴볼 필요가 있다. 역사교육학에서 다루는 분야, 즉 연구의 범위는 크게 목적론, 역사교육과 역사학, 역사교육과 사회과학, 역사교육의 역사, 역사교육의 내용구조,

교육과정('목표, 내용, 방법, 평가'), 교재, 각국 역사교육의 비교 등으로 분류되어 왔다.[48)]

그런데 이렇게 다양한 분야를 다루는 역사교육학 이론은 바로 역사수업으로의 활용으로 전환되지 않는다. 역사 교사들이 예비교사 시절 습득한 역사교육학 이론이 실제 수업에 어떠한 영향을 미쳤는지 명확히 설명하기 어려워하는 현상은, 이론과 실제 사이에 존재하는 구조적 간극에서 기인한다. 그럼에도 불구하고, 역사교육학이 역사 교사를 소망하거나 더 나은 교사가 되고자 하는 이들에게 이론적 방향을 밝혀주는 등대가 되어야 하는 이유는 무엇인가.

예를 들어 요리사는 요리를 잘하기 위해 조미료의 종류와 좋은 식재료를 고르는 방법 등의 이론을 먼저 배워야 한다. 그런데 이러한 이론을 배운 사람이 무조건 요리를 잘한다고는 볼 수 없다. 자기만의 노하우를 갈고닦고 많은 실전을 겪은 사람이 결국 최고의 요리사가 될 수 있을 것이다. 그러나 그렇다고 해서 이론적인 연구를 소홀히 할 수 있을까. 우리가 흔히 말하는 기본 지식, 즉 기본기와 무한한 시행착오라는 두 가지 전제 없이 수업의 실전을 잘 할 수 있는 사람은 '타고난' 사람이 아니고서야 기대하기 힘들 것이다.

역사교육학에서 이러한 기본 지식을 제공하는 것이 이론의 힘인 것이다. 그런데 요리사의 비유에서 말했듯 '자기만의 노하우'를 갈고닦는다는 것은 어떤 의미일까. 역사 수업에서도 자신만의 수업 비법을 만들어가는 것은 그렇지 못한 교사와 어떤 부분에서의 차이가 있는 것일까. 이는 이론을 '많이 아는' 것과도 다른 것이다.

슈발라르(Yves Chevallard, 1989)는 학교에서의 지식을 학문적 지식, 가르칠 지식, 가르친 지식(학습된 지식)의 세 가지 유형으로 구분한다. 여기서 학문적 지식은 교육 내용으로 재구성되기 이전의 학자 차원의 지식이고, 가르칠 지식은 교육내용으로 선정하고 조직한 교사 차원의 지식이며, 가르친 지식(학습된 지식)은 교육활동이 이루어진 후에 학생이 구성한 학생 차원의 지식이 된다. 학생을 잘 가르치는 교사는 학자의 입장이 아닌 교사의 입장이 되어 학문적 지식을 교사 수준의 가르칠 내용으로 변환하고, 그런 다음에는 교사의 입장이 아닌 학생의 입장이 되어 교사가 가르칠 지식을 학생이 학습할 지식으로 변환하여 가르친다. 이것을 지식의 '교수변환(didactic transposition)'이라고 한다.[49)]

한편, 교사는 두 가지 지식을 구비해야 하는데 하나는 '아는 지식'이고, 다른 하나는 '주는 지식'이다.[50] '아는 지식'은 교과교육 관련 내용, 방법, 상황(학생, 교육과정, 사회적 맥락) 등에 대한 지식 즉 이론지식을 말하고, '주는 지식'은 이러한 지식을 학생에게 직간접적으로 전달, 제공, 촉진 및 공유하는 방법에 대한 지식 즉 '실천적 지식(teacher's practical knowledge)'을 말한다.

아는 지식이 많은 교사는 학생의 흥미와 능력 및 의지나 태도와 관계없이 교사가 알고 있는 온갖 배경지식을 학생들에게 일방적으로 쏟아 붓고 교실을 나오는, 소위 '토하는 교수법'이라고 지칭하고 있는 '지식 전달식 교수법(Knowledge Telling)'에 능하다.

교사는 학생 활동 중심 수업과 학생 배움 중심 수업을 구분해야 한다. 학생 활동 중심 수업에서는 교과내용보다는 활동에 초점을 둔다. 때문에 지식을 소홀히 다루는 것을 감추기 위해 화려한 활동과 수업 기교에 집착을 하고 그 결과 교사는 안내자로서 분주하기만 하고, 학생은 구경꾼으로 부분 참여자로서 역할을 하는 수업이 되기 쉽다.

반면에 학생 배움 중심 수업에서는 학생의 학습 활동과 학생의 배움을 위해 헌신하는 교사의 교수활동을 중시한다. 학생이 지닌 선행개념에 기초하여 오개념 목록을 만들고 그것을 해결하기 위한 다양한 전략을 구안한다.[51]

최근 역사수업에서 토의토론 수업에 대한 현장의 관심이 뜨겁다. 토의토론 수업은 학생의 역사적 판단력과 문제 해결력 향상에 크게 기여한다는 점에서 바람직한 방법이긴 하지만, 학생 활동중심 토의토론 수업에서는 토의토론 절차의 기법에 초점을 맞추어 기계적인 학생 참여만 이루어지는 경우도 많다. 학생의 활동만 있을 뿐 배움이 없는 수업이 된 것이다.[52]

지식을 명제적 지식(knowing that)과 방법적 지식(knowing how)으로 나누어 볼 때, 교과서에 실린 진술이나 그것이 의미하는 것을 아는 것은 명제적 지식, 역사적 사실이나 그 의미를 밝히는 데 필요한 지식이나 사고과정을 아는 것은 방법적 지식이라고 할 수 있다. 교과내용을 이해와 활동이라는 두 측면에서 접근한다면 전자는 이해함으로써 얻을 수 있고, 후자는 활동이라는 형태로 나타난다. 역사학습에서는 이 두 가지가 크게 구분되지 않고 동시에 상호보완적으로 나타나곤 한다. 한 수업의 내용을 가지고 사료학습을 한다고 할 때 비록 사료를 다루는 방법을 안다고 해도 이후 수업에서 이것이 적용되기 위해서는 매번 다른 해당 사료의 내용과 맥락을 아는 지식이 필요하기 때문이다.[53)]

한편, 1980년대 미국의 학부모들과 교육계의 일부 인사들은 공립학교 교육수준의 질적 저하문제에 대해 심각한 우려를 표명하였다. 교직의 전문성에 대한 관심과 시각은 교육 개혁으로 이어질 수밖에 없었다. 스탠포드 대학교의 슐만(S. Shulman, 1986)은 교직의 전문직화를 목적으로 카네기 프로젝트(Carnegie Project)를 수행하였다. 그런 다음 교사의 지식기반 요소로 교과내용지식(subject matter content knowledge), 교육과정지식(curricular knowledge), 교수내용지식(PCK, pedagogical content knowledge)[54)]을 들었다.

교과내용지식은 교과의 기본 개념이나 원리를 조직하는 여러 가지 방법에 관한 지식과 참이나 거짓, 타당성이나 비타당성을 결정하는 방법에 대한 지식이다.

교육과정지식은 특정 수준의 특정 교과와 주제를 가르치기 위해 개발한 다양한 유형의 프로그램, 교수·학습 자료 등이다.

교수내용지식은 교과내용을 가르치는 방법에 대한 지식으로 교과 내용 지식과 교수법 지식의 특별한 결합체이다. 교수내용지식은 잘 가르치는 교사를 구분하는 주요한 요소이며 교사가 가져야할 주요한 지식을 나타낸다.

교수내용지식의 개념이 소개된 이후 교사 전문성 관련 연구들이 교육 내용이나 교사 측면에 초점을 맞추기 시작했다. 교사가 교육 내용을 학생들에게 어떻게 표현할 것이며 교육 내용과 관련하여 학생들에게 어떤 질문을 해야 하고 학생들이 지닌 오개념에 대해 어떻게 대처할 것인가의 문제가 교사 교육 연구의 핵심과제로 떠오른 것이다.

이후에 이를 보완한 교수내용지식 펜타곤 모형은 우수 교사가 구비해야 할 교수내용지식의 구성 요소와 그 하위요소를 나타낸 것이다. 슐만이 교사지식을 분류하고 교수내용지식의 관계 규명에 초점을 맞추었던 것에 비하여, 펜타곤 모형은 교과교육과 관련한 교수내용지식의 구성요소 규명에 초점을 맞추었다.

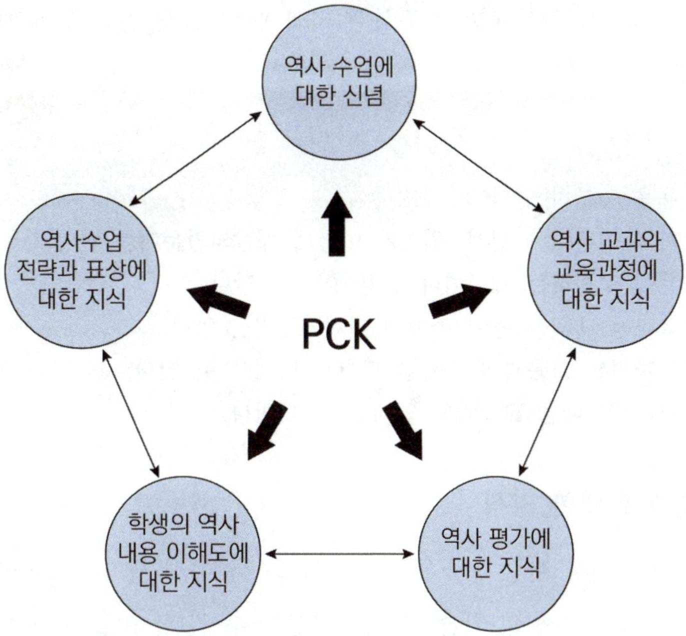

[그림 1-3] 역사 교수내용지식 펜타곤 모형[55)]

1) 역사 수업에 대한 신념

교사가 역사 수업을 바라보는 관점 혹은 인식에 해당된다. 역사 수업에 대한 교사의 신념이 해당 차시의 수업 목표 및 내용 선정과 학생 이해 수준 파악, 학생의 배움을 위한 교수 유형 및 자료 선정, 학습 결과 평가에 대한 교사의 의사 결정을 안내하는 '개념 지도'의 역할을 한다. 여기에는 교사의 역사교육관, 교사관, 수업관, 교재관이 개입된다.

〈하위요소〉
교과의 목표 도달을 위해 개념중심 수업을 한다.
교과의 목표 도달을 위해 학문중심 수업을 한다.

2) 역사 교과와 교육과정에 대한 지식

역사 교과와 교육과정에 대한 지식은 역사에 대한 지식을 포함한다. 역사학은 무엇이고, 그것을 구성하는 철학이나 이론, 원리와 모형 및 전략의 실체는 무엇인지에 대해 지식을 바탕으로 역사 교육과정의 목표, 학년별 학습 내용의 수준과 범위, 교육과정을 반영한 교과서 구성 원리와 단원 전개 방식 등에 대한 지식을 추가하는 것이다.

〈하위요소〉
역사 내용을 충분히 안다.
역사 교과의 이론이나 법칙, 원리가 어떻게 개발되었는지를 안다.
역사 내용을 구성하는 개념이나 원리, 이론을 안다.
역사 교육과정 내의 내용이 어떻게 연계되는지를 안다.
교과서와 관련된 교육과정 자료를 다루는 방법을 잘 안다.
역사교육과정과 다른 교과와의 연계성을 잘 안다.

3) 역사 평가에 대한 지식

교사는 학생의 역사 학습 능력을 체계적이고 명확하게 평가한 결과를 바탕으로 자신의 수업 능력과 학생의 학습 능력을 개선할 수 있다. 이를 위해 역사 교사는 바람직한 평가관, 다양한 평가방법과 평가 도구를 구비해야 한다. 교과 학습 내용의 수준과 범위를 바탕으로 평가 목표와 평가 도구를 결정해야 한다.

〈하위요소〉
평가 도구가 특정 단원의 평가에 적합하다.
다양한 평가 방법을 활용하여 특정 단원에 대한 학생 이해도를 평가한다.
진단평가, 형성평가, 총괄평가를 활용하여 특정 단원에 대한 학생 이해도를 평가한다.

4) 학생의 역사 내용 이해도에 대한 지식

학생들의 역사 이해도에 대한 지식은 특정 학생이 특정 단원의 지식을 습득할 때 도움을 주기 위한 교사지식이다. 여기에는 특정 단원의 지식에 대한 특정 학생의 흥미파악, 선수학습 요소 파악, 오개념과 난개념 파악 등이 해당된다.

〈하위요소〉
학생들이 특정 단원에 대해 지니고 있는 배경과 경험의 차이를 이해한다.
학생들이 특정 단원에 대해 지니고 있는 선개념을 이해한다.
학생들이 특정 단원을 학습하면서 무엇을 어려워하는지, 무엇을 잘 하는지 안다.

학생들이 특정 단원을 학습하면서 무엇을 잘못 알고 있는지 안다.
학생들이 특정 단원에 대해 지닌 태도와 습관을 안다.
학생들이 특정 단원에 대해 지닌 적성과 흥미를 안다
학생들이 특정 단원에 대해 지닌 인지발달 차이를 안다.

5) 역사 수업 전략과 표상에 대한 지식

역사 수업 전략은 특정 단원의 특정 내용 교수에 적합한 교수법을 의미한다. 여기에는 교사용 지도서에 제시된 문제해결 모형, 지식탐구 모형 등이 해당되며 역사 수업 표상(representation)으로는 특정 내용을 특정 학생의 발달 수준에 맞게 변환하여 가르치는 예시와 설명(은유, 유추, 비유), 감정이입 등이 있다.

〈하위요소〉
학생들이 특정 단원의 특정 내용 학습에 흥미를 보이도록 다양한 교수법을 활용한다.
특정 단원의 내용에 대한 이해를 돕기 위해 예시를 든다.
특정 단원의 내용에 대한 이해를 돕기 위해 일화나 전기를 활용한다.
특정 단원의 내용과 이해를 돕기 위해 발문(회상, 기억, 주의집중, 문제상황 제시, 활동유발, 추론, 비교와 대조)을 활용한다.
특정 단원에 대한 이해를 돕기 위해 적합한 설명(은유, 유추, 비유)을 한다.[56]

5. 역사의 과학성 논쟁

역사학이 문학이냐 과학이냐의 문제는 '지식이 무엇인가'를 다루는 관념론자와 실증론자의 오래된 논제이나 역사교육에서 이 문제가 중요한 이유는 역사과에서 다루는 지식의 성격과 교사의 설명과정에서 도출되는 '일반화'의 성격을 알 수 있기 때문이다.[57]

1) 관념론자와 실증론자의 견해[58]

리케르트(Heinrich John Rickert), 딜타이(Wilhelm Dilthey), 크로체(Benedetto Croce)와 같은 학자들은 자연과학의 방법이 일반적인 법칙을 설정하려는 데 반하여 역사학은 개별성을 특징으로 한다고 하면서 자연과학과 역사학의 차이를 설명했다.

콜링우드(R. G. Collingwood)는 “역사가가 추구하는 것은 사고의 과정이다. 그러므로 모든 역사는 ‘사상의 역사’이다.”라고 하면서 과거 행위자의 사상을 들여다보는 역사가의 내적인 측면에 주목하고 모든 역사는 사상의 역사임을 강조한다.[59)]

오크쇼트(Michael Oakeshott) 역시 역사의 개별성과 고유성을 강조하였다. 그는 특히 “역사적 사건이 일반법칙의 사례로 간주되는 순간 역사는 상실된다”라고 하였다.

한편 관념론자들 견해의 비판에 앞장섰던 헴펠(Carl G. Hempel)은 콜링우드의 ‘감정이입적 또는 자기투영적 해석은 심미학적 사실을 방법론적 원칙으로 오해한 데서부터 빚어진 결과’라고 하면서 소위 ‘포괄법칙이론’, 즉 연역적-법칙적 설명을 그 대안으로 제시하고 있다. 그에 따르면 하나의 사실을 설명하는 진술은 그 사건의 선행적 혹은 동시적인 전제조건을 나타내는 진술과 경험적으로 입증할 수 있는 보편적 법칙으로부터 자연적으로 연역될 수 있다.

2) 헴펠과 드레이의 논쟁[60)]

헴펠의 실증주의적 모델에 대해 가장 강력하게 비판한 사람은 캐나다의 역사철학자 드레이(W. H. Dray)였다. 헴펠의 포괄법칙이론은 1940년대 처음 제기된 이래 1950~70년대 역사적 설명을 둘러싼 논의의 찬반양론으로 구성되었고, 지금까지도 가장 중요한 논쟁의 쟁점이다.[61)] 이중 헴펠-드레이 논쟁은 역사적 설명의 성격을 둘러싼 논의 가운데 가장 핵심적이다.

드레이는 헴펠의 포괄법칙이론이 경험적 법칙이 아니라 추론의 원칙에 지나지 않음을 강조한다. 즉 헴펠의 이론은 “그 경우가 무엇이고, 무엇이었으며 무엇일 것인가에 대해서는 아무것도 말해주지 않고 다만 만일에 그렇고 그러한 경우라면 무엇이 말해질 수 있을 것인가에 대해서만 말해주는 데 불과하다”라는 것이다.

드레이의 ‘합리적 설명’ 모델에 따르면 어떠한 역사적 행동은 특수한 문제상황에 직면하고 있는 한 개인이 ‘해야 할 일’을 의미한다. 즉 어떠한 행위자의 행동을 설명한다는 것은 행위자가 그와 같은 종류의 환경 속에서 그가 했던 종류의 일을 언제나 할 그런 종류의 사람이라는 것을 보여주는 데 있는 것이 아니라 그가 했던 종류의 일은 그 자신의 관점으로부터 볼 때 완전히 타당한 의미를 지니고 있었다는 것을 보여주는 데 있다는 것이다.

헴펠은 드레이의 이러한 견해에 대해 반박하였다. 즉 하나의 행동이 어떠한 주어진 환경 속에서 행위자가 해야 할 적절하고 합리적인 일이라고 설명하는 것이 곧 그 행위자가 왜 그와 같은 방식으로 행동했는가를 설명하는 것이 될 수 없다는 것이다. 또한 실제로 행위자는 합리적이라고 할 수 없는 일을 행하는 경우도 많다. 그러므로 드레이의 '합리적 설명'이 힘을 갖기 위해서는 추가적으로 '행위자는 그때 합리적 행위자였으며 그 행위자는 어떠한 상황에 처할 때 필연적으로 어떤 행위를 하게 되어 있다'는 경험적 일반화를 수립할 필요가 있다고 하였다.

결론적으로 헴펠의 포괄법칙 모델을 대신할 새로운 설명으로 제시된 합리적 설명이론은 '이유에 의한 설명 방식'을 추구한다는 의미에서 '원인에 의한 설명방식'을 추구하는 법칙적 설명과 큰 차이가 있다. 이러한 합리적 설명은 목적의식이 뚜렷한 역사적 인물의 행위를 설명하기 위한 인물학습과, 특정한 국가나 집단의 특정한 정책 결정의 이유 등을 설명하는 경우에 유용하다. 특히 의사결정능력의 신장을 위한 학습 과정에서 유용한데, 합리적 설명의 과정은 행위자의 목적, 상황, 대안, 선택이라는 네 가지 단계로 구성되어 그의 목적뿐 아니라 여러 대안들과 각 대안의 문제들, 대안 하나하나의 이해득실을 검토하기 때문이다.[62] 그런데 드레이의 합리적 설명이 종전의 관념론적 설명과 다른 점은 추체험이나 감정이입의 차원을 넘어선 인간 행위의 결정 과정을 논리적으로 추리한다는 점이다.[63]

스토버(Robert Stover)와 같이 '자연적 질서의 명료성'에 기반을 두고 과학적 사고와 역사적 사고를 동일한 차원에서 보고 있는 사람도 있었으나 대부분의 역사가들은 드레이처럼 포괄법칙이론이 역사학의 탐구양식과 거리가 멀다고 생각했다.

이런 상황에서 헴펠의 이론은 점차 현실에 맞도록 완화·수정되고 있었는데 이러한 경향은 헴펠 자신에게서 찾아볼 수 있다. 헴펠은 역사적 설명에 있어 보편적 법칙이 지니는 문제점을 지적하고 그 대안으로 확률적-귀납적 설명방식을 제시하고 있었다. 즉 "어떠한 조건들 하에서 어떠한 종류의 사건이 0.9 또는 0.5보다 더 큰 통계적 개연성을 가지고 나타난다"는 식의 설명방식으로서 일정한 법칙을 상정한다는 점에서는 앞의 포괄법칙적 설명과 별 차이가 없다. 그러나 여기에서 사용된 법칙은 보편적인 형태라기보다는 통계적인 형태를 보여주기 때문에 그 결과로 나타나는 설명적 논의도 연역적이라기보다는 귀납적 성격을 띠는 것이다.

이러한 통계적 설명방식과 마찬가지로 헴펠이론에 대한 수정안으로 제시된 것 중 하나는 라일(G. Ryle)에 의해 제시된 소위 '성향적 설명'으로 이것은 한 개인의 성격이나 행동의 성향에 관한 일반화를 통해 그 개인의 행동을 설명하는 방식이다. 예를 들어 '나폴레옹은 야심적이다'와 같은 일반화는 '만일 나폴레옹이 세계를 정복할 기회를 포착한다면 그는 그것을 시행할 것이다'와 같은 가설적 진술의 정당성을 보장해 준다는 의미에서 성향적 성격을 가진 법칙이라 할 수 있다.

한편 또 다른 수정안으로서 레셔(N. Rescher) 등에 의해 제기된 '제한적 일반화'가 있다. 이는 특수한 시간과 장소에 한정된 일반화를 통해 역사를 설명하는 방식이다. 예를 들어 "프랑스 혁명 이전 프랑스 해군사관생은 귀족계급에서 선발되었다"와 같은 일반화가 바로 그것이다.

이와는 별도로 헴펠과 드레이 어느 편에도 동조하지 않으면서 자신의 독자적 견해를 내세우는 사람들도 있다. 이들 중에 아벨슨(Raziel Abelson)과 같은 사람은 "예를 들어 히틀러나 스탈린 같은 사람의 결정이나 행동은 논의할 여지가 없이 역사적으로 중요한 것이지만 그러나 그들이 언제나 드레이가 말한바와 같이 합리적으로 행동했다고는 볼 수 없다"라고 주장한다.

이에 대해 가디너(Patrick Gardiner)는 역사와 과학의 차이를 무엇보다 언어 그 자체에서 찾고, 과학자에 의해 사용되는 언어와 역사가에 의해 사용되는 언어 사이에는 기본적인 차이가 있다고 보았다. 즉 전자가 정확성과 함께 일반성을 지닌 반면 후자는 그렇지 못하다는 점을 강조하였다. 역사가가 이용하는 언어 자체가 이미 주어진 것의 분류를 내포한다고 하면서 관념론자와 실증론자의 주장 어느 쪽에도 동조하지 않았다.[64)]

3) 역사학에서 '일반화'의 성격[65)]

역사의 탐구에서 일반화를 세울 수 있느냐 없느냐 하는 문제는 역사가들 사이에서 가장 큰 논의의 대상이 되고 있는 문제 중 하나다. 관념론자와 같이 역사의 고유한 성격을 강조하는 사람들은 역사의 일반화를 반대하는 반면 실증론자는 과학에서 사용되는 것과 같은 일반화를 역사학과 동일한 것으로 보고 있다.

역사가의 설명 속에 등장하는 일반화는 때로 너무 익숙하고 분명한 것이다. 예를 들어 '권력을 소유하는 자는 그것에 의해 숙청당하기 쉽다'와 같은 상식적 차원에서 머무는 경우가 많다. 하지만 이렇게만 본다면 역사적 일반화에 관한 논의 자체도 무의미하게 된다.

정선영은 역사적 일반화에 대한 반대의 근거는 그것이 자연과학에서처럼 입증될 수 없다는 것인데 포괄법칙이론을 주장하는 사람들을 제외하고 역사적 일반화가 자연과학에서처럼 분명한 방안과 논리를 가지고 입증될 수 있다고 주장하는 역사가는 아마도 없을 것이라 주장하였다. 그래서 역사가들은 그 자신을 좁고 제한된 영역에 소속시킨다고 해도 일반화를 피할 수 없다고 본다.[66)]

버스턴(W. H. Burston)은 일반화의 속성에 대해 말하기를 '역사가에 의해 이용되는 일반화는 논리적으로 봐서 포괄법칙 속에 내포된 것들과는 다른 종류의 일반화이다'라고 하고 있다. 즉 그것은 특수한 사건이나 운동에 제한된 것으로 '폐쇄된 부류의 일반화(closed-class generalization)'로서 소위 '개방된 부류의 일반화(open-class generalization)'와는 다르다는 점이다.

한편, 역사적 일반화의 하나로 분류적 일반화(categorical generalization)를 살펴볼 필요가 있다. 분류적 일반화는 일반화 중 가장 기초적이고 필수 불가결한 것으로 모든 역사가에게 공통적으로 이용되는 일반화이다.[67)]

예를 들어 "개화당의 급진파는 김홍집 등의 온건한 계획을 패퇴(敗退)시키고 철저한 개화의 시대를 시작했다"와 같이 비교적 단순해 보이는 문장도 이를 분류해 보면 첫째, 사람들을 일정한 그룹으로 분류하는 일반화(급진파), 둘째, 시기의 성격을 나타내는 일반화(개화의 시대), 셋째, 평가적인 일반화(온건한, 철저한) 등 세 개 이상의 일반화를 찾아볼 수 있다. 이렇게 볼 때 분류적 일반화는 역사가들 누구나 사용하고 있는 기본적인 수준의 일반화라 할 수 있다.

Ⅱ 역사과의 독립 및 사회과 통합 논의의 쟁점

1. 일제강점말기 통합교과 '국민과' 운영[68)]

우리나라의 역사교육에 대한 일제강점기 청산 문제는 해방 직후 미군정에 의한 사회생활과 도입의 문제와 맞닿아 있다. 해방 정국에 이루어진 일제강점기 역사교육의 청산 과제를 살펴보기 위해서는 이 시기 청산하고자 하였던 대상인 일제강점기 역사교육의 실체는 무엇이었는가를 반드시 살펴보아야 할 것이다. 이를 위해서는 일제강점기 말 역사 과목을 위시한 수신, 국어, 지리를 하나로 묶은 '국민과'의 실체를 살펴볼 필요가 있다.

태평양 전쟁 시기 일본의 동화주의는 '내선일체'와 '황국신민화'라는 신념을 주입시키는 교육으로 표면화되었다. 1941년 4년제 심상소학교를 6년제 국민학교로 하며, 학교에서 조선어 사용을 금하는 국민학교령이 발표되었다. 이와 함께 지금까지의 과목 중심의 교육과정을 교과와 과목 중심으로 하는 획기적인 변화가 실시되었는데, 그 구체적인 것으로 수신, 국어, 지리, 역사 과목을 하나로 통합하는 국민과의 탄생이었다.

제1차 세계대전 직후 민주주의 교육이 한창 제창되어 본격적인 대정 데모크라시가 시작되는 1920년경부터는 미국의 달톤 플랜(Dalton plan)이나 프로젝트법(Project method)이라고 하는 소위 신교육사상이 한창 소개되고 또 실시되었다. 이와 같은 직수입교육이론과 병행하여 신교육 운동으로 나타난 것 중 하나가 합과학습이었다.[69)] 이 운동은 문부성이 지지했다고 하기 보다는 일선의 학교장과 교사들을 위주로 한 운동이었고 문부성은 이를 암묵적으로 승인하고 있었던 것으로 보아야 할 것이다.

그러나 이러한 종래 교육에 대한 합과주의자들의 비판은 동시에 합과학습 교육의 실제가 보여주는 개인주의적, 자유주의적 경향 때문에 국가주의적 교육방식을 주장하는 사람들에게 비판의 대상이 되었다.

국민학교안이 만들어질 당시, 동경사범 교수였던 유라 데쓰지(由良哲次)는 주관적 종합교수가 개인주의적 기조를 가진 것에 비해 객관적 종합교수는 전체주의적 기조를 가지고 있다고 보았다. 그리고 그보다 깊은 근거를 제3의 실체적 근거라 하고, 주관과 객관이라고 하는 것도 이 실체에 근거하고 실체는 주객합일적인 것이라고 하였다. 즉 주관과 객관이 교육적 견지에서 합일되는 곳에서 민족의 근원이 태어나게 되고, 일본 고유의 독특함을 지니며 교육칙어에서 오랫동안 강조되어 온 '황국의 도'가 중요시된다고 하고 있다.

이러한 논리에 따르면, 종합교수는 아동 스스로의 구체적 생활 체험에 따라 의식과 환경, 역사와 문화를 연관시킨 지식을 수련하고, 궁극적으로 민족의 개성에 의한 근원적 통일을 이루기 위해 교수하는 것이었다.[70)]

그렇다면 국민학교 '종합교육'의 또 다른 일면인 '통합교과'의 논리는 어떠한 것이었을까.

통합교과와 관련하여 국민학교령의 제5항 교육방침에서 다음과 같이 규정하고 있다.

> 각 교과 및 과목은 그 특색을 발휘함과 동시에 상호의 관련을 긴밀하게 하여 국민 연성(錬成)의 일도(一道)에 귀일시킨다.[71)]

즉, 국민학교의 각 교과는 종래의 교과목이 고도해체되어 '황국민의 연성(錬成)'이라고 하는 국민학교의 최고목표, 즉 가장 위로부터 선택되어 4개 또는 5개의 교과로 재편성된 것이다. 그 다음에 각 교과 내에 다시 그 성질과 부분의 목표에 따라서 유기적으로 분절된 것이 과목이었다. 이는 아래로부터 몇 개의 과목을 종합하여 만든 것, 즉 과목이 모아져 그 후에 그것이 집합되어 교과가 된 것이 아니었다. 따라서 국민학교의 교과의 구분은 교육의 목표에서 본 교육내용의 구분이며 학문상의 분류는 아니다.[72)]

1941년 일본과 조선에서 동시에 실시한 국민과는 황국신민의 연성이라는 실천적 목적을 위해 두어진 교과였다. 조선에서의 국민과의 목적은 1941년 발표된 '국민학교 규정'에 구체적으로 나타나 있다.[73)]

> 우리 국가의 도덕, 언어, 역사, 국토 · 국세 등에 대해서 습득시켜 특히 국체(國體)의 정화를 명확하게 하여 국민정신을 함양하고 황국의 사명을 자각시켜 충군애국의 지기를 양성하는 것을 요지로 한다.[74)]

이렇게 만들어진 역사교육의 목적은 "우리 국가의 역사에 대해 그 대요를 회득(會得: 이해)시키고 국체(國體)의 존엄한 이유를 체인시킴과 함께 황국의 역사적 사명을 자각시킨다."로 되어 있었다.

한편, 일본은 제2차 세계대전에서 패망한 직후 미군정기를 맞게 된다. 일본의 미군정기는 1945년 8월 15일부터 1952년 4월 28일까지의 기간에 해당된다.

1945년 7월 26일 개최된 포츠담 선언에서 점령지 교육정책의 기조였던 일본의 초국가주의와 군국주의 요소를 배제하고 민주주의화를 해야 한다는 두 가지 방침은 당분간 그대로 지속되었다. 그런데 1945년 9월 15일 일본의 문부대신이 신일본 건설의 교육방침에서 "국체를 보존하고, 군국적 사상 및 시책을 불식시키고, 평화국가의 건설을 도모하며"라는 모순된 정책을 내세우고 있는 점은 주목할 만하다. 이는 미군정의 교육 정책 방향과 완전히 다른 것이었으나 일본을 대소련 정책의 교두보로 삼는 미군의 입장에서는 미군정만의 방향을 고집할 수는 없는 것이었기에 미국의 완전한 일본 점령지 해체작업도 완전한 것은 되지 못했다.

2. 해방 직후 '국민과' 청산 문제와 '사회생활과' 도입[75)]

미군정기는 미군이 한국에 진주한 1945년 9월 7일부터 1948년 8월 15일 정부수립 시까지의 시기를 말한다. 미군정은 군정의 실시 기간 동안 미국식 민주주의 모델을 적용시키려고 하였기 때문에 지금까지도 미군정 3년간은 교육을 비롯해 정치, 경제, 문화 등이 형성되는 대전환의 시기였다고 볼 수 있다.[76)]

해방 직후 우리의 많은 단체들은 교육에 대한 열망에 가득 차 있었다. 미군정 역시 무한정 휴교를 할 수 없어 국민학교(1945.9.24)와 중등학교(1945.10.1)를 다시 열었다. 이에 앞서 군정청 학무국은 국민학교 교과목 편제를 9월 22일 발표하였고, 중등학교는 9월 30일에 발표하였다. 이때 국민학교 교과목 편제에는 지리・역사를 매 학년 1~2시간 가르치는 것으로 되어 있고, 수신 대신 공민 과목을 따로 두어 일제강점 말기에 만들어진 국민과라는 통합교과가 개별 과목으로 분리되어 있음을 알 수 있다. 이후 역사, 지리 과목을 따로 두는 체제로 변하는데 이는 1946년 9월 사회생활과가 나오기 직전까지 지속되었다.[77)]

이때 황국신민의 연성을 목적으로 하는 국민과가 사라지고 분과형 과목 중심으로 편제되었기 때문에 미군정이 정확하게 국민과의 목적이 무엇인지 알고 있었다는 것을 반증한다. 또한 교련, 무도, 수련과 같은 전시체제를 위해 필요했던 과목도 해방직후 없어졌던 것이다.

한편, 일제강점에 의해 단절되었던 교과서는 미군정하에서 『초등국사』(5, 6학년용, 군정청 학무국, 1946.6)와 『국사교본』(중등용, 진단학회, 1946.6) 등이 발간되었다.[78)]

그런데 『국사교본』 이외에도 한국 역사학계에서 활발한 활동을 하였던 여러 저자들이 교과서를 집필한 점은 주목할 만하다. 이들은 해방 이후 역사학계뿐만 아니라 역사교육에도 관심을 두고 많은 연구를 하여 영향을 주었다.

특히 황의돈은 민족적 관점에 입각하여 해방이 되자 중등용 국사 교재인 『중등국사』를 펴냈으며, 미군정이 펴낸 초등용 임시 교재인 『초등국사』도 집필했다. 『중등국사』는 일제 강점기에 많은 학교에서 교재로 사용되었던 『중등조선역사』를 일부 수정하여 간행한 책이다. 『중등국사』는 해방 이후 처음 나온 교재였고, 당시 문교부가 중등용 국사 교재로 출판한 『국사교본』이 1946년 6월에야 정식 배부되었으며, 교과서 발행제도도 정비되어 있지 않았기 때문에 『중등국사』는 상당히 널리 사용되었을 것으로 짐작된다.[79)]

미군정은 1946년 9월 사회생활과 교육과정을 개설하였을 때, 국민학교는 통합교과로 교수하고 중등학교는 사회생활과의 정신은 그대로 두되 보류하기로 하면서, 그 이듬해에 사회과로 통합하되 역사, 지리, 공민으로 분리해서 교육하는 것으로 하였다. 이에 따라 동년 12월에는 국민학교 교수요목이, 1947년 12월에는 중등학교 교수요목에 의해 국사는 공민, 지리와 함께 사회생활과에 통합되었다.[80)] 중등학교 교수요목[81)]의 운영법에 대해서 살펴보면 아래와 같다.

> 그러므로 교사는 이 세 부분(지리, 역사, 공민)을 아무 관련도 없이 따로따로 다루지 말고, 항상 각 부분이 바로 긴밀한 연락을 취하여 사회생활과 교수의 궁극의 목표에 이르도록 노력해야 한다.[82)]

상기의 내용은 중등학교 사회생활과 교수요목 중 그 '운영법'을 설명한 것으로 사회생활과의 최초 정책 입안에 대해서는 통합된 교과를 지향하였을지라도 교과서나 교사의 수업 부분은 분과적 교과체제를 취하였던 것이다.[83)]

해방 직후 각처에서 교육자들의 자치적 단체가 속출했으며 1945년 8월 하순에 진보적 교사들에 의해 '초등교육건설회'가 민주화 교육을 목표로 내걸고 조직되었다. 반면 보수적 교육자들 역시 신국가 건설에 필요한 교육대책을 논의하는 모임을 갖는 등 다양한 개혁의 움직임이 전개되었다. 그러나 이들의 노력은 제대로 채택되지 못하고 미군정의 진주로 상당히 많은 부분에 있어 식민지 교육정책을 답습하여야 했다.[84)]

또한 1946년 9월 공표된 '사회생활과' 교육 과정 수립의 과정은 한국인의 저항과 이를 묵인하는 미군의 관철 과정이 보인다. 1946년 9월에 발표된 교육과정이 교육자문기구 조선교육심의회[85)] 내 논의와는 큰 관계없이 전격적으로 추진되었다는 점이다. 이에 대해서는 1946년 당시 문교부 편수국 교육담당 편수관이었던 최병칠과 조선교육심의회 교과서 분과 위원장이었던 최현배 사이에 '사회생활과' 도입 경위에 관한 대담 내용에서 실마리를 찾을 수 있다.

최병칠은 최현배와 마주한 자리에서 '사회생활과'의 창설 경위를 물었고 이에 최현배는 "문교부에 있던 미군정 고문단에서 권고해 왔기에 받아들인 것입니다." 라고 답했다. 그러자 다시 최병칠이 "저는 언더우드 장관 고문, 앤더슨 편수국장 고문의 라인을 통해 온 것으로 알고 있었습니다."라고 응대했다.[86)] 즉 '사회생활과' 교육과정은 심의회나 여타의 한인 관료들이 아닌 미군정 교육 고문단의 의견을 수용해서 결정된 것이었다.

최병칠과 최현배에 따르면 바로 이 미군정 교육 고문단이 '사회생활과' 교육과정을 군정청 관료들에게 직접 권고했다는 것이다.[87)]

1946년 3월에 해산된 조선교육심의회에서는 '사회생활과' 편성에 대한 논의가 미군정의 입장에 맞게 정리되지 못했다. 결국 미군정은 '사회생활과' 교육과정을 심의회 논의와는 별도로 오천석을 중심으로 한 문교부 직원들과의 협의 속에 추진한 것으로 판단된다.

심지어 한국에서 미군정기에 도입되었던 미국의 진보주의 교육론은 대공황이후 사회재건론자들에 의해서 비판받았던 초기의 사회효율성 중심적이고, 아동중심적인 교육이론들이었다.[88] 1920년대를 전후하여 절정기를 맞은 진보주의 교육론은 사회적 효율성의 원칙과 실업교육의 확대는 사회적 불평등을 재생산하는 기능을 하게 되었다. 그 결과 이미 1930년대 초 미국의 경제공황으로 인하여 진보주의 교육개혁운동에 대한 비판과 함께 자성이 일어났고, 자본주의적 효율성에 기초한 교육정책에 대한 반발로 사회복지와 같은 사회문제를 해결하는 데 관심을 가진 사회재건론이 제창되었던 것이다.

미군정의 교육정책이 사회생활과로 귀결되었기 때문에 애초에 한국인에 대한 특별한 역사적 인식 변화의 체계적인 청산의 과정을 밟을 수 없게 되었다.[89]

당시 역사 담당 편수관이었던 황의돈을 비롯하여 서울대학교 사범대학 교수들과 다른 대학 교수들의 격렬한 반대가 전개되었다. 황의돈의 경우 "크게 교육 내용이 달라지는 것도 아니고 거저 지리, 역사, 공민을 합쳐서 미국식을 본떠 보려고 하는 '사회생활과'라는 교과를 둔다면 이것은 우리의 역사를 팔아먹는 것이나 다름없다. 순수한 우리의 것이 엄연히 존치되고 있는데 무엇 때문에 외국의 것을 수입해 와서 잡탕을 만들려고 하느냐. 우리의 문화를 매장하려는 것이지 무엇이냐? 나는 국사를 팔아먹지 못하겠다."라고 할 정도였다.[90]

이처럼 사회생활과 도입과 관련된 논란의 핵심은 국사과목의 포함여부였다. 이로 인한 사회생활과 도입 찬성과 반대의 분위기 때문에 1946년 3월 조선교육심의회가 끝날 때까지 사회생활과의 도입은 확정되지 못하였다. 1946년 6월까지도 사회생활과 도입을 주장하는 미군 측 관리와 도입에 반대하는 지리, 역사, 공민 편찬위원들의 대립이 계속되고 있었던 것이다.

그런데 1946년 8월 22일에 설립된 국립 서울대학교의 사범대학에 종합교과인 사회생활과 교원양성을 위한 학과가 설치되었다. 심지어 이는 1946년 9월 사회생활과가 포함된 신 교육과정이 발표되기도 직전이었다. 사범 대학교수들은 통합교과의 필요성은 인정하나 우리나라 실정에서 그에 적의한 내용 편성의 교과서 저작이 어렵고 가르칠 교사도 없다고 주장하였다. 이처럼 사회과의 통합문제는 일제강점말기의 국민과 설치로부터 해방 이후 지금에 이르기까지 다양한 문제들을 해소시키지 못한 채 지속되고 있다.

3. 사회과 통합 과목 운영의 적절성 문제

교육과정이 개정될 때마다 사회과 통합의 문제는 교과서 통합, 계열성의 문제, 수업시수 등의 고질적 문제를 가져오고 있다.[91)]

중학교 교과서의 경우 지리영역, 사회영역, 역사영역을 구분하여 하나 또는 두 개의 교과서 내에 모든 내용 체계를 구성하는 방법이나 역사영역만을 따로 독립시켜 '역사' 교과서를 따로 하는 최근의 방법 등이 사용되는데 어느 방법이든 각 교과의 특정적 성격이 나타날 수밖에 없고 완전 융합의 형태로서 교과서는 만들어지기 힘들었다. 사회과 통합과목은 완전 융합의 통합을 지향했지만 실제로 나타난 현상은 분과적 성격을 그대로 지닌 채 운영된 것이다.

제6차 교육과정에서 나타난 '공통사회' 과목과 2015 개정 교육과정에서부터 나타난 '통합사회'(2022 개정 교육과정에서는 '통합사회1', '통합사회2' 과목으로 변화됨) 과목의 실시는 이러한 모습을 그대로 보여준다. '공통사회' 과목은 제6차 교육과정에서만 한시적으로 시행되다 사라졌다.

제6차 교육과정에서 '공통사회' 과목을 가르치기 위한 교사 양성 과정이 1997년 12월 9일 신설되었다. 공통사회교사자격증을 취득하기 위해서는 관련학과(전공)인 사회교육・일반사회교육・지리교육・역사교육・공통사회교육전공 및 관련되는 학부(전공・학과)에서 공통사회과교육론, 일반사회・역사・지리분야의 과목을 균형 있게 이수하여야 했다. 그러나 중・고등학교 사회과 교원양성에 있어서 공통사회 전공과정은 많은 논란의 대상이 되었다. 문제점으로는 교육내용이 여전히 분과적으로 구성되어 있고, 공통사회교육론이 학문적인 체계나 깊이가 없는 점 등이었다. 또한 공통사회 전공과정을 이수한 예비교사들조차도 비전공영역을 가르칠 자신이 없다고 하고, 여전히 비전공영역을 가르치는 데 대한 두려움을 떨치지 못하고 있었다.

그런데 2015와 2022 개정 교육과정에서 시행되는 '통합사회' 과목은 이 문제를 그대로 답습하였다.

〈2022 개정 교육과정의 '통합사회1, 통합사회2' 성격〉[92)]

고등학교 공통 과목인 통합사회는 인간, 사회, 국가, 지구 공동체 및 환경을 개별 학문의 경계를 넘어 시간적, 공간적, 사회적, 윤리적 관점을 통합하여 이해하고, 사회적 변화에 능동적으로 대응하며, 미래 사회에 필요한 기초 소양과 역량을 함양하기 위한 과목이다. 통합사회는 교과의 핵심 아이디어를 중심으로 지식・이해, 과정・기능, 가치・태도의 내용 요소를 학습하고, 학습한 내용을 구체적인 삶의 맥락에 적용하여 사회문제를 통합적 관점에서 파악하고 해결할 수 있는 실천 능력을 기르기 위한 과목이다.

통합사회는 중학교의 사회(지리・일반사회, 역사) 교과 및 도덕 교과, 그리고 고등학교 선택과목 간의 중요한 연결고리에 해당하는 과목이다. '통합사회1'의 '통합적 관점', '인간, 사회, 환경과 행복', '자연환경과 인간', '문화와 다양성', '생활공간과 사회' 영역에서는 행복, 자연환경, 문화, 생활공간을 둘러싼 다양한 문제를 통합적 관점에서 다룬다. '통합사회2'의 '인권보장과 헌법', '사회정의와 불평등', '시장경제와 지속가능발전', '세계화와 평화', '미래와 지속가능한 삶' 영역에서는 인권, 정의, 시장, 세계화, 지속가능한 미래를 둘러싼 문제를 통합적 관점에서 다룬다.

실제로 대학에서 통합사회 연계전공의 자격요건은 통합사회교육론을 필수과목으로 이수하고 지리, 일반사회, 윤리 전공 학생들의 경우 역사과목을 최소 2개 과목만 이수하면 자격을 취득하게 되어 있다. 사범대학에서의 커리큘럼 자체가 분과적이고 통합사회교육론의 학문적 깊이가 깊지 못한 상태에서 통합사회 과목의 현장에서의 혼란은 필연적이다. 대학에서 통합사회교육을 전공한 대학 교원도 전무한 상황이다. 오롯이 학교 역사 교사의 몫으로 돌아가는 이러한 혼란은 통합사회 과목이 만들어질 때 시간을 가지고 역사교육학계, 지리교육학계, 윤리교육학계, 일반사회교육학계의 면밀한 검토와 합의된 토론이 부족했다는 점도 책임이 있다고 본다. 학교에서 가르쳐야 하는 모든 과목들은 나름의 '학문'에 기반한 내용과 방법을 가지고 있다. 서둘러 형식적인 '통합'을 추진하기보다, '통합 학문' 고유의 연구 기반을 확립하고 이를 가르칠 수 있는 제반 여건과 교육적 합의를 충분히 갖춘 뒤 이를 학교 현장에 적용하는 것이 바람직할 것이다.

한편, 2022 개정 교육과정하 '통합사회1'과 '통합사회2'과목의 내용요소는 다음과 같다.

〈표 1-2〉 2022 개정 교육과정 통합사회 1, 2 내용 요소[93)]

범주		통합사회 1 내용 요소	통합사회 2 내용 요소	
지식·이해	통합적 관점	• 통합적 관점 • 시간적 관점 • 공간적 관점 • 사회적 관점 • 윤리적 관점	인권 보장과 헌법	• 시민혁명 • 인권 • 헌법 • 시민참여
	인간, 사회, 환경과 행복	• 행복의 의미 • 행복의 조건	사회 정의와 불평등	• 정의의 실질적 기준 • 정의관 • 사회불평등 • 공간불평등
	자연 환경과 인간	• 자연환경 • 자연관 • 환경문제 • 생태시민	시장 경제와 지속 가능 발전	• 시장경제와 합리적 선택 • 경제 주체의 역할 • 국제 분업과 무역 • 금융 생활
	문화와 다양성	• 문화권 • 문화 변동 • 문화 상대주의와 보편윤리 • 다문화 사회	세계화와 평화	• 세계화 • 국제분쟁 • 평화 • 세계시민
	생활 공간과 사회	• 산업화와 도시화 • 교통·통신과 과학기술의 발달 • 생활공간과 생활양식 • 지역사회	미래와 지속 가능한 삶	• 인구 문제 • 자원 위기 • 미래 삶의 방향 • 지속가능발전

실제로 2022 개정 교육과정에 따른 통합사회 교과서는 시민혁명, 자본주의의 발전과정, 동아시아 역사문제 등의 역사소재를 다루고 있기는 하나 양적으로 매우 소략하고, 교육과정과 교과서의 내용은 역사학의 고유개념과 연구 방법을 알기에는 매우 부족하다는 비판을 받는다. 학교 현장에서도 통합사회를 가르칠 때 역사, 지리, 윤리, 사회 과목 교사들이 한 학급당 2~4명이 해당 내용을 나누어 가르치는 소위 '쪼개기식'의 실질적 분과의 모습으로 나타나고 있다. 이는 교육부에서 말한 1명의 교사가 통합사회를 융합적으로 가르쳐야 한다는 개설 취지와 완전히 다른 상황이다. 결국 많은 고등학교에서 선택 과목을 담당할 교사를 먼저 정하고, 담당 시수가 부족한 교사를 통합사회에 쪼개 배정하고 있는 것으로 해석된다.[94)]

통합사회 과목의 평가 문항도 원래의 취지처럼 교과 간 벽을 허물고 융합된 문항을 만드는 것은 매우 어렵다. 주제 간 통합은 쉬워도 교과 간 통합의 수준은 낮을 수밖에 없으며 무엇보다 정답을 찾기 위해서는 여전히 개별 교과의 내용 지식과 개념, 원리를 더 깊이 알아야 하기 때문이다.[95)]

Ⅲ 세계의 역사과 편성 현황과 역사교육

1. 세계의 각국 역사과 편성과 내용 체계

1) 미국

미국의 사회과 성립 시기는 크게 네 가지로 구분할 수 있다. 첫째, 19세기 공교육이 확립되면서 이민 사회를 도덕적 훈련의 장으로 만들기 위해 자국사 중심의 통합 교과가 성립된 시기, 둘째, 산업화의 가속기인 20세기에 진보주의 교육사조가 확산되면서 1916년 전국교육학회 중등교육개조위원회(The NEA Commission on the Reorganization of Secondary School)의 보고서에서 '사회과(social studies)'라는 말이 공식적으로 사용된 이후의 1920년대로부터 1950년대까지의 시기, 셋째, 1957년 구소련의 이른바 '스푸트니크호 사건'에 의한 신사회과, 즉 학문중심의 탐구법을 위주로 한 시기 넷째, 1980년대부터 현재에 이르기까지 국가 또는 각주별로 표준서(Standards)를 만들어 나가는 시기이다. 1980년대 후반 이후 캘리포니아주를 위시한 미국의 여러 주들이 제정한 사회과 교육과정은 '역사-사회과학 틀(History-Social Science Framework)'이라는 이름으로 유치원부터 12학년(K-12단계)까지 사회과와 관련하여 배워야 할 영역과 그 내용들을 제시하였다.[96)]

캘리포니아주에서는 1987년 '역사-사회과학 틀(History-Social Science Framework)'을 시작으로 1998년 '역사-사회과학 기준(History-Social Science(HSS) Standards)'을 채택하였고, 그것은 2000년 10월 개정된 새 교육과정에서 거의 그대로 포함되었다.[97)]

그런데 중요한 것은 1920년대 5, 8, 11학년에서 자국사, 대체로 6, 7, 10학년에 세계사를 필수로 가르치는 전통이 만들어진 이래로 '역사-사회과학 틀'을 통해 이 편제가 보다 공고화되었고, 미국의 사회과 내에서 역사교육은 심지어 '공민' 과목의 중요성을 강조하였던 진보주의 또는 신사회과 시기에도 주요한 교과로 취급되었다는 점이다.

한편 역사교육에 대한 관심은 1990년대에도 국가적인 역사표준을 개발하는 작업에 영향을 미쳤다. 그리하여 미국에서 최초로 1994년 국가역사표준서(National Standards for History)가 만들어졌다.

〈1994년 미국 최초의 국가역사표준서(National Standards for History)의 탄생〉[98]

국가역사표준서라고도 불리는 국가역사교육과정(NSH, National Standards for History, NSH)은 국가역사교육센터(National Center for History in the Schools, NCHS)가 개발한 교육과정이다.

국가역사교육과정은 국제적으로 경쟁력 있는 국가로 만들기 위해 미국 전체의 학교교육의 수준을 향상시키기 위한 목적으로 만들어졌다. 그런데 표준서가 만들어질 때 보수파는 표준서에서 백인남성이 소외되고 있다거나 '헌법'이라는 단어가 등장하지 않는 점 등에 대해 비판을 했다. 즉 소위 좌파의 모든 문화가 동등하다는 다문화주의적 견해로 인해 서양문화는 여러 문화에 관한 거대한 자료에 파묻혀 버렸다는 식의 비판이었다. 국가역사교육과정은 법적 강제성이 없는 일종의 권장 교육과정이었으며 세부 내용이 아닌 큰 틀에서 역사교육의 방향과 요소를 제시하는 일종의 역사교육과정 총론이라고 할 수 있다. 대상 학년도 구체적으로 지정하지 않고, 단지 5-12년 사이에 최소 3년 이상 해당 교육과정을 적용할 것을 권장한다. 즉, 세부 교육내용과 시기는 각 지역 학군 및 학교 차원에서 설정하도록 권장한 것이 특징이다. 따라서 이러한 논쟁은 당시 임박했던 큰 선거를 앞둔 대중을 겨냥한 정치 쟁점화와 무관하지 않다는 것이 신뢰할 만한 분석이었다. 이에 18개월간의 표준서에 대한 국가적 논쟁 끝에 1996년 '헌법'이라는 단어를 포함시키고, 워싱턴, 제퍼슨, 프랭클린, 매디슨과 같은 백인 남성을 집어넣는 등의 조치로 표준서는 수정되었다.

국가역사교육과정은 궁극적으로 학생의 역사적 사고력을 증진시키는 데에 그 목적이 있었다. 역사적 사고력(historical thinking skills)은 5개의 세부 내용, 즉 연대기적 사고, 역사적 이해, 역사적 분석 및 해석, 역사 연구 능력, 역사적 이슈 분석 및 의사결정으로 구분했다. 또한 이에 더해 미국사와 세계사의 주요 내용도 다루고 있는데, 주요 사건을 기준으로 미국사를 10개의 시대, 세계사를 크게 9개의 시대로 구분한다.

〈표 1-3〉 국가역사교육과정(NSH)의 3대 영역 및 세부 내용

영역	세부 내용
역사적 사고	• 연대기적 사고 • 역사적 이해

영역	세부 내용
	• 역사적 분석 및 해석 • 역사적 연구 능력 • 역사적 이슈 분석 및 의사결정
미국사	• 신세계의 만남(~1620년) • 식민지화와 정착(1585-1763년) • 혁명과 새로운 국가(1754-1820년대) • 확장과 개혁(1801-1861년) • 남북전쟁과 재건(1850-1877년) • 미국 산업의 발전(1870-1900년) • 현대 미국의 출현(1890-1930년) • 대공황과 제2차 세계대전(1929-1945년) • 전후 미국(1945-1970년대 초) • 현대 미국(1968년-현재)
세계사	• 인간 사회의 시작 • 초기 문명과 목축인의 출현(기원전 4000-1000년) • 고대 전통, 주요 종교 및 거대 제국들(기원전 1000년-300년) • 교류 및 교환 영역의 확장(서기 300-1000년) • 지구적(지구 절반 지역의) 상호작용의 심화(1000-15000년) • 첫 번째 글로벌 시대의 출현(1450-1770년) • 혁명의 시대(1750-1914년) • 위기와 성취의 반세기(1900-1945년) • 1945년 이후 20세기: 전망과 역설

〈표 1-4〉 5~12학년을 위한 역사의 역사적 사고 표준의 내용

표준 1	연대기적 사고	A. 과거, 현재, 미래를 구별하세요. B. 역사적 서사나 이야기의 시간적 구조를 식별합니다. C. 자신만의 역사적 서사를 구성하면서 시간적 순서를 확립합니다. D. 달력 시간을 측정하고 계산합니다. E. 시간대별로 제시된 데이터를 해석합니다. F. 역사적 계승과 지속의 패턴을 재구성합니다. G. 주기화에 대한 대안 모델을 비교합니다.
표준 2	역사적 이해	A. 역사적 문서나 서술의 저자 또는 출처를 확인하고 그 신뢰성을 평가합니다. B. 역사적 구절의 문자적 의미를 재구성합니다. C. 중심 질문을 식별하세요. D. 역사적 사실과 역사적 해석을 구별하세요. E. 역사적 서술을 상상력을 발휘하여 읽어보세요. F. 역사적 관점을 존중하세요.

		G. 역사 지도에 있는 데이터를 활용하세요. H. 시각적, 수학적, 정량적 데이터를 활용합니다. I. 시각적, 문학적, 음악적 소스를 활용하세요.
표준 3	역사적 분석 및 해석	A. 서로 다른 아이디어 집합을 비교하고 대조합니다. B. 다양한 관점을 고려하세요. C. 원인과 결과 관계를 분석합니다. D. 지속적인 문제를 정의하기 위해 시대와 지역에 걸쳐 비교를 그립니다. E. 입증되지 않은 의견 표현과 역사적 증거에 근거한 가설을 구별합니다. F. 경쟁하는 역사적 서술을 비교합니다. G. 역사적 필연성에 대한 주장에 이의를 제기합니다. H. 역사에 대한 해석은 임시적인 것으로 간주합니다. I. 역사가들 사이의 주요 논쟁을 평가합니다. J. 과거의 영향을 가정해 보세요.
표준 4	역사적 연구 능력	A. 역사적 질문을 공식화합니다. B. 다양한 출처에서 역사적 데이터를 얻습니다. C. 역사적 자료를 조사합니다. D. 이용 가능한 기록의 차이를 파악하고 시대와 장소에 대한 맥락적 지식과 관점을 정리합니다. E. 양적 분석을 활용합니다. F. 역사적 증거로 해석을 뒷받침하세요.
표준 5	역사적 이슈 분석 및 의사 결정	A. 과거의 문제점과 문제점을 파악합니다. B. 선행 상황에 대한 증거를 수집합니다. C. 관련 역사적 선행 사례를 식별합니다. D. 대안적인 행동 과정을 평가합니다. E. 문제에 대한 입장이나 행동 방침을 공식화합니다. F. 결정의 실행을 평가합니다.

국가역사표준서에서는 역사적 사고를 연대기적 사고, 역사적 이해, 역사적 분석 및 해석, 역사적 연구 능력, 역사적 이슈 분석 및 의사결정의 5가지로 구분하고 미국사와 세계사의 내용을 각각 제시하였다.

한편, 그 후 2010년에는 영어와 수학 과목의 국가공통기준인 공통핵심기준(CCSS, Common Core State Standards)이 발표되었다. 캘리포니아주의 경우 역사교육에서 가르쳐야 할 내용과 영역을 규정하는 데 있어 가장 중요한 것은 '역사-사회과학 기준(HSS Standards)'이며 '공통핵심기준(CCSS)'은 역사교육에서 읽기, 쓰기, 말하기와 듣기 등의 문해력을 기르는 데 중요한 기준이 된다.[99]

2013년에 전미사회과교육협회(NCSS, National Council of the Social Studies)에

서는 사회과 교육과정에 대한 '대학 · 진로 · 시민 생활(C3, College, Career, and Civic Life) Framework'를 개발하여 발표하였는데, 일명 'C3 Framework'는 '탐구야말로 사회과의 핵심'이라고 밝히고 있다. 따라서 공민, 경제, 지리, 역사 과목은 모두 질문을 형성하고 각각의 학문의 원리를 활용하여 증거를 수집하고 실행에 옮기는 탐구의 과정을 중요시하고 있다.[100)]

미국의 사회과는 시민교육을 목표로 탄생하여 발달해 온 교과이다. 시민교육(citizenship education)이 교육 일반의 목표를 나타내는 용어로 진화하고 있지만, 사회과(social studies)가 시민교육의 핵심 교과이다. 미국 사회과교육학회(NCSS, National Council for the Social Studies)는 사회과에 대하여 다음과 같은 정의를 채택하고 있다.[101)]

> 사회과는 시민적 역량을 육성하기 위한 사회과학과 인문학의 통합 교과이다. 사회과의 주요 목표는 학생들이 상호의존적인 세계에서 문화적으로 다양하고 민주적인 사회의 시민으로서 공공선을 위해 지적이고 합리적인 의사결정을 할 수 있는 능력을 계발하도록 돕는 것이다.

더불어 이러한 교과의 목표를 달성하기 위한 사회과의 내용을 다음과, 같이 정의하고 있다. "학교에서 사회과는 인류학, 고고학, 경제학, 지리학, 역사, 법, 철학, 정치학, 심리학, 종교 및 사회학, 그리고 인문학, 수학 및 자연과학으로부터 선정한 내용을 체계적으로 조직하여 제공한다."[102)]

미국의 사회과와 역사과의 편성은 각 주마다 매우 다른 형태로 되어 있어 일반화하기는 어려우나 위와 같은 국가역사표준서를 개발하려는 노력 등을 살펴볼 때 국가 교육의 향상을 위한 지표로서 또는 보이지 않는 대중의 정치적 쟁점확대를 위해서라도 학교에서의 역사를 매우 중요하게 다루고 있음을 알 수 있다. 그러나 사회과에 대한 정의가 여러 인문학, 사회과학, 심지어 수학 및 자연과학으로부터도 선정한 내용을 포함한다고 할 때, 우리나라의 사회과의 성격과 다소 다른 것을 알 수 있다.

미국의 경우 넓은 땅에 비해 짧은 역사, 많은 인종을 아우르기에 역사 교과의 사회과 구성은 적합해 보인다. 미국의 사회과교육학회(NCSS)가 개발 및 보급한 사회과 국가교육과정 표준서(National Curriculum Standards for Social Studies, NCSSS)에 따르면, 역사를 포함한 사회과 교육의 목표는 "시민으로서의 역량, 즉 사회적 삶에 적극적으로 참여하는 데 필요한 지식, 인지적 과정, 민주주의적 성향을 증진시키는 것"이다. 그리고 이를 위해서는 모든 학생의 다양성을 포용해야 하는데, 구체적으로 "인종, 민족, 언어, 종교, 성 및 성적 취향, 기타 개인 및 교육적 요구에 기반한 차이점과 유사점을 인지하고 이들의 모든 문화적, 언어적, 학습적 다양성을 포용해야 한다"고 강조한다. 즉 역사를 포함한 모든 사회과 교육의 궁극적 목적은 건강하고 적극적인 시민을 양성하는 것이고, 이를 성공적으로 이루어내기 위해서는 모든 학생의 다양한 배경과 요구를 고려해야 한다는 것이다. 즉 미국의 사회과 '민주시민양성'의 목표 내면에는 서로 다른 인종과 종교 등에 대한 다양성에 대한 인정이 중요한 바, 우리나라의 역사적 배경과는 다른 점이 분명히 존재한다. 와인버그(Sam Wineburg)는 "역사는 미국인들을 '시민적 유대감'으로 묶어내면서 다언어, 다민족이라는 다양한 실타래를 하나의 국민으로 통합한다"고 하였다.[103] 따라서 미국의 역사적, 인종적 배경과 다른 우리나라에서 미국과 같은 사회과 통합 체제 내의 역사교육 편제가 교육과정에서 지속적으로 유지될 당면성이 있는지 매우 합리적이고 진지한 사회적 합의를 이끌어 낼 때라고 본다.

2) 프랑스

프랑스에서는 국가 교육과정에 의해 역사교육이 제도화되는데 초등학교 4~5학년부터 중학교, 고등학교에 이르기까지 총 9년간 전 계열, 전 학년에서 독립된 교과로서 역사와 지리 과목의 수업을 진행하고 있다. 다른 나라의 경우와 크게 차이가 나는 대목은 역사, 지리 이외의 사회과 계열 과목들이 프랑스에서는 거의 존재하지 않으며 오히려 현대사 중심으로 구성된 '역사, 지리 교과'의 내용을 통해 사회과 계열의 과목들을 대신하는 형세로 편제가 되어 있다. 프랑스 교육에서 '역사·지리' 과목이 가진 위상을 짐작케 하는 대목이다.[104]

총 9년간 학습하는 역사 영역의 내용 체계는 다음의 〈표 1-5〉와 같다.

〈표 1-5〉 프랑스 역사 교육과정 체계에 따른 내용 조직 및 구성

구분	역사 영역의 내용 체계 및 구성
초등학교 중급 1~2학년 (우리나라의 초4~초5)	프랑스사 중심 주제사 (선사시대~현대)
중학교 6학년~3학년 (우리나라의 초6~중3)	유럽사 중심 통사 (선사시대~현대)
고등학교 2학년~최종(TL) (우리나라의 고등학교)	2학년(우리나라 고1): ~19세기사 주제사 1학년(우리나라 고2): 20세기 역사 탐구 최종학년(우리나라 고3): 1, 2차 세계 대전 및 현대의 다양한 문제 탐구

초등학교에서는 프랑스사를 중심으로 한 정체성 형성에 초점을 맞추고 있다면 중학교에서는 선사시대부터 현대사까지의 통사를 유럽사를 중심으로 가르치고 있다. 단순히 통사를 반복하기보다는 초등학교에서는 주제사를, 중학교에서는 유럽사의 관점에서의 통사 접근한다는 점도 눈여겨볼 만하다.[105] 유럽사의 관점에서 역사를 보는 프랑스 역사교육과정은 유럽사 중심주의를 통한 또 다른 자국사에 대한 강조(유럽의 중심이 프랑스라는 의식)라는 점에서 비판을 받기도 한다. 고등학교의 경우 프랑스 혁명 이후부터 20세기의 역사까지 근현대사 비중이 몹시 크며 특정 시기에 대한 심화 탐구 및 토픽에 대한 주제 탐구의 방식으로 내용체계가 설계되었음을 보여준다. 고등학교에서는 중학교에서 배운 내용을 주제별로 정리한 다음 20세기 역사를 집중적으로 배우면서 현대사회의 다양한 문제들을 비판적으로 다룬다. 즉 고등학교는 지금까지 자국사 중심의 통사로 배운 세계사 역사 내용을 중심으로 현대 사회의 문제와 함께 세계사 속의 프랑스사를 주제별로 공부한다는 것이다.[106]

우리나라와 같이 초등학교에서부터 고등학교에 이르기까지 모두 토의와 탐구 위주로 하는 수업을 강조하다 보면 역사적 지식을 쌓을 시간이 턱없이 부족하다. 탐구를 통해서만 역사적 관심과 흥미가 생긴다는 것은 역사의 내용을 무시하고 방법만을 강조하는 것이다. 계열과 계통을 중시하는 역사적 지식에 대한 진지한 이해가 토론과 토의, 탐구의 가장 기본이다. 초등학교와 중학교에서 역사적 사실을

차근차근 공부한 이후 고등학교에서 주제별로 비판적 문제해결을 중심으로 한 수업을 이끌어가는 프랑스의 교육과정은 우리에게 주는 시사점이 많다.

프랑스 학교에서의 시민교육은 초등학교 시민교육과 도덕교육을 접합시키는 2008년의 개혁, 그리고 2015년 개혁을 통해 수정・보완되었다. 2008년 시민교육이 도덕교육과 접목되어 시민・도덕교육(instruction civique et morale)으로 확대되었으며, 2015년에는 도덕・시민교육(enseignement moral et civique)으로 개칭되었다. 즉, 시민교육 또는 도덕교육이 역사 과목이나 학교에서의 시수에 영향을 주지 않는다. 역사교육은 역사 교육으로서 중심적인 과목으로 존재하고 있다. 프랑스는 유럽 국가 중 역사에 가장 큰 관심을 보이는 나라라고 평가를 받는다.[107] 특히 프랑스의 고등학교 졸업자격시험인 바칼로레아(Baccalauréat)에서는 내신점수로 총 40점 만점에 역사-지리 교과를 6점, 도덕・시민교육 과목을 1점으로 하여 차이를 두고 있다.[108]

프랑스 정부는 2015년 6월 21일, 〈도덕・시민교육 관련 행정명령〉을 채택해 시민교육 교과과정을 개편했다. 시민교육 개혁은 2015년 9월 신학기부터 적용되었으며, 프랑스 시민교육은 초중고 전 교육과정에서 단독 교과목이자 선택과목이 아닌 의무과목으로 편성되었다. 2015 시민교육 개혁은 공화국의 가치와 세속성의 강화를 추구하였는데, 그것은 시민적 합의에서 비롯된 것이다. 최근 프랑스에서 발생한 테러 등의 사회 문제를 해결하기 위해서는 새로운 시도가 필요하며, 그 일환으로 모든 학생들에게 '공화국의 가치'를 이해하도록 하고 종교에 예속되지 않는 '세속화' 과정을 체화하도록 할 필요가 있다는 사회적 합의가 그것이다. 특히 공화국 가치는 학생들이 프랑스 공화국의 주요 가치들을 숙지하기 위한 것인데, 이면에는 테러의 주범이었던 이민 2세대들에게 IS 등 이슬람교를 추종하지 않도록 함과 함께, 프랑스 공화국이라는 공통의 가치를 추구하도록 하고자 했던 것이다.

2015년 개혁에 이어 2018년에도 시민교육에 대한 개혁이 실행되고 있다. 2015년 시민교육 개혁은 인식, 법, 규칙, 판단, 참여 등의 원칙을 내세웠는데, 2018년 고등자문위원회는 여기에 타인에 대한 존중, 공화국 가치에 대한 인식과 공유, 시민문화 구축 등을 포함시키려고 하였다. 내용 면에서 초등학교와 중학교의 시민교육은 이전과 큰 차이가 없고, 2015년 시민교육 프로그램을 재구성한 정도에 그쳤다고 할 수 있다.

2018년 개정된 초중고 교과과정에 따르면, 시민교육의 주요 주제는 '타인에 대한 존중', '프랑스적 가치 습득과 공유', '시민문화 습득' 등이다. 이 3가지는 초중고 전 과정을 통해 동일하게 적용되며, 각 단계마다 심화 발전되고 세부적인 내용으로 구체화되는 특징을 보인다.[109]

3) 영국

영국 교육과정의 특징은 분과 체제하 과목들이 편제되어 있다는 점이다. 영국의 경우 사회과가 따로 없으며 '지리', '역사', '시민교육(citizen education)' 과목이 각각 독립과목으로 운영되고 있다.[110] 여타 과목에서 담당했던 시민교육을 따로 독립교과로 편성하기 위해 영국은 많은 사회적 논의를 거쳤다. 2008년에 초등학교에서 통합사회 과목이 만들어지는 과정이 있었으나, 2014년 교육과정 개편 시 통합사회 과목은 사라지고 지리, 역사, 시민의 분과 체제로 전환하였다.[111] 영국의 국가교육과정에서 지리, 역사 과목은 초등학교, 중학교 수준인 KS(Key Stage) 1~3단계[112]까지 필수 기본과목으로, 고등학교 수준인 KS 4단계에서는 선택 기본과목으로 가르쳐진다. 시민교육 과목은 중학교와 고등학교 수준인 KS 3~4단계에서 필수 기본과목으로 가르치고 있다.[113]

역사 교육의 내용 편제는 우리나라 초등 저학년에 해당하는 KS 1단계에서는 인물사와 생활사, 2단계부터는 본격적인 연대기적 서사구조(노르만족 침입이 있었던 1066년 이전), 3단계부터는 1066년 이후 영국사와 세계사를 통합적으로 탐구하게 한다. 일종의 테마 학습과 탐구가 진행되는 4단계에는 세 개의 시간 규모와 세 개의 지리적 맥락을 주고 역사를 탐구하면서 학생들이 다층적 이해를 할 수 있도록 하는 것이 목적이다.[114]

영국에서의 '시민교육' 과목은 도덕 교육을 포함하여 수행되고 있다. 시민교육은 균형 감각을 갖춘 교육과정을 만들어 학생들의 도덕적·문화적·정신적·육체적 성장을 도모하고 사회구성원으로서 책임 있는 행동을 하도록 준비시키는 과정이다. 청소년의 도덕 및 시민 의식의 쇠퇴에 대한 우려로 영국의 교육부는 시민교육에 대한 보고서를 작성하는 위원회를 발족하였다. '학교 시민교육과 민주주의 교육

자문단'이 제출한 '크릭 보고서(the Crick Report)'에는 법정 독립 교과로서의 '시민교육(citizenship education)' 교과를 전체 교육과정의 5% 배정할 것을 제안했다. 이 제안의 대부분은 그대로 영국 정부에 의해 수용되었다. 영국에서는 2002년부터 '시민교육(citizenship education)'이 중등학교 필수교과목으로 지정되었다.

'시민교육'은 독립적인 교과목이지만, 이때 반드시 독립과목으로서 가르쳐야 하는 것이 아니며 범교육과정의 통합적 접근을 통해서 '시민성'을 가르치는 것도 가능하다. 정치 참여, 선거제도, 정당정치, 의회정치, 사법제도 등을 포함하는 정규교과과정으로 편성되어 있으며, 시민교육 수업은 각 학교와 교사의 재량에 따라 자율적으로 운영된다. 학생들은 시민교육의 의미와 내용을 지리, 역사, 종교, 법 등과 함께 통합적으로 배운다.[115)]

영국과 프랑스의 시민교육의 특징으로는 영국의 경우 '학생들이 영국적 가치를 존중하고 지키도록 장려'하며, 프랑스의 경우 '공화국의 가치에 대한 인식과 공유를 강조한다. 영국과 프랑스는 시민교과를 통해 민주주의의 일반적이고 보편적인 가치와 더불어 자국의 특수한 사회·문화적 가치 및 국민으로서의 정체성 형성도 중시하고 있다.[116)] 그러나 교과의 핵심은 역사교육에 있으며 시민교육은 역사교육의 존재가치와 내용, 방법 등에 크게 관여하지 않는다. 또한 영국과 프랑스 모두 사회과가 아닌 분과 체제하에서 역사 교과가 편제되어 있으며 전체 교육과정과 입시 등에서 매우 중요한 비중을 담당하고 있다.

4) 독일

독일은 역사·지리 과목이 시수 등에서 중요한 위상을 차지하며 독립성을 인정한다. 또한 독일도 사회과 교과라는 것이 없다. 역사·지리 과목 내에 시민과 윤리 내용이 포함되기도 하지만 어디까지나 중요한 것은 역사이다.

독일은 자국사와 세계사를 분리하지 않는 하나의 과목으로 교육이 진행되고 있다. 독일에서는 6~10학년 동안 역사 교과를 주당 2시간 배운다. 학습의 범위는 서유럽과 독일의 역사가 대부분이며, 5년 동안 고대부터 근현대를 연대순으로 한 번 학습하도록 구성되어 있다. 이에 비해 한국의 경우 한국사는 초·중·고 학교급별로 각각 1학기 또는 1년 안에 연대순으로 전시대를 총 세 번 반복하여 학습하고,

세계사는 중학교에서 거의 1년 안에 선사시대부터 현대까지 전 시대를 한 번 학습하게 된다.[117)]

5) 일본

일본에서는 학습지도요령(우리나라의 교육과정에 해당)을 중심으로 교육과정이 개설된다. 중학교에는 사회과(역사적 분야, 지리적 분야, 공민적 분야)로 편제되어 있으나 고등학교에서는 1989년부터 사회과 대신 지리역사과라는 명칭이 공민과로부터 분할되어 사용되고 있다.[118)] 미군정하 사회과를 도입했던 일본은 이미 1989년의 학습지도요령에 따라 학문적, 분과적 역사교육의 중요성을 강조하고 전문성을 높이기 위해 고등학교 수준에서 사회과와 결별하였던 것이다. 일본에서 2017년(중학교)과 2018년(고등학교)에 고시되어 개정된 학습지도요령을 근거로 역사 과목 및 해당 영역을 정리하면 아래 표와 같다.[119)]

〈표 1-6〉 일본 2017 · 2018 고시 개정 고등학교 학습지도요령 기준 역사 과목 및 역사 영역 편제

<table>
<tr><th colspan="2" rowspan="2">구분</th><th colspan="8">2018년판 학습지도요령 기준 지리역사과와 공민과 과목의 편제</th></tr>
<tr><th colspan="5">지리역사과</th><th colspan="3">공민과</th></tr>
<tr><td rowspan="3">고교</td><td>3</td><td rowspan="3">역사
총합</td><td rowspan="3">지리
총합</td><td rowspan="3">일본사
탐구</td><td rowspan="3">세계사
탐구</td><td rowspan="3">지리
탐구</td><td rowspan="3">공공</td><td rowspan="3">윤리</td><td rowspan="3">정치
경제</td></tr>
<tr><td>2</td></tr>
<tr><td>1</td></tr>
<tr><td rowspan="3">중학교</td><td>3</td><td colspan="8">공민적, 역사적 분야</td></tr>
<tr><td>2</td><td colspan="4" rowspan="2">역사적 분야</td><td colspan="4" rowspan="2">지리적 분야</td></tr>
<tr><td>1</td></tr>
</table>

이처럼 일본의 경우 중학교는 역사적 분야, 지리적 분야, 공민적 분야로 교과를 세분하고 있고, 고등학교는 지리역사과와 공민과로 구분하여 지리, 역사, 공민에 해당하는 과목들을 별개로 두고 있는 형태로 편성되어 있다. 위 표를 살펴보면 전반적으로 2017 · 2018 개정으로 역사교육이 강화되었다는 점을 확인할 수 있다. 한편, 중학교는 1, 2학년 간 두 개 학년 이상에서 역사를 학습하게 된다. '역사적 분야'는 대단원을 '역사와의 대화', '근세까지의 일본과 아시아', '근현대 일본과 세

계'로 나누었다. 고등학교의 경우 일본사와 세계사를 통합한 과목 '역사총합'을 신설하고 이를 필수 과목으로 지정하였다. '역사총합'은 필수 과목으로 '근대화'(대략 18세기 후반~19세기), '대중화'(20세기 초~1950년 전후), '세계화'(1950년경 이후)라는 세 가지 키워드를 토대로 자료도 활용하면서 개괄하게 된다. 이 '역사총합'을 배운 후 이수하는 선택과목으로서 '일본사 탐구', '세계사 탐구'도 배치하였다.[120)]

6) 싱가포르

싱가포르의 경우 지리와 역사를 중심으로 통합한 '인문학' 교과와 도덕과 일반사회를 통합한 '인성 및 시민성' 교과를 통해 가르치고 있다. 싱가포르의 경우 초등학교에서 역사와 지리 중심의 사회과가 존치되고 있으나 고등학교에서는 학문적 체계를 그대로 반영하여 역사, 일반사회, 시민·윤리 과목을 두고 있다. 실제로 '인성 및 시민성', '지리', '역사' 과목은 별개의 과목으로 각각 가르친다.

역사와 지리는 중학교 수준에 이르러 도입되며 독립 과목으로 학습하도록 구성되어 있다. 목표의 경우도 여러 과목 전체 목표를 제시하지 않은 채, 과목별 목표만을 제시하고 있다.

역사 학습과 관련해서 싱가포르는 학교급별 학습 대상에 따라 시대(또는 지역 범위)를 달리하는 내용구성 방식을 하고 있다는 특징이 있다. 초등학교에서는 싱가포르 역사를 학습한 이후 중학교에서 싱가포르 기원부터 싱가포르 독립 이후 10년까지의 역사를, 상위 중등에서 19세기 후반부터 국민국가 출현까지 근현대사 중심의 세계사를 다루는 방식을 취한다.[121)]

이상 정리하면 첫째, 사회과 속의 역사과의 존재는 세계 보편적인 교육과정의 형태가 아니다. 미군정하의 산물일 뿐이다. 프랑스, 영국, 독일과 같이 역사가 오래된 국가들에서 역사과는 교육과정에서 어떤 과목보다 중요하게 독립교과로서 취급되고 있다. 둘째, 일본, 싱가포르와 같은 경우 중학교에서 사회과가 존재하나 고등학교로 학년이 올라갈수록 학문적 체제를 중요시하여 사회과를 없애고 역사를 독립교과로서 최근에는 더욱 강화하고 있는 추세이다. 셋째, 프랑스, 영국, 일본 등 여러 나라에서는 고등학교로 학년이 올라갈수록 세계사 속의 자국사를 강조한다.

우리나라처럼 자국의 근현대사만 중요하다고 생각하여 편제된 교육과정은 보편적이지도 않을뿐더러 세계사를 등한시하는 국가교육과정도 최근의 보편적 경향이 아니다. 넷째, 시민양성을 위한 교육은 '시민교과'가 따로 독립되어 배치되어 있다. 시민교과가 역사교육이 강조하는 시계열성과 국민의 정체성을 담당하는 중요한 역할을 침범하지 않는다. 또한 역사교육이 시민을 키우는 데 앞장설 필요가 없다. 단지 역사교육은 학문자체로서 이에 기여할 뿐이다. 또한 '시민교과'를 새로운 독립교과로 만들 때에도 많은 사회적 합의를 이끌어내고 많은 시간을 투자하였다는 사실은 우리에게 많은 시사점을 준다.

2. 독립교과로서 역사과의 필요성

앞에서와 같이 여러 나라들의 역사과 편제 방식을 종합하여 살펴보면 실제로 모든 국가에서 사회과라는 통합교과나 통합과목을 운영하는 것은 아니다.[122] 따라서 우리나라에서처럼 초중고 모든 학교에서 역사과가 사회과 내에 존속되고 있는 형태는 세계의 보편적 형태는 아니다. 오히려 초중고 모든 학교급에서 사회과 체제하의 역사과 존치 편제는 미국을 제외하고 다른 유럽과 일본, 싱가포르 등의 국가들에서는 하지 않는 특수한 편제라고 할 수 있다. 초등교육에서 사회과를 편성하는 국가라도 중고등학교에서는 각 학문중심으로 역사, 지리 과목 등의 분과적 편성 형태를 취하는 국가들이 많다.

또한 민주시민교육에 대한 책무와 역할을 역사과가 모두 짊어지고 있는 형태도 보편적인 형태가 아니다. 역사는 독립된 교과와 과목으로 존재하는 경우가 많았으며 시민과목을 따로 두고 편성하면서 오히려 역사가 학교교육에서 강화된 국가들도 많았다. 문제는 역사가 강화되는 것이 문제가 아니라 어떻게 강화시킬 것인가의 문제인 것이다. 역사과목이 강화되는 것이 곧 자국 중심적이며 국수주의로 빠진다는 것은 아니다. 오히려 고등학교에서 세계사는 하위권의 선택과목으로, 필수과목인 한국사에서 한국 근현대사만 강조하여 가르치는 것이야말로 자라나는 학생들에게 국수주의적인 역사관을 키우는 모습에 다름 아닐 것이다. 이는 한국 근현대사를 학교에서 가볍게 취급하자는 말이 결코 아니다. 세계사의 보편성 속에 한국사의 특수성이 살아나는 역사교육과 한국 전근대사와의 연결 속에서 계통성 있는 역사교육을 하여야만 한국 근현대사의 모습도 보다 선명히 나타날 수 있고 세계 역사교육과의 경쟁력 속에서도 뒤지지 않을 것이다.[123)]

해방 이후, 특히 6차 교육과정부터 2022 개정 교육과정에 이르기까지 국가 수준의 사회과 교육과정 문서에서는 민주시민의 양성과 자질을 강조하였다. 2015 개정 사회과 교육과정의 '사회' 과목의 성격과 목표 부분에서도 사회과가 민주시민의 자질을 함양하는 교과라는 점을 밝히고, 사회과에서 기르고자 하는 민주시민의 자질에 대해서 설명하고 있다. 이러한 성격 및 목표의 제시에도 불구하고 실제 교육과정의 주요 내용에서는 지리, 역사, 일반사회 영역이 병합된 교과 체제 속에서 각 영역의 교과 및 학문 지식을 강조하는 경향을 보여 왔다. 그 결과 사회과는 민주시민교육의 중핵 교과로 출발했음에도 불구하고 여러 차례에 걸친 교육과정 개정을 거치며 민주시민교육을 위한 교과로서의 정체성이 강화되기보다는 각 교과마다 영역별 과목 편제와 내용 체계 및 성취기준을 수정하는 데에 치중해 왔다.[124)]

역사교육에서 추구하는 역사적 사고력은 현대 사회에서 중요시되는 비판적 의식과 판단력 등을 포함한다. 역사교육을 제대로 하면 민주시민교육의 효과는 당연히 따라오게 된다. 소위 '정치적 올바름(PC, Political Correctness)'을 역사를 통해 배우는 것이 아니라 역사를 배움으로써 '정치적 올바름'의 활용과 부작용에 대한 비판적 사고를 획득하게 되는 것이 보다 자연스럽다.

일제강점말의 국민과나 미군정기 사회생활과는 모두 통합 교과였다. 시대성에 따라 통합의 목적은 크게 달랐지만, 그 목적성을 전제로 서로 다른 과목들을 포섭하고 통합하고 있음을 알 수 있다. 과연 우리 시대에 역사교육은 타 사회과 과목들과 통합될 목적과 이유에 대해 진지한 질문을 하고 있는지 생각해 볼 필요가 있다.

윤세철과 최상훈(2003)은 사회과에서는 역사를 시민교육의 도구로 보고 있다고 하면서, 사회과가 중요한 목표로 내세우고 있는 바람직한 시민의 양성이라는 것도 그 실체가 무엇인지 정확하게 규정하기가 어렵다고 하였다.[125)]

또한 사회과는 민주주의의 유지와 발전에 기여하는 시민의 양성을 목표로 하기 때문에 사회과에서 다루어지는 역사교육은 현대 민주정치의 연원과 발달과정에 관련되는 내용을 주류로 이루게 되고, 사회과는 사회과학을 중심으로 구성되기 때문에 사회과학의 특성인 일반화, 법제화가 강하게 반영되어 있으므로 개별화 특수성을 강조하는 역사의 특성에 위배된다고 하며, 따라서 사회과 내에서 규정되는 역사교육목표는 역사의 유용성과 관련된 역사학의 본질적이고 내재적인 목표라기보다는 민주시민의 육성과 관련된 사회과학적인 목표인 경우가 많다고 하였다. 그리고 이러한 문제점을 해결하기 위해 역사과를 사회과에서 분리해야 하고 역사과의 본질과 특성을 살릴 수 있는 역사교육목표를 설정해야 한다고 주장하였다.[126)]

우리는 흔히 국사교육의 강화 때문에 세계사 교육도 축소되었다고 생각한다. 한국사와 세계사의 시수를 비교하면 한국사에 비해 세계사의 비중이 작기 때문이기도 하다. 그러나 세계사 교육의 축소를 단순히 한국사와만 비교할 것이 아니라 전체 교육과정의 큰 맥락에서 살펴볼 필요가 있다. 최상훈(2016)은 이에 대해 국사교육이 강화된 제3차 교육과정의 사례로 보았을 때 시수적인 면에서 전체 교육과정에서 세계사는 오히려 강화되었거나 최소한 약화된 것은 아니었다고 분석했다. 즉 국사과가 독립하여 시수가 늘긴 하였지만 이는 새로 확보한 것이지 세계사에서 빼내온 것이 아니었다. 결국 세계사 교육의 위상이 약화된 근본적인 원인은 교육과정 편제상 세계사가 사회과에 포함되어 있고 선택과목으로 규정되어 있기 때문이라고 주장하였다.[127)] 더불어 역사 비전공 교사의 역사 수업을 막기 위해 역사과의 독립이 시급하고 아울러 세계사 과목의 필수화도 실현하여 고등학교 교육에서 차지하는 위상을 높여야 한다고 하였다.[128)] 실제로 일반계 고등학교의 경우 교수요목기, 제2차, 제4차, 제5차 등의 교육과정에서 세계사는 필수과목이었다.[129)]

이경식(2016)은 우리나라 역사학과 역사교육학 간의 소격(疏隔) 원인을 규명하는 과정에서, 역사교육의 파행과 역사교과 왜곡의 주요 요인으로 지목되는 사례로서 초·중등학교 역사교과를 '사회생활과'라는 비전문적이고 어색한 명칭의 교과에 혼입시킨 1946년의 문교 정책을 지적하였다. 그는 1973년 사회과에서 국사 교과가 분리·독립되어 제도화되었으나, 1992년 제6차 교육과정부터 사회과에 다시 통합된 이유를 유신정권 이후 지속적으로 제기된 비판, 즉 국사 교과를 '독재 정권하의 정치적 산물'로 규정하는 담론에서 찾았다. 이러한 과정 속에서 '사회생활'과 '시민'에 관한 특정한 상(像)이 교육계 전반, 더 나아가 정치·사회·가치관 전반에 확산되었으며, 그 결과 사회과 속의 역사과가 구축되어 역사과의 위상이 축소되고

말았다고 분석하였다.[130)]

실제로 1992년 5월의 제35회 전국역사학대회 역사교육부 발표에서는 제6차 교육과정의 시안과 관련하여 '세계사 교육의 난국과 진로'라는 주제로 학술대회가 개최되어 인문교육으로서 세계사교육, 통합사회과 교육과정 폐기, 세계사교육의 필수화 등을 주장하였다.[131)]

더불어 2000년 5월 전국 역사학계의 23개 학회가 공동으로 전국역사학대회(성명서), 이듬해 6월 기자회견(건의문)을 통해 역사교육의 난국과 그 타개를 공론화하며 호소한 적이 있다. 역사교과와 그 교학의 상황을 역사교육의 '위기' 및 그 '정상화'로서 집약하고, 총 5개 건의안으로 정부에 대책을 촉구하였는데 그 첫 번째가 사회과 통합의 중단, 역사교과의 독립 및 필수과목화 지정이었음을 상기해야 할 것이다.[132)]

또한 이러한 공동의 움직임 후 수십 년이 지난 현재, 주변국과의 역사 갈등 심화 및 인간성 상실의 시대적 상황에서 역사교육의 중요성은 오히려 더욱 증대되고 있음에도 불구하고, 당시 제기된 문제들은 여전히 해결되지 않은 채 미해결 상태로 남아 있다. 더불어, 역사교육에 대한 사회적 인식이 사실과 다르게 오해되고 왜곡되면서 역사교육의 위상은 지속적으로 축소되어 왔다. 예컨대, 국사교육 강화가 특정 정치체제의 산물이라는 편견이나, 세계사 교육의 위축을 초래한다는 부정적 정치・사회적 인식 등이 이러한 오해의 대표적인 사례라 할 수 있다.

역사교육을 강화해야 한다는 주장을 단순한 교과 이기주의로 환원하는 것은 부적절하며, 오히려 세계와 경쟁할 미래 인재 양성 문제와 직결된 국가의 중대한 문제로 인식하여 보다 포괄적이고 국제적인 시각에서 접근할 필요가 있다. 아울러, 현재 전 세계 교육과정의 보편적인 동향이 역사교육의 강화와 심화를 지향하고 있음을 명확히 인지해야 할 것이다.

3. 역사 고유의 특성을 중시하는 세계의 역사교육 사례

여러 증언과 해석을 담은 자료들을 비교・검토하는 것은 역사학 방법의 기본이고 역사 수업을 역사 수업답게 하는 방법이다. 영미 계열의 역사적 사고 이론,

역사 문해력 이론, 독일 계통의 역사의식 이론 등은 모두 증거에 기초한 추론, 사료비판, 맥락적 이해와 윤리적 판단의 딜레마(과거와 현재의 문화적 거리 이해) 등의 방법을 중요시한다.[133]

위에서 살펴본 나라들 중에 독일과 프랑스는 역사적으로 역사교육에 대한 관심이 매우 크다. 이들 나라들의 학교 역사교육의 특징을 살펴보면 역사 고유의 특성을 신중하고도 중요하게 바라보고 있다는 것을 알 수 있다.

1) 독일의 역사교육

독일의 경우 국제학업성취도 평가인 PISA에서 독일 학생들의 저조한 성적에 대해 주정부의 교육자율권을 보장하는 연방주의 전통 때문이라는 비판이 일었고, 여러 교육개혁이 시도되는 가운데 극복 방안으로 2000년대 중반에는 역사적 사고를 중심으로 하는 역량중심 교육과정을 도입하였다.[134]

이러한 역량중심 교육과정 모델들 중에서 가장 체계적인 모델로 인정받으며 독일 각 주의 역량개발에 지대한 영향을 미친 것으로 FUER 모델(2006/2007)이 있다.

FUER 모델은 역사적 질문역량, 역사적 방법역량, 역사적 지향역량, 역사적 사실역량의 4개 역량영역으로 구성되어 있다. FUER 모델 개발자들은 각 역량마다 '역사적'이란 말을 붙인 것은 역사 고유의 성격을 나타내기 위함이라고 강조하고 있다.

첫째, 역사적 질문역량의 하위범주로 '역사적 문제제기 역량'은 과거에 대해 스스로 문제를 제기할 수 있는 역량이고, '역사적 문제제기 구성역량'은 역사 내러티브나 타인의 문제제기를 인식·가공할 수 있는 역량을 말한다. 둘째, '역사적 방법역량'은 체계적 역사인식을 위한 능력·기능·태도를 의미한다. 그 하위 범주인 '재구성역량'은 역사 내러티브를 만들 수 있는 능력으로, 구체적으로는 사료비판 능력을 뜻한다. '해체역량'은 기존역사서술에 담긴 서술자의 의도를 비판적으로 분석할 수 있는 능력을 의미한다. 셋째, '역사적 지향역량'의 하위범주는 '역사의식의 재조직 역량', '세계와 타자이해의 성찰과 확장역량', '자아 성찰과 확장역량', '행위 성찰과 확장역량'으로 구성된다. '역사적 지향역량'은 재구성과 해체를 통해 획득한 과거 인식을 현재 및 미래와 명확하게 연관시킬 수 있는 능력을 말한다. 이를 통해 개인은 역사의식을 재조직하고 세계관과 타자관, 정체성을 수립하며 자신의 행위를 역사적 맥락 속에서 성찰·평가할 수 있다. 넷째, 역사적 사실역량이란 하위범주로서 역사 개념을 체계화하는 '개념역량'과 역사적 구조화를 가능하게 하는 능력인 '구조화 역량'으로 구성된다.[135)]

한편, 현재 독일의 대학입학시험인 아비투어 시험 통합 관리지침으로서 역사교육에 해당되는 세 가지 역량을 좀 더 자세히 살펴보면 아래와 같다.[136)]

- 사실역량: 역사적 사건, 인물, 사상, 사회 구조 및 변화의 과정 등에 대한 포괄적인 지식을 가지고 있는 것을 의미하며, 당대의 문화 상황, 관찰자에 따라 입장이나 관점이 다름을 아는 것을 포함한다.
- 방법역량: 다양한 사료를 해석하고, 역사적 서술에 대해 비판적으로 논의하는 과정을 통해 자신의 역사적 입장과 주장을 개발하는 것을 의미한다.
- 판단역량: 타당한 역사적 근거와 논리를 바탕으로 역사적인 사실과 가치에 대한 판단을 내리고 이에 대한 주장을 충분한 근거를 제시하여 입증할 수 있는 능력을 의미한다.

이를 보면 사실역량과 더불어 방법역량, 판단역량 등을 함께 균형 있게 구성하려고 노력하고 있음을 알 수 있다.

그런데 역량 중심 교육과정으로 변환되면서 역사적 사실에 대한 내용에 중점을 두기보다는 사료를 해석하고 판단하고 자신의 역사관을 정립하는 데 중점을 두었다. 이에 따른 결과로 학생들의 역사의 기초적 내용적 지식의 부족 문제가 제기되었다.[137)]

이러한 독일에서의 역사 내용이냐 역사적 사고냐는 논쟁은 우리나라 역사교육에서 돌아보아야 할 부분이다. 역사 내용론자들은 역사학습에서 토의와 토론과 같은 학생의 참여와 탐구 등의 방법이 중요하다고 해서 역사적 사실에 대한 이해 없이 원활한 토의와 토론, 또는 탐구학습을 기대하기는 어렵다고 한다. 이들은 학생들이 알아야 할 기본지식으로서 역사적 내용을 학교에서 배워야 한다고 주장한다. 학생들이 시간 속에서 방향을 잡기 위해서는 역사적으로 일어난 일에 대한 연대기적 지식을 기본전제로 가져야 한다는 것이다. 또한 과거를 제대로 다룰 수 있으려면, 즉 과거를 가지고 조작하거나 악용하는 것에 이용당하지 않으려면 오히려 과거에 무슨 일이 어떤 순서로 일어났고 어떤 결과를 초래했는가에 대한 역사적 지식을 학생들이 잘 학습해야 한다는 견해도 제기된다. 학생들이 모르는 것에 대해 질문을 할 수 없다는 것이다.

그러나 역사적 사고를 중시하는 입장에서는 그 역사적 내용이라는 것은 과거 사실에 대한 해석자의 관점이나 이해관계가 필연적으로 개입된 것이기 때문에 오히려 학생들에게 이런 역사 내러티브들을 무비판적으로 수용하지 말고 거기에 숨은 의도나 이해관계를 해체하면서 학생 자신의 내러티브를 만들고 그것까지도 성찰할 수 있는 능력을 키우도록 훈련시키는 것이 중요하다고 본다.

이처럼 역사를 학습한다는 것은 결국 무엇을 학습한다는 것인지 그리고 역사를 학습하고 난 이후 학생들은 무엇을 할 수 있어야 하고 어떤 능력을 가져야 할지에 대해서 다양한 견해들이 있을 수 있다.[138] 역량중심 교육과정은 이러한 근본적인 질문에 대한 진지한 고민과 해답을 요구하고 있다.

이에 대해 독일의 바덴뷔르템베르크주의 역사과 교육과정(2016)에서 역사적 사고가 어떻게 이루어지는지에 대한 설명으로 제시한 '역사적 사고 순환(Der Kreislauf des histoischen Denkens)'이라는 모형을 살펴볼 필요가 있다.[139]

[그림 1-4] 바덴뷔르템베르크주의 '역사적 사고 순환'

이 역사과 교육과정에서는 아래와 같이 '역사적 사고의 순환' 모형을 설명하고 있다.[140)]

> '역사적 사고 순환'의 모형은 중핵으로 역사적 사고(Historisches Denken)가 있고, 이를 역사지식 역량(Sachkompetenz)이 둘러싸고 있다. 이는 시대별 역사 내용이 교과의 중심 내용임과 동시에 역사적 사고력 함양의 소재가 됨을 의미한다. 바깥쪽으로 각각 문제제기, 탐구, 성찰, 방향설정 역량이 있고, 원의 가장 바깥쪽에는 검은 글씨로 '역사적 물음, 사료와 기술에 대한 평가, 분석하기, 판단하기, 현재와의 관계, 역사인식, 불명확성, 흥미'의 구체적인 활동이 제시되어 있다.

이 모형은 해석학적 순환을 바탕으로 작성된 것으로, 하나의 질문 또는 문제인식에서 시작하여 해답 또는 문제 해결로 끝나는 이해의 과정을 포함한다. 이를 '과정상의 역량'으로 일컫는다. 이와 같은 순환의 과정 이후에는 새로운 이해의 과정을 유발하는 새로운 질문이 생겨나는 경우가 많다.[141)]

여기에서 '역사지식 역량(Sachkompetenz)'은 학생들이 역사적 지식 구조를 이해하고 해석할 수 있는 능력으로 역사학습 내용과 구분된다. 역사적 사고 순환의 모형에서 지식 역량은 역사과에서 목표로 하는 다른 4가지 과정상의 역량을 실천함에 있어 그 매개, 즉 기본이다. 과정상의 역량에서는 '역사지식역량'을 개별적인 사실이나 내용의 지식과는 구분하여 설명한다. 시대별 역사 '내용'은 '내용상의 역량 기준'에 해당하는 것으로, 과정상의 역량 중 '역사지식 역량'과 구분되는 다른 개념으로 보아야 한다는 것이다. 즉 '역사지식 역량'은 역사적 정황을 구조화하고 그 개념을 응용하여 전반적인 이해를 가지며, 나아가 이를 표현하는 등의 훨씬 많은 것을 의미한다. 교육과정에서 특히 역사지식 역량과 관련하여 '균형' 잡힌 수업의 진행에 유의할 것을 주문하고 있는데 이는 '내용 전달'에 치우친 수업에 대한 경계를 의미하는 것으로 보인다. 즉, 역사지식 역량은 학생들이 역사적 정황을 구성적으로 이해하고 이를 재설명하는 것을 의미한다. 구체적인 활동으로는 역사적 사실들을 공간과 시간 순으로 정리하기, 연관성 안에서 역사적 정황 묘사하기(스토리텔링) 등이 있는데, 이는 자주 내용 지식 역량과 연관하여 나타나기 때문에 그 구분을 짓는 것도 무의미하다.[142)]

독일은 패전 후 '과거극복', 즉 '나치스 시대(1933~45)'를 극복한다는 개념이 1950년대 독일연방공화국(서독)에서 형성되어 60년대부터 정치, 사회적으로 통용되는 의미심장한 어휘가 되었다. 일반적으로 독일의 과거 극복은 매우 성공적이었다는 내외의 평가를 받고 있다. 즉 독일연방공화국(서독)은 나치스의 죄악을 솔직하게 인정하고 그 책임을 철저히 추궁했으며 그 희생자와 피해자—홀로코스트(The Holocaust)의 피해자로부터 시작하여 강제노역에 동원되었던 피해자까지 포함해서—에게 현실적인 보상까지 실천한 것이다.[143)]

1990년대 말 사용된 독일의 한 역사교과서도 이를 반영하듯 아래와 같이 서술되어 있다.[144)]

> 홀로코스트: 유럽에 거주하는 유대인의 학살
>
> (생략) 전체적으로 최소 550만의 유대인들이 사망했다. 이들 중 300만은 가스실에서 사망했다. 히틀러가 1944년 11월에 가스실의 절멸을 중단하고 흔적을 없앨 것을 명령했을 때도 학살은 계속되었다. (중략) 범죄는 국가가 조직하고 명령했다. 그러나 그 집행에는 광신적인 국가사회주의자(나치스)만이 가담했던 것이 아니었다. 수십만이 이 과정에 연루되어 있었고, 수백만이 이 일에 대해 적어도 대충은 알고 있었다. 국방군의 수뇌부에도 대량학살은 알려지고 있었으며, 이들은 심지어 지원까지 했다. 그밖에도 수뇌부에도 대량학살은 알려지고 있었으며, 이들은 심지어 지원까지 했다. 그밖에도 수용소를 세워야 했고, 감시해야 했었다. 최소한의 식량도 공급해야 했으며, 그곳으로의 수송은 전 유럽을 통해서 이루어져야 했었다. 왜 이 일에 그다지도 많은 독일인들이 관여했던가? 그들은 명령거부에 따르는 처벌을 두려워했던가? 아니면 그 뇌리에 인종주의적 반유대주의가 그리도 깊이 뿌리박혀서 희생자들을 더 이상 인간으로 보지 않아서였던가?
>
> 1. 제기된 질문에 대해 학급에서 토의해 보라! 어느 정도로 모든 독일인의 집단적인 책임에 대해서 말할 수 있는가?
> 2. 여러분의 주변에 있는 사람들이 전쟁 중에 겪은 운명에 대해서 조사해 보라.

위 교과서 인용문에서는 오늘날의 홀로코스트 연구에서 밝혀진 중요한 사항이 거의 언급되어 있었다. 즉 국가권력에 의한 유태인의 학살, 유태인 희생자의 고통, 소수의 나치스 광신자가 아닌 경찰과 정규군을 비롯한 정상적인 국가기구가 학살에 총동원되었으며, 나아가 수백만의 '평범한 독일인들'도 이 범죄행위에 책임이 있음을 명백히 하는 서술과 이에 대한 탐구로 구성되어 있다.

그런데 2000년대에 들어서며 독일 내에서는 홀로코스트 교육에 대한 비판의 목소리가 커지고 있다. 즉 학교 역사교과서와 같은 영역에서의 계몽에도 불구하고 여전히 가족 영역에서는 공식적 기억(가해자 기억)과 가족 기억(독일인 희생자 기억)이 이분되어 있다는 것이다.

벨처(Vgl. Welzer)의 연구팀은 2002년 '기억되고 구술된 과거가 어떻게 역사가 되는가'라는 질문에서 출발하여 설문조사와 인터뷰를 실시하였다. 그 연구의 결과 학교, 미디어, 기념관 견학 등 다양한 교육을 통해 '계몽된' 독일의 손자 세대가 역설적으로 가족의 범죄 연루 사실을 가장 강하게 부인하거나 미화하는 경향을 보이고, 오히려 "독일인은 전쟁, 강간, 포로, 결핍과 곤궁의 희생자였다"는 견해를 지니고 있다는 점을 밝혀냈다.[145)]

이에 홀로코스트 교육에 대한 전면적인 개혁이 필요하다는 점이 지적되었다. 사실 홀로코스트와 같은 소재는 학습자가 이해하거나 받아들이기 어렵고 죄책감과 같은 감정적·인지적 저항을 일으키는 지식으로서 '어려운 지식(difficult knowledge)'라고도 불린다. 종종 트라우마, 사회적 갈등, 억압된 역사, 윤리적 문제와 관련되며 단순정보와 달리 학습자가 감정적·윤리적 반응을 경험하면서 지식을 내면화하고 의미화해야 할 필요가 있는 지식이다. 일부 독일인은 홀로코스트가 너무 잔인하기 때문에 아이들에게는 다른 방식으로 접근해야 한다고 주장했다. 이것이 '홀로코스트 없는 홀로코스트 교육'이다. 가장 대표적인 사례가 '안네의 일기'다. 이 이야기는 아이들의 눈높이에서 홀로코스트를 이야기해 주고 있다.

또 한 가지 방법은 '쉰들러 리스트'에서 찾아볼 수 있다. 즉, 어두운 역사의 소용돌이에서도 유대인들을 도우려했던 쉰들러를 통해 인간성의 회복을 맛보게 하는 것이다. 거대한 역사의 흐름 속에서 잘못된 것에 대해서 저항할 수 있었던 쉰들러 같은 사람을 길러내는 것이 독일 역사교육의 목표이기 때문이다.[146)]

2) 프랑스의 역사교육

프랑스의 역사교육은 시대에 걸쳐 변화했는데, 초기에는 '공화국 시민'을 교육한다는 목표로 국가 정체성을 강조하다가 점차 자국사를 유럽사와 세계사 내에서 통합적으로 이해하고 다양한 역사적 관점을 다루는 방향으로 나아갔다. 이는 과거 프랑스의 식민지 지배 역사에 대한 반성과 현재 프랑스 사회 내의 민족 및 문화 다양성을 고려한 것으로 보인다. 그러나 2015년에 개정된 중학교 역사과 교육과정은 최근에 전개되고 있는 '민족서사(récit national)' 논쟁과 밀접한 관련을 맺고 있다. 실제로 현재까지 유지되고 있는 프랑스의 중학교 역사교과서 내용의 큰 틀은 '역사'라는 제호 아래 '유럽의 역사'만을 다루고 있으며 여기에서도 프랑스의 역할이 크게 부각되어 있다. 이러한 자국사를 탈피하여 교류사에 초점을 두었던 2008년 교육과정은 '민족서사'를 탈피하자는 진보주의 역사교육계의 지지를 받았으나 2015년 중학교 교육과정은 다시 유럽의 역사 내에서 자국사 중심의 역사 서술로 돌아갔다.[147)]

한편, 2015년판 프랑스의 고등학교 교육과정에서 역사교육의 목표는 다음과 같다.[148)]

- 시간에 따른 사회 변화의 방식(사건, 지속, 단절, 변동, 변화 등)을 이해하고,
- 사료에 대해 고찰(과거에 대한 지식이 유적, 기록, 증언 등에 의해 형성되었음을 이해하고, 이를 비판적으로 해석)하며,
- 역사적 추론의 기초(역사적 사건이나 맥락의 잠재력과 제약에 대해 평가하고, 개인이나 단체의 역사적 결정과 그에 대한 의문점을 이해하고, 이와 같은 행동의 단기적, 중장기적 결과를 파악하는 것 등)에 대해 배우고
- 인류의 활동과 사건을 맥락과 시대에 맞게 이해하고
- 국가, 유럽과 세계의 역사에 대한 소속감을 느끼고 가치와 지식, 지표를 습득함으로써 개인의 책임감과 시민성 발달에 도움이 되며,
- 학생의 교양을 가꾸는 것이다.

주목해서 보아야 할 것은 프랑스 역사교육의 제1목표가 '민주시민교육'이 아닌 '시간에 따른 사회변화의 방식과 사료에 대한 고찰' 등 역사의 특정적 교과목표를 내세우고 있고, 시민성 발달에 '도움'을 주는 것도 다양한 역사교육의 목표 중 하나일 뿐이라는 것이다.

현재 프랑스에서 시행되고 있는 역사교육은 세 가지 특징을 지닌다. 첫째, 초·중·고 간의 교과내용 구성이다. 초등학교가 자국사 중심의 통사, 중학교가 유럽사

중심의 통사로 구성되어 있다면 고등학교에서는 현대 세계에 대한 역사 비판적 성찰을 함양하는 주제사로 구성되어 있다. 둘째, 정부가 제시하는 교육과정이나 학습지도안, 그리고 졸업자격시험이 역사교육의 통일성을 부여한다면 교과서 자유 발행제와 교사의 자율 재량권은 그 다양성을 확보한다는 점이다. 셋째, 프랑스 역사교육의 내용이 역사 연구의 방법론을 배우는 형식이라는 것이다. 교육과정 안에서 사료를 비판적으로 해석하고, 주장을 증명하는 과학적 절차를 통해 학생의 비판적 사고를 육성하려는 의도를 확인할 수 있다.[149)]

이상 다른 교과와 다른 역사교육의 고유성을 역사적 사고력과 역사의식으로 보고 이에 대한 함양을 역사교육 전반의 목표로 삼고 있는 국가들에 대해 살펴보았다. 그렇다면 우리 역사교육의 미래상은 어떠해야 하는가? 빠르게 급변하는 세계 교육동향에 맞설 'K-역사교육'이란 AI 시대의 도래에 맞추어 한국적인 역사교육에 대한 재인식이다. 이는 5천 년 역사(내용)를 담을 제대로 된 역사교육을 구현하기 위해 외국(미국, 유럽, 제3세계를 포함하는 전 지구를 포함한다)의 이론과 방법론적 장점들을 포용하면서 이를 통해 우리의 역사 내용을 담을 방법들을 창조하는 고유하고 통합적인 구조의 형태이다. 그러나 결코 보수적이지 않고, 확장적이며 세계 역사교육의 롤모델을 만들어 나가는 보편성을 추구한다.[150)] 역사교육의 고유성을 축소시키는 사회과 안의 역사교육 체제가 과연 'K-역사교육'을 이룰 수 있는 필요성과 정당성을 가지고 있는 것인지, '역사과의 독립'과 '세계사 교육 축소의 극복'을 통한 세계 속의 보편성을 띤 역사교육의 미래상은 무엇인지 학계와 교육계가 함께 심층적으로 고민해야 할 필요성이 여기에 있다.

토의해 봅시다.

1) 프랑스, 영국, 독일의 역사교육이 우리에게 시사하는 바가 무엇일지 논의해 봅시다.
2) 제6차 교육과정 이후 사회과에 통합된 채로 역사교육이 지금까지 오게 된 이유를 논의해 봅시다.

CHAPTER

02 역사교육의 목적은 무엇인가

챕터 개관

목적 본 단원은 역사교육의 목적과 목표를 살펴보고 민주시민을 위한 역사교육, 생태교육, 역사적 사고력 증진 등의 목표보다 상위개념인 인간 이해라는 목적이 역사교육의 목적으로서 제안될 수 있는 이유를 살펴보고자 한다. 또한 민주시민을 위한 역사교육의 허실을 살펴보고 이 또한 인간이해라는 역사교육의 목적에 포섭될 수 있음을 보여주고자 한다. 인간 존재를 깊이 이해하는 능력이야말로 건강한 시민성을 지탱하는 근본이다. 마지막으로는 역사교육의 목표라 할 수 있는 역사적 사고의 특성을 소개하고자 하였다.

내용 요약 본 단원에서는 역사교육 목적과 목표의 차이를 살펴보고, 내재적 목적과 외재적 목적의 관계를 살펴보도록 한다. 내재적 목적은 외재적 목적에 영향을 받지만 그 본질적 정체성이 훼손되어서는 안 된다. 현대 사회는 물질적 성취의 강조 속에서 인간성 상실의 위기에 직면해 있다. 역사교육의 고유 목적은 과거와 현재를 연결하여 인간 존재와 행위의 의미를 다층적으로 이해하는 인간 이해에 있다. 역사교육의 목표로서 역사적 사고에 대해 와인버그(Sam Wineburg)가 그 시작으로 파악한 '의심하기'와 역사적 사고를 기를 수 있는 방안으로서 '역사가처럼 읽기'라는 의미가 무엇인지 살펴본다. 또한 역사적 사고를 수업과 평가의 측면에서 기를 수 있는 방안을 모색한다.

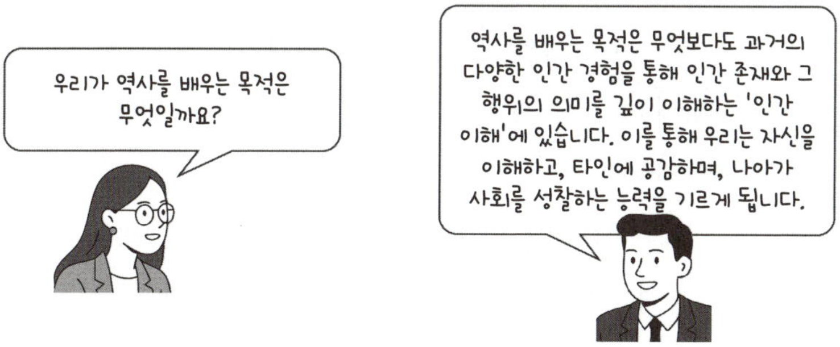

질문 인간이해를 역사교육의 목적으로 삼고 역사적 사고력 함양을 목표로 삼는다는 의미는 무엇일까?

I 역사교육의 목적과 목표

우리는 역사교육의 목적(aim)과 목표(objective)를 구분할 필요가 있다. 역사교육의 목적은 역사과목의 일반적인 가치나 효용성을 말하는 것이고 목표는 이러한 목적을 달성하기 위한 구체적인 성취수준을 말하는 것이다. 따라서 역사교육의 목적을 말할 때는 일반적인 용어로 진술하게 되지만, 목표를 말할 때는 보다 명확하고 구체적인 행동용어로 진술하게 된다.[1] 그러나 실제에서 목적과 목표는 흔히 혼동되어 사용된다. 그럼에도 불구하고 현재 역사교육계에서는 역사교육의 목적은 역사교육을 통해 학생들이 성취해야 할 사항을 일반적이고 포괄적인 진술로 정의한다.[2] 또한 목표에 대해서는 국가교육과정에서의 교과목 목표와 학교교육의 차원에서 수업에서의 학습목표로 구분하여 활용하고 있다.

우리나라의 경우 1990년대 초 제6차 교육과정의 시안이 발표되었을 때, 국사과가 필수과목에서 배제된 것에 대한 반발로 역사의 유용성과 역사교육의 목적에 관한 논의가 활발하게 전개된 적이 있다.[3]

정선영은 역사교육의 일반적 목적의 설정에는 내재적 목적과 외재적 목적의 대립이 은연 중 작용하고 있다고 하면서 그중 내재적 목적의 최종 도달점을 역사의식, 역사적 사고력, 판단력 및 통찰력 등으로 설정하였다. 그 가운데 역사적 통찰력을 역사교육의 최종 목표의 범주에 속한다고 보았다. 역사적 통찰력은 사물이나 현상을 넓고 깊게 바라보게 함으로써 사물이나 현상의 본질을 꿰뚫어 볼 수 있는 능력을 말한다. 역사적 통찰력을 가진 사람은 역사의 흐름을 전체적으로 바라볼 수 있고 역사적 현상의 배후에서 작용하는 핵심 개념과 원리를 파악할 수 있다. 또한 과거, 현재, 미래를 관련시켜 보며 역사적 행위자의 사상이나 행위에 대한 공감적 이해도 가능하다.[4]

역사교육의 내재적 목적은 역사학 또는 역사교육 자체에서 나온 목적을 말한다. 역사교육의 내재적 목적은 역사 교육의 본질적 목적을 추구하는 과정에서 큰 의미를 지니고 있다. 반면에 외재적 목표는 자유로운 민주적 사회에 능동적으로 참여하는 것을 배우기 등과 같이 역사교육의 목표를 역사교육의 본질적 내용이 아닌 다른

무엇에서 찾는 경우를 말한다.[5)]

외재적 목적을 무시할 수는 없겠지만 그러한 요구들 때문에 역사교육의 내재적 목적 자체가 손상을 당하는 일이 없도록 세심한 주의를 기울일 필요가 있다.[6)]

오크쇼트(Michael Oakeshott)와 같은 내재적 목적을 중시하는 학자는 '교육은 인류가 만들어낸 문명적 유산에 입문시키는 활동'이라고 정의하면서 학교를 사회화의 도구로 삼는 것은 교육을 말살하려는 기도라고까지 하였다.[7)]

타일러(Ralph Tyler, 1949)는 교육목표의 설정, 내용의 선정 및 조직, 그리고 평가로 이어지는 일련의 과정은 인식주체, 즉 학습자가 학습할 지식을 미리 결정해 놓을 수 있다는 입장을 견지한다. 타일러는 교육의 결과(교육목표)를 학습자가 경험을 하기 전에 미리 결정된 것으로 보고 학습은 그러한 결과에 도달하고자 하는 수단-목적 관계의 선형적(linear) 과정으로 파악한다. 평가는 미리 결정된 목표에 비추어 학습 결과의 도달 내지 일치 여부를 확인하는 것으로 객관주의 인식론이 그러하듯 인식 주체의 인식과정과 그 결과를 분리하고 있다. 하지만 구성주의 관점에 따르면 인식주체의 인식과정과 독립된 인식의 결과는 있을 수 없다. 학습의 결과는 미리 예견될 수 없을뿐더러 학습과정과 유리되어 나타날 수 없다.[8)]

최근에는 교육의 목적(목표)-내용-방법을 연계하여 통합적 관점에서 보거나[9)] 백워드 설계(Backward Design)와 같이 평가를 내용과 방법의 일환으로 보고 오히려 평가를 먼저 계획하는 등의 관점이 보편화되고 있다. 또한 실제로 내용이나 방법이 목적(목표)과 상관없이 결정되는 경우가 많다.

한편 역사교육 목표의 준거로서 교육목표의 행동영역을 살펴볼 필요가 있다. 오늘날 교육목표의 준거로서 가장 많이 이용되고 있는 블룸(B. S. Bloom, 1956)의 교육목표분류학은 교육목표를 인지적 영역(지식, 이해, 적용, 분석, 종합이라는 5가지 범주)과 정의적 영역(감수, 반응, 가치화, 조직화, 인격화라는 5가지 범주)으로 목표를 분류하고 각 범주마다 2~3개의 세부 범주를 정하고 있다.[10)] 인지적 영역의 가장 하위에 '지식'이 있는데 다음 사고 단계를 준비하는 단계로서 '지식'은 더 높은 사고로 나아가는 토대를 형성한다. 그러나 역사교육에서 역사 지식은 단편적인 역사지식으로부터 복잡한 역사지식이 존재하고, 역사 지식이 반드시 더 높은 '사고'를 향해 나아가지는 않는다는 점에서 블룸의 목표분류를 역사교육에 적용하

기에는 적합하지 않다는 비판을 받기도 하였다.[11)]

콜담(J. B. Coltham)과 파인즈(John Fines)(1971)는 블룸의 교육목표 분류체제를 바탕으로 역사과의 특성을 살릴 수 있는 역사교육의 목표를 네 가지 영역으로 제시하였다.[12)] 역사학습에 대한 태도, 학문의 본질, 기능 및 능력, 학습의 교육적 결과가 그것인데 블룸의 목표분류와 비교해 보면 역사학습에 대한 태도는 정의적 영역에 해당하고 학문의 본질과 기능 및 능력은 인지적 영역에 해당되며 학습의 교육적 결과는 정의적 영역과 인지적 영역이 혼합된 것이다. 이는 역사학의 특성을 강조하고자 역사학습에 대한 태도나 학문의 본질 영역을 설정하였지만 기능과 능력이라는 영역을 별개로 둠으로써 영역일반이론의 관점에서 벗어나지 못하였다. 이러한 인지적 영역과 정의적 영역의 구분은 학교 현장에서 일반적으로 지식, 이해, 기능, 가치, 태도 등 몇 가지 세부 항목을 제시하고 있다. 이 역시 블룸의 목표분류에 영향을 받은 것으로 보인다.

한편, 블룸의 교육목표분류학의 문제점을 해소하고자 앤더슨(Lorin Anderson, 2001) 등은 신교육목표분류학의 일환으로서 분류학의 구조를 이차원 표로 제시하고 4가지의 지식차원과 6가지의 인지과정차원으로 구분하였다.

먼저 지식을 사실적 지식, 개념적 지식, 절차적 지식, 메타인지 지식으로 구분하였다. 사실적 지식은 교과나 교과의 문제를 해결하기 위해 숙지해야 할 기본적 요소로서 전문용어에 대한 지식과 구체적 사실 및 요소에 대한 지식으로 구분된다. 개념적 지식은 요소들이 통합적으로 기능하도록 하는 상위구조 내에서 기본요소들 사이의 상호관계를 말한다. 이는 분류와 유목에 대한 지식, 원리와 일반화에 대한 지식, 이론・모형・구조에 대한 지식에 해당된다. 절차적 지식은 어떤 것을 알 수 있는 '방법에 대한 지식'으로 교과의 특수한 기능과 알고리즘에 대한 지식, 교과의 특수한 기법과 방법에 대한 지식, 적절한 절차의 사용 시점을 결정하기 위한 준거에 대한 지식으로 구분한다. 마지막으로 메타인지 지식은 자신의 인지에 대한 인식 및 지식과 인지 전반에 대한 지식으로 전략적 지식, 인지과제에 대한 지식, 자기-지식으로 구분된다. 메타인지란 1970년대에 발달 심리학자인 존 플라벨(J. H. Flavell)이 창안한 용어로, 남의 지시 이전에 '스스로 자기 생각에 대해 생각하는 능력'을 말한다. 상위인지, 초인지라고도 하며 이는 자기 성찰 능력이다. 자신의 생각이나 느낌이나 지식에 대해 곧이곧대로 받아들이지 않고 이게 맞나 아닌가에 대해 스스로 검증을 거치는 것이다. 메타인지 지식에 해당하는 전략적 지식은 학습, 사고, 문제해결을 위한 일반적 전략에 관한 지식이며, 인지과제에 대한 지식은 가장 과제를 해결하기 위한 가장 적절한 조건이나 과제에 대한 어느 정도의 지식을 말한다. 자기-지식은 예를 들어 자신의 강점과 자신의 약점을 아는 자기 자신의 지식수준에 대한 인식이다.[13)]

앤더슨은 학습의 결과로 나타날 수 있는 학생의 행동을 '기억하다'와 '이해하다', '적용하다', '분석하다', '평가하다', '창안하다'의 총 6가지 인지과정으로 분류하고 있다. '기억하다'는 장기기억으로부터 관련된 지식을 인출하는 것을 의미하고, '이해하다'는 수업을 통해 알게 된 새로운 지식을 기존에 알던 지식과 연결 짓는 것을 말한다. '적용하다'는 특정 장면에서 절차를 실행하거나 활용하는 것을 지칭하며 '분석하다'는 자료를 구성 요소로 분할하고, 요소들의 상호관계와 전체 구조나 의도와의 관련성을 결정하는 것을 말한다. '평가하다'는 준거와 기준에 따라 판단하는 것을 뜻하며 '창안하다'는 부분들을 결합해서 새롭고 일관성이 있는 전체를 구성하거나 독창적인 산물을 만들어내는 것을 말한다.[14)]

Ⅱ 역사교육의 최고 목적-인간 이해

역사교육의 목적을 바라보는 시각은 매우 다양하다. 뤼젠(Jörn Rüsen)은 '인간의 존엄성(human dignity)'에 기초한 관용, 비판, 인정의 원칙이 역사적 사고의 중요한 하위 요소라고 주장한다. 콜링우드(R. G. Collingwood)도 일찍이 "역사의 가치는 인간이 무엇을 해 놓았는가, 그리고 그 결과로 인간이란 무엇인가를 우리에게 가르쳐 주는 데 있다"고 하면서 '인간의 자기인식'으로서의 역사를 강조하기도 했다.[15)] 와인버그(Sam Wineburg)에 따르면 역사는 다른 교과와는 달리 우리를 인간답게 만드는 잠재력을 가지고 있다. 그리고 그것은 과거와의 만남에 깔려있는 친근함과 낯섦의 긴장에 대한 세심하고도 균형 잡힌 이해에서 구현될 수 있다고

주장한다.[16)]

이상의 논의들은 역사교육의 목적을 '인간 이해'에 둘 가능성을 높인다. 역사교육은 과거 인간들의 삶을 이해하는 과정을 통해 인간 존재의 복합성과 다양성, 그리고 인간이 처했던 상황과 선택의 의미를 성찰하는 활동이 되어야 한다. 이는 인간을 특정 이념이나 국가적 목표를 위한 수단으로 삼지 않고, 그 자체로 존중하는 태도를 기른다. 따라서 역사교육은 학생들이 타자의 삶과 사고를 이해하고 자기 자신의 존재와 삶을 성찰하게 하며 인간 존재에 대한 깊은 통찰을 가능하게 하는 교육이어야 한다.

마르크 블로크(Marc Bloch, 1886~1944)는 '역사의 대상은 인간이다'라는 기치 아래 인간학으로서의 역사학을 강조하였다. 그는 역사를 과거의 한 사건에 대한 단순한 기록이 아니라 '시간 속의 인간들에 관한 학문'으로 정의한다. 『역사를 위한 변명』이라는 책은 그의 아들[17)]이 그에게 던진 질문, "아빠, 도대체 역사란 무엇에 쓰는 것인지 저에게 설명 좀 해 주세요."로 시작된다. 그는 역사의 효용 가운데 첫 번째는 역사라는 학문이 인간 개인에게 위안을 준다는 사실을 지적한다. 두 번째 효용으로 역사는 인간이 시도하고 있는 모험을 이해하기 쉽게 해 주고 본질적인 것을 이해할 수 있게 해 준다고 하였다. 그 누구보다 블로크는 군인이자 레지스탕스 운동가로서 현실 운동에 참여한 사람이었으나 결국 그가 행한 역사의 목적은 '인간'에 향해 있었다.[18)]

우리는 냉정한 사회과학의 틀 안에 역사를 두고자 하는 근대적 시도 속에서 오히려 '민주시민 양성'과 같은 '기능과 자질'의 목적하에 역사교과를 가두어 두고, 오히려 '인간에 대한 이해'와 같은 역사 본연의 거대 목적담론을 경시해 온 것은 아닌지 반추해 보아야 할 때이다.

인간에 대한 이해를 찾는 역사교육의 목적은 효율성과 물질에 대한 강조, 인간 사회에 닥친 AI 디지털 혁명과 딥페이크와 같은 부작용, 공동체 가치관의 붕괴, 빠른 기술력에 따른 환경파괴 등과 같은 현대사회의 위기에 대한 대안을 제시해 줄 수 있다는 유용성이 있다. 또한 저출산 현상으로 인한 학령인구의 급격한 감소와 이에 따른 학교의 잇따른 폐교는 지역 공동체의 해체, 세대 간 단절, 교육 기회의 불균형 등 복합적인 사회문제를 야기하고 있다. 이러한 맥락에서 역사교육은 다양한 세대와 문화에 대한 이해를 증진하고 상호존중의 태도를 함양함으로써 인간 이해를 심화시키는 본래적 목적을 수행할 필요가 있다.

[AI(인공지능) 시대와 '인간 이해'라는 역사교육의 목적]

AI, 즉 인공지능의 활약 범위가 넓어짐에 따라 AI가 그린 그림이 2022년 미국 콜로라도 주립 박람회가 주최한 미술대회에서 1등을 하였다. 제이슨 앨런(Jason M. Allen)이 수상한 '스페이스 오페라 극장(Théâtre D'opéra Spatial)'[19] 작품은 AI 이미지 생성기 미드저니(Midjourney)에 텍스트 명령어, 즉 프롬프트를 입력해 나온 이미지라는 것이 알려지며 논란이 일었다. 제이슨 앨런은 처음 출품할 때부터 출품자를 '미드저니를 사용한 제이슨 앨런'으로 하였고, 최소 624개의 텍스트 프롬프트와 입력 수정 과정을 거쳐 이 이미지를 생성했으며, 이후 포토샵을 사용하여 이미지를 조작하는 등 인간의 노력이 들어간 작품이기 때문에 저작권이 주어져야 한다고 주장하였다. 논란의 쟁점은 이것이 '새로운 창작물'로서의 예술인가하는 점이었다. AI는 방대한 기존 이미지와 작품을 학습하여 새로운 이미지를 생성하기 때문에, 특정 화가의 구도나 표현 양식, 스타일과 아이디어를 모방하거나 변형하는 가능성이 크다.

기계가 예술에 미치는 영향에 대한 논쟁은 역사적으로 깊은 뿌리를 갖고 있다. 카메라가 발명되었을 때, 당시 화가들은 이를 '인간 예술성의 타락'으로 여겼다. 19세기의 시인 샤를 보들레르(Charles Baudelaire)는 사진 기술을 '예술의 가장 치명적인 적'이라 비난하기도 했다. 20세기에는 디지털 편집 도구와 컴퓨터 기반 디자인 프로그램 역시 유사한 이유로 비판받았다. 그러나 기술이 발전하며 새 이미지 도구들은 점차 대중의 호응을 얻고 예술의 중심으로 부상했다. 이들은 독자적 영역을 구축하며 예술 개념을 확장하고 새로운 시장을 열었다. 이런 점에서 제이슨 앨런을 옹호하는 사람들은, 인공지능을 활용한 작품 제작이 디지털 편집 도구 사용과 다르지 않다고 주장한다. 품질 높은 이미지를 얻으려면 편집 프로그램을 능숙하게 다뤄야 하듯, 원하는 그림을 얻기 위해서는 정확한 프롬프트를 입력하는 능력이 필요하며, 이것이 바로 기계가 아닌 인간 고유의 영역이라는 논리이다.

[그림 2-1] Jason M. Allen, 스페이스 오페라 극장(*Théâtre D'opéra Spatial*, 2022), Midjourney(디지털 이미지).

이 사건은 인간의 역사에서 '창작이란 무엇인가?', '예술적 가치란 무엇인가'라는 근본적인 질문을 던진다. 인간 창작은 단순한 이미지의 조합이 아니라, 작가의 경험 · 감정 · 가치관이 반영된 표현 행위이다. AI의 산출물은 기술적 완성도(기술적 가치)가 높더라도, 그 안에는 의도나 맥락, 인간의 정서가 직접 반영되지 않는다. 인류 역사 속 창작 활동은 시대 · 문화 · 사상의 변화와 긴밀하게 연결되어 발전해왔다.[20]

르네상스 시대의 인문주의 미술, 산업혁명기의 판화·사진 발명, 디지털 시대의 컴퓨터 그래픽 등 각 시대의 기술 변화는 창작 방식에 영향을 주었지만, 그 속에서도 인간 고유의 해석과 의도는 중심에 있었다. AI 그림 표절 논란은 창작의 주체가 인간이 아닐 때 우리가 어떤 기준으로 창작을 정의할지를 묻는 역사적 전환점이 된다.

역사교육은 과거의 사건을 통해 인간의 가치와 관계를 이해하도록 돕는데, 이 사건 역시 '기술의 발전'과 '인간 창작의 의미'라는 주제를 통해 인간의 행동 원리와 사회 규범 형성 과정을 이해할 수 있는 기회를 제공한다. 이 사례는 역사교육의 핵심 목적이 인간에 대한 깊은 이해임을 잘 보여준다. AI 그림 표절 논란은 기술, 창작, 법, 윤리라는 복합적 요소 속에서 인간이 어떻게 사고하고, 무엇을 가치 있게 여기는지를 드러낸다. 역사교육은 이러한 사례를 분석함으로써 학생들이 과거와 현재를 연결해 인간의 본질과 사회적 관계를 이해하도록 하는 교육적 역할을 수행한다.

AI(인공지능) 시대를 사는 현대의 학생들은 스마트폰과 컴퓨터를 통해 정보를 습득하고, 대면 없이 온라인 커뮤니티를 형성하며 관계를 맺는 경향이 두드러진다. 그러나 이러한 환경에서 제공되는 담론은 종종 '정치적 올바름(PC, Political Correctness)'의 규범에 지나치게 치우치거나 표피적인 합의에 머물러, 학생들로 하여금 오히려 반감을 갖게 하는 경우가 적지 않다. 인터넷과 소셜미디어는 개인이 자신을 도덕적이고 정의로운 존재로 포장하며 이를 대중에게 과시하는 장으로 변모하기 쉽다. 이러한 플랫폼에서는 '누가 더 도덕과 정의에 충실한가'라는 경쟁이 벌어지며, 참여자들은 스스로를 도덕과 정의의 전형으로 내세우는 담론을 끊임없이 만들어낸다. 이 과정은 정치적 양극화를 가속화하는 중요한 원인으로 작용한다. 정치적 쟁점이 도덕과 정의의 문제로 부각될수록, 해당 쟁점에 대한 타협과 합의 가능성은 급격히 줄어들기 때문이다. 도덕과 정의가 귀감이 될 수 있지만, 과도하게 강조될 경우 사회적 갈등과 분열을 촉진하는 요인으로 작용한다.[21)]

따라서 역사교육은 보다 냉철한 자세로 학생들에게 인간의 삶과 경험을 총체적으로 이해하게 할 필요가 있다. '현실에 참여하는 역사'란 현실을 역사적 맥락 속에서 합리적으로 판단하고 비판적으로 사고하는 것을 의미하며, '과도한 확신'에 사로잡혀 자신의 생각만이 옳다고 주장하는 태도를 뜻하지 않는다. '인간 이해 역사교육'이란 역사교육을 통해 단순히 과거 사건과 사실을 암기하는 것을 넘어 역사 속 다양한 인간의 삶, 사고, 감정, 문화적 배경과 사회적 맥락을 깊게 이해하고 공감하는 능력을 기르는 교육이다. 즉, 역사를 통해 인간의 본성 및 사회를 이해하고, 비판적 사고와 공감 능력을 기르며, 역사적 맥락 속에서 인간 행위의 의미를 탐색하는 것이다.

또한 인간 이해를 역사교육의 목적으로 설정하는 것은 역사교육의 내재적 특성과 외재적 특성을 모두 아우르는 장점이 있다. 내재적 특성은 과거와 현재를 잇는 역사적 탐구를 통해 인간 존재와 행위의 의미를 심층적으로 이해하는 학문적 본질에 해당한다. 외재적 특성은 현대 사회가 직면한 인간성 상실, 가치관 혼란, 자아정체성의 위기 등 복합적 사회문제에 대응하여, 역사교육이 학습자의 윤리적 성찰과 공동체적 책임감을 함양하는 사회적 기능을 수행함을 의미한다.

이처럼 역사교육이 인간을 이해하는 데 초점을 맞춘다면 결과적으로 민주주의를 위한 시민교육도 더 탄탄해 질 수 있다. 단순히 민주시민 양성을 목표로 한 교육이 단기적인 '기술적' 목표에 머물 수 있다는 점에서 '인간이해' 중심의 역사교육은 장기적으로 더 깊이 있고 지속가능한 시민성을 함양할 수 있다. 따라서 실용적인 교육적 효과를 추구하면서도 철학적이면서도 인문학적인 깊이를 균형 있게 구조화하고, 단순한 이론적 개념이 아닌 실제적인 공감능력과 비판적 사고를 함양하는 중요한 교육적 기초가 될 수 있다. 이를 통해 우리는 역사를 더 잘 이해하고 현재와 미래의 문제를 보다 더 인간적으로 해결할 수 있을 것이다.

그런데 최근 역사교육의 일환으로서 대두된 생태환경적 전환은 완전히 새로운 것이 아니다. 인간은 환경과 떨어질 수 없는 존재이므로 인간이 만든 역사는 환경과 서로 상호작용하는 데 가장 밀접한 영향을 갖는다.

관념론적 역사철학자인 콜링우드(R. G. Collingwood)는 『자연이라는 개념(The Idea of Nature, 1960)』이라는 저서를 통해 고대에서 20세기까지의 자연과 인간의 관계를 이야기하며 일찍이 '유비(analogy)'라는 측면에서 자연을 이해했다. 그에 의하면 ① 고대는 '자연이라는 대우주'와 '인간'이라는 소우주의 유비이고 ② 르네상스는 '신의 작품인 자연'과 인간의 작품인 기계이며 ③ 현대는 자연과학자들에 의해 연구된 자연 세계의 진행 과정과 역사학자들에 의해 연구된 인간사 속 영고성쇠의 유비라는 것이다.[22] 그에 따르면 ①부터 ②까지의 시기는 변화하는 것과 변화하지 않는 것을 구분하고, 만물의 운동원리인 영원불변하는 법칙을 인정했던 시기인 반면, ③의 시기는 만물의 변화와 발전을 지속하는 과정에 있는 것으로 이해하여 한시적인 법칙만을 인정했던 시기, 즉 하나의 사물을 그 사물이게끔 하는 본질적인 요소가 거부되는 시기이다.[23)]

콜링우드는 최근에 유행하는 자연관인 생태중심적 자연관을 고려하지 않았다. 그 이유로 생태학적 자연관은 그의 사후 구체화된 이론이며 그가 책에서 다루는 우주론적인 관점이 아니라 윤리학적 관점에서 제기된 이론이기 때문이다. 그의 분석에 따르면 역사와의 유비에 기초한 20세기 초의 자연관의 특징은 자연 환경을 단순히 기계가 아니라 기능의 측면에서 이해하며 또한 인간과 자연은 상호작용하는 하나의 유기체로서 전체적인 목적, 즉 발전과정을 지속하려는 목표를 가진다는 특징을 지닌다. 기존의 자연관은 인간의 주변에 대한 관찰의 결과가 자연스럽게 하나의 관점으로 확립되었던 반면에 생태중심적 자연관은 자연환경 파괴와 같은 당면한 과제를 해결하는 데 필요한 자연관의 모색이라는 점에서 다소 인위적인 색채가 짙은 관점이다.

무엇보다 중요한 것은 우리가 올바른 자연관을 가지기 위해서는 먼저 기존의 자연관을 충분히 이해하고 숙고함으로써 우리가 무엇을 놓치고 있으며 무엇을 덧붙여야 하는가를 알 수 있다는 것이다. 과거 인간행위에 대한 재연을 역사가의 역사이해에 중요한 개념으로 제시한 콜링우드가 자연의 의미를 찾고 인간과의 상호작용 안에서 본질적 요소를 찾았다는 점은 현대의 문제해결적 측면과 윤리적 측면을 강조하는 생태중심적 역사교육에 많은 시사점을 준다.[24)] 현대사회에서 생태환경이 중요한 것은 자연과 환경의 대립과 인간을 자연의 파괴자로 보는 관점과 무관하지 않다. 사회과학적 시점에서 인간과 자연을 발전과 파괴의 관점에서 볼 뿐 역사 속에서 인간과 자연의 조화와 유지, 존속의 과정은 생략되기도 한다. 결국 생태환경교육은 환경문제를 해결하기 위해 역사교육에서 인간과 환경의 상호작용을 보자는데 있지만, 이미 인간을 환경의 파괴자로 전제하고 문제해결의 수단으로 역사교육을 보는 경향이 있다.

따라서 최근 주목받고 있는 새로운 교육 개념이 이미 역사교육계에서 중시해 온 개념인지 여부를 먼저 검토할 필요가 있다. 이를 위해서는 우리 역사교육계 내부의 치밀한 성찰이 선행되어야 하며, 그 이후에야 외부 담론과의 비교·검토가 가능하다.

유럽의 경우, 역사과가 독립 교과로서 중요한 위치를 차지하고 있으며, 이와 함께 생태환경교육이 역사과 내에 적극적으로 도입되는 경향이 뚜렷하다. 그러나 우리나라의 역사교육 상황은 이와 매우 다르기 때문에, 생태환경교육이라는 함의는 그 자체로 의미가 있으나 동일한 맥락에서 역사과 내에 생태환경교육을 주요하게 포함해야 한다는 주장은 전체 교육과정의 비교 등 다각적 측면에서 신중히 검토될 필요가 있다.

또한, 유럽의 경우에도 이상적인 생태환경교육의 중요성은 인식되고 있으나, 실제 역사수업에서 역사 교사에 의해 실질적이고 효과적으로 구현되기에는 여러 어려움이 존재하는 실정이다.[25] 생태환경교육은 현대사 속에서 환경문제 해결을 다루는 데 치중하기 쉽지만, 단순히 윤리적 담론에 머무르지 않고 전근대사까지 포괄하는 시야를 확보해야 한다. 이를 위해서는 생태환경을 '역사 안의 내용' 중 하나로 자리매김하고, 시대별 전개와 변화를 계통적으로 고찰하는 관점이 필요하다. 그런데 이러한 관점은 앞에서 설명한 바와 같이 전혀 새로운 것이 아니며 지금까지 우리의 역사교육에서도 다루어 왔던 바인 것이다. 역사적 시각에서 볼 때, 인간은 단순한 파괴자가 아니라 환경과 상호작용하며 때로는 조화를 이루어 온 존재이기도 하다. 따라서 환경과 인간이 상생해 온 역사적 경험과 사례를 탐구하는 것은 지속가능한 미래를 위한 역사교육의 과제 중 하나로 취급되어 왔다.

다른 점이 있다면 현대 기후위기 담론이 시급성과 행동을 강조하는 반면, 역사교육의 궁극적 목적은 인간과 사회를 깊이 이해하는 데 있다는 점이다. 인간의 역사 속에서 인간-환경 관계사는 위기 속에서도 인간이 자연과 조화를 이루며 장기적 해결책을 모색해온 모습을 보여준다. 조선시대 산림 관리나 메소포타미아 관개 체계는 인간의 지혜, 협력, 조정 능력을 드러내는 역사적 사례다.

이러한 탐구를 통해 학습자는 위기의 본질을 이해하는 동시에, 다양한 인간 대응 양식을 성찰하게 된다. 역사교육은 환경 문제를 다루더라도 인간의 사유·행위·가치를 입체적으로 파악하고 탐구하는 본연의 임무를 놓쳐서는 안되며 스스로 통합 시민교육의 하위 체제로 들어갈 필요도 없다. 그럴 때 역사교육은 기후위기 시대에도 학문적 자율성을 지키며 인간 이해라는 핵심 목적을 실현할 수 있다.

한편 '인간 이해로서의 역사교육'은 역사의 시간성과 인과관계, 변화와 발전과 같은 역사의 핵심 개념들이 모두 '인간'에 관계한다는 것에 주목한다. '인간'은 역사의 대상이자, 내용이자, 위기를 극복할 가장 강력한 방법이 된다. 그 누구보다 인생의 본질을 찾으려 했던 실존주의자 쇼펜하우어(Arthur Schopenhauer)는 "독자적인 생각을 하는 사람들은 군주와도 같다"라고 하며 스스로 생각하는 법의 중요성을 이야기한다. 그래서 그저 책만 많이 읽은 사람과 세상이라는 책을 읽은 사람을 구분하고 있다.[26] 역사교사는 많은 사건과 인물, 제도, 시대를 역사 수업에서 이야기한다. 그러나 모든 역사수업에서 빠지지 않는 것은 인간이 만든 역사, 사건을 만들어가는 인간의 행위, 제도를 만든 인간의 의도, 과거를 살던 인간과 현재를 사는 인간의 차이와 공통점을 다룬다.

최근 피터 세이셔스(Peter Seixas)를 중심으로 수십 명의 역사교육 전문가들이 집필한 『와일리 국제 역사 교수 및 학습 핸드북(Wiley International Handbook of History Teaching and Learning, 2018)』[27]에서는 역사교육이 지향할 점에 대해 국가 정치를 뛰어 넘어 서로 다른 세계와 인간을 이해하는 것을 강조하고 있다.[28] 또한 이 책에서는 『안네 프랑크의 일기』에 대한 교수 및 학습의 분석을 시행한 브리츠먼(Britzman. D. P)의 '어려운 지식(difficult knowledge)' 개념도 소개하고 있다. 즉, 홀로코스트를 포함한 전쟁, 폭력, 학살, 식민지 경험 등과 같은 트라우마의 역사, 즉 '어려운 지식'을 가르치는 방법에는 역사를 어렵게 만드는 것에 대한 근거가 있다면서 브리츠먼은 정신분석 이론을 바탕으로 학생의 내적 갈등이 증오, 공격, 고통의 학습 역사를 어떻게 방해하는지에 주목했다. 트라우마의 역사를 가르치는 데 어려움의 중심에는 지식의 타자성과의 만남을 통해 자아의 한계를 경험하는 것이 있다는 것이다.[29] 특히 이러한 '어려운 지식'의 특징은 단순한 사실 암기가 아니라, 역사적 맥락, 원인-결과, 다층적 관점을 이해해야 하기 때문에 인지적 난이도가 높으며, 학생이 단순히 사실을 이해하는 것을 넘어 자신의 가치관과 맞닥뜨려야 하는 윤리적, 가치적 판단을 요한다는 점이다.

역사의 목적과 내용이 자신의 삶과 별 상관없는 공허한 구호가 되어 역사수업을 받은 학생보다는 스스로 생각하고 인간이 만든 역사를 생각하는 역사교육의 중요성이 더욱 극대화되어야 하는 이유이다. 인간에 대한 이해는 역사학 본연의 학문적 특성이자, 21세기를 사는 학생들이 역사수업을 받는 이유가 되어야 한다.

Ⅲ 역사교육 목적으로서 민주시민교육의 기여와 한계

영국에서는 1988년에 처음으로 국가 교육과정(National Curriculum)을 도입했다. 이로 인해 역사 학습 내용이 일률적으로 처리되는 것에 대한 여러 가지 우려들이 생기면서 1990년대 초반 학교역사교육의 목적에 대한 역사논쟁이 일어났다. 당시 영국에서 있었던 학교 역사교육의 목적이 무엇인가에 대한 논의를 존 화이트(John White)와 피터 리(Peter Lee)의 논쟁을 통해 살펴보자.

먼저 교육철학자인 존 화이트가 1990년 "교육과 좋은 삶: 국가교육과정을 넘어서"[30)]를 발표하고, 이에 대한 반박으로 1992년 역사교육학자인 피터 리가 "학교 역사의 목적: 국가교육과정과 그 너머"[31)]를 발표하였다.

- 존 화이트의 입장

  우리는 교육의 목적과 함께 시작할 필요가 있고 얼마나 학교 역사의 목적이 이들에 적합한지 알 수 있다. 우리는 학교 역사의 필수적인 부분의 목표에 대해 다루고 있다고 가정한다. 모든 학생들을 위한 필수적인 교육의 일반적인 목적은 자율성을 가지고 자유-민주주의 사회의 일원으로서 스스로 행복한 삶(well-being)을 살도록 하는 데 있다. 이러한 자주적인 행복한 삶의 부분은 그들과 더 넓은 사회의 서로 다른 배경을 가진 사람들의 필요를 돌보는 것을 통한 여러 이타적 배려의 형태들로 이루어져야 한다. 이러한 목적은 개인적 자질과 이해라는 그 자체의 부수적 목적을 생성한다.

  역사적 목적은 아래의 두 가지 방법을 통해 이루어진다.

  a. 자주적 사람들은 그들의 주요한 목적을 선택한다는 것을 이해할 필요가 있다. 이들은 특별한 직업과 정치적 또는 종교적 선택 등의 선택을 포함한다. 역사는 이러한 선택에 길을 보여준다.
  b. 역사는 또한 학생들로 하여금 사회적 맥락을 이해하게 해준다. 또한 그들이 산업과 정치 및 윤리, 종교 등을 어떻게 보는가에 대한 이해를 보여준다. 세계사의 이해를 통해 사회의 양상을 이해하게 해주며 그들의 정체성을 형성하도록 돕는다.

- 피터 리의 입장

  역사는 그 자체의 목적을 가지고 있다. 때때로 교육자 또는 정치가들은 학교 역사를 여러 정치적 목적들—시민성이나 애국심을 증진하는 것에 사용한다.

> 그러나 이것은 틀렸다. 왜냐하면 적절한 역사적 연구에서 발견된 공평과 객관성의 가치에 어긋나는 것이기 때문이다. 만약 역사가 현재에 유용하기 위한 것을 우선시하여 가르쳐진다면 그것은 역사이길 멈춘 것이다. 학교에서 역사를 가르치는 이유는 사회를 변화시키기 위한 것이 아니며 학생들의 세계관을 바꾸어 그들을 변화시키기 위한 것이다. 이러한 '변화(transformative)'를 위한 목적은 새로운 행동을 위한 가능성을 열어둔다. 학교 역사는 개인적이고 사회적 목적—화이트의 생각에서 발견되는 민주적 시민성(democratic citizenship)을 증진시키는 것과 같은—에 종속되기보다는 이러한 고유한(intrinsic) 역사 연구의 목적을 추구하여야 한다. 우리는 교육의 목적과 역사학의 목적을 구분하여야 한다. 교육적 관점에서 학생들을 자율적인 민주 시민을 준비시키기 위한 목적은 충분히 받아들여지지만 이것은 기본적으로 역사학의 목적과 관계가 없다. 역사를 배우는 것과 민주적 관점으로부터 세계를 보는 것을 서로 관련지을 필요는 없는 것이다.

그리고 마지막으로 이에 대해 존 화이트가 1994년에 "학교 역사의 목적"[32]을 펴내면서 다시 논쟁이 불붙게 되었다.

존 화이트는 그의 글에서 "저의 전반적인 결론은 학교 역사가 고유한 목표를 가지고 있으며 개인적/사회적, 민주적 또는 기타 교육적 목표에 종속되어서는 안 된다는 리의 원래 입장에 설 수 없다는 것입니다. 학교 역사는 교육적 목표에서 시작되어야 합니다."라고 하면서 학교교육 목적에 역사교육의 목적이 종속되어야 하는 것임을 다시 한번 강조하였다.

이후 2015년 조나단 하우슨(Jonathan Howson)과 함께 피터 리는 "다섯 명 중 두 명은 헨리 8세가 여섯 명의 아내를 두었다는 것을 몰랐다: 역사 교육, 역사 문해력, 그리고 역사의식"이라는 글에서 역사 교육의 진정한 문제는 학생들에게 '역사적 방향성(historical orientation)', 즉 역사가 증거의 활용, 인과관계와 변화를 이해하기 위해 적절한 규칙을 지닌 탐구 분야라는 점을 이해시키는 데 실패한 것이라고 하였다. 또한 학생들에게 전체적인 관점을 제공해 주고 그들이 스스로 지식을 조직하고 역사를 그 자체의 관점을 지닌 학문 분야로 이해하도록 만드는 이른바 '큰 그림(big pictures)'이 필요하다고 하였다. 이들은 역사가 시민교육이나 정체성 형성의 도구 역할을 하는 것을 거부하였다.[33]

존 화이트의 주장은 학교교육 목적에 역사교육의 목적이 종속되어야 한다는 것이며, 피터 리의 주장은 역사교육은 고유한 목표를 가지고 있으며 민주적 또는 기타 교육적 목표에 종속되어서는 안 된다는 것이다. 이러한 논쟁은 학교교육이 역사교육의 기여를 요구하고 있는 한 지속될 수밖에 없다.

이는 민주시민을 위한 역사교육을 목적으로 삼을 때도 마찬가지이다. 민주시민교육에 역사교육이 기여해 왔고 기여해야 한다는 점에 대해서는 거의 모두가 동의하는 바이다. 그런데 역사 교육의 핵심목표나 과제가 민주주의 교육이어야만 할까에 대해서는 많은 이견들이 있다.[34] 민주시민을 양성하는 것은 역사교육뿐 아니라 많은 다른 교과도 기여하고 있다. 역사교육만이 민주시민을 양성하는 데 기여하는 것은 아닌 것이다.

역사교육을 민주시민교육을 위해 수단화하는 사례들은 다양하다.

첫째, 다른 교과에서 민주시민을 양성하는 목적을 위해 역사교육의 사례들을 가져오는 경우가 바로 그것이다. 예를 들어 윤리교육에서 인권을 교육하기 위해 '만적의 난'을 가져오거나 사회교육에서 현대 사회에서의 산업화와 도시화의 음암을 강조하기 위해 산업혁명시기의 노동문제를 가져오기도 한다. 그런데 이러한 사례들은 과거의 역사를 현재의 관점에서 재단하고 역사 고유의 시간성과 계통성을 간과하고 있다.[35]

둘째, 통합사회 과목의 경우 인권, 사회정의와 불평등, 시장경제, 평화, 자연환경과 인간, 문화의 다양성 등과 같은 통합적 주제를 지향한다. 통합사회 과목이 아니더라도 교사들은 이러한 통합적 주제를 가지고 수업에 임할 수도 있다.

그런데 예를 들어 일제강점기의 임야문제를 현대사회의 환경이라는 주제에서 다루는 경우를 살펴보면, 우리가 일제강점기의 임야문제를 다룰 때는 현대의 환경적 관점에서만 다루기에 무리가 있다. 왜냐하면 일제강점기는 우리의 임야가 식민지 강점하에 있던 시기라는 점, 조선후기의 임야 소유권 등의 실체를 알지 못하고서는 일제강점기 임야 문제의 변화와 문제를 인식하기 어렵기 때문이다. 즉, 현대적 환경문제라는 시각에서 일제강점기의 임야를 살펴보는 방법은 이미 역사적 가치판단과 시간성, 계통성을 무시하고 있다. 따라서 역사교육의 일면은 될 수 있을지언정 역사교육 자체가 될 수 없다.

또한 임진왜란을 평화의 관점에서 수업을 할 경우 '평화'라는 통합적 관점을 강조하다 보면 자칫 피해자로서의 조선 백성의 삶과 분연히 일어난 의병들의 모습이 축소되기 쉽고, 소위 '정명가도(征明假道)'를 내세우며 조선을 짓밟았던 일본의 침략성에 대한 당대의 국내외적 시대성에 대한 판단은 그 중요성이 떨어지게 된다. 즉 '평화'라는 가치 속에 전쟁은 피해야 된다는 판단만 강조될 뿐, 역사 본연의 역할인 사료를 통한 시대분석, 피해자에 대한 추체험을 통한 감정이입, 역사적 판단력과 비판력 등이 필요한 '임진왜란'이라는 개별적 속성을 탐구하지 못하고 이 사건을 '전쟁'으로 일반화시켜 버리는 결과를 낳게 된다.

굳이 '평화'라는 민주시민교육의 통합적 관점을 가져오지 않더라도, 임진왜란을 탐구하다 보면 학생들은 전쟁의 참상을 깨닫게 되고 더불어 시대상까지 배우게 된다. 즉 역사를 통해 역사사건의 개별성과 보편성을 함께 배우는 것이다. 오히려 거꾸로 '평화'라는 목적만을 내세우고 학습을 시작하면, 역사에서 중요시하는 사실의 탐구, 역사적 상상력, 역사적 판단력을 소홀히 할 가능성이 높다.

셋째, 역사교과에서도 민주시민 양성과 관련된 내용만을 소재로 삼는 경우가 있다. 이에 대한 사례로서 교사가 민주시민 양성을 강조하기 위해 역사 시험에서 고대 그리스・로마의 민주주의, 시민혁명, 민주화 운동 등의 내용만을 출제하는 경우를 들 수 있다. 그런데 시민혁명에서는 부르주아로서의 '시민'을 대상으로 하였는데, 지금의 우리 사회의 '시민'을 이로부터 도출해 내려는 시도는 오직 현재적 관점에서 역사를 수단화하는 하나의 사례이다. 이 역시 자료를 근간으로 비판적 시각을 가지고 오류를 밝히고 분석, 해석하며 시간성과 계통성을 연구하는 역사의 고유한 특성과 다른 것이다.

문제는 역사교육을 민주시민교육을 위한 유일한 수단으로 삼거나 역사교육의 시간성과 변화, 발전, 인과관계를 다루는 고유한 특성을 수단으로만 이용하려고 할 때 생겨난다. 역사교육의 민주시민양성 교육에 대한 기여를 지나치게 확장시킨 나머지 역사교육 스스로의 입지를 축소시킬 우려가 있는 것이다.[36)]

한편, 민주시민양성 교육을 역사교육에서 강조할 때 국가교육과정은 무리하게 근현대사를 강조할 수밖에 없다. 2015와 2022 개정 교육과정에서는 한국사의 경우 중학교는 전근대사, 고등학교는 근현대사를 중심으로 배우도록 편성하였다. 이러한 편성은 같은 연대기를 중학교와 고등학교에서 중복해서 배우는 중복성을 피하고자 한 것이다. 그런데 중복성을 피하고자 하니 계열성이 깨지고 '차별성'이 두드러지고 말았다는 비판을 피할 수 없게 되었다. 즉 중학교 전근대사, 고등학교 근현대사라는 차별성이 두드러졌다.[37)]

계열성이란 개념을 차별성이란 용어로 대체해서는 안 된다.[38)] 왜냐하면 계열성을 도모한다는 것은 초중고의 역사 내용 선정과 조직을 위계적, 체계적, 계속적, 통합적으로 고려하여 조직하자는 것이지 단순히 다르게 차별적으로 구성하자는 것은 아니기 때문이다. 예를 들어 일제강점기의 토지조사사업(근현대사)을 이해하기 위해서 조선후기 토지제도(전근대사)를 알아야 하는 계통성을 익히는 것은 무엇보다 중요하다.[39)] 즉, 근현대사 탐구의 대전제는 전근대사에 대한 이해이다.

이상에서 살펴본 바와 같이 인간이해의 목적은 많은 다른 교과도 포괄할 수 있는 종합적인 상위 개념의 목적이 될 수 있다. 즉, '죽어가는 적군에 대한 인간의 자비심'이라던가, '나치의 야만적인 주민 학살이라는 명령에 불복종한 독일군'과 같은 가치는 일반화할 수 없는 가치이다. 이것을 해석하는 데 윤리교육과 사회교육과의 차이는 바로 역사가 가지고 있는 시간성에 있다. 다소 극단적인 비유이며 어떠한 것에 더 크게 주목하는가라는 상대적인 부분이 있지만, 윤리교육은 인간의 자비심이 두 가지 사례에 어떻게 작용하는가에 관심을 가지고, 사회교육은 군법과 인권에 대한 법적 해석에 관심을 가질 것이다. 그러나 역사교육에서는 이를 시간적으로 살펴보는 과정, 즉 나치의 형성과정과 적군 또는 독일군으로서 군인이기 전 한 인간으로서의 역사를 살펴보는 데 더 큰 관심을 가지게 된다.

역사교육학뿐만 아니라 철학과 같은 다른 학문들도 인간 이해에 기여하지만 추상적 논의로 진행되는 경우가 많다. 역사에서는 어떤 상황에 놓인 인간인가에 따라 인간을 보는 방식이 달라질 수 있다. 즉 인간의 존재를 규정하고 조건 짓는 양상이 다양하다는 것을 전제로 한다. 역사는 과거의 구체적 상황 속에서 인간이 어떻게 존재했는지 이해할 수 있도록 한다.

여기에서 우리는 다른 교과와 대치될 수 없는 역사 내용지식의 특성을 살펴볼 필요가 있다. 역사교육의 내용은 역사학에서 연구된 성과지만, 그것을 그대로 역사교육으로 가져오기만 하면 되는 것은 아니다. 역사교육에서 내용 지식에 대한 연구는 역사학 고유의 특성을 가진 내용을 어떻게 역사교육의 내용으로 전환시키느냐에 관련된 것이다.[40] 구체적으로 역사지식은 인문학적 상상을 바탕으로 비판과 사변, 통찰로 이루어진 지식으로서 끊임없는 성찰의 결과이다. 역사교육의 내용 지식에는 이런 역사 지식뿐 아니라 역사를 인식한 결과로 구성된 역사담론도 포함되어 있다. 따라서 역사교육에서 가르치는 역사지식은 지식 형태면에서 여러 층위로 이루어져 있을 뿐만 아니라 개별 지식의 종합인 담론이 포함되어 있고, 나아가 이 모든 것들은 인식론적 배경이 들어있는 매우 입체적이고 주관적인 지식으로 이루어져 있다.

역사학의 사회성과 실천성을 강조하는 사람들은 '인간 이해'의 목적이 사회과학적 역사학의 성격을 버리고 인문학으로서의 역사학으로서 스스로 좁은 목적을 상정하는 것이라고 비판한다. 그러나 역사교육의 목적으로서 인간 이해가 사회성과 실천성을 버린 것이라고 말할 수 없다. 인간이야말로 사회성과 실천성을 지닌 존재이기 때문이다. 또한 인간 이해는 모든 교과에 통용되기 때문에 역사학의 고유성을 주장하는 사람들은 역사교육의 목적으로서 적절하지 않다고 비판한다. 그러나 역사학이야말로 다른 어떤 교과보다도 인간 이해라는 목적에 기여하는 바가 클 수 있어 역사학의 고유성뿐 아니라 실천성을 보여줄 수 있는 것이다. 역사학이 인간세계에서 일어난 사태를 대상으로 인간답게 사는 것을 추구하는 대표적인 인문학이라는 점도 고려해야 한다.[41]

인간이해가 포괄하는 민주시민양성 교육, 평화교육, 생태환경 교육 등은 대립이 아닌 상호 보충적인 관계인 것이다. 따라서 시민으로서의 역사교육은 보다 더 나아가 인간이해를 위한 역사교육으로 나아가야 한다. 시민으로서 역사교육으로 멈춘다면 역사 지식 자체가 규범적이며 '정치적 올바름'을 강조하는 것으로 빠질 수 있다. 그 폐해를 상충할 수 있는 것이 바로 인간 이해인 것이다.

미국의 경우도 우리나라와 마찬가지로 역사교육을 통한 인종문제와 트렌스젠더와 같은 소수자들의 문제 해결을 강조하다보니 '정치적 올바름'을 역사교육의 목적으로 강요하고 백인주의에 대한 지나친 비판으로 인한 문제가 제기되고 있다.

DEI 정책은 Diversity(다양성)·Equity(형평성)·Inclusion(포용성)의 약자로, 인종·성·성 정체성 등에서 소수자에게 더 많은 혜택을 부여해 포용적인 환경을 갖춰가자는 정책을 말한다. 이는 2021년 미국 행정부가 기업·학교·공공기관·주정부에 적극 독려하면서 '정치적 올바름'과 '워크(Woke, 깨어있는)' 문화를 상징하는 정책으로 인식됐다. 여기서 '정치적 올바름'은 인종과 성별, 종교, 성적지향, 장애, 직업 등과 관련해 소수 약자에 대한 편견이 섞인 표현을 쓰지 말자는 정치적·사회적 운동을 말한다.[42)]

하지만 이 정책은 긍정적 효과 외에도 역차별 논란 등에 부딪히면서 논란이 지속됐는데, 2023년 6월 미국 연방대법원이 흑인·히스패닉·여성 등 소수 인종 및 사회적 소수자에게 대학 입학·취업 등에서 혜택을 주는 '어퍼머티브 액션(Affimative Action)'에 위헌 판결을 내리면서 이를 폐지하는 경우가 늘기 시작했다.

최근에는 미국 내에서 소수인종의 역사를 학교 역사교육에서 더욱 강조하려는 흐름과 그 반대 흐름이 동시에 나타나는 혼란스러운 양상을 보인다. 아프리카계 미국인의 역사에 대한 교육을 강화하려는 움직임과 반대로 비판적 인종 이론(Critical Race Theory, CRT) 등 논란이 되는 개념 혹은 편을 가르는 개념(divisive concepts)에 대한 교육을 금지하는 법안이 많아지는 추세이다.[43)] 물론 이 논란은 역사교육에만 국한되는 것은 아니고 초중등교육 전반에 적용되는 것이다. 그러나 주로 논란이 되고 있는 소수인종에 대한 차별의 역사는 역사교육에서도 중요하게 다루어지는 주제 중 하나인 만큼, 역사교육에 미치는 영향도 크다.

이 같은 사례는 비단 미국만의 문제가 아니다. '정치적 올바름'을 강조할수록 분열과 다름이 강조될 수밖에 없다. 역사가 현재를 살아가는 학생들의 민주시민 양성에 가장 효과적이라는 증거는 없다. 오히려 민주시민 교육을 양성하자는 물결 속에서 역사교육이 이에 그 어느 교과보다 동조하면서 그 효과와 효율을 입증하지 못한다면 역사교과의 독립성이 침해되고 역사교육이 약화될 가능성은 더욱 높아질 것이다.[44)]

Ⅳ 역사교육의 목표로서 역사적 사고

역사적 사고와 역사의식에 대한 논의는 1960년대 이후 지금까지 전 세계적으로 역사교육학 논의에서 매우 활발히 진행되었다.[45] 역사적 사고와 역사의식의 개념과 분류는 시대별, 나라별, 학자별로 서로 다르게 개념화하고 있는 것이 사실이다.

와인버그[46]는 『내 손안에 스마트폰이 있는데 왜 역사를 배워야 할까』에서 노트북과 스마트폰을 통해 많은 일을 할 수 있지만 정보들을 제대로 다루기 위해 필요한 것은 비판적 사고라고 하고 있다.[47] 그에 따르면, 역사가에게 비판적 사고는 해당 자료와 시기를 더 잘 이해하기 위해 알아야 할 것이 무엇인지 결정하는 것을 의미한다. 의외로 '총명한 고등학생'들도 낯선 문서를 만나면 마치 판결을 내리듯 결론지어 버린다. 그러나 역사가들의 경우 낯선 문서를 만나면 역사적 순간을 충실히 이해하기 위해 의문을 제기한다. 역사가들의 탐구는 배경지식을 바탕으로 한 읽기에서 시작하는 것이 아니라 질문을 통해 새로운 지식을 추구하는 것이다.[48]

역사적 사고의 시작-의심하기(Suspicious Reading)[49]

와인버그는 역사적 사고의 출발점을 '의심하기'로 말한다. 미국 교과서에 서술된 포카혼타스는 아메리카 원주민, 즉 인디언으로 그녀의 아버지인 포하탄이 존 스미스라는 영국인을 사로잡아 곤봉으로 머리를 때리려는 순간 그를 살려낸 것으로 유명하다.

한 미국의 역사수업에서 교사는 학생들에게 유일한 목격자인 존 스미스가 직접 쓴 두 가지 버전의 글을 배부하였다.

- 버전 1: 존 스미스가 최초 구조된 해로 추정되는 1608년에 쓴 글에는 치명적인 위험에 처해 있다는 사실이 언급되어 있지 않다. 오히려 그는 포하탄과 만났을 때를 묘사하면서도 '우정', '친절' 같은 단어를 사용했다.
- 버전 2: 16년 후인 1624년에 쓴 두 번째 글에서는 포하탄을 '잔혹함'과 '공포'로 묘사하면서 바로 여기에서 포카혼타스가 "죽음으로부터 스미스를 구하기 위해 자신의 몸을 던졌다."라는 유명한 이야기가 나온다.
- 교사의 질문: 왜 1624년 글에만 포카혼타스가 목숨을 구해주었다는 이야기가 나올까.

1608년에는 당시 제임스타운이 개척의 어려움을 겪고 있던 가운데 자신의 죽을 뻔한 이야기로 잠재적 정착민들이 위험한 여정에 발을 들이지 않게 될 것을 우려해 일부러 아메리카 원주민을 우호적으로 묘사한 것일까? 1624년 글은 포카혼타스가 런던을 방문 후 그 명성을 이용하기 위해 고쳐 쓴 것일까? 1617년 포카혼타스가 런던에서 버지니아로 돌아오는 배안에서 천연두에 걸려 사망하자 존 스미스가 거짓으로 이야기를 지어낸 것일까? 이후 교사는 이에 대한 역사가들의 2차 분석 글을 배부하였다.

- 르메이(J. A. O. Lemay): 존 스미스의 초기 기록은 지리적이고 민족적인 내용이었고, 그의 개인적인 경험에만 머무르지 않았다. 따라서 1608년 정도에는 그 사건을 담을 이유가 없었을 것이다.
- 프라이스(David. A. Frice): 포하탄의 의식은 단지 추측일 뿐이며, 북아메리카 부족 중에는 그와 비슷한 의식에 대한 증거가 전혀 없다.
- 이외의 역사가: 존 스미스가 이야기한 포카혼타스와의 사건이 사실일지라도, 그가 구해졌다고 생각한 것이 사실은 그를 부족의 일원으로 부활시키는 종교의식에 그가 참여한 것일지도 모른다.

교사의 질문에 혼란스러워하던 학생들은 표준화된 교과서가 역사적 진리의 결정자가 아니라 의심해 보아야 할 또 다른 자료임을 깨닫게 되었다.

와인버그는 인터넷이 다양하고 방대한 역사지식의 창고 역할을 하고 있지만, 다양한 관점과 해석을 담은 자료를 제공한다고 해서 학생들이 비판적 사고를 할 수 있는 것은 아니다. 가장 큰 문제점은 정보의 신뢰성을 파악하고, 가치 있는 정보와 그렇지 못한 정보를 가려내기가 쉽지 않다는 것이다.

전문적인 훈련을 한 역사학자들조차도 인터넷에서 신뢰성이 높은 정보와 가짜 정보를 구분하기 어렵다. 와인버그가 대안으로 제시하는 것은 사실 지식의 습득이 아니라 역사 인식의 경험을 제공하자는 것이다. 학생과 역사학자의 차이는 역사적 사실의 성격을 인식하고 이를 염두에 두며 텍스트를 읽는지의 여부에 달려있다. 역사가는 설사 과거에 일어난 사실을 덜 기억하고 있더라도 일부 텍스트, 즉 저자의 의도와 사회적 맥락을 익숙하게 읽는다는 것이다. 따라서 기존 학교 역사교육의 문제점을 해소하는 방법은 학생들에게 역사가의 경험을 밟게 하는 것이다. 와인버그가 제시한 방법은 '역사가처럼' 텍스트를 읽는 것이다.

그런데 사실 역사 지식을 갖추고 있지 못하는 학생에게 '역사가처럼 (비판적으로) 읽기'란 불가능한 요구이다. 와인버그는 '역사가처럼' 능숙하게 읽는 것이 중요한 것이 아니라 '역사가의 역사하는 방법'을 모방할 것을 요구한다. 그는 역사적 사고의 핵심 요소를 출처확인, 확증, 맥락화로 보았다. 따라서 저자가 누구이며 어떤 의도로 자료가 만들어졌는지를 의심하는 가장 쉬운 방법부터 역사적 사고를 시작하라는 것이다.(출처확인, sourcing) 출처확인은 '의심하기'와 같은 것은 아니며 '의심하기'에 포함된다. 또한 하나의 문서가 아니라 여러 문서를 비교하면서 읽는 것 또한 역사가처럼 읽는 방법이다.(확증, corroboration) 더불어 역사 지식을 습득할 때도 단편적 사실로 구성된 지식이 아니라 사회적, 시대적 배경을 살피는 맥락적 지식을 학습할 것을 강조한다.(맥락화, contextualization)

디지털 시대에 역사적 사고도 본질적으로 이런 역사텍스트 읽기와 마찬가지다. 와인버그는 디지털 리터러시의 핵심도 텍스트의 비판적 읽기라고 하였다. 디지털 시대를 내세운 것은 인터넷상의 역사지식이 부정확하다는 것을 강조하기 위해서라기보다는 역사자료를 비판적으로 읽어야 하는 필요성 때문이다. 디지털 시대는 그 어느 때보다 역사자료에 질문을 던지고 팩트 체커(fact checker)가 되어 비판적으로 읽기를 필요로 한다.

〈역사적 사고의 평가〉[50)]

와인버그는 미국의회도서관의 소장자료에 대한 역사적 사고의 평가 방안을 개발하였다.

[그림 2-2] J. L. G. 패리스(J. L. G. Ferris) 1621년 첫 추수감사절(1932년경, 미국의회도서관 소장)

그는 첫째, 출처확인에 대한 평가를 제안하였다. 학생들에게 20세기 초반에 그려진 "1621년 첫 추수감사절'을 제시했다. 이 그림은 백인 청교도 여성이 왐파노악족(Wampanoag) 아메리카 원주민에게 구운 칠면조 요리를 대접하고 그 모습을 바라보는 백인 남성들과 개를 묘사하고 있다. 그는 학생들에게 이 그림을 역사가들이 1621년 왐파노악족과 청교도 정착민들 사이에 무슨 일이 일어났는지 조사하는 데 자료로 쓸 수 있을지 물었다.

학생 대다수가 다음 두 가지 대답 중 하나로 응답했다. 추수감사절을 이 그림이 묘사한 것처럼 음식을 준비하여 다 같이 즐기는 장치로 생각하는 학생들은 "천 마디 말보다 한 번 보는 게 더 낫다"는 속담처럼 이 삽화가 유용하다고 여겼다. 반대로 하워드 진(Howard Zinn)[51)]의 책을 읽고 정착민과 원주민 사이에 흐르는 호의에 의심을 품고 있는 학생들은 이 그림이 아무런 의미가 없다고 생각했다. 어느 쪽이든 양쪽의 학생들은 사료에 대한 정보, 즉 출처를 완전히 무시했다. 전체 학생 중 10%만이 이 사건과 삽화가 그려진 시기 사이에 약 300년의 차이가 있음을 인지하고 화가의 동기나 지식에 의문을 제기하였다. 이 10%의 학생만이 사료의 출처를 확인한 것이다.

〈미국의 추수감사절의 유래에 대한 비판적 시각〉

링컨 대통령은 남북전쟁이 치열하게 진행되던 1863년 11월의 마지막 목요일을 추수감사절로 정했다. 많은 사람들은 미국의 추수감사절이 기독교 정신에 입각하여 신에 대한 감사와 다른 인종 또는 타문화에 대한 관용을 바탕으로 형성된 기독교 명절이라고 생각한다. 이와 같은 추수감사절에 대한 전통적인 해석은 미국 주류의 생각을 반영하며, 미국 초등학교 사회 교과서나 아동 도서들은 이러한 해석에 근거하여 '자랑스러운 미국 형성 초기의 역사'를 그려내고 있다.

그러나 오늘 날 하워드 진과 같은 미국의 일부 학자들과 학교에서는 추수감사절의 기원이나 미국 형성 과정 초기의 역사에 대해 아메리카 원주민들의 입장을 반영하여 보다 진실에 가까운 역사 해석을 하려고 노력하고 있다.

추수감사절의 기원과 관련한 미국 전통적인 해석을 먼저 살펴보자. 17세기 초반 청교도들은 영국을 출발하여 두 달간의 항해 끝에 미국의 매사추세츠 지방에 도착했다(1620).

그러나 청교도들은 추위와 식량 부족을 견디지 못하고 이듬 해 봄을 맞기도 전에 절반가량이 죽게 된다. 다행히 살아남은 사람들은 백인들에게 우호적인 태도를 보인 왐파노악(Wampanoag) 원주민들의 도움을 받아 곡식을 파종하여 여름에 대풍작을 거두게 된다.

이에 크게 감사한 청교도들은 1621년 12월 13일에 이 원주민들과 함께 신에게 감사하는 큰 잔치를 벌였다고 한다. 이것이 최초의 미국 추수감사절 축제에 관한 미국의 전통적인 해석이다.

당시에 살았던 청교도 에드워드 윈슬로우(Edward Winslow)가 남긴 기록을 살펴보면, 이때 왐파노악 부족의 왕 마사소이트(King Massasoit)가 90여 명의 사람들을 데리고 와서 3일 동안 축제에 참여하였으며, 이들 부족은 사슴 다섯 마리를 잡아 와서 연회 음식으로 제공했다고 한다. 이는 미국 원주민들과 유럽계 이주자들 간 평화적인 관계가 유지되고 있었다는 것을 보여 준다.

그렇다면 미국의 전통적인 해석에 반대하는 사람들은 어떤 주장을 하고 있는가? 이들은 주로 아메리카 원주민의 입장에서 서서 유럽에서 건너 온 이주자들을 기독교 침략자로 규정하며 전통적인 해석에 대해 비판적인 시각을 나타내고 있다.

먼저 이들은 아메리카 원주민들이 원래 오랜 동안 추수감사절을 지켜 왔다는 사실을 지적한다. 전통적인 해석은 기독교 침략자들이 이 전통을 미국 원주민들에게 가르쳐 준 것이라는 인상을 남기고 있다는 점에서 문제가 된다고 한다.

둘째, 그들은 대부분의 교과서에서 원주민들과 침략자들 간의 만남에 대해 소설같은 이야기를 늘어놓고 있다고 비판하고 있다. 즉, 전통적인 교과서에서, 스콴토(Squanto)와 같이 통역자로 활동하며 우호적인 관계를 맺었던 사람들을 유독 강조하는 것이 문제가 많다고 한다. 스콴토와 같은 일부 원주민들이 침략자들을 돕게 된 데에는, 이들이 어릴 때 납치당해 유럽에 강제 이주당하여 기독교 교육과 세례를 받게 되었기 때문이라고 주장한다.

셋째로, 가장 심각한 문제는 이 첫 번째 추수감사절과 같은 이야기가 아메리카 원주민들과 유럽계 이주자들 간의 우정과 평화적 관계만을 그려내고 있는 것이다. 사실은 왐파노악(Wampanoag)이라 불리던 원주민 부족은 처음에 유럽계 이주자들을 돕고 그들과 우호관계를 맺었으나 마사소이트(Massasoit)가 죽고 나서 대량 살육을 당하게 된 사실을 생략하고 있다.

넷째로 이들은 미국의 지도자들이 추수감사절을 국가적 명절로 제정한 이유가 아메리카 원주민들과의 우정을 기념하기 위한 의도에서 비롯된 것이 아니라는 것을 지적한다. 사실은 남북전쟁으로 인해 남북 간의 대립과 갈등이 극에 달한 상태에서 국가적 통합을 도모하기 위함이라는 것이다.

이상에서 살펴본 바와 같이, 미국의 추수감사절의 기원에 관하여 미국 주류의 입장을 반영하는 전통적인 해석과 아메리카 원주민들의 시각을 반영하는 비판론들은 서로 간에 접점을 찾기에 어려울 만큼 대립각을 세우고 있다. 과연 진실은 어디에 있을까?

둘째, 그가 시행한 또 다른 평가는 사실의 효율적인 활용능력이었다. 이번에는 학생들에게 1921년 캔자스 시골의 가정주부 라스롭이 토머스 에디슨에게 보낸 편지를 읽게 했다. 라스롭 부인은 에디슨의 발명품들이 자신의 삶을 엄청나게 개선해 주었다고 고마워하며, 전기레인지, 식기세척기, 선풍기, 다리미 등에 찬사를 표했다. 학생들은 편지 내용 중 몇 개의 진술을 검토했는데, 모두 사실이었다. 몇몇 진술은 라스롭 부인의 생활환경이 예외적인 경우에 속한다는 것을 알려주었다(1936년 농촌전력화법이 만들어지기 전에는 농촌 인구의 10퍼센트 이하만이 전기를 사용했다). 또 다른 진술들은 라스롭을 1920년대 미국 여성의 대표적인 사례라 보기 어려웠다. 어떤 학생들은 라스롭 부인이 전기레인지를 발명한 사람은 에디슨이 아니라 다른 사람인데도 이를 착각하여 편지에서 에디슨에게 찬사를 보내고 있는 것을 밝혀냈다. 학생들은 어떤 것이 사실이고 아닌지를 알아내느라 고군분투했다. 이처럼 학생들이 사료의 진술 자체를 믿지 않고, 그 사실의 맥락적 진실을 파악하면서 창조적 의미를 생성하는가에 대한 평가는 학생의 역사적 사고를 평가하는 데 매우 중요하다.

셋째, 와인버그는 정확한 날짜와 같이 세세한 것에 집착하기보다 연대 같은 배경 지식을 평가할 수 있는 새로운 방법을 모색했다. 그는 학생들에게 전미유색인지위향상협회에서 보관하는 편지 두 통을 보여주었다. 한 통은 백악관이 아프리카계 미국인이 폭행을 당한 사건에 개입하지 않으려는 내용을 담고 있었고, 다른 한 통은 백인들만 다니던 학교에 입학한 학생들이 겪는 곤경을 묘사하고 있었다. 그는 두 편지에서 날짜를 지우고 어느 편지가 시기적으로 앞서는지 왜 그렇게 생각하는지 설명하게 했다. 일부 학생들은 두 번째 편지가 앞서 쓰인 것이라 말하며 (흑백) 학교통합이 백인들을 화나게 해서 잔인한 집단 폭행이 벌어진 것이라고 설명했다. 이 주장은 일정한 인과관계의 논리를 지니고 있지만 1950년대 대법원의 판결로 공립학교의 인종차별정책이 철폐되는 등 인종평등을 위한 국가적 조치를 잘 이해하지 못한 답변이었다.

와인버그는 결론적으로 교사들이 평가를 교육과정이 제정된 후에 고려해야 할 사항이 아니라 학생들의 역사적 사고 능력을 키우는 데 지속적이고 효율적인 피드백을 하는 도구로 생각해야 한다고 하였다.[52)]

이처럼 역사적 사고 평가는 '역사가처럼 읽기'의 요소로서 자료를 읽기 전 글쓴이의 상황, 내용의 신뢰도를 고려하거나(출처확인) 역사가들이 자신의 주장을 뒷받침하는 근거를 확인하고(증거의 사용), 다른 문서들과 비교하면서(확증) 당시 관점에서 역사적 사건을 해석하고 판단하는(맥락화)의 사고 유형이 요구된다.[53)]

토의해 봅시다.

1) '인간 이해'가 역사교육의 목적인 이유를 역사교육의 내재적 특성과 외재적 특성의 측면에서 토의해 봅시다.
2) 와인버그(Sam Wineburg)가 이야기하는 '역사적 사고의 평가' 방법을 활용하여 할 수 있는 여러 가지 평가 사례를 들어 토론해 봅시다.

CHAPTER

03 역사학이란 무엇인가

챕터 개관

목적 본 단원은 근대 역사학의 '쓸모'가 무엇인지 살펴보는 것을 목적으로 한다. 역사학은 근대에 태어나 빠른 속도로 인간 세계의 거의 모든 분야를 역사화하는 데 성공했으나, 동시에 공공에 대한 영향력을 잃어가면서, 사회적 유용성을 스스로 검증해야 하는 엄혹한 현실을 마주하고 있다. 이런 상황에서 역사학이 그간 무엇을 했으며, 또 무엇을 할 수 있는가, 나아가 어떤 난제를 갖고 있는가를 이해하는 일은 중요하다.

내용 요약 본 단원은 먼저, 근대 역사학의 탄생, 오늘날에 이르기까지의 발전 과정, 현재 역사학의 특징을 살펴본다. 그 과정에서 역사학은 '삶의 스승' 역할을 해야 한다는 풀기 어려운 숙제를 어떻게 해결하고자 했는가를 논의한다. 다음으로, 역사학 이론과 방법론을 중심으로 각각 실증주의적 사회과학으로서의 역사학, 해석학적 사회과학으로서의 역사학, 서사학(문학)으로서의 역사학이 갖는 특징들을 상세히 논한다.

질문 근대 역사학이 산출한 새로운 역사 지식을 어떻게 역사교육에서 활용할 수 있을까?

I 역사학의 역사

1. 집합단수 '역사'의 등장과 역사학의 탄생

역사를 쓴다는 것은 인류의 오랜 문화적 전통이다. 이미 기원전 5세기 중엽을 전후로 동양과 서양에서는 역사 서술(historiography)이 시작되었다. 공자는 노나라의 사관이 기록한 연대기를 편집하여 『춘추(春秋)』를 서술했고, 헤로도토스는 『역사들(ἱστορίαι/historiae)』을 집필했다. 특히 헤로도토스는 페르시아 전쟁과 연관된 여러 이야기를 모은 이 책의 제목으로 '역사(ἱστορία/historia)'라는 단어를 최초로 사용했다. 이로써 '역사'라는 새로운 이야기(서사) 장르가 생겨났다. 그는 훗날 공화정 로마의 수사학자이자 철학자인 키케로(Cicero)에 의해 '역사의 아버지'라고 일컬어지게 되었다.

반면, 역사학(historical science)은 18세기 후반 이후에나 출현한 신생 학문이다. 그 출현지는 유럽이었으며, 20세기에 들어와서야 한국에 수용되었다.[1] 18세기 후반에 들어와 역사 서술이 과학화, 전문화, 제도화하면서 무엇보다 '방법론적으로 규율 지워진 연구'를 특징으로 하는 역사학이 대학의 전공과목이 되고 이른바 '역사학자'라는 직업이 출현했다.[2] 그렇다면 역사학은 구체적으로 어떤 과정을 통해 출현했는가?

근대 역사학의 시작에 '역사'의 발명이 있었다. 독일 역사가 코젤렉(Reinhart Koselleck)이 말한 이른바 집합 단수 '역사' 혹은 대문자로 시작하는 '역사(History)'가 그것이다. 이러한 '역사'는 비로소 프랑스 혁명 전야에나 등장한 종래에는 없었던 새로운 역사 개념이다. 그렇다면 이러한 근대적 개념인 '역사'란 무엇인가?[3]

전통적으로 역사(historia)란 과거 사실에 대한 진실된 이야기를 의미했다. 동아시아에서 사용된 사(史)도 이와 비슷하게 과거와 관련한 공정한 기록/서술 및 보존을 뜻했다. 한편, 실제로 일어난 사실은 서양에서는－로마인들이 표현했듯이－'res gestae(실제 일어난 것)'로서 구별되어 이해되었다. 요약하자면, 역사란 'res gestae에 관한 이야기(서술/보고/지식)'를 뜻했다. 이러한 과거 사실에 대한 서술로서의 역사는 통상 '무엇에 관한 이야기 및 이를 통해 얻어진 무엇에 관한 지식'을 뜻한다.

전쟁의 역사, 혁명의 역사, 통치자의 역사, 도시의 역사, 민족 및 국가의 역사 등 구체적 대상과 행위의 주체가 명시된 개별적 역사들이 그것이다. 물론 이러한 구체적이고 개별적인 역사는 오늘날에도 여전히 서술되고 읽히고 있다.

그러나 근대적 개념인 집합 단수 혹은 대문자 '역사'는 구체적인 서술 대상을 갖지도 않고, 행위의 주체를 명시하지도 않는다. 또한, 이 개념 안에는 '과거에 대한 진실된 이야기/서술/지식', 즉 'historia'와 '실제로 일어난 것', 즉 'res gestae'라는 이 두 단어 속에 담긴 모든 의미가 들어가 있다. 오늘날 우리가 이해하다시피, '역사'란 발생한 사실이자, 동시에 그 사실에 대한 기록이라는 이중의 의미를 지닌다. 이로써 이 개념은 온갖 구체적・개별적 역사들을 성찰하고, 체계화하며 그것들에게 의미의 맥락을 부여하는 메타역사의 구실을 하고 있다. 18세기 후반 독일 역사가 가터러(Johann Christoph Gatterer)는 이러한 '역사'를 "사건들에 내재한 시스템 자체"라고 표현했다. 18・19세기 전환기의 지식인들 사이에서 유행한 '역사(세계사) 그 자체', '역사 일반', '전체적 역사', '오로지 역사', '즉자와 대자로서의 역사' 등의 용어는 이러한 집합 단수 '역사'를 표현하고 있다. 예를 들어, 독일 철학자 헤겔(G. W. F. Hegel)은 사후 1837년에 출판된 『역사철학 강의』에서 이 강의의 대상은 세계사로부터 골라낸 "내용들을 본보기로 삼아 탐구하려는 세계사에 대한 보편적 성찰들이 아니라, 세계사 그 자체"임을 천명하였다.[4] 이러한 '역사', 즉 "세계사 그 자체"는 다음과 같은 여러 의미를 내포하고 있다.[5]

① 경험 세계(현실) 전체: 역사가 이전과는 달리 더 추상화되고, 더 복잡한 것을 지칭하게 되었다. 역사는 서술된 이야기라는 종래의 의미를 넘어서서, 현실 전체 혹은 인간의 경험 세계 전반을 의미하게 된 것이다. 이제 온갖 종류의 개별 역사들은 집합 단수 '역사'라는 전제조건 속에서 경험되게 되었다. 다시 말해 여러 국가의 역사, 여러 도시의 역사, 여러 전쟁과 혁명의 역사 등과 같은 개별 역사들에 대해 독자적이고 고유한 방식으로 영향력을 발휘하는 복잡한 맥락이 집합 단수 역사라는 개념으로 표현되기 시작한 것이다. 이런 맥락에서 독일 역사가 드로이젠(Gustav Droysen)은 "역사들 위에 역사가 있다"라고 말했다.

② 모든 가치 판단과 별개의 순수한 체험 공간: 경험 세계 전반으로 그 의미가

확대된 역사는 역사가들이 그 옳고 그름을 판단하기 이전에, 그 자체로서 이미 실재하는 진실이라는 함의를 지니게 되었다. 이제 역사는—뒤에서 살펴볼 것처럼—예전과 같이 악덕과 미덕을 판단하기 위한 기록이 아니라, 도덕적 판단으로부터 자유로운 순수한 체험의 공간으로 생각되었다.

③ 경험 세계를 인식하기 위한 주관적 · 선험적 의식 범주: 이제 역사는 실재하는 경험 세계 전체이자 동시에 선험적인 의식의 범주로 변모했다. 예를 들자면, 제1차 세계대전이 역사적 실재가 되려면 단순히 1914년에서 1918년의 기간 동안 일어났던 여러 전투 및 여타의 사건들만으로는 충분치 않고, 이것들을 역사적 실재로서 인식할 수 있는 '역사 그 자체'라는 주관적 인식 범주가 있어야만 가능하다는 말이다. 정리하자면, 집합 단수 '역사' 속에는 '역사 그 자체'라는 선험적 범주가 없다면 모든 구체적 · 개별적 역사는 단순히 사건들의 집합으로 머물러 있을 뿐, 역사로서 경험될 수도 또한 인식될 수도 없다는 생각이 담겨있다. 이런 맥락에서 드로이젠은 "역사에 대한 지식이란 곧 역사 그 자체"라고 말했다. 물론 이러한 선험적 의식 범주로서의 역사는 동시에 객관적으로 실재하는 역사가 전제되어야 가능한 것으로 여겨졌다. 즉, 역사란 그것이 인식되어야 비로소 존재할 수 있으며, 동시에 역사를 인식하려면 역사라는 것이 실제로 존재해야 한다는 것이다.

④ 스스로가 주체가 되고 동시에 대상이 된 역사: 이상과 같이 역사가 경험적 실재 개념이자 동시에 실재를 성찰하고 하는 선험적 개념으로 수렴되면서 내용상으로도 본질적인 변화가 일어났다. 이제 역사는 스스로가 주체가 되어 자기 자신을 성찰의 대상으로 삼고, 관장하는 최고의 재판정이 되었다. "세계의 심판으로서 세계사"[6)]나 "세계사가 행하는 일"[7)]과 같은 표현이 유행하였다. 이전에는 역사 자체라는 것을 경험하거나 인식하기 위해 신(神)이나 자연, 혹은 운명(행운)과 같은 역사 바깥의 존재 혹은 초역사적 존재에게 의존하는 것이 일반적이었다. 예를 들어 "티케(Tyche, 운명과 행운의 신)는 세계의 거의 모든 사건을 하나의 방향으로 움직이게 하였고, 모든 것을 동일한 목표로 향하도록 강제하였다"라는 고대 로마의 역사가 폴리비오스(Polybios)나, "역사서술은 인간의 제도들을 다루지만", "역사 자체는 인간의 제도가

아닌" "신의 소관"이라는 성 아우구스티누스(St. Augustinus)의 진술에서 이를 확인할 수 있다. 그러나 '자기 자신의 주체가 되는 역사'라는 생각이 집합단수 '역사'로 표현되면서 이러한 역사 바깥의 존재, 초역사적 존재들이 역사로 대체된 것이다. 이제 역사는 과거에는 오로지 신만이 지녔던 전지전능함과 절대적 정당성과 신성함을 지닌 주체가 되었다. 이러한 생각은 특히 프랑스 혁명을 거치면서 명료해졌다.

⑤ 과거-현재-미래를 포괄하는 끊임없는 진행 과정(process)으로서의 역사: 전통적으로 역사는 과거에 얽매여 있었다. 역사란 이미 행해진 것, 이미 일어난 것, 이미 주어진 것으로 여겨졌다. 나아가 앞서 살펴본 폴리비오스나 아우구스티누스에서 알 수 있듯이, 역사는 우연과 숙명에 묶인 것이기도 했다. 그러나 이제 역사는 시간상으로 단순히 과거에 갇혀있는 것이 아니라, 과거와 현재, 그리고 미래를 포괄하는 항구적인 진행 과정이 되었다. 나아가, 역사의 진행도 우연이나 숙명의 반복이 아니라, 역사가 주체가 되어 역사 자신을 스스로 이끌어가는 일회적인 진보의 과정, 즉 끊임없이 변화하며 열린 미래를 향해 새롭게 나아가는 역동적 과정으로 파악되었다. 이런 점에 주목하여 헤겔은 세계사(세계사 자체)를 '절대정신'이 자유를 향해 나아가는 '과정'이라고 정의하였다. 그리고 변증법적 발전을 이러한 진보 과정의 법칙으로 이해하였다.[8)]

이상과 같은 집합 단수 '역사'는 한마디로 '인간은 시공간적으로 역사 속에서 살아간다'라는 의식이 표현된 것이다. 이러한 의식을 분석하자면 다음과 같다. ① 인간이 경험하는 공간적 세계는 시간적으로 구조화되어 있다. 예를 들어 '선진'과 '후진'처럼 발전 단계를 구별하는 개념들, 또한 '장기 19세기'처럼 기원, 목표, 발전 단계를 달리하는 것들을 연대기적 계산에 따라 하나의 동시적 시간대 속에 통합하려는 '비동시적인 것들의 동시성'과 같은 개념들이 이러한 점을 표현한다. ② 시간적으로, 인간과 세계는 물리적 시간(예를 들어 사계절의 변화)이나 생물학적 시간(예를 들어 생로병사)과 같은 자연적 시간과는 다른 변화의 리듬을 지닌, 고유한 역사적 시간 속에서 존재한다. 이를테면, 변화와 관련된 모든 개념, 즉 '진보'와

'발전', '퇴보'와 '몰락',[9] '변화의 빨라짐과 지체되어 있음', '너무 빠름', '너무 늦음'과 같은 것이 역사적 시간을 표현한다. ③ 인간은 역사를 통해서만이 인간을 이해하고, 세계에서 일어나는 일들을 경험하거나 인식할 수 있다.

집합 단수 '역사'는 서구인들의 근대 경험에서 나왔다. 사람들은 프랑스 혁명과 산업혁명이라는 이중의 혁명이 빚어낸 일련의 급격한 정치·사회·문화적인 단절과 미지의 미래를 향한 변화의 충격을 경험했다. 이를 통해 과거의 것들은 사라지고, 새로운 것들이 출현하는 위기가 끊임없이 반복된다는 과도기 의식이 일반화되었다. '역사'는 근대적 과도기 의식의 표현이기도 하다.

이러한 집합 단수 '역사'는 이제 학문적 성찰과 탐구의 대상이 되었다. '역사'는 역사철학('철학적 역사')의 대상이었을 뿐만 아니라, 역사학의 연구 대상이 되었다. 역사철학자들과 역사가들은 형이상학의 세계나 자연의 세계와는 구별되는 역사적 세계가 있다는 확신하에, 마치 신학자들이 형이상학의 세계를 대상으로, 또, 자연과학자들이 자연의 세계를 대상으로 그러했듯이 역사적 세계에 내재하는 보편타당한 진리를 발견하고자 했다. 이를 위해, 마치 형이상학의 논리학이나 자연과학의 합리적 인식론에 상응하는 인식 이론과 지식의 객관성을 검증할 수 있는 규율 잡힌 방법론이 필요하게 되었다. 근대적 의미의 역사학이 등장한 것이다.

앞서 언급한 바와 같이 역사학이 탄생한 것은 18세기 후반 이후였다. 사학사에서 흔히 계몽주의 역사학[10]으로 불리는 초기 역사학은 역사철학과 밀접한 관계를 유지하면서, 종래의 기독교적·형이상학적 보편사와는 다른 새로운 보편사를 지향했다. 1770년대에 독일의 괴팅겐 대학교(University of Göttingen) 정교수로 취임한 가터러와 그의 동료들은 이미 '인류학적 세계사'라는 전문적인 역사 연구를 시작했다.[11] 가터러는 영국·프랑스의 계몽주의 문필가들에게 영향을 받은 독일의 아마추어 역사 서술가들을 "허세부리는 작은 흄 혹은 로버트슨들, 꼬마 볼테르들"[12]이라 비난하면서, "이러한 해충들을 무자비하게 박멸"할 것을 맹세하였다고 한다.[13]

괴팅겐 대학의 역사가들이 연구한 '인류학적 세계사'란 '인류'라는 생물학적으로 분류된 존재이자 이성을 지닌 도덕적 존재의 보편사로서. 이들은 지구의 기원에서부터 현재에 이르기까지 개인과 민족들의 다양한 행위와 사건들 모두를, 즉 지구에서 일어난 개별적 역사들 전체를 서로 연결된 일련의 맥락 속에서 탐구하고 서술하려 하였다. 다시 말해, 이들은 마르크스가 표현했듯이 '유(類)적 존재'로서의 보편적 인간이 집합 단수 '역사' 속에서 어떻게 변화했는가를 탐구하였다.

괴팅겐의 역사가들은 자연사와 문화사를 포괄한 연구 및 서술을 시도했고, 자연인류학, 지리학, 민족학(Ethnology) 등을 통합하는 등 탈학제적인 방법론을 시도했다. 이들의 인류학적 세계사 서술은—예를 들어, 생물학적·자연인류학적 관점에서 인지 능력이 우월한 현생인류가 어떻게 지구의 지배자가 되었는가를 분석하고 있는 유발 하라리의 『사피엔스』에서 알 수 있듯이—오늘날의 '빅 히스토리(Big History)'의 원형(元型)이라고 할 수 있다. 자연과학과 정신과학을 뛰어넘는 탈학제성, 인류를 우주적 맥락, 즉 자연과 문화 발전의 맥락 속에서 탐구하려는 목표가 유사하기 때문이다.[14)]

한편, 역사철학자들은 이러한 항구적 변화 과정으로서의 '역사(세계사) 그 자체'를 성찰했고, '진보'와 '완성'이라는 키워드로써, 역사(세계사)의 목적, 의미, 경향성, 원리, 법칙을 탐색했다. '역사의 이념', '역사의 의미', '역사의 경향성', '역사의 법칙' 등이 역사철학의 연구 대상이었다. 괴팅겐 대학의 인류학적 세계사는 '역사'에 대한 철학적 성찰, 즉 역사철학과 밀접한 관계를 유지하였다. 예를 들어 이젤린(Isaak Iselin)은 역사가였지만, '인류 완성'으로서의 역사철학을 구상하기도 했다. 그의 역사철학은 "자연 상태"로부터 "야만 상태"를 거쳐 "정신적 상태"로의 진보, 즉 탐욕과 욕망의 단독적 지배로부터의 해방, 그리고 도덕, 예술, 학문의 점진적인 획득으로서의 진보이다.[15)] 나아가 괴팅겐 대학의 세계사 연구 및 서술 프로그램에는 칸트의 역사철학을 역사 연구에 응용한 '후마니타스 역사(humanitas historia)'와 '역사적 인류철학(Anthropotetologie)'과 같은 것도 있었다.[16)]

이처럼 역사학자들은 역사철학을 진지하게 받아들였다. 하지만 역사철학자들이 역사가들의 경험 연구를 진지하게 고려한 것 같지는 않다. 오히려 역사철학자들은 다양한 역사적 사실들 가운데 '역사'에 대한 자신들의 해석을 뒷받침해 주는 사례만을 임의로 고르는 방식을 택했다. 마치 헤겔이 인간이 경험하는 복잡한 현실을 '절대정신'의 변증법적 진행이라는 필연적 역사 법칙과 '절대정신'의 자기실현이라는 역사의 목적 속에 꿰맞추었듯이, 역사철학자들은 '역사'를 현실을 억지로 재단하는 프로크루테스의 침대[17)]로 만들었다고 할 수 있다. 19세기에 들어와 이른바 '역사주의'의 전성시대가 도래하면서, 역사학은 이러한 결정론적이고 목적론적인 역사철학과 결별했다. 이로써 역사학은 완전한 분과 학문으로 발전할 수 있었다.

2. 19세기 역사주의 시대 역사학의 발전

19세기는 '역사주의'의 전성시대이자 역사학의 전성시대였다. 역사주의 시대 역사학의 가장 눈에 띄는 특징은 역사학이 역사철학 나아가 역사 이론 전반에 별반 관심을 기울이지 않았다는 점이다.[18] 특히 역사철학은 역사가들 사이에서는 금기시되곤 했다. 그리고 이러한 태도는 오늘날까지도 역사가들 사이에서 일반적이다. 심지어 당시에는 예외적으로 역사 이론을 체계화한 드로이젠조차 자신의 역사학 이론서인 『역사학(Historik)』이 결코 역사철학이 아니라는 것을 강조했다.[19] 그에게 역사 이론이란 역사와 관련한 철학적 사변이 아니라, 경험 연구를 위한 구체적인 이론적 지침과 방법을 의미했다.

역사학은 이제 역사철학과 관계를 단절하고, 자신을 자연과학에 상응하는 경험과학으로 자리매김했다. 드로이젠은 "자연과 역사"라는 가장 폭넓은 개념 틀을 통해 인간은 현상 세계를 이해한다고 했다.[20] 또, 역사주의 역사학을 대표하는 랑케(Leopold von Ranke)의 애제자 지벨(Heinrich von Sybel)은 역사학이란 본질적으로 자연과학과 유사하게 "객관적 지식", 즉 "객관적 실재와 그 법칙에 대한 지식"을 추구한다는 점을 강조하였다.[21] 그렇다면 이들이 주장했던 과학으로서의 역사란 무엇이었을까? 이 질문에 답하기 전에 먼저 과학으로서의 역사학이 승승장구하고, 전성시대를 맞기까지, 역사학이 처했던 당대의 시대적 분위기, 혹은 시대정신, 다른 말로 당대의 문화적·세계관적 특징을 살펴보자. 이는 곧 '역사주의'라는 다의적이고 모호하기까지 한 개념을 이해하는 첫걸음이라고도 할 수 있다.

당대의 문화적·세계관적 특징은 한마디로 식자층과 교양 시민들 사이에서 현존하는 모든 것을 역사화하려는 태도에서 찾을 수 있는데, 이를 넓은 의미에서 '역사주의'라고 한다. 다시 말해, '역사주의'란 집합 단수 '역사'가 대중화하고, 사회문화적으로 정착하여, 마침내 '역사'를 숭배의 대상으로 여기게 된 현상, 혹은 '역사적인 것'의 절대화가 문화적 '밈(meme/문화적 유전자)'으로 작용했던 현상을 뜻한다.

부연하자면, '역사'는 이제 개인의 자의식 속에 침투하여 이른바 '역사의식'으로 발전했다. 사람들은 현존하는 삶의 모든 영역, 즉 정치·경제·사회·법률·과학기술·예술·종교 등에서 일어나거나 드러나는 모든 현상을 역사적으로 이해하려 했다. 그리하여 현재적인 것의 과거의 기원을 묻고, 현재에 이르기까지의 변화를 미래에 대한 전망 속에서 파악하려는 태도가 상식이 되었다. 일련의 시민혁명과 산업혁명이라는 이중의 혁명으로 인해 정신없이 급변하는 현실 속에서 개인의 정치적·사회적·문화적 정체성을 수호할 수 있는 것은 오로지 '역사'뿐이었다. 이러한 분위기 속에서 개인의 삶과 그 삶을 살아가는 개인 존재와 관련하여 '역사성'이라는 표현이 등장했는데, 이 표현은 20세기에 들어와서는 인간 실존 혹은 하이데거(Martin Heidegger)가 말한 '현존재'의 존재 양식을 지칭하는 철학 용어로 정착하게 된다.

이러한 시대적 분위기 속에서 역사학은 인문·사회과학을 지도하는 학문적 여왕의 지위를 부여받았을 뿐만 아니라, 교양 권력으로서 시민과 학생들에게 지대한 영향을 끼쳤다. 역사학은 사료의 수집과 발간, 엄밀한 방법에 입각한 사료 해석, 이에 기초한 서술을 통해 과거에 대한 지식이 엄청나게 증가하는 데 이바지했다. 대학 내에서는 국민경제학, 국가학, 법학, 신학 등 인근 분과 학문들의 협업을 지휘하는 역할을 떠맡게 되었다.[22] '역사주의'는 이러한 역사주의적 시대정신 속에서 우세했던 역사학 모델을 지칭하는 말이기도 하다.[23]

역사주의 역사학은 흔히 그것의 과학으로서의 성격을 강조하여 '역사적 실증주의' 혹은 '실증사학'으로 불리기도 한다. 그 대표자는 랑케인데, 미국 역사가 아담스(Herbert B. Adams)는 그를 "근대 역사과학의 아버지"라고 칭송하였다.[24] 랑케의 영향은 전 세계적이었다. 그의 영향은 독일에만 그치지 않았고, 프랑스, 영국과 미국, 일본, 한국 등지에 깊은 영향을 주었다. 특히 도쿄제국대학에서 가르친—랑케의 제자로 알려진—리스(Ludwig Riess)에 의해 랑케 사학은 일본 역사학뿐 아니라, 한국 근대 역사학의 중요한 뿌리 중 하나가 되었다.

랑케는 1824년 『라틴 민족과 게르만 민족의 역사들』을 쓰면서 새로운 경험과학으로서의 역사학을 선언했다. 이 책의 서문을 보면, 세 가지가 눈에 띈다.[25] ① 자신의 책은 "단지 '역사들'을 다루고 있을 뿐이지, '역사'를 다룬 것은 아니다"라고 밝히고 있다. 이는 역사철학과의 결별을 명백히 밝히는 것이었다. 부연하자면, 그는 『세계사』(1881~1888)에서도 역사철학을 "선험적" 가정에 기초해 "무한한 사실의 배열에서 자신이 믿고 싶은 사실을 선택"하는 "미성숙한 철학"으로 폄훼한다. 나아가, '진보'라는 보편적 역사의 진행을 주장하는 역사철학은 "세계의 시작부터 오늘날까지 세계의 여러 민족이 최대한 다양한 상황을 경험했다는 사실을 은폐한다"라고 비판한다.[26] ② 이어 "역사는 과거를 심판하고 미래 세대의 이익을 위해 현재를 가르치는 직책을 맡아왔다. 이 작품은 그런 높은 직책을 맡을 것을 기대하지 않는다"라고 함으로써 자신의 역사학은 전통적으로 역사서술이 담당해 왔던 가르침과 교훈을 주는 도덕 교사의 역할을 하지 않을 것임을 명확히 하고 있다. 이로써 그는 전통적 역사서술과의 결별을 선언하고 있다. ③ 이어 곧바로 랑케는 새로운 경험과학으로서의 역사학이 무엇을 해야 하는지를 표명한다. 자기 작품은 "단지 과거가 실제로 어떠했는지(wie es eigentlich gewesen ist)를 보여주고자 할 뿐이다"라는 것이다.

이러한 세 가지 특징적 발언 중에서 당대 역사가들에게 가장 눈에 띄었던 것은 '과거가 실제로 어떠했는지'였다. 랑케는 마치 자연과학자들이 실험과 관찰, 혹은 수학적 추론이라는 방법을 통해 검토되고 증명된 것만을 지식이라고 규정했듯이, 엄격한 사료 비판 방법에 따라 과거 사실(fact)로서 증명된 것만을 역사 지식이라고 규정하는 '역사적 실증주의'의 선구자로 인식되었다. 물론 랑케의 제자 지벨은 역사 지식은 자연과학적 의미에서의 '증명'된 지식은 아니라고 했다. '사실들'은 후속 연구에 의해 끊임없이 수정되므로, 자연과학적 의미에서의 완료된 '증명'은 어렵고, 단지 "이미 획득된 지식의 지속적이고, 규칙적이며, 진보적인 발전"만이 가능하다는 것이었다. 그럼에도, 확실한 것은 역사학의 본질은 과거에 대한 허구와 상상이라는 "주체할 수 없는 주관적 판타지"와는 반대되는 "진실"과 "확실한 객관적 지식", "객관적 실재와 그 법칙"을 추구하는 "과학의 영역"에 속한다는 것이 역사적 실증주의의 입장이었다.[27] 이런 맥락에서 역사가의 판단은 언제나 잠정적인 것에 불과한 것으로 제한되어야 했다. 이제, "과거 스스로가 말하게 하라"는 표어가 유행하였다.

랑케와 그 제자들의 '실증사학'은 독일의 베른하임(Ernst Bernheim), 프랑스의 랑글루아(Charles-Victor Langlois)와 세뇨보(Charles Seignobos)에 의해 상세한 사료 비판 및 사실의 확증 절차에 기반한 실용적인 역사 연구 방법으로 발전하기도 했다. 그들이 제시한 역사 연구 매뉴얼을 대략 나열하자면, 사료의 수집, 사료 분류, 사료에 대한 외적 비판 및 내적 비판, 해석적 비판, 본문 비판, 저자에 대한 비판적 조사, 사실의 확증, 사실들의 합성과 사실들의 분류, 추론 및 설명(혹은 해석) 등의 순서로 이루어져 있다.[28]

그러나 여기서 우리는 '역사적 실증주의'라는 용어를 주의해서 써야 한다. 일반적으로 '실증주의(positivism)'라는 말은 실증주의적 인식론, 다시 말해 프랑스 철학자 콩트(Auguste Comte)가 주창한 철학적 실증주의를 지칭한다. 그에 의하면, 사회 또한 물리적 세계와 마찬가지로 과학적 법칙에 따라 운영되므로, 인간과 사회를 대상으로 한 학문도 자연과학(물리학)의 방법을 따라 법칙 정립적 지식을 만들어야 한다는 것이다. 그러나 랑케와 역사주의 역사학 전반은 이러한 철학적 실증주의를 이론적으로 받아들인 적이 없다. 이들의 역사과학 방법은 나중에 다시 언급할 바와 같이 대체로 사료 비판이라는 실증적 방식과 '이해'의 방법(해석학)을 결합한 것이었다.[29] 어쨌든 사료 비판을 통한 사실의 확정, 다시 말해 역사 지식의 실증성의 확보라는 절차는 오늘날에도 여전히 통용되는 역사학의 본질적인 요소 중 하나임에는 틀림이 없다.

나아가 랑케는 사료 비판과 사실의 확증에서 역사학의 본질을 찾는 '역사적 실증주의자' 이상의 역사가였다. 비슷한 맥락에서 미국 역사가 이거스(Gerorg Iggers)는 랑케는 결코 실증주의자가 아니었다고 단언한다.[30] 그는 단순히 역사학을 경험과학으로 정초하는 것을 넘어서서, 문학을 의식하면서 역사 서사의 문제에도 관심을 기울였다. 앞서 언급한 『라틴 민족과 게르만 민족의 역사들』 서문에서도 그는 이 점을 명백히 밝히고 있다. 랑케의 진정한 의도는 과학과 문학(예술)의 종합으로서의 역사학이었다고 할 수 있다.[31]

랑케는 체계적인 역사 이론을 집필하는 데 무관심했다. 따라서 이 때문에 당대에는 역사적 실증주의의 선구자로 평가받기도 했지만, 동시에 그는 오늘날에도 언제나 새롭게 재조명되고 있다. 심지어는 '과거가 실제로 어떠했는지'라는 그의 발언도 완전히 새롭게 해석될 수 있다. 여기서 '실제로(eigentlich: '진짜로'로도 번역 가능함)'에 방점을 찍으면 '과거가 어떠했는지'라는 명제와 구별되는 새로운 의미가 만들어진다. 그의 말은 그가 단순히 과거 사실만을 강조했다는 의미가 아니라, 과거 사실의 해석, 나아가 해석을 위해 과거 사실의 허구적 구성마저 염두에 두었다는 의미로 이해될 수 있다.[32] '사실' 자체는 스스로 드러날 수 없다. 단지, 허구적 요소가 담긴 역사가의 해석을 통해서만이 그 '실제적/진짜로'의 의미가 드러날 수 있다. 다만, 역사가의 해석이 '당파성'을 배제한 채 가치중립적으로 진행되어야만 한다는 것, 다시 말해 냉정한 태도로 과거와 거리를 두면서 객관적으로 해석하는 것이 이 발언에 담긴 랑케의 진정한 의도였을 것이라고 충분히 추측할 수 있다.

이상과 같이 랑케가 정초한 역사주의 역사학은 단순히 실증사학 및 역사적 실증주의를 뛰어넘는다. 그렇다면 역사주의 역사학의 또 다른 특징은 무엇인가? 앞서 언급했듯이 랑케는 역사철학과의 결별을 선언하였다. 이를 통해 그는 다양한 시대, 다양한 장소의 서로 다른 인간들이 경험한 수많은 현실과 집합 단수 '역사'의 관계를 역사철학과는 다른 방식으로 새롭게 설정하려고 했다. 랑케의 의도를 도식화하면, 역사철학이 '역사'라는 보편적 개념을 미리 전제한 채—자의적으로 선별된—개별 사실들과 개별 시대들을 '역사'라는 보편적 의미 맥락 속에 배치했다면, 이와는 반대로 역사과학은 먼저, 특정한 개별 사실들 그 자체를 탐구하고, 다음으로 그것들을 특정한 개별 시대(혹은 개별 공간)의 특수한 의미 맥락 속에 배치하며, 이러한 각 시대적(혹은 공간적)으로 특수한 맥락들의 얽힘을 규명하여, 마침내 보편타당한 의미 맥락을 발견하는 것, 즉 '역사'의 객관적 실재를 인식하는 것이었다.

여기서 『세계사』에서 행한 랑케의 말을 직접 들어 보자. "개별적인 사실들 자체에 대한 연구와 고찰에서 사건에 대한 일반적인 관점으로 나아가면서, 역사는 객관적으로 존재하는 관계들에 대한 지식으로 그 위상이 높아질 수 있다." 이어 랑케는 이 명제에 대해 부연 설명을 한다. 역사가는 한편으로는 이를테면 "종족을 통치했던 왕, 사건의 연속, 중요했던 사업의 전개 과정"과 같은 "특수한 것" 자체를 즐기고, 따라가려고 노력해야 하지만, 다른 한 편으로는 "보편적인 것을 보는 눈"을 가져야 한다고 한다. 그러나 "그는 철학자처럼 보편적인 것을 선험적인 것으로 생각해서는 안 된다. 오히려 그가 특정한 개체성을 깊이 생각한다면, 그의 이러한 심사숙고는 세계 전체의 발전 과정을 보여줄 것이다." 구체적으로 랑케는 '특정한 개체성' 사이에 존재했던 '관계'를 밝히는 것이 보편적 '역사'를 인식하는 열쇠임을 강조한다. "세계의 발전이란 어느 한 시기 혹은 다른 시기에 지배했던 보편적인 이념과 관련이 없다, 그것은 완전히 다른 것과 관련이 있다. 세상의 어떤 민족도 다른 민족과 접촉하지 않은 적이 없다. 한 민족의 본성에 내재하여 있으며, 한 민족을 보편적 역사로 들어가게 하는 이러한 관계야말로 보편적 역사에서 강조되어야 한다."[33)]

같은 맥락에서 랑케는 특별히 집합 단수 '역사'의 핵심적 의미 내용을 상징적으로 표현하는 '진보'에 대해서 언급한다. 여기서 그는 각각의 시대에 고유한 '특수한 진보들'을 강조한다. 1854년의 「세계사 강의」에서 그는 '역사'의 진보 과정을 정식화한 헤겔의 변증법을 비판하면서, '역사'가 진보하는 것은 맞지만, 그것은 보편사가 하나의 목적을 향해 각 시대를 총괄하여 논리적으로 진보한다는 의미에서가 아니라, 역사상 각각의 시대마다 그 시대에 고유한 진보가 이뤄진다는 것을 강조했다. "인류의 모든 시대에 특정한 위대한 경향들이 표현된다. 모든 시기에 인간 정신의 특정한 움직임이 드러나고, 이를 통해 처음으로 이러한 혹은 저러한 경향이 탁월해지고 각각의 고유한 방식으로 유지된다. 진보는 바로 여기에 있다." 이런 맥락에서 랑케는 "모든 시대는 신에게 연결되어 있다." 모든 시대의 가치는 "그 자체의 존재, 그 자체의 고유한 자아에 있다고 주장하고 싶다"라고 했다. 물론, 그는 '특수한 진보들' 간의 '관계'도 규명되어야 한다고 생각했다. '특수한 진보들의 관계 속에서 드러나는 보편적 진보'의 발견이 그의 궁극적 목표였을 것이다. "역사가는 각 시대 간의 차이점을 발견하여 시대가 서로 이어지는 방식에 영향을 미치는 내적 필요성을 고려해야 한다. 그 과정에서 어떤 종류의 진전이 있다는 것은 부인할 수 없다. 하지만 그것이 직선으로 전진한다고 주장하고 싶지는 않다. 그것은 오히려 그 나름대로 구불구불 흐르는 개울과 같은 것이다."[34)]

이상과 같이 랑케는 '보편성'이 아니라 '개체성', '일반성'이 아니라 '특수성', '반복성'이 아니라 '일회성'을 강조했다. '인류'나 '보편적 기독교' 세계가 아니라, 이를테면 이순신 장군처럼 구체적인 개인, 한민족처럼 구체적인 민족, 칼뱅파 개신교회와 같은 특정 기독교, 나아가 특정 사건과 행위들, 특정 시대와 같은 것들이 '개체성', '특수성', '일회성'의 사례들이다. 독자들의 정확한 이해를 위해 부연하자면, '유럽'은 보편적 개념이지만, '유럽연합(EU)'은 개체적이고 특수하며, 일회적인 개념에 속한다. 이러한 개념들은 20세기 초까지 이어진 역사주의 역사학의 주요 범주를 이루게 되었다. 여기에는 밝음과 어둠이 있다. 이러한 범주들로 인해 한편으로는 역사 지식이 개별 역사적 사실들에 관한 백과사전적 지식으로 전락한 예도 있었다.[35] 그러나 다른 한편으로는 이러한 범주들에 입각한 연구 목표, 예를 들어—랑케가 강조했다시피—"특정 시대의 사람들이 생각하고 살았던 방식", "모든 시대가 지닌 고유한 경향과 이상", "각 시대 간의 차이점의 발견과 이에 기반한 각 시대 간 관계의 탐구"라는 연구 목표들, "인류의 역사란 여러 세기의 위대한 경향들의 전체적 네트워크(관계망)"[36]라는 생각은 오늘날에도 역사가들에게 많은 영감을 주고 있다. 특정 시기에 살았던 보통 사람들의 현재와 구별되는 특수한 경험을 탐구하는 미시사 및 일상사와 같은 역사인류학 연구들, 이와는 반대로 전 지구적 관점에서 서로 다른 정치·경제·문화적 요소들의 구체적인 관계망과 얽힘의 역사를 추구하는 새로운 세계사(글로벌 역사) 연구들은 과연 랑케와 역사주의 역사학의 유산에서 자유로울 수 있을까?

마지막으로, "모든 시대는 신에게 연결되어 있다"라면서 '개체성', '특수성, '일회성'을 강조한 랑케에게서 우리는 자연스럽게 역사주의 역사학의 가장 중요한 특징이자, 동시에 그 한계를 전형적으로 엿볼 수 있는데, 그것이 바로 역사적 상대주의이다. 오늘날 '역사주의'라는 말은 흔히 역사적 상대주의를 가리킨다. 특히, 이 말이 부정적으로 사용될 때 그러하다.

그러나 역사적 상대주의는 랑케에 의해 정초된 고전적 역사과학의 문제만은 아니다. 여기서 앞서 말한 '과거-현재-미래를 포괄하는 끊임없는 진행 과정(process)으로서의 역사'라는 집합 단수 '역사'의 역동적 의미를 상기한다면, 이미 이러한 '역사' 개념 자체에 상대주의가 내포되어 있다. 역사는 변한다. 그러므로 역사 속에 존재하는 모든 것은 변한다. 여기서 신학자들과 철학자들 사이에서 특별히 문제가 되었던 것은 가치(value)의 상대주의였다. 모든 가치는 역사적으로 상대적인 타당성만을 가질 수밖에 없기 때문이다.[37]

그러나 역사학자들에게 역사적 상대주의는 문제라기보다는 당연한 것으로 여겨졌다. 그들이 생각한 역사적 상대주의는 다음과 같은 것이다. 시간이 흐름에 따라 과거를 바라보는 관점도 변할 수밖에 없고, 이에 따라 과거에 대한 역사 인식 또한 필연적으로 달라질 수밖에 없다는 것이다.[38] 오히려 역사학자들은 과거를 매번 새로운 관점이 출현할 때마다, 매번 새롭게 변화하는 역동적인 것으로 만드는 데 자부심을 느꼈다. 과거 사실에 대한 "이미 획득된 지식의 지속적이고, 규칙적이며, 진보적인 발전"이라는 앞서 언급한 지벨의 발언은 이런 맥락에서 정확히 이해될 수 있다. 역사 인식에서 있어서—다른 말로 사관(史觀)이라고도 표현할 수 있는—이러한 시간적 당파성의 문제는 객관적 진리에 접근해 가는 하나의 진보적 과정으로 여겨졌다고 할 수 있다. 항구적으로 운동하는 '역사'='진보'라는 낙관적인 역사철학적 전제를 역사가들도 공유했기 때문이다.

역사주의 역사학이 남긴 이러한 역사적 상대주의의 유산은 20세기의 영국 역사가 카(E. H. Carr)에게서도 확인된다. 그는 역사 지식의 객관성이란 "서서히 등장하고 있는 미래의 목적들"을 향한 시대의 변화, 즉 역사의 진보를 잘 반영하는 새로운 관점들이 지속해서 출현해야 도달할 수 있는 것으로 보았다. 그는 다음과 같이 역사 지식의 상대성과 객관성의 문제를 종합한다. "역사에 대한 오로지 정치적인 해석보다 경제적, 사회적 해석이 역사에서 더 앞선 단계를 표현해 준다고 할 수 있다. 예전의 해석은 [...] 새로운 해석에 포함되며 또한 대체된다. 역사학은 그 자체가 진보적이라고 할 수 있는 사건들의 어떤 경로에 대하여 끊임없이 확장되고 깊어지는 통찰력을 제공하려고 한다는 의미에서 하나의 진보적인 학문이다."[39]

3. 역사적 상대주의가 남긴 숙제: 역사학은 삶의 스승인가?

역사적 상대주의는 단지 19세기 역사학만의 문제는 아니다. 오늘날에 이르기까지 과학을 표방하는 역사학은 이러한 유산에서 쉽게 해방될 수 없다. 과거와 미래는 현재와는 다른 낯선 세계라는 생각, 다시 말해 과거와 현재, 그리고 미래 사이에는 깊은 심연이 놓여있다는 의식, 나아가 과거의 실상과 가치는 매번 새로운 관점에 의해 새롭게 해석되어야 한다는 역사 인식론은 전통적인 역사 서술에서는 찾아볼 수 없는 것들이다. 그러나 전통적인 역사 서술과는 다른 이러한 새로움으로 인해 근대 역사학은 해결해야 할 커다란 숙제를 떠안게 되었다. 바로 인간 삶을 위한 역사학의 유용한 역할이 무엇인가이다.

어째서 역사가 필요한가? 전통적인 역사 서술은 이 질문에 명쾌한 답을 주었다. "역사는 삶의 스승이기(Historia est magistra vitae)" 때문이다.[40] 키케로가 한 이 말은 무엇보다 역사 지식이 후세대를 위해 도덕적 가르침과 교훈을 준다는 점을 강조하기 위해서였다. 로마인들에게 도덕이야말로 마땅히 시민이 갖춰야 할 '뛰어난 자질(Virtus)'을 의미했다. 정치 지도자는 지혜를, 전사는 용감함을, 법관은 정의를, 일반 시민은 절제를 배우고 익혀야 했다. 이러한 것들을 갖춘 사람이 덕 있는 존재였다. 키케로는 역사 이야기를 도덕적 교훈을 위한 모범적인 사례 모음집으로 활용했다. 예를 들어, 그는 자신이 '역사의 아버지'라고 숭배한 헤로도토스의 『역사들』에 등장하는 여러 통치자와 영웅들의 공과, 그리고 수많은 사건에서 미덕과 악덕의 사례를 판별하고 이를 효과적으로 전달하는 것을 교육하려 하였다. 역사 지식이야말로 뛰어난 웅변가가 갖춰야 할 필수적인 도덕적 지식이자 수사학적 기술이었다.

도덕적 교훈을 위한 사례 모음집으로서의 역사 이야기가 갖는 실용적 성격은 도덕의 범주에 기독교 윤리가 추가된 서양 중세에서도 여전히 유효했다. 세비야의 이시도루스(Isidoro de Sevilia)는 "세계사는 유용한 것이기에 그것을 읽는 독자들에게 짐이 되지 않는다. 현명한 사람들은 역사에서 읽었던 옛사람들의 행동을 그들의 현재에 적용했다"라고 하면서 이교도의 역사들이 지니는 교육효과를 인정했다. 역사는 중세 대학의 교양과정, 즉 문법, 수사, 논리라는 이른바 삼학(trivium)의 틀 안에서 도덕 교육의 한 분야로 가르쳐졌다. 역사는 고전어와 수사학의 교재이자 도덕 교과서였던 것이다. 르네상스 시대에는 삼학이 분화되어 역사가 시학, 도덕과 함께 독립 과목으로 개설되었지만, 도덕 교육이라는 역사의 기능은 변하지 않았다. 마키아벨리(Niccolò Machiavelli)는 선인들에게 감탄만 할 것이 아니라 그들을 모방하라고 요구했다. 18세기 중엽에도 "역사들은 악덕과 미덕의 거울"이라는 선언이 계속되고 있었다. 18세기 후반 프로이센의 프리드리히 대왕(Friedrich der Grosse)은 역사란 통치자의 학교라고 하면서, 과거의 사례들을 끊임없이 비교함으로써 자신의 판단력을 다듬었다고 하였다.[41] 이렇듯이 역사는 오랫동안 사람을 올바르고 지혜롭게 훈육하는 삶의 스승으로서 인식되어 왔다.[42]

중국의 경우도 이와 유사했다. 공자가 춘추에서 확립한 유교적 역사 해석학은 도덕정치적 이념에 입각해 있었다. 잘한 일을 칭찬하고 잘못된 일을 호되게 꾸짖는다는, 이른바 포폄(褒貶)의 태도가 그것이다. 향후 중국의 역사해석은 항상 도덕정치적인 정통성이라는 개념을 전제로 했다. 이처럼 역사와 도덕정치는 불가분의 관계를 맺으면서, 역사는 도덕적 가르침과 정치적 교훈을 주는 교사의 역할을 했다.[43)]

흥미롭게도, 근대 자연과학을 태동시킨 과학혁명의 위대한 선전가, 베이컨(Francis Bacon)은 근본적인 자연법칙과 자연현상 속에 감춰진 보편적인 인과 관계에 대한 과학적 지식의 실제적인 쓸모를 논하면서, 마키아벨리의 역사 지식 활용법을 본받아야 한다고 강조했다. 마키아벨리는 역사를 '피가 되고 살이 되는 지식'으로 전유하여 출세의 발판으로 삼았다는 것이다. 그가 보기에 마키아벨리는 역사로부터 미덕과 악덕에 관한 교훈을 철저히 체득하여 활용한 자였다.[44)]

전통적으로 역사는 물리적 시간과 생물학적 시간이라는 두 종류의 자연적 시간 범주 속에서 서술되었다. 한편으로 끊임없이 순환하는 별들의 운행과 다른 한편으로 통치자 및 왕조의 자연적 혈연 승계가 그것이다. 수많은 행위와 사건들, 개별적 역사들이 이러한 자연적 시간에 의거해 배열된 연대기에 따라 서술되었다. 이처럼 시간의 동질적 연속과 순환을 특징으로 한 자연적 시간관에 근거하여, 전통적 역사 서술은 언제나 반복될 것이 명백한 역사를 '기억'하고 '보존'하는 데 관심을 쏟았다.[45)] 헤로도토스는 "인간의 행적이 시간이 지나면 망각되는" 것을 염려하여 역사를 썼고, 투키디데스(Thucydides)는 "과거사에 관해 그리고 인간의 본성에 따라 언젠가는 비슷한 형태로 반복될 미래사에 관해 명확한 진실을 알고 싶어 하는 사람"을 위해 "영구 장서용"으로 역사를 서술했다.[46)] 역사가는 후손을 위해 역사를 쓰고, 후손은 이러한 역사로부터 교훈과 가르침을 얻는다. 이것이 전통적인 관행이었다.

그러나 역사적 상대주의에 입각한 근대 역사학은 이러한 관행으로부터 단절되었다. '역사'가 순환과 지속의 연속이라는 자연적 시간에 종속된 것이 아니라, 그것이 열린 미래를 향해 나아가는 일회적 변화의 연속이라는 고유의 시간 속에서 진행되는 것이라면, 그러므로 관점도 변하고, 가치관도 변한다면, 그리하여 과거의 그 어떤 사례도 더는 현재의 우리와 미래의 후손이 본받아야 할 모범으로 평가받을 수 없다면, 역사로부터 직접적인 가르침과 교훈을 얻을 수는 없을 것이다. 이처럼 근대

역사학은 전통적 역사 서술이 담당해 온 삶을 위한 실용적인 기능을 잃어버렸다.

물론 역사학이 현재의 삶을 위해 교훈을 줄 수 있고, 따라서 유용하다는 다음과 같은 주장도 널리 퍼져있다. "역사가가 과거의 진실을 밝히는 목적은 현재를 위해서이다. 즉, '과거의 진실'을 캐서 현재의 교훈으로 삼으려는 것이다. [...] 과거의 진실 속에는 인류가 쌓아온 무한한 지혜가 담겨있고, 또 현재라는 것은 과거가 원인이 되어 나타난 까닭에, 과거를 모르고서는 현재를 확실하게 알 수 없다."[47] 그러나 이러한 주장은 '역사는 삶의 스승'이라는 전통적 구호와 19세기 역사주의 역사학이 내세운 주장이 뒤섞인 것에 불과하다.

역사주의 역사학은 직접적인 역사적 교훈 대신에 '역사 그 자체'로부터 얻을 수 있는 간접적인 가르침을 강조했다. 현재는 모든 과거로부터 구별되지만, 동시에 과거에 의해 조건 지어져 있기 때문이라는 것이었다. 이에 의하면 '역사'의 가르침이란 단지 과거의 경험과 이를 능가하는 미래 사이에서 현재의 상태를 올바르게 인식할 수 있게 하는 것이다. 이에 따르면 과거란 현재의 우리가 따라야 할 모방의 대상이 아니라, 미래를 염두에 둔 채 현재 상태를 인식하는 데 필요한 낯선 비교의 대상이 된다. 그리고 역사학은 더는 미래의 후손을 위한 지식이 아니라, 현재를 같이 살아가는 동시대인들을 위한 지식을 생산한다. '모든 역사는 현재의 역사'라는 크로체(Benedetto Croce)의 말이나, '역사란 현재와 과거의 끊임없는 대화', '역사란 과거의 사건들과 서서히 등장하고 있는 미래의 목적들 사이의 대화'와 같은 카[48]의 말은 역사주의 역사학이 내세운 이러한 상투적인 주장을 세련되게 표현했을 뿐이다. 물론 과거를 활용하여 현재를 올바르게 안다는 것이 정치적·사회적 현안을 해결하려는 실천으로 연결되었을 때는 삶에 유용할 수 있다. 카도 이 점을 바라긴 했다. 또, 그러한 지식이 미래를 예측하는 데 활용된다면 마찬가지로 유익할 수 있다. 그러나 순전히 실용적인 측면에서만 보면 역사학의 역할은 전통적인 역사 서술보다 못한 것은 사실이다.

인간이 '역사'로부터 빠져나와, '역사' 위에 서서 '역사'를 활용해야 한다고 주장한 독특한 근대인은 독일 철학자 니체(Friedrich W. Nietzsche)였다. 그의 주장은 한마디로 삶이 '역사'에 종속된 것이 아니라, '역사'가 삶을 위해 유용한 도구가 되어야 한다는 것이다. 그는 19세기 후반 역사주의의 시대에 역사학이 교양 권력을 휘두르고, 그것이 생산한 방대한 지식이 차고 넘쳤던 현상에 대해 “역사의 과잉은 살아있는 것을 해친다”라고 비판했다. “지식의 증대만이 목적인 지식에 굶주린 개인들”은 “역사는 학문이 되어야 한다”라고 요구하고 있으며, 끊임없이 기억을 되새김질하고, 불면증이 올 정도로 역사의 의미를 찾는다. 이로써 “인간이든, 민족이든, 문화든 살아있는 모든 것은 모두 해를 입고 마침내 파멸하게 된다”라는 것이다.

그러나 동시에 니체는 강조하기를, “삶은 역사의 봉사를 필요로 한다”라고 한다. “행동하고 분투하는 자, 보존하고 존경하는 자, 고통받고 해방을 갈구하는 자”로서 살아가는 개인이나 민족은 각각 ‘기념비로서의 역사’, ‘골동품으로서의 역사’, ‘비판적 역사’를 필요할 때마다 유익하게 사용할 수 있다는 것이다. 니체를 따르자면, 역사 지식은 때로는 과거의 위대한 업적을 본받아 현재를 개혁하는 데에, 때로는 현재 정체성의 뿌리가 되는 과거를 존경하고 그 유산을 소중히 보존하는 데에, 때로는 새로운 미래를 위해 과거를 철저히 심판하는 데에 활용되어야 한다.[49]

역사학은 삶을 위해 봉사할 때만이 유용하다. 그런데 여러 개인이나 민족 삶은 다양한 결을 갖는다. 현재란 삶의 다양한 결에서 나온 서로 다른 경험, 욕구, 문제의식, 미래에 대한 전망과 기대가 얽혀 있는 공간이다. 여기에 걸맞은 유용한 지식을 만들어내야 하는 것이 역사학의 숙제이다. 그러나 19세기 역사주의 역사학은 이러한 숙제를 풀지 못했다. 독일의 역사가 코젤렉은 말했다. “역사주의는 개별적 역사들로부터는 더 이상 배울 수 없지만, 그런데도 역사학은 가르침을 준다고 확신했다. 역사주의에 내재한 이 어려운 문제(Aporie)를 해결하는 것이 중요하다.”[50] 이후 역사학은 20세기를 거쳐 오늘에 이르기까지 역사주의 역사학이 풀지 못한 숙제를 해결하려고 노력해 왔다. 그 이론적·방법론적 다양성에도 불구하고 역사학의 화두는 일치한다. 어떻게 하면 역사학은 삶의 스승이 될 수 있을까?

4. 20세기 역사학 개괄

지난 20세기는 역사주의 역사학의 한계를 넘어서려는, 이른바 ‘포스트 역사주의’의 시대였다. 가장 눈에 띄는 것은 전자가 국가, 인물, 사건을 중심으로 한 정치사와 사건의 역사에 매몰되었던 것[51]에 비해, 20세기의 역사학은 경제생활에서부터,

인구의 변화, 사회적 관계, 문화 체계, 환경과 심지어는 무의식의 세계까지 인간 삶의 가능한 한 모든 영역을 탐구하였다는 점이다. 또, 역사주의 역사학이 통치자와 정치가, 성직자와 지식인 등 지배 엘리트의 역사를 연구하는 데 치중했다면, '포스트 역사주의'의 시대의 역사학은 그동안 잊혔거나 주변부적 존재에 불과했던 농민, 노동자와 같은 민중, 랑케가 '역사 없는 자들'로 폄훼했던 비유럽인, 여성, 어린이, 나아가 범죄자, 병자, 광인, 낙오자들의 역사를 발견했다. 나아가, 종래에는 비역사적인 것으로 여겨진 것들, 예를 들어 죽음, 광기, 기후, 냄새, 더러움과 깨끗함, 기쁨과 슬픔, 제스처, 몸, 여성성, 독서, 말하기와 심지어는 침묵까지도 이제는 역사학의 연구 대상이 되어버렸다.[52)]

이처럼 역사학의 세계가 계속해서 확장되면서, 인간 삶의 다양성과 다양한 여러 인간의 삶에 관한 지식이 엄청나게 증대되었다. 이에 따라 역사학이 삶에 유용하게 쓰일 수 있는 잠재력은 점점 향상되고 있다. 앞으로도 역사학은 '인간적인 어떤 것도 배제시키지 않음(nihil humanum alienum)', 혹은 '모든 것이 역사(todo es historia)'라는 슬로건하에 우리가 행하거나 생각하는 모든 것, 미래에 대해 우리가 상상하고 조망하는 모든 것을 그것이 과거로 흘러가자마자 연구의 주제로 삼을 것이다.[53)]

다음으로 20세기 '포스트 역사주의' 시대의 역사학은 이론에 큰 관심을 표명하지 않았던 역사주의 역사학과는 달리 이웃한 사회과학의 이론들을 과감하게 차용하여 역사학의 과학성을 크게 높였다. 역사학은 이제 사회과학이 되었다. 역사가들은 사회학, 경제학, 인구학, 통계학, 심리학, 지리학, 인류학, 언어학 등 각 분과의 이론들을 다양하게 조합하여 여러 역사학 연구 모델을 만들어냈다. 신경제사(계량경제사/cliometrics), 지성사, 개념사, 신문화사 혹은 역사인류학(민중문화사, 일상사 및 미시사, 구술사 등), 심리사, 감정사, 여성사 및 젠더사, 트랜스내셔널 역사, 글로벌 역사 및 지구사 등이 그것이다. 여러 모델과 학파의 경쟁 속에 역사학은 전문화되어 갔고, 동시에 역사학의 중심이 해체되는 포스트모던적 분열이 증대하였다.

그럼에도 불구하고, 크게 보아 제1차 세계대전 이후 최소 1970년대 말까지는 사회학 이론과 계량적 방법을 특징으로 한 사회사가 우세하였고, 이후로는 해석과학인 문화인류학에 주로 의존하는 미시사, 일상사, 구술사와 같은 여러 형태의 신문화사 혹은 역사인류학이 사회사의 지위를 차지했다고 할 수 있다. 역사학의 이러한 변화는 사회과학 전반의 '문화로의 전환(cultural turn)' 현상과 깊은 관련이 있다. 계량 분석 등을 통한 인과 관계에 대한 법칙적 설명을 중시하는 실증주의적 인식론이 쇠퇴하고, 인간의 삶과 경험에 특정한 의미를 주는 상징체계를 해석하는 문화 연구가 유행하면서, 신문화사/역사인류학이 역사학의 주류가 될 수 있었다.

여기서 한 가지 역설을 말하자면, 사회과학으로 발전한 역사학은 한편으로는 인간 삶의 다양성과 다양한 여러 인간의 삶에 관한 지식을 증대시키면서, 다양한 개인들의 욕구와 가치관을 만족시킬 수 있는 삶에 유용한 지식을 만들어 내려 하지만, 다른 한편으로는 전문성의 울타리가 높아지면서 정작 대중의 접근을 어렵게 하고 있다. 역사를 잡학이 아니라 진정한 과학으로 만들고자 했던 카는 다음과 같이 말한다. "내가 제안하려는 하나의 해결책은 우리 역사학의 수준을 향상시키는 것 [...], 우리 역사학을 더욱 과학적으로 만드는 것을 제시하는 것이다. [...] 나는 이 강연에서 역사란 고전보다 훨씬 더 어려운 과목이고, 어떤 과학 못지않게 정말로 딱딱한 과목이라는 인상을 전달하고 싶다."[54] 삶에 유익하게 쓰일 수 있지만 정작 쉽게 활용할 수는 없는, 어렵고 재미없는 지식을 가르치는 스승—이것이 20세기 초 이후 오늘날까지 이어지는 역사학의 한계이다.

그 결과 역사학은 점점 공공에 대한 영향력을 잃어가고 있다. 오늘날 역사학은 역사문화 콘텐츠를 담은 소설, 드라마, 영화, 다큐멘터리, 또한 유튜브와 같은 각종 SNS, 박물관, 심지어는 달력, 기념일, 축제 등과 경쟁해야 하는 처지에 놓여있다. 이제 역사학은 사람들의 역사의식을 표명하는 '역사문화'의 여러 양식 중 하나에 불과하며, '기억문화'의 매체 가운데 하나일 뿐이다. 더욱이 역사학은 학교와 학문기관 바깥에서 일어나는 역사에 대한 모든 형태의 공적인 재현을 뜻하는 '공공역사'의 범람 속에서 사회적 유용성을 스스로 검증해야 하는 엄혹한 현실을 마주하고 있다.

그러나 다른 한편으로 이러한 상황은 오히려 역사학의 중요성이 커졌음을 의미한다. 독일 철학자 칸트는 『순수이성비판』 서문에서 말하기를, "내용 없는 생각은 공허하고, 개념 없는 직관은 맹목적이다"라고 단언한 바 있다. 역사학은 과거에 대한 새로운 내용과 이를 현재에서 경험할 수 있도록 하는 여러 이론적 개념으로 이뤄진 역사 지식, 즉 합리적으로 인식된 역사 지식을 제공한다. 따라서 역사학이 제공한 새로운 내용이 부족한 '역사문화', '기억문화', '공공역사', 역사교육은 공허하거나, 이와는 반대로 역사학이 이론화한 개념 없는 그것들은 맹목적일 수 있다. 이처럼 역사학을 이해하고 그 쓸모를 논의하는 일은 역사학자뿐만 아니라 역사 교사, 나아가 역사에 관심 있는 모든 이를 위해서도 중요하다고 할 수 있다.

마지막으로, 20세기 '포스트 역사주의' 시대의 역사학은 거센 도전에 직면하였다. 역사는 과학이 아니라 문학에 속하는 것이며, 역사 지식은 이야기(서사, 내러티브)에 의해 만들어지는 것이라는 목소리가 그것이다. 이러한 새로운 목소리를 영국 역사가 스톤(Lawrence Stone)은 '이야기체 역사의 부활'이라고 표현했다. 이는 원래 역사(historia)라는 것이 산문 작가인 헤로도토스에 의해 시작된 하나의 서사 장르였으며, 이후 사실에 입각한 진실한 이야기를 생생하고, 설득력 있게 효과적으로 전달하는 데 치중하는 수사학으로 발전하면서, 역사 서술의 문학성이 깊어졌다는 것을 상기하면 정확한 표현이라고 할 수 있다. 전통적인 역사 서술이 근대 역사학에 도전장을 내민 것이다. 프랑스 역사가 벤느(Paul Veyne)는 전통적인 역사 서술의 입장을 다음과 같이 대변한다.

> 역사는 진실한 사건들의 이야기이다. 이러한 정의에 따르면, 어떤 사실이 역사로서의 품격을 가지기 위해서는 한 가지 조건만을 충족시키면 된다. 그것은 실제로 일어났어야 한다는 것이다. [....] (소설처럼) 그럴듯한 사실들이나, (우화처럼) 그럴듯하지도 않은 사실들이 아닌, 진짜 사실들의 이야기가 역사라는 것이다. 이는 특히 우리가 귀에 못이 박히도록 듣는 역사학적 방법이 존재하지 않는다는 것을 함축한다.[55)]

이야기로서의 역사를 주장하는 목소리는 근대적 집합 단수 '역사' 개념을 부수려고 한다. '역사'라는 총체적인 실재가 있으며, 그 안에 보편타당한 객관적 진리가 내포되어 있고, 열린 미래를 향해 진보(변화)한다는 이제껏 일반화된 관념은 역사학의 발명품에 불과하다고 한다. 벤느에 의하면, 생각하고 행동하던 로마인들은 있었고, 이들이 경험한 일어난 사건은 실제 있었다. 그러나 그 사건이 '역사적'이라고 평가할 수 있는 그러한 사건은 역사학이 부여한 관념의 산물이며 언어적 표현에 불과하다. 즉, 객관적으로 존재하는 '역사'는 없다.

이 지점에서 전통적 역사 서술의 대변자인 벤느와 지극히 현대적인 이른바 '포스트모더니즘' 철학을 기반으로 한 역사비평가들이 만난다. 포스트모더니즘적 비평가들은 역사 지식이란 과거 사실에 대한 객관적(진실한) 지식이 아니라 담론(즉, 무엇에 관한 말들의 집합)과 여러 텍스트에 의해 구성된 언어적 구성물, 특히 이데올로기와 권력이 작용하는 언어적 구성물에 불과하다고 주장한다.[56]

국내 학계에서는 역사학의 '문화로의 전환'과 담론, 기호, 상징을 강조하는 '언어로의 전환(linguistic turn)'이 서로 겹쳐있다는 점에 근거하여, 새로운 문화사 연구자들과 포스트모더니즘적 역사 비평가들의 역사 인식론을 구별하지 않고 이 둘을 한 묶음으로 취급하는 경향도 있다.[57] 물론 신문화사(역사인류학) 연구자들은 기호의 코드를 풀고, 상징에 담긴 여러 의미 패턴을 찾기 위해 사회적 담론과 이것을 확인시켜 주는 여러 형태의 텍스트, 정확히 말해 문서뿐만 아니라, 의례, 조형물 등 넓은 의미의 텍스트를 중시한다. 그러나 이들은 뒤에서 상세히 언급하겠지만 포스트모더니즘의 인식론을 공유하지는 않는다.

여기서 덧붙이자면, '언어로의 전환'은 이미 20세기 초에 철학 분야에서 시작되었다는 점을 지적할 수 있다. 대상에 대한 인식은 언어에 의해 이루어진다는 생각에 기반하여 인식론적 전환이 일어났다. 이러한 '언어로의 전환'에서 비트겐슈타인(Ludwig Wittgenstein)은 선구자적 인물이다. 특히 그의 언어게임 이론은 영미권의 분석철학과 포콕(John Pockok), 스키너(Quentin Skinner) 등의 새로운 지성사 연구에 큰 영향을 끼쳤다.

독일에서는 '언어가 존재의 집'임을 강조하면서 언어를 인식론이 아닌 존재론의 주제로 편입시킨 하이데거를 거쳐 그의 제자 가다머(Hans-Georg Gadamer)의 철학적 해석학, 그리고 가다머의 해석학을 비판적으로 전유하여 1970년을 전후로—뒤에서 언급할 예정인—개념사라는 새로운 연구 분야를 정초한 역사학자 코젤렉을 언급할 수 있겠다.

물론 '언어로의 전환'의 뿌리에는 언어학자 소쉬르(Ferdinand de Saussure)의 구조주의 언어학이 있다. 랑그(langue/한 사회가 공유하는 관습적인 언어 체계)와 파롤(parole/구체적인 말하기 행위), 기호를 표시하는 기표(記標/signifiant)와 기호가 의미하는 내용인 기의(記意/signifié)와 같은 개념들은 20세기 초반 이후 담론과 텍스트를 분석하는 연구자들에게는 상식과 같은 것이 되어버렸다.

소쉬르의 언어학은 프랑스의 푸코(Michel Foucault), 데리다(Jacques Derrida) 등의 '탈구조주의(post-structuralism)' 철학에도 큰 영향을 끼쳤다.[58] 기표와 기의 사이의 불일치성의 강조, 파롤에 의해 랑그를 해체하기 등은 탈구조주의 철학의 주요 특징 중 하나이다. '포스트모더니즘'이란 1979년 프랑스의 리오타르(Jean-François Lyotard)가 탈구조주의 철학의 의의는 '자신을 정당화하는 거대한 주인 담론의 해체와 여러 주변부 담론의 다원적 해방'에 있다고 주장하면서, 이 철학에 붙인 이름이다.

이상과 같이 역사학의 '언어로의 전환'은 철학 사조로서의 '포스트모더니즘'이라는 용어가 나오기 한참 전에 이미 이뤄졌다. 따라서 '포스트모더니즘'은 '언어로의 전환' 현상 가운데 하나일 뿐이다.

Ⅱ 과학과 문학 사이의 역사학

1. 역사학의 풍경

지금까지 근대 역사학이 무엇을 했고, 또 무엇을 하지 못했는지를 살펴보았다. 지금까지 살펴본 내용을 200여 년 동안 하늘을 날고 있는 새의 시선에서 바라보면 [그림 3-1]과 같은 상황도가 그려진다. 두드러지는 것은 그사이 역사학자들 가운데 한 명의 노벨문학상 수상자와 두 명의 노벨경제학상 수상자가 나왔다는 사실이다. 독일의 로마사가 몸젠(Theodor Mommsen)은 문학상을 받았고, 미국의 신경제사가 포겔(Robert W. Fogel)과 노스(Douglass C. North)는 경제학상을 받았다. 이들이 상징하는 바는 역사학이란 고유의 연구 대상이 없거나, 아니면 과학과 문학 모두를 포괄하는 대단히 넓은 영역을 대상으로 하고 있다는 것이다. 그렇다면 역사학의 정체성은 무엇인가?

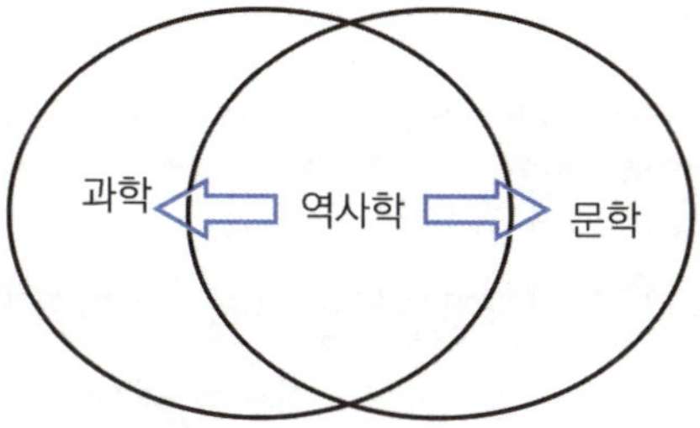

[그림 3-1] 새의 눈으로 바라본 지난 200여 년간의 역사학의 풍경

19세기 역사주의 시대의 역사학은 랑케에서 마이네케(Friedrich Meinecke)에 이르기까지 규범으로 내세운 '과학과 예술의 종합'이라는 슬로건[59]에 걸맞게, [그림 3-1]에서 보다시피 과학과 문학의 교집합을 이루고 있다. 한편으로는 사료 비판을 통한 사실의 확정이라는 실증적 절차, 확정된 사실에 대한 객관적 해석/설명이라는 과학의 모습, 다른 한편으로는 서사를 통해 확정된 사실들의 의미 맥락을 이해시키는 문학적 모습의 조합이 특징을 이룬다.

이에 반해, 오늘날까지 이어지는 20세기 포스트 역사주의 시대의 역사학은 한편으로는 사회과학으로서의 역사를 지향하는 운동과 이와는 반대로 문학적 서사로서의 역사학, 혹은 넓은 의미에서 삶의 의미를 탐구하는 인문학으로서의 역사를 지향하는 운동 사이에서 진자운동을 하고 있다. 물론 앞 장에서 언급한 것처럼 20세기 중후반까지는 사회과학을 지향하는 운동이, 이후로는 문학 혹은 인문학을 지향하는 운동이 우세한 경향을 보인다. 그러나 상반된 두 운동은 장기적 관점에서 보자면 전반적으로 각각의 벡터(vector)값이 엇비슷하여, 과학과 문학의 교집합으로서의 역사학이라는 정체성이 흔들리기는 하지만, 크게 훼손되는 것 같지는 않다. 좀 어려운 말로, 역사학 내에서는 과학사가 쿤(Thomas Kuhn)이 말한 '패러다임의 전환'이라는 지식 혁명적 변화는 없었다는 것이다. '문화로의 전환', '언어로의 전환'이라는 한때 떠들썩했던 구호들에도 불구하고 말이다. 자연과학에서 이뤄진 천동설에서 지동설로의 변화, 점성술에서 천문학으로의, 연금술에서 화학으로의 변환과 같은 '패러다임의 전환'이 과연 역사학에서도 일어났는가? 그렇지 않다. 물론 최근에는 환경・생태적 관점에서 '인류세'라는 지질학적 연대를 내세우며 역사학을 역사적 지구과학으로 발전시키려는 움직임도 포착되지만, 이 역시 구체적 프로그램과 경험 연구로 발전되기에는 아직 맹아적 단계에 머물러 있다고 할 수 있다.

그런데 이처럼 역사학의 풍경을 조망함으로써 얻을 수 있는 최종 결론은 역사학의 정체성을 결정하는 데 있어서 중요한 것은 단순히 그것이 다루는 대상이 문제가 아니라, 그것이 그 대상을 인식하기 위해 취하는 방법이라는 점이다. 예를 들어 물리학자가 프랑스 혁명 당시 루이 16세의 처형을 대상으로 연구한다면, 그는 왕의 목을 자른 단두대의 칼의 무게와 속도를 알 수 있는 수학적 방법에 관심이 있을 것이다. 그러나 역사학자들은 왜 단두대에서 왕의 목이 잘려야 했을까를 설명하거나, 아니면 단두대에서 왕의 목이 잘렸다는 사실이 갖는 의미가 무엇이었을까를 이해하려고 한다. 그들은 이를 위해 원인을 찾거나, 의미를 해석하기 위한 방법을 찾는다. 어떤 역사가는 인과 관계를 규명하는 설명의 방법을, 어떤 역사가는 의미를 이해하기 위한 특정 해석의 방식을, 또 다른 역사가는 내러티브의 기술을 내세울 것이다. 이처럼 역사학은 지식을 얻기 위해 논리적으로 이론화된 방법이라는 고유의 방법을 갖고 있다.

그렇다면 사회과학을 지향하는 역사학은 어떤 이론과 방법을, 또 문학을 지향하는 역사학은 어떤 이론과 방법을 갖고 있을까? 나아가, 각각의 이론과 방법에 의해 산출된 역사 지식은 삶을 위해 얼마나 유용하게 쓰일 수 있을까? 이러한 질문을 중심으로 각각의 특징을 살펴보자.

2. 사회과학으로서의 역사학

일반적으로 사회과학으로서의 역사학은 사회사를 지칭하는 말이다. 특히 독일의 사회사가들은 자신들의 사회사 모델을 '역사적 사회과학'으로 불렀다. 아날학파로 불리는 프랑스의 사회사가들도 자신들의 기관지 이름을 『연감: 역사, 사회과학 Annales: Histoire, Sciences Sociales』이라고 새로 칭할 만큼 자신들의 사회사를 사회과학이라고 단언했다.[60] 그러나 '문화로의 전환' 이후 사회과학 내에서 문화인류학의 위상이 크게 높아지면서, 신문화사 혹은 역사인류학도 사회과학으로서의 역사학을 대표하는 한 축이 되었다. 다만, 신문화사(역사인류학)로 분류되는 미시사, 일상사, 구술사 등은 일반적으로 사학사에서 '역사적 사회과학'으로 불리지는 않는다. 이미 사회사가 이 이름의 특허권을 따냈기 때문이다.

사회과학으로서의 역사는 크게 두 범주로 분류될 수 있다. 하나는 철학적 실증주의 노선에 충실한 실증적 사회과학(이하 실증과학)이고, 다른 하나는 해석학(Hermeneutics)의 전통에 서 있는 해석적 사회과학(이하 해석과학)이다.

1) 실증과학으로서의 역사학과 '설명'의 방법

사회사는 사회경제사나, 계급 · 종파 · 인종 · 젠더와 같은 개인들의 사회적 관계를 대상으로 하는 좁은 의미의 사회사를 넘어서 '전체사회사'로 발전했다. 특별히 아날학파 2세대를 대표하는 브로델(Fernand Braudel)은 자신의 사회사를 정치적 사건뿐만 아니라, 사회 · 경제 · 문명을 포괄하는 '전체사(histoire totale)'라고 불렀다. 영국의 사회사가 홉스봄(Eric J. E. Hobsbawm)은 이러한 현상을 옹호하면서 '사회적 역사에서 사회의 역사로(From Social History to the History of Society)'라는 표현을 남겼다. 사회사가들에게 '사회'란 정치 · 경제 · 사회 · 문화 모든 것을 포괄하는 총체적 실재를 뜻한다. 이처럼 사회사가들은 집합 단수 '역사'를 '전체사회' 개념으로 대체했다고 할 수 있다.

사회사가들은 사회 속에서 일어나는 인간의 행위들과 사건들은 '구조'에 의해 조건 지워져 있다고 본다. '구조'란 과거에는 '상태'라는 말로 표현되곤 했던 것으로, 행위와 사건들의 맥락을 뜻한다. 그러나 '구조'는 일반적으로 당시를 살았던 사람들이 직접 경험한 맥락을 넘어선다. '구조'는 장기간에 걸쳐 일어나는 지속적 상태 및 변화이므로, 대개 당대인들의 삶 속에서는 의식되거나 체험되지 않는다. 단지 사후적으로 역사가들에 의해 파악된 과거이다. 마르크스주의 역사가들에게 중요한 구조란 전체사회, 정확히 말해 사회구성체(social formation)를 구성하는 두 개의 커다란 구조, 즉 물적 토대와 이데올로기적 상부구조이다. 물적 토대란 이른바 생산력과 생산관계(계급적 관계)에 의해 만들어진 특정 시대의 경제적 · 사회적 구조들이며, 상부구조란 정치체제와 법체계 등 정치적 구조와 학문, 예술, 종교 영역에서의 여러 제도로 구성된 문화적 구조들로서 특정 시기의 경제적 · 사회적 구조들을 정당화하는 이데올로기를 만들어 낸다. 마르크스주의 역사가들은 이 두 영역의 구조들이 어떻게 서로 원인과 결과로 작용하면서 사회가 변하는가를 설명하고 있다.

한편, 브로델에게 '구조'란 그 지속의 리듬이 서로 다른 시간 속에 있는 중층적 구조들이다. 이것들이 서로 연관된 채 전체사회를 이룬다. 서로 다른 리듬을 가진 시간이란 장기지속(longue durée), 지속과 변화를 반복하는 콩종튀르(conjoncture/국면/상황/주기)라는 중기지속적 시간, 그리고 빠르게 움직이는 사건의 시간이다. 브로델은 장기지속의 구조를 진정한 구조로 보았는데, 산과 들, 바다, 기후 등으로 이뤄진 거의 변하지 않는—차라리 지리적 환경이라 말할 수 있는—지리적 시간 속의 구조로서, 예를 들면 인간의 일상적 의식주 생활이 그것이다. 중기적 지속을 갖는 콩종튀르란 예를 들어 사회 계급의 변화, 경기 순환 주기(콩종튀르의 단어적 뜻이 이것임), 정신적 변화 등 지속과 변화를 반복하는 사회적·경제적·문화적 구조들이다. 마지막으로, —브로델 스스로는 별반 관심을 기울이지 않았던—사건들이 있다. 이로써 브로델은 전체사회의 지속과 변화, 정확히 말하면 지속과 반복의 토대가 되는 시간적 인과 관계를 설명하려 하였는데, 그중에서 가장 근원이 되는 원인을 장기지속에서 찾았다.[61] 이를 도식적으로 이해하면 사건의 원인은 콩종튀르이고, 또 콩종튀르의 원인은 장기지속하는 환경이다.

이상과 같이 사회사가들은 사회라는 세계에서 일어나는 모든 현상을 '설명'하려 한다. 이들은 사건보다는 '구조'를 탐구하며, 사건들의 배후에서 작용하는 '구조' 및 '구조'의 변화, 나아가 구조 변화의 경향성 혹은 법칙을 찾아내려 한다. 이를 통해 개별적이고 특수한 사건들에 작용하는 장기적이고 보편적이며 법칙적인 인과 관계, 다시 말해 구조적 인과 관계를 발견하려고 한다.

그러나 마르크스주의 사회사나 브로델의 사회사는 사건과 구조 간의 직접적인 인과 관계를 설명하는 데는 관심도 없고, 실제로 이를 위해서는 유용한 것 같지 않다. 단지 간접적인 방식으로 설명할 수 있을 뿐이다. 브로델의 설명을 극단화시키면, 예를 들어 프랑스 혁명은 지리적 환경이 원인이 되어 발생한 것이 된다. 그러나 여기에 그 어떤 설명력이 있는가? 또, 마르크주의 역사가들의 설명을 도식화하면, 부르주아지의 성장으로 상징되는 봉건제에서 자본주의로의 물적 토대의 변화가 절대왕정이라는 상부구조의 균열 원인이 되고, 이러한 상・하부 구조의 변화가 프랑스 혁명의 발발이라는 사건의 원인이 된다. 그러나 당시 프랑스보다 자본주의 발전이 더 많이 이뤄진 영국에서는 왜 혁명이 일어나지 않았는가? 아무튼 사건과 구조 간의 인과 관계를 직접적으로 밝히지 못한다면 구조적 원인이라는 것은 역사가들이 흔히 말하는 사건의 '배경'이나 '맥락', 혹은 사건의 발생과 진행을 제약하는 여러 독립변수적 '조건' 정도로 여겨져야 한다.

물론 여기에도 예외는 있다. 독일의 사회사가들은 사건과 구조 간의 직접적 인과 관계를 설명하려고 한다. 그들은 왜 독일에서는 나치당과 같은 파시즘이 정권을 잡을 수 있었는가 하는 질문을 던지고, 나치즘의 승리 원인을 경제적·사회적·정치적·문화적 '선(先)구조들'과 그것들이 근대적으로 변화하면서 나타난 독특한 경향을 통해 설명하려고 하였다. 그 결과 그들은 19세기 독일의 근대화 과정이 서유럽 및 북미의 근대화 과정과 구별되는 특수성, 즉 독일사의 '특수 경로(Sonderweg)'를 발견했다. 서유럽 및 북미와 유사하게 산업 발전과 경제 성장은 이뤘으나, 정치적으로는 자유주의적이고 민주주의적 발전을 가로막고, 이러한 발전에 효율적으로 저항하는 구조화된 정치적·문화적 요인이 너무 강해 권위주의 체제가 지속되었다는 것이 '특수 경로' 명제의 요지이다. 도식화하면, 1933년 나치당의 집권이라는 사건의 구조적 원인은 독일 근대화의 '특수 경로'이다. 그리고 독일사의 '특수 경로'라는 것이 "숙명적인 결과를 지닌 '독일 파시즘이라는 파탄'의 길"로서 단정됨으로써, 그것이 단순히 당시 독일인들의 행동 공간을 제약했던 간접적 원인이 아니라, 직접적이고 필연적인 원인으로 간주된다.[62)]

그런데 이러한 필연적 인과 관계의 주장은 거의 자연과학에서나 주장될 법한 것이다. 자연과학적 관점, 특히 물리학적 관점에서 보자면 인과 관계에 대한 법칙적 설명은 동일한 현상에 대한 예측 가능성을 내포해야 한다. 예를 들어 밀물과 썰물, 달이 차고 기울어지는 개별적 현상의 원인은 만유인력의 법칙 때문이다. 그리고 이 보편타당한 법칙 때문에 우리는 앞으로도 이러한 현상들이 반복되리라고 예측할 수 있다.

이러한 맥락에서 과학철학자 헴펠(Carl G. Hempel)은 자연과학에서의 일반 법칙의 주요 기능은 설명과 예측이라는 패턴으로 사건들을 연결하는 것이라고 했다. 이어 그는 어떤 특정한 종류의 '결과 사건'(이하 E)이 발생한 것에 대한 과학적 설명은 ㉮ 그 원인 또는 결정 요인인 일련의 '원인 사건들'(이하 C1...Cn)이 특정한 장소와 시간에서 발생했다고 주장하는 일련의 진술, ㉯ 일련의 보편적 가설. 그런데 이 보편적 가설은 ㉯-① 한편으로는 C1…Cn과 E라는 두 사건 그룹에 대한 진술 모두 경험적 증거에 의해 잘 확인된 것이어야 하며, ㉯-② 다른 한편으로는 두 사건 그룹에 대한 진술에서 E의 발생을 주장하는 문장을 논리적으로 추론할 수 있는 가설이어야 한다. 그러나 그는 말하기를 "역사학이나 사회학에서 제시된 대부분의 설명은 그것들이 전제하는 일반적인 규칙성에 대한 명확한 진술을 포함하지 못한다. 역사적 사건에 대한 설명적 분석이 제공하는 것은 대부분은 설명 스케치라고 할 수 있는 것에 불과하다"라고 한다. 이어서 그는 "이 스케치가 본격적인 설명으로 전환하려면 무엇인가가 더 '채워져야' 한다. 이러한 더 채우기는 추가적인 경험적 연구를 요구하며, 스케치는 그에 대한 방향을 제시한다"라는 것을 강조한다.[63)]

독일사의 '특수 경로' 명제는 일반 법칙에 기반한 설명을 염두에 둔 '설명 스케치'의 성격을 갖는다. 헴펠이 말한 보편적 가설을 충족하는 조건 중 하나인 ㉯-①을 충족하고 있기 때문이다. 다시 말해, 그 명제는 무수한 다양한 종류의 사건과 사실을 역할, 신분, 관련 집단, 개인적 유형 등 여러 사회과학적 범주와 모델을 통해 귀납 추론한 일련의 정치적·사회적·문화적 구조 및 그 변화의 경향성에 관한 진술들로 구성되어 있기 때문이다. 그럼에도 불구하고 '특수 경로' 명제는 추가적인 경험 연구를 통해서 일반법칙적 설명으로 발전할 가능성은 별로 없어 보인다. 비록 원인과 결과 사이에 필연성이 있음을 주장하지만, 일련의 구조적 변화, 즉 권위주의 체제의 효율성 강화라는 구조적 원인과 나치즘의 승리라는 결과 사건 사이에 이전 구조들(독일제국 이전의 원형적 권위주의 체제를 구성하는 일련의 정치적·사회적·문화적 구조들)에서 변화된 구조들(독일제국의 효율적 권위주의 체제를 구성하는 일련의 정치적·사회적·문화적 구조들)로의, 또 변화된 구조들에서 결과 사건으로의 연역적 추론이 진술되고 있지 않기 때문이다(㉯-②의 결여).

부연하자면, 헴펠은 일반 법칙을 언어 사용의 연역적 분석을 통해 구성한다. 그가 강조하는 보편적 가설이란 물론 경험 증거에 준거해야 하지만, 본질적으로 '보편타당한 참(truth)'인 대전제에서 연역 추론한, '그러므로 참'인 명제이다. 그가 강조하는 경험적 연구는 원인을 진술하는 명제와 결과를 진술하는 명제 사이의 틈새를 촘촘하게 메꿀 수 있는, 그러므로 연역 추론의 과정을 더 논리적으로 할 수 있게 하는 명제들을 산출하는 데 필요한 도구로서의 성격을 갖는다. 이런 맥락에서 '특수 경로' 테제는 인과 관계가 아닌, 단지 독일 사회를 특징짓는 일련의 구조 및 구조 변화와 나치즘의 승리 사건 간의 상관관계를 설명하고 있을 뿐이다.

그럼에도 불구하고, 독일사의 '특수 경로' 명제는 전 세계적으로 진행 중인 근대화 과정에 내포된 구조적인 위험성을 스케치 형태로나마 설명하고 있다는 점에서 유비추론(유사성 비교)의 사례로 활용된다면 미래 예측을 위해 도움을 줄 수 있다. 물론 독일사의 '특수 경로' 명제는 서유럽=보편적 근대화, 독일=특수한 근대화라는 유형화 작업의 실증적·논리적 불철저성 때문에 영국의 사회사가들로부터 신랄한 비판을 받기는 했지만 말이다.[64] 이러한 맥락에서, 자본주의, 시장경제, 일상의 의식주 생활 간의 중층적 구조, 그것들의 맞물림과 변화를 설명하는 마르크스주의 사회사나 브로델의 사회사 또한, 특히 그것들이 세계체제론(world-systems theory)이라는 새로운 연구 분야로 합류되었을 때 미래 예측을 위한 과학으로서의 잠재적 힘을 보여주고 있다고 할 수 있다. 자본주의는 아직 진행 중이기 때문이다.

사회사의 또 다른 특징은 수치와 통계를 중시하는 계량적 방법을 적극적으로 활용한다는 점이다. 사회사는 연구의 초점을 '실제로 어떠했는가'라는 사건의 역사에서 '실제로 어떻게 변화했는가'라는 사회 변화의 역사로 옮겼다. 따라서, 역사 지식이 경험적 증거력이 있는가를 입증하기 위해 사료 비판을 통한 사실의 확증 방식이라는 전통적 방식이 아닌, 새로운 방법을 찾았는데 그것이 수치와 통계를 중시하는 계량적 방법이다. 나아가, 계량적 방법은 사회의 지속과 변화의 경향, 나아가 변화의 원인과 결과를 설명할 수 있는 효율적 방법으로 당연시되었다. 특히 아날학파는 계량적 방법에 집착한다. 이런 맥락에서 아날학파는 자신들의 연구를 산술급수나 기하급수처럼 수열의 항이 순서 있게 엮여 하나의 전체를 이루는 급수(series/$\sum an$)라는 수학적 개념을 은유하여 시리얼(급수적) 역사(serial history)라 부른다.[65] 지대, 세금과 현금, 물가, 임금, 인구 성장과 이동, 가족 구성, 출생, 결혼, 죽음, 재산과 같은 경제적·사회적·문화적 분야의 모든 것들이 계량화되었다. 이런 맥락에서, 라뒤리(Emmanuel Le Roy Ladurie)는 "계량화할 수 없는 역사는 과학적이라고 주장할 수 없다"라고 했다. 그는 '사람 없는 역사'를 표방했다. 그는 왜

랑그독 지방의 농민들은 수백 년 동안 자본주의적 발전과는 동떨어진 정체된 삶을 살았는가를 해명하는 연구를 수행하면서, 전통적인 이야기체 서술을 버리고, 인구통계학과 경제사 방법론에 따라 농민의 일상생활을 계량화하는 데 힘을 썼다. 물론 그는 인문지리학과 인류학 및 민속학적 방법도 차용하기는 했지만 말이다.[66)]

수치와 통계의 승리는 심지어 인간 내면의 정신 영역, 즉 심성(망탈리테)의 영역에서도 이뤄졌다. 하나의 대표적 사례를 들자면, 아날학파 3세대를 대표하는 보벨(Michel Vovelle)의 『18세기 프로방스 지방의 바로크적 신앙심과 탈기독교화』를 꼽을 수 있다. 그는 1680년에서 1789년까지 프로방스 지방에서 작성한 유언장 중 1만 8천여 개를 검토하고 그중 2천여 개를 표본 추출하여 이를 시간적·공간적·사회 계층적으로 분석했다. 유언장은 전반적으로 죽음에 대한 집단적인 태도를 증언해 주는 동시에, 거기에 기재된 세부 내용의 변화 추세는 곧 신앙심의 변화를 드러내 준다. 구체적으로 그는 분석을 위해 다음과 같은 지표를 사용했다. 신앙고백 여부, 마리아와 성자숭배 여부, 장례 의식, 죽음에 대한 감정 표현, 매장 장소, 수도원이나 교회 및 신도회 등에 대한 유산 기증 여부 등. 이렇듯 그는 가능한 모든 지표의 분석을 통해 이미 프랑스 혁명 이전부터 집단 심성이 변하고 있었음을 계량적으로 증명하였다. 이어서 보벨은 이처럼 통계적으로 확인된 사실을 해석하는 절차를 밟았는데, 그가 내린 최종 결론은 프로방스 지방의 집단 심성이 탈기독교화하고 있었다는 것이다.[67)]

계량적 역사학이 프랑스보다 더욱 급진적으로 발전한 곳은 미국인데, 역사인구학, 계량적 집단전기, 나아가 신경제사(cliometrics) 등이 이곳에서 활성화했다. 그중 신경제사는 사회사와는 다른 고유한 연구 영역을 개척했고, 많은 성과를 냈다. 앞서 언급한 노벨경제학상 수상자 포겔과 노스는 바로 이 분야의 대표적 인물들이다. 신경제사의 문제의식은 역사의 저변에 깔린 인과 관계는 매우 복잡하다는 것이다. 따라서 신경제사 연구는 다음과 같은 특징을 지닌다.

① 신경제사는 수학적 정확성을 지니고, 명료한 가설을 세울 수 있는 더욱 세련된 계량화 방식을 추구한다. 신경제사가들은 종래의 경제사가 취한 계량화 방식은 수치들을 단순히 서사의 한 요점을 보여주거나, 경향성을 설명하며, 차이를 보여주는 데 사용하는 묘사적 기술에 불과하다고 비판하면서, 수학과

통계학을 전문적으로 이용해야 한다고 주장한다. 이런 맥락에서 신경제사는 드러내놓고 수학 방정식을 서술에 도입한다. 포겔은 말하기를, "방정식들은 언제나 문학적 역사 서술의 한 요소였다. 단지 이 방정식들은 암시적이고, 은밀했으며, 은연중에 영향을 끼쳤을 뿐이다. 따라서 신경제사의 주된 특징은 명증한 가설을 담는 방정식을 사용하는 데에 있다."

② 신경제사는 '만약 무엇이 없었다면'이라는 반(反)사실적(Counterfactual) 전제에서 출발한다. 이러한 전제 위에서 실제 세계에서는 중요한 현상이지만, 이를 의도적으로 배제한 가상 세계를 구성하고, 또 이 두 세계 간의 차이를 측정함으로써 연구 절차가 확립된다고 한다. 예를 들어, 포겔은 1890년에 철도가 없었던 가상의 미국을 구성했다. 그의 연구 목적은 철도가 미국 경제 발전에 필수불가결한 것이었는가, 아니었는가를 밝히는 것이었다. 그는 운하망이 철도를 대체하는 것을 가정했다. 이 세계에서는 단지 여러 마차길이 운하망을 보조하는 역할을 맡는다. 방정식을 이용해 측정한 결과 철도와 거의 비등한 수준으로 물류가 효과적으로 이동할 수 있었음이 계산되었다. 이에 근거하여 포겔은 실제 철도가 감당했던 사회적 비용의 절약은 당시 미국 국민총생산(GNP)의 1%에 불과했다고 하면서, 국가 발전을 위해 철도가 한 역할은 기존의 생각과는 다르게 별로 중요하지 않았을 것이라는 결론을 내렸다.[68]

지금까지 사회사 및 신경제사와 같은 실증적 사회과학의 연구 방법론적 특징을 살펴보았다. 그것은 인과 관계에 대한 설명과 설명을 더욱 과학적으로 하기 위한 계량적 방법으로 요약된다. 그러나 신경제사를 제외하면 사회사 연구 전반에는 사실의 인과 관계에 대한 설명과 사실의 의미를 이해하기 위한 해석이 섞여 있는 경우도 많다. 앞서 언급한 보벨이 통계적으로 증명된 사실의 의미를 탈기독교화라고 해석한 것이 하나의 대표적인 예이다.

특히 독일의 사회사는 계량적 방법 이외에도 이른바 '이해의 사회학'을 내세운 막스 베버(Max Weber)의 이론을 하나의 중요한 방법론적 지침으로 삼고 있는데, 그것이 '이념형(Idealtypus)'이다. 이념형은 사회란 '의미의 그물망'이므로, 의미의 이해 없이는 아무것도 설명할 수 없다는 생각에서 고안된 가설적 개념이다. '이념형'은 복잡한 현상을 이해를 통해 설명하기 위한 도구적 개념이므로 그 자체가 실재는 아니다. 예를 들어, 베버는 왜 근대 자본주의는 서구에서만 출현했느냐는 스스로 던진 질문에 답하기 위해 '프로테스탄트 윤리'와 '자본주의 정신'이라는 두 가지 이념형을 고안했다. 그리고 이 두 이념형 사이의 상관관계—베버의 표현을 빌리자면 '선택적 친화성'—를 설명했는데, 전형적으로 칼뱅파 개신교의 예정설 교리와 '세속적 금욕주의' 간의 관계가 그것이다. 도식화하면, 예정설은 세속적 금욕주의를 낳았고, 세속적 금욕주의가 표현된 것이 합리적 생활 태도이다. 이를 통해 베버는 근대 자본주의의 특유의 도덕적인 의미를 이해하려고 했다. 이러한 맥락에서, 그는 일신의 행복만을 추구하는 공리주의나 향락적 생활 태도는 자본주의의 도덕적 의미를 잃어버린 물질주의적·배금주의적 타락이라고 단언했다. 정리하자면, 그는 이상과 같은 '이해'의 절차를 통해 근대 자본주의가 서구에서만 출현했다는 사실의 원인을 세속적 금욕주의를 잉태한 개신교라는 종교에서 찾았다. 이처럼 베버는 '이념형' 개념을 통해 이해와 설명의 방법을 하나로 통합하면서, 설명과 계량에 치우친 실증주의적 방법을 극복하려 하였다. '이념형'은 오늘날 사회학뿐만 아니라 역사학 전반에서 폭넓게 활용된다. '봉건제', '시민혁명', '사회혁명', '관료제', '실학' 등 역사 서술에서 중요하게 쓰이는 개념들은 상당수가 '이념형'이다. 나아가, 베버의 사회란 결국 '의미의 그물망'이라는 생각은 뒤이어 살펴볼 문화인류학적 해석과학에도 큰 영향을 끼쳤다.

2) 해석과학으로서의 역사학과 '이해'의 방법

실증적 사회과학이 자연과학을 모델로 자신의 이론과 방법론을 개발해 왔다면, 해석적 사회과학은 자연과학과 자신을 철저히 구분하면서, 인간을 대상으로 한 새로운 과학을 정립하려는 오랜 전통의 후계자이다. 다른 말로 표현하면, 문학과 예술이 중심이 된 인문학을—'도덕과학', '문화과학', '정신과학' 등으로 불리는—새로운 인간 과학으로 업그레이드시키려는 여러 노력 가운데 최신판이 해석적 사회과학이다. 이런 점에서 해석적 사회과학은 19세기 역사주의 시대의 고전적 역사학이 내세운 과학과 문학의 교집합, 다시 말해 객관적 인식과 문학적 서사의 종합을 계승하고 있다고 할 수 있다.

자연과학에 맞서 인간 과학을 정초하려 했던 선구자는 17세기 중엽에서 18세기 중엽까지 생존했던 이탈리아의 비코(Giambattista Vico)이다. 그는 의심할 바 없는 수학적 명증성을 갖춘 지식만이 진리의 근거라고 주장하는 뉴턴, 데카르트 등으로 대변되는 당대의 자연과학의 위세에 맞서 '새로운 학문'을 역설하였다. 그는 이 '새로운 학문'이 다루는 대상은 '인간 정신의 세계', 곧 '인간 정신'이 만든 "문명의 세계이자 여러 민족의 세계"라고 했다. 이는 곧 이 학문이 '역사'를 다룬다는 것을 의미한다. 이어 그는 이러한 세계를 "인간들 스스로가 만든 것"임을 이 학문 제1의 원리로서 강조하였다. 자연은 신이 만들었기 때문에 그에 대한 궁극적인 지식은 신에게만 가능하지만, 인간의 역사는 인간이 만든 것이기 때문에 인간이 알 수 있고, 따라서 인간의 합당한 연구 대상이라는 것이다.[69)]

이처럼 인간 과학의 중심 주제는 그 시작부터 인간이 만든 역사였다. 그렇다면 이런 역사를 어떻게 알 수 있는가? 그 방법이 '이해'이다. 인간은 실험실 속의 분석 대상도, 물리학자가 관찰하는 사물도 아니다. 인간은 연구의 대상이기도 하지만, 동시에 생각하고, 느끼고, 행동하는 주체이기도 하다. 비코의 말처럼 역사 세계를 스스로 만든 인간 주체는 설명과 분석의 대상이 아니라, '이해'의 대상이다. '이해'를 통해 인간의 주관성('정신')을 알면 객관적 진실/진리를 알 수 있다. 그러면 구체적으로 어떻게 이해할 것인가? 독일 철학자 딜타이(Wilhelm Dilthey)는 "이해는 역사학의 기반으로서 의미심장한 과제"이므로 기술(技術)이 필요한데, 그 기술이 바로 '해석'이고 역사의식이 발전함에 따라 해석의 기술이 발전해 왔다고 한다. 그는 한마디로 "기술적 이해를 해석"이라 정의하면서, "해석의 기술이 문헌학의 기반이며, 이 기술에 대한 학문이 해석학이다"라고 한다.[70)]

'이해'를 통해 인간에 대한 지식을 알려는 인간 과학(인문학) 전반, 특히 19세기 역사주의 시대의 역사학은 해석의 기술에 관한 학문인 해석학(Hermeneutics)의 기반 위에 서 있었다. 근대적 해석학의 선구자는 낭만주의의 영향을 받은 신학자 슐라이어마허(Friedrich Schleiermacher)였다. 그의 출발점은 현재의 삶의 세계에 뿌리를 내리고 있는 인간 상호 간의 이해를 가능케 하는 의사소통 과정이었다. 따라서 단순히 텍스트의 내용을 해석하는 태도를 벗어나, 텍스트 저자의 삶 자체를 이해하려는 해석 기술을 발전시켰다. 구체적으로 이를 언급하면 다음과 같다.

① 문법적 방법 이외에 심리적 방법의 차용: 심리적 방법이란 이른바 '공감적 이해'가 그것이다. 이는 이해하는 사람이 이해의 대상인 그 사람의 입장에서 보고, 스스로 그 사람이 되어보는 것이다. 즉, 타자가 그 자신의 사고, 행동, 그 자신에게 부여한 의미를 직관, 예감, 추측을 기반으로 파악하는 것을 뜻한다. 슐라이어마허는 텍스트를 의미로 가득 찬 '삶의 표현'으로 파악했다.[71)]

② '부분에서 전체로, 전체에서 부분으로'라는 해석학적 순환 방법: 이 방법은 슐라이어마허가 고안한 것은 아니고, 이전부터 고전 문헌 해석이나 성서 해석에서 쓰이던 방법이다. 예를 들어, 이전의 성서 해석에 따르면, 예수의 십자가 죽음이라는 개별적 사건은 성서 전체 내용의 맥락 속에서 그 의미가 드러나며, 동시에 성서 전체의 의미는 예수의 십자가 사건을 기준으로 이해될 수 있다는 것이다. 한마디로, 개별적인 것의 의미를 전체적 맥락 속에서, 또 전체 맥락의 의미를 개별적인 것을 통해 이해하려는 해석 기술이다. 슐라이어마허는 해석학적 순환을 더 확장된 방식으로 사용하였다. 그는 저자가 쓴 문헌과 그의 삶의 중요한 계기 사이의 순환, 나아가 그의 삶 전체의 맥락 사이의 순환 속에서 이해하려 하였다. 이를 위해 그는 심리적 방법을 빌려 쓴 것이다. 아무튼 '해석학적 순환'의 방식은 이후로 딜타이를 거쳐 가다머의 철학적 해석학에 이르기까지 새로운 내용적 변주가 가해지며 계속되었다.

③ 텍스트를 저자보다 더 잘 이해하기: 슐라이어마허는 이것이야말로 해석학의 최종적 과제라고 했다. 그는 텍스트 해석을 저자의 창작 행위를 재구성(재현)하는 것으로 보았다. 이해를 통해 창작 과정을 재구성해 보면 저자가 미처 의식하지 못했던 많은 것을 알 수 있다. 이 말은 텍스트가 가리키는 사실들이 아니라, 텍스트 그 자체에 대한 이해, 다시 말해 저자가 의도하고 표현한 것 그 자체를 이해하는 것이 중요하며, 텍스트 자체의 의미를 집중적으로 해석함으로써 단지 텍스트의 내용을 파악하는 것보다 더 많은 것을 알 수 있다는 뜻이다. 여기서, 해석자가 텍스트를 순수한 표현물로 간주한다는 것은 거기에 담긴 언어적 맥락을 이해한다는 것, 다시 말해 저자가 진술하는 사실보다는 그가 진술하면서 쓰는 말 자체를 해석의 표준적인 준거로 삼는다는 것을 뜻한다고 할 수 있다, 그리하여 표현의 장으로서의 언어가 우월한

위치를 차지한다고 할 수 있다. 이처럼 정작 슐라이어마허 본인은 아직 그렇게 하지 못했으나, 역사를 과거의 인물들이 작가들처럼 무엇인가를 자유롭게 창조한 자유로운 활동 무대, 다시 말해 역사를 언어의 장(場)인 텍스트로 읽을 수 있는 가능성을 열어놓았다. 아무튼, 이 명제 역시 이후로도 해석학의 최종적 과제로서 수없이 인용되고 다양한 방식으로 해석되었다.[72)]

슐라이어마허의 해석학은 역사학에도 영향을 주었다. 텍스트 해석학은 본격적으로 역사 해석학으로 바뀌기 시작했다. 이제 읽어서 이해해야 할 텍스트는 성서나 문학 작품이 아니라, 역사적 현실 세계였다. 랑케는 앞에서도 살펴본 것처럼, '그것이 실제로 어떠했는가'라는 방식으로 과거를 해석했는데, 이는 역사가가 자신의 관점과 가치를 버리고 온전히 역사적 대상에 대한 감정이입, 타자의 관점에서 보기, 직관을 통해 그것을 이해하는 것을 뜻한다. 이처럼 랑케는 슐라이어마허의 유산 가운데 심리적 방법을 취했다.

반면, 드로이젠은 랑케의 이른바 해석자의 자아를 버린 객관적 해석을 "환관의 객관성"이라고 비난하면서, 이론적으로 체계화된 역사해석 방식을 제시했다. 그의 해석 방법을 모두 소개한다는 것은 이 글의 맥락을 벗어나므로 두 가지 정도를 소개하고자 한다. 첫째, 그는 슐라이어마허가 텍스트가 표현한 것을 강조한 것처럼, 과거가 '표현'한 것을 중시하였다. 그에 의하면, 역사가의 대상은 과거 전체가 아니라, 현재까지 살아 남아있는 전승된 과거, 즉 표현된 과거일 뿐이다. 기록 문서를 비롯해 건축물, 기술적 도구, 의복, 제도와 국가 같은 전승물이 과거가 표현한 것들이다. 역사가는 단지 과거가 표현한 것만을 이해할 수 있다. 따라서 역사적 인물의 행위를 이해하려 할 때, 우리는 그의 의도, 가치관, 의지, 감정과 같은 그의 '내면적 흐름'과 '개인적 본질'은 직접적으로 이해할 수 없다. 단지 사료에 실려 우리에게 전달되는 그가 남긴 '표현'의 의미만을 이해할 수 있다. 둘째, 그가 해석의 기술로서 강조한 것은 '탐구하면서 이해하기'였다. 어두운 방에서 내 소중한 기념반지를 발견하려고 플래시를 비춰가면서 여기저기를 탐색하듯이, 역사가는 자신의 문제의식 속에서 연구하면서, 과거가 남긴 '표현'을 자신의 문제의식이 해명될 때까지 이해하려 한다. 이러한 발견법적(heuristic) 이해는 역사가가 찾는 의미가 발견될 때까지 시작 단계에서부터 여러 세부 절차를 거쳐 계속되어야 한다는 것이다. 이 과정에서 드로이젠은 랑케와는 달리 감정이입, 타자의 입장에서 보기, 직관 등 심리적 방법을 여러 해석 절차 중 하나로만 취급하였다. 역사 이해에서 역사적 인물의 의도나 의지는 역사적 사건의 전개 과정에서 단지 제한적인 영향력만을 갖는다. 그럼에도 불구하고 그의 동기와 관련하여 그가 남긴 '표현'의 의미를 이해하기 위해 심리적 방법도 때로는 필요하다는 것이다.[73)]

랑케나 드로이젠이 불완전하게 시도했던 역사 해석학 이론은 역설적으로 철학자인 딜타이에 의해 체계화되었다. 다만 낭만주의에 영향을 받은 19세기 말의 삶의 철학(생철학)의 대표자 중 하나로서 그가 사용한 모호하고도 낯선 표현들과 개념들 때문에 그의 이론이 이해하기가 쉽지 않다는 점을 지적해야겠다. 이 말은 곧 딜타이의 이해 이론에 대한 해설이 잘못하면 철학적 해석학의 영역으로 빠져들 수 있다는 의미이기도 하다. 그런데 철학적 해석학이 우리의 주제는 아니다. 이러한 이유로 간략하게 딜타이가 역사 해석학을 위해 무슨 일을 했는가를 언급하려 한다.[74)] 덧붙이자면, 딜타이의 역사 해석학은 역사학 이론의 발전을 위해 많은 것을 시사하지만 지금까지 역사학계에서 제대로 검토되지 않았다고 할 수 있다. 그의 역사 해석학은 다음과 같이 요약될 수 있다.

① 딜타이는 자연과학과 '정신과학'의 대상을 구별한다. 전자가 자연적-물리적 세계라면, 후자는 인간적-역사적 세계이다. 이어서 그는 자연과학과 구별되는 '정신과학'의 '앎의 이론', 즉 정신과학의 인식론을 정초하는 것이 자신의 목표임을 밝힌다. 칸트가 『순수이성비판』에서 자연에 대한 객관적 인식(자연과학적 앎)에 관한 이론을 정초한 것처럼, 자신의 목표는 역사적 현실(실재/reality)에 대한 객관적 인식 이론을 제시하려 한다는 것이다. 그에 의하면 역사 세계란 인간의 삶과 동떨어져 있는 그 무엇이 아니라, 이 속에서 삶을 체험하는 인간에 의해 구성되는 정신적 세계이며, 이 정신세계를 창조한 주체로서의 인간은 동시에 정신세계를 객관적으로 인식하려 한다는 것이다. 이런 의미에서 딜타이는 자신의 과제를 '역사 이성 비판'이라 명명했다.

② 자연스럽게 딜타이는 자신의 인식론적 목표를 달성하는 방법으로 체험, 체험의 표현, 타자에 대한 이해, 역사적 작용의 주체로서 나와 타자는 공통점이

있다는 인식, 그리고 객관적 정신에 대한 이해로 이뤄진 역사적 해석학을 제시한다.

- 체험: 그의 해석학에서 가장 기본적인 개념은 체험이다. 인간은 체험된 것만을 이해할 수 있기 때문이다. 체험이란 인간 모두에게 공통된 선험적 범주로서, 과거를 회상하고 미래의 가능성을 전망하는 자신의 현재적 삶이 시간의 흐름 속에서 변화하고, 또 변화에도 불구하고 지속성이 있음을 경험하는 것이다. 이러한 삶의 흐름에 대한 체험을 통해 비로소 삶의 내용들이 규정된다.
- 체험의 표현: 인간 모두는 자신의 삶에서 체험한 것을 겉으로 표출한다. 예를 들어 삶의 체험은 논리적 개념으로도, 웃음과 같은 행동으로도 '표출'될 수 있다. 그 표출 양식(樣式) 중 하나가 체험의 표현이다. 예를 들어 시나 그림이 그것이다. 체험 표현은 유동적인 삶의 체험 내용을 담고 있는 기호라고 할 수 있다. 해석자는 비로소 이 체험 표현(기호)을 통해서 타자에 접근한다. 타자에 대한 이해는 그가 한 체험 표현을 통해서 이뤄진다. 이때 체험 표현이 너무 생소하다면 이해의 기술인 해석은 불가능할 것이다. 그러나 그 안에 아무런 생소한 것도 없다면 해석은 불필요할 것이다. 이 두 극단적인 대립 항의 중간에 해석의 자리가 있다. 체험 표현의 의미를 해석할 때는 자연과학에서처럼 참이냐 거짓이냐를 묻는 기준이 아니라, 실재성(현실성)이 있느냐 없느냐의 기준이 적용된다.
- 타자에 대한 이해: 타자에 대한 이해는 그가 행한 체험 표현의 의미를 해석하는 절차이다. 딜타이는 "이해란 '너' 안에서 '나'를 재발견하는 것이다"[75] 라고 한다. 따라서, 그를 따르자면, '텍스트를 저자보다 더 잘 이해하기'라는 원칙 아래에서, 해석자는 대상자(타자)의 체험 표현에 담긴 의미 내용들은 대상자가 의식했던 것보다 더 많은 것을 포함할 수 있고, 더 많은 것을 불러올 수 있다는 점을 인식해야 한다. 시는 작가가 의도했던 것보다 더 많은 의미를 담고 있고, 독자는 더 많은 것을 이해할 수 있듯이 말이다. 고차적인 차원에서 이해는 다음과 같은 해석 절차로 이뤄진다. 먼저, 대상(타자)에 대한 자기 투입이 이뤄진다. 자기 투입이란 해석가 자신의 자아를

타자(대상자)가 체험한 정신적 현존, 혹은 타자의 실존으로 옮겨 놓는 것을 말한다. 다음으로 추체험이 이뤄진다. 추체험은 대상자의 체험을 모방(Nachbildung)하는 것이라고도 불릴 수 있다. 추체험에서 중요한 것은 마치 연극에 몰입될 때처럼 그것이 실행되면서 생기는 그 대상이 처한 환경 및 상황에 대한 생생한 현재화와 상상력이지 추체험에 대한 심리학적 설명은 아니다. 물론 공감이나 감정이입과 같은 심리적 개념들은 추체험의 에너지가 어떻게 강화되는가를 설명할 수는 있다.

추체험은 다음과 같은 해석학적 순환 과정을 통해 이뤄진다. 인간적인 것에 대한 보편적 표상에서 특수한 역사적 상황으로, 또 이러한 역사적 상황에서 개인의 실존으로 초점이 옮겨진다(전체에서 부분으로의 이해). 이를 통해 그의 생생한 체험과 그의 실존이 이해되며, 이렇게 이해된 그의 체험과 실존은 앞의 순서와는 반대로 해석자의 상황 속으로 옮겨져 그의 삶에 새로운 지평을 열어주며, 다시 인간 삶의 새로운 가능성이라는 보편적 이해로 발전한다(부분에서 전체로의 이해). 딜타이는 독일의 종교 개혁가 루터의 예를 들어 이러한 순환과정을 보여주고 있다. i. 종교적 체험은 현대인에게는 상당히 낯선 것이다(인간적인 것에 대한 보편적 표상). ii. 그러나 루터의 편지, 저술, 동시대인들의 보고서, 종교적 대화와 공의회 보고서 등 여러 사료를 통해 나 자신을 루터가 처했던 상황에 투입한다(특정한 역사적 상황으로의 자기 투입). iii. 이 특정한 상황에서 종교적 심성에 따른 삶이 극단적으로 전개된 과정, 즉 그러한 삶이 수도원에서부터 세속 신도들에게 확산하였던 과정을 살펴본다(특정한 역사적 상황의 전개). 이어서 iv. 새로운 교리를 내세우며 목숨을 건 외로운 투쟁을 한 루터 개인의 삶, 다른 종교 개혁가들의 삶, 해방을 갈구했던 세속인들의 삶 속에서 프로테스탄티즘이라는 새로운 시대정신이 어떻게 등장했는가를 살펴본다(개인의 체험과 실존의 이해). v. 이 새로운 시대정신을 출현시켰던 운동이 절정에 달했을 때 루터 개인은 죽었다. 그러나 우리는 루터와 당대인이 공유한 종교적 정신세계에 대해 루터보다 더 깊은 이해를 하게 된다. 이를 통해 우리의 지평을 인간 삶의 새로운 가능성으로 확대할 수 있다(인간

삶에 대한 보편적 이해로 나아가는 이해).[76]

③ 객관적 정신: 내가 타자의 삶의 표출(표현)을 이해할 수 있는 것은 객관적 정신이 있기 때문이다. 나와 타자, 현재와 과거, 해석의 주체와 해석의 대상자를 연결해 주는 매개체가 객관적 정신이다. 이러한 정신이 있음으로써, 나와 타자는 역사적 작용의 주체로서 공통점이 있다는 인식이 가능해지며, 해석자의 한 개인에 대한 이해가 인류 전체에 대한 보편타당한 이해로 나아갈 수 있다. 한마디로, 객관적 정신이란 개인 간의 의사소통을 가능케 할 뿐만이 아니라, 역사 세계에 대한 객관적 인식을 담보해 주는 역사 이성이라 할 수 있다. 이러한 객관적 정신은 오늘날의 표현으로 번역하자면, '문화', 혹은 '장기 지속적 집단 심성'으로 이해될 수 있다. 즉, 개인의 생활양식에서부터 도덕과 풍속, 법률, 국가, 종교, 예술, 과학, 철학 등으로 표현된 한 사회와 민족 공통의 정신이 객관적 정신이다.

④ 딜타이의 역사 해석학은 특별히 자서전과 전기의 사료적 가치에 주목한다. 자서전은 자기 자신의 삶의 이해를, 전기는 생소한 삶에 대한 이해를 문학적으로 표현한 것이다. 결국, 딜타이의 관심은 개인의 삶과 그 체험의 역사를 먼저 재구성하고, 이런 개별 역사들을 귀납 추론을 통해 최종적으로 보편사로 발전시키는 것이다.

⑤ 딜타이의 역사 해석학은 역사 지식의 쓸모를 위해 중요한 시사점을 제공한다. 그에 의하면, 합리적 지식을 추구하는 자연과학과는 달리 '정신과학'은 이해를 통해 파악된 '삶의 진리'를 실천하는 삶의 태도를 형성시켜 준다. 삶에 아무런 영향도 주지 못하는 체계적 지식과는 달리 "우리가 세계 안에서 해야만 하는 것, 우리가 우리 자신으로부터 할 수 있는 것, 우리가 세계와 함께, 또 세계가 우리와 함께 시작할 수 있는 것을 우리가 얻을 수 있도록 해준다"[77]라는 것이다.

이제 '문화로의 전환'을 통해 등장한 문화인류학에 준거하는 역사 해석학을 살펴보도록 하겠다. 흔히 신문화사 내지 역사인류학으로 분류되는 일상사, 미시사, 구술사 및 경험의 역사, 샤르티에(Roger Chartier)가 명명한 '사회의 문화사'와 같은 것들이 그것이다. 문화인류학적 역사 해석학은 기존의 사회사가 살아 숨 쉬면서 생각하고, 느끼며, 행동하는 인간 개개인을 한낱 사회 구조 및 그 변화 과정을 구성하는 원소나 통계 지표상의 수치 정도로 파악하고 있다는 것에 대한 반발로 나왔다. 이러한 새로운 역사 해석학 모델에 준거하여 연구하는 역사가들은 대부분 사회사로부터 전향한 사람들로서, 딜타이에서 체계화된 19세기 역사주의 시대의 역사 해석학을 직접적으로 계승하고 있지 않다. 이는 무엇보다 연구의 관심이 위대한 지식인이나 예술가 등 엘리트층이 아니라, 그간 무시되어왔던 보통 사람들, 민중들에게 집중되고 있다는 점에서 그러하다.

그럼에도 불구하고, 인간의 구체적인 삶의 경험(체험)에 다가서려고 시도하고 있다는 점에서 양자는 공통점을 보인다. 예를 들어, 미시사 및 일상사, 구술사 및 경험사 연구에서는 전기와 회고록, 인터뷰 등이 보통 사람들의 삶의 경험을 이해하기 위한 사료로서 중요한 역할을 한다. 딜타이 역시－물론 그는 보통 사람들이 아니라, 지식인들에게 주목하고 있긴 하지만－자서전과 전기를 삶의 이해를 표현하고 있는 최고의 사료로서 중시했다는 점을 생각하면 방법론적으로 신구(新舊) 역사 해석학 간에 공통점이 있음은 분명하다.

새로운 역사 해석학에 가장 영향력이 있던 문화인류학자는 미국의 기어츠(Clifford J. Geertz)이다. 기어츠의 문화 개념과 이론은 여러 형태의 신문화사 및 역사인류학 연구에 큰 영향을 끼쳤다. 여기서 기어츠의 문화 이론과 이에 부합하는 몇몇 경험 연구들을 언급하면서, 문화인류학에 준거하는 역사 해석학의 특징을 다음과 같이 살펴보도록 하겠다.[78)]

① 낯설게 보기/타자의 관점에서 보기: 기어츠는 직관, 감정이입, 추체험이라는 오래된 역사 해석학의 해석 방법을 '직관론과 연금술의 혼합체'라고 비판하면서, 그 비과학적 성격을 부각시킨다.[79)] 그에게 예를 들어 추체험이란 불가능하다. '이해'란 딜타이가 제안한 것처럼, '너 안에서 나를 재발견'하는 것이 아니라, '너 안에서 네가 발견한 너를 재발견'하는 것이다. 다시 말하자면, 이해란 타자가 자신의 경험에 어떤 의미를 부여했고, 이를 어떻게 해석하고 있는가를 다시 해석하는 것이다. 이처럼 기어츠에 의하면 타자의 낯섦은 나와 타자의 차이를 극대화하는 낯설게 보기를 통해서만 이해될 수 있다. 마치

과거라는 '냉정한 고요함'을 관조했던 랑케와 같은 태도로 말이다.

기어츠의 이론을 역사서술에 충실하게 반영한 단턴(Robert Darnton)은 과거는 현재의 우리와 역사와 전통을 공유하는 친숙한 곳이 아니라, 낯선 사람들이 실제 살았던 미지의 세계라고 한다. 따라서, '낯설게 보기'를 통해 과거를 과거인의 시각으로 해석하고 다른 이미지로 재현하는 것이 중요하다는 것이다. "명확한 한 가지 사실이 있는데 그것은 다른 사람들은 다르다는 것이다. 그들은 우리가 생각하는 방식대로 생각하지 않는다. 그리고 만일 우리가 그들의 사고방식을 이해하기를 원한다면 우리는 상이성을 포착할 수 있는 관념을 지니고 출발하여야 한다. [...] 두 세기 전의 유럽 사람들이 오늘날의 우리와 똑같이 생각하고 느꼈다는 편안한 가설로 미끄러져 들어가는 것보다 더 쉬운 일은 없기 때문이다. 우리는 과거에 친숙하다는 그릇된 느낌으로부터 빠져나와야 할, 문화충격이라는 처방을 받을 필요가 있다."[80]

그러나 미시사의 대표작 중 하나인 『마르탱 게르의 귀향』을 쓴 데이비스(Natalie Z. Davis)는 가짜 마르탱이 자신의 남편임을 확신했다는 '기이할 정도로 낯선' 베르트랑드를 이해하기 위해 바로 상상력과 생생한 현재화가 필요하다고 함으로써, 결국 딜타이가 말한 추체험을 실행한 것은 아닌가?[81] 이런 의문에도 불구하고 '낯설게 보기'의 유용함이 있는데, 그것은 낯선 과거를 현재와 직접적으로 대면시킴으로써 현재의 편견을 수정할 수 있게 한다는 점이다. 그런데 이 지점에서도 의문이 생긴다. 현재의 편견은 결국 딜타이처럼 낯선 과거를 현재의 지평에 포함하게 함으로써도 수정되는 것이 아닌가?

② 기호: 기어츠는 자신의 문화 해석 방법을 기호학적 접근이라고 규정한다. 마치 딜타이가 '체험의 표현'에 담긴 의미를 해석하듯이, 기어츠는 기호의 의미를 해석한다. 그런데 기어츠가 말하는 기호는 딜타이의 '체험의 표현'보다 그 범위가 넓다. 기호란 의미를 내뿜는 모든 사회적 행위 전반을 지칭한다. 이때 사회적 행위에 담긴 의미는 특정 맥락에서 상징성을 띤다. 웃음이란 딜타이에게서는 단순히 체험이 행동으로 발현된 것이지만, 기어츠에게는 어떤 맥락에서는 상징성을 지닌 의미를 내포한 기호이다. 그것은 나에 대한 호감의 표시일 수도 있고, 경멸의 표시일 수도 있다. 이러란 맥락에서 기어츠

는 기호를 문화적 상징과 동일시한다. 인사, 깃발, 음식, 옷 등 모든 기호가 문화적 의미를 내포한 상징이다.

그러면 기호(상징)를 어떻게 해석할 것인가? 이때 하나의 기호에서 하나의 의미만을 발견하는 피상적인 묘사가 아니라, 기호 속에 겹겹이 쌓여있는 여러 의미 구조를 묘사하는 '두꺼운 묘사/촘촘한 묘사(thick description)'가 이뤄져야 한다. 기어츠가 예시한 윙크라는 행위(기호)에는 단순한 눈꺼풀의 경련에서부터, 음모의 신호를 암시하는 진짜로 윙크하기, 윙크를 흉내 내기(패러디), 윙크를 흉내 내는 것을 연습하기 등의 여러 의미가 쌓여 있다. 따라서 가능한 한 가장 깊은 층위까지 여러 의미의 구조가 구별되어 묘사되면서 해석되어야 한다. '두꺼운 묘사'는 일상사 및 미시사, 그리고 여타의 역사 인류학 연구가 실천하는 기본적 방법론이다.

③ 기호들로 이뤄진 상징의 체계(문화)와 사회적 실재: 기어츠는 문화를 기호들로 이뤄진 상징의 체계라고 정의한다. 이 상징체계 속에서 인간은 생각하고, 느끼고, 행동하며 서로 소통한다. 이 상징체계가 인간이 자기 자신은 물론 경험하는 모든 것에 의미를 부여하며, 또 부여된 의미를 해석할 수 있게 하기 때문이다. 한마디로, 막스 베버가 말한 개인들이 매달려 기어 다니는 '의미의 그물망'이다. 이는 마치 딜타이가 '객관적 정신'이라 부른 것과 유사하다. 그러나 '객관적 정신'이 마치 계몽사상가들이 요청했던 모든 인류에게 내재한 보편적 이성의 표현 혹은 아날학파가 말한 한 시대 모든 이들이 공유하는 일관되고 장기 지속적인 집단 심성(망탈리테)에 가까운 개념이라면, 기어츠의 상징체계로서의 문화는 다양한, 때로는 서로 충돌하는 의미 구조들이 여러 겹으로 중첩되면서 복잡하게 얽혀 있는 모호한 개념이다.

기어츠에 의하면 이러한 상징체계, 즉 문화가 사회적 관계(권력관계와 위계질서)의 유형을 만든다. 예를 들어, 특정 종류의 의미 구조를 부각시키는 해석의 틀, 즉 그러한 의미-해석 틀만이 관철되는 빈약한 상징체계는 권위주의 사회, 다양한 의미-해석 틀이 공존하는 풍성한 상징체계는 민주적 사회를 만든다. 한마디로, 특정한 사회의 실재는 문화에 의해 만들어진다.

기어츠와는 다른 시각에서 영국의 마르크스주의 역사가 톰슨(Edward p.

Thompson) 또한 사회적 실재를 문화의 산물로서 파악한다. 문화는 계급이라는 사회적 관계를 만들어낸다는 것이다. '노동계급'이란 사회·경제적 하부구조의 자본주의적 변화의 결과물이 아니라, 본격적으로 자본주의가 시작되기 전에 민중들이 '자신들의 경험에 의미를 부여하고 해석했던 틀', 즉 민중문화에 의해 형성된 것이라고 했다.[82)]

④ 문화와 사회적 맥락 사이의 해석학적 순환: 기어츠는 문화(상징체계)와 사회적(나아가 정치적) 실재 사이의 상호 관계를 강조한다. 이에 근거하여 역사가들은 문화와 사회적 맥락 간의, 담론/텍스트와 사회적 콘텍스트 간의 해석학적 순환을 시도한다. 단턴의 연구가 전형적이다. 그는 18세기 프랑스 농민의 민담에 나타난 부도덕하고, 폭력적이며, 외설적인 내용에 담긴 의미를 해석하고자 텍스트(민담)와 사회적 콘텍스트 사이를 넘나들었다. 당시 농민들의 일상화된 경제적 빈곤, 불행, 도덕적 결핍과 폭력의 경험으로부터 민담을 이해하고, 또 민담으로부터 농민들의 일상을 이해하는 순환과정이 서사의 줄기를 이룬다. 또, 그는 같은 시기 파리 인쇄공들의 고양이 대학살 의례의 의미를 해석하면서, 고양이 및 고양이 학살에 담긴 여러 상징적 의미와 초기 자본주의 시기 노동자들의 열악한 사회적 현실 사이를 넘나든다. 마침내 그는 의례화한 고양이 학살이라는 상징적 행위에서 노동자들의 분노와 저항을 읽는다.[83)]

나아가 기어츠는 명시적으로는 밝히지 않았지만 지배층과 피지배층 간의 상호 충돌하는 의미-해석 틀을 언급하면서, 한편으로 문화적 갈등과 충돌, 다른 한편으로 사회적·정치적 갈등 및 투쟁 사이의 상호 관계에 대한 이해 가능성도 암시하고 있다.[84)]

지배층과 피지배층 간의 문화적 갈등·충돌과 균열 현상을 전형적으로 보여준 사례는 진즈부르그(Carlo Ginzburg)의 미시사 연구이다. 그는 16세기 이탈리아 프리울 지방의 방앗간 지기 메노키오의 사례를 통해 종전에 아날학파 역사가들이 주장한 지배층과 피지배층이 공유하는 장기 지속적 집단 심성(망탈리테)의 허구성을 폭로했다. 진즈부르그는 당시에는 근대적 의미의 무신론이 유럽인의 심성 속에서는 불가능했다는 명제에 정면으로 도전했다. 메노키오는 당시 지식인들의 텍스트들을 농민 문화의 안경을 쓰고 독자적으로 읽음으로써 지배 문화와 구별되는 주체적인 농민 문화를 드러나게 했다. 치즈와 구더기라는 상징으로 표현된 유물론적 세계관의 전통이 그것이다. 메노키오가 살았던 시기는 종교개혁과 종교전쟁이라는 대사건을 통해 지배 질서의 균열이 적나라하게 드러난 시기였다. 진즈부르그는 이러한 정치·사회적 갈등의 맥락과 농민 문화 사이의 상관관계를 논하고 있는 것이다.[85)]

한편, 언어 현상 중 개념에 초점을 맞추는 개념사는 이상과 같은 문화인류학적·역사인류학적 해석학과 유사하면서도 또 다른 해석학적 순환을 보여준다. 코젤렉은 '지평 융합을 통한 이해'[86)]라는 가다머의 철학적 해석학을 전유하여 텍스트 해석학을 사회사 연구와 결합했다. '개념은 정치적·사회적 실재의 지표이자 요소'라는 명제를 통해 코젤렉은 자신의 스승 가다머가 말한 현재인의 역사적 지평과 과거인의 역사적 지평 간의 융합을 정치적·사회적 개념과 그 개념이 지칭하는 정치적·사회적 실재 간의 융합으로 바꾸었다. 개념에서 정치·사회적 실재로, 또 후자에서 전자로의 해석학적 순환이 그것이다. 그런데 타자(과거인)의 관점, 타자(과거인)의 목소리를 그대로 재현하려는 문화인류학적·역사인류학적 해석학과는 달리 개념사는 타자(과거인)의 '낯선' 목소리를 현재의 우리가 이해할 수 있는 언어로 번역한다. 다시 말해, 이른바 '정치적·사회적 실재'란－앞서 언급한 막스 베버의 '이념형' 처럼－사후(事後)에 오늘날 역사가들이 사용하는 사회과학적 언어로 구성된 것이며, 반면 개념이란 과거인들의 관점이 담긴 언어적 기호와 상징이라는 전제 하에, 개념사는 이 둘의 융합을 시도한다.[87)]

3. 서사학(문학)으로서의 역사학

사회사로 대변되는 실증과학으로서의 역사학은 역사적 행위 주체로서의 인간만 없앤 것이 아니라, 서사(내러티브/이야기)도 사라지게 했다. 서술에 있어서 구조와 통계에 대한 분석과 묘사가 이야기체를 대체했다. 그러나 새의 시선보다 더 멀리 보는 인공위성의 시선에서 역사서술의 역사를 보면, 사회사, 나아가 급진적 계량사학으로 대변되는 실증주의적 역사과학의 전성시대, 심지어는 역사과학의 시대

전체는 수천 년의 역사 속에서 짧은 에피소드에 지나지 않는다. 많은 사람들은 역사를 이야기라고 이해해 왔으며, 앞으로도 그럴 것이다. 앞 장에서 살펴본 바와 같이 설명과 이해라는 과학적 방법을 둘러싼 역사학의 양 진영으로의 분열은 이야기체 역사에서는 별 의미가 없다. 설명과 이해는 서사의 줄거리(플롯)에 의해 다음과 같이 통합된다. 벤느에 의하면 "내가 네게 무슨 일이 일어났는지 설명해 줄게. 그러면 너도 이해하게 될 거야"라는 식으로, 줄거리의 전개를 보여주면서, 그것을 이해할 수 있도록 만드는 것이 역사적 설명이다.[88]

그러나 발단-전개-절정-종국이라는 줄거리, 즉 플롯을 이용하여 역사를 연속적이고 극적인 이야기로 조직하면서, 서사적 통일성을 높이기 시작한 것은 근대에 들어와서이다. 헤로도토스에 의해 신화적 이야기와 구별되는, 역사라는 사실적 이야기의 장르가 출현했을 때, 그것은 수많은 사실이 연대순에 따라 병렬적으로 배열된 이야기 모음집의 성격을 지니고 있었다. 이오, 에우로페, 헬레네 같은 여인들의 납치 사건들, 크로이스, 키로스, 다레이오스 같은 왕과 영웅들의 여러 이야기, 여러 민족의 이야기, 여러 반란과 원정 이야기, 살라미스 해전과 같은 여러 전투 이야기 등이 그것이다. 여기에는 이야기와 이야기를 하나로 엮으려는 서사적 구성을 통해 그것들 사이에 인과 관계를 밝히거나 전체적 줄거리 속에서 사실의 의미를 이해하려는 시도는 없다. 그저 우연히 일어난 사실들의 연대기적 파노라마일 뿐이다. 이런 맥락에서 아리스토텔레스는 『시학』에서 다음과 같이 말했다.

> 역사가와 시인의 차이점은 운문을 쓰느냐 아니면 산문을 쓰느냐 하는 차이점이 아니라 [...], 한 사람은 실제로 일어난 일을 이야기하고, 다른 사람은 일어날 수 있는 일을 이야기한다는 점에 있다. 따라서 시는 역사보다 더 철학적이고 중요하다. 왜냐하면 시는 보편적인 것을 말하는 경향이 더 많고, 역사는 개별적인 것을 말하기 때문이다.[89]

이처럼 아리스토텔레스는 오늘날 좁은 의미에서 문학으로 분류되는 서사 장르의 모체인 시학과 역사라는 서사 장르를 구별하면서, 후자를 전자에 비해 저급한 것으로 취급하였다. 왜냐하면 보편적 진리를 주지 못한다고 여겼기 때문이다. 그에 의하면 보편적 진리는 실제 일어난 개별적 사실이 아니라, '일어날 수 있는 일'에 있고, 따라서 '가능성' 혹은 '개연성'에 입각하여 창작된 이야기여야 진정한 문학이었다. 이런 점에서 역사는 기껏해야 저급한 문학이었다. 일반적으로 아리스토텔레스의 이 발언은 사실을 지향하는 역사와 허구를 지향하는 문학 사이의 경계 짓기라는 관행의 시작으로 알려져 있다. 그러나 그 이후로 역사 서사의 역사는 실제로는 사실과 허구의 경계를 허무는 방향으로 전개되었다. 역사가들의 문제의식은 역사 서사가 단순히 개별 사실들을 전달하는 것을 넘어서서 '진정으로 과거 사실에 대한 진실된 이야기'를 쓰려는 것이었다. 이러한 이야기를 어떻게 하면 효과적으로 쓸 것인가가 수사학의 목표였다면, 이러한 이야기를 통해 사실들 뒤에 있는 객관적 진실을 어떻게 발견할 것인가가 근대 역사학의 목표였다.

역사 서사가 수사학으로 발전하면서, 역사는 사실에 대한 진실된 이야기에서 '사실'보다는 '이야기'에 방점이 찍혀지는 경향이 뚜렷해졌다. 묘사의 기술, 과장하고 다듬고 치장하는 윤색의 기술, 극적인 서사, 변론술 같은 문제를 둘러싸고 역사와 시학과의 경계선이 모호해질 정도가 되면서 역사는 본격적으로 문학의 한 장르로 분류되기 시작했다. 앞 장에서 언급한 바와 같이 진실된 교훈을 얻기 위해 역사적 사례를 활용한 수사학은 이 역사적 사례들을 어떻게 효과적으로 배열할 것인가에 최대의 관심을 기울였다. 이러한 경향은 꽤 오랫동안 지속되었다. 예를 들어, 12세기가 되면 서유럽에서는 역사라는 말이 단순히 '이야기' 혹은 '서술'이라는 뜻을 지닌 채, 우화, 연대기, 업적 이야기, 콩트, 그리고 소설(로망) 등과 동의어로 쓰였다. 물론 13세기 이후로, 더 뚜렷하게는 르네상스가 시작되는 15세기가 되면, 역사란 다른 이야기와는 달리 과거에 대한 진실된 이야기라는 고대의 어법이 부활했다.[90] 영국에서는 오랫동안 history와 story가 동의어로 쓰였다. 마찬가지로, 15세기가 되어서야 history는 실제로 일어난 사건들에 관한 이야기를, 반면 story는 비공식적이고 상상된 사건들에 관한 이야기를 지칭하는 것이 되었다.[91]

마침내 역사 서사가 줄거리(플롯)에 의해 조직된 극적이고 통일적인 거대서사로 발전한 것은 18세기 이후였다. 이로써 역사라는 서사 장르에도 허구 지향적인 문학이 추구해 온 '그럼직한 가능성', 다시 말해 허구적 개연성이 매우 중요한 요소가 되었다.[92] 계몽주의 역사가를 대표하는 볼테르(Voltaire)나 기본(Edward Gibbon)은 역사를 쓰는 것에 관심을 기울인 만큼 역사적 사실들을 이용해 통일적인 문학

작품을 창작하는 것에도 관심을 기울였다. 예를 들어, 볼테르는 자신의 역사 쓰기 방법에 대해 "나의 목표는 묘사될 필요가 있는 사건들의 커다란 그림을 그리는 것이며, 독자들의 시선을 주요 인물들에게 고정시키는 것이다. 역사는 비극과 마찬가지로 묘사, 중심적인 행동, 대단원 [...] 등을 필요로 한다. 간단히 말해서 나는 역사에서도 나의 독자들을 감동하게 하려 노력하고 있다"라고 하였다.[93)]

줄거리(플롯)의 발명은 근대 역사학이 이룩한 중요한 성과라고 할 수 있다. 대단히 역설적으로 과학으로서의 역사와 문학으로서의 역사는 밀접한 연관 속에서 발전하였다. 그 매체가 바로 끊임없이 진보/변화하는 객관적 실재로서의 집합 단수 '역사'이다. 구체적으로 역사가들은 역사의 진보 과정을 체계적으로 해석하고 독자들에게 이해시키기 위해 '진보', '발전' 및 '진화', '몰락', '가속', '지연' 등과 같은 역사적 시간의 맥락 속에서 개별 사건들과 역사적 상태들을 소재로 플롯을 구성했다. 특별히 중요시되었던 것은 과거처럼 교훈을 얻기 위해 역사적 사례를 어떻게 효과적으로 배열할 것인가 하는 수사학적 문제가 아니라, 특정 사건과 특정한 상황의 역사적 맥락을 만들어내는 일련의 시간과 그 연속을 재구성하는 것이었다. 개별 사건들과 특정 상황들은 이러한 시간의 연속 속에서 단순히 연대순에 따른 배열을 뛰어넘어, 이것들 사이의 내적 관계를 구조화하는 설명 맥락, 다시 말해 플롯에 따라 새롭게 질서 지워졌다. 이처럼 집합 단수 역사 고유의 역동적인 시간 속에서 설명이 가능한 맥락을 만들어내는 통일적인 서사 구조를 통해 역사가 체계적으로 이해되었다. 역사가들은 이를 통해 개별 사건들에 내재한 보편적인 역사적 의미와 객관적인 역사적 진실이 드러나게 된다고 믿었다.[94)] 더욱이 이상과 같이 플롯에 의해 극적으로 조직된 과거에 대한 이야기는 시간이 흐르면서 새로운 관점에 따라 또다시 새롭게 쓰였다. 시간적 관점의 변화에 따른 스토리텔링의 연속-이것 또한 근대 역사학에 내포된 허구성을 잘 보여준다.

이처럼 과학적 역사학의 발전은 역사 서사의 미학화와 상응한다. 개별 역사적 사실에 내재한 전체적인 맥락과 보편적인 의미를 밝히기 위해, 나아가 집합 단수 '역사'의 객관적이고 실제적인 진실을 밝히기 위해 역설적으로 개연성을 높이는 서사적 통일성이 강조되었다. 그리고 계속해서 출현하는 새로운 관점에 따라 새롭게 스토리텔링이 이뤄졌다. 과학을 지향하지만 동시에 허구적 거대서사가 되어버린 근대 역사학이 등장한 것이다. 이 관계를 코젤렉은 다음과 같이 비판적으로 밝힌다. "사실적인 것(res factae)이 아니라, 허구적인 것(res fictae)이 서술된다는 점을 인지할 때만이 '그것이 실제로 어떠했는가'에 대한 대답을 얻을 수 있다."[95]

포스트모더니즘에 입각한 역사 비평가들은 근대 역사학의 허구적 거대서사로서의 이면을 날카롭게 지적하고 있다. 화이트(Hayden White)에 의하면 일반적으로 서구의 역사학자들과 역사철학자들은 역사가 분명히 진보 혹은 퇴보라는 패턴을 보인다는 '신화'를 창조했다고 한다. 역사는 희극, 로망스, 인간해방, 진보, 타락과 구속, 혹은 갈등의 궁극적인 해결과 같은 여러 주요한 플롯으로 읽히고 있고, 또 읽혀왔다는 것이다.[96] 근대 역사학에 대한 포스트모더니즘 비평가들의 비판은 이 밖에도 이러한 단선적인 역사 진보/발전의 이야기에 내포된 서구중심주의, 과학이라는 권위로 포장된 역사 서사 및 지식의 권력화 현상, 더 나아가 다양한 역사 이야기를 불가능하게 하는 집합 단수 '역사' 자체에 대한 비판 등으로 이어지고 있다. 이들에 의하면, 역사란 과거에 대한 여러 이야기의 각축장일 뿐이다. 실재하는 '역사'란 없다. 그러므로 역사에 대한 객관적 지식이나 올바른 판단도 불가능하다.

그렇다면 포스트모더니즘의 역사 서사 이론은 무엇인가? 화이트를 통해 이를 알아보자. 먼저 그의 서사 이론과 종래의 서사 이론은 어디에서 차이가 나는가? 그에 의하면, 먼저 전통적 서사는 이야기(내러티브)를 역사적 사실을 담는 '중립적인 컨테이너'로 간주하고 있다. 다시 말해, 역사적 사건들을 직접적으로 재현하기에 '자연스럽게' 적합한 하나의 담론 양식으로 간주한다. 다음으로, 이야기체 역사들(narrative histories)은 자신이 다루는 주제를 묘사하고 스토리를 말하기 위해 일반적으로 이른바 기술적·전문적인 언어보다는 자연스럽고 일반인들에게 익숙한 언어를 선택한다. 마지막으로, 역사적 사건들을 '실재하는' 혹은 '살아있는' 스토리들의 집적물 혹은 이것이 분명히 드러난 것으로 간주한다. 이때 '실재하는' 혹은 '살아있는' 스토리들은 여러 증거를 통해 단지 발견되거나 발췌된 것들이며, 독자들이 그것들의 진실을 직접적이고 직관적으로 깨달아 자기 것으로 만들기 전에 이미 드러나 있다. 그러나 화이트는 이러한 서사 이론이 역사적 스토리텔링과 역사적 실재(reality) 간의 관계를 잘못 보고 있다고 비판한다. 그에 의하면, 스토리들은 사실에 관한 과학적 진술들과 마찬가지로 언어적 구성물이며 담론의 질서 속에

놓여있다는 것이다.[97)]

화이트의 주장을 한마디로 요약하면, 역사적 실재 혹은 객관적 진실이란 서사(내러티브)에 의해 '발견'되는 것이 아니라, 서사에 의해 '발명'되는 것이다. 부연하자면, 화이트는 '사건(event)'과 '사실(fact)'도 구별한다. 예를 들어, 1919년 3월 1일 독립선언서가 낭독되었다는 것은 '사건'이지만, 3·1 운동은 '사건'이 아니다. '사건'은 실제 일어난 것이지만, '사실'은 역사가에 의해 실재하는 그 무엇이라고 선언된 것이다.[98)] 역사적 '사실'은 '사건'과는 달리 항상 수정과 재해석, 심지어 폐기될 가능성을 안고 있다. 역사 서사는 '실제 일어난 사건'을 다룬다는 점에서는 '가상의 사건'을 다루는 소설이나 영화와는 다르지만,—푸코가 말한 바와 같이—현재의 인식 틀(에피스테메)을 특징짓는 담론의 질서 속에서 '사실'과 스토리를 언어적으로 구성한다는 점에서 소설, 영화 등과 마찬가지로 픽션(허구)이다.[99)]

그렇다면 화이트가 말하는 역사 서사의 기능은 무엇인가? 역사 서사는 사건의 끝없는 연속을 보여주는 연대기와는 달리 완결된 이야기를 만들어낸다. 이를 통해 현재를 살아가는 우리에게 마치 과거의 사진이 어떤 이미지를 주듯이, 이야기의 요점을 보여준다. 이로써 과거에 관한 이야기 전체의 의미를 이해시킨다. 이를테면, 3·1 운동은 이후 상해임시정부를 거쳐 대한민국 정부 수립에 이르기까지 위대한 민족독립운동의 역사라는 완결된 이야기의 맥락 속에서 대한민국의 뿌리라는 역사적 의미를 갖게 된다.

그러면 역사 서사는 어떻게 구성되는가?[100)] 화이트는 문학 작품을 비평하듯이 19세기의 네 명의 역사가(미슐레·토크빌·랑케·부르크하르트)와 세 명의 역사철학자(헤겔·니체·크로체)의 저서들을 대상으로 역사 서사의 구성 형식을 설명한다. 그의 설명을 재구성하자면, 역사가가 처한 역사적 상황 속에서 우러나온 '심층 의식'은 예를 들어 그가 역사 서술의 주제를 선택하는 데 영향을 준다. 그런데 이 심층 의식은 비유적 성격을 띤 언어로 표현된다. 화이트는 이 비유 양식을 은유, 환유, 제유, 아이러니로 구분한다. 그런데 역사가의 심층 의식은 미학적·인식론적·도덕적 차원에서 각각 그가 선호하는 플롯, 논증 형식, 이데올로기를 선택하는 데 영향을 끼친다. 그러므로 플롯, 논증 형식, 이데올로기적 유형은 임의로 조합 가능한 것이 아니라, 서로 간에 선택적 친화성의 관계를 이룬다. 예를 들어, 민족독립운동의 역사를 쓰는 역사가는 은유법을 사용하면서, 선이 악을, 빛이 어둠을 이기는 로망스라는 플롯을, 독립운동가들의 남다른 삶(개별성 · 특수성)을 조명하는 '형태적 논증' 형식을, 그들의 급진적인 현실 개혁적 · 유토피아적 태도에 걸맞은—화이트는 이를 '무정부주의'라고 표현하는데—이데올로기적 유형을 선택하여 이야기를 구성한다. 이를 표로 만들면 다음과 같다.

〈표 3-1〉 화이트의 역사 서사 구성

심층 의식의 언어적 표현	미학적 차원	인식론적 차원	도덕적 차원
비유 양식	플롯 구성 형식	논증 형식	이데올로기적 유형
은유	로망스	형태론(formalism)	무정부주의
환유	비극	기계론(mechanism)	급진주의
제유	희극	유기체론(organism)	보수주의
아이러니	풍자	맥락주의(contextualism)	자유주의

이상과 같이 화이트는 역사 서사란 역사적 사실성과는 무관하게 오로지 작가의 현재적 관심, 미적 취향, 인식론적 입장, 도덕적 태도에 의해 수사학적 형식들로 구성된다는 점을 밝힘으로써, 문학 작품과 차이가 없는 '픽션'이라는 것을 구체적으로 보여줬다. 그럼으로써 그가 의도했던 바는 실제로는 허구적 거대 서사이면서도, 과학으로서 단 하나만의 진실과 객관적 인식을 추구한다는 근대 역사학의 폭력적 위선에 대한 근본적인 비판이었다고 할 수 있다. 그러나 이로써 그는 동시에 역사 서사가 어떻게 구성되느냐에 따라 하나의 사건에 대해 여러 개의 역사적 진실이 가능하다는 급진적인 역사적 상대주의를 주장하게 되었다. 이런 점에서 그는 다른 한편으로는 근대 역사학이 결코 극복할 수 없었던 역사적 상대주의를 오히려 심화했다고 할 수 있다.

화이트의 역사적 상대주의는 나치 독일의 유대인 대학살, 즉 홀로코스트(The Holocaust)에 문제에 대한 견해 표명에서 두드러진다.[101] 그는 아우슈비츠의 독가스실과 유대인 대량 학살을 사실이 아니라고 부정하는 극우파의 수정주의적 역사 해석을 "도덕적으로 불쾌하고", "지적으로 당혹스러운" 것이라고 말하면서도, 홀로코스트와 관련한 하나의 객관적인 진실을 재현할 수는 없다고 한다. 그에 의하면 사료 자체는 왜 특정 의미가 다른 의미보다 더 선호되는가에 대한 근거를 주지 못하기 때문이다. 이런 맥락에서 그는 홀로코스트가 실재했던 사실임을 부정하는 극우파의 수정주의를 제외한 모든 역사 서술은 동등한 가치가 있다고 한다. 이런 그의 입장은 포스트모더니즘 이론가 리오타르에 의해 좀 더 과격하게 표현된다. 리오타르는 홀로코스트를 지진에 비유한다. 홀로코스트는 지진이 일어났다는 것과 같은 하나의 '신호'(사건)이지 '사실'은 아니다. 모든 것이 파괴되었다. 심지어는 이 파괴적 진행을 측정할 수 있는 지진계도 파괴되었다. 따라서 '아우슈비츠'에 관한 어떤 하나로 통일된 역사적·정치적 담론도 불가능하다. 단 하나의 진실을 위해 전체의 합의를 보려는 노력은 그 자체가 파시즘적인 기획이다.[102] 물론, 화이트는 서로 다른 진실을 주장하는 해석과 서사 사이에 소통과 타협의 노력을 제안한 점에서 리오타르보다는 온건하다.

화이트는 홀로코스트와 관련한 역사적 진실의 문제는 실재와 부합하는 의심할 수 없는 사실의 문제가 아니라, 현재의 삶을 위한 의미와 관련된 문제, 즉 그 사건으로부터 도덕적이고 정치적으로 진실한 의미를 얻을 수 있는가의 문제라고 한다. 그는 아우슈비츠에서의 유대인 학살 이야기를－설사 그것이 충실하게 고증되었다 하더라도－희극이란 플롯으로 구성한다면 도덕적으로 몹시 불쾌할 것이라고 한다. 이런 그의 견해는 홀로코스트에 관한 시온주의적 해석에 대한 옹호에서 명료하게 드러난다. 그에 의하면, 홀로코스트에 관한 시온주의적 해석은 '하나의 진실'이다. 현재 유대 민족의 안녕과 생존을 위해 없어서는 안 될 이스라엘의 정책들을 정당화하는데 '효과'를 주고 있기 때문이다. 같은 맥락에서 그는 제안한다. 마찬가지로 팔레스타인 사람들도 자신들의 생존을 위한 투쟁을 정당화할 수 있는 역사해석을 통해 이스라엘에 맞서 정치적으로 '효과적'인 대응을 할 수 있다.

그러나 홀로코스트의 역사 서사가 이처럼 주관적인, 즉 이데올로기적이고 정치적인 '진실'만을 재현할 수 있다고 한다면, 화이트는 자신의 이론에 따라 홀로코스트의 역사적 실재성을 인정할 수 없으므로 이런 주장을 하는 것이 아닌가? 그의 논리를 따르자면, 비록 자신이 홀로코스트를 부정하는 극우파에 불쾌감을 느낀다고는 하지만, 극우파의 역사해석도 하나의 주관적 진실로서 인정해야 하는 것이 아닌가?

이처럼 충분히 제기될 수 있는 질문하에 화이트와 친화성이 있는 신문화사가들조차 역사적 실재와 이에 대한 객관적 인식에 관한 주제를 놓고 그와 논쟁을 벌였다. 미시사가 진즈부르그는 화이트의 주관적 진실이란 것이 결국 정치적·이데올로기적 효율성을 위한 도구라고 비판하면서, 나아가 화이트가 이탈리아의 파시스트 철학자 젠틸레(Giovanni Gentile)의 영향 아래 놓여있다고 비난하였다. 동시에 그는 열정적으로 역사적 객관성과 하나의 진실을 도덕적이고 인식론적으로 옹호하였다. 그는 '실재'라는 것이 없다면 어떻게 픽션과 실재를 구별할 수 있는가 라고 반문하면서, 나치 강제수용소에서 살아남은 단 한 명의 생존자도 객관적 진실을 증언한다는 점을 강조했다.[103] 신문화사가 샤르티에 또한 화이트를 맹렬히 비판했는데, 화이트는 역사학이 과학적 지식을 확립할 어떤 가능성도 부인하는 '절대적이고 위험한' 상대주의의 선봉에 서있다고 했다. 샤르티에에 의하면 역사학은 "역사적 텍스트에 앞서서 존재하고, 텍스트 외부에 위치하는 실재", 즉 과거의 실재에 대한 객관적 지식을 줄 수 있어야만 존재 가치가 있다. "이야기의 많은 형태 중 하나인 역사는 그럼에도 불구하고 진실과 특별한 관계를 유지한다는 점에서 특별하다. 좀 더 정확히 말해, 역사의 이야기 구성은 실제로 존재했던 과거를 재구성하는 것을 목적으로 한다."[104]

이상과 같은 신문화사가들의 비판에 대해 화이트는 극우파 수정주의자들이 사료의 이용과 작업 방식에 있어서 역사학의 일반적인 규칙과 기준을 충실하게 따르고 있다는 점에 유념해야 한다고 강조한다. 이는 오히려 상대주의가 문제가 아니라, 근대 역사학 자체에 문제가 있다는 것을 보여준다는 것이다.[105] 어쩌면 화이트의 말처럼 '단 하나의 객관적이며 올바른 진실'을 표방하며 실재성과 과학성을 내세우는 역사학의 자기 인식과 정체성이야말로 '홀로코스트가 실재에 부합하는 사실'이 아님을 객관적으로 증명하려는 극우 수정주의의 모태일 수도 있다.

위의 논쟁에 깔린 문제의식은 다음과 같이 정리될 수 있다. 역사는 과연 주관적 진실과 그 의미를 좇는 픽션인가, 아니면 객관적 진실을 추구하는 과학인가? 역사 해석과 정치적·도덕적 지향성의 상호 얽힘 현상이 국민을 분열시키는, 이른바 '역사 전쟁'으로 표현되는 우리나라의 현실도 홀로코스트 논쟁이 지속되는 유럽의 상황과 크게 다르지 않다. 역사학은 삶을 위한 유용한 지식을 줄 수 있다. 앞서 살펴본 것처럼, 사회사는 미래 예측에 도움을 줄 수 있고, 역사 해석학은 현재의 편견을 수정시킬 수 있으며, 서사로서의 역사는 현재의 삶에 여러 의미를 부여할 수 있다. 또, 사회사 중에서도 주로 전근대 시기를 다루는 아날학파의 역사는 니체가 말한 '골동품적 역사'로서의 구실을 하면서, 불안한 미래 앞에 서 있는 현재의 삶에 안정적인 정체성을 부여할 수 있다, 반면 독일의 사회사는 '비판적 역사'로서의 역할을 하면서, 현재의 민주적 시민사회가 더 나은 인간해방의 미래로 나아갈 수 있는 역사의식을 함양하는 데 도움을 줄 수 있다. 그러나 역사학과 역사 서사가 갈등과 분열의 동력이 된다면 이는 삶에 해악을 끼치는 것이다.

이런 맥락에서 하나의 역사해석이 절대로 넘어서는 안 될 선을 제시하고자 한다. 이는 민주적이고 이성적인 의사소통을 원하는 시민 모두가 지켜야 할 규칙이다. 참고로 이 규칙은 독일 사회사가 코카(Jürgen Kocka)가 제안한 것이다.

① 역사적 주장의 근거(이하 논거)는 사료 비판을 통해 검증된 것이어야 한다. ② 역사적 논거는 과학적 설명 및 해석 방법의 기본 규칙에 저촉되어서는 안 된다. ③ 역사적 논거는 형식 논리에 저촉되어서는 안 된다. 즉, 모순적 주장이 없어야 한다. ④ 역사적 논거는 진술의 의도에 맞지 않는 사료 내용을 무시해서는 안 된다. ⑤ 역사적 논거는 현재의 이해관계를 위해 이용되는 도구가 되어서는 안 된다. ⑥ 역사적 논거는 역사적 상황에 비추어 볼 때 개연성이 거의 없는 진술을 담아서는 안 된다. 예를 들어, 일반 대중 대부분이 문맹이던 시절에 대중의 삶에서 책의 중요성을 전제로 하는 진술. ⑦ 역사적 논거는 이를 주장하는 당사자의 관점에서 나온 것임을 명확히 해야 한다. 예를 들어, 나의 해석은 역사 진보의 객관적 방향과 일치하므로 옳다는 주장이나, 원래 사실이므로 옳다는 식의 주장이거나, 아니면 나의 해석은 항상 올바른 역사 이해 방법을 제시하는 특정 당파(혹은 학파)에 근거하므로 옳다는 식의 주장이다.[106)]

토의해 봅시다.

1) 역사학의 방법론적 정체성을 규정짓는 세 가지 주장, 즉 실증과학으로서의 역사, 해석과학으로서의 역사, 서사학으로서의 역사 가운데 어느 것이 가장 설득력이 있는지를 토의해 봅시다.
2) "개별 역사들로부터는 더 이상 배울 수 없지만, 그런데도 역사학은 가르침을 준다"라는 역사주의가 남겨준 난제를 해결할 수 있는 대안을 토의해 봅시다.

CHAPTER 04

역사교육 연구는 어떤 철학, 어떤 역사학에 기반하고 있는가

챕터 개관

목적 이 단원의 목적은 역사교육에 내재된 철학과 역사학의 내용을 이해하는 데 있다. 나아가 이러한 내용을 역사교육 연구와의 연계 속에서 조망하는 것을 지향한다. 특히 인식론과 역사철학의 주요 흐름, 그리고 이러한 흐름들이 역사교육 연구에서 어떻게 작동하는지를 살펴보는 데 중점을 둔다.

내용 요약 이 단원은 먼저 인식론의 개념과 역사철학의 주요 흐름을 개괄한다. 그중에서도 포스트모더니즘이 제기한 객관성 비판과 역사서술의 상대성 문제를 중점적으로 다룬다. 이어서 역사교육에서 인식론이 어떻게 작동하는지를 분석한다. 이를 위해 우선 역사교육 연구자들이 학생과 교사의 인식론적 태도를 유형화한 연구를 검토한다. 이 연구는 다양한 인식론적 태도 가운데 '기준주의'를 가장 성숙한 태도로 간주한다. 다음으로 기준주의를 전제한 역사적 사고 논의를 검토한다. 역사적 사고 논의는 크게 두 가지 접근으로 나뉜다. 하나는 학문중심주의적 접근이고, 다른 하나는 경험중심주의적 접근이다. 먼저 학문중심주의적 접근의 대표적 사례로 와인버그(Sam Wineburg)의 연구를 소개한다. 와인버그는 역사적 사고를 '부자연스러운 행위'로 규정하면서 역사적 사고의 영역고유성을 주장한다. 그는 역사적 사고에서 '맥락화'를 가장 핵심적인 요소로 강조한다. 맥락화라는 개념을 보다 구체적으로 설명하기 위해, 이 단원에서는 이를 세 가지 범주 - 출처 맥락화, 행위 맥락화, 사학사적 맥락화 - 로 나누어 제시한다. 다음으로 경험중심주의적 접근을 살펴본다. 이 접근은 역사교육의 목적을 민주시민 양성에 둔다. 바튼(K. Barton)이 이 분야의 대표적인 학자이다. 그는 역사적 사고를 역사학에만 고유한 것으로 보지 않고, 여러 학문에 걸쳐 작동하는 범학문적 사고방식으로 이해한다. 아울러 그는 감정이입을 인지적 · 정의적 행위로 규정한다.

질문 다양한 역사적 해석이 가능하다는 점은 중요한 교육 내용이다. 하지만 모든 해석이 동등한 정당성을 지닌다고 볼 수는 없다면, 그 차이를 판단하는 기준은 무엇이며, 이를 학생들과 어떻게 함께 사고할 수 있을까?

I 인식론과 역사철학

1. 인식론 정의

인식론(epistemology)은 지식의 본질, 범주 및 한계를 연구하는 철학의 한 분야이다. 인식론은 지식이란 무엇이며, 우리가 그것을 어떻게 획득할 수 있는지에 대한 근본적인 질문을 다룬다. 인식론은 또한 지각, 이성, 기억, 그리고 증언과 같은 다양한 지식의 출처가 얼마나 신뢰할 수 있는지를 탐구한다.[1)]

인식론에서 핵심적인 문제는 회의주의(skepticism)이다. 회의주의는 우리가 외부 실재에 대한 정확하고 확실한 지식의 획득 가능성을 부정한다.[2)] 회의주의는 특히 감각을 통한 정확한 지식의 획득 가능성을 부정한다. 회의론자는 착시, 꿈, 환각 등이 우리 감각 경험의 불확실성을 보여준다고 주장한다. 동시에, 우리의 지각이 지식의 믿을 만한 기반이 될 수 있는지를 문제 삼는다.

회의주의는 오랜 역사적 기원을 가지고 있다. 고대 그리스에서는 피론(Pyrrho, 기원전 약 365~275)과 엠피리쿠스(Sextus Empiricus, 기원후 약 160~210)와 같은 철학자들이 피론주의적 회의주의를 주장했다.[3)] 이들은 모든 주장에는 그에 상응하는 신빙성 있는 반대 주장이 존재한다고 보았다.[4] 17세기에는 데카르트(René Descartes, 1596~1650)가 방법적 회의주의를 제시했다. 데카르트는 회의(懷疑)를 궁극적 목적으로 삼기보다는 확실한 진리를 찾기 위한 방법으로 활용하였다. 그는 모든 지각과 논리적 사고를 의심할 수 있다는 점을 보여주기 위해 '악마 가설'을 제시하였다. 그는 전지전능한 악마가 우리를 속이고 있다고 가정했다. 이 경우 우리는 무엇이 확실하다고 판단할 수 있는가? 이러한 방법적 회의를 통해 데카르트는 "나는 생각한다, 고로 나는 존재한다(Cogito, ergo sum)"라는 결론에 도달했다. 이 명제는 아무리 악마가 나를 속이더라도, 내가 지금 생각하고 있다는 사실만큼은 부정할 수 없다는 깨달음에 기반한다. 데카르트는 이를 제1원리로 상정하고 이 명제에 기반하여 다른 명제의 확실성을 구축해 갔다.[5]

현대 인식론에서는 '통 속의 두뇌(brain-in-a-vat)'라는 사고 실험을 통해 회의주의를 더 자세히 탐구한다.[6] 통 속의 뇌 가설은 다음을 상정한다. 통 속에 뇌가 하나 있다. 이 뇌는 현실과 완전히 분리된 상태에서 슈퍼컴퓨터에 연결되어 있다. 이때 컴퓨터는 두뇌에 가짜 경험을 보내며, 그 경험은 현실처럼 느껴진다. 만약 우리가 실제로 통 속의 두뇌라면, 우리가 느끼는 모든 것이 진짜처럼 생각될 것이다. 이럴 경우, 우리는 무엇이 실제적인 경험이고 무엇이 컴퓨터에 의해 조작된 경험인지 구분할 수 없다. 이런 사고 실험은 우리의 감각을 정말로 믿을 수 있는지, 우리가 외부 세계를 제대로 알고 있는지에 대해 질문을 던진다. 즉, 우리가 보고, 듣고, 느끼는 모든 것이 사실이 아닐 수도 있다는 의심을 불러일으킨다. 이러한 회의주의에 맞서 철학자들은 '지식'이란 무엇인지, 지식이 가능하려면 어떤 조건이 필요한지를 고민해 왔다. 또한, 절대적으로 확실한 사실을 알기 어려운 상황에서도 어떻게 우리가 우리의 '믿음'을 정당화할 수 있는지에 대해 탐구하고 있다.

2. 역사철학과 포스트모더니즘: 객관성에 대한 도전

역사철학은 과거의 사건과 경험을 어떻게 이해하고 설명할지를 탐구하는 역사학의 한 분야이다. 이 분야는 우리가 과거에 대해 무엇을 알 수 있는지, 그리고 그 지식이 얼마나 신뢰할 만한지를 다룬다. 이러한 의미에서 역사철학은 역사학에 적용된 인식론이라고 할 수 있다.

역사철학은 역사적 사건의 기록과 해석 방식을 분석하며, 그 과정에서 역사가의 주관적 요소가 역사 서술에 미치는 영향을 탐구한다. 여기서 주관적 요소란 역사가의 개인적 배경, 신념, 가치관 등으로, 이러한 요소들이 역사 해석에 어떠한 방식으로 개입하는지를 밝히는 것이 중요하다. 여기서 핵심적인 질문은 역사적 지식이 과연 객관적일 수 있는가, 아니면 역사가의 해석적 틀에 의해 불가피하게 영향을 받을 수밖에 없는가이다. 역사가들은 과거의 사실을 수집하고 이를 분석하지만, 이 과정은 각 역사가의 개인적 배경, 문화적 맥락, 그리고 연구 목적에 따라 상이하게 전개될 수 있다.

카(E. H. Carr, 1892~1982)는 1961년에 『역사란 무엇인가?(What Is History?)』[7]를 발표했다. 여기서 그는 역사가가 역사 지식의 형성 과정에서 수행하는 역할을 논했다. 카는 역사가가 단순히 과거의 기록을 수집하는 것이 아니라, 자신이 제기하는 질문과 관심을 바탕으로 과거와 '대화'를 나누며 역사 지식을 구성한다고 주장했다. 그는 과거의 사건들이 그 자체로는 '역사적 사실'이 아니며, 역사가의 선택과 해석을 통해 비로소 역사적 사실이 된다고 설명했다. 이렇게 카는 역사 지식의 구성적 성격을 강조했다.

카는 역사학의 객관성을 부정했을까?

영미권 대학의 역사수업에서 카는 종종 엘턴(G. Elton, 1921-1994)과 대비된다. 두 사람은 역사학의 방법론과 본질을 둘러싼 논쟁에서 대조적인 입장을 대표하는 인물로 이해되곤 한다. 일반적으로 카는 역사가의 주체적 해석과 능동적 역할을 강조한 것으로, 엘턴은 실증적 자료에 기반한 객관적 방법론을 중시한 것으로 설명된다.

이와 같은 엘턴과의 대조 속에서, 카는 종종 역사학의 객관성을 부정하는 상대주의자로 묘사된다.[8] 그러나 이러한 해석은 카의 입장을 지나치게 단순화한 것이다. 카는 역사 연구에서 객관성의 가능성을 완전히 배제하지 않았으며, 오히려 일정한 형태의 객관성을 수용하고 옹호했다(이는 젠킨스(K. Jenkins)도 지적한 바 있다).[9] 예를 들어, 카는 역사가가 인과관계를 분석하는 방식이 사람들이 일상생활에서 문제의 원인을 파악하는 방식과 유사하다고 보았다. 사람들은 일상에서 어떤 사건이 일어났을 때, 그 원인이 무엇인지 판단하며, 중요한 원인에 대해서는 대체로 의견이 일치한다. 카는 이러한 경향을 근거로, 사람들이 인과관계를 분석할 때 일정한 객관성에 도달할 수 있다고 보았다. 그는 이 논리를 역사 연구에 적용했다. 과거 사건을 분석할 때도 역사가들은 주요 원인에 대해 일정한 합의에 이를 수 있다. 이러한 합의 가능성이 역사 해석의 객관성을 가능하게 한다는 것이 그의 주장이다.

이를 설명하기 위해 카는 교통사고의 예를 제시했다.[10] 음주 상태의 존스가 결함이 있는 브레이크가 장착된 차량을 운전해, 시야가 제한된 도로의 사각지대를 통과하던 중, 담배를 사러 길을 건너던 로빈슨과 충돌하는 사고가 발생했다고 가정해 보자. 이 사건에는 음주운전, 브레이크 결함, 시야의 사각지대 등 여러 요인이 얽혀 있다. 그러나 법적 관점에서는 음주운전이 주요 원인으로 간주될 수 있고, 도로 안전의 관점에서는 시야의 사각지대가 더 중요한 요인으로 여겨질 수도 있다. 이 예시는 원인에 대한 판단이 분석의 목적과 해결의 관점에 따라 수렴할 수 있음을 보여준다.

카는 일상생활에서 인과관계를 파악하는 방식이 역사 연구에도 유사하게 적용될 수 있다고 보았다. 그는 역사가들이 과거 사건의 원인을 분석할 때, 가장 핵심적인 원인에 대해서는 일정 수준의 합의에 도달할 수 있다고 보았다.

철학의 인식론에서 회의주의가 대두한 것과 유사하게, 역사철학에서도 회의주의적 흐름이 여러 차례 나타났다. 그중에서도 가장 강력했던 것은 '역사학에 대한 포스트모더니즘의 도전(postmodern challenge to history)'이다. 이 도전은 1970년대에서 1990년대에 걸쳐 두드러지게 나타났으며, 역사학의 객관성과 역사적 진리의 획득 가능성을 근본적으로 문제 삼았다.[11] 특히 포스트모더니즘은 단일하고 보편적인 거대 서사(grand narrative)의 존재를 부정하며, 역사적 진실이 고정적이고 보편적인 형태로 존재할 수 없다는 입장을 취했다. 이러한 포스트모더니즘적 역사관을 대표하는 이론가로는 화이트(Hayden White, 1928~2018), 노빅(P. Novick, 1934~2012), 젠킨스(K. Jenkins, 1943~2017)가 있다. 이들은 역사 서술이 객관적 진리를 단순히 전달하는 것이 아니라, 역사가의 특정한 해석과 관점에 따라 형성된 서사임을 강조했다.[12]

화이트는 그의 저서 『메타역사: 19세기 유럽의 역사적 상상력(Metahistory: The Historical Imagination in Nineteenth-Century Europe)』(1973)에서 역사 서술은 단순한 사실 나열이 아니라, 역사가가 사건을 어떻게 선택하고 구성하느냐의 문제라고 주장한다. 화이트의 핵심 주장 중 하나는, 역사 서술이 문학적 성격을 지닌다는 점이다. 소설가들이 이야기를 전달하기 위해 다양한 서사 기법을 활용하듯, 역사가들 역시 과거의 사건을 조직할 때 특정한 서사 구조를 적용한다.[13] 화이트는 이러한 서사적 조직 과정을 '구성(emplotment)'이라고 명명하였다. 그는 역사 서술이 객관적 사실의 집합이 아니라고 본다. 그 서술이 담고 있는 의미는 서술 방식에 따라 구성된다는 것이다. 화이트는 역사가가 이야기를 만들 때 사용하는 네 가지 유형의 '구성'을 제시한다.[14] 그것은 로망스(romance), 비극(tragedy), 코미디(comedy), 풍자(satire)이다. 화이트는 하나의 역사적 사건에 대해 다양한 이야기 구성이 가능하다고 주장한다. 그리고 이러한 이야기 구성에 따라 사건의 의미가 규정된다고 본다. 따라서 하나의 사건에 다양한 해석이 존재하는 것은 당연한 일이다.

그렇다면 여러 해석들 가운데 어느 것이 '진실에 더 가깝다'고 판단할 수 있을까? 이에 대해 화이트는 부정적인 입장을 취한다. 그는 역사가들이 어떤 해석이 역사적 진리에 더 부합하는지를 판별할 수 있는 객관적 기준을 갖고 있지 않다고 본다. 화이트에 따르면, 우리가 특정한 역사적 해석을 선택하는 이유는 그것이 진리에 더 가깝기 때문이 아니다. 사람들은 특정 내러티브를 진리로 받아들이고 객관적이라고 여길 수 있다. 그러나 근본적으로 그 내러티브를 선호하는 이유는 도덕적이거나 심미적인 기준에 기초한다.[15]

화이트는 이러한 역사 인식론을 홀로코스트 서술에도 적용한다. 그는 「역사적 서사 구성과 진리의 문제(Historical Emplotment and the Problem of Truth)」에서 나치즘과 '최종 해결(final solution)'도 다양한 방식으로 서술될 수 있는지를 묻는다.[16] 여기서 '나치즘'은 제2차 세계대전 당시 독일의 전체주의 이데올로기이며, '최종 해결'은 유대인을 체계적으로 말살하기 위한 나치 독일의 계획을 뜻한다. 화이트의 이 질문은, 홀로코스트가 오직 비극이라는 한 가지 형식으로만 말해져야 하는지를 반문하는 것이다. 화이트는 어떤 사건도 단 하나의 서사로만 표현될 수 없다고 본다. 동일한 사건도 서사 방식에 따라 여러 의미를 가질 수 있다. 따라서 홀로코스트도 비극, 희극, 풍자, 아이러니 등 다양한 이야기로 구성될 수 있다고 주장한다.

화이트(Hayden White)가 촉발한 논쟁은?

역사 서술의 문학성을 강조한 화이트의 주장은 많은 논쟁을 불러일으켰다. 화이트에 대한 비판을 잘 정리한 글 중 하나는 제이(M. Jay)의 「줄거리, 증인, 판단에 대하여(Of Plots, Witnesses, and Judgments)」이다.[17] 이 글에서 제이는 화이트의 이론이 가진 세 가지 문제점을 지적한다. 그 구체적인 내용은 다음과 같다.

첫째, 화이트는 역사적 사실과 이야기의 구분을 문제 삼지만, 실제로는 그 둘 사이의 경계를 그대로 유지한다. 화이트는 전통적인 역사 서술이 세 단계로 이루어진다고 본다. 첫째는 사실(fact), 둘째는 이야기(narrative), 셋째는 해석(interpretation)이다. 그는 이야기와 해석은 분리할 수 없다고 말한다. 따라서 이 둘을 구분하지 않고, 모든 이야기는 이미 해석이라고 주장한다. 하지만 화이트는 여전히 '사실'이 이야기보다 먼저 존재한다고 본다. 그는 역사가가 이야기를 구성하기 전에, 고정된 사실이 존재한다고 전제한다. 그러나 이러한 생각은 역사적 현실과 일치하지 않는다. 많은 사건은 발생 당시부터 이미 의미를 담고 있다. 사람들은 사건을 단순히 겪는 것이 아니라, 그것을 해석하고 언어로 표현하며 다른 사람들과 공유한다. 이처럼 사건은 처음부터 해석과 연결된 형태로 경험된다. 예를 들어, 혁명은 단순한 사건이 아니다. 많은 경우, 혁명은 '자유'나 '평등' 같은 가치를 주장하며 시작된다. 사람들은 기존의 체제를 부정하고, 새로운 사회를 만들겠다는 의지를 담은 말을 외친다. 이렇게 혁명은 특정 의미와 목적을 담은 선언으로 나타난다. 즉, 혁명은 단순히 일어난 사건이 아니라, 처음부터 해석된 형태로 나타나는 것이다. 이처럼 사실은 이야기 이전에 중립적으로 존재하는 것이 아니다. 사건은 발생과 동시에 이미 일정한 의미를 가진다. 이런 사건들은 처음부터 '해석된 이야기'의 형태로 존재한다. 따라서 이를 단지 서사 이전의 '중립적인 사실'로 보는 것은 부적절하다. 결국 화이트는 역사 서술이 곧 해석이라는 점을 강조하면서도, 그 이전에 고정된 사실이 존재한다고 본다. 이로 인해 그의 주장은 이론적 일관성을 잃는다.

둘째, 화이트가 주장한 역사 해석의 상대주의는 사실과 허위의 경계를 흐리게 하고, 결과적으로 역사 왜곡을 정당화할 위험을 내포한다. 화이트는 역사적 진리가 단일하거나 고정된 것이 아니라고 본다. 그는 어떤 역사적 사실도 하나의 방식으로만 이야기될 수 없으며, 언제나 다양한 서사로 재구성될 수 있다고 주장한다. 이처럼 해석의 다원성을 인정하는 입장은 표면적으로는 개방적이고 민주적인 태도로 보인다. 그러나 해석의 가능성을 무한히 확장하면, 오히려 진실과 허위의 경계가 무너지게 된다. 결국 '설득력'만 있다면 어떤 이야기든 정당한 역사로 받아들여질 수 있다는 결론에 이르게 된다. 제이는 이러한 문제점을 이탈리아 역사가 진즈부르그(Carlo Ginzburg, 1939~)의 화이트 비판을 인용하며 설명한다. 진즈부르그는 화이트의 역사 인식이 파시스트 철학자 젠틸레(G. Gentile, 1875~1944)의 사상과 유사하다고 지적한다. 젠틸레는 역사를 객관적 사실의 기록이 아니라, 주체가 자신의 의식을 표현하는 철저히 주관적인 행위로 보았다. 이러한 관점은 '진실은 존재하지 않으며, 오직 해석만 있을 뿐'이라는 극단적 결론으로 이어진다. 그 결과, 사회적으로 영향력을 가진 집단이 내놓는 해석이 곧 진실로 인정받을 수 있게 된다. 화이트는 진리의 상대성과 해석의 개방성을 강조하면서도, 그에 따르는 윤리적 책임 문제는 적절히 다루지 않는다. 진즈부르그는 바로 이 점을 비판한다. 그는 특정 해석이 사실을 왜곡하더라도 하나의 정당한 역사로 받아들여질 수 있다고 경고한다. 그런 해석이 사회 구성원으로부터 어느 정도 지지를 받을 경우에는 더욱 그러하다. 실제로 이러한 논리는 위험한 결과를 낳을 수 있다. 사회적 설득력을 얻기만 하면, 포리송(R. Faurisson, 1929-2018)과 같은 홀로코스트 부정론자들의 주장도 정당한 서사로 간주될 수 있다는 생각이 정당화되기 때문이다.

셋째, 화이트가 제안한 '중간태적 글쓰기(intransitive writing)'는 역사 속에서 가해자와 피해자를 구분하고, 책임의 주체를 밝히는 데 필요한 윤리적 판단 기준을 흐릴 수 있다. 화이트는 전통적인 글쓰기 방식이 주체(행위자)와 객체(행위의 대상)를 구분하는 이분법에 기초한다고 본다. 그는 이 이분법을 극복하기 위해 '중간태' 개념을 차용해 역사 서술에 적용한다. 문법에서 '중간태'란 주어가 행위의 주체이면서 동시에 그 행위의 결과를 자신에게 되돌리는 태(態)를 의미한다. 능동태는 '그가 문을 열었다', 수동태는 '문이 그에 의해 열렸다'라고 표현된다. 반면, 중간태는 '문이 열렸다'처럼 행위의 주체와 객체를 구분하지 않으며, 행위가 저절로 일어난 것처럼 보이도록 기술하는 방식이다. 화이트는 이러한 중간태의 개념을 역사 서술에도 적용하려 한다. 그는 역사가가 사건을 능동적으로 구성하거나 해석하는 주체가 되어서는 안 된다고 본다. 대신, 역사적 진실이 스스로 드러날 수 있도록 역사가가 '통로'의 역할을 해야 한다고 주장한다. 그러나 이러한 입장은 윤리적 측면에서 위험할 수 있다. 홀로코스트와 같은 사건에서는 가해자와 피해자의 구분, 그리고 책임의 귀속이 분명해야 한다. 중간태적 서술 방식은 행위 주체를 흐리게 만들고, 사건을 마치 스스로 발생한 것처럼 기술할 수 있다. 그 결과, 가해자의 책임은 희석되고, 피해자는 명확한 행위의 대상이 아닌 주변적 존재로 묘사될 위험이 있다. 이러한 글쓰기 방식은 역사적 책임을 약화시키고, 윤리적 판단을 회피하게 만들 수 있다.

화이트와 관련된 논의는 『표상의 한계 탐구하기: 나치즘과 '최종 해결'(Probing the Limits of Representation: Nazism and the 'Final Solution')』(1992)[18]에서 살펴볼 수 있다.

노빅은 1988년에 『고귀한 꿈: 객관성 문제와 미국 역사학계(That Noble Dream: The 'Objectivity Question' and the American Historical Profession)』(1988)[19]를 발표했다. 이 책에서 노빅은 역사학의 객관성이 신화에 불과하다고 주장한다. 노빅은 역사가의 작업이 필연적으로 그의 세계관과 그를 둘러싼 환경의 영향을 받는다고 말한다.

먼저 전쟁과 같은 군사적 대립 상황을 살펴보자. 이와 같은 시기에 역사가들은 사회로부터 국가통합에 기여하라는 직간접적인 압력을 받는다. 그 결과 역사가들은 자신들의 역사 서술을 당대의 국가적 이익이나 이념에 맞추려는 경향을 보인다. 또한 특정 사건을 강조하거나, 특정 사건을 축소 또는 무시하기도 한다. 예를 들어,

제1, 2차 세계대전 동안, 많은 역사가들은 자국의 전쟁 참여를 용기와 도덕적 정당성, 그리고 문명의 수호라는 측면에서 서술했다. 이와 동시에 적을 부정적으로, 단순화된 방식으로 묘사하는 경향도 있었다.[20]

전쟁 이외에도 정치적, 사회적 상황이 역사 서술의 방향을 결정짓는 경우는 많다. 예를 들어, 냉전 시기 미국 역사가들은 미국의 역사를 자유와 민주주의를 지키기 위한 투쟁으로 묘사하는 경향을 보였다. 동시에, 소련을 미국 자유민주주의의 주요 위협으로 서술했다. 이 시기의 역사 서술은 공산주의에 대한 공포와 미국을 세계의 지도자로 긍정적으로 강조하려는 욕구에 의해 크게 영향을 받았다.[21]

역사가들이 중립적이고 객관적이기 위해 노력하더라도, 사회적 계층, 인종, 성별과 같은 배경은 그들의 역사 서술에 영향을 미칠 수 있다. 특히 특권이나 권력의 위치에서 글을 쓰는 역사가들은 소외된 집단의 경험을 간과하거나 충분히 반영하지 못할 위험이 있다. 예를 들어, 초기 미국사 서술은 여성, 원주민, 노예였던 아프리카계 미국인의 목소리와 경험을 배제하고, 백인 남성의 업적에 초점을 맞추었다.[22] 이는 역사가들이 과거를 의도적으로 왜곡했기 때문이 아니다. 오히려 그들의 사회적・문화적 맥락이 무엇을 '중요한 역사'로 간주할지를 결정하는 데 영향을 미쳤기 때문이다.[23]

노빅은 이러한 예시를 통해 역사가가 개인적 신념 및 정치적, 사회적 환경에 의해 어떻게 영향을 받는지를 보여준다. 이는 진정으로 중립적인 역사 서술이 불가능하다는 것을 의미한다. 그 결과, 노빅은 역사학에서 객관성은 완전히 달성될 수 없는 이상(理想)에 불과하다고 주장한다. 그는 역사가들이 중립적인 태도를 가장(假裝)해서는 안 된다고 말한다. 노빅에 따르면, 역사가들은 자신의 주관적인 관점을 인정해야 한다. 그리고 그 관점이 자신의 해석에 어떻게 영향을 미치는지 투명하게 드러내야 한다.[24]

노빅을 비판한 대표적인 역사가, 해스켈(T. L. Haskell, 1939-2017)

해스켈은 노빅의 역사적 객관성 비판에 반대한 대표적 역사학자이다. 해스켈은 객관성이 달성하기 어려운 목표라는 점에는 동의한다. 하지만 자기 규율을 통해 그것이 실현 가능하고 주장한다. 그는 객관성이 완전한 중립성이나 '자기 비움'을 요구하는 것이 아니라고 본다. 그것은 자기 절제와 증거에 대한 엄격한 태도에 기반한다고 강조한다. 희망적 사고(wishful thinking)를 지양하고, 자신에게 불리한 증거도 수용하며, 경험적 근거가 없는 해석을 배제하는 태도를 통해서 객관성을 확보할 수 있다고 해스켈은 주장한다.[25]

해스켈은 객관성이 역사학에 국한된 개념이 아니라 우리 일상에서도 중요한 역할을 한다고 강조한다. 예를 들어, 뉴스를 읽을 때 우리는 보도된 정보가 정확하고 신뢰할 만한지 판단하려 한다. 이를 위해 여러 출처를 비교하고, 사건에 대한 다양한 시각을 살펴본다. 또한 물건을 고를 때도 사람들은 단지 디자인만 보는 것이 아니다. 성능, 가격, 후기 등을 종합적으로 따져보며 가능한 한 공정하게 결정하려는 경향이 있다. 이처럼 우리는 일상 속에서 정보를 분석하고 종합하며 편견을 줄이려 한다. 이런 과정을 통해 객관성을 실현하고 있는 셈이다.[26]

해스켈은 노빅이 객관성을 부정하면서도 실제로는 자신의 연구에서 객관성의 기준을 암묵적으로 따르고 있음을 지적한다.[27] 즉, 해스켈에 따르면 노빅의 회의주의는 자기 모순적인 태도를 보인다. 노빅은 객관성의 가능성을 부정하지만, 그의 연구 방법론은 자기 규율과 증거 기반의 해석을 포함하고 있다. 결과적으로 그는 자신이 부정하는 객관성의 기준을 실천하고 있는 셈이다. 이는 노빅의 연구가 표면적으로는 상대주의적 입장을 취하고 있지만, 실제로는 객관성을 구성하는 핵심적인 원칙들을 충실히 따르고 있음을 보여준다.

젠킨스의 『역사 다시 생각하기(Rethinking History)』(1991)는 역사학이 과거를 객관적으로 기록한 것이라는 전통적 관점을 비판한다.[28] 젠킨스는 역사가가 사실이나 진실을 '발견'하는 것이 아니라, 자신의 관점과 편견, 그리고 자신이 속한 시대적 상황에 따라 과거를 해석한다고 주장한다. 그는 역사가 본질적으로 구성된 것이라고 강조한다.

젠킨스는 감정이입(empathy)을 둘러싸고 역사교육 연구자들과 논쟁을 벌였다. 역사교육에서 감정이입 논쟁은 1980년대와 1990년대 영국에서 두드러지게 나타났다. 이 논쟁은 1970년대에 시작된 '학교 역사 프로젝트(Schools History Project)'를 통해 학생중심 교육이 도입되면서 촉발되었다.

전통적 관점에서 보면, 감정이입 중심의 역사교육은 두 가지 주요한 문제를 안고 있었다. 첫 번째는 '위대한 전통(great tradition)'의 약화 가능성이다. 영국에서 역사교육은 전통적으로 위대한 전통을 따라 진행되었다. 이 전통은 1900년경에 확립되었다. 위대한 전통의 주요 내용은 다음과 같았다. 율리우스 카이사르(Julius Caesar, 기원전 100~44)부터 1914년까지의 영국사. 그리고 영국사와 관련된 유럽의 주요 역사적 사건.[29] 위대한 전통에 기반을 둔 역사수업에서 교사는 역사적 인물과 사건에 대한 지식을 전달하는 역할을 맡았다. 그러나 감정이입에 초점을 맞춘 교육방식은 전통적인 지식 전달을 약화시킨다는 지적을 받았다. 즉, 역사적 사실의 이해보다는 감정이입이라는 '기능'을 학습하는 데 치우쳐 있다는 것이다.

두 번째 문제는 주관성 강화의 위험성이다. 감정이입 중심의 역사교육은 학생들이 과거 인물의 감정과 관점을 이해하도록 장려한다. 그러나 이에 과도하게 의존할 경우, 학생들이 역사적 사건을 객관적으로 이해하기보다 개인적 해석에 치우칠 수 있다는 우려가 제기되었다.

이와 관련하여 젠킨스는 브릭클리(P. Brickley)와 함께 1989년 『역사교육(Teaching History)』에 「감정이입 논쟁에 대한 성찰(Reflections on the Empathy Debate)」을 발표했다.[30] 젠킨스는 역사수업에서 감정이입이 불가능하다고 주장했다. 그는 학생이 과거 인물의 생각이나 감정을 이해하려 할 때, 결국 역사가나 교사의 해석에 의존하게 된다고 보았다. 따라서 학생이 과거 인물의 내면에 직접 접근하는 것은 불가능하다고 결론지었다.

그가 제시한 예 하나는 크롬웰(Thomas Cromwell, 1485~1540)이다. '크롬웰이 잉글랜드 종교개혁(English Reformation, 1530년대)을 지지한 의도에 감정이입을 시도해 보자'라는 주제로 역사수업이 진행된다고 가정해 보자. 이때 학생은 실제로 크롬웰의 생각을 이해하기보다는 엘턴과 같은 역사가나 교사의 해석을 통해 크롬웰을 이해하게 된다. 학생은 크롬웰이 당시에 어떤 문제를 겪었고 그 상황을 어떻게 보았는지 직접 이해하지 못한다. 학생이 감정이입하는 것은 크롬웰의 실제 생각이나 의도가 아니다. 학생이 감정이입하는 대상은 역사가나 교사가 그린 크롬웰의 내면세계이다.

젠킨스의 감정이입 부정에 대한 역사교육계의 비판

젠킨스의 감정이입 가능성 부정을 반박한 대표적인 역사교육 연구자로 포털(C. Portal)이 있다. 그는 「역사교육 목표로서의 감정이입(Empathy as an Objective for History Teaching)」(1987)과 「감정이입(Empathy)」(1990)을 통해 젠킨스의 주장을 비판했다.[31] 포털은 당시 역사교육에서 감정이입이 중요하게 대두된 교육적 맥락에 주목했다. 그는 감정이입이 학생들의 학습 참여를 촉진하고 역사를 더 깊이 이해하도록 만들어주는 유용한 도구라고 주장했다. 다시 말해, 감정이입은 학생들이 역사적 인물과 사건에 대해 흥미를 느끼고, 단순한 사건의 나열을 넘어 역사의 복잡성과 맥락을 이해하도록 돕는다는 것이다. 이러한 관점에서 포털은 젠킨스가 감정이입의 교육적 활용 가능성을 과소평가하고 있다고 지적했다.

젠킨스를 비판한 다른 연구자로는 리(P. Lee)와 애슈비(R. Ashby)가 있다. 이들은 2001년에 발표한 「감정이입, 관점 취하기, 그리고 합리적 이해(Empathy, Perspective Taking, and Rational Understanding)」에서 젠킨스 논리의 내적 모순을 지적했다.[32] 젠킨스는 과거 인물들을 포함한 타인의 생각을 온전히 이해하는 것이 불가능하다고 주장한다. 그러나 그의 주장과는 달리, 실제 논의에서는 이를 완전히 부정하지 않는 듯하다. 예를 들어, 젠킨스는 감정이입의 한계를 주장하면서 밀(John Stuart Mill, 1806-1873)의 자유 개념을 예로 활용한다. 이 과정에서 그는 밀의 핵심 주장을 이해하고 있다는 가정을 바탕으로 논의를 전개한다. 또한, 젠킨스는 교사가 역사가의 사고를 파악할 수 있고, 학생 역시 교사의 사고를 파악할 수 있다고 보는 입장을 취한다. 감정이입의 불가능성을 주장하면서도 실제 논의에서는 이를 부정하지 않는 듯한 젠킨스의 태도는 그의 논리적 일관성에 의문을 제기하게 만든다. 이는 과거 인물들의 사고를 이해하려는 탐구에서 감정이입이 필연적으로 포함될 수밖에 없음을 시사한다.

젠킨스의 감정이입에 대한 포털, 리, 애슈비의 비판과 유사한 논지는 해리스(R. Harris)와 포어맨-펙(L. Foreman-Peck)의 2001년 논문 「다른 사람의 입장에 서기: 중등 역사교육과정에서 감정이입 가르치기와 평가하기」(Stepping into Other Peoples' Shoes: Teaching and Assessing Empathy in the Secondary History Curriculum)에서도 확인할 수 있다.[33]

젠킨스가 감정이입을 비판한 것과 유사하게, 맥락화에 대해서도 비판이 제기되었다. 할란(D. Harlan)은 맥락화가 과거의 행위나 사건의 의미를 정확히 파악하는 방법이 될 수 없다고 주장한다.[34] 그는 과거의 행위를 그 시대의 맥락에 맞추어 이해하려면, 역사가가 먼저 그 맥락을 (재)구성해야 한다고 말한다. 즉, 맥락은 이미 주어진 것이 아니라, 역사가가 자신의 해석을 통해 만들어내야 하는 것이다. 할란은 이 과정을 "시적인 행위(poetic act)"[35]라고 부른다. 이는 맥락화의 과정이 창의적 사고와 상상력을 요구하는 작업이라는 의미이다. 역사가가 맥락을 구성하는 것은 마치 작가가 이야기를 만들어가는 것과 같다. 할란은, 맥락이 객관적 실체가 아니라 역사가의 관점과 해석에 따라 형성된 것이라고 주장한다. 역사가가 구성한 맥락은 그 자체로 역사적 실체가 아니라, 해석을 통해 만들어진 산물이다. 결국, 할란에 따르면 맥락화는 역사적 행위를 과거의 실제 상황에 놓는 것이 아니다. 그것은 '해석 속에서 해석'하는 행위로서, 해석을 통해 또 다른 해석을 만들어내는 작업에 불과하다.[36)]

Ⅱ 역사교육에서의 인식론

1. 역사교육에서 인식론적 태도의 유형화

역사교육 연구자들은 포스트모더니즘의 도전에 어떻게 반응했는가? 캐나다의 역사교육 연구자인 세이셔스(Peter Seixas)가 지적하듯이, 역사학에서의 인식론적 회의주의 문제를 직접적으로 다루는 역사교육 연구자들은 적었다.[37)] 다만, 세이셔스를 비롯하여 뤼젠(Jörn Rüsen), 파크스(R. J. Parkes) 등이 인식론적 회의주의를 비판하면서 역사교육에서 온건한 인식론적 입장을 정립하려고 시도했다.[38)] 역사교육 연구자들은 역사철학의 인식론적 논의에 적극적으로 참여하지 않는 모습을 보여 왔다. 그러나 한 가지 두드러진 점은 주요 영미권 역사교육 연구자들 중에서 포스트모더니즘을 수용하여 인식론적 회의주의 관점에서 역사교육을 개념화하려는 연구자가 거의 없다는 것이다. 대다수의 연구자들은 회의주의적 흐름을 경계하면서, 자신들이 생각하는 온건한 인식론적 입장을 바탕으로 역사교육에 접근하고 있는 것으로 보인다.[39)]

2010년을 전후로 인식론적 문제를 중심으로 한 역사 교수·학습 모형 개발 연구가 역사교육에서 본격적으로 나타났다. 특히 2015년 이후 역사교사와 학생들의 역사에 대한 인식론적 태도를 경험적으로 분석하고, 이를 바탕으로 수업모형을 제시하는 연구가 활발히 진행되어 왔다.[40)] 교사와 학생의 역사에 대한 인식론적 태도를 분석하기 위해서는 체계적인 준거틀이 필요하다. 즉, 역사에 대한 인식론적 태도 유형 분류를 위한 표가 필요하다. 이때 자주 사용되는 분류표 중 하나는 마조니(L. Maggioni), 밴슬레드라이트(B. VanSledright), 알렉산더(P. A. Alexander)가 제시한 것이다.[41] 이들은 2009년에 「경계를 걷다: 역사에서의 인식적 인지 측정기준(Walking on the Borders: A Measure of Epistemic Cognition in History)」을 발표했다. 여기서 이들은 역사에 대한 인식론적 입장을 세 가지로 구분했다. 첫째는 복사자 입장(copier stance), 둘째는 차용자 입장(borrower stance), 셋째는 기준주의자 입장(criterialist stance)이다.[42]

복사자 입장을 가진 사람들은 역사를 과거의 직접적인 반영으로 본다. 그들은 역사 서술이 과거 사건을 거울처럼 반영한다고 믿는다. 이러한 입장에서는 역사가를 단순히 일어난 일을 기록하는 사람으로 간주한다. 이들은 역사적 사실을 객관적이라고 받아들이고 역사가의 해석적 역할을 인식하지 못한다.[43]

차용자 입장은 복사자 입장보다 더 발전된 사고를 반영한다. 차용자들은 과거의 기록이 절대적으로 정확하지 않을 수 있다는 점을 인식한다. 또한, 서로 다른 관점에서 작성된 다양한 자료들이 존재할 수 있음을 이해한다. 그러므로 차용자들은 다양한 증거를 조합하여 해석을 구성하려고 노력한다. 그러나 차용자들은 여전히 비판적 분석 능력이 부족하다. 이들은 증거를 선택할 때, 자신에게 가장 그럴듯해 보이거나 자신이 선호하는 해석과 일치하는 역사적 기록을 선택하는 경향이 있다. 또한, 그 기록 내에서도 자신이 선호하는 해석과 일치하는 부분만을 강조하는 경향이 있다. 이로 인해 증거를 체계적으로 평가하기보다는 자신의 입장을 강화하는 자료에 의존하게 된다. 그 결과, 비판적 분석이 부족해지는 문제가 발생한다. 특히, 자신이 지지하는 해석과 충돌하는 여러 증거가 있을 경우, 이를 통합적으로 판단하여 새로운 해석을 구성하는 능력이 부족하다. 이러한 한계로 인해 차용자들은 타당한 해석을 도출하려는 시도를 포기하기도 한다. 그 결과 차용자 입장은 때때로 회의주의에 빠진다. 즉, 이와 같은 입장은 역사를 개인의 주관적 의견으로 치부하는 태도로 이어질 수 있다.[44]

기준주의자 입장은 역사학에 대한 가장 성숙한 인식론적 입장을 대표한다. 기준주의적 관점을 가진 이들은 역사가 단순히 과거의 사실을 기록한 것이 아니라,

역사가의 해석에 의해 구성된 지식임을 이해한다. 하지만 그렇다고 해서 역사를 역사가의 주관적 해석과 동일시하지 않는다. 기준주의자들은 역사가들이 공유하는 학문적 기준–개념, 원리, 방법–에 기반하여 이루어진 해석을 객관적인 것으로 평가한다. 이러한 학문적 기준은 역사적 해석의 신뢰성과 타당성을 판단하는 핵심 요소로 작용한다.[45]

마조니, 밴슬레드라이트, 알렉산더는 복사자, 차용자, 기준주의자 입장 중에서 기준주의자 입장을 가장 발달된 인식론적 관점으로 평가하고 있다. 이들에 따르면, 역사교육은 학생들이 기준주의적 입장을 함양할 수 있도록 이루어져야 한다.[46]

기준주의자 입장을 지지한 역사철학자는 누구일까?

마조니, 밴슬레드라이트, 알렉산더가 제시한 기준주의자 입장은 역사철학자들 사이에서도 어느 정도 지지를 받고 있다. 뤼젠[47]과 탐(M. Tamm)[48]이 대표적인 예라고 할 수 있다. 이 두 학자가 역사학에 대해 완전히 동일한 생각을 갖고 있다고 할 수는 없다. 다만 역사학에 대한 인식론적 태도에 있어서는 중요한 공통점을 보인다. 그 공통점은 다음과 같다.

> 역사학에는 사료를 비판적으로 해석하는 공통된 방법이 존재한다. 사료의 신뢰성을 판단하는 방법 등이 이에 해당한다.
>
> 역사학에는 역사적 해석이 타당한지 판단할 수 있는 공통된 기준이 존재한다. 다시 말해, 역사가들은 역사적 해석의 타당성을 평가하는 공통의 기준을 갖고 있다.

이 두 학자는 역사학의 객관성이 이러한 공통된 방법과 기준을 따름으로써 확보된다고 본다. 다시 말해, 역사학에서 객관성은 집단적 규범의 준수로부터 발생한다는 것이다.

마조니, 밴슬레드라이트, 알렉산더가 정의한 '기준주의자 입장'은 하나의 개념으로 통일되어 있다. 그러나 이를 '실재주의적 기준주의'와 '비실재주의적 기준주의'로 나눌 수 있는 여지가 있다.

- 실재주의적 기준주의: 이 입장은 역사학에 공통된 규범이 존재한다고 본다. 역사학에는 모든 역사 연구자가 공통적으로 따르는 규칙과 기준이 존재한다. 그리고 이를 지켜서 내린 해석은 상호주관성을 가진다고 판단한다. 또한 상호

주관성을 가진 해석을 과거의 실재와 일치한다고 판단한다.

- 비실재주의적 기준주의: 이 입장도 역사학에 공통된 규범과 기준이 존재한다고 믿는다. 그리고 이를 지켜서 나온 해석이 상호주관성을 갖는다고 본다. 그러나 여기서 상호주관성은 역사적 해석이 과거의 실재와 일치함을 의미하지 않는다. 역사적 해석이 상호주관성을 갖는 것과 그것이 과거를 올바르게 반영하는지 여부는 어떠한 상관성도 없다.

위 두 입장은 상호주관성이 갖는 의미를 다르게 보고 있다. 실재주의적 기준주의는 상호주관성을 역사적 해석과 과거 실재 사이의 직접적인 연결로 이해한다. 따라서 이 입장의 상호주관성은 전통적인 객관성 개념과 일치한다. 역사학에서의 전통적 객관성 개념은 다음과 같다. 역사적 해석이 과거 실재를 올바르게 반영할 때 해당 해석이 객관성을 가지고 있다고 할 수 있다. 반면, 비실재주의적 기준주의는 상호주관성을 해석 간의 합의나 일치로만 본다. 이 입장에서는, 역사적 해석이 과거를 올바르게 반영하지 않더라도 객관성을 가질 수 있다. 마조니, 밴슬레드라이트, 알렉산더는 이 두 입장을 모두 '기준주의자 입장'으로 부르고 있다. 그러나 실재주의적 기준주의와 비실재주의적 기준주의는 상호주관성 개념과 그에 연관된 객관성 개념에서 중요한 차이를 보인다.

철학자 로티(R. Rorty, 1931-2007)의 객관성 정의

상호주관성과 객관성의 관계를 이해하기 위해서는 로티의 저서 『객관성, 상대주의, 그리고 진리(Objectivity, Relativism, and Truth)』(1990)를 참고하라. 로티는 객관성 개념을 두 가지로 구분한다. 첫 번째는 전통적인 객관성 개념이다. 이 개념에 따르면, 특정 명제가 외부 세계를 정확하게 반영할 때 객관성이 성립한다. 두 번째는 객관성을 다양한 주체들 간의 합의를 통해 형성된 상호주관성의 산물로 이해하는 것이다. 로티는 전통적인 객관성 개념을 부정한다. 그는 인간이 완전히 중립적이거나 편견 없이 실재를 인식할 수 없다고 주장한다. 개인들은 공유된 규칙과 기준을 바탕으로 상호 대화를 나눈다. 그 결과 상호 합의된 해석에 도달한다. 그리고 그 해석은 객관성을 갖는다. 이런 점에서 객관성은 사회적 합의의 결과라고 할 수 있다.[49]

2. 실재주의적 기준주의를 전제한 역사적 사고 논의

역사교육의 목적과 관련하여, 영미권과 한국 모두에서 공통적으로 강조되는 요소 중 하나는 역사적 사고의 신장이다. 이러한 이유로, 많은 역사교육 연구가 역사적 사고의 정의와 성격, 하위 범주, 그리고 이를 어떻게 가르쳐야 할지에 대해 탐구하고 있다.

영미권 역사적 사고 연구는 크게 두 가지 흐름으로 나눌 수 있다.[50] 첫 번째는 브루너(J. Bruner, 1915~2016)[51]와 슐만(L. Shulman, 1938~)[52]의 영향을 받은 학문중심주의적 접근이다. 이 접근은 역사 교수·학습에서 역사학의 학문적 구조, 즉 역사학의 개념과 방법을 강조한다. 대표적인 연구자로는 와인버그(Sam Wineburg)가 있다. 두 번째 흐름은 듀이(J. Dewey, 1859~1952)[53]의 영향을 받은 경험중심주의적 접근이다. 이 접근은 역사 교수·학습에서 학습자의 경험을 중심에 둔다. 또한 역사교육의 목적을 민주시민 양성으로 규정한다. 바튼(K. Barton)이 이 흐름을 대표하고 있다. 이 두 흐름은 모두 마조니, 밴슬레드라이트, 알렉산더가 제시한 기준주의적 관점을 암묵적으로 전제하고 있는 것으로 해석될 수 있다.

와인버그와 바튼이 채택할 수밖에 없는 인식론적 입장: 실재주의적 기준주의

와인버그와 바튼 모두 실재주의적 기준주의 입장을 취하고 있는 것으로 보인다. 이들은 역사적 사고(예를 들어 와인버그의 경우 '맥락화(contextualization)', 바튼의 경우 '관점 인식(perspective recognition)')을 통해 과거 인물의 의도와 동기를 올바르게 이해할 수 있다고 판단한다. 물론 이들의 글에 비실재주의적 기준주의 입장을 지지하는 듯한 표현이 포함될 수도 있다. 그러나 만약 이들이 비실재주의적 기준주의를 채택한다면, 여러 논리적 문제가 발생할 것이다. 비실재주의적 기준주의에 따르면, 역사적 사고를 통해 도달한 해석은 단지 역사가들 간에 상호주관적으로 합의된 해석에 불과하다. 상호합의된 해석이 역사적 실재를 올바르게 반영한다는 보장은 없다. 그렇다면 왜 우리가 확실한 지식을 제공한다고 보장할 수 없는 역사적 사고를 배워야 하는가라는 의문이 제기된다. 이러한 문제는 특히 학문중심주의적 관점을 가진 와인버그에게 큰 도전 과제가 될 것이다. 바튼에게 있어서도 비실재주의적 기준주의를 채택할 경우 논리적 문제가 발생할 수 있다. 그가 주장한 내용 중 일부는 인지적 측면에서 역사적 사고가 민주시민 양성에 어떻게 기여할 수 있는지를 논의하고 있다.[54] 그러나 바튼이 비실재주의적 기준주의를 택한다면, 이 부분은 수정이 필요할 것이다.

물론, 와인버그와 바튼의 접근 사이에는 몇 가지 차이가 존재한다. 가장 대표적인 차이 두 가지는 다음과 같다.

첫째, 역사적 사고의 성격에 대한 인식과 역사적 사고의 하위 범주 규정에서 차이가 나타난다. 역사적 사고에 대한 이들의 견해 차이에 대해서는 바튼에 대해 설명할 때 자세히 다루도록 하겠다. 여기에서는 역사적 사고의 성격에 대한 의견 차이가 무엇인지만 간략히 언급하도록 하겠다. 와인버그는 역사적 사고가 역사학에 고유한 영역고유성(domain specificity)을 가지고 있다고 주장한다. 즉, 역사적 사고는 역사학이라는 분야에서만 사용되는 독특한 사고방식이라는 것이다. 반면, 바튼은 역사적 사고가 다른 학문 분야와도 연결될 수 있는 범학문적(汎學問的) 성격을 가지고 있다고 주장한다. 이와 함께 역사적 사고가 민주시민적 사고와 관련이 있다고 주장한다. 즉, 역사적 사고는 민주사회에서 시민으로서 갖추어야 할 사고 역량과도 깊이 연관되어 있다는 것이다.

와인버그의 영역고유성 주장이 해결해야 할 문제

와인버그는 역사적 사고가 민주시민적 사고와 연결될 수 있음을 때때로 인정한다. 즉, 학생들이 역사적 사고를 배우는 것이 민주사회에서 필요한 사고방식, 특히 다른 사람들의 관점을 이해하고 존중하는 능력을 기르는 데 기여할 수 있다고 본다. 와인버그는 학생들이 역사가처럼 사고하는 법을 배우면, 자신과 다른 관점을 가진 사람들을 더 잘 이해하고 받아들일 수 있는 능력을 갖추게 된다고 설명한다.[55]

그러나 여기에는 문제가 있다. 와인버그가 지지하는 영역고유 인지이론에 따르면, 역사학에 고유한 사고방식은 다른 학문 영역에 쉽게 전이되지 않는다. 즉, 역사적 사고는 역사학에만 특화된 사고방식으로, 다른 분야나 맥락에서는 그대로 적용되지 않는다는 것이다. 그렇다면 어떻게 역사학에 '고유'하다는 사고가 일반적인 사고라 할 수 있는 민주시민적 사고와 연결될 수 있다는 것인가? 와인버그는 이 부분을 설명할 수 있어야 한다. 다시 말해, 역사적 사고가 다른 영역으로 전이되지 않는다는 전제를 유지하면서, 어떻게 역사적 사고와 민주시민적 사고의 연결성을 정당화할 수 있는지를 보여주어야 한다.[56]

둘째, 역사교육의 내용 선정기준에 대한 견해 차이가 존재한다. 와인버그는 역사교육에서 어떤 내용을 다루어야 하는지는, 역사학 내부에서 중요하다고 간주되는 주제를 기준으로 결정되어야 한다고 주장한다. 이는 역사학의 내재적 가치를 중시하는 내재주의적 입장이다. 반면, 바튼은 역사교육의 내용이 민주시민성을 함양할 수 있는 주제를 기준으로 선정되어야 한다고 주장한다. 이는 외재주의적 입장이다. 외재주의적 입장은 역사교육의 내용 선정에서 역사학적 중요성보다는 역사교육이 수행해야 할 사회적 역할을 우선적인 기준으로 삼는다.

이러한 차이에도 불구하고, 와인버그와 바튼 모두 역사학에 대한 온건한 기준주의적 입장을 공유하고 있다. 두 사람 모두 포스트모던 회의주의에 대해 직접적으로 반박하지 않지만, 역사적 사고를 의미 있는 인지 행위로 보고, 역사교육에서 이를 가르치는 것이 중요하다고 생각하고 있다. 즉, 이들은 학생이 역사적 사고를 수행함으로써 의미 있는 역사 해석을 구성하고, 동시에 사회적 요구에 부응하는 인지적·정의적 역량을 함양할 수 있다고 믿는다. 바튼은 인식론적 회의주의자인 로티를 호의적으로 인용하기도 한다.[57] 그러나 전반적인 논의에서는 역사적 사고의 중요성을 강조한다. 특히, 그는 역사적 감정이입이 중요한 인지적, 정의적 결과를 가져올 수 있다는 전제를 가지고 있다.

3. 역사적 사고에 대한 학문중심주의적 접근

1) 와인버그의 학문중심주의적 접근과 사례 연구

역사적 사고에 대한 학문중심주의적 접근의 토대는 와인버그에 의해 확립되었다. 와인버그는 역사적 사고를 "부자연스러운 행위(unnatural acts)"[58]로 정의하면서, 이를 통해 두 가지 주장을 제시했다.[59] 첫째, 역사적 사고는 일상생활 속에서 자연스럽게 '습득'되는 것이 아니라, 체계적인 역사교육을 통해 의도적으로 '학습'되어야 한다는 점이다. 둘째, 역사적 사고는 역사학에서만 고유하게 사용되는 독특한 사고방식이라는 것이다.

먼저, 역사적 사고가 학습되어야 하는 이유를 살펴보자. 와인버그는 역사적 사고가 일상적인 사고와 달리 자연스럽게 형성되지 않는다고 설명한다. 예를 들어, 우리는 일상적으로 과거의 사건을 역사적 맥락 속에서 분석하거나 해석하려고 하지 않는다. 이러한 사고 능력은 체계적인 역사교육을 통해서만 학습될 수 있다. 즉, 역사적 사고는 일상적 사고와는 근본적으로 다른 성격을 지니며, 이를 익히기 위해서는 특별한 훈련과 교육이 필요하다.

다음으로, 역사적 사고의 영역고유성에 대해 살펴보자. 와인버그는 역사적 사고가 역사학에만 고유하게 적용되는 독특한 사고방식이라고 주장한다. 예를 들어, 물리학이나 수학에서 사용하는 사고방식은 과학적 실험과 법칙에 기반하지만, 역사적 사고는 과거의 문서, 기록, 자료를 분석하고 그 속에서 의미를 추출하는 방식에 중점을 둔다. 따라서 역사적 사고는 역사학에 특유한 텍스트 분석과 사유 방식이다.

와인버그의 '부자연스러운 행위'라는 역사적 사고 규정은 역사적 사고가 왜 사회과로부터 독립적으로 가르쳐져야 하는지에 대한 이론적 근거를 제공한다. 사회과교육은 주로 민주시민 양성과 관련된 간학문적 접근을 강조한다. 그러나 이러한 접근만으로는 역사적 사고를 체계적으로 훈련하기에 충분하지 않다. 역사적 사고를 온전히 이해하고 적용하기 위해서는, 역사교육이 사회과에서 독립된 교육과정으로 운영되어야 한다. 이렇게 역사교육에 초점을 맞춘 독립적 교육을 통해서만 학생들은 역사학 고유의 사고방식과 텍스트 분석 능력을 체계적으로 학습할 수 있다.

와인버그는 역사적 사고가 '부자연스러운 행위'라는 주장을 이론적으로만 주장하지 않았다. 그는 구체적인 사례를 통해 이를 증명하고자 했다. 그의 핵심 주장 중 하나는, 역사적 사고가 일상생활을 하면서 자연스럽게 습득되는 것이 아니라는 점이다. 그는 그것이 의도적이고 체계적인 학습과 훈련을 통해서만 얻어질 수 있다고 강조한다. 와인버그는 사람들이 과거를 현재의 기준과 시각으로 해석하는 경향이 있다고 설명한다. 즉, 우리는 과거의 사건을 그 자체로 파악하기보다는, 현대사회의 규범과 가치관을 투영하여 해석하고 평가하는 경향이 강하다. 와인버그는 이러한 태도를 "현재주의(presentism)"[60]라고 규정했다. 그는 현재주의적 태도가 성숙하고 균형 잡힌 역사 이해를 방해하는 주요 요인이라고 강조했다.

이를 보다 구체적으로 설명하기 위해, 와인버그는 고등학생 데릭(Derek)의 사례를 제시했다.[61] 이 사례는 고등학생이 왜 역사적 사고를 체계적으로 학습해야 하는지에 대한 필요성을 보여준다. 데릭은 실험에서 1775년 렉싱턴 전투(Lexington Battle)에 대한 일차 사료를 읽었다. 이 사료는 렉싱턴 전투의 전개 양상을 담고 있었다. 렉싱턴 전투의 대략적인 내용은 다음과 같다. 영국군은 700명 이상의 병력을 이끌고 있었고, 이에 맞서 싸운 식민지 민병대는 약 70명에 불과했다. 민병대는 훈련되지 않은 상태였으며, 무장도 제대로 되어 있지 않았다. 전투는 불과 몇 분 만에 끝났고, 민병대는 8명이 사망하고 여러 명이 부상을 입었다. 반면, 영국군의 사상자는 단 1명에 불과했다.

데릭은 사료를 분석하면서 렉싱턴 전투가 이름은 '전투'였지만, 실제로는 영국군이 압도적으로 우세했던 일방적인 충돌이라고 이해했다. 그는 영국군의 압도적인 병력과 식민지 민병대의 열세를 근거로, 이 교전이 양측의 균형 잡힌 전투라기보다는 식민지 민병대가 일방적으로 피해를 입은 사건이었다고 판단했다. 이 지점까지는 데릭이 역사적 사고를 잘 수행한 것처럼 보였다.

그러나 데릭이 진정으로 문제에 직면한 순간은 렉싱턴 전투를 정확하게 묘사한 그림 하나를 선택해야 했을 때였다. 당시 전투를 묘사한 그림들은 각기 다른 관점과 세부 내용을 담고 있었고, 데릭은 그중 어떤 그림이 '정확한' 묘사인지를 결정해야 했다. 데릭은 식민지 민병대가 은폐물을 활용해 싸우는 모습을 담은 그림을 가장 정확한 묘사로 판단했다. 이는 현대 전투 개념에서 일반적으로 강조되는 전술적 은폐와 방어의 중요성을 반영한 선택이었다. 그러나 이러한 해석은 실제 렉싱턴 전투의 역사적 맥락과는 일정한 거리가 있었다. 18세기 당시의 전투 관습은 오늘날의 그것과는 본질적으로 달랐다. 당시에는 은폐물을 활용한 전투가 비겁한 행위로 간주되었고, 정면으로 맞서 싸우는 방식이야말로 용감하고 명예로운 전투로 여겨졌다.

와인버그는 이 사례를 통해, 학생들이 과거를 해석할 때 현재의 시각을 쉽게 투영하는 경향이 있음을 보여주고자 했다. 이는 단지 데릭 개인의 문제가 아니라, 많은 중고등학생들이 과거를 이해하는 과정에서 흔히 겪는 일반적인 문제다. 와인버그는 이러한 현재주의적 태도가 성숙한 역사적 사고를 방해하는 주요 요인이라고 지적한다.[62]

다음으로 역사적 사고의 영역고유성에 대한 와인버그의 주장을 살펴보자. 「역사적 문제 해결: 문서 및 시각적 증거 평가에서 사용되는 인지과정에 대한 연구(Historical Problem Solving: A Study of the Cognitive Processes Used in the Evaluation of Documentary and Pictorial Evidence)」(1991)에서 와인버그는 역사적 사

고가 다른 교과 영역에서 요구되는 사고방식과는 질적으로 구별되며, 독자적인 특성과 구조를 갖는다고 본다.[63] 그는 각 학문 분야가 고유한 논리와 탐구 방식을 가지고 있다고 말한다. 또한, 한 분야에서의 능숙함이 다른 분야로 '전이(transfer)' 되지 않는다고 강조한다.[64]

와인버그는 역사적 사고가 다른 분야의 사고와 구별되는 고유한 특성을 지닌다고 보았다. 그는 이를 입증하기 위해 두 가지 인지심리학적 방법을 활용하였다. 첫 번째는 초심자(初心者)와 전문가의 사고 과정을 비교하는 방법이다.[65] 예를 들어, 복잡한 문제를 초심자와 전문가에게 동시에 제시한 뒤, 두 집단이 그 문제를 어떻게 접근하고 해결하는지를 비교할 수 있다. 이를 통해 전문가만이 사용하는 고차원적인 전략이나 판단 기준을 파악할 수 있다. 이러한 비교를 통해 전문가의 사고는 단순히 더 많은 지식을 보유한 데에서 비롯되는 것이 아님을 알 수 있다. 전문가들은 문제를 바라보는 방식, 정보를 조직하는 방식, 판단의 기준 자체에서 초심자와 질적으로 다른 특징을 보인다. 두 번째는 '말하며 생각하기(think-aloud)' 기법이다.[66] 이 방법은 실험 참가자에게 특정 문제나 과제를 제시하고, 이를 해결하는 동안 머릿속에 떠오르는 생각이나 단어를 즉각적으로 말로 표현하게 하는 것이다. 참가자는 자신의 생각을 정리하거나 설명할 필요 없이, 문제를 풀면서 순간순간 떠오르는 단어나 문장을 그대로 말하게 된다. 예를 들어, 복잡한 퍼즐이나 논리 문제가 주어졌을 때, 참가자가 "이건 이상하네", "여기 뭔가 빠졌어", "이건 전에 본 패턴이랑 비슷해" 같은 생각을 말로 내뱉도록 유도하는 것이다. 이를 통해 연구자는 참가자가 문제를 해결하는 과정에서 어떤 정보에 주목하고, 어떤 가능성을 떠올리거나 배제하며, 어떤 순서로 사고를 전개하는지를 실시간으로 파악할 수 있다. 이는 에세이 쓰기와 사고 과정을 표현하는 방식에서 큰 차이를 보인다. 에세이 쓰기에서는 사고가 이미 구조화된 형태로 전달된다. 반면, 말하며 생각하기는 여러 시도와 실패, 시행착오를 포함한 사고의 전개 과정을 드러낸다. 이를 통해 학습자가 문제 해결에 사용한 전략과 논리의 흐름을 보다 생생하게 파악할 수 있다.

와인버그의 실험에는 여덟 명의 전문 역사 연구자와 여덟 명의 고등학생이 참여하였다. 이들은 미국 독립전쟁의 시작을 알린 렉싱턴 전투와 관련된 여덟 개의 문서와 세 점의 그림을 분석하고 평가하는 과제를 수행하였다. 실험은 '말하며 생각하기’ 기법을 활용하여 진행되었다. 참가자들은 자료를 검토하는 동안 자신의 생각을 실시간으로 소리 내어 말하도록 요청받았다. 예컨대, 왜 특정 정보를 중요하게 여겼는지, 한 문서의 출처가 해석에 어떤 영향을 미쳤는지 등을 즉흥적으로 말함으로써, 각자의 사고 과정을 명확히 드러내도록 하였다. 와인버그는 참가자가 사고를 멈추거나 침묵할 때에만, 흐름을 방해하지 않는 선에서 짧은 질문으로 개입했다. 자료 제시는 두 단계로 구성되었다. 먼저, 모든 문서를 한꺼번에 제시하여 참가자들이 전체적인 흐름과 주요 내용을 파악할 수 있도록 하였다. 이후에는 동일한 문서를 문장 단위로 나누어 순차적으로 제시하였다. 이러한 절차는 문서의 맥락과 구조를 이해하는 동시에, 각 문장의 세부적 의미를 더욱 면밀하게 검토하도록 유도하기 위한 것이었다.

이 실험에서 와인버그는 역사적 사고의 핵심 요소로 출처확인, 확증, 맥락화의 세 가지를 제시하였다.[67)]

출처확인(sourcing)은 문서를 해석하기에 앞서 반드시 선행되어야 하는 작업이다. 이는 문서가 누구에 의해 작성되었고, 어떤 목적을 가지고 쓰였는지를 살펴보는 과정을 말한다. 여기에는 작성자의 신분과 사회적 위치, 그리고 의도를 검토하는 일이 포함된다. 예를 들어, 렉싱턴 전투에 대한 기록이 있을 경우, 그것이 영국군 지휘관의 보고서인지, 아니면 식민지 민병대 병사의 증언인지를 구분해야 한다. 같은 사건을 다룬 문서라 하더라도, 작성자의 입장과 관점에 따라 내용은 크게 달라질 수 있다. 작성자는 자신이 속한 집단의 이해관계를 반영할 수 있다. 또한 특정 사실을 강조하거나 생략할 수도 있다. 따라서 출처를 확인하면 문서가 어떤 관점을 반영하고 있는지를 파악할 수 있다. 이를 통해 해당 문서가 어느 정도의 신뢰성을 지니는지를 평가할 수 있다.

확증(corroboration)은 특정 정보나 진술의 신뢰성을 높이기 위한 방법이다. 이 방법은 서로 독립적인 여러 자료를 비교하여, 일치하는 내용을 찾아내는 과정을 말한다. 이렇게 하면 하나의 자료에만 의존하는 해석을 피할 수 있다. 나아가 해석이 다양한 자료에 걸쳐 확인되었음을 보장할 수 있다.

'Corroboration'을 '확증(確證)'으로 번역해야 할까, 아니면 '교차검증(交叉檢證)'으로 번역해야 할까?

와인버그는 역사적 사고의 하위 범주로 출처확인, 확증, 맥락화를 제시했다. 이 중 'corroboration'을 "세부 사항을 타당하거나 그럴듯하다고 받아들이기 전에, 가능한 한 서로 비교하여 확인하라"[68]고 정의했다. 이는 특정 진술을 타당하다고 판단하기 전에 다른 출처들과 비교하여 그 신뢰성을 검토하고 확립하는 과정을 의미한다.

언론학에서 'cross-checking'과 'corroboration'은 진술의 신뢰성을 판단하는 주요한 기법으로 논의된다. 두 개념 모두 텍스트 및 증언 분석에서 중요한 역할을 하지만, 의미와 사용 방식에는 차이가 있다.[69]

- 'Cross-checking(교차검증)': 복수의 출처를 비교 · 대조하여 불일치나 모순을 감지하는 과정이다.
- 'Corroboration(확증)': 여러 출처에서 일치하는 증거를 찾아 특정 진술의 신뢰성을 높이는 과정을 의미한다. 즉, 일치하는 정보를 바탕으로 하나의 해석이나 주장을 강화하는 것이 목적이다.

언론학 개론서에서는 'cross-checking'이 'corroboration'의 전 단계로 설명되기도 한다.[70] 즉, 특정 진술이 믿을 만한지 확인하려면 먼저 관련된 여러 출처를 비교하고 대조해야 한다. 이를 통해 해당 진술이 각 출처와 어떤 관계를 맺고 있는지를 살펴본다. 그런 다음, 각 출처와 진술의 내용이 얼마나 일치하는지를 확인하고, 이를 바탕으로 해당 진술의 신뢰성이 성립됨을 증명하는 것이다.

와인버그는 일부 문맥에서 'corroboration'을 'cross-checking'의 의미로 사용하기도 한다. 또한, 일부 역사교육 연구자들은 '확증'을 '교차검증'과 동일한 개념으로 간주하기도 한다. 예를 들어, 노크스(J. D. Nokes)는 'corroboration'을 다음과 같이 정의한다.[71]

- 확증(corroboration): 하나의 텍스트에서 발견된 증거를 다른 텍스트에서 발견된 증거와 교차검증(cross-checking)하는 것으로, 특히 유사점과 차이점에 주의를 기울이는 과정

그러나 'corroboration'을 '교차검증'으로 번역하는 것은 지나친 의역(意譯)이라 볼 수 있다. 첫째, 'corroboration'과 'cross-checking'은 개념적으로 구별되는 용어이며, 각각 '확증'과 '교차검증'이라는 대응하는 번역어가 존재한다. 둘째, 이 기법이 주로 사용되는 언론학에서도 'cross-checking'과 'corroboration'을 구분하는 경우가 많기 때문에, 'corroboration'을 '확증'으로 번역하는 것이 적절하다.

맥락화(contextualization)란 문서, 발언, 행위, 사건을 발생 당시의 역사적 맥락 속에서 해석하는 과정이다. 이는 대상 자체만이 아니라, 그것이 등장한 시대적

배경과 조건을 함께 고려한다. 특히 당시의 시공간과 사회・사상적 환경 속에서 과거를 이해하려는 역사적 사고방식이다. 맥락화는 다음과 같이 나눌 수 있다.

- 광의의 맥락화: 과거 인물의 행위나 발언을 그 시대 사람들의 세계관, 가치관, 인식 체계와 같은 정신적 구조 속에서 이해하려는 접근이다. 이는 사상적・문화적 맥락을 중시한다.[72]
- 협의의 맥락화: 과거 인물이 처했던 구체적인 시공간의 상황, 그리고 그들의 정신적・신체적 상태를 함께 고려하여 해석하려는 접근이다. 예컨대 당시의 물리적 환경, 심리적 압박, 질병이나 체력 상태 등도 모두 분석 대상이 된다.[73]

결론적으로 맥락화는 과거의 발언이나 행위를 그 시대의 내부 논리와 구체적인 조건 속에서 이해하려는 해석의 과정이다.

와인버그의 연구 결과에 따르면, 역사가들과 학생들의 역사적 사고방식에는 명확한 차이가 있었다. 먼저, 출처확인 과정에서 역사가들은 문서의 출처를 세심하게 평가하며, 문서가 신뢰할 수 있는지 또는 편향이 있는지를 고려했다. 반면, 학생들은 문서의 출처를 간과하거나 크게 중요하게 여기지 않았다. 이로 인해 학생들은 종종 문서의 저자를 잘못 추정하거나 문서의 목적을 제대로 이해하지 못했다. 예를 들어, 한 학생은 영국군이 작성한 문서를 식민지 민병대가 작성한 것으로 오인했다. 확증 과정에서 역사가들은 여러 문서를 비교하며 일관성을 확인했다. 이 과정에서 이들은 여러 사료들 사이에서 일치하지 않는 진술은 받아들이지 않는 태도를 보였다. 반면, 학생들은 문서 간의 차이를 분석하거나 비교하는 데 어려움을 겪었고, 대부분 표면적인 정보에만 의존하는 경향을 보였다. 마지막으로, 맥락화 과정에서 역사가들은 문서나 사건을 당시의 역사적 배경을 고려하여 해석하려 했다. 예를 들어, 영국 장교 존 바커 중위(Lt. John Barker, 생몰 연도 미상)가 부하들이 명령을 어기고 식민지 민병대를 공격했다고 기록한 내용을 보자. 이를 해석할 때 네 명의 역사가들은 이 상황의 배경과 원인을 탐구했다. 이들은 당시 매사추세츠(Massachusetts)의 추운 날씨, 습한 지형, 물에 젖은 신발, 그리고 장기간의 긴장된 행군이 병사들에게 미친 영향을 검토했다. 이를 통해 병사들이 예상 외로 질서를 잃고 공격에 나선 이유를 추론했다. 반면, 학생들은 이 사건을 더 넓은 상황적 맥락에서 이해하려는 시도를 거의 하지 않았다.

와인버그의 연구는 전문가와 초심자 간의 인지적 차이에 주목하며, 주로 역사가와 고등학생을 비교 대상으로 삼는다. 그러나 이러한 비교는 역사적 사고의 특수성이 전문가-초심자 간 일반적인 차이에서 기인한 것인지, 아니면 역사라는 학문 영역에 고유한 인지 양식에서 비롯된 것인지를 명확히 구분하기 어렵게 만든다. 다시 말해, 역사적 사고가 다른 학문 분야의 전문가적 사고와 본질적으로 구별되는지를 평가하기 위해서는, 역사가와 타 분야 전문가들 간의 비교가 선행되어야 한다.

이와 같은 초기 와인버그 연구의 한계를 보완하려는 후속 연구도 등장하였다. 그중 하나는 와인버그 본인이 직접 주도한 연구였다. 이 연구는 역사가와 타 학문 분야 전공자의 사고방식을 비교했다. 이를 통해 역사적 사고와 다른 학문적 사고 사이의 차이를 분석하고자 했다. 이 연구는 2003년 『크로니클 리뷰(The Chronicle Review)』에 발표되었다. 여기에서 와인버그는 19세기 영문학 전공자가 바커 중위의 일기를 해석하는 과정을 살펴보았다.[74] 문학 전공자는 문체적 특징에 주목했다. 또한 계급을 반영하는 언어적 요소에 관심을 가졌다. 그러나 문서의 작성자가 바커 중위라는 사실은 텍스트를 읽고 한참 후에야 깨달았다. 이로 인해 전체적인 의미를 이해하는 과정이 지연되었다. 이는 역사가들이 문서를 해석할 때 출처 비판을 분석의 출발점으로 삼는 것과는 다른 접근이다.

신시아 샤너핸(Cynthia Shanahan), 티머시 샤너핸(Timothy Shanahan), 미시키아(Cynthia Misischia)가 수행한 연구는 역사가, 수학자, 화학자가 텍스트를 읽고 해석하는 방식을 비교했다. 이를 통해 학문 분야별 독해 전략의 차이를 분석하였다.[75] 이 연구는 역사적 사고를 구성하는 세 가지 핵심 전략인 출처확인, 확증, 맥락화에 주목했다. 연구자들은 각 분야 전문가들이 이 전략들을 어떻게 구현하는지를 비교하였다. 우선 출처확인에서, 역사가들은 문서의 출처와 저자의 배경을 면밀히 분석했다. 이를 통해 문서의 신뢰성을 평가하고, 텍스트가 생성된 맥락을 파악하고자 했다. 반면 수학자들은 문서의 논리적 정합성과 수학적 정확성에 집중했다. 저자나 출처의 성격을 근거로 문서의 신뢰성을 판단하지는 않았다. 화학자들은 저자의 명성이나 논문이 발표된 학술지의 권위를 바탕으로 신뢰도를 판단했다. 그러나 해석 과정에서 출처 분석은 핵심 요소로 간주되지 않았다. 확증 전략에서도 분야별 차이가 뚜렷했다. 역사가들은 다양한 출처를 상호 비교하여 진술 간의 일관성과 정합성을 평가했다. 이를 통해 진술의 신뢰성을 판단하거나 새로운 해석의 가능성을 탐색했다. 수학자들은 외부 자료보다 자신의 선행 지식과의 비교를 통해 문서의 타당성을 평가했다. 문서 간 비교보다는 수학적 논리의 내적 일치를 중시했다. 화학자들은 문서 내용을 자신의 연구 경험이나 실험 결과와 대조하여 판단했다. 외부 문서와의 비교는 거의 시도하지 않았다. 마지막으로 맥락화 측면에서, 역사가들은 문서가 작성된 시기의 정치적·사회적·경제적 조건을 고려하여 해석했다. 수학자들은 작성 맥락보다 문서의 논리적 구조와 내적 일관성에 집중했다. 화학자들은 문서가 작성된 시점을 확인하여 정보의 최신성을 판단하는 데 맥락을 활용했다. 그러나 문서가 생성된 사회적·역사적 배경은 해석 과정에서 거의 고려하지 않았다. 이 연구는 학문 분야에 따라 전문가들이 텍스트를 해석하는 방식에서 뚜렷한 차이를 보인다는 점을 경험적으로 보여주었다.

2) 역사적 사고의 핵심 요소-맥락화

앞서 맥락화를 역사적 사고의 핵심 요소 중 하나로 정의하였다. 그러나 역사학 및 역사교육 연구에서는 맥락화가 다른 역사적 사고 요소들보다 상대적으로 더 심층적으로 탐구되어 왔다. 특히 와인버그는 맥락화의 중요성을 강조하며, 이를 역사교육의 핵심 전략으로 제시하였다. 그는 맥락화가 과거의 사회적·문화적 조건과 당대의 판단 기준을 이해하게 만든다고 보았다. 이러한 이해는 학생들이 현재의 가치와 시각으로 과거를 판단하는 오류를 피하도록 돕는다. 따라서 그는 맥락화를 역사 이해에 있어 중요한 전략으로 강조하였다. 나아가 그는 맥락화를 통해 학생들이 타인의 관점을 이해하고 다양성을 존중하는 태도를 기를 수 있다고 보았다. 그는 이러한 태도 형성이 민주시민으로서의 자질 함양으로 이어진다고 보았다. 다시 말해, 와인버그는 맥락화를 역사적 사고와 민주적 가치 사이를 연결하는 핵심적인 매개로 간주하였다.[76] 이하에서는 역사교육 담론 속에서 맥락화 개념이 어떻게 논의되어 왔는지를 구체적으로 살펴보고자 한다. 아울러 역사교육의 맥락화 개념 형성에 이론적 토대를 제공한 역사학 내의 맥락화 연구도 함께 검토할 것이다.

역사교육에서 논의되는 맥락화는 그 대상에 따라 크게 세 가지 유형으로 나눌 수 있다. 이 세 가지를 편의상 다음과 같이 구분하여 부르겠다. 그것은 바로 '출처 맥락화(source contextualization)', '행위 맥락화(act contextualization)', '사학사적 맥락화(historiographical contextualization)'이다.

(1) 출처 맥락화

출처 맥락화는 역사적 텍스트, 특히 사료를 대상으로 한다. 이 과정은 사료가 만들어진 배경을 탐색하는 데 중점을 둔다. 이를 통해 텍스트가 작성된 당시 사회의 정치적·경제적·문화적·기술적 환경을 이해한다. 그런 다음, 이러한 이해를 바탕으로 사료의 내용과 의미를 해석하는 것이 출처 맥락화의 핵심이다.[77] 다시 말해, 출처 맥락화는 사료를 당시의 환경 속에 위치시키고, 그 환경이 텍스트의 형식과 의미에 어떻게 영향을 미쳤는지를 밝히는 해석적 과정이다.

그렇다면 출처확인과 출처 맥락화는 어떻게 다를까? 와인버그는 이 두 개념을 명확히 구분하지는 않았다. 그러나 그의 논의는 양자의 차이를 이해할 수 있는 단서를 제공한다. 출처확인은 대개 텍스트를 읽기 전에 수행하는 인지적 행위로, 텍스트의 저자, 작성 시기, 작성 목적 등 기본적인 정보를 검토하는 과정이다. 이 과정에서는 특히 작성자의 사회적·정치적·경제적 배경과 의도에 주목한다. 출처확인의 핵심은 해당 문서의 신뢰성을 평가하고, 그에 반영된 작성자의 관점을 파악하는 데 있다. 반면, 출처 맥락화는 두 가지 측면에서 출처확인과 구별된다. 첫째, 출처 맥락화는 저자의 차원을 넘어 더 넓은 분석 범위를 포함한다. 단지 저자의 배경에만 초점을 맞추는 것이 아니라, 텍스트가 생성된 당대의 정치적·경제적·문화적·기술적 환경 전체를 고려하는 것이다. 둘째, 출처 맥락화는 문서가 작성되었을 당시의 사회 속에서 해당 문서가 어떤 의미를 가졌으며, 어떤 기능을 수행했는지를 분석한다. 이는 출처의 신뢰성을 판단하는 수준을 넘어, 텍스트가 역사적 맥락 속에서 갖는 위치와 역할을 해명하는 과정이다.[78]

역사교육에서는 출처확인과 출처 맥락화가 일정 부분 구분되어 논의되어 왔다. 그러나 이 두 개념을 반드시 명확히 구분할 필요는 없으며, 이를 구분하는 것이 결정적으로 의미 있다고 보기도 어렵다. 출처확인과 출처 맥락화는 모두 역사가가 사료의 성격을 이해해가는 하나의 통합적 해석 과정의 일부이기 때문이다. 이 두 개념은 단지 그 과정 속에서 특정 측면을 강조하여 이름 붙인 것에 지나지 않는다. 역사 학습자가 이와 관련해 이해해야 할 핵심 원리는 다음과 같다. 역사가가 텍스트를 읽을 때에는 작성자의 역사적 위치성과 텍스트 자체의 역사적 위치성을 함께 고려해야 한다는 것이다. 이 두 차원을 종합적으로 파악함으로써 텍스트의 내용과 신뢰성은 물론, 그 역사적 의미를 정확히 판단하고 해석할 수 있다.

> 작성자의 역사적 위치성은 단지 그의 사회적 · 경제적 · 정치적 배경에 국한되지 않는다. 그것은 그가 지닌 가치관, 신념, 지향점 등 보다 넓은 의미의 역사적 정체성을 포함한다. 이러한 위치성을 파악하는 것은 텍스트의 신뢰성을 평가하고, 작성자가 텍스트를 통해 드러낸 관점과 의도를 분석하는 데 직접적인 도움을 준다.
>
> 텍스트의 역사적 위치성은 해당 텍스트가 생성된 시기의 정치적 · 경제적 · 문화적 · 기술적 맥락을 포괄한다. 이러한 환경적 요인을 고려하는 것은 텍스트가 당대 사회에서 어떤 의미를 가졌는지, 그리고 어떻게 기능했는지를 파악하는 데 필수적이다.

(2) 행위 맥락화

행위 맥락화는 과거 인물의 행위, 즉 말과 행동을 이해하려는 방식이다. 이를 위해 행위가 발생한 구체적인 상황을 면밀히 파악하고, 그 맥락에 근거해 해당 말이나 행동의 의미를 해석한다. 이 방법은 과거 인물의 행위를 당대의 정치적 · 사회적 · 문화적 맥락 속에 위치시킴으로써, 그 행위가 지닌 의도와 의미를 밝히는 것을 목표로 한다.[79)]

행위 맥락화의 예로 치외법권(治外法權)의 인정을 살펴보자. 16세기 오스만 제국과 19세기 조선은 모두 서양인의 치외법권을 인정했다. 그러나 두 시기의 치외법권 인정은 그 의도와 의미에서 차이가 있었다. 다시 말해, 겉으로는 동일한 행위처럼 보이지만, 각각의 역사적 맥락에 따라 그 행위는 다른 의미를 지녔다.

한국사 시간에 치외법권이 가장 자주 언급되는 시기는 개항기이다. 특히 강화도 조약의 불평등성을 설명하는 부분에서 중요한 요소로 다뤄진다.[80)] 대부분의 중 · 고등학교 교과서에서는 강화도 조약을 다음과 같이 소개한다.

강화도 조약은 1875년 운요호(雲揚號) 사건을 계기로 1876년에 체결되었다. 이 조약은 일본이 조선에 개항을 강요하면서 이루어진 불평등 조약이다. 이 조약을 통해 일본은 조선의 주권을 침해하고 한반도에 대한 경제적 · 정치적 영향력을 확대했다.

이 조약의 불평등성을 가장 명확하게 보여준다고 자주 언급되는 조항은 바로 '제10관'이다.

제10관 일본국 인민이 조선국에서 지정한 각 항구에 재류하면서 만약 죄를 범하였을 경우 조선국 인민과 교섭해야 하는 것은 모두 일본 관원에게 귀속시켜 심의하고 밝힌다. 만약 조선국 인민이 죄를 범해 일본국 인민과 교섭해야 하는 것은 모두 조선 관원에게 귀속시켜 조사하고 밝힌다. 각각 그 나라의 법률에 의거하여 심문하고 판결하며, 추호도 두둔하고 편드는 일 없이 공평하고 이치에 맞음을 보여주도록 힘써야 한다.[81]

19세기 제국주의를 설명할 때, 치외법권은 주권을 침해하는 불평등 조약의 핵심적 요소로서 빈번히 언급된다. 아편전쟁(1840~1842) 이후 체결된 난징조약(南京條約, Treaty of Nanking, 1842)과 후먼조약(虎門條約, Treaty of the Bogue, 1843)을 보자. 난징조약에서는 영국이 청나라에 홍콩 할양과 항구 개항을 강요하였다. 후먼조약에서는 영국인이 청나라에서 범죄를 저질렀을 때 영국 영사(領事, consul)가 재판을 맡도록 규정하였다. 이로써 청나라의 사법권이 제한되었다. 고등학교 세계사 교과서에 따르면, 이들 조약이 보장한 서양인의 치외법권은 아시아 국가의 주권을 침해했다.[82] 일본이 서양 열강과 맺은 조약도 예외가 아니었다. 예를 들어, 미일수호통상조약(美日修好通商條約, Treaty of Amity and Commerce, 1858)에서 일본은 미국의 영사 재판권을 인정했다. 이 조약에 따라 일본 내에서 미국인이 저지른 범죄는 일본 법이 아닌, 미국 영사가 관할하여 재판했다. 이러한 사례들은 제국주의 국가들이 타국의 사법권을 침해하면서 침략을 확대해 나갔던 전형적인 예로 여겨진다.

그러나 이러한 19세기 제국주의 맥락에서 형성된 치외법권 개념을 16세기 오스만 제국의 사례에 그대로 적용하는 데는 분명한 한계가 있다. 19세기적 시각에서 사법권의 행사는 주권과 불가분의 관계에 있었다. 따라서 자국 영토 내에서 외국인에게 치외법권을 인정하는 행위는 주권 침해로 간주되었다. 그러나 16세기 오스만 제국의 상황은 19세기 제국주의 국가들의 그것과 사뭇 달랐다. 고등학교 세계사 교과서에서도 언급되듯, 오스만 제국은 16세기 중반, 특히 1520년부터 1566년까지 재위한 술탄 술레이만 1세(Süleyman the Magnificent, 1494~1566)의 통치 아래에서 제국의 전성기를 맞이하였다.[83] 아이러니하게도, 오스만 제국은 제국의 권력이 가장 강력하던 전성기 동안 유럽 국가들에게 '카피툴레이션(capitulations)'을 부여하였다. 이는 오스만 정부가 외국 상인에게 일정한 사법적 자율권과 상업적 특권을 공식적으로 인정한 행위였다. 여기에는 외국인의 분쟁을 오스만 법정이 아닌 자국 영사의 감독하에 처리하도록 허용하는 내용이 담겨 있었다.

오스만 제국이 이러한 조치를 취한 이유는 당시 사법권과 관련된 주권 개념이 19세기와는 달랐기 때문이다. 우선, 오스만 제국에서는 이슬람법인 '샤리아(sharī'ah)'의 적용을 받는 것이 일종의 특권으로 간주되었다. 이는 이슬람 사회 내에서 종교적 정체성을 유지하고 사회 질서를 안정시키는 중요한 원칙이었다.[84] 외국 상인들이 자국의 관습법에 따라 사법적 문제를 해결하도록 허용하는 것이 오스만 제국의 통치 원칙을 유지하는 데 적합하다고 판단되었다.[85] 또한, 이러한 결정은 실용적인 행정적 이유에서도 비롯되었다.[86] 외국 상인들의 사법적 문제를 오스만 제국 법정에서 직접 다루는 것은 행정적·재정적 부담을 가중시킬 가능성이 있었다. 이에 따라, 오스만 제국은 외국 상인들이 자국 영사관을 통해 사법적 문제를 해결하도록 허용했다.[87]

정리하면, 조선과 오스만 제국 모두 외국인에게 치외법권을 인정했지만, 그 목적과 의미는 달랐다. 19세기 조선의 치외법권 인정은 외세의 군사적·정치적 압력에 따른 수동적인 대응이었다. 당시 국제법 인식에서 사법권은 주권의 핵심 요소로 간주되었기 때문에, 외국인에게 자국 법의 적용을 면제해 주는 행위는 곧 주권의 침해로 이해되었다. 반면, 16세기 오스만 제국의 카피툴레이션은 제국의 전성기에 이루어진 자발적이고 실용적인 조치였다. 오스만 제국은 외국 상인들에게 자국의 법 적용을 면제하고, 그들이 본국의 관습법에 따라 분쟁을 해결할 수 있도록 허용했다. 이는 이슬람법의 적용을 특권으로 간주하던 사회 질서를 유지하고, 행정적 부담을 줄이기 위한 통치 전략이었다. 따라서 두 국가가 표면상 유사한 제도를 채택했더라도, 그 제도가 작동한 역사적 맥락과 그에 담긴 법적·정치적 의미는 달랐다.[88)]

위의 예에서 확인할 수 있듯이, 맥락화란 과거 행위를 그것이 발생한 맥락 속에서 이해하는 방법이다. 역사가들은 이러한 일반적인 원칙을 바탕으로 맥락화의 대상과 원리를 구체적으로 정의하며, 다양한 맥락화 방법론을 발전시켜 왔다. 아래에서는 역사학에서 대표적으로 사용되는 행위 맥락화 이론들을 살펴보겠다. 이 이론들은 역사학에서 이루어지는 모든 맥락화 유형을 포괄하지는 않는다. 그러나 역사학에서 가장 체계적으로 정립된 맥락화 방법론의 예시로 주목할 만하다. 또한, 이들 방법론은 역사교육의 맥락화 이론화에도 직간접적으로 영향을 미친 바 있어 다루고자 한다.

행위 맥락화는 특히 지성사와 신문화사 분야에서 심도 있게 연구되어 왔다. 이 방법론은 크게 세 가지로 구분할 수 있다. 이를 편의상 '언어적 맥락주의(linguistic contextualism)', '사상적 맥락주의(ideational contextualism)', '문화적 맥락주의(cultural contextualism)'로 구분하여 부르겠다. 언어적 맥락주의와 사상적 맥락주의는 지성사에서 발달한 맥락화 방법론이다. 반면, 문화적 맥락주의는 신문화사에서 발전한 접근법이다. 이들 접근 방식은 각각 무엇을 '역사적 맥락'으로 정의하는지에 따라 차이를 보인다. 아래에서는 각 접근 방식을 구체적으로 살펴보고, 이들이 역사적 행위와 맥락을 어떻게 연결 짓는지 논의하겠다.

① 언어적 맥락주의

언어적 맥락주의는 과거 인물들이 수행한 언어 행위—즉, 발화 행위나 문서 작성과 같은 표현 행위—를 의미 형성의 기본 단위로 본다. 그리고 이러한 언어 행위를 당시의 언어적·사회적 맥락 속에서 분석하려는 접근 방식이다. 이 이론은 과거의 말이나 글을 해석할 때, 그 언어 행위가 수행된 시점의 담화 관행, 어법, 규범 등 언어적 조건들을 핵심적으로 고려해야 한다고 본다. 다시 말해, 특정 인물이 남긴 발화의 의미는 그것을 구성하는 단어들의 사전적 정의만으로는 충분히 파악될 수 없으며, 해당 발화가 이루어진 시대의 언어 사용 방식과 발화 공동체의 규약을 함께 고찰해야 비로소 정확하게 이해될 수 있다는 것이다. 언어적 맥락주의는 1960년대에 케임브리지 학파(Cambridge School)의 역사가들에 의해 발전되었다. 비버(M. Bevir)는 이 접근법을 두 가지로 나누었는데, 하나는 '경성(硬性) 언어적 맥락주의(hard linguistic contextualism)'이고, 다른 하나는 '연성(軟性) 언어적 맥락주의(soft linguistic contextualism)'이다.[89)]

경성 언어적 맥락주의는 텍스트의 의미가 작성 당시의 언어적 패러다임에 의해 결정된다고 본다. '언어적 패러다임'은 특정한 시대의 사람들이 의미를 구성하고 전달할 때 사용하던 말하기 방식, 어휘 규범, 개념 틀 등을 가리킨다. 이 패러다임은 단어들의 일반적인 뜻뿐 아니라, 그것들이 문장 안에서 어떻게 연결되고 사용되는지도 포함한다. 따라서 의미는 단어 자체만이 아니라, 그것이 사용된 문장 구조와 담화 방식까지 함께 고려해야 제대로 이해할 수 있다. 따라서 특정한 시대에 작성된 텍스트를 올바로 해석하기 위해서는, 그것이 의존하고 있는 당대의 언어적 관습과 개념적 자산(資産)에 대한 정밀한 고찰이 필수적이다. 경성 언어적 맥락주의는 텍스트 해석에 있어 저자의 개별적 의도보다는 그것이 생산된 언어적 조건과 담화 환경을 중심에 둔다. 이 접근은 저자가 표현할 수 있는 내용과 그 표현 방식이 궁극적으로 당대의 언어적 패러다임에 의해 제약되고 규정된다고 본다. 다시 말해, 텍스트의 의미는 저자의 주관적 의도에서 도출되는 것이 아니라, 해당 시기의 언어적 규범과 개념 구조-즉, 시대적으로 공유된 담화 관행-에 의해 결정된다는 입장이다.[90)]

예를 들어, 포콕(J. G. A. Pocock)의 1962년 논문 「버크가 행한 프랑스 혁명 분석의 정치경제학(The Political Economy of Burke's Analysis of the French Revolution)」을 살펴보자.[91)] 이 논문에서 포콕은 버크(Edmund Burke, 1729~1797)의 글을 당시의 '관습법적 헌정주의(common-law constitutionalism)'라는 언어적 패러다임 속에서 해석한다. 관습법적 헌정주의는 역사적 연속성, 법적 판례, 그리고 법과 제도의 점진적인 발전을 중시한다. 또한 헌법을 고정된 문서가 아니라, 사법적 결정과 관습적 실천을 통해 시간이 흐르며 발전하는 살아 있는 체계로 간주한다. 버크는 이러한 관습법적 헌정주의를 지지하며, 프랑스 혁명에 대해 비판적 입장을 취했다. 그의 입장에서, 혁명가들이 추상적인 원칙에 기반하여 새로운 정치

질서를 수립하려 한 것은 기존의 전통과 관습을 무시하는 위험한 시도였다. 버크는 영국의 헌정 체계가 수 세기에 걸친 법적 판례와 관습법적 원칙에 의해 형성되었다고 보았다. 그는 이러한 체계가 혁명가들이 제안한 방식보다 더 안정적이고 신뢰할 수 있는 통치 기반을 제공한다고 믿었다. 포콕은 버크의 주장을 당시의 언어적 패러다임, 즉 관습법적 헌정주의 속에서 이해한다. 이를 통해 버크의 주장이 그 시대의 언어적 틀에 의해 형성되었음을 보여준다.

연성 언어적 맥락주의는 어떤 발언이나 글의 의미를 이해하려면, 그것이 이루어진 당시의 언어적·사회적 맥락을 자세히 살펴야 한다고 본다. 이 입장은 문장 구조나 단어만 분석하는 데 그치지 않고, 발화가 이루어진 시기의 언어 관습, 규범, 말하는 사람과 듣는 사람 사이의 관계까지 함께 고려한다. 예를 들어, 어떤 사람이 글을 쓸 때는 그 시대에 흔히 쓰이던 표현 방식이나 논리 전개 방식, 어휘 선택 등을 알고 있었을 가능성이 크다. 연성 언어적 맥락주의는 그 사람이 이러한 요소들을 의도적으로 선택하고 사용했을 것이라고 본다. 연성 언어적 맥락주의의 대표 학자는 스키너(Q. Skinner)이다. 그의 접근법은 와인버그의 맥락화 이해에 큰 영향을 미쳤다.[92)]

경성 언어적 맥락주의와 연성 언어적 맥락주의의 차이점[93)]

포콕과 스키너는 모두 역사적 텍스트, 특히 정치적 저작을 우리가 어떻게 이해해야 하는지에 깊은 관심을 가지고 있다. 하지만 두 사람은 서로 다른 것에 초점을 둔다. 포콕은 언어적 패러다임에 주목한다. 그에 따르면, 저자는 아이디어를 떠올리고 그것을 글로 옮기는 존재가 아니다. 오히려, 저자가 속한 언어적 패러다임이 그가 무엇을 생각하고 표현할 수 있는지를 규정한다.

예를 들어, 17세기 영국의 정치 사상가가 '덕(virtue)'과 '타락(corruption)'에 대해 논의한 글을 읽는다고 하자. 포콕은 이 단어들이 공화주의적 전통에서 나왔다는 점에 주목할 것이다. 이 전통은 고대 로마에서 기원하여 르네상스 시대 유럽에서 널리 퍼진 정치적 언어 체계이다. 즉, 저자는 단지 개인적인 의견을 표현하는 것이 아니다. 그는 일정한 규칙과 의미를 가진 공유된 정치 언어를 사용하고 있다. 포콕은 텍스트를 이해하려면 저자가 속한 역사적 언어 전통을 분석해야 한다고 본다.[94)]

반면, 스키너는 언어가 중요하다는 점에 동의하지만, 동시에 저자가 특정한 단어를 사용할 때 무엇을 하려 했는지, 즉 무엇을 수행하려 했는지를 고려해야 한다고 본다. 스키너에게 글쓰기란 단지 아이디어를 표현하는 것이 아니라, 언어를 통해 무언가를 행하는 것이다 - 예를 들어 설득, 비난, 정당화, 경고 등. 따라서 같은 저자가 '덕'과 '타락'이라는 말을 썼을 때, 스키너는 이렇게 묻는다: 저자는 자신의 정치적 입장을 옹호하려 한 것인가? 특정한 위협에 대해 경고한 것인가? 기존의 권위를 도전하려 한 것인가? 스키너는 저자가 글을 통해 실제로 하려 했던 일에 관심을 둔다.[95)]

이 차이를 간단한 예로 설명해 보자. 1776년에 누군가 "모든 인간은 평등하게 태어났다(All men are created equal)"라고 썼다고 가정하자.

포콕이라면 이렇게 말할 것이다: 이 문장은 계몽주의라는 시대적 사상 속에서 이해해야 한다. 그 당시 사람들은 '자연권'이나 '평등' 같은 개념을 어떻게 말하고 있었는가? 이 문장은 그런 정치적 이야기들 가운데 어떤 자리를 차지하는가?

반면 스키너는 저자의 문장을 해석할 때, 그 문장을 통해 저자가 무엇을 하려고 했는지를 물어야 한다고 주장할 것이다. 그 문장이 군주제에 도전하려는 것인지, 독립을 정당화하려는 것인지, 아니면 지지를 얻기 위한 설득의 수단인지를 따져보아야 한다는 것이다.

포콕은 개인의 의도가 저절로 생기는 것이 아니라, 당대 사람들이 사용하는 말의 방식과 규칙 속에서 형성된다고 본다. 따라서 그는 저자의 의도를 파악하려면, 그가 사용한 언어가 허용했던 표현 방식과 의미 구조를 먼저 분석해야 한다고 본다. 반면 스키너는 말이라는 도구를 통해 어떤 목적을 이루려는 시도로서 의도를 이해한다. 그는 저자가 어떤 말을 했는지를 넘어서, 그 말을 통해 실제로 무엇을 하려고 했는지를 물어야 한다고 주장한다. 이런 분석을 위해서는 말이 사용된 구체적인 상황, 청중과의 관계, 그리고 그 말이 실제로 어떤 반응이나 변화를 일으켰는지도 함께 살펴야 한다고 본다.

요약하자면, 포콕은 의도가 언어에서 비롯된다고 보고, 스키너는 의도가 언어를 통해 수행되는 것이라고 본다.

스키너의 이론은 여러 철학자들의 사상에 기초하였다. 특히 콜링우드(R. G. Collingwood, 1889~1943), 비트겐슈타인(Ludwig Wittgenstein, 1889~1951), 오스틴(J. L. Austin, 1911~1960)의 철학에 영향을 받았다.

스키너가 콜링우드로부터 배운 두 가지 중요한 점은 역사 탐구의 대상과 그 성격이다. 첫째, 콜링우드는 역사 탐구의 대상을 과거 사람들의 '생각(thoughts)'이라고 정의했다. 그는 역사학을 단순한 사건의 나열이 아니라, 사건 뒤에 숨겨진 사람들의 생각을 탐구하는 행위로 인식했다. 콜링우드에 따르면, 역사학은 과거의 사고를 현재의 맥락에서 "압축적으로 표현하는(encapsulate)" 작업이다.[96)] 이와 유사하게, 스키너는 역사 탐구의 대상을 과거 행위자의 발언 속에 담긴 "실제 의도(actual intention)"[97)]라고 정의했다. 이는 발언의 표면적 의미를 넘어, 그 발언이 이루어진 시점과 상황에서 의도된 의미를 이해하는 것의 중요성을 강조한다.

다음으로, 역사 탐구 대상의 성격에 대해 살펴보자. 스키너는 콜링우드를 따라 역사 탐구 대상을 과거 행위자의 발언 뒤에 숨어 있는 의도라고 보았다. 그렇다면, 이 의도는 어떤 성격을 가지고 있을까? 스키너는 이 질문에 답하기 위해 콜링우드의 '질문과 답변의 논리(logic of question and answer)'에 주목한다.[98]

콜링우드의 '질문과 답변의 논리'는 그의 철학에서 핵심적인 개념이다. 특히, 『자서전(An Autobiography)』(1939)[99]과 『역사 이념(The Idea of History)』(1946)[100]에서 강조된다. 콜링우드는 과거의 진술을 진정으로 이해하기 위해서는 그 진술이 응답하고 있는 질문을 먼저 식별해야 한다고 주장했다. 이 접근은 진술을 독립적인 명제로 간주하지 않는다. 진술은 그것을 불러일으킨 문제 혹은 질문과 분리될 수 없다. 특정한 질문에 대한 답변으로 나타난 진술은 그 질문과 긴밀히 연결되어 있다. 진술의 의미는 해당 질문의 성격에 따라 결정된다. 질문이 어떻게 구성되느냐에 따라 제공될 수 있는 답변의 가능성이 결정된다. 만약 질문이 불분명하거나 적절하게 구성되지 않았다면, 그로부터 도출된 답변 역시 오해되거나 부적절하게 적용될 가능성이 높다. 역사적 진술을 온전히 이해하려면, 역사적 인물이 답변하려 했던 원래의 질문을 재구성하는 작업이 필요하다. 이를 통해 그의 사고 과정과 의도를 이해할 수 있다.

콜링우드는 시대착오적 해석의 위험성에 대해 경고한다. 시대착오적 해석이란, 역사적 인물의 진술을 현대의 관점에서 이해하는 해석을 말한다.[101] 이를 보다 구체적으로 설명하면 다음과 같다. 모든 역사적 진술은 '절대적 전제(absolute presuppositions)'를 배경으로 이루어진다. 절대적 전제란 특정한 역사적 환경 속에서 의문 없이 당연하게 받아들여지는 근본적인 믿음을 의미한다.[102] 현대인은 과거의 역사적 인물이 당연하게 받아들였던 절대적 전제를 공유하지 않을 수 있다. 이로 인해, 과거의 절대적 전제에 기반한 역사적 인물의 진술은 현대의 독자에게 낯설거나 비합리적으로 보일 수 있다. 콜링우드가 말하는 시대착오적 해석은, 과거의 진술을 이해할 때 그 진술의 바탕이 되었던 절대적 전제를 고려하지 않은 채 그것을 해석하거나 판단하는 경우를 지칭한다.[103]

콜링우드에 따르면, 과거 인물의 행위를 이해하기 위해 역사가가 재구성해야 할 것은 두 가지이다. 첫째는 그 인물이 당대에 의심 없이 진리로 받아들였던 '절대적 전제'이며, 둘째는 그 전제로부터 도출된 구체적인 문제 상황이다. 콜링우드는 이러한 재구성이 역사가가 과거 인물의 내면세계에 접근하는 데 반드시 필요한 토대를 이룬다고 보았다. 그리고 이 토대 위에서 비로소 역사가가 과거의 관점에서 과거인의 행위를 이해할 수 있게 된다고 보았다. 스키너 역시 이러한 논리를 수용하였다. 그는 역사적 발언을 특정 시점의 구체적 문제를 해결하려는 시도로 보았다. 또한 역사 탐구는 보편적 문제와 해답의 발전사를 추적하는 것이 아니라, 각 발언이 이루어진 맥락과 발언들 사이의 구체적 관계에 주목해야 한다고 강조하였다.[104]

스키너는 콜링우드가 역사 연구의 대상과 본질을 규정하는 데 중요한 공헌을 했다고 인정한다. 그러나 그가 제안한 연구 방법론에 대해서는 비판적인 입장을 취한다. 스키너의 해석에 따르면, 콜링우드는 역사가가 과거 인물의 생각을 자신의 머릿속에서 다시 경험해야 한다고 주장한다. 이는 역사가가 상상력을 통해 과거 인물의 내면적이고 주관적인 사유에 직접 접근할 수 있다고 전제하는 것이다. 스키너는 이러한 전제에 문제가 있다고 본다.[105]

콜링우드의 비판자와 옹호자들[106]

콜링우드의 역사적 감정이입 방법론은 추상적이라는 비판을 받아왔다. 또한 과거 인물의 내면에 직접 접근할 수 있다는 전제 역시 문제로 지적되었다. 스키너를 비롯한 여러 연구자들이 이러한 문제를 지적했다. 예를 들어, 가디너(P. Gardiner)는 감정이입이 과거 사상을 마치 '텔레파시(telepathy)'처럼 이해하는 방식과 유사하다고 비판했다.[107] 가디너는 감정이입적 접근이 역사적 이해를 검증 가능한 영역에서 멀어지게 한다고 지적했다. 반면, 이러한 비판이 부정확하다고 주장하는 역사 이론가도 있다. 드레이(W. H. Dray)는 콜링우드가 단순히 직관을 통해 과거의 생각을 얻어 낼 수 있다고 주장하지 않았다고 본다.[108] 드레이에 따르면, 콜링우드는 역사가의 작업을 직접적인 직관이나 투영적 동일시로 과거의 생각을 재연하는 것으로 보지 않았다. 그는 이를 증거에 기반해 과거의 생각을 추론하고 해석하는 과정으로 간주했다.[109]

스키너는 비트겐슈타인 철학에 의거하여 콜링우드의 방법론을 비판한다. 스키너는 비트겐슈타인이 '사적 언어(private language)'의 가능성을 부정한다고 해석한다.[110] 여기서 '사적 언어'란 오직 개인의 내면적 감각 경험, 즉 타인이 결코 직접 접근하거나 확인할 수 없는 주관적 인상에만 근거하여 형성된 언어를 의미한다.

비트겐슈타인에 따르면, 이러한 언어에서는 그 언어를 구성하는 기호들이 동일한 방식으로 사용되고 있는지를 판단할 객관적 기준이 존재할 수 없다. 그 이유는, 사적 언어의 사용과 판단이 외부의 공적 규범이나 타인의 피드백이 아닌, 전적으로 그 언어 사용자 개인의 기억과 판단에 의존하기 때문이다. 예를 들어, 어떤 사람이 특정한 감각 경험에 'S'라는 기호를 붙였다고 하자. 그러나 시간이 지난 뒤 유사한 감각이 발생했을 때, 그것이 동일한 감각인지 여부를 객관적으로 판별할 수 있는 기준은 없다. 사용자는 단지 두 감각이 동일하다는 자신의 주관적 느낌이나 확신에 의존하여 'S'를 다시 사용하는 수밖에 없다. 이런 조건에서는 기호의 사용이 규칙을 따르지 않고, 단지 '그렇게 느껴진다'는 인상에 의존하게 된다. 그 결과 기호를 일관되게 사용하는 것이 불가능해진다. 비트겐슈타인은 이와 같은 이유로, 외부적 검증이 불가능한 사적 언어는 의미를 가질 수 없으며, 따라서 의사소통이나 의미 있는 발화의 도구로 기능할 수 없다고 보았다. 그는 이러한 논변을 통해, 언어의 의미는 본질적으로 공적 사용과 규칙 속에서 형성된다고 주장한다.

스키너는 비트겐슈타인이 제시한 '사적 언어 불가능성'의 원칙을 콜링우드의 역사 연구 방법론에 대한 비판에 적용한다. 그는 과거 인물의 행위를 이해하기 위해 반드시 그들의 내면적 사유나 의도를 상상적으로 '재체험'할 필요는 없다고 본다. 감정이입을 통해 과거 인물의 정신 상태를 내면에서 재연하는 방식에 대해, 스키너는 두 가지 측면에서 비판하였다. 첫째, 이러한 방법은 과거 인물의 사유나 의도를 개인 내면에 고립된 심리적 실체로 간주한다. 그리고 그것에 감정이입함으로써 접근할 수 있다고 전제한다. 그러나 스키너에 따르면, 의도는 그와 같은 '사적인' 실체가 아니라, 언어적·사회적 규칙에 따라 공적으로 표현되고 해석되는 것이다. 둘째, 감정이입을 통해 과거 인물의 감정이나 사고를 재연하려는 시도에는 객관적인 판단 기준이 결여되어 있다. 역사가가 자기 내면에서 떠올린 감정이나 생각이 과거 인물의 실제 사고와 얼마나 일치하는지는 외부에서 검증할 수 없다. 결국 역사적 이해는 개인의 주관적 직관에 의존하게 된다.

스키너에 따르면, 인간은 자신의 의도나 목적을 드러내기 위해 공적인 규칙에 따라 언어 행위를 수행한다. 따라서 과거 인물의 의도를 이해하려면, 그가 남긴 발화나 제스처 같은 표현을 그것이 이루어진 구체적인 맥락 속에서 분석해야 한다. 예를 들어, 특정한 시간과 장소에서 어떤 인물의 의도를 파악하려 할 때, 그의 감정 상태나 사고 과정을 상상할 필요는 없다. 중요한 것은 그가 어떤 표현을 사용했는지, 그 표현이 당대의 언어 규칙과 의미 체계 속에서 어떻게 기능했는지, 그리고 그 표현이 어떤 상황에서 어떤 효과를 내도록 의도되었는지를 살펴보는 일이다.

콜링우드를 비판적으로 계승한 렛츠(T. Retz)

렛츠는 콜링우드의 감정이입적 방법론을 비판적으로 계승한 대표적인 학자이다. 그는 콜링우드의 감정이입 이론 체계에서 두 가지 주요 문제를 지적하며, 이를 보완하고 대안을 제시하려고 했다.[111)]

첫 번째 문제는 콜링우드의 '재연(再演, re-enactment)' 개념이다. 이 개념은 역사가가 과거 인물의 내면에 직접 접근하여, 그 사고를 그대로 자기 안에서 반복할 수 있다는 전제에 의존한다. 그러나 렛츠는 이러한 접근이 현실적으로 불가능하다고 주장한다. 역사가가 과거 인물의 내면을 재연하려는 과정에서 역사가 자신의 가치관, 세계관, 그리고 편견이 개입하지 않을 수 없기 때문이다.[112)] 따라서 재연 개념에 입각한 역사 이해 과정에서는 역사가의 현재적 가치와 세계관이 과거를 이해하는 데 걸림돌로 작용한다.[113)] 반면 렛츠는 역사가의 현재적 관점과 가치가 과거 이해를 방해하는 것이 아니라, 오히려 역사적 이해를 가능하게 하고 확장하는 데 기여한다고 본다. 이러한 관점에서 렛츠는 가다머(Hans-Georg Gadamer, 1900-2002)의 해석학(hermeneutics)을 적용한다. 그는 가다머가 『진리와 방법(Truth and Method)』(1960)[114)]에서 제시한 '지평의 융합(fusion of horizons)' 개념을 차용했다.[115)] 이 개념을 통해 렛츠는 과거와 현재의 관점이 상호작용하며 새로운 의미를 창출하는 과정을 설명한다. 그는 역사가의 현재적 관점과 가치가 역사 이해를 방해하는 요소가 아니라고 말한다. 그러면서 그것이 오히려 역사 이해를 심화시키는 중요한 도구로 기능할 수 있다고 이야기한다.

두 번째 문제는 재연 개념에 입각한 감정이입이 과거 인물의 개인적인 생각을 복원하는 데 지나치게 집중한다는 점이다. 렛츠에 따르면, 감정이입은 과거 인물이 의식적으로 가졌던 생각만을 재구성하는 데 그쳐서는 안 된다.[116)] 감정이입은 과거 인물을 둘러싼 사회적, 문화적, 그리고 지적 배경을 이해하는 인지적 행위여야 한다. 렛츠의 감정이입 개념은 과거 인물이 특정한 상황에서 특정한 행동을 하게 된 이유를 이해하는 데 초점을 맞춘다. 이를 위해서는 과거 인물의 믿음과 행동을 가능케 했던 사유적 · 사회적 토대를 분석해야 한다. 그리하여 렛츠는 감정이입을 보다 넓고 체계적인 역사 이해의 도구로 재정의한다.

렛츠가 제안한 감정이입 개념은 기존의 맥락주의 논의에서 제기된 방법론이나 원리를 근본적으로 확장하거나, 새로운 이론적 틀을 제시하지는 않는 것으로 보인다. 렛츠의 과거와 현재의 관점을 융합하여 과거를 해석하는 접근은 카의 "역사는 '현재와 과거의 끊임없는 대화'"[117)]라는 시적인 표현을 떠올리게 한다. 여기서 중요한 문제는 그러한 융합을 통해 만들어진 해석의 인식론적 성격이다. 구체적으로, 그 해석이 과거의 실재와 얼마나 대응하는지에 대한 논의가 필요하다. 만약 대응한다면, 그 사실을 어떻게 확인할 수 있는지에 대한 설명이 필요하다. 반대로 대응하지 않는다면, 그러한 해석이 어떤 의미를 가지는지 명확히 해야 한다. 그럼에도 불구하고, 렛츠의 연구는 가다머의 철학에 기반하여 콜링우드의 재연과 감정이입 개념의 성격을 보다 분명히 드러낸다는 점에서 의미가 있다.

스키너가 자신의 방법론을 구체화하는 데 영향을 미친 것은 콜링우드보다는 비트겐슈타인과 오스틴이었다. 스키너는 비트겐슈타인의 '언어게임(language games)' 이론에서 자신의 방법론적 기본 아이디어를 얻었다. 비트겐슈타인의 언어게임은 그의 후기 철학, 특히 『철학적 탐구(Philosophical Investigations)』(1953)에서 중심적인 역할을 한다. 비트겐슈타인은 단어의 의미가 고정된 것이 아니라고 보았다. 그는 단어가 사용되는 방식, 즉 특정한 활동이나 사회적 상호작용 속에서의 용례에 따라 단어의 의미가 결정된다고 보았다. 이를 통해 그는 '사용으로서의 의미(meaning as use)'라는 개념을 제시했다. 단어의 의미는 사람들이 그것을 다양한 상황에서 사용하는 방식에 따라 이해된다. 다시 말해, 단어는 공통적인 하나의 의미를 가지고 있는 것이 아니라, 실제 사용되는 상황에 따라 그것의 의미가 변한다는 것이다.

언어게임은 언어를 게임에 비유하는 비트겐슈타인의 철학적 개념이다. 각 게임에는 고유한 규칙이 있고, 그 안에서만 특정한 말이나 행동이 의미를 갖는다. 마찬가지로, 언어도 특정한 맥락 안에서만 의미를 가진다고 비트겐슈타인은 설명한다.[118] 예를 들어, '정확한(exact)'이라는 단어를 생각해 보자.[119] 과학 실험에서는 '정확하다'는 말이 매우 엄격하고 정밀한 의미를 가진다. 그러나 일상생활에서 이 단어는 훨씬 더 느슨하게 사용된다. 예를 들어, "정확히 몇 시에 도착했어?"라고 묻는 상황에서, 몇 초 단위까지의 정밀함을 요구하지는 않는다. 이렇게 과학 실험과 일상생활에서 '정확하다'의 의미는 다르게 작동한다. 이처럼 단어의 의미는 그 단어가 사용되는 '게임', 즉 맥락에 따라 달라진다. 비트겐슈타인은 이러한 점을 강조하며, 언어의 의미가 고정된 것이 아니라 사회적 상호작용과 규칙에 의해 결정된다고 주장했다. 다시 말해, 언어는 사용되는 상황과 규칙에 따라 의미가 변할 수 있는 유동적인 체계라는 것이다.

비트겐슈타인의 '사용으로서의 의미'는 스키너 맥락주의 방법론의 토대를 마련했다. 한편, 오스틴의 '화행론(話行論, Speech Act Theory)'은 스키너 방법론의 구체적인 원리를 제공해 주었다.[120] 오스틴의 화행론은 언어의 기능에 대한 기존의 이해를 변화시켰다. 오스틴은 그의 저서 『말로 행하는 법(How to Do Things with Words)』(1962)에서 이를 구체적으로 설명한다. 그는 우리가 말을 할 때 종종 단순히 진술하는 것을 넘어 행동을 수행하고 있다는 점을 지적한다. 이 아이디어는 언어를 현실을 묘사하는 수동적인 도구로 간주하는 전통적 관점을 뒤집었다.

오스틴은 말하기가 단순히 문장을 발음하는 것에 그치지 않고, 다양한 종류의 행위를 포함한다고 보았다. 그는 이를 설명하기 위해 발화 행위를 세 가지로 구분하였다. 그것은 발화적 행위(locutionary act), 발화 수반 행위(illocutionary act), 그리고 발화 효과 행위(perlocutionary act)이다.[121] 첫째, 발화적 행위는 어떤 문장을 문법에 맞게 말하는 행위 자체를 의미한다. 예를 들어 "창문이 열려 있다"라는 문장을 말하는 것이 이에 해당한다. 이 행위를 통해 산출되는 것은 어휘와 문법을 통해 표현되는 표면적인 의미이며, 이는 말하는 사람의 의도나 듣는 사람의 반응과는 무관하다. 둘째, 발화 수반 행위는 화자가 말을 통해 무엇을 하려는지를 의미한다. 즉, 그 말을 함으로써 어떤 사회적 행위를 실제로 수행하는 것이 발화 수반 행위이다. 예를 들어, "창문이 열려 있다"라는 문장이 단순한 설명이 아니라 상대방에게 창문을 닫아달라는 간접적인 요청이라면, 이 말은 요청하는 행위를 수행한 것이다. 이처럼 발화 수반 행위에는 명령하기, 약속하기, 사과하기, 경고하기, 축하하기 등의 언어적 행위가 포함된다. 셋째, 발화 효과 행위는 말을 들은 청자가 실제로 어떤 반응이나 행동을 보였는지를 나타낸다. 예를 들어, "창문이 열려 있다"는 말을 듣고 청자가 실제로 창문을 닫았다면, 이 행동은 발화의 결과로 발생한 것으로, 발화 효과 행위에 해당한다. 이 행위는 말이 청자에게 끼친 심리적 영향, 감정의 변화, 구체적 행동 등 실제 효과와 관련된다.

스키너는 화행론을 바탕으로, 디포(Daniel Defoe, 1660~1731)가 1702년에 발표한 소책자 『비국교도들을 다루는 가장 간단한 방법(The Shortest Way with the Dissenters)』을 분석하였다.[122] 이 책이 쓰인 당시 영국 사회에서 국교도(Anglicans)들은 비국교도(Dissenters)를 사회 질서를 위협하는 집단으로 간주하고, 그들을 배제하고 억압하려는 태도를 강하게 드러냈다. 국교도들은 비국교도들에게 엄한 처벌을 가해야 한다고 주장했으며, 그들은 이러한 주장을 종종 과장되고 공격적인 언어로 표현했다. 이와 같은 극단적인 언설은 당시 정치와 종교 논쟁의 중요한 언어적 배경을 이뤘다. 또한, 겉으로는 어떤 입장을 따르는 것처럼 보이지만 실제로는 그 입장을 비판하는 표현 방식인 아이러니(irony)가 널리 사용되던 시기였다.

이러한 언어적 분위기 속에서 디포는『비국교도들을 다루는 가장 간단한 방법』을 발표하였다. 겉으로 보기에는 이 책이 국교도의 입장을 지지하는 듯 보인다. 디포는 비국교도들이 사회의 적이며, 이들을 철저히 처벌하고 완전히 제거해야 한다고 주장한다. 이러한 문장은 디포가 실제로 말한 문장이며, 발화적 행위에 해당한다. 그러나 스키너는 이러한 표면적 의미만으로는 디포의 발화를 이해할 수 없다고 본다. 그는 디포가 국교도의 말투와 주장을 흉내 내며, 의도적으로 과장된 표현을 사용했다는 점에 주목한다. 이러한 방식은 단순한 동조가 아니라, 국교도들의 극단적인 태도를 조롱하고 비판하려는 것이었다. 다시 말해, 디포는 그 발화를 통해 국교도들을 조롱하고 그들의 주장을 반어적으로 비판하는 발화 수반 행위를 수행한 것이다. 스키너는 디포의 이러한 발화 수반 행위를 이해하기 위해, 그가 글을 쓴 당시의 언어적 맥락과 사회적 맥락을 면밀히 분석하였다. 언어적 맥락에는 아이러니가 널리 사용되던 시대적 표현 관행과, 주장을 강화하거나 상대를 공격하기 위해 활용된 과장된 표현이 포함된다. 사회적 맥락에는 국교도와 비국교도 사이의 종교적 갈등, 그리고 국교도들의 불관용적인 태도가 해당한다.

② 사상적 맥락주의

비버의 사상적 맥락주의에서 맥락화의 대상은 과거 사람들이 가지고 있던 사상이다. 사상적 맥락주의는 과거 인물의 사상을 올바르게 이해하기 위해 그가 속했던 역사적 맥락을 분석하는 접근법이다. 비버가 정의한 역사적 맥락은 과거 사람들이 공유했던 전통적 믿음체계를 의미한다. 비버는 과거 사람들이 새로운 믿음을 수용할 때 전통적 믿음을 폐기하지 않고, 오히려 이를 바탕으로 새로운 믿음을 수정하여 통합하는 과정을 거친다고 보았다. 이 과정에서 전통적 믿음체계와 새로운 사상 간의 상호작용이 발생하며, 전통적 믿음체계는 변형되고 재구성된다. 따라서 비버의 사상적 맥락주의는 과거인들이 가지고 있던 전통적 믿음체계가 새로운 도전에 직면하여 어떻게 변형되었는지를 탐구하는 접근법이다.

비버는 언어적 맥락주의의 어떤 점을 비판했을까?

비버는 언어적 맥락이 과거 행위를 이해하는 데 전적으로 불필요하다고 보지는 않는다. 그는 언어적 맥락이 과거 인물의 행동을 이해하는 데 중요한 역할을 할 수 있음을 인정한다. 비버가 언어적 맥락주의를 비판하는 점은 다음과 같다. 언어적 맥락주의는 과거 행위를 이해할 때 언어의 규칙이나 관습만을 필수요소로 간주한다. 이러한 접근은 과거 사람들의 행위를 해석할 때 언어의 규칙과 관습에 지나치게 의존하게 만드는 경향을 초래한다.[123] 비버는 과거의 행위를 온전히 이해하기 위해서는 경우에 따라 언어보다 다른 요소들이 더 중요한 맥락을 제공할 수 있다고 본다.

다음의 예를 살펴보자. 철수의 아버지는 10년 동안 맥북 프로를 사용하다가 최근에 다른 브랜드의 노트북을 구입했다. 그러나 아버지는 새로 산 노트북을 찾을 때마다 "내 맥북 프로 어디에 있지?"라고 묻는다. 이를 들은 철수는 새로 산 노트북이 거실 탁자 위에 있다고 알려준다. 이 상황에서, 새 노트북을 기존 노트북의 이름으로 불러야 한다는 언어적 관습이 존재하는 것은 아니다. 철수가 아버지의 "내 맥북 프로 어디에 있지?"라는 발화를 이해할 수 있는 이유는, 아버지가 10년 동안 맥북 프로를 사용해 왔다는 과거의 경험을 알고 있기 때문이다.

이와 같이, 특정 행위를 이해하기 위해 필요한 맥락이 반드시 언어적 맥락일 필요는 없다. 위에서와 같이, 아버지의 노트북 사용과 관련된 과거의 기억처럼 언어 외적 요소가 더 중요한 역할을 할 때도 있다. 비버는 이러한 점을 지적하며, 언어적 맥락주의가 가지는 한계를 설명한다.[124]

사상적 맥락주의를 이해하기 위한 사례로, 19세기 기독교인들이 다윈(Charles Darwin, 1809~1882)의 진화론을 수용한 과정을 살펴보자.[125] 빅토리아 시대(Victorian era, 1837~1901)에 많은 기독교인들은 하나님이 세상을 직접 창조하셨다는 믿음을 견지하고 있었다. 그러나 1859년 다윈이 『종의 기원(On the Origin of Species)』을 발표하면서, 이러한 믿음은 근본적인 도전에 직면하게 되었다. 다윈의 진화론에 따르면, 모든 생명은 자연법칙에 따라 변화하고 발전해 왔다. 이는 세상의 모든 생명이 하나님의 직접적인 창조물이라는 기존의 교리와 상충했다. 이러한 상황에서 기독교인들은 다윈의 이론을 단순히 거부하거나 전적으로 받아들이기보다는, 종교적 신념과 과학 사이의 조화를 이루려 노력했다. 일부 기독교인들은 진화론을

'하나님이 자연 법칙을 통해 세상을 창조하신 방식'으로 해석하며, 진화 또한 하나님의 계획된 방법 중 하나로 이해했다. 이들은 하나님이 자연 속의 변화를 통해 여전히 세상을 다스리고 계신다고 믿으며, 자신의 신앙을 새로운 과학적 패러다임에 맞춰 수정하고 재구성했다. 이 과정은 기독교인들이 새로운 과학적 이론에 직면하여 자신들의 신념을 어떻게 조정하고 재정립했는지를 보여주는 좋은 사례이다. 비버의 사상적 맥락주의는 사람들이 새로운 도전이나 변화에 직면했을 때 기존 믿음체계를 수정하고 재구성하는 과정을 분석할 수 있는 이론적 틀을 제공한다.

③ 문화적 맥락주의

문화적 맥락주의는 과거 행위를 일종의 상징(symbol)으로 판단하고 그 상징의 의미를 파악하는 것을 목표로 한다. 이 이론은 행위의 의미를 이해하려면 행위가 이루어진 사회가 공유하는 상징체계를 이해하는 것이 필수적이라는 전제에 기반한다. 즉, 문화적 맥락주의는 각 사회마다 고유한 상징체계가 존재한다고 본다. 또한, 인간 행위는 이러한 체계 내에서 특정한 의미를 지닌다고 주장한다. 따라서 과거 사람들의 행위를 온전히 이해하기 위해서는 그 행위가 속해 있던 상징체계를 탐구해야 한다.

문화적 맥락주의는 '신문화사(New Cultural History)'에 의해 발전된 개념이다.[126] 신문화사는 1980년대에 등장한 역사 연구방법으로, 전통적인 정치사나 경제사 중심의 역사 서술에서 벗어나 인간의 언어, 관습, 의례 등을 심도 있게 연구하는 새로운 흐름을 대표한다. 이러한 접근은 사람들의 일상적 경험과 사회적 상호작용이 역사를 형성하는 데 얼마나 중요한지를 조명한다. 나아가 엘리트의 기록에 의존하여 정치사를 서술하는 것에서 벗어나, 대중의 사고와 감정을 이해하는 데 초점을 맞춘다.[127]

문화적 맥락주의의 방법론에 토대를 제공한 사람은 인류학자 기어츠(Clifford J. Geertz, 1926~2006)이다.[128] 기어츠는 인간이 세상을 인식하고 행동하는 방식이 그들이 속한 상징체계를 통해 형성된다고 주장했다. 상징체계란 특정 사회 내에서 사람들이 공유하는 "의미의 망(webs of significance)"[129]을 말한다. 이를 통해 사람들은 서로의 말과 행동을 이해한다. 인간의 행동은 단순한 물리적 움직임이 아니라, 공유된 상징체계, 즉 문화 속에서 특정한 의미를 지닌다.[130] 기어츠는 인류학을 이러한 상징체계를 연구하는 학문으로 정의했다. 그에 따르면, 인류학자의 주요 과제는 특정 공동체에서 사람들이 하는 행동의 상징적 의미를 그 행동이 발생한 상징체계 속에서 해석하는 것이다. 이러한 이유로 기어츠의 인류학적 방법론은 종종 '해석학적 인류학(Interpretive Anthropology)'이라고 불린다.

그러나 인류학자가 원시 부족처럼 자신과 완전히 다른 문화적 배경을 가진 사람들의 상징체계를 제대로 이해할 수 있을까? 이에 대해 기어츠는 연구대상의 행위 중 당황스럽게 느껴지거나 이해하기 어려운 것에서 연구를 시작하라고 제안한다. 이러한 당혹감과 어려움은 연구자와, 이를테면 원시 부족과 같은 연구 대상 사이에 존재하는 상징체계의 차이가 뚜렷하게 드러나는 지점이다.[131] 인류학자는 이러한 차이를 추적하고 분석함으로써 그들의 상징체계를 파악할 수 있다. 기어츠는 이러한 차이에서 발생하는 불편함과 낯섦이 장애물이 아니라, 오히려 그 상징체계를 이해하는 열쇠가 될 수 있다고 강조한다.

기어츠는 인간 공동체의 상징체계와 그들의 행위가 지닌 의미를 이해하는 방법으로 '두꺼운 묘사(thick description)'를 채택했다. 이 방법은 철학자 라일(G. Ryle, 1900~1976)로부터 빌려온 것이다.[132] 기어츠는 두꺼운 묘사를 '얇은 묘사(thin description)'와 대조하여 설명한다.[133] 얇은 묘사는 특정 행위의 표면적이고 관찰 가능한 부분만을 기록하는 반면, 두꺼운 묘사는 행위 자체의 묘사를 넘어 그 행위가 이루어진 물리적·사회적 환경, 행위자 간의 관계, 그리고 그 관계에서 발생하는 상호작용의 내용과 성격까지도 함께 이야기한다.

윙크(wink)를 예로 들어보자. 윙크는 겉으로는 한쪽 눈을 감는 단순한 신체적 행위이지만, 유혹이나 속임수와 같은 상징적 의미를 내포한다. 얇은 묘사에서는 윙크를 설명할 때, 한쪽 눈을 감고 뜨는 과정을 중심으로 신체적 행위의 세부적인 과정을 다룬다. 그러나 두꺼운 묘사는 그 이상의 요소들을 포함한다. 첫째, 두꺼운 묘사는 윙크가 발생하는 상황을 매우 구체적으로 묘사한다. 예를 들어, 윙크는 주로 가볍고 친근한 분위기에서 나타난다. 친구들끼리 비밀을 공유할 때 윙크가 자연스럽게 사용될 수 있다. 이런 사적인 자리에서는 윙크가 유머나 공모(共謀)의 신호로 인식될 가능성이 크다. 즉, 두꺼운 묘사는 단순한 신체적 행위인 윙크가 이러한 특정 상황에서 어떻게 의미를 지니게 되는지를 자세히 설명하는 것이다. 둘째, 두꺼운 묘사는 윙크가 발생하는 사람들 간의 사회적 관계를 매우 구체적으로 설명한다. 윙크는 주로 친구나 가족처럼 가까운 사이에서 자연스럽게 이루어진다. 이들은 서로의 행동을 잘 이해하기 때문에, 윙크를 유머나 장난으로 받아들일 가능성이 크다. 마지막으로, 두꺼운 묘사는 그 관계에서 이루어지는 상호작용의 내용과 성격도 분석한다. 한쪽 눈의 깜박임이 발생했을 때, 오간 대화가 무엇인지가 중요하다. 예를 들어, 대화가 진지하고 무거운 주제를 다루고 있다면, 상대방의 한쪽 눈 깜박임은 윙크로 보기 어렵다. 이러한 경우, 이는 의도적인 윙크라기보다 단순한 눈 깜박임일 가능성이 크다.

기어츠는 「깊은 놀이: 발리 닭싸움에 대한 기록(Deep Play: Notes on the Balinese Cockfight)」(1972)[134]에서 두꺼운 묘사 방법을 사용해 발리섬 닭싸움의 의미를 해석한다. 그는 닭싸움에 대해 다음과 같은 주요 요소들을 묘사한다.

첫째, 기어츠는 닭싸움이 이루어지는 장소에 초점을 맞추어 구체적인 상황을 묘사한다. 닭싸움은 마을 중심에서 열리는 중요한 사회적 행사다. 이 장소는 마을 남성들이 정기적으로 모여 사회적 결속을 다지고 공동체 내에서 자신의 역할을 확인하는 공간으로 기능한다. 경기가 열리는 곳은 마을 사람들이 자연스럽게 모여드는 활기찬 장소다. 경기장 안에서는 긴장감이 고조되고, 모든 이들이 경기에 몰입한다. 닭싸움이 벌어지는 순간, 닭들의 움직임 하나하나에 모두의 시선이 집중된다. 관중들은 닭들의 싸움이 펼쳐지는 공간 속에서 승패에 따라 환호하거나 아쉬움을 표출하며 다양한 감정을 드러낸다.

둘째, 기어츠는 닭싸움에 참여하는 사람들 간의 사회적 관계를 세밀하게 분석한다. 경기 참가자와 관객 간의 관계는 단순히 경기를 관람하는 수준을 넘어선다. 닭싸움에서 사람들의 베팅은 그들 사이의 오랜 사회적 동맹이나 긴장을 반영한다. 누가 누구와 한 팀이 되는지는 그들 간의 관계를 드러내는 중요한 요소이다. 또한, 베팅 금액은 참가자들의 사회적 지위를 반영하며, 지위가 높은 사람일수록 더 큰 금액을 베팅하는 경향이 있다. 기어츠는 이러한 팀 구성과 베팅이 발리 사회 내 복잡한 관계망을 어떻게 표출하는지를 구체적으로 설명한다.

셋째, 기어츠는 닭싸움 중 이루어지는 사람들 간의 상호작용을 분석한다. 경기 중 오가는 대화와 행동은 단순한 스포츠 관람을 넘어, 참가자들의 사회적 위치와 긴장을 드러내는 중요한 순간들로 가득하다. 예를 들어, 경기 결과를 둘러싼 대화, 베팅과 관련된 논의, 경기 흐름에 따라 변화하는 분위기는 모두 참가자들이 속한 사회적 맥락과 긴밀히 연결되어 있다.

위와 같은 두꺼운 묘사를 통해, 기어츠는 표면적으로 단순한 도박처럼 보일 수 있는 닭싸움이 실제로는 남성성, 사회적 지위, 공동체 정체성과 밀접하게 연관된 상징적 의례임을 밝혀낸다. 즉, 닭싸움은 발리인들이 그들의 가치관과 사회적 관계, 정체성을 표현하고 재확인하는 중요한 사회적 퍼포먼스가 된다. 결론적으로, 기어츠는 두꺼운 묘사를 통해 닭싸움의 표면적 모습을 넘어 그 안에 담긴 문화적 논리를 해석한다. 이를 바탕으로 닭싸움이 발리인들의 정체성과 사회 질서를 상징적으로 표현하는 깊이 있는 상징적 행위임을 밝혀낸다.

단턴(Robert Darnton)의 『고양이 대학살(The Great Cat Massacre)』(1984)[135]은 기어츠의 두꺼운 묘사를 역사 연구에 적용한 대표적인 사례로 꼽힌다.[136] 이 책에서 단턴은 수습 인쇄공들(apprentice printers)의 열악한 생활 조건을 분석하고, 그들이 인쇄소 주인과 맺은 관계를 살펴본다. 인쇄소 주인의 아내와 수습 인쇄공들 사이의 관계도 조명하며, 고양이가 18세기 프랑스 사회에서 지닌 상징적 의미를 탐구한다. 이 내용을 자세히 살펴보면 다음과 같다.

첫째, 단턴은 인쇄공들의 열악한 생활 조건을 매우 구체적으로 묘사한다. 18세기 프랑스의 인쇄소에서 견습생들은 쥐가 들끓는 작업장에서 썩은 음식을 먹으며 하루하루를 견뎌야 했다. 그들은 낮은 임금과 억압적인 노동 환경 속에서 좌절과 불만을 쌓아갔고, 이러한 비참한 생활은 점차 더 큰 사회적 불만으로 이어졌다. 단턴은 인쇄공들의 열악한 환경이 그들이 고양이를 죽이는 극단적인 행위로 나아가게 된 배경임을 생생하게 그려낸다. 둘째, 단턴은 인쇄소 주인과 그의 아내, 그리고 인쇄공들 간의 관계를 세밀하게 묘사한다. 주인과 그의 아내는 인쇄공들을 부려먹으면서도 그들에게 친절하지 않았다. 주인은 권위적이었고, 그의 아내는 인쇄공들을 냉대하는 동시에 고양이를 애정으로 돌봤다. 셋째, 단턴은 당시 프랑스에서 고양이가 부르주아 계급의 상징적 애완동물로 자리 잡고 있었음을 설명한다. 고양이는 부르주아가 애정을 쏟아 기르던 동물이었다. 부르주아 가정에서 고양이는 사치와 권위를 나타내는 존재였다.

위와 같은 두꺼운 묘사를 통해, 단턴은 고양이를 죽인 행위가 부르주아의 권위와 특권에 대한 상징적 공격임을 드러낸다. '고양이 대학살'은 인쇄공들의 좌절감과 계급적 반발이 응축된 상징적 행위였으며, 단순한 폭력이 아닌 사회적 저항의 일환이었다.[137]

(3) 사학사적 맥락화

사학사적 맥락화는 역사가의 해석을 이해할 때, 그 해석이 등장하게 된 배경과 그 이전 해석들과의 관계를 살펴보는 행위이다. 이 접근에서 중요한 점은 특정 역사적 해석이 그 시대의 정치, 사회, 문화, 학문적 상황과 어떤 연관을 가지는지를 파악하는 것이다. 또한, 그 해석이 다루는 주제에 대해 이전에 어떤 해석들이 있었는지, 그러한 해석들이 어떻게 변화해 왔는지도 함께 이해해야 한다. 즉, 사학사적 맥락화는 역사 해석을 그것이 탄생한 환경과 그 이전 해석들과의 관계성 속에서 바라본다. 이를 통해 해당 해석이 가지는 성격과 의미를 이해한다. 역사교육에서 사학사적 맥락화의 중요성을 강조한 연구자로는 팰러스(T. Fallace)가 있다.[138] 그는 와인버그의 역사적 사고 연구를 비판하면서, 학생들이 역사를 더 잘 이해하려면 사학사적 사고도 함께 배워야 한다고 주장했다.

팰러스는 와인버그의 역사적 사고 연구를 두 가지 측면에서 비판했다. 첫째는 역사철학(historiology)과 사학사(historiography) 간의 균형 문제이고, 둘째는 와인버그 연구의 방법론적 한계이다.

팰러스는 역사철학과 사학사를 구분한다. 역사철학은 역사에 대한 철학적 질문을 다루며, '과거에 실제로 무슨 일이 일어났는지 우리가 진정으로 알 수 있을까?' 또는 '역사지식은 객관적인가?'와 같은 문제를 탐구한다. 와인버그는 이러한 역사철학적 사고를 강조한다.[139] 와인버그에 따르면, 역사수업에서 학생들은 역사학에 대한 회의적인 시각을 가지고 역사적 해석의 진실성에 대해 끊임없이 질문해야 한다. 반면, 사학사는 역사가들이 특정 사건을 어떻게 해석해 왔는지를 이해하는 데 초점을 맞춘다. 이는 역사가들 간의 논쟁을 살펴보고, 새로운 증거나 방법론에 따라 해석이 어떻게 변화했는지를 분석하는 작업이다. 사학사적 접근은 역사 서술을 지속적으로 변화하는 대화로 간주한다. 팰러스는 사학사가 역사적 해석을 이해하는 데 필수적이라고 주장한다. 사학사는 학생들이 역사학계의 진화하는 해석 과정을 직접적으로 경험하고, 역사 논쟁의 흐름에 참여할 수 있도록 돕는다.

> **와인버그에 대한 팰러스의 비판은 정당한 것일까?**
>
> 와인버그가 역사지식의 객관성 문제를 지나치게 강조한다는 팰러스의 비판은 논란의 여지가 있어 보인다. 또한, 와인버그가 역사에 대한 회의주의적 질문을 바탕으로 역사교육을 개념화했다고 한 팰러스의 주장 역시 재검토가 필요하다. 세이셔스가 지적했듯이, 와인버그를 비롯한 대부분의 역사교육 연구자들은 실재주의적 기준주의 입장을 취하고 있다. 와인버그가 제시한 역사적 사고의 하위 범주 규정과 역사적 사고 교육을 위한 교수·학습 모형은 모두 실재주의적 기준주의를 전제하고 있다. 그가 개발한 '역사가처럼 읽기(Reading Like a Historian)'[140] 교육과정은 학생들이 역사적 사고를 체계적으로 학습할 수 있도록 설계되었다. 예를 들어, 학생들은 자료의 출처를 분석하여 신뢰성을 평가하는 활동에 참여한다. 이러한 교육 활동은 학생들이 역사적 사고의 원리를 체득하면 역사 텍스트를 올바르게 이해하고 해석할 수 있다는 전제에서 출발한다. 따라서 와인버그의 연구가 객관성 문제에 초점을 맞추고 있다는 것은 무리한 주장이다. 오히려 그의 연구는 학생들이 역사적 사고를 통해 텍스트를 이해하고 해석하는 능력을 함양하는 데 중점을 두고 있다.

두 번째로, 팰러스는 와인버그의 방법론을 "결정론적(deterministic)"[141]이라고 비판한다. 와인버그의 연구는 빈번히 역사가들에게 그들의 전문 분야 밖에 있는 자료를 제시하고, 그들이 이를 어떻게 해석하는지를 관찰한다. 이러한 설정에서는, 역사가들이 텍스트 분석 기술(예를 들어 확증)에만 의존할 수밖에 없다. 다시 말해, 역사가들은 보통 그들이 사료를 읽을 때 의존하는 배경 지식을 활용할 수 없다. 팰러스는 이러한 접근법이 역사가들의 반응을 기본적인 분석 기술에만 국한시킨다고 주장한다. 와인버그의 연구가 실제 역사 해석의 깊이를 충분히 반영하지 못한다는 것이다. 역사가는 자료를 고립된 상태에서 해석하지 않는다. 역사가는 자신의 분야에서의 이전 해석, 논쟁, (고고학적 혹은 새로운 사료의) 발견 등을 포함하는 풍부한 사학사적 지식을 활용한다. 팰러스는 와인버그가 이러한 사학사적 맥락에서 역사가들을 분리한 점을 문제로 삼는다. 그는 와인버그의 연구가 역사가들이 실제로 작업하는 방식을 충분히 반영하지 못한다고 지적한다.

팰러스의 사학사적 사고 논의에 기반하여 사학사적 맥락화를 설명해 보자. 사학사적 맥락화의 주요 요소 중 하나는 특정 주제에 대해 여러 역사가들이 쓴 글을 읽고 그 해석들을 비교하는 것이다. 예를 들어, 남북전쟁(American Civil War, 1861~1865)에 대한 해석 변화를 살펴보자. 20세기 초, 많은 역사가들은 남북전쟁의 주요 원인을 주권(rights of states) 문제로 보았다. 당시에는, 각 주가 연방 정부로부터 독립적인 권리를 주장하며 발생한 갈등이 전쟁의 원인으로 강조되었다. 그러나 시간이 지나면서 역사가들은 남북전쟁의 핵심 원인이 노예제였다는 관점을 받아들이게 되었다. 이 새로운 관점은 주권 문제가 노예제를 정당화하는 도구로 사용되었음을 보여준다. 이후의 연구에서는 경제적 요인, 지역 간 산업구조 차이, 사회적 긴장 등 다양한 요인들이 복합적으로 작용했다는 주장도 제기되었다.[142)]

사학사적 맥락화의 또 다른 중요한 부분은 역사가들의 견해가 시간이 지남에 따라 '왜' 변해왔는지를 이해하는 것이다. 역사가들의 해석은 그들이 살아가는 시대의 사회적, 정치적 환경뿐만 아니라, 당대의 지적 흐름, 새로운 자료의 발견, 그리고 연구 방법론의 발전에 의해 영향을 받는다. 예를 들어, 1960년대 민권운동(Civil Rights Movement)은 미국 역사학에 큰 전환점을 가져왔다. 이 시기의 사회적 변화는 역사 연구의 주제와 초점에도 반영되어, 이전에 간과되었던 인종 문제와 노예제에 대한 연구가 활발해졌다.[143)]

사학사적 맥락화는 학생들에게 '무슨 일이 일어났는지'를 외우게 하는 대신, '역사가들이 그 사실을 어떻게 밝혀냈는지'를 이해하도록 가르친다. 학생들은 다양한 해석을 비교하면서 다음과 같은 질문을 던지게 된다. "이 역사가가 왜 이 주제에 집중했을까?" 또는 "이 새로운 해석은 이전 해석에 어떻게 도전하고 있는가?" 사학사적 맥락화를 통해 학생들은 역사가 끊임없는 발견과 논쟁, 새로운 관점으로 이루어진 대화의 장(場)임을 이해한다.

4. 역사적 사고에 대한 경험중심주의적 접근

1) 민주시민 양성을 위한 역사교육

경험중심교육과정은 듀이의 교육 철학을 반영한 접근법으로, 학습자의 실제 경험을 중심에 두고 교육이 이루어져야 한다는 그의 사상에 기반한다. 듀이는 학생들이 스스로 문제를 발견하고 해결하는 과정을 통해 비판적 사고력과 문제 해결 능력을 기를 수 있어야 한다고 보았다. 그에 따르면 학습자는 자신의 관심사와 배경을 학습 과정에 반영할 수 있어야 한다. 그리고 교육은 현실 세계와 긴밀하게 연결된 환경 속에서 이루어져야 한다. 이러한 교육 환경은 학생들이 자신의 주변 세계를 탐색하고 이해할 수 있도록 돕는다. 듀이는 교육이 단순한 지식 전달을 넘어서, 학생들에게 사회적 책임감을 심어주고 이를 실천할 수 있는 기회를 제공해야 한다고 보았다. 경험중심교육과정은 이러한 철학을 바탕으로, 학생들이 사회에 효과적으로 기여할 수 있는 역량을 함양하는 데 초점을 맞춘다. 마지막으로, 경험중심교육과정은 다양한 학문 분야를 통합하는 학제 간 학습을 특징으로 한다. 이를 통해 학생들은 보다 폭넓은 시각에서 문제를 이해하고, 창의적으로 해결 방안을 모색할 수 있게 된다.

역사교육에서 경험중심교육과정을 대표하는 연구자는 바튼이다.[144] 바튼은 듀이의 교육철학에 따라 역사교육의 목적을 민주시민 양성에 두고 있다. 그의 민주시민 정의(定義) 역시 듀이의 철학을 바탕으로 하고 있다. 듀이의 민주주의 이론은 크게 두 가지 개념에 입각해 있다. 하나는 "공동체(community)"이고, 다른 하나는 "협력적 탐구 과정(collaborative process of inquiry)"이다.[145] 첫째로, 듀이는 인간이 독립적인 개체로서보다는 공동체로서 더 많은 문제를 해결할 수 있으며, 번영할 수 있다고 보았다. 그러나 공동체는 다양한 이해관계와 가치 지향을 가진 개인들로 구성되어 있다. 따라서 다원성(pluralism)은 인간 공동체의 존재 조건이라 할 수 있다. 개인들은 문제 해결을 위해 공동의 숙의(熟議, deliberation)에 참여한다. 이를 통해 공익(公益, common good)에 대한 개념을 형성하고 그 내용을 규정할 수 있게 된다. 바튼은 듀이의 사상에 기반하여, 역사교육이 공동의 숙의에 참여하고 공공선을 도출할 수 있는 시민적 태도와 역량을 학생들에게 길러줄 수 있다고 보았다.[146] 그리고 이것이 역사교육의 목적이 되어야 한다고 생각한다.

듀이는 공동 숙의 과정에서 이루어지는 핵심적인 지적 활동을 '반성적 사고(reflective thinking)'라고 정의했다. 반성적 사고는 인간이 문제를 구성하고 해결하는 과정을 통해 지식을 형성하는 인지적 활동이다. 듀이는 이 과정을 다섯 단계로 구체화했다: 직관적 제안 → 문제 형성 → 가설 설정 → 심화된 사고 → 검증.[147] 이를 단계별로 살펴보면 다음과 같다.

1. 직관적 제안: 문제를 느끼고 나서 처음으로 이런저런 방법을 떠올려 보는 것
   어느 날 수업 도중, 교사는 학생들이 자주 산만해지고 집중하지 못한다는 것을 느낀다. 순간적으로 "자리 배치를 바꾸면 좀 나아지지 않을까?"라는 생각이 떠오르지만, 곧바로 실행에 옮기지 않는다. 단순한 제안으로는 이 문제를 해결할 수 있을지 확신할 수 없기 때문이다. 즉, 의심(doubt)이 행동을 유보시킨다.
2. 문제 형성: 막연한 어려움을 구체적인 문제로 바꿔 생각하는 것
   교사는 이 현상이 단지 일시적인 것이 아니라 반복된다는 것을 인식하고, 단순한 느낌을 '문제'로 구조화한다. "왜 학생들은 수업 중 집중하지 못하는가?"라는 질문을 중심으로 문제의 본질을 탐색하려는 사고의 전환이 일어난다.
3. 가설 설정: 여러 가지 가능성을 가설로 세워 보기
   교사는 여러 가능성을 생각한다. "학생들이 수업 내용을 지루해하는 걸까?", "교실 환경이 너무 소란스러운 걸까?", "수업 방식이 일방적이어서 그런 걸까?" 등 다양한 가능한 원인을 가설로 설정하고, 각각을 바탕으로 추가적인 사고를 전개한다. 이 단계에서 제안들은 단순한 생각이 아니라, 검토할 만한 가설로서 기능한다.
4. 심화된 사고: 가설을 머릿속에서 자세히 따져보는 사고 과정
   교사는 각 가설에 대해 깊이 있는 사고를 시도한다. 예를 들어 "수업이 너무 일방적이다"라는 가설이 떠오르면, 먼저 자신의 수업 방식이 실제로 교사 중심의 설명에 치우쳤는지를 성찰한다. 그런 다음, 학생들이 거의 발언하지 않거나 질문이 없었던 이전 수업의 구체적인 사례를 떠올리며 가설의 타당성을 검토한다. 이러한 "정신적 정교화(mental elaboration)" 과정에서, 가설은 점차 이론적 타당성을 갖추게 된다. 단순한 직관이 아니라 사고의 결과물로서 다듬어지는 단계이다.
5. 검증: 생각해 낸 가설을 실제로 해보고, 그 결과를 성찰하는 단계
   마침내 교사는 "학생 중심의 활동을 도입해 보자"는 판단을 내리고, 실제 수업에서 조별 토론과 발표를 시도한다. 그러자 학생들이 더 적극적으로 자신의 의견을 말하고, 수업에 집중하는 모습도 뚜렷해진다. 교사는 이러한 변화를 바탕으로 자신의 판단이 효과적이었는지 생각해 본다. 이렇게 판단, 실천, 성찰이 이어지며 반성적 사고의 순환이 완성된다.

바튼은 역사교육에서 학생들이 반성적 사고 과정을 통해 능동적으로 문제를 구성하고 해결하는 경험을 가지는 것이 중요하다고 주장한다. 특히, 그는 학생들이

'문제 형성'을 직접 경험하는 것이 중요하다고 말한다. 그러나 미국을 포함한 여러 나라에서 제공하는 대부분의 역사 탐구 활동은 문제 형성 과정을 학생들이 직접 체험하지 못하도록 설계되어 있다. 대부분의 경우, 역사 자료 분석 활동은 교사가 미리 구성한 문제를 읽고, 이를 해결하기 위해 제시된 자료를 분석하는 데 그친다. 이는 학생들이 스스로 문제를 발견하고 정의할 기회를 제한한다.

바튼의 주장에 따르면, 역사수업에서 학생들은 역사적 맥락에서 발생하는 불확실한 상황을 직접 체험해야 한다. 또한, 이 경험을 문제로 정의할 수 있어야 한다. 여기서 중요한 점은 학생들이 역사적 문제를 정의할 때, 그것을 자신의 현재적 삶과 연관된 문제로 설정해야 한다는 것이다. 이러한 접근은 학생들이 과거의 사건을 단순히 이해하는 데 그치지 않도록 돕는다. 학생들은 역사 학습을 자신의 경험과 연결하며 더 깊이 있는 이해를 형성하게 된다. 궁극적으로 이러한 학습 과정은 학생들이 역사적 탐구를 통해 현재의 삶 속에서 역사적 의미를 능동적으로 탐색하도록 이끈다. 이를 통해 학생들은 민주시민으로서 갖추어야 할 자질을 점차 형성하게 된다.

2) 바튼과 와인버그의 역사적 사고에 대한 관점 차이

(1) 바튼의 역사적 사고 영역고유성 비판[148)]

바튼은 와인버그가 주장한 역사적 사고의 영역고유성을 부정한다. 그는 역사적 사고의 핵심 요소인 감정이입(특히 관점 인식적 측면), 인과관계 분석, 출처확인이 역사학에만 국한되지 않으며, 다른 사회과학에서도 중요한 역할을 한다고 주장한다. 이러한 사고방식은 역사학만의 독특한 특징이 아니라 여러 학문에서 공통적으로 사용되는 일반적 사고방식이라는 것이다.[149)]

감정이입은 과거 사람들의 생각과 행동을 그들이 살았던 시대적, 사회적 맥락을 고려하여 이해하는 사고방식이다. 이는 과거를 현재의 시각으로 평가하지 않고, 당시의 상황과 조건을 이해하는 과정을 포함한다. 인류학에서도 감정이입적 방법이 사용된다. 예를 들어, 한 부족의 전통적 의례나 관습이 외부인의 시각으로는 비합리적으로 보일 수 있다. 그러나 그 부족의 역사와 문화적 배경을 살펴보면, 그들 행동의 의미를 이해할 수 있다. 이는 해당 문화 내부의 시각에서 행동의 의미를 파악하려는 시도이다. 사회학에서도 개인이나 집단의 행동을 그들의 사회적 맥락에서 분석한다. 예를 들어, 특정 계층의 사람들이 왜 특정한 방식으로 행동하는지 이해하기 위해, 그들이 처한 경제적 상황, 계급 구조, 사회적 압력을 함께 고려한다. 바튼은 이러한 예를 통해 감정이입이 인류학과 사회학을 포함한 여러 학문에서 공통적으로 사용된다고 주장한다.

마찬가지로, 인과관계 분석은 특정 사건이 왜 발생했는지와 그것이 어떤 결과를 초래했는지를 파악하는 사고방식으로, 역사학뿐만 아니라 정치학이나 경제학에서도 중요한 역할을 한다. 역사가는 제1차 세계대전의 원인을 분석할 때 군비 경쟁, 동맹 체제, 민족주의 등을 고려한다. 정치학자 역시 국제 갈등의 원인을 분석할 때 이와 유사한 접근 방식을 활용한다. 출처확인 또한 역사학에서만 사용되는 방법이 아니다. 출처의 신뢰성을 평가하고 그것에 특정 관점이나 편향이 포함되어 있는지를 분석하는 방법은 언론학, 법학, 사회학 등 다양한 분야에서 사용된다. 예를 들어, 사회학자는 인터뷰 자료의 신뢰성을 평가할 때, 법학자는 증언의 신뢰성을 평가할 때 출처확인 기법을 활용한다.

바튼은 역사적 사고가 역사학에만 고유한 것이 아니라, 민주시민적 사고와 많은 공통점을 가진다고 본다. 그는 역사적 사고에 대한 학문중심주의적 접근 방식을 비판적으로 바라본다. 바튼에 따르면, 학문중심주의적 접근은 역사적 사고의 절차적 지식(즉, '어떻게 하는지 아는 것')에 지나치게 집중한다. 이 접근은 학생들이 자신의 관심사나 자신이 중요하다고 여기는 문제를 탐구하기보다, 역사적 문제 해결에만 역사적 사고를 적용하도록 요구한다.

바튼은 절차적 기술의 학습 필요성을 부정하지는 않는다. 다만, 이 기술이 현재와 연관된 내용과 함께 학습될 때 더욱 효과적이라고 본다. 예를 들어, 학생들이 역사적 증거를 분석하는 방법만 배운다면, 이는 기술 습득에 그칠 가능성이 크다. 이 경우, 학생들은 인종차별, 식민주의, 대량학살과 같은 현재와 연관된 역사적 주제를 다루며 얻을 수 있는 사회적 책임감을 놓칠 수 있다. 결론적으로, 바튼은 역사적 사고 교육이 과거의 텍스트를 분석하는 능력을 가르치는 데 그쳐서는 안 된다고 주장한다. 그에 따르면, 역사적 사고 교육의 목표는 학생들이 책임감 있는 태도를 갖춘 민주시민으로 성장하도록 돕는 것이 되어야 한다.[150)]

(2) 바튼의 '돌봄으로서의 감정이입'

① 감정이입에 대한 전통적 접근: 인지적 행위로서의 감정이입

역사교육에서 감정이입에 대한 논의는 크게 두 가지 방향에서 진행되어 왔다. 하나는 감정이입을 "인지적 기능(cognitive function)"[151]으로 바라보는 관점이다. 또 다른 접근은 감정이입의 인지적 측면을 인정하면서도, 이를 정의적 요소를 포함한 복합적 행위로 이해한다. 전통적으로 역사교육에서는 감정이입을 인지적 행위로 해석하는 관점이 주류를 이루어 왔다. 대표적인 학자로는 포스터(S. Foster), 리(P. Lee), 애슈비(R. Ashby), 예거(E. A. Yeager)가 있다. 이들에 따르면, 감정이입은 역사적 맥락 속에서 과거 인물의 행동을 합리적으로 해석하는 인지적 과정이다. 즉 감정이입은 사료에 근거하여 역사적 인물이 수행한 행동의 이유를 합리적으로 추론하는 행위이다. 따라서 감정이입을 통해 도달한 역사 해석은 "논리적 객관성(reasoned objectivity)"[152]을 갖는다.

인지적 행위로서의 감정이입은 공감(sympathy)이나 동일시(identification)를 경계한다. 공감은 과거 인물의 감정을 이해하고 공유하려는 감정적 반응으로, 역사적 분석보다는 도덕적 평가로 이어질 가능성이 크다. 포스터는 "역사적 인물과의 감정적 몰입은 역사 연구의 본질을 흐릴 위험이 있다"[153]라고 지적하며, 감정이입 과정에서는 정서적 거리감을 유지함으로써 객관성을 확보해야 한다고 강조한다. 동일시는 과거의 인물과 자신을 동일한 입장에 놓고, 마치 자신이 그 사람이 된 것처럼 느끼고 생각하는 행위를 의미한다. 즉, 동일시는 "과거 사람들의 눈을 통해 세계를 바라보는 것(get behind the eyeballs of people in the past)"[154]으로 정의될 수 있다. 그러나 이러한 동일시에는 두 가지 문제점이 존재한다. 첫째, 동일시는 공감과 마찬가지로 객관적인 분석보다는 감정적인 몰입을 유도할 위험이 있다. 둘째, 어떤 역사가도 실제로 과거의 특정 인물이 되어 그 사람처럼 느끼며 생각할 수는 없다. 역사 연구는 본질적으로 현재의 시점에서 이루어진다. 과거의 인물이 내린 결정에 대해 우리는 이미 그 결과를 알고 있는 상태에서 해석을 시도한다. 이러한 시간적 거리와 인식의 비대칭성 때문에, 당시 사람들이 느꼈던 불확실성과 내적 갈등을 우리가 온전히 재현하기는 어렵다.[155] 이와 같은 이유로 예거와 포스터는 다음과 같이 주장한다.

> 역사적 감정이입은 단순한 상상력 훈련(예: "당신이 아파치(Apache) 전사라고 상상해 보세요"), 과도한 동일시(예: 학생들에게 아돌프 히틀러와 동일시하도록 요구하는 것), 또는 공감(예: 학생들에게 노예제 피해자에게 공감하도록 장려하는 것)에 기반해서는 안 된다.[156]

결론적으로, 감정이입은 나와 역사적 인물을 동일시하는 것이 아니라, 그들이 살았던 시대적 맥락을 고려하여 그들의 사고방식과 선택을 분석하는 과정이다.

감정이입을 버리라고 주장한 나이트(P. Knight)

나이트는 감정이입 개념이 역사교육에서 사용되어서는 안 된다고 주장하며, 그 근거를 다음과 같이 제시한다.

첫째, 감정이입은 개념적으로 불명확하다. 철학이나 심리학에서도 감정이입은 일관된 정의를 갖지 못하고 있다. 감정이입은 공감(sympathy), 역할 바꾸기(role-taking), 상상력(fantasy) 등과 뒤섞여 사용되어 왔다. 역사교육에서는 '과거 인물의 입장이 되어 보기'나 '그들의 감정을 느껴 보기' 등으로 표현되기도 한다. 그러나 개념이 모호하기 때문에 교사들 사이에서도 용어 사용에 혼란이 반복된다. 이런 개념적 모호성은 교육 목표를 설정하는 데에도, 수업을 설계하는 데에도 장애가 된다.[157]

둘째, 감정이입은 역사적 사고를 촉진하기보다 감정적 반응에 머물게 할 위험이 있다. 감정이입을 강조할 경우, 학생들은 과거 인물이나 집단에 대한 공감에 집중하게 된다. 이로 인해 그들의 선택이나 행동이 왜 일어났는지를 분석하거나 설명하는 데까지 나아가지 못할 수 있다. 나이트는 특히 굶주린 농민이나 억압받은 소수자와 같은 사례에서 이러한 문제를 지적한다. 그는 감정이입이 단순히 부정적인 감정을 '느끼게' 하는 수업으로 이어질 수 있다고 비판한다. 그 결과, 학생들은 논리적 설명보다는 감정적 묘사에 머물게 된다. 이는 역사적 이해의 핵심인 인과적 추론과 비판적 사고를 약화시킨다.[158]

셋째, 감정이입은 평가의 신뢰성과 타당성을 확보하기 어렵다. 감정이입은 심리적으로 측정 가능한 개념이 아니다. 따라서 학생이 얼마나 감정이입을 했는지를 신뢰성 있게 평가하기는 매우 어렵다. 실제 수업에서는 감정이입 수준을 평가할 때, 명확한 기준 없이 감정 표현이나 묘사 능력에 의존할 가능성이 높다. 이는 역사적 사고나 설명 능력 같은 핵심 학습 목표와 연결되기 어렵다. 나이트는 감정이입을 평가하려는 시도를 "허상을 측정하는 것(attempts to measure a chimaera)"[159]이라며 비판한다.

② '인지(Cognition)'에서 '돌봄(Care)'으로: 감정이입에 대한 바튼의 '정의적(情意的) 전환(Affective Turn)'

위에서 보았듯이, 전통적으로 역사교육 연구자들은 감정이입을 인지적 행위로 인식해 왔다. 그러나 점차 정의적 측면에 주목하는 연구자들이 등장하기 시작했다. 이들은 감정이입의 인지적 기능을 부정하지 않는다. 다만, 기존 연구자들이 정의적 요소를 경계하거나 배제했던 것과 달리, 감정이입에서 정의적 요소가 수행하는 생산적 역할에 주목한다. 이러한 '정의적 전환'의 본격적인 출발점에 선 인물이 바로 바튼이다.

바튼 이전에 감정이입의 정의적 차원을 인정한 역사교육 연구자는 누구인가?

감정이입의 정의적 차원은 바튼의 독창적인 주장이 아니다. 그 이전에도 이에 주목한 연구자들이 있었다. 1990년대 말, 스턴(B. S. Stern)은 감정이입의 과정에서 정의적 요소가 수행하는 역할을 논의했다. 엔더컷(J. L. Endacott)은 스턴을 감정이입에 인지적으로 접근한 연구자로 분류한다.[160] 물론 스턴에게 감정이입은 과거 사람들이 왜 그렇게 행동했는지를 이해하려는 것이지, 그들의 행동에 동의하거나 이를 용서하는 것을 의미하지는 않는다. 그러나 그가 정의적 측면을 완전히 배제했다고 보기는 어렵다. 스턴은 감정이입을 기르기 위한 다섯 단계 모델을 다음과 같이 제시한다.

1. 학생 자신의 생각과 감정을 역사적 상황에 투사하기

학생은 책 속 인물의 이야기에 반응하며, 자신의 생각과 감정을 그 역사적 상황에 투사할 수 있어야 한다. 이는 단순히 과거를 바라보는 것이 아니라, 과거 인물의 입장에서 생각하고 느껴보려는 시도를 의미한다. 예를 들어, "전쟁 중의 독일 여성으로 살아간다면 나는 어떤 감정과 생각을 가졌을까?"와 같은 질문을 던져볼 수 있다.

2. '역설(paradox)' 인식하기

현재의 상식으로는 이해되지 않는 과거의 행동을 이해하려는 노력이 필요하다. 이러한 지점이 감정이입의 출발점이 된다. "왜 그런 선택을 했을까?"라는 질문이 핵심이다. 예를 들어, "나치에 협력했던 사람들은 모두 악한 존재였을까? 당시 그들에게는 어떤 논리가 있었을까?"와 같은 물음이 이에 해당한다.

3. 적절한 사료와 참고 자료 사용하기

감정이입은 상상만으로 이루어질 수 없다. 반드시 사실에 기반한 정보와 사료가 뒷받침되어야 한다. 사료, 구술 기록 등은 정확하고 근거 있는 이해를 돕는다. 예를 들어, 여성들의 인터뷰 기록을 통해 그들이 실제로 어떤 경험을 했는지 확인할 수 있다.

4. 특정 개인이나 사건 하나에 집중하기

감정이입을 위해서는 특정 인물이나 개별 사건에 집중하는 것이 효과적이다. 집단 전체보다 구체적인 '한 사람'의 이야기를 통해 역사 속 인간성을 더 깊이 이해할 수 있다. 예를 들어, 문트(Frau Mathilde Mundt, 나치 시대를 살았던 독일 여성으로, 홀로코스트에 대해 무엇을 알고 있었는지를 묻는 질문에 명확한 답변을 회피한 인물)의 인터뷰를 통해, 그가 어떤 상황에 처해 있었고, 그 속에서 어떤 태도를 보였는지를 살펴볼 수 있다.

5. 공감과 상호 이해의 부족이 낳은 오해, 갈등, 비극 살펴보기

역사 속에는 다양한 인물과 입장이 존재한다. 이들이 서로를 충분히 이해하지 못할 때, 오해와 갈등, 비극이 발생했다. 학생들은 서로 다른 사람들의 시각과 선택을 비교하고, 그 결과가 사회에 어떤 영향을 주었는지 비판적으로 탐구해야 한다. 예를 들어, 어떤 독일 여성은 유대인 이웃을 외면했고, 다른 여성은 위험을 무릅쓰고 도왔다. 이 두 선택이 어떤 결과를 낳았는지를 비교하면서, 공감과 상호 이해의 부재가 어떤 비극으로 이어졌는지 생각해 볼 수 있다.

스턴의 감정이입 설명에서 정의적 요소는 학생의 내면적 반응을 이끌어내고, 역사적 맥락 속 인물과 상황에 몰입하게 하는 핵심적 기능을 수행한다. 학생은 자신의 생각과 감정을 역사적 상황에 투사함으로써 단순한 관찰자가 아니라, 과거 인물의 입장에서 생각하고 느끼려는 주체로 전환된다. 스턴이 제시한 감정이입의 다섯 단계 중 여러 단계에서 정의적 요소는 이해의 출발점이자 매개로 작용한다.[161]

스턴과 유사하게, 라일리(K. L. Riley)도 감정이입의 정의적 차원을 학생들의 역사 이해를 촉진하는 요소로 보았다. 그는 학생들이 홀로코스트 생존자의 증언을 접하고, 그들이 속했던 삶을 이해하지 못할 경우, '600만'이라는 숫자는 추상적인 수치로만 남는다고 지적한다. 여기서 감정적 반응은 역사적 사건을 인간적인 차원에서 받아들이고, 그 의미를 성찰하는 출발점이 된다.[162]

와인버그는 역사적 사고를 인지적 과정으로 정의하며, 그 하위 범주를 출처확인, 확증, 맥락화로 구체화했다. 바튼 역시 출처확인, 확증, 맥락화가 역사적 사고의 중요한 요소라는 주장에 동의한다. 그러나 바튼은 여기에 그치지 않고, 와인버그가 다루지 않은 요소를 역사적 사고의 하위 범주로 추가한다. 그렇다면 바튼이 제시하는 추가적인 요소는 무엇일까? 바튼은 학생들의 역사적 사고가 과거의 텍스트를 이해하는 데 그쳐서는 안 된다고 주장한다. 그는 학생들이 역사적 사고를 학습함으로써 과거로부터 현재와 미래에 적용 가능한 교훈을 도출할 수 있어야 한다고 강조한다. 또한, 학생들이 현재의 문제를 해결하는 데 역사적 사고를 능동적으로 활용

할 수 있어야 한다고 본다.

바튼은 와인버그가 '맥락화'로 설명한 역사적 사고의 요소를 '역사적 감정이입(historical empathy)'이라는 개념으로 설명한다. 바튼은 역사적 감정이입이 두 가지 측면으로 구성된다고 보았다. 첫째는 '관점 인식(perspective recognition)'이고, 둘째는 '돌봄으로서의 감정이입(empathy as caring)'이다. '관점 인식'은 와인버그의 '맥락화'와 유사한 개념으로, 과거 사람들을 그들이 살았던 역사적 맥락 속에서 이해하는 인지 과정이다.[163] 이는 과거 사람들이 가진 신념, 가치관, 목표를 이해하면서도, 그들의 관점에 동의하거나 동일시하지 않는 것을 특징으로 한다. 관점 인식은 역사적 인물이 느낀 감정을 추측하는 데 그치지 않고, 특정 상황에서 그가 왜 그러한 방식으로 생각하고 행동했는지를 체계적으로 분석하는 것이다. 바튼은 관점 인식이 정의적 과정이 아닌 인지적 과정임을 강조한다. 다시 말해, 관점 인식은 학생들이 과거 인물의 관점을 분석적으로 이해하는 과정이지, 공감하거나 동일시하는 과정이 아니라는 것이다.

관점 인식은 바튼의 역사적 사고 논의가 와인버그의 학문중심주의적 접근과 공통점을 가지고 있음을 보여준다. 반면, 바튼은 역사적 감정이입의 또 다른 측면으로 '돌봄으로서의 감정이입'을 제시한다. 이 요소는 바튼의 역사적 사고 연구가 경험중심주의적 접근을 지향한다는 점을 보여준다. 바튼에 따르면, 역사수업이 관점 인식과 같은 인지적 행위에만 초점을 맞출 경우, 역사교육은 그 가능성을 충분히 발휘하지 못하게 된다. 역사교육은 학생들이 역사적 인물의 행위나 사건의 결과를 비판적으로 평가할 수 있도록 도와야 하며, 그러한 평가를 바탕으로 현재와 미래의 삶에서 책임 있는 행동을 할 수 있는 능력을 길러줘야 한다. 이를 가능하게 하는 요소가 바로 '돌봄으로서의 감정이입'이다.

돌봄으로서의 감정이입은 역사를 연구할 때 정서적 연결을 강조하는 접근이다. 여기에서 '돌봄'은 학습자가 과거를 이해하는 데 그치지 않고, 역사적 인물과 사건에 대해 감정적인 연결을 시도하는 행위이다. 바튼은 학생들이 역사적 인물이나 사건에 관심이나 정서적 연결을 느끼지 못하면, 역사는 단절되고 생명력을 잃게 된다고 주장한다. 다시 말해, 학습자가 과거에 대해 흥미와 감정적 연결을 느껴야만, 역사 공부가 생동감을 얻을 수 있다는 것이다. 바튼에 따르면, '돌봄'은 네 가지

측면으로 나눌 수 있다.[164)]

1. 개인적 관련성을 기반으로 한 역사적 관심(caring about)
   'Caring about'이라는 개념은 학생들이 특정 역사적 주제를 단순한 지식이 아니라, 자신의 삶이나 정체성, 도덕적 관심과 관련된 의미 있는 대상으로 받아들일 때 나타나는 감정적 몰입을 가리킨다. 이러한 형태의 관심은 학생들이 과거와 현재를 연결하고, 역사 속에서 자신에게 중요한 것이 무엇인지 탐구하도록 동기를 부여한다. 이는 학습에 대한 호기심과 몰입을 이끄는 원동력이 된다.[165)]

2. 역사적 사건에 대해 도덕적 · 감정적으로 마음을 쓰는 태도(caring that)
   'Caring that'은 특정한 역사적 사건, 특히 정의나 부정의와 관련된 일이 실제로 일어났다는 사실에 대해 학생들이 도덕적이고 감정적으로 반응하는 태도를 의미한다. 이는 과거의 가치관이나 인식이 오늘날과 다르다는 점을 고려하되, 그 차이를 이유로 역사적 불의에 무관심하거나 방관하지 않으려는 태도를 포함한다. 이러한 과정을 통해 학생들은 도덕적 책임감을 가지고 역사에 반응하려는 자세를 갖게 된다.[166)]

3. (과거의) 타인을 도와주고자 하는 마음(caring for)
   'Caring for'는 과거에 부당한 일을 겪은 사람들을 돕고 보호하며 지지하고자 하는 학생들의 상상 속 욕구를 의미한다. 비록 이러한 돌봄이 실제 상호관계로 이어질 수는 없지만, 과거 인물의 경험과 고통에 대한 학생들의 감정적 몰입을 이끌어내는 역할을 할 수 있다. 나아가 이는 역사적 주제를 더 깊이 탐구하도록 동기를 부여하는 교육적 도구가 될 수 있다.[167)]

4. 무엇인가를 하려는 의지(caring to)
   'Caring to'는 학생들이 역사 학습을 바탕으로 자신의 가치관, 신념, 행동을 성찰하려는 태도를 의미한다. 나아가 성찰의 결과를 오늘날의 문제에 적용하려는 의지를 포함한다. 이러한 실천적 태도는 역사적 이해를 공공선을 위한 행동으로 연결하려는 자세를 포함한다.[168)]

이처럼 '돌봄'의 개념을 역사교육에 포함시키면, 학생들은 역사수업을 과거 사건의 암기가 아니라 현재와 연결된 의미 있는 학습으로 받아들일 수 있다. 이러한 접근은 학생들이 현대 사회의 문제를 비판적으로 이해하고, 이를 해결하기 위해 능동적으로 참여하도록 돕는다.

바튼이 제안한 '돌봄으로서의 감정이입'은 감정이입의 정의적 차원을 역사교육 연구의 주요한 논의 주제로 정착시키는 데 기여하였다. 이후 여러 연구자들-콜마이어(J. Kohlmeier), 브룩스(S. Brooks), 엔더컷, 비르타(A. Virta)와 쿠키(E. Kouki), 하위헌(T. Huijgen), 렛츠, 깁슨(L. Gibson) 등-은 정의적 차원이 학생들의 역사 이해에 긍정적인 영향을 미칠 수 있다고 보았다.[169)]

이 연구자들은 정의적 감정이입이 역사교육에 기여하는 방식에 대해 두 가지 측면에서 논의한다. 첫째는 학습 동기의 촉진이다. 학생들이 역사적 인물이나 사건에 정서적으로 반응하고 감정적으로 연결될 때, 더 높은 몰입을 보이고 낯선 사료 읽기에 주저하지 않으며, 역사적 맥락을 더 깊이 탐구하려는 태도를 나타낸다. 이러한 몰입은 학생들이 역사수업을 자신의 삶과 관련 있는 경험으로 인식하게 하여 학습의 집중도와 지속성을 높인다. 둘째는 정의적 감정이입이 역사수업의 교육적 의미를 확장시킨다는 점이다. 감정적 연결은 학생들이 역사적 사건을 단순한 과거의 사실이 아닌, 현재의 사회적·도덕적 쟁점과 연결된 문제로 인식하게 만든다. 예를 들어, 브룩스의 연구를 보자. 이 연구에서 학생들은 프랑스 혁명이나 종교개혁 시기의 여성 인물들과 정서적으로 연결되었다. 이러한 정서적 연결은 학생들이 인물들의 선택과 행동에서 오늘날 자신의 정체성과 가치관에 관련된 의미와 영감을 발견하도록 도왔다.[170)] 이와 같은 정서적 반응은 역사교육이 민주적 시민성, 인간 이해 증진과 같은 교육적 목적에 기여할 수 있음을 시사한다.

토의해 봅시다.

1) 화이트는 하나의 사건에 대해 다양한 의미 있는 이야기 구성이 가능하다고 보았다. 이는 역사적 해석의 다양성을 강조하는 입장이다. 그렇다면 이러한 화이트의 관점을 한국사 교육에 적용할 경우 어떤 문제점이 발생할 수 있는가? 특히 국가 정체성, 역사 왜곡, 교육 내용의 일관성 측면에서 함께 토의해 봅시다.
2) 바튼은 감정이입을 인지적 행위이자 정의적 행위로 정의한다. 그렇다면 이 두 차원은 어떤 관계를 맺고 있는가? 인지적 감정이입과 정의적 감정이입은 서로를 보완하는가, 아니면 방해하는가? 실제 수업에서는 이 두 행위를 통합하여 가르쳐야 하는가, 아니면 구분하여 지도해야 하는가? 이에 대해 토의해 봅시다.

CHAPTER

05

역사 재현과 수용의 문제는 역사 이해와 어떻게 연관되는가

챕터 개관

목적 이 장에서는 역사 지식을 생성하는 다양한 사회 · 문화적 자원이 역사 교수학습에서 쓰이는 방식의 특징을 파악하고 역사 지식의 구성적 특성과 사회적 활용에 대해 사고하는 새로운 교육 방향을 탐색한다. 특히 다양한 미디어를 통한 역사 내러티브의 형성을 중심으로 역사 지식이 사회적으로 재현되는 방식에 대해 논의하고자 한다.

내용 요약 이 장에서 다루는 내용은 다음과 같다. 첫째, 역사 지식이 사회적으로 구성되고 매개되는 방식에 대해 역사문화(historical culture), 공공역사(public history) 논의에서 제시되는 이론적 관점을 살펴본다. 둘째, 역사 재현과 수용의 장으로서 역사영화, 박물관과 기념관의 특성을 검토하고 이와 같은 역사 지식이 사회적으로 활용되는 방식과 학생의 역사 이해 사이의 관계에 대해 파악한다.

목포 근대역사관 II(구 동양척식주식회사 목포지점) 전시(좌, 중);
구 조선식량영단 군산출장소 전시(우)

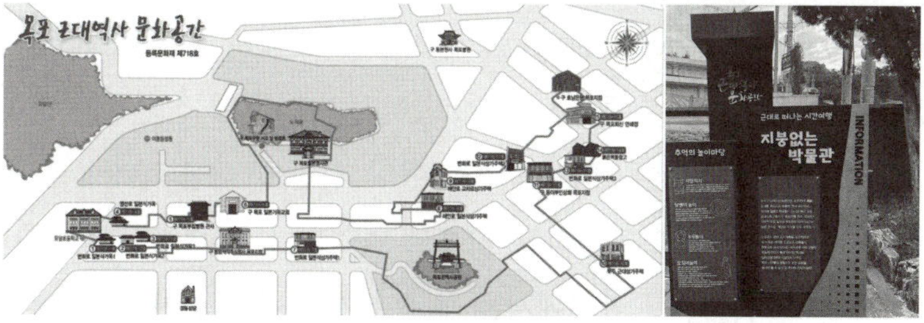

목포 근대역사문화공간 안내도(좌), 안내판(우)

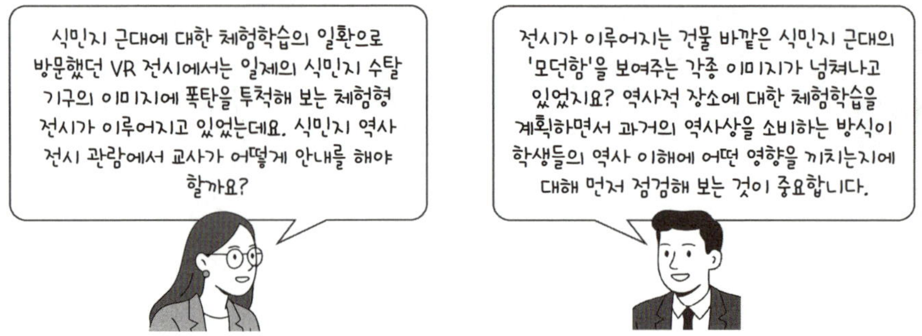

질문 학교 밖에서 학생들이 접하는 역사 재현의 다양한 방식을 파악하는 것이 왜 중요할까?

I 역사 지식의 의미화 과정에 대한 사회문화적 접근

1. 역사 이해의 사회 · 문화적 맥락과 역사문화

지금까지 역사 이해에 대한 연구는 크게 두 가지 흐름으로 진행되었다. 하나는 '학문'으로서의 역사에 대한 학생들의 이해 방식에 대한 연구이고, 다른 하나는 학생들이 과거 역사에 개인적 의미를 부여하는 방식에 대한 연구이다. 전자는 지적 산물로서 역사 학습에 초점을 맞추면서 인과관계, 변화, 증거 등 역사 연구를 조직화하는 개념에 대한 학생들의 이해 유형을 확인하는 데에 초점을 맞추었다. 반면 후자는 일상생활의 맥락에서 역사 이해의 도덕적, 윤리적 차원의 문제에 주목했다.

두 연구 흐름을 역사적 사고에 접근하는 방식에 따라 유형화하면, 전자는 '내부에서 바깥으로(inside out)' 유형으로, 후자는 '바깥에서 내부로(outside in)' 유형으로 구분할 수 있다. '내부에서 바깥으로' 역사적 사고에 접근하는 연구 유형에서, 학습자는 원인, 결과 혹은 역사적 사건이나 현상에 대한 주장을 구성하기 위해 역사적 증거를 평가하고 종합하는 것으로 간주된다. 반면 '바깥에서 내부로' 역사적 사고에 접근하는 연구 유형에서는, 학습자가 역사적 증거를 평가하거나 과거에 대한 주장을 구성하는 방식이 역사적 · 정치적 · 사회적 맥락으로부터 크게 영향을

받는다는 점을 강조한다. 개인이 행동하고 사고하는 것을 학습하는 맥락에 주목하기 때문이다.[1)]

현재 사회를 이해하고 미래를 전망하는 데 사용되는 역사 지식과 해석의 문제가 부각되면서 개인이 역사적 증거의 위상을 평가하거나 역사에 대한 주장을 펼치는 데 영향을 미치는 맥락에 주목하는 연구가 꾸준히 증가하고 있다.[2)] 이러한 연구 동향을 감안하면, '바깥에서 내부로' 역사적 사고에 접근하는 유형에서 탐색하는 연구 주제에 주의를 기울일 필요가 있다.

'바깥에서 내부로' 유형의 연구에서는 학생들이 학교 안과 바깥에서 접하는 역사 지식을 의미화하는 데 영향을 미치는 사회문화적 맥락을 조명하는 데 주력한다. 예를 들면, 다양한 민족적 배경의 학생들에게서 나타나는 '역사 정체성(historical identities)'과 그들이 생각하는 '중요한 역사(historical significance)' 사이의 영향 관계를 규명하고자 한다. 또한 학생이 속한 사회의 정치적, 역사적 맥락을 고려하면서, 현재를 이해하고 미래를 전망하는 데 쓰이는 역사 지식의 중요성에 대한 학생들의 아이디어를 탐색한다. 더 나아가 대중 매체, 가족, 지역사회 내에서 유통되는 비공식적 담론과 공교육 내에서 통용되는 역사 지식에 대한 공식적 담론 사이의 상호작용에도 주목한다.

이와 같은 맥락에서 1990년대 이래 중요한 개념으로 정립되기 시작한 '역사문화(historical culture)'에 주목할 필요가 있다. 역사문화는 개인의 역사의식이 사회에서 집합적으로 표현되는 다양한 방식을 가리키며, 공식적인 역사 교육과정이나 교재뿐만 아니라 박물관, 전시회, 역사 관련 문화 산업, 기념관, 대중 매체까지 포함한다. 역사문화 개념을 제안한 뤼젠(Jörn Rüsen)은 역사 학습이 이루어지는 과정의 내면에 개별적인 역사의식이 있다면. 그 외면에는 조직과 제도로서 역사문화가 자리한다고 보았다.[3)] 뤼젠에 따르면 역사의식은 현재 삶을 비추는 거울로서 과거를 환기시키고 개인이 과거-현재-미래로 이어지는 시간 속에서 어디에 위치하고 있는지를 일깨워주는 것을 통해 삶의 방향설정(orientation)에 핵심적인 역할을 한다.[4)] 따라서 역사의식이란 역사에서 이루어진 변화와 현재 삶 사이의 연관성에 대한 인식이라고 할 수 있다.

현재 사회를 이해하고 미래에 대한 전망을 형성하는 데 작용하는 역사의식은 역사학습에서 중요한 의미를 갖는다. 역사의식은 현재 혹은 미래의 관점에서 과거의 의미를 찾아볼 수 있도록 하며, 현재 일어나고 있는 사건이나 이후 어떤 미래가 전개되느냐에 따라 과거의 의미나 중요성도 변화한다는 점을 깨닫게 해 주기 때문이다.

그렇다면 과거-현재-미래라는 시간의 흐름 속에서 안내의 역할을 담당하는 역사의식의 외부를 형성하는 역사문화는 역사 학습에서 어떻게 자리매김될 수 있을까? 역사문화 논의에서 눈여겨보아야 할 것은 집단기억이 집합적으로 형성되고 표현되는 방식, 즉 학교 교육에 영향을 주는 '사회문화적 내러티브'[5]가 어떻게 역사 학습과 상호작용하는가의 문제이다. 역사교육 연구는 집단기억의 역사적 재현에 결부되는 문화적이고 심리적인 과정에 관심을 기울여왔으며, 학생들이 역사에 대해 이야기할 때 현재 삶에 대한 이해를 과거와 연관시키는 데 사용하는 중재 수단(mediational means) 혹은 문화적 도구(cultural tools)[6]에 주목했다.

학생들이 과거와 현재 사이의 관계에 의미를 부여하면서 과거에 대한 이야기를 구성할 때 활용되는 문화적 도구로서 역사 내러티브를 들 수 있다. 예를 들면, 러시아 학생들을 대상으로 한 연구에서 학생들이 '공동의 적에 대한 방어와 승리의 역사'와 같은 '비공식적' 거대 내러티브를 사용해서 자국사를 구성하는 경향이 나타났다.[7]

한편 퀘벡주의 프랑스 계 학생들이 퀘벡의 역사에 대해 이야기할 때 나타나는 내러티브의 특성을 파악한 연구에서 학생들이 요약한 역사는 우수와 향수에 찬 과거, 짓밟히고 고립된 사람들로 가득 찬 내러티브로 구성되었다.[8] 퀘벡주의 교육과정 문서나 교과서에서 협소한 민족주의를 고무하거나 퀘벡의 역사적 경험을 '단일한' 내러티브로 제시하지 않음에도 불구하고, 학생 응답에 나타난 역사 이야기는 비관적 혹은 패배주의적 내러티브 구조로 수렴된 것이다. 이 연구에서는 일상에서 회자되는 집단기억의 역사 재현을 공식 역사교육에서 어느 정도 수용하고 있으며, 더 나아가 집단기억 이면의 정서를 고양하는 데 학교 역사교육이 영향을 미쳤다고 결론을 내렸다. 이러한 연구 결과는 공식적 역사가 비공식적 역사와 상호작용하는 양상을 잘 보여준다.

포르투갈 중등학생들의 역사 인식을 조사한 연구에서는 지난 백 년 포르투갈 역사와 세계사에 대해 서술하는 과제를 부여하였다. 자국사에 대한 글쓰기에서, 장기독재의 시기와 그 종결 시점인 1974년이 공통적으로 언급되었는데, 동질적인 '우리'가 모든 문제를 극복하고 자유를 획득하였으며 사회 복지를 추구한다는 주제가 글을 구성하는 내러티브의 핵심이었다. 이 연구에서는 이전 세대들이 '공식적' 내러티브로서 학습한 '외부의 적들에 대항하는 위대한 포르투갈'과 같은 주제가 나타나지 않았다는 것이 주목된다. 1930년대 이래 반복적으로 학습되었던 낡은 내러티브가 사라지고, 학교나 가정에서 접하는 새로운 해석을 통해 다양하고 민주적인 가치의 관점에서 기존의 주류 내러티브가 해체되고 재구성된 것이다.

한편 최근 백 년 세계사에 대해서는 전쟁, 테러리즘, 자연재해와 같은 폭력적 요소를 강조하는 경향이 나타났으며, 일부 학생이 과학적, 기술적 진보를 주제로 이야기를 구성했다. 전 세계적으로 발생하는 폭력이나 재난에 대한 극단적 이미지가 미디어에서 범람하는 상황에서 학생들이 역사의 변화 방향에 대해 부정적인 생각을 갖거나 개인적인 결단의 무용함을 강조하게 된 것으로 보인다.[9)]

한편 우리나라 고등학생들이 한국사에서 중요한 역사적 사건을 판단하는 기준이 무엇인지 파악한 연구에서 학생들은 '시련-극복-발전'이라는 이야기 구조로 역사 내러티브를 구성했다. 학생들의 내러티브를 구성한 기초는 '내러티브 템플릿(narrative template)'이라고 할 수 있다. 내러티브 템플릿은 내러티브의 뼈대를 이루는 이야기 구조이며, 일종의 문화적 도구로서 그 내러티브를 사용하는 사람들이 속해있는 다양한 역사적, 제도적, 사회문화적 배경과 깊이 연결되어 만들어진다.[10)] 학생들은 과거 사람들이 얼마나 힘든 일을 겪었는지, 이러한 시련을 극복하는 과정이 국가 발전을 어떻게 이끌어내었는지를 고려하면서 역사적 사건의 중요성을 판단하였다. 이러한 이야기 유형은 국가주의적 사고를 고양하는 한국사 교육과정의 산물이면서 사회에서 통용되는 역사 담론과 관련되는 것으로 파악되었다.[11)]

학생들이 역사를 특정한 이야기로 구성하는 과정에서 무엇이 학교에서 배우는 '공식' 역사의 영향이고, 무엇이 사회의 주류 담론이 끼친 영향인지 파악하는 것은 쉽지 않다. 예를 들면 영화에서 역사를 재현하는 방식에 대한 우리나라 중·고등학생들의 아이디어를 살펴본 연구[12)]에서는 학생들이 영화의 재현 방식에 대해 이야기하다가 일종의 사회적 논평이 추가되는 경향이 확인되었다.

연구 진행 과정에서 일부 학생들은 홀로코스트(The Holocaust)에 대한 영화를 보고, 일부 학생들은 러시아 혁명에 대한 영화를 보았는데,[13] 이러한 영화들이 학생들 환경의 일부인 '사회문화적 담론'과 연결되는 방식이 다르게 나타났다. '홀로코스트 영화'를 시청한 학생들의 상당수가 면담 과정에서 자연스럽게 자국사의 과거 혹은 현재 이슈가 되는 사건들을 인용한 것에 반해, '러시아 혁명 영화'를 시청한 학생들은 이러한 시도를 거의 하지 않았다. 즉 유대인 학살과 독일의 책임이라는 주제에 대해 논평하는 과정에서 일본군 '위안부' 혹은 일본과의 교과서 분쟁 같은 이슈가 제기되었지만, 사회주의 혁명이라는 주제의 경우, 해방 정국의 좌우 대립이나 남북한의 이데올로기적 갈등의 문제로 연결되는 경우를 거의 찾아볼 수 없었다.[14]

'홀로코스트 영화'를 시청한 학생들이 적극적으로 오늘날 이슈와 과거 사건을 연결시키는 경향은 다음과 같이 이해할 수 있다. 우선 이 연구가 수행된 시기에 일어난 한・일 간 '역사 전쟁'이 영향을 미쳤을 것이다. 또한 연구에 참여한 학생들이 초등학교부터 중・고등학교에 이르기까지 학습했던 역사 교과서에서 일본의 전쟁 책임에 대해 기술한 내용이 영향을 미쳤던 것으로 보인다.

따라서, 학생들이 과거에 대해 구성하는 이야기 유형은 학교 안팎에서 접하는 '주류' 내러티브를 반영하고 있으며, 일상생활이나 학교 교육의 다양한 경로를 통해 형성되는 역사의식이 학생들의 '공통의' 역사상을 형성한다고 이해할 수 있다. 워치(James Wertsch)는, 학생들이 오직 하나의 논리, 하나의 의미에 고착된 역사 내러티브를 구사하는 경향이 문제를 일으킨다고 지적했다. 단일한 관점과 목소리만을 허용하는 내러티브 조직 방식으로 인해 다른 생각과 의견이 제시되기 어렵기 때문이다.[15]

학생들은 자신이 갖고 있는 내러티브 도식에 맞지 않으면 새로운 지식이나 관점을 적극적으로 수용하지 않는다. 이러한 경향에 대응하기 위해 '역사'로서 유통되는 다양한 사회적 담론을 분석할 수 있는 기회를 학생들에게 제공하는 역사 교사의 역할이 중요하다. 특히, 학생들을 둘러싸고 있는 세계의 복합성과 모호성, 역설(paradox)을 고려하는 이야기를 구성할 수 있는 해석의 수단을 갖출 수 있도록[16] 역사 수업을 구성해야 한다.

또한 공교육 내에서 이루어지는 역사 지식의 형성과 함께 대중매체나 가족, 지역사회 내에서 유통되는 기억의 생산, 기억이 수행하는 역할, 기억이 전파되는 방식을 주의 깊게 살펴볼 필요가 있다. 역사문화 개념은 일차적으로 집단기억이나 역사적 상상의 특정 내용을 가리킨다. 더 나아가 역사문화 개념은 행위 주체, 전통, 기억의 퍼포먼스, 역사 재현 및 유포 간의 역동적 상호작용 속에서 과거와 맺는 관계가 정립되는 방식, 그리고 무엇이 역사를 구성하는 가에 대해 개인이 갖고 있는 아이디어까지 포함한다.[17] 이러한 맥락에서 그레버(Maria Grever)와 아드리안센(Robbert-Jan Adriaansen)은 역사문화가 작동하는 방식을 면밀하게 포착하기 위해 상호 긴밀하게 연계되어 있는 세 가지 수준의 분석을 제안했다.

첫 번째 수준에서는 학생 주변에 편재하는 다양한 역사 내러티브와 그러한 역사 내러티브의 수행(performance)이 이루어지는 다양한 형태를 분석할 수 있다. 과거에 의미를 부여하는 다양한 형식을 우리 주변에서 찾아볼 수 있다. 예를 들면 신화, 역사 연구, 역사 교재, 여행 안내 책자, 말로 회자되는 기억뿐만 아니라 무대에서 이루어지는 재연이나 의식과 같은 형태의 역사 해석을 통해 과거는 의미를 획득한다.

두 번째 수준의 분석에서는 우리가 과거와의 관계를 형성할 때 역사 내러티브 및 내러티브 수행을 통해 이루어지는 역사 재현의 상세화 과정에 초점을 맞출 수 있다. 이 과정은 기억 형성의 구조적 기반(mnemonic infrastructure)에 의존하면서 동시에 그 기반의 특징을 규정하기도 한다. 이 수준의 분석에서는 과거에 대한 내러티브 및 내러티브의 수행을 유지하고 구성하는 사회문화적 구조에 주목한다.

세 번째 수준의 분석에서는 모든 역사문화가 사회 구성원들이 역사에 대해 가지고 있는 암묵적 가정과 전제, 즉 역사에 대한 기저 개념(underlying conceptions)에 의존한다는 점에 유의한다. 역사에 대한 기저 개념이란 과거, 현재, 미래가 어떻게 서로 관련되는지에 대한 이해를 말하며, 여기에 역사의식도 포함된다.[18]

그레버와 아드리안센은 현대 사회 변화의 특징을 고려할 때 역사문화가 작동하는 방식을 정밀하게 들여다보는 것이 역사 교수학습 방향 설정에 유용하다고 본다. 하나의 교실에서 학생들이 갖고 있는 종교적·사회문화적 배경의 다양성이 증가하고 있으며, 과거에 대한 대중적 표현과 맞닥뜨리는 기회, 그리고 신 미디어의 활용이 늘어나고 있다.[19] 앞에서 언급한 세 가지 수준의 분석을 통해 오늘날 학교 안과 바깥에서 역사 지식이 생성되고 소비되는 방식에 대한 이해를 확장할 수 있다. 즉 학교, 박물관, 미디어와 같은 각종 기관이 교육을 통한 사회화, 혹은 역사 지식을 매개하는 다양한 표현 등을 통해 특정 기억을 유포하는 과정에 대해 종합적으로 파악할 수 있다.[20]

다양한 문화적 배경을 가진 학생들이 교실로 가지고 들어오는 역사에 대한 기저 개념은 다양한 형태로 존재할 것이며, 학생들이 역사의 유용성이나 쓰임새에 대해 갖고 있는 생각의 유형도 다양하게 나타날 것이다, 학생들은 스스로의 이해와 요구뿐만 아니라, 주변에서 접하는 과거에 대한 주류 내러티브의 영향을 받으면서 역사에 대한 나름의 내러티브를 구성한다.

이러한 상황에서 학생들이 역사에 대해 가지고 있는 아이디어를 파악해 보는 것만으로는 비판적이고 포용적인 역사 교육과정을 구성하는 난제를 해결하기 어렵다. 학생들이 자신의 질문과 관심에서 비롯되는 '대안적 내러티브'를 의미 있는 방식으로 생성할 수 있도록 하려면 어떻게 해야 할까? 학생 자신의 정체성의 테두리 안에서만 정당화되는 도식적 과거 이해를 넘어서 과거에 대한 '열린' 프레임워크를 어떻게 제공할 것인지의 문제가 남아 있다.

2. 역사의 사회적 활용 및 의미 형성과 공공역사

학생들이 역사적 사건의 현재적 의미를 반추하거나 미래를 전망하는 데에 역사 지식이 갖는 유용성을 가늠하는 방식은 이들이 속한 사회·문화적 환경과 밀접한 연관을 갖는다. 역사 지식이 형성되는 경로는 학교 교육에 한정되지 않으므로, 학생들의 과거상이 형성되는 과정에 대해 광범위한 사회적 현상의 차원에서 분석하는 것이 필요하다. 영화, 소설, 박물관 전시, 웹 사이트와 각종 앱을 통해 이루어지는 학교 바깥의 비공식적 역사 학습은 역사에 대한 흥미를 이끌어낸다. 이와 같은 다양한 역사 재현 형태의 영향력은 역사에 대한 매혹과 관심을 불러일으키는 동시에 역사에 대한 각종 선입견과 오개념을 형성할 수 있다.

광범위한 영역에서 생성되는 대중적 역사는 우리가 과거와 맺는 관계의 성격을 변화시키고 있으며 역사 지식이 대중문화에서 다양한 용도로 쓰이는 방식에 대한 관심이 고조되고 있다. 여기서는 공공역사(public history)의 관심 주제와 연구 영역 개관을 통해 역사 지식의 사회적 활용에 대한 다양한 접근이 학교 역사교육에 제기하는 문제를 고찰하고자 한다.

공공역사는 '전문연구자가 아닌 광범위한 공중(公衆)을 지향하는 공적 역사 표현의 모든 형태이며 역사를 제시하는 문제를 탐구하는 역사학의 하위분과'[21])로 정의된다. 즉 공공역사의 연구 대상은 '공중'을 대상으로 하는 역사 재현이며, 그 위상은 역사학의 여러 분야 중의 하나이다. 이 외에도 공공역사를 개념화하는 다양한 시도가 이루어지고 있으며, 'public history'의 적절한 번역어에 대해서도 이견이 존재한다. 일반적으로 '공적(public)'이라는 용어는 '사적(私的) 범주'를 넘어서는 것을 의미하는데, '공공역사' 용어의 '공공(公共)'이 가리키는 바를 곧바로 '사회 영역'으로 한정할 수 있는지 의문이 제기된다. 더 나아가 마치 역사 분야에 사적 역사가 있고 공적 역사가 있는 것처럼 오해를 불러일으킬 수 있다는 점에서 '공공(公共)역사'보다는 '공중(公衆)역사'라는 번역어가 제안되기도 한다. 이와 같은 개념상의 혼선을 피하기 위해 원어 그대로 '퍼블릭 히스토리'를 사용하는 사례도 찾아볼 수 있다.

공공역사는 그 특성상 다수의 독자와 청중을 겨냥하며, 특히 대중 역사서나 박물관, 기념물은 대중이 역사에 대해 가지고 있는 생각의 중요한 부분을 형성한다. 요르다노바(Ludmilla Jordanova)가 지적하듯이, 공공역사는 정치적 자의식으로 연결된 공동체의 정치 투쟁의 바탕을 이룰 수도 있고, 반대로 기존 체제를 공고히 하는 데에 이용될 수 있다.[22]) 이러한 맥락에서 역사교육 연구자들은 공공역사의 다양한 형식에서 찾아볼 수 있는 정치적 이해관계의 작동 방식, 과거의 전유와 도덕적 판단의 양상, 특정 장르와 그 수용자 사이의 관계에 주목한다.[23]) 공공역사의 문제의식이 학교 역사교육의 과제와 연결되는 지점을 파악하기 위해서는 공공역사의 영역과 주체를 한정하려는 다양한 시도와 더불어 그러한 개념화 방식이 형성된 내력을 이해하는 것이 필요하다.

켈리(Robert Kelly)는 1970년대에 공공역사 개념을 처음으로 사용하였는데, '정부기관, 민간기업, 미디어, 역사 유관 단체, 박물관, 나아가 개인의 활동에 이르기까지 학계 외부에서의 역사학 방법론과 역사학자 고용에 관한 것'으로 공공역사를 정의했다.[24] 공공역사라는 분야는 그 출발점부터 전문적인 학술 연구의 '주류' 활동과 구분되는 것으로 그 영역을 설정했다고 할 수 있다.

2000년대 초반에 미국공공역사협회(National Council on Public History)는 공공역사에 대해 "역사 연구와 실천의 협력을 촉진하는 운동, 방법론 및 접근 방식이며, 공공역사의 실천가들은 자신들의 특별한 통찰력을 대중에게 접근이 가능하고 유용하게 전달하는 사명을 수행한다."고 정의하였다. 이러한 개념 정의는 공공역사의 실천가가 마치 선교사와 같은 역할을 하면서 일반인들이 수행하는 창조적 역할을 부인한다는 비판에 직면하였다.[25]

한편 독일에서 통용되는 공공역사 개념은 전문적이고 학문적인 영역을 벗어나 공공 영역 속에서 행해지는 역사의 생산, 분배를 지칭한다. 초기에 공공역사는 '아래로부터의 역사' 전통에 입각해서 기성 역사학계 및 교육계에 대항하는 운동으로 시작되었지만 대학의 전공 분과로 제도화되는 전환도 빨랐다. 독일 공공역사의 또 다른 특징은 현대사와 밀접한 관련을 갖는다는 점과 시민의 참여와 활동을 중시한다는 점이다.[26]

기존에 독일에서 통용되던 '역사문화' 개념과 차별화되는 공공역사의 특성은 다음과 같다. 첫째, 공공역사에서는 '역사문화' 논의와 마찬가지로 역사 재현을 분석하지만 기억에 근거한 문화적 상상력뿐만 아니라 대중적 관심과 흥미와 관련된 허구성과 문화적 상상력 분석이 추가된다. 둘째, 공공역사에서는 '역사문화' 논의와 비교할 때, 대중에게 전달되는 과거 재현의 매체와 그 방법에 대한 응용적이고 실습적인 영역이 강조된다.[27]

우리나라 역사학계에서 공공역사의 연구 대상이나 개념 규정과 관련된 논의가 시작된 맥락에 대해서는 다음과 같은 세 가지 배경이 거론된다. 첫째, 1980년대 '역사 대중화' 흐름 속에서 어려운 학술 연구를 대중이 쉽게 읽을 수 있는 역사로 전환하려는 각종 프로젝트가 전개되었다. 둘째, 1990년대 후반부터 정치사, 사회경제사 중심에서 사회사, 문화사 중심으로 역사 연구의 패러다임이 옮겨가는 방법론적 전환이 일어났다. 2000년대 후반부터 탈식민주의적 서구 신문화사의 문제의식이 학계에 확산되면서 역사의 주체이자 역사서술의 주체로서 민중/대중/시민/일반인의 삶에 밀착된 역사에 대한 관심이 높아졌다. 셋째, 디지털시대의 영상문화가 주도하는 사회 변화 속에서 제기된 '인문학의 위기', 그중에서도 특히 대중 영역의 '역사 소비'에서 나타나는 상업적 대중문화의 역사 활용 방식에 대한 우려가 확산되었다.[28] 이처럼 역사학계가 직면한 도전이나 역사 연구 패러다임의 전환 추세 속에서 우리나라 대학에서 공공역사 관련 학과가 신설되는 등 공공역사의 제도화가 진행되고 있다.

우리나라 역사교육 연구에서 공공역사에 대한 관심이 확장된 배경에 대해서는 다음과 같은 진단을 참고할 수 있다. 첫째, 학교의 공식 역사 교육과정과 대비되는 드라마나 영화 등 '문화적 교육과정'이 학생의 역사 지식이나 역사의식 형성에 미치는 영향에 대한 경험적 연구가 산출되고 있다. 여기서 문화적 교육과정이란 다양한 문화적 매체나 사회적 관계를 통한 의도적·비의도적 지식, 기술, 가치, 태도 등의 교육을 지칭한다,

둘째, 대중적 영향력이 큰 역사 시사물과 이러한 프로그램의 소셜 미디어를 통한 재생산 과정에서 여러 가지 문제점이 드러나고 있다. 각종 미디어가 역사를 재현하는 전형적 방식에서는 역사 해석의 복잡성이나 복합성이 드러나지 않으며, 선택, 비교 분석, 해석, 비판, 논증의 과정으로서 역사 내러티브 형성을 파악하기 어렵다. 셋째, 대중적인 역사 향유와 참여가 역사 남용이나 역사의 신화화 형태로 나타나는 것을 경계하면서 역사 문해력(historical literacy) 교육의 중요성이 부각되었다.[29]

지금까지 살펴본 것처럼, 1970년대에 공공역사라는 용어가 공식적으로 사용되기 시작한 이래 공공역사가 다루는 주제, 기존의 학문 분야나 교육의 장과 중첩되는 양상은 지속적으로 변화해 왔다. 공공역사 개념을 정의하려는 시도는 다양하게 이루어졌으며, 가능한 한 많은 행위자와 다양한 형태의 역사적 접근을 포괄하려는 방향을 취했다고 할 수 있다. 일률적으로 개념화하는 것은 여전히 어렵지만 공공역사의 연구 대상은 대체로 전문적인 학술 연구가 이루어지는 대학과 공식 역사교육의 장인 학교 '너머'에서 이루어지는 역사 재현이라고 할 수 있다. 즉 공공역사 연구에서는 기존의 '학문적' 역사 연구에서 상대적으로 잘 다루지 않는 영역으로서 사람들이 일상에서 과거를 기억하고 과거와 관계 맺는 방식에 대한 관심이 반영되어 있다.

그렇다고 해서 공공역사를 '학문적 역사'의 대척점에 놓이는 '대중 역사'에 한정

한다거나 기존 역사 연구와 구분되는 특정 학문 분과로 정의한다면, 오늘날 역사 연구와 역사가에게 요구되는 역할의 지평을 협소하게 만들 수 있다. 소위 제도권 역사가라고 하더라도 그 역할이 동료 연구자를 청중으로 상정하는 역사 연구에만 한정되는 것이 아니며,[30] 공공역사의 장에서 역사학자가 자신의 전문성을 발휘하는 방식은 다양하기 때문이다.

또한 공공역사는 여성사, 경제사 등과 같은 '분야'가 아니라 역사의 활용과 가치에 대해 인지하는 방식과 태도라고 할 수 있다.[31] 공공역사는 명확하게 구분되는 '지식의 집합체(body of knowledge)'라기보다는 '실천가에 의해 계발되고 차용되는 기능'[32]이라는 관점에서 보면, '아래로부터의 역사'와 같은 급진주의부터 미디어 기반 상업주의에 이르는 다양한 형태의 공공역사 사이에는 중첩과 상호작용의 징표가 뚜렷하다.

결국 공공역사를 수행하는 주체와 연구 대상의 특성에 대해 합의된 결론을 도출하고자 하는 시도는 지속적으로 난관에 부딪히고 있다. 그렇다면 공공역사 관련 논의가 학교 역사교육에 시사하는 바는 무엇일까? 우선 공공역사의 외연이나 공공역사 수행의 특징을 규명하려는 다양한 시도를 통해, 역사 지식이 사회적으로 활용되고 사회 구성원 사이에서 의미를 형성하는 과정에 대해 더 넓은 시각에서 조망할 수 있도록 해준다.

이러한 관점에서 볼 때, 나무 비유를 활용하여 공공역사 실천의 상호 연관된 부분들을 시스템으로 파악한 코뱅(Thomas Cauvin)의 시도에 주목할 수 있다. [그림 5-1] 공공역사나무(Public His'Tree)는 역사 지식의 생산, 유통, 소비의 메커니즘이 서로 구분되면서도 연결된 다양한 실천을 포함하는 과정이라는 것을 잘 보여준다.

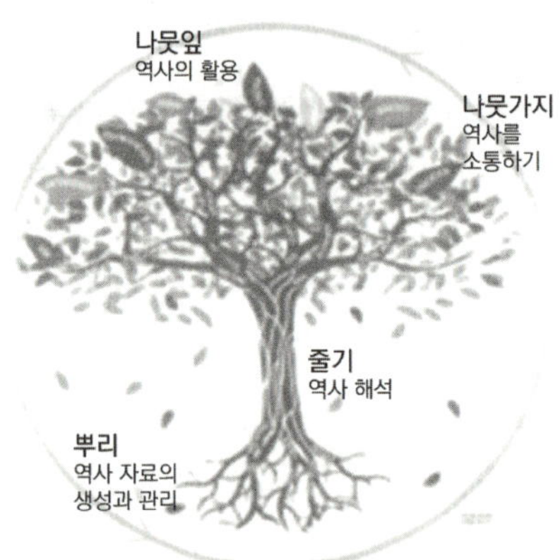

[그림 5-1] 공공역사나무(Public His'Tree)
출처: T. Cauvin, 2016, p. 14

[그림 5-1]에서 '뿌리'는 사료의 수집과 출처 확인 혹은 유물 및 유적지 관리 등 아카이브와 박물관에서 이루어지는 자료의 생성과 관리 과정에 해당하며, '줄기'는 역사

방법론을 적용하여 학계와 기타 기관에서 이루어지는 역사 해석에 해당한다. '나뭇가지'는 다양한 미디어를 통해 더 친숙한 방식으로 역사를 대중과 소통하는 것에 해당한다, 끝으로 '나뭇잎'은 마케팅, 정치, 교육 등에서 다양한 의도로 활용되는 역사의 쓰임새에 해당하는데, 공공역사 실천가는 역사 연구와 해석이 어떻게 다양한 집단과 개인에 의해 사용되고 소비되는지를 간과하면 안 된다.[33)]

코뱅의 나무 비유는 역사가 대학이나 연구기관의 울타리를 넘어 광범위한 실천으로 소통되는 양상을 조망하는 것을 도와준다. 특히 공공역사의 다양한 층위, 단계, 현장 및 참여자를 연결해서 시각화함으로써 역사 연구의 소통에 참여하는 다양한 주체의 역할과 중요성을 일깨운다.

[그림 5-1]에서 학교 역사교육에 직접적으로 대응하는 영역은 '나뭇잎'으로 보일 수 있지만, 학생의 역사 이해는 나무 전체를 이루는 각 부분의 상호작용 속에서 형성된다. 따라서 역사 교사는 '나무'를 이루는 각 부분이 긴밀하게 연결되어 역사 지식 생산에 작용하는 과정에 주목하고, 특히 '나뭇가지' 부분에서 이루어지는 대중적 역사 소통이 학생들 사이에서 활용되는 방식에 관심을 가질 필요가 있다.

한편 공공역사를 실천하는 방향에 대한 킨(Hilda Kean)의 논의는 학교 역사교육에서 역사 지식을 학생들과 소통하는 방식에 대해서도 시사점을 준다. 기록관(archivist)의 역할 전환에 대한 그의 설명은 역사 교사의 역할 변화 방향에도 적용할 수 있다.

킨에 따르면, 오늘날 기록관은 문서 관리자(documentary custodians)라기보다 문서 형성자(documentary shapers)이고, 문서 기술자(documentary describers)라기보다 디지털 수사 전문가(digital forensic experts)이며, 수동적인 자료 문지기(reference gatekeepers)라기보다 아카이브 활동가(archival activists)이다.[34)]

이와 같은 대비 구도를 역사 교수학습에서 역사 지식의 형성과 활용의 문제에 적용해 보면, 역사 교사의 역할은 다음과 같이 전환될 것이다. 역사 교사는 학교에서 가르치는 역사 '내용'의 관리자가 아니라 형성자이며, 역사 '내용'을 충실하게 기술하는 역할보다 탐문하는 역할을 수행하게 된다. 또한 정전(canon)으로서의 역사 지식에 대한 방어적인 역할보다 역사 자료의 독자인 학생과 활발하게 소통하는 역할을 담당하게 된다.

3. 학교 밖 역사 지식의 유통 및 소비와 역사 교수학습의 방향

역사 지식에 대한 대중적 수요는 다양한 방식으로 표출되고 있으며, 이에 부응하듯이 역사 콘텐츠가 광범위하게 유통되면서 학생들이 학교 밖에서 역사 지식을 획득하는 다양한 경로를 형성하고 있다. 학생들의 역사 이해는 공교육 내에서 이루어지는 '공식적' 역사 지식의 수용 과정, 그리고 대중 매체나 가족, 지역사회 내에서 유통되는 '비공식적' 역사와의 접촉, 양자 간의 상호작용 속에서 형성되고 있다.

최근에는 영화나 TV와 같은 '구 미디어'보다는 상호작용적 디지털 '신 미디어'가 비공식적 학습의 장으로 기능하는 비중이 증가하고 있다. 예를 들면 유튜브상에서 학생들이 접하는 콘텐츠가 주요한 지식 정보원이자 학습 자원으로 활용되고 있다. 유튜브와 같은 디지털 기반 소셜 미디어 플랫폼에서는 학습용으로 제작된 콘텐츠를 선택해서 시청하더라도 알고리즘의 영향력에서 완전히 벗어나기 어렵다. 이에 따라 정보의 진위 여부나 신뢰성 확인 작업 등 디지털 기반 정보에 대한 비판적 분석 능력이 한층 더 요구된다.[35)]

타당한 근거를 갖추지 않은 역사 지식이 무분별하게 소비되는 상황을 고려할 때, 학생들이 역사적으로 사고하는 것을 배우는 것의 필요성이 강조되고 있으며, 역사적 사고를 키우는 학습의 방향성에 대한 모색도 심화되어야 한다. 특히 다양한 문화적 매개를 통해 제시되는 역사 지식에 대해 그 출처를 비판적으로 검토하고 증거에 기초하여 해석에 이르는 것이 중요하다.

첫째, 영화, TV 드라마, 디지털 미디어에서 흔히 발견되는 현재주의(presentism)에 경도된 역사 재현의 문제에 주의를 기울일 필요가 있다. 오늘날의 관심사나 가치로 인해 왜곡되고 채색되는 역사 해석이 학생들의 학교 밖 문화 환경을 구성하는 것을 감안하면, 과거 사건을 재현하는 방식이 어떻게, 그리고 왜 역사적으로 변화하는지의 문제와 씨름하는 안목이 요구된다.

둘째, 정서에 대한 호소, 역사적 맥락이 탈각된 인용, 선정적인 언어, 저널적 글쓰기가 범람하는 상황에서 과거 사건에 대해 회자되는 서로 다른 이야기에 직면했을 때 학생들이 비판적으로 사고하는 능력을 키워야 한다. 또한 역사 해석에 대한 정당화는 불가능하다는 극단적인 상대주의에 빠지지 않기기 위해서는 역사

지식의 본질과 구성에 대한 이해가 중요하다. 즉 역사는 과거에 대한 비판적 탐구라는 점, 그리고 상충하는 증거에 직면했을 때에도 과거에 대한 합리적인 해석은 가능하며 역사는 활용 가능한 증거에 기반하여 과거에 일어난 일을 합리적으로 재구성한 것[36)]이라는 인식이 요구된다.

셋째, 단면적 역사 해석을 그대로 받아들이는 수동적 태도를 경계하고, 더 나아가 모든 역사서술이 인식론적으로 동등하다고 여기는 무책임한 상대주의를 넘어서기 위해, 역사 탐구에 요구되는 개념적 이해(conceptual understanding)를 향상해야 한다.[37)] 즉 증거, 변화와 지속, 인과관계 등 학문으로서 과거를 연구하는 데 필요한 '절차적(2차) 지식'[38)]을 학생들이 접하고 이해하는 것이 필요하며, 이 중에서도 '증거'와 같은 개념이 역사 지식의 내용 구성에 활용되는 양상에 대한 이해가 중요하다. 예를 들면, 제시된 역사적 질문에 대한 대답을 해당 사료가 제공할 수 있는지 그 위상을 평가하거나 주어진 역사 설명이 증거에 기반해서 타당성 있는 주장을 펴고 있는지 검토하는 것을 통해 역사 지식을 구성하는 경험이 중요하다. 수많은 역사 사실 중 어떤 것이 선택되고 어떤 것이 배제되는지, 그 이유는 무엇인가에 대해 되돌아보게 함으로써 자신의 판단이나 신념에 대해 성찰하는 기회를 제공할 수 있다.[39)]

Ⅱ 역사 재현의 문화적 매개와 역사 이해

1. 역사 재현의 다양한 형식 탐색과 역사교육 연구

다양한 문화적 매개를 통한 역사 재현은 구성된 역사상을 소비하는 학생의 역사 이해에 중요한 영향을 끼친다. 광의의 역사 재현(historical representation)은 역사가의 역사서술뿐만 아니라 역사 담론을 둘러싼 여타 형식의 재구성을 포함한다. 역사 재현은 과거에 대한 이해 탐색의 일환으로 과거를 재구성하고자 하는 모색으로 정의할 수 있으며, 학계의 역사 연구나 타 분야의 집단기억 창출의 영역까지 포괄한다.[40)]

다음에서 중점적으로 다루고자 하는 역사 재현의 문화적 매개는 영화라는 매체, 그리고 박물관과 기념관의 역사 전시다. 영화나 역사 전시 외에 역사 재현의 형태는 소설, 게임, 연극 등 다양하지만, 역사 해석의 문화적 도구로서 학생들에게 광범위한 영향을 끼치는 대표적인 자원으로 영화와 역사 전시에 논의를 집중하고자 한다.

영화는 동시대에 단순한 오락으로 소비되는 것을 넘어서 대중적 기억 창출의 매체이며, 역사 전시는 대중이 역사적 '유산'을 향유하고 집단기억을 형성하는 대표적인 형식이다. 영화는 역사 수업에서 빈번하게 활용되는 교수학습 자료이며, 박물관 방문은 체험학습과 같은 학교 역사교육의 자원일 뿐만 아니라 가족 단위 여가 활동에서도 중요한 비중을 차지한다.

역사교육 연구에서 역사 재현의 '형식', 특히 시각적 재현에 대한 관심이 높아진 배경은 다음과 같이 정리할 수 있다. 첫째, 역사 수업에서 시각 자료에 대해 접근하는 관점의 변화이다. 시각 자료에 대한 기존의 접근에서는 주로 '매체를 통한' 역사교육, 즉 매체를 수업의 보조도구로 사용해 학습 자료나 학습 활동의 다양화를 시도하는 데 집중했다. 그러나 최근 연구자들은 매체 자체의 특성이 역사학습에 제기하는 문제를 역사 탐구 과정과 연관지어 규명하고자 한다. 예를 들어, 역사 자료의 텍스트성 문제, 역사 내러티브의 구성적 성격의 문제를 드러내고 논의하는 맥락에서 시각 자료에 접근한다. 문자 자료에 비해 시각 자료가 그 생성 배경을 이루는 사회적·경제적·정치적·문화적 맥락의 문제를 좀 더 가시화할 수 있기 때문이다. 또한 역사 재현의 맥락에 주목하는 것을 통해 수용자의 적극적인 해석이 촉진될 수 있다.

둘째, 과거의 역사상을 소비하는 방식 자체가 학생들의 역사 이해에 어떤 영향을 끼치는지에 대한 관심이 높아지고 있다. 역사교육 연구자들은 대중의 과거상이 이를 매개하는 미디어의 본질에 의해 형성된다[41]는 점에 주목하고 있고, 이러한 관심은 미디어 '수용자'로서 학생의 역할의 중요성에 대한 인식으로 연결된다. 기존 역사교육에서 학생의 머릿속에 역사 사실을 축적시키는 데 집중한 나머지 간과한 문제가 있다면, 그것은 바로 학습자가 현재와는 다른 낯선 세계인 과거 사회의 현상과 맥락을 이해하는 학습의 방식이다.[42] 더 나아가, 역사 이해의 소통과 실행의 문제에 주목하면서, 다양한 매개를 통한 역사의 표상을 해독하고 스스로 역사 재현을 구성해보는 학습 능력이 강조된다. 이러한 맥락에서 체험학습의 일부로 수행되는 박물관 학습이나 기념관 방문을 통한 역사적 장소의 상징성 해석과 대안적 기억 창출의 문제가 부각된다.[43)]

2. 역사영화

1) 역사의 시각적 재현과 역사영화

역사영화는 시각적으로 과거를 상상하고 재구성하는 대표적인 문화적 매체이다. 광의의 역사영화는 '역사에 관여하는 영화, 혹은 어떤 형식으로든 과거와의 관계를 구성하는 영화'라고 할 수 있다.[44)] 역사영화는 사극(costume film), 시대극(period film)과 같은 장르 용어와 중첩되어 사용되기도 한다. 예를 들어 '광해, 왕이 된 남자'(2012), '명량'(2014) 등 사극은 실재했던 인물, 사건을 기반으로 한다. 시대극은 '스캔들: 조선남녀상열지사'(2003), '방자전'(2010) 등 역사적 배경 설정만을 빌리는 경우이다.[45)]

역사와 관련된 영화 안에서도 과거 상의 수동적 소비에 그치는 경우와 능동적 재구성을 모색하는 경우를 구분 짓기도 한다. 전자가 대중적 흥미를 위해 역사를 일종의 세팅으로 활용하는 영화라면, 후자는 기존의 역사 내러티브와 경쟁하면서 과거와 현재 사이의 새로운 관계 모색을 시도하는 영화이다.

예를 들면, 로젠스톤(Robert A. Rosenstone)은 이윤 창출과 오락을 궁극적 가치로 추구하는 할리우드의 시대극(Historical Film)과 달리 과거에 대한 이해를 우선시하는 영화를 역사영화(History Film)로 규정했다.[46)] 로젠스톤은 후자의 방식이 '진정성(authenticity)'을 갖고 역사를 다루는 방식이라고 생각하며, 역사영화가 경합(contesting), 시각화(visioning), 재시각화(revisioning)라는 세 가지 방식으로 역사 이해에 기여할 수 있다고 본다. 역사영화는 구체적이고 미시적인 이야기를 통해 기존의 전통적인 내러티브에 의문을 제기하며('경합'), 다양한 영화적 기법을 활용한 '시각화'를 통해 역사인식과 역사적 상상력을 제고한다. 또한 영화적 실험을 추구하는 일부 영화들은 리얼리즘적 표현양식에서 벗어나 다양하고 혁신적인 표현방식을 채택하여 시각적으로 정형화된 과거를 다시 보게 만들 수 있다('재시각화').[47] 예를 들어 다양한 시간성의 표식이나 관점의 이동을 통해 역사 재현에서 보여주는 역사적 현실이라는 것이 관계적이고 변화 가능하다는 것을 인식하도록 안내할 수 있다.[48]

영화가 대중의 역사 이해에 미치는 영향력에 주목하게 되면서, 역사를 다루는 영화와 역사 사이의 관계를 규명하고자 하는 시도가 다각도로 이루어졌다. 예를 들어 역사영화와 역사 사이의 관계 측면에서 역사영화에 대한 관점을 정리하면 다음과 같은 분류가 가능하다. 첫째, 영화를 시대의 구성물이자 역사의 일부(사료)로 보는 견해, 둘째, 영화를 역사에 대한 주체들의 생각과 감성이 적극적으로 표현되는 재현물로 보는 견해, 셋째, 역사를 대중의 기억이 문화적으로 전승되는 문화적 기억의 일종으로 보는 견해, 넷째, 역사영화를 과거가 아닌 현재적 관심에서 출발한 이념투쟁으로 보는 견해 등이 있다.[49] 이와 같은 유형화에는 역사의 영화적 재현에 대한 다양한 입장이 반영되어 있다.

한편 역사를 소재적으로 차용하는 것을 넘어서서 역사적 사실에 기초하여 역사의 재해석을 추구하는 경우로 역사영화의 범주를 한정하면 역사영화는 '역사적 사실/진실을 진정성 있게 탐구하고 일관된 관점으로 재해석한 사실적 영화'로 정의된다.[50]

이와 같이 역사영화의 범주를 제한하여 엄밀하게 규정하는 데 적용된 기준은 다음과 같다. 첫째, 구체적 시공간의 인물이나 사건을 미시적으로 묘사함으로써 거시적인 시대상을 드러내거나 짐작할 수 있다. 둘째, 역사적 진실을 진정성 있게 탐구하여 일관된 관점에 의해 재해석된 새로운 역사의 가능성을 발굴한다. 셋째, 역사적 개연성을 갖춘 상상력을 발휘한 설득력 있는 내러티브를 제시한다. 넷째, 관객이 그 시대로 몰입해 들어가 리얼리티를 느낄 수 있도록 가급적 사실적으로 표현한다. 다섯째, 아주 가까운 시기를 다룬 영화라도 과거를 단순한 회고나 추억이 아닌 역사로 다루고 있거나 부지불식간이라도 역사적 해석이 이루어진다.[51]

무엇보다도 역사영화에서는 과거의 복구가 수행될 뿐만 아니라 어떻게 역사를 인식하는지의 문제까지 결부된다는 점에 주목하면, 학문적인 역사 서술과 역사영화 각각의 역사 재현 간 차이점이 무엇인지에 대한 근본적 질문을 던지게 된다.

과거 재현 방식으로서 영화 텍스트에 대한 관심은 전통적인 역사 서술 방식까지 포함하여 역사 재현의 기제에 주목하는 것으로 이어졌다. 특히 이러한 문제의식은 주체의 주관성과 재현 대상의 실재성에 대한 근본적인 문제 제기를 반영한다. 구성된 내러티브라는 특성에 주목할 때, 문자 텍스트에 기초한 '학문적' 역사와 여타 역사 재현의 양식을 차별화하기 어렵다는 주장이 그러한 사례이다. 즉, 문자로 된 역사 서술과 "영화화된" 역사 각각이 고유의 형식적 가공의 논리를 보유한 일종의 과거 재구성이라는 측면에서 양자 사이에 뚜렷한 경계를 긋기 어렵게 되었다.[52]

역사의 시각적 재현으로서의 영화에 대해 논의할 때, 재현 양식에 대한 역사철학적 문제만 거론되는 것은 아니다. 과거 그 어느 때보다도 '직접적으로' 과거를 접하는 영상 시대의 대중들에게 영화는 문화적 기억과 준거의 주요 저장소가 되었으며,[53] 시각 미디어로 인해 우리가 과거를 어떻게 생각하는가에 대한 의식에도 주요한 변화가 도래했다.[54]

역사를 다룬 영화와 역사와의 관계에 대한 선구적인 연구에서 로젠스톤은 "주류 상업영화가 그 어떤 의혹이나 불확실성의 여지를 남기지 않고 셀룰로이드 필름 위에 과거 모습과 느낌을 고정시킴으로써 역사를 분석하기보다는 역사인양 꾸며내고 있다."고 지적한다.[55] 특히 "주류 영화가 과거에 접근하는 방식은 역사를 정서화하고 개인화하며 극적으로 만든다."[56]는 점에서 비판의 대상이 되었다. 대중에게 호소력을 갖는 역사영화에 대한 역사가들의 초기 연구에서는 대체로 영화의 역사 재현에 나타나는 부정확성에 비판을 집중하였으며, 오류투성이 역사 재현이 대중에게 갖는 영향력을 경고하였다.

그런데 역사영화를 둘러싼 논의는 역사 재현의 '정확성'을 따지는 것에 머물지 않고 그 매체적 특성이 갖는 사회문화적 함의에 주목하는 전환이 이루어지게 된다. 이러한 관점에서 볼 때, 영화는 동시대 이데올로기와 사고 양식을 반영하면서 동시에 형성하기도 한다[57]는 점에서 중요한 문화적 매개이다. 영화 속에는 영화 제작 시기의 역사적 맥락이 결정적으로 각인되어 있으며,[58] 일부 영화는 영화가 속한 시대에 대한 긍정 혹은 비판이라는 사회적·정치적 논평의 기능을 수행한다.[59] 영화에서 이루어지는 역사 재현은 학문적 역사 내러티브 생산에는 부적합할 수 있지만 사회적 기억을 창출하는 뛰어난 플랫폼이 될 수 있다.

2) 역사학습에서 역사영화의 활용 방향

역사교육에서 영화에 재현된 역사에 대한 초기 접근은 대체로 시각적 미디어의 자극이 갖는 위험성을 학문적 연구의 객관성과 대비시키는 구도에서 이루어졌다. 이후 학생들의 역사 지식이 형성되는 주요한 경로로서 역사영화의 영향력이 지목되고, 역사교육에서 영화 활용의 가능성을 적극적으로 모색하는 입장에서 논의가 전개되었다. 교수학습 자원으로서 영화의 유용성을 옹호하는 견해의 사례는 다음과 같다.

첫째, 역사영화 시청을 통한 감정이입의 경험은 소수자에 대한 관심과 배려의 태도를 키워줄 수 있다. 둘째, 영화라는 매체를 통한 우회적 접근이라는 점에서, 사회적으로 논란이 되는 이슈를 수업에서 상대적으로 '안전하게' 다룰 수 있다. 즉 교사가 편향성 논란에 휩쓸리지 않으면서, 해당 이슈에 대해 학생들이 자신의 견해를 형성하는 기회를 제공할 수 있다. 셋째, 과거를 생생하게 불러옴으로써 학생들은 과거 행위자들의 관점을 접하고, 기억의 형성과 재창조와 결부되는 과거의 위력, 그리고 현재의 기억 주체의 위치성에 대한 직관적인 이해를 키울 수 있다.[60)]

때때로 영화의 시청각적 장치는 마치 화면에 펼쳐지는 '실재'가 그 어떤 매개도 거치지 않은 것처럼 보이게 함으로써 관객의 몰입을 유도한다. 역사영화에서 화면 속에 재현되는 현실의 경우, 문자로 접하는 역사에 비해 그 이미지의 직접성으로 인해 과거가 마치 되살아난 듯한 생생한 느낌을 줄 수 있다. 이러한 이유로 역사 이해에 끼치는 영화의 영향력에 대한 염려가 발생한다. 그런데 역사교육 연구에서는 영화가 역사 이해에 끼치는 영향에 대한 우려에서 멈추지 말고, 학생들이 시각적으로 재현된 역사에 어떤 방식으로 접근하는지, 그리고 영화라는 매체로 역사를 접하면서 어떤 의미를 형성하는지 파악하는 것이 중요하다. 예를 들면 과거의 시각적 재현의 기제에 대해 학생들이 어떤 생각을 하고 있는지, 특히 영화 창작자의 주관성이나 역사 해석에 접근할 때 어떤 기준을 적용하는지 알아보는 것이 필요하다.

이와 같은 관점에서 보면, 영화 텍스트 읽기의 문제를 역사 문해력 함양의 맥락에 놓고, 역사영화의 가능성을 적극적으로 탐색하는 방향을 모색할 수 있다. 역사영화는 "과거를 재구성하면서 과거가 남긴 흔적에서 의미를 찾아본다는 것이 무엇인지에 대해 경험할 수 있게 해준다."[61] 또한 영화에서 과거를 만나게 되는 방식에 내재하는 불완전성의 문제에 대해 인지할 수 있게 도와준다.[62] 무엇보다 역사영화는 역사 재현에서 관점의 역할, 역사 재현의 역사성, 두 가지 측면에서 이미 사라진 과거를 조직화하는 인식론의 문제로 학생들을 안내하는 매개가 될 수 있다.

첫째, 역사영화는 문자로 된 역사서술에서 잘 드러나지 않는 프레임의 존재가 부각되기 때문에 역사 연구에서 작용하는 관점의 역할에 대한 이해 향상을 도모할 수 있다.

[그림 5-2]는 19세기 후반 유럽 최고의 신경전문의 샤르코(Jean-Martin Charcot)의 히스테리 증상 임상 시연 장면을 프레이밍(framing)[63]하는 몇 가지 방식을 보여준다. 19세기 의학, 특히 정신의학을 연구하는 역사가라면 우선 샤르코의 임상 시연 장면 전체에 관심을 가질 것이다. 그런데 이 분야를 연구하는 역사학자가 취하는 관점과 프레이밍에 따라 다양한 이야기가 생성될 수 있다.

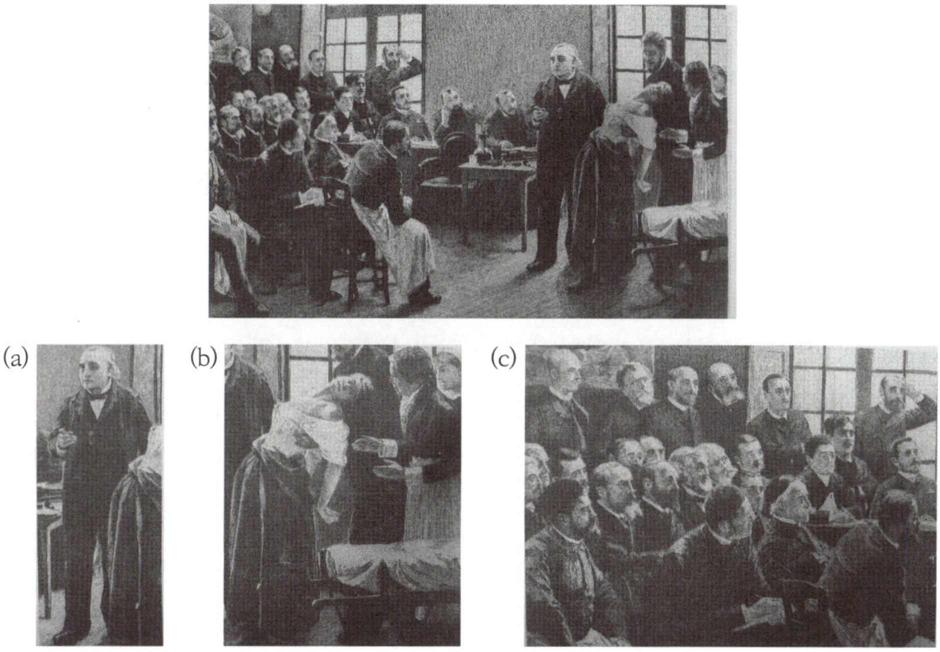

[그림 5-2] 신경전문의 샤르코(Jean-Martin Charcot)의 임상 시연(1887) 리토그래프(상단)와 프레이밍 사례 (a)~(c)[64]

이와 같이 다양한 초점화 방식을 [그림 5-2]의 프레이밍 (a), (b), (c)를 통해 살펴보겠다.[65] 프레이밍(a)의 경우 신경의 샤르코가 중심 역사 인물이고 역사 서술도 그의 연구 업적과 영향력을 중심으로 구성될 것이다. (b)와 같이 여성 환자 위트만(Blanche Wittman) 중심의 프레임을 취하면 해당 시대가 여성성에 대해 갖고 있는 지배적인 아이디어에 대해 새로운 이해를 모색하는 방향으로 역사 서술이 구성될 것이다. (c)와 같이 시연회 참석자 중심의 프레임을 취하면 '이 시연회에 참석한 의사들은 당시 의학계 문화에 어떤 영향을 끼쳤을까?', '이들의 경험은 이 시대 의학 교육에 대해 무엇을 이야기해 주는가?'와 같은 연구 질문으로 이어질 것이다.

역사가들은 과거상을 다른 각도에서 바라보고 그 역사적 중요성에 대해 다른 질문을 던진다. 따라서 역사가가 어떻게 연구 대상 역사의 프레임을 만들고 있으며, 프레임 선택의 이면에 놓인 의도적인 혹은 자기도 모르게 내리고 있는 선택들은 무엇인가를 파악하는 것은 역사 읽기에서 중요한 능력이다.

물론 [그림 5-2]의 (a)~(c)는 영화의 장면들이 아니며, 설명의 편의를 위해 프레임에 집어넣은 것이다. 영화라는 시각적 재현에서 드러나는 프레이밍은 '어떻게 역사 서술의 구조를 짤 것인가?'와 같은 역사가의 선택 문제에 대한 강력한 은유로 기능할 수 있다. 요컨대 연구 대상으로 과거의 특정 측면을 선택하는 것의 불가피성과 이러한 선정 행위가 곧 역사 해석 행위라는 것을 직관적으로 이해하는 것을 도와준다.

역사 연구에 작용하는 프레임의 존재를 알지 못할 경우, 왕조의 이름이나 사건의 명칭에 이르기까지 일견 자연스럽게 보이는 범주들도 역사가의 의식적 선택의 결과라는 것을 간과할 수 있으며, 특히 어떤 측면이 소홀하게 다루어졌는지 알지 못하게 된다.[66] 영화적 역사 재현에서는 문자 텍스트로 구성된 일반적인 역사 서술에 비해 프레임의 존재를 포착하는 것이 더 용이하다. 따라서 프레임 안에 포함된 것과 그렇지 못한 것 사이의 구분을 활용하여 역사 재현에서 해석적 초점이 수행하는 역할에 대한 이해를 도울 수 있다.

둘째, 역사 재현의 역사성의 문제를 탐색하는 데 역사영화는 유용한 학습 도구가 될 수 있다. 문자로 쓰인 역사에 비해 역사영화는 역사 재현의 맥락에 주목할 수 있도록 해주기 때문이다. 예를 들어, 영화 표현 기법의 '낡음/새로움'과 같이 시대에 따라 달라지는 재현 형식에 주의를 기울이면, 특정 맥락에서 특정 집단에 의해 제작된 산물이라는 영화의 위상이 관객에게 분명하게 드러나게 된다. 즉 영화는 다른 매체에 비해 역사서술의 역사를 탐구하는 데 용이한 경로를 제공한다.[67] 특히 '시각화된 역사(화면에 나타나는 과거)'와 그 재현의 '시대적 맥락'이 가시적일 경우, 과거 구성의 시간성에 대해 성찰할 수 있는 계기를 관객에게 제공할 수 있다.

과거 재현에서 시간성이 가지는 의미를 역사학습에서 고찰하고자 할 때, 영화가 재현한 과거의 시간과 영화가 제작된 시간이라는 두 가지 시간성 탐구가 유용할 수 있다. 첫 번째 시간성은 과거 사건이나 스크린에서 시각적으로 재현되는 과거의 시간이라면 두 번째 시간성은 영화가 전달하는 메시지나 표현 기법 등에서 드러나는 영화 제작 환경에서 비롯된다.[68] 역사영화를 보면서 학생들은 역사영화가 생생하게 복원해 낸 과거를 통해 첫 번째 시간성을 들여다볼 뿐 아니라, 역사 텍스트를 둘러싼 제작 시점과 같은 두 번째 시간성을 탐구해 볼 수 있다.[69] 특히 두 번째 시간성은 과거에 대한 여러 가지 해석이 시대가 공유하는 문화적 참조틀로부터 영향을 받는다는 것을 인지할 수 있도록 한다는 점에서 중요하다.

역사 재현에 작용하는 해석의 프레임워크에 대한 학생들의 아이디어를 탐색한 연구 중에 제작 시점에 따라 영화적 메시지가 극명하게 대비되는 영화를 활용한 세이셔스(Peter Seixas)의 연구에 주목할 필요가 있다. 아메리카 원주민과 백인 정착자 사이의 관계 묘사에서 대조적인 두 영화, '수색자(The Searchers)'(1956)와 '늑대와 춤을(Dances with Wolves)'(1990)에 대한 캐나다 학생들의 비교 분석은 흥미로운 결과를 보여주었다. 이 연구에서 학생들은 두 영화 사이의 차이점을 파악하고 1860년대 아메리카 원주민과 백인 사이의 관계 묘사의 정확성을 비교하는 과제를 수행하였다. 응답을 분석한 결과, 학생들이 살고 있는 동시대 영화인 '늑대와 춤을'의 제작에 적용된 익숙한 사회적·영화적 관습 때문에 이 영화는 원주민-백인 관계에 대한 '투명한' 매개로 간주되었다. 반면 전통적인 서부극인 '수색자'에 대해서는 이 영화의 편집이나 음악에서 나타나는 '낡은' 영화적 표현 그리고 학생들이 속한 시대의 '정치적 올바름'에 위배되는 '백인 대 원주민' 선악 구도 때문에 1950년대 사회적 산물이라는 점을 쉽게 파악하였다.[70] 즉 오늘날과 비교할 때 부실해 보이는 '수색자'의 기술적, 미적 재현으로 인해 이 영화가 과거 특정 시기의 문화적 구성물이라는 점을 인지할 수 있었다면, '늑대와 춤을'의 현대적이고 세련된 영화적 재현으로 인해 이 영화가 동시대 문화적 감수성을 반영하는 사회적 산물이라는 점을 놓치게 된 것이다.[71)]

따라서 영화 속 과거의 리얼리티에 대한 학생들의 이해 방식을 고려해서, 수업에 활용하는 역사영화를 선정할 수 있다. 예를 들어 학생들의 선개념과 충돌하는 해석적 입장을 취하는 오래된 영화와 이와 대조적인 현대 영화를 비교하는 학습 과제를 부여할 수 있다. 이를 통해 오늘날의 아이디어에 부합한다는 이유로 동시대 영화를 과거 재현의 '사실적' 매개로 간주하는 사고방식의 문제점을 인식하도록 학생들을 이끌 수 있다.[72)] 또한 교사는 학생들이 영화라는 시각 텍스트를 읽어나가는 과정에서 이루어지는 역사상의 해체 혹은 재구성 이후에 그로부터 어떤 의미를 형성하는지 주목할 필요가 있다. 역사교육에서 역사영화의 역할을 탐색할 때 '역사영화가 학생들에게 끼치는 영향력이 무엇인가'를 질문하는 것을 넘어서, 학생들이 어떤 역사영화에 몰입하며, 현재적 시각이 반영된 역사영화 관람을 통해 오늘날 사회에 대해 어떤 해석에 도달하는지를 파악하는 것이 중요하다.

3. 박물관과 기념관

박물관과 기념관의 역할은 다양하지만 여기서는 역사 재현의 문화적 매개이며 역사 지식의 조형 공간이라는 특성에 초점을 맞추고자 한다. 여기서 지식의 조형이란 사물들에 차이성이나 동일성을 부여하여 사물을 분류하고 분류한 것을 순서 지워 배치함으로써 관람 대상을 바라보는 시선을 특정 방향으로 유도하고 형성하는 것을 의미한다.[73)]

역사 연구에서 연구 질문을 설정하고 자료를 수집하여 해석하는 과정을 통해 역사 지식이 형성되듯이, 역사 전시를 통해 역사적 지식의 조형 과정이 동반된다. 박물관의 전시는 주제를 구성하여 실물의 선택, 배열, 장식으로 이루어지는 일종의 역사 서술로 간주할 수 있다.[74)] 박물관이나 기념관의 전시를 통해 역사 지식이 어떻게 형성되는가의 문제를 역사학습에서 다루는 것이 중요하다. 사물이 원래

속해있던 일상에서 분리되어 전시물로 구성되는 과거의 대상화 과정을 분석함으로써 우리가 과거를 어떤 시선으로 바라보는지에 대한 구체적 논의가 촉발될 수 있기 때문이다.

1) 근대 박물관의 형성과 전시 기능의 변화

박물관은 '유형과 무형의 유산을 연구, 수집, 보존, 해석하는 비영리적이고 영구적인 사회기관'으로 정의된다.[75] 초기 박물관은 수집과 보존, 연구 기능의 비중이 높았지만, 후대로 갈수록 박물관의 교육적・사회적 기능이 강화되었다. 박물관의 기능이 진화해 온 과정을 통해 박물관 역사 전시의 주요 특징이 역사적으로 어떻게 형성되었는지 알 수 있다.

유럽에서 개인 소장품의 진열 공간으로 출발한 박물관은 국민국가의 형성과 밀접하게 연결되면서 공공기관으로서의 역할이 강화되었다. 박물관의 원형은 소위 '대항해시대'에 세계 각지로부터 유럽에 유입된 고대의 예술작품이나 박제 및 지질학 표본 등 희귀한 물품들이 귀족과 부호들에게 수집되어 개인 소장품으로 발전한 것이다.[76] 소장자의 저택 내부에 마련된 전시실은 '경이로운 방' 이나 '예술품의 방'이라고 불렸는데, 이러한 전시실의 진기한 물품 전시는 부와 권력을 과시하는 상징적 징표로 이용되었다. 이와 같은 특별한 방에는 고대 유물과 동전, 이국의 새와 곤충, 물고기, 미라, 인디오 사진 등 감각을 매료시키는 진귀품들이 뒤섞여 전시되었으며, 체계적인 분류가 이루어진 것은 아니었다.[77]

18세기 중후반부터는 유럽에서 공공박물관이라는 형태가 본격적으로 정착되었다. 이 시기 박물관에서도 '경이로운 방'처럼 수집 및 보존과 전시라는 기능을 기본적으로 수행하였지만 전시물의 분류와 체계화라는 박물학적 시선[78]이 작용하기 시작했다는 것이 중요하다. 또한 이 시기부터 공공기관으로서 박물관의 위상이 강화되는데 광범위한 대중을 대상으로 교육적 기능을 수행하게 된다.

특히 프랑스 대혁명 이후 설립되어 대중에게 무료로 개방된 루브르 박물관은 교육적 목적으로 학생들에게만 개방하는 기간을 설정하는 등 교육적 목적이 강화되었고,[79] 수장품은 국가에서 보존해야 하는 문화유산, 문화재로 정착되었다.[80] 독일에서 설립된 군사박물관, 우편박물관, 민속박물관 등 특별한 주제를 다루는 박물관의 전시 형태에서는 전시물의 조화로운 배치 등 역사적 유물이면서 증거인 전시물을 광범위한 대중에게 매개하는 것의 중요성이 강조되었다.[81)]

박물관의 수집이 공공의 목적으로 행해지면서 박물관의 수집물은 연구해야 할 대상이며 의도적으로 기억해야 할 대상으로 인식되기 시작하였다. 박물관의 수집물은 특별한 기준과 원칙에 따라 선별된, 지키고 보존해야 할 '과거'라는 인식이 보편화되었다.[82)] 이때 전시 대상을 분류하고 체계화하여 의미를 부여하는 방식 자체가 특정 의도에 따라 구성된 역사 지식의 재개념화와 관련성을 갖게 된다. 예를 들면 오늘날 교과서의 불교 미술사 서술에서 '세련된' 통일신라 불상 대 '소박한' 고려 불상이라는 통념은 일본의 식민주의적 시선을 반영한다. 일본에 병합된 시기 한국의 역사 발전 단계가 고대 말의 수준에 머물러있다는 점을 강조하는 맥락에서, 식민지 역사학자들이 통일신라기 미술품을 가장 발달한 '정수'로 자리매김한 것이다.

근대박물관의 형성과 발전은 공공성과 교육적 기능이 부각되는 방향으로 전개되었으며, 오늘날 박물관의 역할에서 학예연구(curation)에 못지않게 공중을 대상으로 하는 교육적 기능에 대한 관심이 높다. 물론 근대 박물관이 그 탄생 시기부터 이미 '낯선' 과거 혹은 '이국적' 세계를 관람자에게 친숙하게 전달하는 역할을 해왔다는 점에서 역사 체험을 매개하는 교육적 기능은 초기 박물관의 등장 이래 그 연원이 오래되었다.

그렇지만 본격적으로 박물관의 교육적 기능에 대한 논의가 활성화된 시기는 학습자 중심의 구성주의 교수학습 패러다임으로의 전환, 역사 유산의 사회적 활용에 대한 관심이 고조된 시기와 맞물린다. 예를 들면 교육기관으로서의 박물관과 공교육과의 관계 설정 논의가 일찍이 시작된 영국에서는 박물관의 교육 기능 탐색이 구체화된 시기로 1960년대 말과 1990년대 이후를 지목한다. 1960년대 말 이후 학습자 중심 학습에서 박물관의 교육적 잠재력에 대한 인식이 높아졌고, 1990년대 이후에는 광범위한 관람자와의 소통을 중시하는 국가 차원의 박물관 정책이 조직화되었다. 역사학 내부의 패러다임 변화도 박물관 전시에 영향을 미쳤다. 기존에 조명을 받지 못했던 계층까지 연구 대상으로 포괄하는 사회사 연구의 성장을 바탕으로, 다양한 계층의 일상적 삶에서 의미를 가지는 대중문화가 전시 기획의 초점이

되었다.[83)]

우리나라의 경우에도 박물관 전시가 변화해온 과정[84)]을 살펴보면 박물관의 교육적·사회적 역할이 강화되어 온 양상을 확인할 수 있다.

해방 직후에 국립 박물관 중심으로 박물관 체제가 마련되기 시작한 시기에는 민족 단위의 문화사를 구현하는 전시에 집중하였는데 민족 정체성을 표상하는 공예품들이 유리장 안에서 성역화하고 보호되는 모습으로 진열되었다.

1990년대에 박물관의 교육 기능을 강조하는 신박물관학 논의가 수용되고 문화를 만들어간 일반 사람들을 재의미화하는 학술 논의가 진전되면서, 관람자 친화적 전시 구성과 보통 사람들의 일상생활을 조명하는 내용의 전시가 모색되었다.

2,000년대 초반에 국가 중심 역사관에 도전한 기억 논의가 활발하게 이루어지고 공동체의 다양한 문화를 포용하는 박물관의 사회적 역할이 강조되었다. 전통적인 박물관 전시에서 배제되었던 인물, 사건, 무형의 것을 다루는 전시 구성이 이루어졌고 공동체 내의 다양한 목소리를 담아내는 문화다양성 구현의 장소로 박물관이 논의되기 시작했다.

2010년대에 접어들면서 참여적 박물관 개념이 강조되고 박물관을 자기 정체성 형성과 관련되는 장소로 변화시킬 필요성이 제기됨에 따라, 근대문화유산 제도와 연결하여 지역민과 지역사회의 활성화를 도모하고 관람자와 지역사회를 매개하는 방식의 전시 구성이 활성화되었다. 이와 같이 우리나라 박물관 역사 전시에서 나타나는 과거 재현 전략의 변화는 역사학 패러다임 변화, 교육적 논의 및 역사 유산의 사회적 활용 방향과 맞물려서 진행되었다.

소위 '유산 산업(heritage industry)'의 붐이 일어나는 가운데 역사 유산의 사회적 활용에 대한 관심이 급증하면서 박물관의 접근성을 제고하는 문제가 국가적 차원에서 주요 이슈로 떠오르기도 한다. 영국의 사례를 보면, '공유된' 과거와의 만남을 통해 사회 구성원들에게 현재 삶과 미래 기획의 준거를 마련해 줄 수 있는 공간으로서 박물관의 가치가 부각되었다. 실제로 신노동당의 박물관교육 정책에서는 역사 지식에 대한 접근성을 높여서 역사적, 정치적 리터러시를 향상시키는 것이 사회 통합에 기여한다는 점을 강조하였다.[85)] 즉 공적인 문화 재현 장소로서 박물관의 영향력을 정책적으로 활용하고자 하는 의도가 포함되어 있다. 급격한 사회 변동과 세계화의 흐름 속에서 시민교육과 정체성 함양에 박물관을 활용하려는 정치적 의제가 작용하고 있는 것이다.

지금까지 박물관의 역사적 연원과 주요 기능의 변화를 살펴보았다. 다음에서는 역사 지식을 생성하는 자원이며, 과거에 대한 의미 형성에 중요하게 작용하는 박물관, 기념관의 역사 전시와 관련된 주요 논점을 학생들의 역사 이해와 관련지어 살펴보고자 한다.

2) 박물관과 기념관의 역사 전시 특성과 역사학습 방향

박물관에 전시된 유물 관련 학습은 역사 탐구에서 역사적 자료의 이해와 해석의 문제를 전면적으로 다루는 데 유용하다. 다음에 제시한 영국 역사교육과정 문서에서 확인할 수 있듯이, 박물관 방문이나 유적 답사를 통해 도달하기를 기대하는 학습 목표는 변화, 해석, 증거와 같은 개념에 대한 이해와 밀접하게 연관되기 때문이다.

> [성취목표 1영역] 역사에 대한 지식과 이해
> 유물이나 사적지는 연대기와 변화에 대한 이해를 발달시키는 데 활용될 수 있다. 학생들은 과거 사람들의 신념과 태도가 그들의 삶의 방식을 어떻게 형성시켰는지에 대해 조사한다. 중세 수도원이나 빅토리아 시기 대저택의 구조에 대한 탐구학습 등이 하나의 예가 될 수 있다.
>
> [성취목표 2영역] 역사 해석
> 박물관의 전시물이나 유적지는 과거가 어떻게 해석되고 있는지에 대해 파악할 수 있는 근거자료가 된다. 유물이나 건축물은 당시 사람들이 자신들의 과거에 대해 어떤 아이디어를 가지고 있었는지 알려주는데, 19세기 공공건물에 고딕 양식이 사용된 것이 그러한 예이다.
>
> [성취목표 3영역] 역사적 자료의 사용
> 유적과 유물은 문서 자료와 마찬가지로 과거에 대한 증거를 제공하는 자료이다. 학생들은 유적과 유물의 가치와 신빙성에 대해 평가해 본다.[86)]

박물관이나 유적지 방문이 역사 학습에서 중요한 이유는 첫째, 상상력을 자극하고 과거의 실재성을 체감하게 할 수 있고, 둘째, 관찰 및 탐구 기능을 발달시켜서 창의적인 연구에 입문하는 것을 도와주며, 셋째, 문서 자료가 남아있지 않은 과거 사회에 대해서도 경험을 통해 학습할 수 있기 때문이다.[87] 유물을 통한 학습에서는 단순한 관찰을 넘어서 유물이 시사하는 바를 추론하는 것이 중요하며, 이를 위해서는 학생들이 유물에 대해 탐구하는 데 필요한 질문을 다음과 같이 단계별로 구체화하는 것이 필요하다. 기초적인 단계에서는 탐구 대상 유물에 대해 다음과 같이 질문할 수 있다.

[1단계. 유물 자체에 대해 질문하기]
(1) 이것이 무엇인가? 진품인가?
(2) 무엇으로 만들어졌는가? 어떻게 장식되어 있는가?
(3) 무슨 기능이 있는가? 어떻게 쓰는가?
(4) 무슨 가치가 있는가? - 내재적 가치, 역사적 가치, 당대적 가치
(5) 얼마나 오래된 것인가? 오래된 것처럼 보이는가?
(6) 어디서 만들어졌는가? 어디서 발견되었는가?

탐구대상 사물을 역사적 맥락 속에 위치시키는 단계에서는 다음과 같이 질문할 수 있다.

[2단계. 유물을 역사적 맥락 속에 위치시키기]
(7) 해당 시대의 사람들과 사회, 그리고 기술, 복지, 상업, 가정생활 등 사회의 여러 측면들에 대해 무엇을 알려주는가?
(8) 제시된 물적 증거들 사이에 빈틈이 있는가? 간극이 있다면 왜 그럴까?
(9) 전시된 사물들에서 편견을 찾을 수 있는가?
(10) 검토 대상이 되는 증거들을 같은 시대 문서나 그림 자료 등과 어떻게 연관시킬 수 있는가?[88]

(1)~(10)의 질문 목록에는 유물을 연구하는 역사가의 방법론이 반영되어 있다. 이러한 질문을 탐색하는 과정에서 박물관에 전시된 사물을 역사 연구의 바탕이 되는 자료로 간주하고 해당 자료의 위상과 특징을 역사적 맥락 속에서 조직화할 수 있다. 다음에 제시한 사례는 신안선 유물을 바탕으로 시대상을 추론하고 역사 지식을 형성하는 탐구학습에 활용할 수 있는 질문 목록이다.

[탐구활동 도입부] 이 배는 1975년 신안 앞바다에서 발견되었다. 배에서 나온 도자기, 동전, 자단목 등을 비롯한 유물과 목간 기록을 통해 1323년에 경원(지금의 저장성 닝보)에서 출발하여 일본 하카타, 교토 도후쿠지로 가는 무역선이라는 사실이 밝혀졌다.

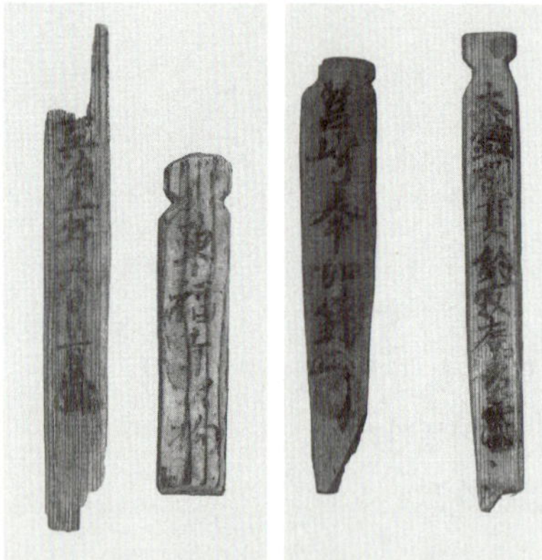

"지치삼년" "도후쿠지"명 목간(좌);
"하코자키" "조자쿠앙"명 목간(우)

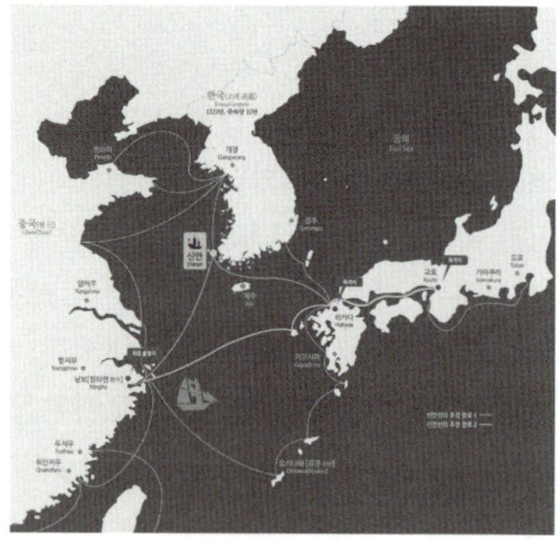

신안선의 항로

* 사진 출처: 「해상교류를 통해 본 서남해 지역의 바닷길」 2014년 특별전 자료집(국립해양문화재연구소), p. 87(좌), p. 88(우)

[1단계. 유물 자체에 대해 질문하기]

- 도자기는 어디서 만든 것인가?
- 도자기는 누구에게 판매하기 위한 것인가?
- 도자기의 가치는 무엇인가?-역사적 가치, 당대적 가치

신안선 출수 도자기

신안선 출수 동전

* 사진 출처: 「해상교류를 통해 본 서남해 지역의 바닷길」 2014년 특별전 자료집(국립해양문화재연구소), p. 89(좌), p. 93(우)

[2단계. 유물을 역사적 맥락 속에 위치시키기] 도자기, 동전 등을 14세기 역사적 맥락 속에서 탐구하기

- 몽골제국의 유라시아 광역 교역권을 통해 도자 제작의 다양성, 동아시아, 서아시아, 동남아시아 등지로 대량 수출된 도기의 유통과 관련한 의미를 어떻게 볼 것인가?
- 중국 동전의 수입이 일본 사회에서 어떠한 기능을 하는가?
- 유라시아 교역과 관련된 이슬람 상인의 유입이 어떻게 드러나는가?
- 신안 침몰선의 운명에서 알 수 있듯이, 당시 항해의 험난함을 극복하기 위해 해양신앙은 어떻게 드러나며, 무엇이 유행하는가?

요약하면, 박물관의 역사적 유산을 통해 과거에 대한 일종의 실체감을 부여할 수 있다는 점에서 박물관은 역사학습의 중요한 교육 자원이다. 이러한 교육자원을 활용한 역사학습에서는 역사적 증거와 역사 설명의 관계를 어떻게 파악할 것인가라는 문제를 핵심적인 위치에 놓고 수업을 전개하는 것이 중요하다.

이상의 논의에서 박물관에 전시된 유물의 특징을 파악하고 시대상을 추론하는 것이 박물관에서 경험할 수 있는 중요한 역사학습이라는 것을 살펴보았다. 나아가 유물의 배치, 해설, 관람 동선 등 전시 관람 체험을 통해 학생들이 어떤 의미를 생성하는지도 박물관에서 이루어지는 역사학습의 중요한 주제이다. 역사 전시 기획에서는 다양한 수준과 범위에서 학예사의 선택이 이루어진다. 우선 전시 대상으로 범주화되는 유물의 범위와 개념, 유물을 생성한 시대적, 사회적 맥락과 해당 유물 간의 관계 설정 등이 가장 기본적인 층위에서 이루어지는 선택이다. 또한 국가 정체성 강화 논리 혹은 유산산업의 일환으로 박물관이 담당하는 역할이 강조되면, 유물의 전시에 정치 논리나 경제 논리가 개입되기도 한다.

박물관의 재현 전략은 '무엇을 전시하는가'뿐만 아니라 '어떻게 전시하는가'와 밀접한 관련이 있다고 할 때, 박물관에서 이루어지는 역사학습에서도 역사 전시에서 구성되는 서사 분석의 필요성이 제기되었다. 특히 박물관 역사 전시의 내러티브를 해석하는 중요성이 역사 문해력의 일환으로 강조되고 있다. 예를 들면 박물관에서는 여러 가지 역사 해석과 서사 가운데 일부가 선택되어 전시로 구성되므로 역사교사는 전시관이 표현하는 주관적·선택적 과거에 대해 분석하고 학생들이 박물관 자료를 활용해서 역사를 재구성할 수 있도록 수업을 기획할 수 있다.[89]

박물관이나 기념관 전시에서 재현 대상과 재현의 맥락을 해독하는 능력이 강조되는 배경 중 하나로, 학생들이 사회 속에서 다양한 형식으로 접하는 역사 지식에 비판적으로 접근하는 필요성에 대한 논의를 들 수 있다. 각종 블로그와 유튜브 등 학생들이 사회적 삶 속에서 접하는 역사 지식의 형태는 특정 관점의 역사를 절대적 진실로 착각하게 하는 경우가 많고, 역사가 증거에 기초한 해석이라는 점을 인식할 수 있는 기회를 차단한다.[90] 새로운 미디어가 출현하면서 검증되지 않는 지식이 난무하며 검증 안 된 지식을 맹목적으로 수용하는 문제점이 나타나고 있다. 이러한 맥락에서 볼 때, 역사 문해력 교육의 외연 확장으로서 박물관 역사 전시의 역할이 중요하며, 관람객이 역사의 복잡성과 복합성을 인식할 수 있도록 역사 전시를 구성하는 방안 모색의 필요성이 강조된다.[91]

물론 공공기관으로서 박물관이나 기념관의 위상으로 인해 관람자들은 전시를 통해 매개되는 역사 지식의 전달 과정에 주목하기보다 전시에서 재현된 결과물을 별다른 문제의식 없이 그대로 수용하기 쉽다. 그런데 어떤 과거가 박물관 전시로 재현할 만한 혹은 기념관에서 추모할 만한 대상으로 선정되는가, 그리고 현재 속에 재현되는 과거의 의미가 어떻게 구성되는가를 탐구하도록 한다면, 다른 형태의 역사 재현에서 좀처럼 가시화하기 어려운 역사 해석의 지점을 드러내줄 수 있다. "왜 개인 혹은 집단은 과거를 다르게 '구성'하는가"와 같은 추상적 질문에서 가정하고 있는 '가상의' 해석자가 아니라 현실의 역사 해석자의 가치, 관점, 관심사, 그리고 해석자를 둘러싼 맥락에 대한 구체적 분석 기회를 제공할 수 있기 때문이다.

박물관이나 기념관의 역사 전시를 적극적으로 읽어내고 이를 통해 어떤 이야기를 구성할 것인가에 대한 논의는 지속적으로 활성화되고 있다. 이러한 추세는 첫째, 학생이 역사와 맺는 개인적 관련성(relevance)을 높이고자 하는 교육적 요구의 반영이다. 둘째, 역사교육 연구에서 개인적 정체성과 결부된 역사 해석의 문제가 중요한 이슈로 다루어지고 있다. 이러한 연구 경향은 기존 역사학습에서 역사 해석의 문제에 접근할 때 학생들의 해석이 일어나는 맥락이 간과되었다는 성찰과 관련된다. 특히 학생들이 자신과 가깝게 연결되어 있다고 느끼는 역사를 탐색할 때 보이는 정서적 반응과 판단의 중요성이 부각되고 있다.[92] 따라서, 기념관에서 이루어지는 역사 유산 학습이 학습자와 소통하는 방식에 관심을 가질 필요가 있다.

추념의 공간으로서 기념관은 대체로 '국가적 폭력의 피해자, 사회가 규정하고 이데올로기가 추동한 범죄의 희생자를 기념하기 위해 사건이 일어난 역사적 장소 혹은 그러한 범죄의 생존자가 선택한 장소에 위치한다.[93] 제주 4·3 평화 기념관, 일본 히로시마 평화기념자료관 등이 그 사례이다. 기념관에서는 희생자에 시선을 두고, 범죄의 희생자를 떠올리게 하는 역사적 장소성이 중시되는데, 역사적 장소에 있지 않더라도 희생자를 추모하는 기능을 수행하는 기념관도 존재한다. 대표적인 사례가 미국의 홀로코스트 기념박물관(memorial museum)이다. 또한 우리나라의 독립기념관과 같이 식민 지배 역사에서 추념의 대상이 되는 독립운동가에게 헌정된 기억의 공간도 있다.

학살이나 참사 등 다루기 어려운 혹은 불편한 과거가 전시되는 기념관에서는 관람자로부터 감정적 반응이나 동일시를 유도하는 것이 오히려 문제를 야기할 수 있다. 9·11 테러 이후에 홀로코스트 기념박물관을 방문한 미국인 관람객들은 2차 세계 대전 시기 유럽의 유대인 희생자에 대해 강한 유대감을 형성하는 것으로 나타났다. 관람객들이 남긴 방문 소감 중에서는 히틀러의 잔학성을 비난하는 것과 같은 방식으로 오사마 빈 라덴을 평가하는 경우까지 있었다. 즉 홀로코스트를 그들이 경험한 동시대 사건인 9·11 테러와 연관 짓는 과정에서 모든 형태의 참사에 탈역사적인 참조들을 투사한 것이다.[94]

역사 전시에서 재현하기 어려운 과거는 역사 교수학습 상황에서도 가르치기에 불편하고 어려운 과거인 경우가 많다. 여기서 어려움이란 첫째, 폭력적이고 어두운 과거를 다룰 때 나타날 수 있는 정서적 어려움, 둘째, 학습자가 속한 공동체의 지배적인 역사 서사에 근본적인 의문을 제기하는 과정에서 나타나는 불편함이다.[95] 이와 같은 종류의 '어려운 역사(difficult histories)'는 대체로 자신이 소속된다고 상정하는 집단과의 동일시 과정을 무너뜨릴 수 있다는 점에서 사회적 응집성 유지의 걸림돌로 간주되며, 한 지역이나 국가 내 양분된 기억과 같은 논쟁적 역사 재현의 중심 대상이 되기도 한다. 나치즘과 전체주의, 노예제, 식민주의, 대량학살 등이 '어려운' 역사의 대표적 사례라고 할 수 있다.[96]

희생자를 추모하는 물리적 기념물과 기억의 장소를 포함하는 기념관은 역사 재현을 통해 기억해야 하는 역사적 사건이 가지는 현재적 의미 생성을 주요 목표로 삼는다. 따라서 전시 공간에서 소환되는 기억이 현재 사회에 갖는 함의가 무엇인지를 파악하는 것이 중요하다. 기념관 중에서 특히 폭력적 죽음과 같은 '부정적' 과거에 대한 기억을 담지한 상징적 장소는 희생자와의 '동일시'의 수단을 제공하며, 관람객은 이러한 기념물의 '요구'에 대해 어떤 식으로든 대응하기 마련이다.[97] 오늘날 박물관 역사 전시에서는 '개인의 기억과 유산에 대한 감정적 연결과 이성적인 역사적 사고의 조화'[98]를 추구하는 것이 중시된다. 기념관의 전시를 활용한 역사학습에서도 학생들이 과도한 감정적 동일시에 빠지거나, 비극적 이미지의 단순 소비자에 머물지 않도록 하는 것이 필요하다.

기념관뿐만 아니라 역사적 인물의 동상, 추모공원, 기념사업 등을 역사 수업의 학습 주제로 구성할 때에는 이와 같은 '기념물'을 통해 과거와 현재 사이에 설정된 연관관계의 특성에 대해 탐색하도록 할 수 있다. 이러한 탐구 과정에서 현재 사람들이 과거에 부여하는 역사적 중요성(historical significance)의 사회적 쓰임새에 대한 이해를 높일 수 있다. 이와 관련된 탐구 질문 사례를 다음에 제시하였다.

- 어떤 사람, 혹은 어떤 사건이 기념물을 통해 기억될 가치가 있다고 생각하는가? 그 이유는?
- 기념물은 어떤 의미에서 오늘날 사람들에게 관련성을 가지고 의미를 띠기를 기대하면서 제작되는가?
- 기념물이 어떤 사람들을 속상하게 한다든가 논란을 일으킬 수 있겠는가? 그렇다면 구체적으로 어떤 식으로, 그리고 왜?[99]

학생들은 이와 같은 질문에 답하는 것을 통해, 역사 해석과 재현을 창출하고 변경하는 동시대인의 문화적, 정치적 가치의 역할에 대해 탐구할 수 있으며, 현재 속에 흐르는 과거의 의미에 대해서 추론할 수 있다.

역사적 장소에서 과거를 기억하는 방식에 대한 탐구 질문 구성에서는 기념이나 추모가 이루어지는 방식의 특징을 파악하는 것에 더해서, 이러한 방식이 역사에 대한 어떤 해석을 보여주는지의 문제까지 다루어볼 수 있다. 다음의 사례는 노르망

디에 조성된 영국, 미국, 독일 각국의 전사자 묘지 답사 후 작성하는 에세이 과제의 질문이다.

- 왜 영국, 미국, 독일은 전몰장병을 다른 방식으로 기념했을까?
- 이러한 차이를 통해 각 나라가 자국의 과거를 조명하는 방식에 대해 무엇을 알 수 있는가?
- 이러한 차이를 통해 각 나라의 시민들, 그리고 이들이 2차 세계 대전 이후에 직면했던 현실에 대해 무엇을 알 수 있는가?
- 이 세 묘역에 대한 탐구 이후 2차 세계 대전과 참전국가인 영국, 미국, 독일에 대해 어떻게 느끼게 되었는가? 여러분이 이 묘지들을 새로 디자인한다면 장병들의 죽음을 동일한 방식으로 재현할 것인가?[100)]

이와 같은 탐구 과정을 밟아나가면서, 학생들은 전사자를 추모하는 방식을 비교하고, 전후에 전승국 혹은 패전국의 시민들이 직면했을 이슈에 대해 탐색하면서 타인의 해석에 대한 이해를 추구할 수 있다. 이와 더불어 기념물과 같은 과거 재현의 형식을 분석하고, 기념의 대상이 되는 과거의 의미에 대해 스스로 표현해 보는 것을 통해, 역사가 자신에게 갖는 개인적 의미에 대해서도 생각해 볼 수 있다.[101)]

우리나라 기념관 중에서 독립 투쟁을 주도한 인물들을 기억하고자 하는 독립기념관 활용 역사 수업 연구에서는 학교 밖이라는 학습 장소가 지닌 학습의 조건 및 기념 방식에 대한 고려가 필요하다는 점을 강조한다. 즉 단순 체험과 소통의 '역사하기'를 넘어서 기념관이 소장한 자료에 기반한 조사 활동, 독립운동사와 자신의 삶과의 관련성을 찾아보는 의미 생성 활동, 오늘날 사회가 독립운동을 기념하고 기억하는 방식에 대해 생각해 보는 역사의식의 확장을 제안한다.[102)]

박물관이나 기념관의 역사 전시 관람을 통해 개인의 적극적인 의미 구성을 끌어내고자 하는 시도는 일차적으로 학습자 중심의 구성주의 접근 등 교수학습 패러다임의 전반적 변화와 관련된다. 이와 더불어 박물관의 교육적·사회적 역할에 대한 수요 증가에 부응하여, 관람자 친화적인 전시 모델을 구축하려는 방향으로 전시 기획의 초점이 변화하고 있다. 박물관이나 기념관의 역사 전시를 활용한 역사학습에서도 학생 개인이 재현된 과거 세계와 소통하는 다양한 경로를 열어주는 문제가 중시되고 있으며, 이러한 관점에서 볼 때, 자료 사이트 구축 방향이 중요한 과제로 제기된다.

예를 들면, 소비에트 강제노동수용소 수용자의 경험을 살펴보는 '굴라크: 많은 날들, 많은 삶들(Gulag: Many Days, Many Lives)' 사이트에서는 다른 경험과 관점이 역사 내러티브를 구성하는 문제를 사이트 방문자에게 제기한다. 역사 내러티브가 형성되는 다양한 맥락과 관점의 문제에 방문자를 노출시킴으로써, 대중적 역사 이해를 지배하는 단선적 내러티브를 넘어설 수 있도록 한다.[103)]

또한 전시 아이템에 대한 해설에서 전시 레이블의 해석적 역할 구축이 중요하다. 즉 전시의 전반적 의도를 뒷받침하는 데 중요한 해석을 제시하는 방식에 대한 고민이 필요하다. 웹사이트에 제시하는 아이템을 기술할 때, 해석의 큰 틀 속에서 해당 아이템의 의미에 대해 간결하면서도 관심을 불러일으킬 수 있는 진술이 이루어져야 한다. 아이템 기술에서는 해당 아이템이 구분되고 범주화되는 방식이 기초하고 있는 광범위한 콘텐츠에 대해 사용자가 머릿속에서 체계적인 모델을 형성하는 것을 조력해야 한다.[104)]

오늘날 디지털 히스토리 컬렉션에서는 메타데이터의 중요성이 강조되는데, 사용자가 해당 자료의 역사적 중요성을 파악하는 데 필수적인 프레임워크를 제공해야 하기 때문이다. 이러한 맥락에서 교육자원으로 박물관과 기념관 사이트를 활용하는 역사 학습에서도 탐구 대상 아이템과 관련된 역사 자료, 혹은 해당 자료가 또 다른 자료와 맺는 관계에 대한 추가 정보 등 관련된 맥락적·해석적 정보를 제공하는 것이 중요하다.

또한 학습 자원으로 활용되는 디지털 역사 사이트는 사용자가 역사의 복잡성과 우연성이라는 문제와 씨름할 수 있도록 구축되는 것이 중요하다. 즉 다중 인과관계, 복수의 관점들, 특정 시공간이라는 맥락의 영향, 우연성의 문제, 역사적 중요성의 문제, 변화하는 해석의 역할에 접할 수 있도록 하는 것이 강조된다.[105)]

앞에서 제시한 전시 레이블의 기술 방식이나 디지털 박물관 구축은 역사 전시를 기획하는 콘텐츠 전문가로서 학예사의 역할을 염두에 둔 것이다. 역사 교사는 전시 아이템이 역사적 맥락에서 갖는 의미에 대해 학생들과 소통하는 과정에서 중요한 역할을 담당할 수 있다. 즉 역사 전시 관련 사이트를 활용하는 수업에서 학생들이 전시의 전반적인 프레임워크 속에 각각의 전시 아이템의 위치를 자리매김하도록 조력하고 이를 위해 어떤 맥락적, 해석적 정보를 제공해야 하는지에 대해 생각해 보아야 한다.

토의해 봅시다.

1) 역사가 동시대 사람들에게 활용되는 방식이나 이들이 역사에 부여하는 의미를 학생들에게 이해시키는 것이 왜 중요한지 토의해 봅시다.
2) 시대적 경험과 가치 판단이 반영된 역사영화 관람을 통해 학생들이 어떤 해석에 도달하는지를 어떻게 파악할 수 있을지 논의해 봅시다.
3) 과거에 대한 '기억 전쟁'과 관련해서 동상, 추모공원, 기념사업 등을 수업의 제재로 사용할 때 '역사적 중요성', '변화와 지속' 등 역사의 주요 개념을 어떻게 다룰 수 있을지 토의해 봅시다.

CHAPTER

06 역사교육의 내용을 어떻게 선정하고 조직할까

챕터 개관

목적 많은 역사적 사실 중에서 어떤 것이 역사교육의 내용으로 선정되는지 살펴보고, 선정된 내용을 효과적으로 조직하는 방안을 탐색한다. 조직된 내용을 토대로 적합한 교수-학습 과정을 통해 역사 수업을 진행하는 과정을 모색한다.

내용 요약 교육과정의 설계는 교과의 목표와 특색에 맞게 가르치고 배울 내용을 선정하여 체계화하는 작업이다. 따라서 교육과정에는 교과의 성격과 목표, 내용체계, 성취기준, 교수 · 학습 및 평가와 관련된 전반적인 내용이 포함된다. 그중에서 내용체계는 역사교과에서 반드시 다뤄야 하는 학습내용의 범위와 수준을 의미한다. 내용요소는 지식 · 이해, 과정 · 기능, 가치 · 태도의 영역에 따라 선정된다. 지식 · 이해는 해당 학년에서 알고 이해해야 할 내용을 의미하고, 과정기능은 교과 고유의 사고 및 탐구 과정과 기능을 말한다. 가치 · 태도는 교과 활동을 통해 기를 수 있는 고유의 가치와 태도 등을 가리킨다.

방대하고 다양한 역사적 사실 중에서 교과목표의 달성에 필요한 중요한 내용들이 선정되면, 그것을 '어떤 순서로, 어떻게 조직해야 하는가?'에 관하여 고민해야 한다. 내용조직의 방안으로는 전통적인 방식에 따라 연대순으로 조직하는 방안과 주제에 따라 조직하는 방안이 있다. 또한, 학년별로 시기를 나누거나 분야별로 내용을 재구성하는 방안도 있다. 본 장에서는 교육과정 내용의 조직 원리와 유형에 관해 먼저 알아보고, 다음으로는 역사과 내용요소의 핵심을 잘 보여주는 분야사의 방식으로 내용을 조직하는 방안을 살펴보려 한다. 정치, 경제, 사회, 문화사를 학습해야 하는 이유, 각각의 분야에서 다루는 핵심적인 개념을 주로 다루게 될 것이다.

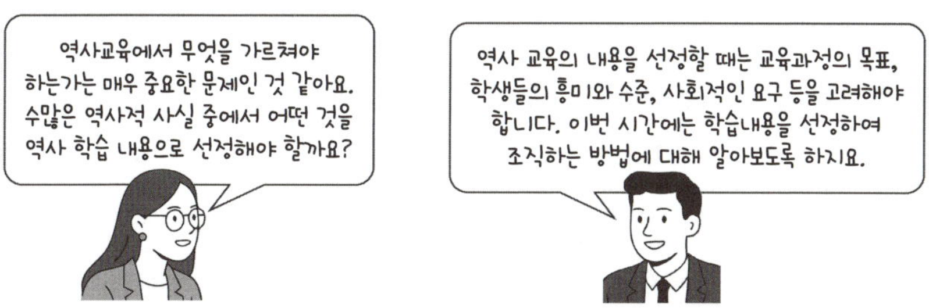

질문 학생들의 흥미를 유발하기 위해 역사교과서의 내용은 어떻게 구성하는 것이 좋을까?

Ⅰ 교육내용의 선정과 조직의 원리

1. 역사교육의 내용 선정

학교 교육에서 중요한 문제는 '무엇을', '어떻게 조직하여', '어떻게 가르칠 것인가'에 대한 개념과 범위를 정하는 것이다. 이때 '무엇을 가르칠 것인가'와 '어떻게 조직하여 가르칠 것인가?'에 해당하는 것이 교육과정(curriculum)과 교수요목(syllabus)이라면, '어떻게 가르칠 것인가'는 교수설계와 교수·학습 방법에 해당하는 영역이다.[1)]

교육과정의 정의에 대해서는 연구자에 따라 다르지만, 일반적으로 '교육의 전반적인 방향성과 목표를 설정하며, 학생들이 배워야 할 지식과 기술의 범위를 정하는 것'으로 이해된다.[2)] 따라서 교육과정에는 교육목표, 교육내용, 교수-학습 방법, 평가 등 과정과 목표의 전반적인 영역이 포함된다. 반면 교수요목은 교육과정을 구체적으로 실행하기 위한 세부 계획을 일컫는다. 교수요목은 교육과정의 목표 달성을 위해 학습해야 할 내용을 선정하고 조직하는 것으로, '무엇을, 어떤 순서로 가르칠 것인가'를 정하는 것에 초점이 맞춰져 있다.

역사교과의 내용을 선정할 때는 중요성, 지속성, 타당성, 연계성, 그리고 국가와 사회의 요구, 학문적인 성과, 학생의 학습 수준과 흥미 등을 고려해야 한다.[3)] 먼저, 중요성은 역사 교과에 기본이 되는 중요한 개념이나 주제를 다루고 있는가를 의미한다. 어떤 사건이나 인물이 중요하다고 할 때 그 기준은 여러 가지가 될 수 있다. 하나는 그 사실 자체가 갖는 의미가 중요하다는 것이고, 다른 하나는 그것이 이후의 역사 전개 또는 현대 사회에 끼친 영향이 크다는 것이다. 전자를 본질적 중요성이라고 한다면, 후자는 도구적 중요성이라고 할 수 있다. 산업혁명, 시민혁명, 제1~2차 세계대전 등이 역사교육에서 인권, 시민사회 형성, 평화 등의 가치를 강조하는 데에 중요하고 판단하여 역사교육 내용에 포함한다면 그것은 본질적 중요성을 강조한 사례가 된다. 반면 산업혁명, 시민혁명, 제1~2차 세계대전이 현재의 인권과 평화, 국제정세와 외교 전략 등을 이해하는 데에 도움이 된다고 판단하여 교육 내용으로 선정한다면 그것은 도구적 중요성을 강조한 사례라고 할 수 있다.

중요성의 여부는 역사학의 연구 성과, 사회의 요구, 보편적인 가치 등에 따라 달라지기도 한다. 역사에서 자유와 평화, 민주주의의 발달 등이 일반인들의 의식주와 같은 문제보다 중요하고, 지방의 문제보다는 국가의 문제나 세계사적인 문제가 더 중요하다고 판단하는 것이 대표적인 사례이다. 이 경우에는 영향의 범위가 더 큰 정도, 또는 영향력이 얼마나 오래 지속되는가의 문제가 중요성의 기준이 될 수 있다.

한편, 과거의 가치와 현재의 가치에 따라 중요성이 달라질 수도 있다. 조선시대에는 국왕이 직접 하늘에 기우제를 지내거나 적전(籍田)을 경작하는 행사가 매우 중요하게 여겨졌지만 현대에는 국가적인 차원의 제사는 시행되지 않는다. 반면, 현대에는 투표를 통해 정치인을 선출하는 것이 매우 보편적이고 중요한 일이지만, 신분제 사회였던 전근대에는 정치인을 선출하는 일이 많지 않았다. 따라서 역사교과에서 중요한 사건을 내용으로 선정할 때에는 위의 기준이 고루 적용되어야 한다.

타당성은 역사교육의 목표를 달성하기에 적합한 내용인가, 누구나 인정할 수 있는 보편타당성을 지닌 내용인가의 여부이다. 역사교육의 내용은 특정한 사관이나 이론을 가진 사람들의 연구 성과와 논리를 토대로 선정되어서는 안 된다. 오히려 서로 다른 시각이 팽배한 경우 논쟁 자체를 내용으로 제시하는 것이 효과적일 수 있다. 학생들이 균형적인 시각을 가지고, 자신의 논리를 기반으로 올바른 선택을 할 수 있도록 역사 교과의 내용은 편향되거나 특정 이데올로기를 강요하는 내용을 배제하여야 한다.

지속성은 학생들이 학습한 역사교육의 내용이 오래 지속될 내용인가와 관련이 있다. 역사교육의 내용은 특정 시기나 시점에만 국한되지 않고, 시간이 흐르더라도 학생들이 그것을 지속적으로 학습하고, 적용할 수 있도록 선정되어야 한다. 지속성을 확보하기 위해서는 교과 내용이 학생들의 발달 단계와 수준에 따라 지속적으로 심화되고 확장되어야 하며, 이전에 학습한 내용과 연계되어 새로운 학습으로 이어질 수 있도록 내용이 조직되어야 한다.

연계성은 학습 내용 또는 주제 간의 개념적 연결성을 고려하는 것이다. 역사 수업 시간에 학습하는 내용들은 각 주제들이 서로 유기적으로 연결되어 학습자에게 통합적인 시각을 제공하는 데에 도움이 되어야 한다. 학습자가 어떤 하나의 개념이나 주제를 학습하면서 그것이 다른 단원의 어떤 개념, 주제와 연결되는지를 이해하게 되면, 지식의 맥락을 파악할 수 있게 된다. 역사 교과는 인류의 오랜 변화 과정을 다루는 내용교과이기 때문에 학습 분량이 많다. 따라서 필연적으로 학생들은 역사 수업 시간에 수많은 사람들과 사건, 그리고 지명을 접한다. 만약 이런 특징과 연결성을 고려하지 않고, 각 주제를 단편적으로만 다루게 된다면 학습자는 단순한 지식의 습득에만 머물게 될 것이다.

국가·사회적인 요구를 반영한다는 것은 시대와 사회의 요구를 고려하여 내용을 선정하는 것을 의미한다. 역사 교육의 내용이 사회의 요구를 반영하려면 인간 경험의 다양성을 보여주는 내용을 선정하여 학생들이 사회를 이해하는 안목을 갖게 하여야 한다. 그런 경험을 통해 학생들은 자신이 현대 사회 구성원 중 하나로서 사회의 발전에 기여한다는 의식을 갖게 되며, 더 나아가 사회의 흐름과 발전을 이해하는 통찰력을 기를 수 있다. 다만, 국가 사회적 요구를 지나치게 의식하여 내용을 선정하는 경우 현재적 관심과 목적에 따라 역사 내용을 선정하거나 이데올로기 교육, 국가 사회의 발전을 위해 개인의 희생을 강요하는 국가 또는 민족주의적 교육으로 치우칠 우려가 있다.

학문적 성과를 고려하여 내용을 선정한다는 것은 역사교육이 역사학과의 지속적인 상호교류를 통해 새로운 연구 성과를 공유한다는 것을 의미한다. 역사학은 시대의 요구에 따라 연구 분야와 관심이 달라지기도 하고, 세계사적인 연구 동향의 영향을 받아 연구 방법이 변하기도 한다. 그 과정에서 특정한 사건이나 인물에 대한 이해, 해석, 평가 등이 달라지기도 한다. 따라서 역사교육의 내용을 선정할 때는 최신의 정보와 정확한 자료를 선정할 필요가 있다. 또한, 신뢰성 있는 연구 성과를 기반으로 학문 분야의 연구 동향이나 연구 결과에 따라 교수 내용을 수정하여, 역사교과의 내용을 비판적으로 해석하는 능력을 키울 수 있도록 해야 한다. 그러한 과정에서 학생들은 역사 해석이 과거와 달라질 수 있다는 사실을 이해하고, 다양한 시각으로 역사 해석을 접하면서 자신의 관점을 형성할 수 있게 될 것이다.

학생의 학습 수준과 흥미를 고려한다는 것은 학생들의 관심과 이해도를 고려한다는 것이다. 역사는 학생들이 직접 경험하지 못한 과거의 사실을 다루는 과목이다. 어쩌면 데이비드 로웬덜(David Lowenthal)의 주장처럼 학생들에게 '과거는 낯선 나라'일지도 모른다.[4] 현재와는 다른 사고와 행동방식을 가진 세계이기 때문에 낯선 나라이기도 하고, 또한 지금 이 순간에도 끊임없이 재해석되어 새로운 모습으로 재구성되기 때문에 낯선 나라이기도 하다. 그러나 한편으로 역사는 사람의 이야기라는 점에서 학생들에게 흥미로운 주제가 될 수 있다. 학생들은 과거로의 시간 여행을 통해 과거의 사람들이 당시의 사회적 틀 속에서 어떻게 생활했는지, 그들이 꿈꾼 세상이 어떻게 실현 또는 좌절되었는지, 그들이 당면한 문제를 어떻게 해결하였는지 간접적으로나마 경험할 수 있다. 그런 점에서 학습자적 측면을 고려하여 내용을 선정한다는 것은 학생들의 이해와 흥미, 발달 단계 등을 고려한다는 것을 의미한다고 할 수 있다.

2. 역사교육 내용의 조직 원리와 방안

교육내용의 조직은 교육목표를 효과적으로 달성하기 위해 선정된 교육내용을 체계적으로 배열하는 것을 의미한다. 교육내용의 조직 원리는 수직적 관계와 수평적 관계로 나뉜다. 수직적 관계는 내용 요소를 순차적으로 배열하는 것이다. 반면 수평적 관계는 통합의 개념으로 내용 요소를 나란히 나열하는 것을 의미한다.

이와 관련하여 타일러(Ralph Tyler)는 효과적인 학습 경험의 조직을 위한 방안으로 계속성, 계열성, 통합성의 세 가지 원칙을 제시하였다.[5] 계속성은 중요한 개념이나 원리, 사실 등을 지속하여 연습하고 계발할 수 있도록 반복적으로 기회를 제공하는 것이다. 초등학교에서 학습한 내용을 중·고등학교에서도 학습하는 것으로 반복의 원리라고도 한다. 계열성은 교육목적 달성을 위해 어떤 학습이 어떤 학습 다음에 이루어져야 하는지를 고려하여 조금씩 범위와 깊이를 확대하는 것이다. 단순한 것에서 복잡한 것으로, 구체적인 것에서 추상적인 것으로, 선수학습을 기반으로 점차 교육 내용을 심화하는 것이 특징이다. 계속성과 계열성은 앞서 살펴본 교육내용 배열방식 중에 수직적 관계에 해당한다.

통합성은 교육내용의 수평적 조직과 관련되는 것으로, 여러 교육내용이 상호 연결되어 통합될 때 학습과 성장이 더욱 효율적으로 촉진된다는 원리이다. 사회 시간에 학습한 시민혁명이 세계사 시간에 활용되거나 지리 시간에 학습한 산맥이나 해안의 지리적인 특징이 한국사 시간에 활용되는 것이 대표적인 예이다. 통합성이 고려되지 않으면 교육내용 사이에 불균형이나 중복, 누락 등의 문제가 발생할 수 있다.

교과의 내용이 선정되면 다음으로는 그것을 교과의 원리와 학생들의 수준에 적합한 방식으로 조직하는 방안이 필요하다. 우리나라의 경우 국가 수준의 교육과정(national curriculum)에서 교육의 내용이나 단원조직 등을 구체적으로 제시하고 있지만, 단위 학교 또는 교사가 자율적으로 재구성하는 것도 일부 허용하고 있다. 교사가 자신이 근무하는 학교의 상황, 학생들의 흥미와 수준 등을 고려하여 교육의 내용을 디자인한다면 그것은 교사교육과정(teacher curriculum)이라고 할 수 있을 것이다.[6)]

역사교육에서 내용조직 방안이 중요한 이유는 다음과 같다. 첫째, 학생들이 체계적으로 역사 학습의 내용을 이해할 수 있게 도와준다. 잘 조직된 내용은 학생들이 복잡한 역사적 사건과 흐름을 체계적으로 이해하는 데 도움이 된다. 이를 통해 학생들은 사건들이 어떻게 연결되고 발전했는지를 명확히 파악할 수 있다. 둘째, 학습의 효율성을 높이는 데 효과적이다. 논리적이고 일관된 내용 조직은 학생들이 학습 내용을 쉽게 기억하고 이해할 수 있도록 도와준다. 또한, 중요한 정보를 강조하고 반복함으로써 학습의 효과를 높이는 데 도움이 된다. 셋째, 역사적 사고력과 분석력을 기르는 데에 도움이 된다. 내용이 잘 조직되면 학생들은 사건의 원인과 결과, 그리고 그 사이의 인과관계를 쉽게 이해할 수 있다. 이는 학생들이 사건을 단순히 나열된 사실로 이해하는 것이 아니라, 그 배경과 영향을 분석하고 비판적으로 사고할 수 있게 도와준다. 넷째, 학생들의 흥미와 동기를 유발하는 데에도 효과적이다. 조직적인 내용 구성은 학생들의 흥미를 자극하고 학습 동기를 높일 수 있다. 흥미로운 주제와 관련된 사건을 연결하여 서술하면 학생들은 학습에 더 큰 흥미를 느끼게 된다. 다섯째, 균형 잡힌 역사 인식을 제공한다. 다양한 시각과 관점을 반영하여 내용을 조직하면 학생들은 특정 시대나 사건에 대한 편향된 인식에서 벗어나 균형 잡힌 역사 인식을 가질 수 있다. 이는 다원적이고 포괄적인 역사 이해에 기여하는 중요한 요소가 된다.

역사교과의 내용 조직 방안으로는 연대기 중심, 주제 중심, 문제 중심, 시대 중심, 분야사 중심, 문화권 중심 등이 있다.[7)] 각각의 방안은 장점과 한계가 있으므로 학생들의 수준과 흥미, 교육 내용의 특징, 추구하는 교육목표 등에 따라 교육 내용을 다양하게 조직할 필요가 있다.

연대기 중심은 역사교육의 내용을 시간의 흐름에 따라 일어난 순서대로 조직하는 것이다. 연대기 중심은 여러 국가와 민족의 발전과정이나 흐름을 시기순으로 이해하고, 역사적으로 중요한 사건, 사상, 제도 등이 어떻게 변화하였는지 통사적으로 접근하는 데에 효과적이다. 또한, 역사적 사건들은 서로 단절된 것이 아니라 연결되어 있으며, 변화와 발전을 거듭한다는 점을 강조함으로써 학생들이 역사적 변화의 과정을 인식할 수 있도록 돕는다. 연대기 중심의 내용 조직 방안으로는 연대기법, 역연대기법이 있다.

연대기법은 사건이나 현상을 일어난 순서대로 배열하여 시간적인 흐름에 따른 이해를 강화하는 방법이다. 한국사의 경우 선사시대로부터 고대-중세-근대-현대에 이르기까지 시간의 흐름에 따라 일어난 사건들을 배열한다면 연대기법에 해당한다. 연대기법의 장점은 각 민족이나 국가의 발전 과정 및 사건 전개를 인과 관계에 따라 학습함으로써 수업 내용을 일관성 있게 이해할 수 있다는 것이다. 연대순으로 수업 내용을 배열하면 학생들은 시간의 흐름에 따라 역사적 사실을 자연스럽게 접하게 되므로 혼란을 줄일 수 있다. 세계사 학습의 경우에도 아시아, 유럽, 아프리카 등의 역사를 시기별로 배우기 때문에 동일한 시기에 발생한 서로 다른 지역의 역사를 비교사적으로 이해할 수 있다.[8)] 이러한 과정에서 변화와 지속성을 종합적으로 인식할 수 있으며, 역사적 통찰력을 얻게 된다.[9)]

연대 순으로 수업을 할 때는 연표와 같은 시각 자료를 활용하는 것이 효과적이다. 연표를 통해 학생들은 사건의 전개 과정을 더 명확하게 파악할 수 있고, 총체적인 흐름을 파악하게 된다. 그러나 사건을 단순하게 시기순으로만 나열하는 경우 사건 간의 복잡한 상호작용이나 배경을 놓칠 위험이 있다. 초·중·고의 과정을 모두 연대기적인 방식으로 제시하는 경우 학교급별로 계열화를 고려하더라도 중복을 피하기 어렵다. 또한, 역사적 사건들이 인과적으로 나열되는 경우 학생들은 역사가 법칙적이고 필연적이라고 생각하게 될 수도 있다.

역연대기법은 현재로부터 과거로 거슬러 올라가며 역사 내용을 조직하는 방법이다. 이 방법은 현재의 문제나 상황을 이해하기 위해 과거의 원인과 과정을 추적하는 데 중점을 둔다. 예컨대 현재 한일 관계에서 보이는 역사 갈등 문제의 원인을 찾기 위해 과거 식민통치 시기의 강제 동원과 경제 수탈, 을사늑약과 보호국화, 을미사변, 개항 이후의 경제적 침략, 그리고 강화도 조약에 따른 강제 개항 등을 학습 내용으로 제시하는 것이 대표적인 사례이다. 또한, 한국 현대사 수업에서는 현재의 사회적 문제(예: 빈부의 차, 환경 문제, 지역 갈등 문제 등)를 분석한 뒤, 이러한 문제가 지속적으로 발생하는 원인을 찾아 거슬러 올라가는 방법도 있다.

역연대기법은 과거와 현재의 관계를 더 깊이 이해하도록 도와주며, 학생들이 역사적 사건의 현재적 의미를 인식하는 데 기여한다. 하지만 이 방법은 시간의 흐름에 따른 역사 이해를 복잡하게 만들 수 있으며, 때로는 역사적 맥락을 지나치게 단순화하거나 현재 중심적인 관점에 사로잡히게 할 위험이 있다.

주제 중심법은 특정 주제나 문제를 중심으로 역사를 구성하여 학생들이 한 주제를 깊이 연구할 수 있도록 하는 접근 방식이다. 주제 중심법의 가장 큰 특징은 특정 주제나 문제를 중심으로 역사를 구성한다는 것이다. 이를 통해 학생들은 하나의 주제를 깊이 탐구할 수 있게 된다. 예를 들어 고려 태조~성종 대에 일어난 사건들을 학습하는 경우 혼인정책, 서경 중시, 흑창 설치, 사성정책, 사심관제도, 기인제도, 훈요 10조, 노비안검법, 과거제, 연호 사용, 호족 숙청, 4색 공복, 연등회와 팔관회, 국자감 설치, 시무 28조, 지방관 파견, 의창, 상평창, 향리제도, 강동 6주, 건원중보 등이 주요 내용 요소가 될 수 있다. 이들 중 과거제, 연등회와 팔관회 축소, 국자감 설치, 시무 28조 채택 등은 '유교적 통치 체제의 강화'라는 주제로 묶을 수 있을 것이고, 혼인정책, 사성정책, 사심관제도, 기인제도, 호족 숙청, 지방관 파견, 향리제도 등은 '호족 세력의 포용과 억압'이라는 주제로 묶어서 서술할 수 있을 것이다. 연호 사용, 호족 숙청, 4색 공복, 훈요 10조 등은 '왕권의 안정과 강화'라는 주제로 묶을 수 있으며, 흑창 설치, 의창과 상평창의 설치 등은 '민생 안정'이라는 주제로 묶을 수 있다.

한편, 주제 중심법의 하나로 '발전선(line of development)'이 있다. 발전계열법(發展系列法)이라고도 하는 이 방법은 특정한 주제를 횡적으로 묶어 학습하는 일반적인 주제학습과 달리, 특정 주제를 시간의 흐름에 따라 구성한다는 특징이 있다.[10] 예컨대 여성의 사회적 지위와 인권이 시기별로 어떻게 변화했는지 시간의 흐름에 따라 탐구하도록 구성하는 것이 대표적이다. 고려시대와 조선시대의 여성, 15세기와 18세기 여성의 사회적 지위를 비교하는 것이다. 한국 근현대 시기의 여성 운동을 주제로 선정한다면 1898년 9월 이소사(李召史), 김소사(金召史)의 이름으로 발표된 '여학교 설시 통문(女學校設始通文)'[11]과 찬양회 조직, 여학교 설립 운동으로부터 여성 단체의 '신여성' 발간(1923), 근우회 조직(1926), 건국부녀동맹 조직(1945), 축첩반대운동(1960), 1970년대 여성 노동운동, 1980년대 한국여성단체연합 결성 등을 시간의 흐름에 따라 구성할 수 있다. 서양사의 경우 그리스·로마시대부터 현재까지의 주택을 학습한 다음, 교통수단을 학습하고, 역사에 대한 이해가 좀 더 깊어지면 의회나 정부와 같은 제도의 역사를 학습하도록 구성하는 방안도 있다. 이러한 내용조직 방법은 쉬운 주제에서 점차 어려운 주제로, 오랜 시기로부터 현대에 이르기까지의 내용을 다룸으로써 각각의 변천사를 시기순으로 이해할 수 있다는 장점이 있다.

이처럼 연관되는 사실들을 주제별로 서술하게 되면 학생들은 해당 주제와 관련된 사실들을 체계적이고 일관성 있게 파악할 수 있다. 또한, 역사학에서 중시하는 개념과 원리를 다루기 쉽고, 학생들의 역사적 사고력과 비판적 사고력을 촉진하며, 통찰력을 함양하는 데에도 도움이 된다. 그러나 한편으로는 주제로 선택되는 개념들이 학생들에게 지나치게 어렵게 느껴질 수 있다. 예컨대 역사에서 흔히 사용되는 혁명(revolution), 중앙집권(centralisation), 민족주의(nationalism), 민주주의(democracy), 전제왕권(absolute monarchy) 등의 용어는 연구자들 사이에서 빈번히 사용되지만 학생들에게는 어려운 개념이다. 그러한 용어를 사용하려면 그에 적합한 개념학습이 선행되어야 한다. 또한, 주제별로 사건들을 묶어서 조직하게 되면 주제와 관련 없는 사건들은 제외되거나 사건 그 자체가 갖는 고유성이 약해질 수 있다. 앞서 살펴본 고려 태조~성종 시기를 주제학습으로 구성하게 되면, 서경의 중시, 강동 6주, 건원중보 등은 어느 주제에도 포함시키기 어렵다. 또한, 포함된 내용도 목적의 유사함에 따라 묶은 것이므로 사건이 갖는 개별성이나 역사적 중요성의 비중은 각기 다를 수 있다.

시대사적 방법은 역사적 사건을 시대별로 나누어 서술하는 접근법이다. 영국의 경우 '2014 역사학습 프로그램'의 주요단계 3에는 다음과 같은 내용들이 제시되어

있는데, 이런 방식이 시대사적 방법의 대표 사례에 해당한다.[12)]

- 중세 영국 1066~1509에서의 교회, 국가 및 사회발전
- 1509~1745년 영국의 교회, 국가 및 사회 발전
- 아이디어, 정치권력 산업 및 제국: 영국 1745~1901
- 영국, 유럽 및 더 넓은 세계를 위한 도전, 1901년~현재
- 지방사

위의 주제 중 지방사를 제외하면 영국의 역사프로그램 주요단계 3에서는 중세로부터 현대에 이르기까지의 역사를 네 시대로 나누어서 진행하는 시대사 학습의 형태가 된다. 각 시대에 학습해야 할 내용들을 강제하고 있지는 않지만 일부 내용들이 예시로 제시되어 있다. 그중에서 "중세 영국 1066~1509에서의 교회, 국가 및 사회발전"에는 노르만 정복, 기독교 세계와 종교의 중요성, 십자군 전쟁, 교회와 국왕 간의 갈등, 대헌장과 의회의 출현, 사회경제 및 문화(봉건제도, 일상생활 속의 종교, 농업, 상업 및 도시, 예술, 건축과 문학), 흑사병, 농민 반란, 백년전쟁, 장미전쟁 등의 학습요소가 있다.[13)]

시대사적 방법은 특정 시대의 역사를 다각적인 분야와 관점에서 이해할 수 있으며, 해당 시기와 전후 시기의 특징을 비교함으로써 정치적, 사회적 변화를 파악하는 데에 효과적이다. 전체 역사가 아닌 특정 시대의 생활상과 관련된 다양한 자료들을 활용함으로써 학생들에게 다양한 탐구활동 기회를 제공할 수도 있다. 그러나 임의로 시대를 나누면 역사적 맥락이 왜곡될 수 있으며, 종적인 변화와 발전을 파악하기 어렵다는 한계가 있다.

문화권적 접근 방식은 각 문화의 특성과 발전을 강조하는 방법이다. 우리나라의 경우 세계사 교육과정을 편성할 때 고·중세는 문화권적 방법, 근현대사는 주제중심의 구성이라는 이원적인 원칙을 오랫동안 유지하였다. 예컨대 세계의 역사를 동아시아 문화권, 이슬람 문화권, 유럽 문화권, 인도 문화권, 아프리카 문화권 등으로 나누고, 각 문화권의 형성과정과 특징을 중심으로 역사의 흐름을 살피는 것이다. 동아시아 문화권의 경우에는 공통요소로 유교, 불교, 한자, 율령, 벼농사 등을 강조하고, 그에 따라 각 나라 역사의 전개과정을 설명한 후 각 나라 문화의 공통점

과 고유성을 비교하는 것이 주요 학습 내용이 된다. 문화권적 접근 방법의 장점은 문화의 다양성과 여러 문화권 간의 상호작용을 통해 폭넓은 이해를 가능하도록 돕는 것이다. 학생들은 그 과정을 통해 각 문화권의 보편성과 특수성을 파악할 수 있다. 또한, 개별적인 사건보다는 문화권 전체를 학습 대상으로 삼기 때문에 체계적이고 일관성 있게 파악할 수 있으며, 역사를 좀 더 거시적이고 종합적으로 파악할 수 있다는 장점도 있다. 그러나 문화권에 따라 내용을 조직하는 경우 자칫 문화권 내에서 각 민족이나 국가가 이뤄온 특수한 성과와 개별적인 특성을 간과할 수 있다. 각 문화권의 상호교류를 파악하는 데에도 한계가 있으며, 중국이나 유럽 등과 같이 특정 지역의 역사 중심으로 학습이 이뤄질 수도 있다. 그러한 문제점을 보완하는 방법으로는 문화권 간의 교류를 강조하는 서술이나 간지역적 접근(inter-regional approach) 방법이 시도되고 있다.

분야사적 방법은 정치사, 사회사, 경제사, 문화사 등 특정 역사 분야의 발달 과정을 시기순으로 탐구할 수 있도록 학습내용을 조직하는 것이다. 정치사의 경우 고대, 중세, 근대, 현대 순으로 정치와 관련된 내용을 다 학습하고 난 후에는 경제, 사회, 문화 분야를 순차적으로 학습한다. 분야사적 방법은 시간의 흐름에 따라 사실을 배열한다는 점에서 통사와 유사하지만 해당 시대 전체의 사실을 다루지 않는다는 점에서 차이가 있다. 또한, 특정 분야의 학습 내용을 중점적으로 다룬다는 점에서 주제사와 유사하지만 주제사보다는 분류 범위가 더 크고 넓다. 그런 점에서 분야사적 방안을 분류사적 방안이라고도 한다. 우리나라의 경우 제7차 교육과정 시기에 고등학교 국사교과서가 분야사적 방법으로 제작된 예가 있다. 해당 교과서의 단원구성은 다음과 같다.[14)]

Ⅰ. 한국사의 바른 이해
Ⅱ. 선사 시대의 문화와 국가의 형성
Ⅲ. 통치 구조와 정치 활동
Ⅳ. 경제 구조와 경제 생활
Ⅴ. 사회 구조와 사회 생활
Ⅵ. 민족 문화의 발달

Ⅰ, Ⅱ단원은 주제 중심법과 연대기적 방식에 따라 단원을 구성하고, Ⅲ, Ⅳ, Ⅴ, Ⅵ단원은 분야사적 방법으로 조직한 사례에 해당한다. 예컨대 Ⅲ단원 통치구조와 정치활동의 경우 중단원으로 '고대의 정치, 중세의 정치, 근세의 정치, 근대 태동기의 정치, 근・현대의 정치'의 순으로 구성하고, Ⅳ. 경제 구조와 경제 생활은 고대의 경제, 중세의 경제, 근세의 경제, 근대 태동기의 경제, 근・현대의 경제 순으로 구성하였다.

분야사적 방법의 교재로 수업하게 되는 경우, 학생들은 고대 정치로부터 근현대의 정치까지 정치에 관한 내용을 모두 학습한 후 다시 경제, 사회, 문화 관련 내용을 같은 방식으로 학습하게 된다. 분야사적 방법은 특정 분야에 대한 깊이 있는 지식을 제공하며 정치, 경제, 사회, 문화 등과 관련된 전반적인 내용을 계통적으로 학습할 수 있으므로 해당 분야의 역사적 변천 관계 또는 인과 관계를 이해하는 데에 유용하다. 시대 전체를 다루는 통사보다 범위가 좁기 때문에 통사를 어려워하는 학생들에게도 도움이 될 수 있다. 그러나 동일한 내용을 반복한다는 문제점이 있고, 정치・경제・사회・문화사의 내용을 서로 다른 단원에서 학습하게 되므로, 학습한 내용을 통합적으로 이해하지 못하여 전체적인 역사상을 파악하는 데 어려움을 느낄 수도 있다.

이처럼 몇 가지 문제점이 있기는 하지만 정치, 경제, 사회, 문화 등으로 역사를 분류하여 이해하는 방식은 통사적으로 역사를 살피는 방식보다 간편하고 효과적이다. 분류의 범위를 좀 더 좁히면 통사와 주제사의 장점을 살리면서도 연속과 변화, 유사성과 차이점, 중요성과 같은 역사적 개념을 파악하는 데에도 도움이 된다. 그렇다면 분류사적 방법에 따라 역사 수업의 내용을 조직한다면 어떤 내용들이 주요 학습 요소로 설정되어야 할까? 정치, 경제, 사회, 문화 분야로 나누고, 각 분야의 역사학습이 필요한 이유와 주요 학습 요소의 개념에 대해 살펴보자.

Ⅱ 분야사 교육의 실제

1. 정치사 교육

1) 정치사란 무엇인가

정치는 국가와 사회의 운영을 둘러싸고 전개되는 모든 통치 행위를 일컫는다.[15)] 정치라는 말의 기원은 아리스토텔레스에게로 올라간다. 그는 정치학에서 인간은 '폴리스적 동물(zōion politikon)'이라고 하였는데, 그것은 인간이 폴리스를 이루고 살아가야 하는 존재라는 의미하는 말이었다.[16)] 폴리스의 어원은 고대 그리스어 폴리티코스(politikos)와 라틴어 폴리티쿠스(politicus)인데, 그것은 모두 '시민이나 국가에 속한' 또는 '국가와 그 행정에 관련된'이라는 말의 의미를 지니고 있었다. 그것이 현재 우리가 사용하는 politic의 의미로 사용된 것은 14세기 이후의 일이다.[17)]

동양에서는 '정(政)'과 '치(治)'가 서로 다른 의미로 사용되기도 하고, 합쳐져서 사용되기도 했다. 그중 '정'은 나라의 사람들을 복종하게 하고 만민을 바르게 한다는 의미[政者正也]이며, '치'는 나라를 평안케 하고 만민을 균등하게 하는 것을 의미했다. 반면, 정치라는 말이 합쳐져서 사용될 때는 '부정한 것을 고치고 세상일을 다스리는 일' 또는 '세상을 다스리기 위해 사람을 다스리는 일' 등을 일컫는 말로 쓰였다.[18)]

정치의 어원을 위와 같이 정의한다면 정치사는 인간이 국가를 형성한 이래 현재까지 이루어 온 각종 정치조직, 통치기구, 다른 국가와의 교류와 갈등 등을 폭넓게 살펴보는 역사학 연구의 한 분야라고 할 수 있다.[19)] 정치사를 올바르게 이해하려면 정치 활동의 주체인 정치 세력, 정치 세력이 활동하는 틀인 정치 구조, 그들이 정국을 운영해 나가는 구체적인 실상인 정치 운영, 그 운영의 논리인 정치 운영론 등을 종합적으로 검토해야 한다. 또한, 정치 활동의 고리가 되는 권력의 속성을 이해해야 한다. 역사의 전개 과정에서 나타난 정치 활동은 우리 사회가 발전해 온 과정이며, 통치 구조의 변화 과정도 사회 모순을 해결하기 위하여 당시 사람들이 노력한 결과로 나타난 것이기 때문이다.

2) 정치사는 왜 배워야 하는가?

정치사는 학생들이 사회 구조와 현재의 현상을 이해하는 데 중요한 기초 지식을 제공한다. 학생들은 정치적 결정과 사건들이 일상생활에 미치는 영향을 학습함으로써, 현재의 사회적 이슈와 정치적 상황을 더 깊이 있게 파악하게 된다. 또한, 다양한 정치조직과 기구의 발전 과정을 이해함으로써 각 시대의 사회적, 경제적, 문화적 배경을 더욱 깊이 알 수 있다. 이러한 과정을 통해 학생들은 현재 우리의 정치체제가 어떻게 형성되었고, 어떤 변화를 거쳤는지를 이해하게 된다.

정치사는 학생들에게 사회의 구성원으로서의 책임감을 일깨우며, 과거의 정치적 결정들이 오늘날 사회에 미친 영향을 이해하게 하는 데에도 효과적이다. 이러한 이해를 통해 학생들은 미래에 어떤 사회를 만들고자 할지를 고민하게 됨으로써, 자신이 속한 사회에 적극적으로 참여하고 기여하고자 하는 의식을 고취할 수 있다.

정치사를 학습하는 과정에서 학생들은 인간성과 윤리에 대한 깊은 이해를 발전시킬 수 있는 여러 기회를 갖게 된다. 예컨대 제2차 세계대전 중 홀로코스트(The Holocaust)를 다룰 때, 학생들은 이 사건이 인류에게 남긴 도덕적 교훈과 인간의 비극을 탐구하게 된다. 또한, 역사적 맥락에서 가해자와 피해자의 입장을 이해하며, 인간의 복잡한 감정과 선택을 분석한다. 이를 통해 학생들은 인권의 중요성과 차별의 위험성을 깨닫고, 도덕적 판단을 내리는 데 필요한 통찰력을 기를 수 있다.

정치사 학습은 비판적 질문 제기를 통해 역사적 사건이나 문화적 현상에 대한 깊이 있는 사고를 촉진할 수 있다. 예를 들어, 학생들이 산업혁명을 학습할 때, "왜 이 시기에 산업혁명이 일어났는가?"라는 질문을 던지며 경제적, 사회적 요인을 분석하게 된다. 또한, "산업혁명이 현대 사회에 미친 긍정적 및 부정적 영향은 무엇인가?"라는 질문을 통해 산업화의 결과를 다각적으로 평가하고, 그에 따른 윤리적 이슈를 논의하게 된다. 이러한 과정을 통해 학생들은 복잡한 역사적 문제를 비판적으로 사고하고, 깊이 있는 이해를 바탕으로 자신의 의견을 형성하는 데 크게 기여한다.

학생들은 정치사를 학습하는 과정에서 사회 변화를 이끌어내고, 불합리한 정치권력과 불평등한 사회를 비판하게 된다. 정치에서 권력은 필요악이다. 정치는 인류를 불행으로 몰아넣는 절대 권력자를 낳기도 했으나 그러한 권력을 무너뜨리는 역할을 하기도 하였다.[20] 학생들은 그러한 과정을 학습하는 과정에서 현재 사회에서 어떻게 긍정적인 변화를 만들어갈 수 있을지를 고민하게 될 것이다. 역사 수업에서 정치사를 배우는 것은 단순한 과거 학습이 아니라, 더 나은 미래를 위해 현재를 이해하고 사회에 책임감 있는 구성원으로 성장하는 데 필수적인 과정이다. 학생들이 이러한 점을 깨닫게 된다면 현대 정치에 관한 관심과 참여 의지도 자연스럽게 커지게 될 것이다.

3) 정치사에서는 무엇을 배우는가?

역사교육에서 정치사는 단순히 과거의 사건들을 나열하는 것이 아니라, 다양한 분야들이 어떻게 상호작용하며 현재의 정치 체계를 형성했는지를 이해하는 데 중점을 두어야 한다. 정치 시스템의 변화, 정치 기구와 조직의 변모, 지방 행정 제도의 변화 등 각 분야는 서로 긴밀하게 연결되어 있으며, 이러한 관계를 이해하는 것은 학생들이 역사적 사건들 사이의 연관성을 분석하고 사회와 정치의 복잡성을 인식하는 데 중요한 기초가 된다. 역대 교육과정에 따르면 역사교육에서 주로 다루게 되는 정치사의 대상은 국가, 정치 체제, 중앙과 지방 행정 제도, 군사 제도, 외교 정책, 관리 선발 제도, 지배층의 변화 등이다.[21] 전근대 시기의 역사에서는 왕권과 신권의 관계, 중앙 집권 정책, 정치기구의 명칭과 역할, 전쟁 등이 중요한 주제이며, 근현대에 들어서는 민주주의의 발달, 국제 관계, 민족주의의 확산, 자유와 평등, 제1·2차 세계대전, 인권, 평화를 위한 노력 등이 중요한 주제로 다뤄지고 있다.

(1) 국가

국가는 정해진 영토 내에서 독립적인 사법권을 확립하고 영속적인 제도를 통해 권위를 행사하는 인간의 공동체이자 정치적 결사체이다.[22] 경우에 따라 행정의 집행을 담당하는 정부(government)와 동일시되기도 하지만, 국가는 정부보다 더 광범위하고, 포괄적이다. 정부는 교체될 수 있고, 개혁되며, 재조직될 수도 있지만 국가는 그보다 영속적이다.[23] 그런 점에서 정부는 국가의 일부로서 '한 사회를 위하여 법률을 만들고 집행하는 제도와 사람의 집합체'라고 할 수 있다.[24] 대부분의 국가에서 정부는 행정부(administration) 또는 내각(cabinet)과 유사한 의미로 사용되고 있다.

자연 상태에서의 인간은 개인의 생명과 사유재산을 보호하기 어려웠다. 따라서 일정한 공간에 울타리를 세우거나 성을 쌓고, 외부의 공격을 방어할 수 있는 공간을 만들었는데, 그것이 초기의 도시국가였다. 예컨대 그리스의 폴리스(미케네, 아테네, 스파르타 등)나 메소포타미아의 마리, 우루크, 우르 등이 대표적인 초기 국가에 속한다.

그것은 동양에서도 유사한 양상으로 나타났다. 옛 중국에서는 천자가 지배하는 영역을 천하(天下)라고 하고, 제후가 통치하는 지역을 국(國)이라고 하였으며, 대부가 다스리는 지역은 가(家)라고 하였다.[25] 한자로 국(國)은 일정한 강역[域]을 보유하고 그것을 방어[口]할 수 있는 조직을 일컫는 말이었으며, 가(家) 역시 가축[豕]을 보호하는 지붕[宀] 같은 보호시설을 갖춘 공간을 일컫는 말이었다. 처음에는 국과 가가 분리되어 사용되다가 전국시대부터 합쳐져서 하나의 용어로 사용되기 시작하였다.[26] 이때의 국가는 정부, 영토, 인민을 보유한 정치체를 일컫는 말이었으나 공적인 개념보다는 천자의 사적인 통치범위를 일컫는 면이 더 강하였다.

역사학자들이 사용하는 국가 관련 용어는 부족국가, 도시국가, 성읍국가, 연맹왕국, 고대국가, 근대국가 등 다양하다. 엘만 서비스(Elman Service)는 『국가와 문명의 기원』에서 무리사회(Band)-부족사회(Tribe)-족장사회(Chiefdom)-국가(State)로 발전했다는 도식을 제시하였다.[27] 무리사회는 구석기시대, 부족사회는 혈연중심의 집단이 형성된 신석기시대에 해당한다. 족장사회는 계급과 사유재산이 등장하고, 사회의 계층화가 진전된 사회를 일컫는 말이며, 국가는 왕이 등장하여 중앙집권화된 관료조직, 조세 체제, 법령을 갖춘 단계의 사회를 말한다.

한편, 한국사학계에서는 부족국가-부족연맹-고대국가라는 도식으로 국가의 탄생과정을 설명해 왔다.[28] 그러나 부족국가라는 용어가 적절하지 못하다는 비판이 제기됨에 따라 성읍국가, 군장국가, 연맹왕국 등과 같은 용어들이 등장하게 되었다.[29] 연구자에 따라서는 부족국가와 중앙집권 국가 사이의 부족연맹체를 '부체제'라고 별도로 분리하는 경우도 있다.[30] 고대국가는 흔히 왕위 세습, 율령 반포, 관등

제 정비, 영토 확장(정복 전쟁), 불교 수용 등을 통해 왕권이 안정되고 중앙집권이 강화된 형태의 국가를 일컫는다.[31)]

서유럽 등지에서는 백년전쟁과 종교개혁, 십자군전쟁 이후에 교황과 봉건 제후의 세력이 몰락함에 따라 왕권이 강화되었다. 특히, 영국, 프랑스, 에스파냐, 네덜란드 등에서는 봉건 제후들의 힘이 약화 된 틈을 타서 국왕이 상비군을 창설하고, 관료 집단을 선발하였다.[32)] 또한, 해외식민지 개척이나 대서양 삼각무역 등을 국가가 지원함으로써 재원을 확보하기도 하였다. 이를 일컬어 기존에는 절대왕정[33)]이라고 하였으나 최근에는 일부 연구자들 사이에서 재정군사국가(Fiscal- Military State)로 표기하는 사례가 점차 늘어나고 있다.[34)] 절대왕정이 국왕의 절대적인 권한 행사에 초점을 맞춘 것이라면, 재정・군사 국가는 군주와 관료, 대의제 간의 협력 관계를 강조하는 특징이 있다.[35)] 재정・군사 국가는 영국형 모델과 프랑스형 모델로 구분하는 경우도 있다.[36)]

근대국가는 시민혁명 이후에 등장한 국민국가를 일컫는다. 막스 베버는 근대국가를 "주어진 영토 내에서 물리적 힘의 정당한 사용에 대한 독점권을 성공적으로 주장하는 인간 공동체"라고 정의했다.[37)] 폭력수단의 통제를 통해 대내외적인 사회의 안정과 질서를 보장하는 것이 근대국가의 중요한 역할이라는 것이다. 그 외에도 영토권, 징세권 확대, 근대 관료제, 시민권 등이 근대국가를 규정하는 특징으로 제시된 바 있다.[38)]

영어에서 국가는 맥락에 따라 Country, Nation, State 등으로 표현된다. Country는 독립적인 정부와 군대를 보유한 특정한 영역을 의미하고, Nation은 국가를 지칭하면서도 고유한 정부, 언어, 전통을 공유하는 사람들의 집단을 나타낸다. State는 국가 또는 그 정부를 의미하며, '국경을 가진 자주적인 정치적 독립체'라는 의미가 강하다.

(2) 정치 체제와 통치 체제

역사과 교육과정과 교과서에서는 국가 체제, 정치 체제, 통치 체제의 개념을 혼용하고 있다. 한국사와 세계사, 전근대사와 근현대사 서술, 그리고 집필자의 성향에 따라 다소 차이가 있기는 하지만 대체로 국가 체제는 국체, 정치 체제는 정부의

형태, 통치 체제는 통치 기구라는 의미로 사용되는 경우가 많다.[39)]

세 용어의 개념에 대한 이해를 명확히 하기 위해서는 정치학에서 이들을 어떻게 정의하는가에 관해 살펴볼 필요가 있다. 국가 체제라는 용어는 정치학에서 국가의 유형, 국체라는 용어에 가깝게 사용된다. 그에 따르면 국가체제는 군주제와 공화제, 단일체제와 연방체제 등으로 분류된다.

정치 체제는 정부 형태, 의회 및 사법제도, 정당제도 등 국가 내에서 권력의 획득, 분배와 유지, 행사 방식을 규정하는 것으로 정의된다. 그에 따르면 정치 체제로는 전제정치, 귀족정치, 민주정치 등이 있다.[40)] 그러나 통치체제라는 개념은 별도로 설명되어 있지 않다. 넓은 의미에서 통치체제는 정치체제의 일부로 간주되기 때문이다.

역사 교과서에서의 통치체제는 국가를 실제로 운영하고 통치하는 구체적인 방식과 메커니즘을 의미한다. 정부의 행정 구조, 법 집행, 정책 결정 및 실행 등 정치학에서 정치체제에 속하는 많은 부분이 역사 교과서에서는 통치체제에 속한다. 요컨대 국가체제는 정부의 형태를 규정하고, 정치체제는 권력의 행사 방식을 의미하며, 통치체제는 정부의 기능과 운영을 위한 각종 조직과 운영방식이라고 할 수 있다.

위의 분류에 따라 역사 교과서에 수록된 개념들을 정리해 보자. 군주제는 국왕이 통치의 중심이 되는 제도로 전제군주제와 입헌군주제가 있다. 전제 군주제는 국왕의 의지에 따라 통치가 이루어지는 국왕 중심의 정치체제이고, 입헌군주제는 군주가 정치를 주도하지만 헌법에 의해 권력이 제한되는 특징이 있다. 공화제는 군주 없이 개인 또는 집단이 통치하는 형태를 일컫는다.[41)]

공화정은 민주주의를 근간으로 하는 정치형태로 민주정치의 공화제와 과두정치의 공화제로 구분된다. 전자는 시민들의 투표를 통해 구성원 전체의 의사를 반영하지만, 후자는 힘이 있는 소수의 구성원들이 모여 권력을 행사하는 방식으로 운영된다. 고대 로마와 중세 이탈리아의 도시에서 시행된 공화정이 과두정치 공화정의 대표적인 예에 해당한다.

민주정치의 공화제에는 직접 민주제, 대통령제, 의원내각제가 있다. 직접 민주제는 대표자 없이 구성원 전체가 정치에 직접 참여하여 의사를 결정하는 제도로, 고대 그리스의 민주정치가 이에 해당하는 대표적인 예이다. 대통령제는 3권 분립의 원리에 기초하여 대통령이 행정부의 수장이 되어 국가를 운영하는 형태이다.

반면 의원내각제는 국회가 입법부와 행정부를 주도하는 방식이다. 의회의 다수 정당이 수상을 배출하고, 내각 구성권을 행사하며 행정부를 주도한다. 이처럼 국가체제는 시민의 정치 참여 방식과 범위, 지배 구조에 직접적인 영향을 미친다. 또한 권력의 분배와 행사를 결정하며, 사회 구성원들의 행동과 사고방식에도 영향을 끼친다. 그런 점에서 국가체제에 관한 이해는 해당 국가의 정치상황과 사회적 특성을 이해하는 데에 중요한 역할을 한다.

(3) 정치기구와 조직

국가가 통치 행위를 하기 위해서는 여러 가지 통치 기구와 정치 조직이 필요하다. 통치기구란 국가의 정치적 권력을 행사하고 사회질서를 유지하는 공식적이고 구조적인 기관을 의미한다. 가장 대표적인 기구가 입법, 사법, 행정부이다. 시기별로 차이가 있기는 하지만 초기 국가 시기에는 세 기구의 역할이 뚜렷이 구분되지 않았으나 국가 체제가 갖춰지고 법률이 정비되면서 각기 고유의 영역을 갖게 되었다.

예컨대 고대 로마의 경우 집정관(Consul), 독재관(Dictator), 원로원(Senatus), 평민회(Plebeian Council), 호민관(Tribunus Plebis) 등의 정치 기구가 있었다.[42] 2명으로 구성된 집정관은 로마 최고의 행정관으로 정부를 이끌고 법률을 집행하였으며, 독재관은 두 콘술이 가진 권한을 합한 만큼의 권한을 행사하였다. 귀족 출신의 전직 관리들로 구성된 원로원은 외교, 재정, 군사 등 국가의 주요 정책에 대해 심의하고 자문하는 역할을 하였고, 평민회는 평민정무관의 선출과 법률 제정 등 국가 정책 결정 과정에서 권한을 행사하였다. 평민회에서 선출한 호민관은 평민회를 소집하고 주재하는 권한을 행사하였으며, 비토권(veto, 拒否權) 등을 행사하면서 평민들의 권익을 보호하였다.[43] 집정관·독재관, 원로원, 평민회·호민관은 각각 왕권, 귀족권, 평민권을 대표하는 기구로 행정, 입법의 업무를 담당한 것으로 볼 수 있다.

한편 동아시아의 대표적인 정치기구로는 당(唐) 대에 확립된 3성 6부제가 있다.

3성은 정책의 심의와 왕명 출납을 담당한 문하성, 정책의 입안과 기밀을 담당한 중서성, 행정의 집행을 담당한 상서성을 일컫는다. 상서성에는 이, 호, 예, 병, 형, 공의 6개 부서가 소속되어 있어 행정실무를 담당하였다. 그 외에도 관리 감찰을 맡은 어사대, 군국기무를 담당한 중추원 등이 있어 3성 6부제와 함께 현재의 입법, 사법, 행정부의 역할을 담당하였다.

이처럼 각 국가의 정치조직과 통치기구를 학습하면서 학생들은 정치의 운영원리, 국가별 공통점과 차이점 등을 이해하게 된다. 또한, 역사 속 국가들의 정치조직과 현대 사회의 정치적 특징과 연결 지어 생각할 수 있는 기회를 가질 수 있다.

(4) 지방 행정 제도

역사 수업 시간에 다루는 지방 행정제도의 범위는 국왕과 지방 세력의 관계, 국가의 지방에 대한 통치권 행사, 지방 행정 구획, 중앙집권과 지방분권, 지방관의 역할과 권한, 지방 자치제도와 기구 등이다. 중앙의 지방에 대한 권력 행사는 정치, 경제, 군사제도와 밀접한 관련이 있으므로 중앙집권이 강화된 국가일수록 지방에 대한 통제는 강화된다. 따라서 지방 행정 제도를 학습하면 각 시대의 정치적 맥락과 변화를 이해하는 데에 도움이 된다.

한국사의 경우 고려와 조선의 사례를 통해 지방 제도를 비교하면 각 시대의 특징과 지방통치 체제의 변화 방향을 좀 더 세밀히 파악할 수 있다. 후삼국을 통일한 고려 태조는 사심관과 기인을 두어 지방을 간접적으로 통치하는 형태를 취하였으나 성종 이후 지방제도가 정비되면서 지방관이 파견되기 시작하여 5도 양계, 경기, 부, 목, 주, 현, 향, 소, 부곡 등의 세분화된 행정조직을 갖추게 되었다. 그러나 고려 정부는 모든 군현에 지방관을 파견하지 못하였으므로 지방관이 파견된 주현을 통해 지방관이 파견되지 않은 속현을 간접적으로 지배하였다. 고려 시대의 향리들이 지방에서 실무 행정을 담당하면서 독자적인 세력을 유지할 수 있었던 것도 그러한 배경에서 가능했던 것이다.

조선시대에는 유교 이념에 기반한 지방제도의 정비가 이루어졌다. 조선 정부는 지방을 8도와 330여 개의 부, 목, 군, 현으로 나누고 모든 지역에 지방관을 파견하였다. 지방관의 파견과 임무를 『경국대전』에 명시하여 지방 행정 기준과 운영 방식을 정비하였으며, 역원제와 조운제, 봉수제 등을 정비하여 중앙집권체제를 강화하기 위해 노력하였다. 또한, 고려시대 이래 지방의 실무행정을 맡았던 향리는 지방관을 보좌하는 중인 계급으로 고정시키고, 대대로 역을 세습시켰으며, 과거응시를 제한하는 등의 방식으로 통제하였다. 지방의 양반들이 향촌 자치기구인 유향소를 건립하는 것을 허용하였는데, 유향소에서는 수령의 지방 통치에 관한 자문, 향리 감찰, 풍속 교정, 지방 사족들의 여론 수렴 등을 담당하도록 하여 중앙 정부의 정치적 통제와 지방 사회의 자율성을 조화시키려 하였다.

이처럼 각 시기의 지방제도는 해당 시기의 중앙의 지방에 대한 통제력, 국왕과 지방 세력의 역학 관계 등과 같은 특징을 반영하고 있다. 역사에서 지방제도를 학습하는 것은 한국 역사와 정치의 발전을 이해하는 데 필수적이며, 오늘날의 지방자치와 정치적 참여를 더욱 의미 있게 만드는 중요한 기반이 된다.

(5) 군사조직과 군사제도

군사 제도는 국가의 방어와 안보를 유지하는 핵심 요소로, 전쟁의 양상과 전략을 결정짓는 데 중요한 역할을 한다. 군사제도와 대외관계에서 다루는 분야는 중앙과 지방의 군사조직, 군역제도의 운영, 무기의 발달 등이다. 이러한 학습요소들은 국내 정치 세력의 군사적 기반과 국가 간의 힘의 역학과 협력 관계를 이해하고, 국내외 정세의 변화를 분석하는 데 중요한 기초가 된다.

우선, 중앙과 지방의 군사조직은 국가의 방어 전략과 국방 자원의 분배 방식을 보여준다. 중앙군은 궁궐과 수도의 방어를 담당하는 반면, 지방군은 국경수비, 치안 유지 및 재난 대응 등을 담당하였다. 따라서 군사조직 체계를 분석하면 중앙 정부가 지방에 얼마만큼의 자원을 할당하는지, 국가의 국방 전략이 어떻게 수립되었는지 이해할 수 있다.

군역제도의 운영방식은 국가의 안보 상황, 사회적 요구, 문화적 배경에 따라 다르게 나타날 수 있다. 대표적인 군역부과 방식으로는 부병제(의무병제), 모병제(지원병제)가 있다. 전자는 양인개병(국민개병)의 원칙에 따라 일정한 연령의 사람들에게 특정 기간 동안 복무하게 하는 방식이다. 반면, 후자는 입대를 희망하는 사람들에 한하여 군역을 부과하고 급료를 지급하는 방식이다.

초기의 전쟁은 대개 무기와 말을 마련할 만한 경제적 지위를 갖춘 귀족들과 그들의 사병 중심으로 진행되었으나 전쟁의 규모가 커지면서 평민들까지 전투에 참여하게 되었다. 평민들의 전쟁 참여는 그들의 권리 신장에도 기여하였다. 그리스와 로마의 평민권 신장, 중국 춘추전국시대 '사(士)' 계층의 대두 등은 같은 맥락에서 나타난 현상이다.

무기의 발달은 군사조직과 군역제도 모두에 영향을 끼쳤다. 춘추전국시대 청동무기와 전차 사용은 전쟁의 규모를 확대시켰으며, 화약과 화포 및 개인화기의 발달은 유럽에서 기사 계급의 몰락에 결정적인 역할을 했다. 고려 말 화포의 개발로 인한 왜구 격퇴, 임진왜란 초기 조총의 위력에 따른 조선의 피해, 화승총의 발달로 인한 일본 사무라이 계급의 몰락, 전차・기관총・화학 무기・항공기의 출현에 따른 1차 세계대전의 장기화, 핵무기 개발로 인한 2차 세계대전의 종결 등은 모두 무기의 발달이 가져온 전쟁 양상 변화에 해당한다.

이런 내용 요소들을 학습하면서 학생들은 세계의 여러 나라들이 서로 다른 군사제도를 시행하게 된 배경을 이해하고, 그것이 국내와 국제 정세에 끼친 영향을 파악하게 된다. 또한, 왕권 강화와 군사제도, 전쟁의 양상, 무기의 발달과 전쟁 사이에 어떤 상관관계가 있는지에 관한 내용도 학습하게 된다.

(6) 민주주의

역사교육의 중요한 목적 중 하나는 민주시민을 양성하는 것이다. 민주시민 교육은 학생들이 민주주의의 가치를 깨닫고, 민주사회의 일원으로 책임을 다할 수 있게 하는 데에 목적이 있다. 민주주의는 국민이 정치에 참여하는 제도만을 일컫는 것이 아니라 넘어 인권, 자유, 평등과 같은 가치를 내포하고 있다. 따라서 학생들은 학교생활과 수업시간을 통해 민주적인 의사결정 방식과 절차, 다양한 의견을 존중하고, 본인과 타인의 권리를 인정하는 방법을 습득해야 한다. 수업 시간에 배우는 민주주의의 개념과 발전과정 못지않게, 학교 생활에서 민주적 의사결정과 민주주의의 작동방식을 경험하는 것이 중요하다.[44] 그런 과정을 통해 학생들은 민주적인 절차와 의사결정의 중요성, 본인의 결정에 대한 책임의 엄중함 등을 실감하게 될 것이다.

주요 교육 내용으로는 민주주의의 역사적 발전을 다룰 수 있다. 고대 그리스에서 시작된 민주주의의 개념이 어떻게 발전해 왔는지를 배우고, 이후의 중요한 역사적 사건들, 예컨대 영국의 대헌장(Magna Carta) 발표, 미국의 독립선언(United States Declaration of Independence), 프랑스 인권 선언(인간과 시민의 권리선언, Déclaration des droits de l'Homme et du citoyen), 그리고 20세기의 여러 민주화 운동 등을 통해 민주주의의 진화 과정을 제시하는 방안이 대표적이다. 이 과정에서 학생들은 민주주의가 어떻게 다양한 사회적, 경제적, 정치적 상황 속에서 형성되고 발전했는지 이해하게 된다.

또한, 민주주의 이론과 사상을 학습하고 경험하는 것도 중요하다. 예컨대 세계사 시간에 존 로크, 몽테스키외, 루소와 같은 사상가들의 이론을 통해 민주주의의 기초가 되는 가치와 원칙을 이해할 수 있도록 하는 것이다. 그 과정에서 학생들은 현재의 선거, 의회, 사법 제도와 같은 민주주의적 제도와 절차가 등장한 배경을 이해하고, 정치적 참여의 중요성과 민주적 절차의 필요성을 인식하게 될 것이다.

역사 속에서의 민주주의의 위기와 성취를 다루는 것도 중요하다. 세계사 시간에 학생들이 전체주의 체제의 등장, 인권 침해 사례, 그리고 민주주의의 후퇴 등을 학습하면서 민주주의가 항상 보장되는 것이 아님을 깨닫고, 이를 지키기 위한 노력이 필요하다는 사실을 이해하게 된다. 한국사 시간에는 이승만 정권의 부정부패에 맞서 전개된 4·19 혁명, 군사정권에 맞서 일어난 3·1 민주 구국 선언과 5·18 민주화 운동, 6월 민주 항쟁 등을 학습하면서 학생들은 민주주의의 중요성과 독재 정치의 위험성에 대해 학습할 수 있게 된다. 이러한 교육은 학생들이 적극적이고 책임감 있는 시민으로 성장하는 데 기여하게 될 것이다.

민주주의와 관련된 교육에서 유의할 점도 있다. 민주주의는 고대 아테네의 노예 소유 민주주의로부터 오늘날의 의회 민주주의와 비의회민주주의 등에 이르기까지 다양한 형태를 포함하고 있다.[45] 의회 민주주의의 경우에도 유럽의 의회는 국가마다 서로 다른 종류의 의회가 있었고, 역할도 조금씩 달랐다. 우리나라의 국회(National Assembly)와 일본의 의회(National Diet), 미국의 의회(Congress), 영국의 의회(Parliament)는 지금도 성격이 각기 다르다. 그런 다양성을 이해하지 못한다면 학생들의 민주주의와 의회에 대한 인식은 왜곡되거나 오류에 빠지게 될 것이다.

(7) 민족주의

민족이란 용어를 정의하기는 쉽지 않다. 흔히 사용되는 'nation'이라는 용어에는 국민, 민족, 인민의 개념이 모두 담겨 있기 때문이다. 'nation'은 정치적 의미보다는 사회적 의미가 강한 말로, 언어나 문화, 역사 등의 조건을 공유하는 집단을 일컫는다. 더러 nation을 국민으로 번역하는 경우도 있으나 그것은 일본 메이지 시대에 만들어진 '國民'을 그대로 번역한 것으로 citizen이라는 개념이 강하다. nation이 국민보다는 민족이라는 개념으로 이용된 것은 그와 같은 배경이 있다.[46] 그에 비하면 국민은 정치적 성격이 강한 조직이다. 민족이 인민의 사회적 집합체를 의미한다면 국민은 그 집합체를 정치화하는 단위라고 할 수 있다. 물론, 근대국가는 인민의 충성을 위해 구성원인 인민(people)을 민족 단위의 정치적 공동체로 사고하게 만들면서 민족국가로 전환되기도 한다. 그리고 이 과정에서 민족을 하나의 정치적 단위로 구성하려는 민족주의가 사용된다.[47]

전통적으로는 민족은 '공통의 언어, 문화, 역사, 종교 및 혈통을 공유하는 집단'[48] 이라고 정의되었으나 최근에는 인종이나 종교와는 관계없이 '특정한 영토 안에서 공통의 가치를 추구하는 주권을 가진 시민들의 공동체'[49] 또는 '상상의 정치적 공동체'[50]라고 정의되기도 한다. 전자가 '공통적인 문화를 토대로 형성된 사람들 간의 유대와 정체성'을 강조하는 입장이라면 후자는 '선천적으로 정해지는 것이 아니라 구성원들의 주관적 의지로 결정되는 정치적인 것'이라고 보는 점에 차이가 있다. 전자에 따르면 민족의 기원은 그리스나 고대 중국의 은·주 시기까지 거슬러 올라갈 수도 있지만, 역사적인 용어로서의 민족 또는 민족주의가 형성된 것은 18세기경이다. 좀 더 구체적으로는 계몽주의의 영향으로 형성되어 프랑스 혁명 후에 역사의 전면에 등장하였으며, 나폴레옹 전쟁을 계기로 유럽으로 확산되기 시작한 것으로 인식되고 있다.[51] 민족과 민족주의를 국가와 결부된 근대의 산물이라고 보는 주장은 그와 같은 이론에 토대를 두고 있다.

근대에 들어 유럽의 강대국인 영국, 프랑스, 에스파냐, 포르투갈 등은 자신들이 가장 우수한 국가이며, 자신들의 문화가 다른 민족의 문화보다 우월하다는 의식을 강조하였다.[52] 그리고 그것을 강조하기 위해 역사의 여러 장면들을 재해석하였다.

백년전쟁이나 스페인 왕위계승 전쟁에서 영국과 프랑스가 각기 다른 방식으로 전쟁의 승리자라고 주장하는 것이 대표적인 사례이다. 그러한 현상은 정치 이외의 분야에서도 확인된다. 신항로 개척의 경우 이탈리아에서는 콜럼버스의 고향이 이탈리아라는 점을 강조하고, 스페인은 그를 고용한 것이 자국이므로 아메리카 대륙으로의 신항로 개척은 자국의 역사라고 주장한다.[53] 이와 같은 현상은 모두 역사적 사실이 민족적인 차원에서 강조되기 때문에 나타나는 것이다.

우리나라에서 민족이란 용어를 사용하기 시작한 것은 1900년 경인데, 이때의 민족은 인종이라는 의미가 강하였다.[54] 인종을 가리키던 민족이 근대적인 개념으로 변화한 것은 러일전쟁과 을사늑약 체결 이후이다. 외세의 침략을 겪는 과정에서 망국의 위기감이 고조되면서 같은 국가 정체성을 지닌 사람들을 '우리 대한'이라는 용어로 표현하기 시작한 것이다.

민족주의는 종종 국가 형성, 민족적 정체성 강화, 그리고 외부 세력에 대한 저항과 같은 맥락에서 나타난다. 따라서 민족 내부의 자긍심과 단결을 유도하고, 구성원 간의 연대감이나 정체성을 강화하는 긍정적인 역할을 하기도 한다. 그러나 이러한 긍정적인 측면에도 불구하고, 지나친 민족주의는 내외부의 갈등을 유발하는 원인이 될 수 있다. 특정 민족의 우월성을 주장하거나 다른 민족을 적대화하여 평화와 공존을 파괴하는 결과를 초래할 수 있기 때문이다.

한편, 민족과 민족주의의 관계는 밀접하다. 민족은 민족주의의 토대가 되며, 민족주의는 민족 정체성을 강화하는 역할을 한다. 민족이 존재함으로써 민족주의가 형성되고, 민족주의가 발전함에 따라 민족에 대한 인식이 깊어지는 경향이 있다. 이러한 관계는 민족이 정치적 권리를 추구하고, 민족주의가 이를 지지하는 구조로 나타난다. 따라서 민족과 민족주의에 대한 이해는 현대 사회의 다양한 갈등과 문제를 이해하는 데 중요한 단서가 될 수 있다.

역사과 교육과정에서 다루는 민족주의의 사례로는 유럽의 여러 민족 국가 형성 과정이 있다. 19세기 중반 비스마르크의 주도로 이루어진 민족주의 운동이 대표적인 사례이다. 또한, 이탈리아의 통일 과정, 한국과 인도의 독립운동, 중국의 반외세 운동, 아프리카와 서남아시아의 반제국주의 운동도 민족주의의 중요한 사례로 제시될 수 있다.

그러나 민족이나 민족주의가 늘 일관적인 것은 아니다. 연구 분야, 연구자, 시대적 상황에 따라 다른 기준과 개념이 적용되는 경우도 있다. 마이네케(F. Meinecke)는 영국과 프랑스는 국가민족, 독일은 문화민족으로 나누었는데, 그것은 영국이나 프랑스에서 일찍 국가가 형성된 것과 달리 독일에서는 국가의 성립이 늦었던 것과 관련이 있다.[55] 이러한 사례들은 학생들에게 민족주의의 다양한 양상과 그것이 역사적 변화에 미친 영향을 이해하는 데 도움을 줄 것이다.

(8) 전쟁

정치사 분야에서 아직까지도 많은 비중을 차지하는 것은 전쟁이다. 전쟁은 국가 또는 특정 집단 간의 무력 충돌을 의미한다. 그것은 대개 국가 간의 외교가 단절되거나 자원·영토·이권 등을 둘러싼 협상이 실패 할 때, 그리고 강대국의 영토 확장 야욕이 표출되는 경우에 일어난다. 좀 더 세밀히 분석하면 정치, 경제, 사회·문화적 요인으로 나누어 살필 수도 있다. 정치적인 면에서 전쟁은 권력을 둘러싼 대립이나 이념의 대립에서 시작되는 경우가 많다. 경제적인 면에서는 자원과 경제적 이익을 둘러싼 갈등이 이웃 국가와의 전쟁으로 확산되는 경우가 대부분이고, 사회·문화적으로는 종교적·인종적 갈등에서 비롯된 사례가 많다. 물론, 이들 요인이 복합적으로 작용하여 전쟁으로 비화되는 경우도 있다. 전쟁사를 통해 학생들은 국가 갈등이 발생하는 이유와 과정, 타협이나 평화의 방법을 모색하는 기회를 갖게 된다. 그것은 전쟁의 방지는 물론, 국제 관계를 이해하는 데도 필수적이다.

전쟁은 종종 전투(battle)와 혼용되지만 두 개념에는 차이가 있다. 전쟁은 대규모의 무력 충돌로 장기간에 걸쳐 진행되며, 전투와 작전을 포함하는 포괄적인 개념이다. 반면, 전투는 전쟁의 특정한 지역에서 일어나는 국지적인 무력충돌이다. 전투는 대개 전쟁의 구성요소로서 기습적이고 전략적인 방법으로 수행된다. 예컨대 1131년에 몽골이 고려를 침입한 사건은 고려-몽골 전쟁이고, 당시 귀주성에서 박서가 이끄는 고려군이 몽골군을 격퇴한 사건은 귀주성 전투라는 말이 적합하다.

역사 수업 시간에 다루는 전쟁 관련 용어로는 전쟁(war), 분쟁(conflict), 내전(civil war) 등이 있다. 전쟁이란 국가와 국가 간, 또는 국가를 대표하는 군대 간에 벌어지는 대규모의 무력 충돌을 일컫는 말이다. 일반적으로 두 개 이상의 주권

국가 사이에서 일어나며, 영토와 자원 등 정치·경제적 이해 관계의 충돌에서 발생한다. 반면, 분쟁은 정치적, 사회적, 민족적, 종교적 이유로 집단 간에 발생하는 갈등을 의미한다. 가족, 사회, 국가, 국제 간에 폭력 또는 비폭력적인 형태로 나타나기 때문에 전쟁보다 더 포괄적인 개념으로 사용되는 경우가 많다. 내전은 한 국가 내부에서 발생하는 사건이라는 점에서 전쟁과 다르고, 두 개 이상의 집단이 정치권력의 획득을 위해 무력을 행사한다는 점에서 분쟁과 차이가 있다. 이처럼 전쟁, 분쟁, 내전은 각기 다른 목적과 범위가 있다. 이들 사이의 차이를 비교·이해하는 것은 국제 관계를 분석하는 데 중요하다.

역사교육에서의 전쟁은 역사적 사건과 국제 관계의 변화를 분석하여 국가와 사회에 끼친 영향을 이해하는 데에 효과적이다. 대외관계사에서는 국가 간의 문화적 교류, 조공과 책봉의 관계, 국가 간의 외교전략 등에 관한 내용을 다룬다. 전쟁사에서는 전쟁이 일어난 배경, 전개과정, 주요 전투, 전쟁 전략, 전쟁이 끼친 영향 등을 학습한다.

조약, 동맹, 협상 등 군사 외교의 분야도 전쟁을 설명하는 데에 중요한 연구주제이다. 이러한 요소들은 전쟁과 평화 협상 과정에서 주로 확인된다. 역사 속의 국가들은 때로 공동의 적을 방어하기 위해 동맹을 체결하기도 하고, 자국의 이익을 지키기 위해 전쟁을 선택하기도 한다. 학생들은 이런 과정을 학습하면서 역사적으로 중요한 군사동맹의 목적, 참여 국가 간의 이해관계, 전쟁이나 협상의 결과에 따라 체결된 조약의 정치·경제적인 내용 등의 중요성을 파악할 수 있다.

이전보다 많이 개선되기는 하였으나 아직도 교과서의 전쟁사 기술은 배경, 전개, 결과, 영향 등을 나열하는 형태로 제시되어 있다. 또한, 전쟁의 원인이 개인의 야망에서 시작되었다고 설명하거나 책임(responsibility) 문제에 초점을 맞추는 경향도 강하다. 전쟁사를 가르칠 때는 그에 못지않게 다양한 원인들(causes), 그리고 전쟁이 불러온 양측의 피해와 적대감 등을 고려해야 한다. 비록 잘못이 있는 나라라고 할지라도 당시 그들의 입장을 섬세히 고려할 것을 가르쳐야 하는 것이 역사교사의 의무라는 점을 잊어서는 안 된다.[56] 또한, 단순히 전쟁의 승패에만 주목하거나 일부의 사건을 부각시켜 희화하는 일이 없도록 해야 한다. 자국의 승리한 전쟁의 영광을 지나치게 강조하거나 패배한 전쟁의 피해를 일방적으로 부각시키는 방식도 지양해야 한다.

(9) 지배세력의 변화

역사 속에서 지배세력은 특정 사회나 국가 내에서 정치적, 경제적, 사회적 권력을 행사하는 집단이나 개인을 의미한다. 이들의 주요 특징 중 하나는 권력의 집중성과 분산성이다. 권력이 특정 인물이나 세력에 집중될 경우, 그들은 결정 과정에서 강력한 영향력을 행사하게 되지만, 반대로 여러 집단에 권력이 분산될 경우 그들의 영향력은 줄어드는 경향이 있다. 지배세력은 또한 자신들의 지배를 정당화하기 위한 이데올로기나 철학을 발전시킨다. 예를 들어 고대 동양의 군주들은 '천자'라고 불리면서 하늘의 뜻을 대신하여 국가를 통치한다고 강조했으며, 불교 국가에서는 국왕이 곧 부처라는 논리로 지배를 합리화하였다. 서양에서도 왕권신수설이나 사회계약설이 유사한 맥락에서 권력의 정당성을 주장하는 이론으로 강조되었다.

근대 이후의 권력자들은 선거와 군사력을 기반으로 권력의 정당성을 주장하는 경우가 많았다. 민주주의 정권은 민주적인 절차와 선거를 통해 정당성을 획득하였으나, 독재 정권은 군사력이나 집단주의와 같은 이념을 내세우거나 선거제도를 도구화하여 권력을 정당화하려는 경향이 강하였다.

지배세력은 지속성과 변동성을 동시에 갖는다. 정치적으로 안정기에 접어들면 집권세력은 비교적 오랫동안 권력을 유지하게 되지만, 사회적 불안이나 국제 정세의 변화, 정치, 사회, 경제, 국제관계 등의 요인에 따라 변화할 수 있다. 또한, 지배세력의 등장이나 쇠퇴는 특정 집단이나 계층이 권력을 획득하거나 잃는 과정을 보여준다. 그런 점에서 지배세력에 대한 이해는 사회의 정치적 역동성을 파악하는 데 필수적이다.

(10) 관리 선발 제도

동서양을 막론하고 관리를 선발하는 방식에는 여러 가지 종류가 있었다. 신분이 높은 가문의 경우 대대로 특정직을 세습하는 경우도 있었고, 전쟁에서 공을 세운 사람들이 관리로 발탁된 경우도 있었으며, 추첨을 통해 관리를 임명한 사례도 있다. 그 외에 가문의 영향력을 배경으로 관직에 나가는 문음(음서)나 능력 있는 사람들을 관리로 추천하는 천거 등도 있었으나 시대에 따라 범위나 빈도는 각각 달랐다.

그중에서도 과거제는 중국의 수의 선거제에서 유래된 제도로, 당·송대를 거치면서 기틀이 정비되었다. 과거제의 가장 큰 특징은 학문적 능력과 문학적 소양을 평가하여 관리로 선발한다는 것이다. 주요 과목은 유교 경전에 대한 이해 여부와 시문 짓기 등이었다. 여러 단계의 과정을 거쳐 정해진 인원을 선발한 후 순위에 따라 관직을 주었다.

중국에서 시작된 과거제도는 가까이에 있는 고려, 베트남 등에도 영향을 끼쳐 인재 양성과 선발에 기여하였다. 과거제도의 시행은 일부 귀족들이 관직을 독점하는 방식에서 벗어나 다소 가문이 한미하더라도 능력 있고, 충성심 강한 인재들을 등용한다는 의미가 있었다. 그러나 과거를 준비할 수 있는 사람들은 지배층에 한정되는 경우가 많았고, 지역적으로도 수도 가까이에 사는 사람들이 더 유리하였다. 또한, 문신을 선발하는 문과에 비해 무신을 선발하는 무과가 경시된 사례도 많았다.

서양에서는 그리스와 로마 시기에 관리를 추첨 또는 선출하는 제도가 있었다. 고대 아테네에서는 민회, 평의회, 배심원 등으로 운영되는 법원과 행정관 등 중요한 정치적 기능을 하는 관리들을 추첨으로 선출하였다.[57] 최고직인 집정관(archons)을 비롯하여 총사령관, 장군 등의 군사적 지도자, 군사 재무담당관·공공자금 담당관·재정감사관처럼 재정적인 업무를 담당한 특정 공직자를 제외하면 모든 관리들은 민회에서 선출되었다. 또한, 추첨으로 선출된 관리들은 연임이 불가능했다.

로마의 공화정 시기와 제정 초기에는 모든 정무관을 민회에서 선출하였다. 정무관은 집정관(consul), 법무관(praetor), 조영관(aedile), 재무관(quaestor), 감찰관(censor) 등으로 구성되어 있었는데, 이들의 임기는 감찰관(5년)을 재외하면 대개 1년이었다. 또한, 평민들의 권리를 수호하는 호민관도 평민회(concilium plebis)에서 선출하였다.[58]

세습제의 대표적인 사례는 중국 주나라와 서양 중세의 봉건제도이다. 주나라에서는 천자와의 혈연 관계 및 공로를 고려하여 제후들에게 봉토와 작위를 내려 주었다. 주의 작위에는 공(公)·후(侯)·백(伯)·자(子)·남(男)의 5작이 있었다.

> 「왕제(王制)」에 보면 "왕자가 봉록과 작위를 제정할 때 오등급으로 한다"고 한다. 이것은 공(公)·후(侯)·백(伯)·자(子)·남(男)을 가리킨다. 이것은 주 왕조의 제도에 바탕을 둔 것이다. 『춘추전(春秋傳)』에 보면 "천자의 삼공(三公)은 '공

(公)'으로 부르고, 왕의 후예들도 '공'으로 부른다. 그 나머지 큰 국가는 '후(侯)'로 부르고, 작은 국가는 백 · 자 · 남으로 부른다"고 한다. 또 「왕제」에 보면 "공과 후는 사방 100리, 백은 사방 70리, 자와 남은 사방 50리를 봉토로 받는다"고 한다.[59)]

천자로부터 작위를 받은 제후들은 각자 자신의 봉토 안에서 관리를 등용하고, 군사를 양성하는 등 독자적인 통치 구조를 갖추었다. 반역과 같은 특별한 일이 없는 한 작위는 후손들에게 세습되는 것이 원칙이었다.

서양 중세의 봉건제도는 주로 서유럽에서 확인된다. 봉건 제후들에게 하사한 작위에는 국가마다 차이가 있었지만 공작(Duke), 백작(Count) 등이 대표적이었다. 이들이 국왕으로부터 받은 작위와 영지(fief)는 주나라와 마찬가지로 세습되는 것이 원칙이었다. 그 외에 전쟁에서 공을 세운 군인들에게 국왕이나 영주가 기사 작위를 하사하는 경우도 있었다. 또한, 서양 중세의 왕실에는 크게 왕과 관련된 부서와 국가의 정무를 담당하는 부서들이 있었는데, 이들 부서의 책임자인 고위 관리는 고위 귀족이나 성직자들로 구성되었다. 그들의 아래에서 실무행정을 담당하는 하위 관리들은 학식이 풍부한 평민이나 하급 성직자들을 채용하여 맡기는 경우가 많았다.

천거제는 기존의 관리나 고위 인사들의 추천에 의해 인재를 선발하는 방식이다. 고대 중국의 향거이선제와 구품중정제, 고려와 조선의 천거제 등이 대표적이다. 관리의 추천은 개인의 학문적 또는 정치적 역량, 사회에 끼치는 영향력 등이 크게 작용한다.

음서(蔭敍) 또는 문음(門蔭)제도는 고위 관리의 가족들에게 국가에서 부여하는 특권으로 간단한 시험을 치르거나 시험 없이 관직에 등용하는 제도이다. 고려시대의 경우에는 5품 이상, 조선에서는 2품 이상 관리의 자제가 음서로 관직에 진출하는 혜택을 입었다. 그러나 음서 출신자들은 과거 출신자들에 비해 다소 경시하는 분위기가 형성되어 있었다. 따라서 음서로 관직에 나온 사람이 능력을 인정받기 위해 다시 과거에 응시하는 경우도 있었다.

이처럼 관리 선발 제도는 그 사회의 역사적, 문화적 맥락에 따라 다르게 운영된다. 따라서 관리 선발 제도를 학습하는 것은 권력 구조와 사회적 가치관의 변화를 이해하는 데 중요한 의미를 갖는다. 또한, 각 제도가 사회의 인재 양성과 관리의 효율성을 높이는 방법을 분석함으로써, 학생들에게 현대 사회의 인사 제도와 그에 따른 윤리적 문제를 비판적으로 성찰할 수 있는 기회를 갖게 할 수 있다.

2. 경제사 교육

1) 경제사란 무엇인가?

경제를 의미하는 '이코노믹스(Economics)'의 어원은 '오이코노미아(Oikonomia)'로 거슬러 올라간다. 이 말은 본래 그리스에서 '가계의 관리', '가정관리론', '가정관리술'이라는 말이었다.[60] 이후 로마시대에는 근검, 절약이라는 뜻이 추가되었으며, 17세기에 이르러 프랑스어 '에꼬노미(économie)', 영어 '이코노미(economy)'로 변화하면서 국가 재정, 나라 살림의 경영, 행정이라는 말을 의미하게 되었다.[61] 학문으로서의 경제학은 본래 'Political economy'였으나 이후에 신고전학파 경제학이 하나의 독립된 학문으로 정립하는 과정에서 'Economics'로 바뀌었다.[62]

한편, 동양에서의 '경제'는 경세제민(經世濟民)에서 유래한 것으로 알려져 있다.[63] 경세란 세상을 경영하거나 통치한다는 의미이고, 제민은 백성들을 구제한다는 의미이다. 가정의 살림을 운영하는 것은 별도로 제가(齊家)라고 하였는데, 그것은 그리스어 '오이코노미아'와 유사한 의미로 사용되었다고 할 수 있다. 그러나 경세제민이란 말은 본래 정치의 하위 영역이었을 뿐 독립적으로 사용되는 예는 거의 없었다. 공자가 정치를 이야기하면서 "(정치는) 양식을 풍족하게 하고, 군비를 충분히 하고, 백성이 신뢰하게 하는 것이다."[64]라고 한 것이나 "國이 있고 家가 있는 사람이라면 분배가 적음을 걱정하지 않고 분배가 불균등함을 걱정하며, 재정이 빈약함을 걱정하지 않고 정치가 불안함을 걱정한다고 들었다."[65]라고 말한 것은 국가를 다스리는 것과 국가 경제 관리가 서로 별개가 아니었음을 의미하는 것이다.

이처럼 본래 정치의 하위 분야였던 경제가 현재와 같이 경제정책, 국가경제라는 의미로 쓰이기 시작한 것은 16~17세기 무렵의 일이었다. 18세기에 이르러서는 경제가 생산, 분배, 소비를 다루는 학문이라는 주장이 제기되었는데, 그것은 경제학의 본격적인 연구가 이때부터 시작되었음을 말해준다. 흥미로운 점은 18세기 무렵까지도 동양에서는 경제라는 말이 '부국안민(富國安民)', '공공재(Public Goods)의 재분배'라는 의미로 사용되었다는 점이다.[66] 이후에도 경제는 정치에서 분화되지 않은 상태로 남아 있다가 19세기에 제국주의 열강의 침입이 본격화되면서 근대 학문의 하나로 자리 잡게 되었다.

조선의 경우 1658년(효종 9)의 김육(金堉, 1580~1658) 졸기(卒記)에 "평생 경제(經濟)를 자신의 임무로 삼았다"[67]는 말이 있는데, 그것이야말로 현재 우리가 생각하는 국가 경제의 의미를 담고 있는 사례라고 할 수 있다. 우리나라에서도 17세기 경에 이르러 비로소 경제가 국가의 경영의 한 분야이자 생산 및 분배와 관련된 정책을 일컫는 의미로 이용되기 시작했던 것이다. 이후 경제라는 말은 정치가와 학자들의 저서에 종종 등장하는 용어가 되었으며, 근대 학문이 유입된 후에 하나의 학문 분야로 자리잡게 되었다.

2) 경제사는 왜 배우는가?

어원과 의미 변화를 통해서도 확인되는 것처럼 경제는 인간 생활의 기초로서 인간의 삶을 가장 구체적으로 살필 수 있는 분야이다. 그것은 좁게는 가정의 생활경제를 일컫는 말이고, 넓게는 국가의 운영을 의미하는 말이다. 따라서 당시 사람들의 삶의 모습과 방식을 이해하려면, 당시의 경제적 조건이 그들의 삶에 끼친 영향을 알아야 한다. 경제적 조건은 당시 사람들의 생산방식과 생산량, 경제 규모 등에 중요한 영향을 끼치기 때문이다.

경제사 학습은 단순한 과거의 생산방식이나 생활상의 변화를 배우는 것이 아니라, 경제적 조건이 과거인들의 삶에 미친 영향을 살펴보는 과정이다. 이를 통해 우리는 과거의 경제정책, 조세제도, 토지제도, 농업 및 상공업, 대외교역 등을 고찰하고, 이러한 요소들이 어떻게 사람들의 삶을 변화시켰는지를 이해하게 된다.

또한, 역사적 상황에 대한 배경 지식은 경제 시스템의 변화와 발전을 이해하는 데에 있어 반드시 필요하다. 산업혁명의 예를 통해 살펴보자. 산업혁명 시기의 경제 제도와 운영 방식은 현대 자본주의 경제의 기초를 형성하였다. 그러므로 산업혁명이 가져온 생산방식과 삶의 변화 과정을 이해하게 되면, 학생들은 현재 사회의 경제적 기초와 구조를 이해하고, 사회가 지속적으로 변화해 온 양상과 맥락을 파악할 수 있게 되는 것이다.

경제정책과 제도는 사람들의 사회 구조에도 영향을 끼친다. 농업의 기계화와 상공업의 발전은 경제뿐만 아니라 사회 전반의 삶의 방식과 노동 구조에도 큰 변화를 가져왔다. 이러한 변화를 이해하면서 학생들은 사회적 변화의 패턴을 예측하고 분석하는 능력을 기르게 된다.

경제사 교육은 학생들에게 비판적 사고를 기르는 데에도 중요한 역할을 한다. 각각의 정책과 제도를 분석하며 학생들은 역사적 문제를 다각적으로 바라보는 시각을 키우게 되고, 이는 실질적이고 효과적인 해결책을 모색하는 데 필요한 사고력을 기르는 데 도움을 준다. 경제사를 학습하면서 학생들은 시간의 흐름에 따라 인간의 생활이 어떻게 변해왔는지 좀 더 체계적으로 이해하게 될 것이며, 인류의 오랜 과제인 경제적 불평등을 완화하기 위해 어떤 노력을 기울여야 하는지 고민하게 될 것이다.

3) 경제사에서는 무엇을 배우는가?

경제는 인간이 생존하기 위해 행하는 노동(생산), 분배, 소비의 여러 과정을 의미한다.[68] 그러나 실제로 경제의 범위는 그보다 훨씬 넓고 복잡하다. 앞서 살펴본 것처럼 경제는 정치의 한 분야이기도 하고, 더러는 정치의 전체이기도 하며, 사회·문화와도 밀접한 관련이 있다.

흔히 학생들이 역사 수업 시간에 접하는 대표적인 경제 분야는 식량의 생산과 분배, 조세제도, 토지제도, 농업과 상공업, 대외 교역, 자본주의, 경제성장 등으로 한정된다. 그러나 이와 같은 분류도 다분히 편의적일 뿐, 정치·사회·문화와 독립적으로 설명하기는 어려운 면이 있다. 모든 사회의 통치 시스템은 경제를 기반으로 작동되기 때문이다. 2015~2022 개정 교육과정에 수록된 경제 분야의 내용요소들과 교과서에 소개된 개념 및 용어들을 소개하면 다음과 같다.

(1) 식량의 생산과 분배

식량은 인류의 생존과 관련된 가장 중요한 재화이자 모든 경제 활동의 기초이다.

인류의 역사는 식량의 생산과 분배에 토대를 두고 전개되어 왔다고 해도 과언이 아니다. 그런 점에서 식량의 문제는 정치·경제·사회·문화의 안정성을 결정짓는 중요한 요소라고 할 수 있다. 또한 식량의 생산방식과 분배구조는 정치·경제적인 구조와 밀접하게 관련되어 있다. 역사적으로 식량 생산의 방식은 농업기술의 발전, 기후의 변화, 자원 배분 등 다양한 요소에 영향을 받았다. 그리고 권력관계와 사회 계층 구조 변화에도 큰 영향을 끼쳤다.

특히, 식량의 분배는 사회적 불평등과 불만, 갈등을 초래하는 원인이 된 경우가 많았다. 생산된 곡물이 특정 집단에 집중되면 정치적 불안이 커지고, 분배 시스템이 공정해지면 사회의 안정성도 높아진다. 식량의 풍족과 부족은 국내의 문제에 한정되는 것이 일반적이지만 전쟁이나 대외 교류 등에 따라 달라지기도 한다. 로마 시기 또는 제국주의 시기의 영토와 식민지 확장 사례가 대표적이다.

영토가 넓어지고, 식민지가 확대되면 외부로부터의 식량이 유입되는 결과로 이어진다. 외부에서 유입된 곡물은 본국에서 생산된 곡물에 비해 값이 저렴하기 때문에 가격경쟁력이 높다. 곡물가격이 낮아지면 곡물을 구입해서 먹는 상공업자나 도시 노동자의 생활은 나아지지만 식량을 생산하는 농민은 큰 피해를 입는다. 기원전 123년 가이우스 그라쿠스의 곡물법과 19세기 전반 영국의 곡물법, 광복 직후 미국이 남한에서 미곡공출제를 두고 혼선을 빚은 것도 곡물의 가격 문제와 관련이 있다.

또한, 식량의 문제는 빈부의 차, 계급 발생, 국가의 형성과도 연관되어 있다. 구석기 시대까지만 해도 무리 지어 이동하며 사냥과 채집으로 연명하던 인류의 생활 방식은 신석기시대에 이르러 농경이 시작되면서 크게 변화하였다. 신석기인들은 곡물을 재배하고, 어린 동물들을 가축으로 길렀는데, 이로써 인류의 삶은 채집경제에서 생산경제로의 전환을 맞게 되었다(신석기 혁명). 그러나 신석기시대의 시작과 함께 생산경제가 원활히 정착된 것은 아니었다. 이 시기 사람들에게도 수렵과 채집은 여전히 중요한 일이었고, 농업은 굉장히 모험적인 도전이었다. 곡물의 경우 재배기간 동안 가뭄이나 홍수를 만나면 수확을 할 수 없었기 때문이다. 아마도 수확에 실패한 사람들은 다음 작물이 재배될 때까지 굶주림에 시달렸을 것이다. 신석기시대 농업이 시작된 이유를 식량난에서 찾으려 하는 연구가 주목받은 것도 그와 관련 있다.[69] 그러나 신석기시대까지만 해도 먹을 것이 부족하고, 식량 생산이 많지 않았으므로 당시 사람들은 공동으로 농사짓고, 공동으로 분배하는 것에 큰 불만이 없었던 것 같다.

청동기시대에는 취락의 규모가 커지고, 농업의 비중이 높아지면서 삶의 방식이 변화하였다. 재배하는 작물의 수가 다양해졌으며, 사람들의 생활공간도 강가나 바닷가에서 인근의 낮은 구릉 지대로 옮겨갔다. 구릉의 위에는 제법 많은 수의 집터와 제의 시설, 저장 공간 등이 만들어지기도 하였다. 이전 시대에 비하면 사람들의 삶은 더 풍요로워진 것으로 보인다.

그러나 일부 유적에서는 전쟁과 화재로 마을이 폐허가 된 후, 새로운 사람들이 그 위에 터를 잡은 흔적이 확인되고 있다.[70] 그것은 당시의 부족 집단들이 다른 부족을 정복하거나 그들이 가진 재물을 빼앗기 위해 전쟁을 벌였음을 입증하는 증거이다. 생산량이 많아지자 더 많이 가지려는 사람들과 약한 사람들을 노예로 삼으려는 사람들이 등장한 것이다.

청동기 시대 후기에서 철기 시대 초반에는 곳곳에서 소국들이 등장하였다. 이 시기의 소국에는 지배자가 있고, 제의공간이 있었으며, 인근에는 제법 넓은 밭이나 논, 수리시설 등이 조성되어 있었다. 일부는 철제 농기구를 사용하기도 하였다. 저수지를 축조하고, 철제 농기구로 논밭을 경작하였다면 이전보다 생산량은 크게 늘어났을 것이다. 이처럼 생산량이 증가함에 따라 정치적인 지배자가 등장하여 정치와 제의를 맡으며 특권세력으로 성장했다. 그리고 이들 중 일부가 세력을 확장하여 주변국을 정복하고 더 큰 정치체를 탄생시켰다. 그로부터 토지와 노동력을 많이 가진 사람들이 더 많은 특권을 갖는 시대가 펼쳐졌다. 권력과 토지, 노동력을 보유한 사람들이 그렇지 못한 사람들 위에서 권력을 행사하는 상황은 지금까지도 이어지고 있다.

(2) 조세제도

조세는 국가가 공공 재원을 확보하기 위해 인민에게 금전이나 물품을 징수하는 체계를 말한다. 전통적으로 조(租)는 토지를 가진 사람들이 납부하는 토지세이고, 세(稅)는 국가가 개인에게 징수하는 인두세를 의미했다. 조세라는 말이 합쳐져서 세금이라는 의미를 나타내게 된 것은 현물납부가 없어진 근대 시기의 일이다.

조세는 정부가 사회의 다양한 기능을 수행하는 데 필요한 재원을 마련하기 위한 기본적인 수단이다. 국가가 운영하는 도로와 포구, 국방, 교육, 의료 등은 모두 조세에 기반하고 있다. 그런 점에서 조세 제도는 단순한 재정적 측면을 넘어, 사회의 경제적 구조와 계급 관계, 권력 분배 등을 반영하는 중요한 사회적 지표가 된다고 할 수 있다.

역사 교육에서 조세 제도를 학습하는 것은 현대 사회의 경제 시스템을 이해하는 데 중요한 역할을 하기 때문이다. 조세 제도는 국가의 재정을 지원하는 기본적인 요소일 뿐만 아니라, 사회 구조와 권력 관계를 반영하는 중요한 지표이다. 조세 제도를 통해 학생들은 각 시대의 경제적 상황, 사회의 구조, 지배층과 피배층의 삶의 모습 등을 구체적으로 학습할 수 있다.

고대 로마의 경우 국가 재정을 확보하기 위해 다양한 세금이 부과되었다. 특히 세금 청부업자, 즉 푸블리카니(publicani)는 로마 제국의 조세 징수 시스템에서 중요한 역할을 했다.[71] 이들은 세금을 징수하기 위해 공공 계약을 통해 채용되었으며, 정부로부터 세금을 징수하는 권한을 부여받았다. 조세 청부업자가 생겨난 이유는 로마 제국의 광대한 영토와 인구를 효과적으로 관리하기 위해서였다. 지방정부가 세금을 징수하기 어려운 상황에서 개인 사업자에게 세금 징수의 책임을 맡김으로써, 중앙 정부는 효율성을 높일 수 있었다. 그러나 이들은 종종 높은 세율을 부과하고, 조세를 내지 못하는 사람들의 토지를 빼앗는 등의 문제를 일으키기도 했다.

동양의 조세제도는 균전제와 조, 용, 조에 기반하고 있었다. '조'는 토지세, '용'은 노동력(또는 노동력의 대납으로 옷감을 납부), 그리고 '조'는 호(戶)를 기준으로 하여 특산물이나 옷감 등을 징수하는 것을 의미한다.[72] 이러한 세금 구조는 당시 농업 중심의 경제 체제와 밀접한 연관이 있었다. 시기마다 약간의 변화가 있기는 하였으나 대개 농민들이 토지를 경작하여 세금을 납부하는 방식이었으며, 이는 국가 재정을 안정시키고 사회적 질서를 유지하는 데 기여했다. 이러한 조세 시스템은 청나라 옹정제 시기에 이르러 인두세가 토지세에 통합될 때까지 유지되었다.

이처럼 역사에서 조세제도를 학습하는 것은 단순히 과거의 세금 체계를 이해하는 데 그치지 않고, 생산력과 사회발전에 대한 이해도를 높이는 데 필수적이다. 조세 제도는 각 시대의 경제적, 사회적 요구에 따라 변화해 왔으므로, 이를 통해 학생들은 국가의 기능과 시민의 역할을 보다 깊이 이해할 수 있다. 조세제도의 발전 과정은 곧 사회의 발전 과정이기도 하다. 학생들은 조세제도를 통해 해당 시기의 경제 구조를 좀 더 입체적으로 이해하게 된다.

(3) 토지제도

역사학에서의 토지제도는 특정 사회에서 토지가 어떻게 소유되고 관리되는지를 보여주는 중요한 요소이다. 다루는 대상은 토지의 소유권, 토지세의 징수, 토지의 이용 방식, 그리고 분배와 경작에 대한 규정 등이다. 토지제도는 단순히 땅의 소유와 경작에 그치지 않고, 정치적 및 경제적 구조와 깊이 연결되어 있다. 따라서, 토지제도를 이해하는 것은 특정 사회의 권력관계와 경제관계를 파악하는 데에 도움이 된다.

역사적으로 토지 소유는 권력과 부의 근원이었으며, 이로 인해 사회 구조가 형성되었다. 많은 경우, 토지의 집중은 사회·경제적 불안정을 초래하는 반면, 토지의 분배는 사회의 안정성을 높이는 데 기여하였다. 로마 공화정 말기와 고려 말에 사회가 혼란해진 것은 공통적으로 권력자들이 대토지를 소유함에 따라 농민이 몰락한 것과 관련이 있다. 반면, 고려 말의 과전법 시행, 광복 직후 남한과 북한의 농지(토지) 분배는 경자유전(耕者有田)의 원칙에 따라 농민의 처우를 개선시켜 사회 안정을 도모하고, 민심을 얻은 사례에 해당한다.

국가경제가 농업에 토대를 두고 있던 전근대에는 농민의 몰락이 곧 국가의 몰락을 의미하는 것이었다. 동서양을 막론하고, 국가가 멸망하기 전에 농민의 몰락 또는 대규모 봉기가 빈번히 일어난 것도 같은 맥락에서 이해할 수 있다. 그런 점에서 식량의 생산과 분배는 인류 역사의 전개 과정을 살피는 데 있어 가장 중요한 요인이라고 할 수 있다.

토지는 소유권의 면에서 크게 국유지, 공유지, 사유지 등으로 구분할 수 있다. 국유지와 공유지는 공전, 사유지는 사전이라고도 하는데, 이러한 구분은 토지 이용 방식과 접근성에 차이를 고려한 것이다. 국유지는 국가 소유의 토지이고, 공유지는 공동체가 소유하여 모든 구성원들이 이용할 수 있는 토지이다. 그에 비하면 사유지는 개인이나 소수의 집단이 소유권을 행사하는 토지이다. 이때 토지가 없는 사람이 국공유지나 사유지를 빌려 농사짓는 경우에는 소작료라 불리는 비용을 지불해야 했는데, 토지 소유주를 전주(田主) 또는 지주(地主)라고 했고, 소작인을 일컬어서는 전호(佃戶)라고 했다.

토지에서 생산된 수확물을 누가 징수하는가(수조권)에 따라 공전과 사전으로 구분하는 경우도 있다. 국가의 토지에서 농민이 농사를 짓는 경우 그 수확물의 일부를 국가에 납부하는 것이 원칙이었다. 만약 농민이 본인 소유의 토지를 경작하면 1/10 정도를 국가에 전조로 내야 했다. 이처럼 조세 징수권을 국가가 행사하는 토지를 공전이라고 했다. 반면, 국가가 농민들의 소유지에서 전조를 징수할 수 있는 권리를 관리에게 주면 농민들은 국가가 아닌 관리에게 납부하였는데, 이런 토지는 수조권 면에서 사전이라고 했다.

동양에서는 고대로부터 모든 토지가 왕의 소유라는 왕토사상이 퍼져 있었다. 주의 정전제나 당의 균전제는 왕토사상에 따라 토지를 분배한 대표적인제도이다. 주의 정전제(井田制)는 일정한 면적의 토지를 '정(井)'자 모양으로 9등분한 후 8개의 농가에 나눠주고, 중앙의 토지는 공동으로 경작하여 국가에 바치도록 한 것이다. 당의 균전제는 국가가 관리로부터 농민에 이르는 모든 사람에게 영업전과 구분전이라 불리는 토지를 지급하고, 그것을 토대로 조세를 징수하려 했던 제도이다.

정전제와 균전제는 오랫동안 이상적인 토지제도로 추앙되었으나 사전과 장원이 증가하면서 실제로 시행되지 못하였다. 조선 후기의 유형원, 이익, 정약용과 같은 경세론자들도 정전과 균전을 가장 이상적인 제도라고 생각하였다.

정전과 균전이 무너진 후에는 개인이 형편에 따라 토지를 소유하고, 소유한 만큼 전세를 납부하는 제도로 변화하였다. 다만, 국왕은 자신에게 충성을 맹세하고, 국가를 위해 일하는 관리들에게 토지를 나누어 주어 보상하였다. 국가에서 관리들에게 지급하는 토지는 녹읍이나 식읍처럼 특정 지역의 조세, 공납, 역 징수권을 모두 주는 제도도 있었고, 관료전이나 과전과 같이 수조권만 지급하는 제도도 있었다.[73] 국가의 토지에 대한 지배력이 강할 때는 수조권을 지급하는 제도가 시행되었으나 반대의 상황에서는 식읍이나 녹읍을 지급하는 사례가 많았다. 이후 토지의 사적 소유가 더욱 늘어나면서 수조권을 지급하는 제도는 사라지고, 정기적으로 녹봉을 지급하는 제도가 자리를 잡게 되었다.[74)]

서양의 토지제도 중에는 세계사 수업 시간에 중세 서유럽의 봉건제도가 중점적으로 다뤄지고 있다. 중세 봉건제도는 영주와 농노 간의 관계가 핵심이다. 봉건제하에서 영주는 장원이라 불리는 넓은 토지를 소유하였다. 영주가 토지를 경작하는 농노를 보호하는 대신 농노는 영주에게 종속되어 부역과 공납을 바쳐야 했다. 농노는 노예와 달리 결혼을 하고,[75)] 토지의 상속권을 행사할 수 있었으나 영주의 방앗간과 빵 굽는 화덕의 이용세를 냈고, 인두세(chevage)와 결혼세(다른 영지의 주민과 결혼하는 경우)를 내야 했으며, 후사 없이 죽는 경우 그들의 재산은 영주에게 몰수되었다.[76)]

이처럼 토지제도는 사회의 기본구조와 경제적 상황을 보여주는 핵심적인 지표이다. 해당 시기의 토지제도를 통해 학생들은 각 사회의 발전 단계와 생산량의 분배 방식을 파악할 수 있다. 또한, 현대사회의 토지 소유 문제와 경제적 불평등 문제에 대해서도 생각할 수 있는 기회를 가질 수 있다.

(4) 농업과 상공업

농업, 상업, 수공업의 역사를 살피는 것은 경제 시스템의 기초와 사회구조, 문화적 정체성을 이해하는 데 기초적인 자료가 된다. 농업은 인류의 정착 생활과 사유재산의 발생, 빈부의 차와 계급 발생, 인구 증가 등에 중요한 영향을 끼쳤다. 수공업은 자급자족 시대에 의, 식, 주 문제와 생활에 필요한 물자를 조달하는 역할을 했으며, 상업은 집단 내 또는 집단 간에 필요한 물자를 교환하는 방식으로 교류의 촉진에 기여하였다.

농업과 상공업의 발달은 사회의 구조와 계층의 변화를 촉진하였으며, 사회적 불평등과 권력 관계를 형성하는 데에도 중요한 역할을 했다. 흔히 한국인들이 이야기하는 전통과 문화라는 것은 농업에 기반하고 있음을 간과하기 어렵다. 물론, 중국이나 다른 문명과의 교류를 통해 본래의 문화가 변화되기도 하고, 경우에 따라서는 이전과 다른 독특한 문화가 형성되기도 하였다.

역사교육에서 농업과 관련된 분야는 신석기 혁명, 각국의 주요 식생활, 곡물의 생산과 유통, 곡물 가격의 등락이 사회에 끼친 영향, 중세 장원의 농업경제, 공업과 도시의 발달로 인한 농촌 사회의 변화, 각종 통상 조약의 체결로 인한 근대 사회의 변화 등이다. 당시의 인구와 식량 생산량, 기후변화가 불러온 각종 사회・경제 변화, 세계화 시대의 농업 경제, 농업의 미래 등도 역사 수업시간에 다룰 수 있는 주제이다. 이러한 주제들은 농업의 변화 중요성, 그리고 농업이 경제구조와 사회변화에 끼친 영향을 파악할 수 있다는 점에서 중요하다.

역사교과서에서 흔히 볼 수 있는 농업 관련 용어(주제)로는 우경, 농기구, 깊이갈이, 상경연작, 이앙법, 이모작, 상품작물 재배, 새로운 작물의 전래, 농종과 견종, 농업기술, 농민 조직,[77] 무거운 쟁기, 삼포식 농법, 곡물법, 아일랜드 대기근(1845~1852), 소작쟁의 등이 있다. 이런 용어들은 농업을 접해보지 못한 학생들에게 낯설고 어려운 것이지만 농업의 변화와 발전, 당시인들의 생활상을 파악하는 데에 있어서는 빼놓을 수 없는 중요한 것이다.

역사교과서에서의 상업 분야는 국내의 상업과 국제 교류로 구분하여 서술된다. 국내 상업 관련 내용으로는 상업 정책, 시장의 발생, 상행위 감독기구, 도시의 형성, 시전과 난전, 특권 상인, 상인조직[78] 등과 관련된 내용이 있다. 국제 교류와 관련한 내용은 무역, 국제 상인, 국제항로와 신항로의 개척, 관세, 교역품, 상업 관련 법규, 은의 생산과 유통, 화폐 주조 등이 있다. 국제 교류는 국내의 상업에 비해 규모가 크고, 국가 간의 관계에 따라 활발해지거나 중단된다. 초원의 길, 비단길, 바닷길 등은 그러한 정책에 따라 번성하기도 하고, 쇠퇴하기도 했다. 최근에는 명-조선-일본으로 이어지는 길을 '은의 길(silver road)'이나 '인삼의 길(ginseng road)'이라고 일컫는 연구자들도 있는데, 그것도 국제 교류의 특징을 잘 보여주는 명칭이라고 생각된다.

역사교과서에서 다루는 수공업(공업) 관련 분야의 내용요소로는 민영수공업과 관영수공업, 공장세(工匠稅), 장인조직(guild), 선대제(putting-out system), 공장제 수공업(manufacture), 산업혁명, 러다이트 운동, 노동쟁의, 국산품 애용운동, 공업 정책 등이 있다. 수공업품은 산업혁명 이전까지 대체로 특정 기술자들이 생산하거나 직접 만들어 사용하는 것이 일반적이었다. 따라서 대부분의 국가에서는 재주 있는 사람들에게 물자를 생산하게 한 후 필요한 물자를 관청에 조달하고, 나머지는 판매하는 것을 허락하는 정책을 폈다.

수공업자와 상인들은 시장의 구조상 상생하는 사이였으나 대외무역이 발달하면서 이후 둘 사이에 격차가 커졌다. 수공업자들의 자본이나 시장 장악력은 상인들과 비교가 되지 않았기 때문이다. 그 결과 상업자본이 수공업자들을 지배하는 선대제가 등장하였다. 이에 수공업자들은 서양의 길드(guild)나 중국 송대의 작(作)과 같은 조직을 만들어 자신들의 이익을 지키려 하였다. 이후 물자의 유통이 더 활발해지자 공장제 수공업이라 불리는 혁신적인 생산방식이 등장하였으며, 산업혁명 이후에는 공장에서 물자를 대량으로 생산하는 것이 가능해졌다.

(5) 자본주의와 공산주의

자본주의는 생산 수단에 대한 사적 소유와 자본 축적을 바탕으로 하는 경제 구조이다. 시장 경제와 경쟁이 중심이 되며, 생산 수단을 가진 개인이나 기업이 이윤을 추구하기 위한 목적으로 물자를 생산하거나 유통한다. 자본주의의 등장에는 중세 봉건제의 붕괴와 도시의 성장, 상업 혁명이 주요 요인으로 작용했다. 발생 시점은 논란이 있지만 대개 16세기부터 18세기 사이에 유럽 각국에 상업 자본주의가 발달하였으며, 영국을 중심으로 산업혁명이 일어나면서 산업 자본주의로 확산된 것으로 알려져 있다.

역사교과서에서 다뤄지는 자본주의 관련 요소들은 봉건제의 붕괴, 자유도시의 등장, 신항로의 개척, 상업혁명, 가격혁명, 인클로저 운동, 산업혁명, 기계의 발명, 교통과 통신의 발달, 산업화 등이다. 또한, 그 후에 나타난 현상이기는 하지만 불평등한 자원 분배, 경제적인 불안정, 환경 파괴, 도시 문제의 발생, 사회주의의 등장, 독점 자본주의와 제국주의의 등장도 같은 맥락에서 설명된다. 자본주의의 확산으로 인한 인간 소외 문제, 사회적 불균형, 특정 계층의 자본 독점 등도 함께 다뤄져야 하는 중요한 요소이다.

자본주의는 경제적 자유를 보장하고 자원 배분의 효율성을 증대시킨다. 자본주의 사회에서의 경쟁은 기업의 효율성을 높이고 혁신을 촉진하는 동력이 된다. 또한 대규모 생산과 소비를 가능하게 하여 생산력을 비약적으로 향상시키는 장점이 있다. 그러나 한편으로는 빈부 격차의 심화, 시장경제의 불안정성으로 인한 실업률 증가, 자원의 낭비와 환경 파괴 등 여러 가지 구조적인 문제점도 내포하고 있다.

이러한 자본주의의 문제점들에 대한 새로운 대안적 경제·사회 체제를 모색하는 과정에서 등장한 것이 공산주의이다. 공산주의는 19세기 중반 유럽에서 자본주의의 모순에 대한 강력한 대응으로 등장한 사상이다. 당시 급속한 산업화는 심각한 사회적 불평등을 낳았고, 노동자 계급은 열악한 작업 환경과 낮은 임금으로 고통받고 있었다. 카를 마르크스(Karl Marx)와 프리드리히 엥겔스(Friedrich Engels)는 이러한 상황을 분석하며 자본주의 체제의 근본적인 비판을 제기했다. 그들이 제시한 해결책은 생산수단의 사적 소유 철폐와 생산수단의 공동 소유(사회적 소유)에 기반한 사회 건설이었다. 그러나 공산주의 이론은 역사적 실천 과정에서 다양한 도전과 복잡한 문제들에 직면했으며, 기대했던 이상과는 다른 결과를 낳았다. 20세기에 들어 많은 공산주의 국가들이 노선을 포기하거나 수정한 것도 그와 관련이 있다.

역사 수업 시간에 자본주의를 다룰 때에는 긍정적인 측면과 부정적인 측면을 균형 있게 다루어야 한다. 특정 이념이나 가치관에 편향되지 않도록 주의해야 한다. 또한, 이윤의 사회적 분배, 기업의 책임, 시민 윤리, 지속가능한 발전을 위한 사회와 개인의 과제 등에 대해 토의 및 토론하는 방안을 모색해야 한다.

(6) 화폐제도

화폐는 상품과 서비스의 교환을 용이하게 하기 위해 사용되는 교환 수단이다. 일반적으로 정부에 의해 발행되는 화폐는 경제 내에서 모든 거래의 기초가 된다. 화폐는 일반적으로 세 가지 주요 기능을 수행한다. 첫째, 화폐는 교환의 매개체로 사용되어 다양한 상품과 서비스를 거래할 수 있게 해준다. 둘째, 화폐는 가치의 저장 수단으로 기능하여 개인과 기업이 미래의 소비를 계획할 수 있게 해준다. 마지막으로, 화폐는 가치의 척도로서 없어서는 안 될 요소이며, 이는 경제 내에서 상품의 가격을 정하는 기준이 된다. 이러한 기능을 통해 화폐는 단순한 물건이 아니라, 경제적 활동을 원활하게 하는 중요한 시스템의 일부로 작동한다.

화폐는 물물교환에서 시작하여 금속 화폐, 지폐, 그리고 현대의 전자화폐에 이르기까지 다양한 형태로 발전해 왔다. 고대 그리스에서는 드라크마(Drachma)라는 은화가 주요 화폐로 사용되었다.[79] 아테네를 비롯한 여러 도시국가가 각기 다른 모양과 중량의 주화를 발행하여 상업과 교역을 촉진했다. 로마에서도 데나리우스(Denarius)라는 은화가 주조되어 로마 제국 전역에서 널리 통용되었다.[80] 로마 화폐의 흔적은 아랍권의 디나르(데나리우스에서 유래)에 남아 있다. 또한, 영국의 파운드(pound), 프랑스의 리브르(livre), 이탈리아의 리라(lira) 등은 라틴어로 '무게 1리브라(lībra pondō)'를 가리키는 말에서 유래한 것이다.

중국에서는 춘추전국시대부터 화폐를 사용한 경제가 발달했다. 이후 진이 중국을 통일하면서 반량전이 발행되었고, 한대에는 오수전 등의 화폐가 주조되어 유통되었다. 송대에는 여러 종류의 동전과 함께 교자, 회자 등과 같은 지폐가 등장하여 원, 명대까지 이어졌다. 명대 이후 은의 유통이 활발해지면서 조세를 은으로 징수하는 일조편법이 시행되었으며, 청 말에 광서제는 서양의 기계식 주조법을 도입하여 은원(銀元)을 발행하였다.

우리나라에서는 철기 시대부터 화폐가 사용된 것으로 추정된다. 그것은 철기 유적에서 명도전, 반량전, 오수전, 화천 등과 같은 중국의 화폐가 출토되는 것을 통해 알 수 있다. 그러나 화폐를 국가에서 직접 주조한 것은 고려시대 성종 대 이후이다. 고려 정부는 화폐를 주조하여 유통시키려 하였으나 민간에서는 화폐보다 곡식이나 추포(麤布)와 같은 옷감으로 거래하는 것을 더 편리하게 여겼다. 원 간섭기에는 원의 교초(交鈔), 보초(寶鈔)가 유입되어 은과 함께 유통되기도 하였으나 직접 주조한 동전을 유통시키는 데에는 성공하지 못하였다. 우리나라에서 화폐가 널리 유통된 것은 조선 후기에 대동법이 시행된 이후이다.

이처럼 화폐는 경제 활동의 기본적인 요소로, 그 발전 과정은 인류의 상업적 거래와 사회적 상호작용의 변화를 반영한다. 또한, 화폐의 형태와 기능이 어떻게 변화해 왔는지를 이해하면 과거의 경제 체계와 그에 따른 사회 구조를 파악할 수 있다. 신항로 개척 시기의 가격혁명, 명대 은의 대량 유입으로 인한 경제 변화, 청대의 삼각무역과 아편전쟁, 경제대공황, 전황의 발생, 폐전론이나 화폐유통론, 흥선대원군의 당백전 발행 등의 역사를 학습하면 화폐가 국가 경제에 끼치는 영향과 사회 변화에 관한 내용을 더 깊이 이해할 수 있다.

(7) 국제 교역과 국제 무역

국제 교역과 국제 무역은 자주 혼용되지만 두 용어에는 약간의 차이가 있다. 국제 교역은 국가 간에 재화와 상품을 교환하는 경제적인 목적뿐만 아니라 정치·경제·문화(종교 포함)적인 목적의 교류를 포함하는 포괄적인 개념이다. 반면, 국제 무역은 주로 경제적인 이익을 목적으로 이루어지는 물자의 교환에 중점이 있다. 그런 면에서 국제 무역은 국제 교역의 일부분이라고 할 수 있다.

국제 교역은 국가 사이에서 이루어지는 것이 일반적이지만, 특정 집단이나 개인 간의 문물 교환을 위한 의도적인 접촉도 국제 교역의 범주에 포함된다. 그러나 교역이 전 세계적으로 항상 동일한 방식으로 이루어진 것은 아니다. 정치적 교류 과정에서 경제적 교역이 부수적으로 수행되거나, 정치적 교류와 관계없이 상인들이 비교적 자유롭게 교역 활동을 할 수 있는 경우도 있다. 교역의 개념이나 주체, 목적 및 성격은 지역이나 문화에 따라 다양하게 나타난다.

역사교과서에서 다뤄지는 대표적인 국제 교역으로는 중국을 중심으로 전개된 동아시아 고대의 국제 무역, 초원길·비단길·바닷길 교역, 고대 서양의 지중해 무역, 사하라 종단 무역, 신항로 개척 이후의 대서양 무역과 그로 인한 가격혁명 및 상업혁명, 영국과 네덜란드 동인도 회사의 활동, 인도·동남아시아와 유럽의 향신료 무역, 영국과 중국의 삼각무역, 동아시아 국가들의 개항과 근대 무역 질서 체제의 도입 등이 있다.

동아시아의 전통적인 교역 형태 중 하나인 조공무역은 한대 이후 중국의 정치 질서를 의미하는 책봉과 조공이 국제적인 관계로 발전하면서, 중국과 이웃 나라 간의 교역을 대표하는 형태로 변화한 것이다. 그러나 중국과 이웃 나라의 무역이 항상 책봉을 전제로 한 조공무역만 있었던 것은 아니다. 때로는 책봉 없이 조공만 이루어지거나, 조공과 관계없이 교역이 진행되기도 했다. 한반도에서는 고구려, 백제, 신라, 가야 등이 중국, 일본, 북방민족과 활발히 교역하였다. 특히, 당이 건국된 후 당의 수도 장안이 국제도시로 부상하자 서역의 물자들이 한반도를 거쳐 일본으로 전해지기도 하였다.

중국과 서역, 유럽 간에는 비단길, 초원길, 바닷길 등을 통해 물자가 오고 갔다.

이 길을 따라 중국의 도자기·차·비단이 서역과 유럽으로 전해졌으며, 말·모피·무기·악기·귀금속(터키석, 마노, 연옥) 등이 중국으로 들어왔다. 유라시아 대륙을 가로지르는 초원길을 통해서는 주로 말, 가축, 모피, 금속 제품 등이 교역되었다. 비단길을 통해서는 중국의 비단, 도자기, 차와 같은 고급 상품이 서역과 유럽으로 전해졌고, 서아시아와 유럽의 향신료, 보석, 유리제품 등이 동아시아 지역으로 수입되었다. 바닷길을 통해서는 중국의 물자가 동남아시아, 인도양, 대서양을 거쳐 유럽으로 수출되고, 동남아시아와 서남아시아 지역의 향신료, 직물, 금속 제품, 쌀과 같은 상품이 중국으로 유입되었다.

고대 지중해 무역은 페니키아인들의 주도로 이루어졌다. 그들은 이집트, 메소포타미아 지역과 교역을 시작하였으며, 점차 지중해 전역으로 무역 범위를 확장하였다. 지중해 무역을 통해 교역된 물품은 금속, 유리, 도자기, 염료 등이었다. 이후 그리스인들의 식민지 건설이 활발해지면서 그리스의 물자가 스페인 동부 지역까지 수출되었다. 그리스인들은 포도주와 올리브유를 수출하고, 그들의 건조한 땅에서 생산하기 어려운 곡물과 목재를 수입하였다.

15~16세기에는 신항로 개척으로 서유럽의 국가들이 아시아, 아메리카 지역으로 진출하면서 국제교역이 더욱 활발해졌다. 유럽인들의 해상탐험과 신항로 개척을 크게 고무한 것은 향료, 비단, 귀금속에 관한 관심이었다.[81] 신항로 개척에 가장 먼저 뛰어든 포르투갈과 에스파냐는 그들이 진출한 지역을 기반으로 향료, 귀금속, 비단 등을 수입하여 주변 국가에 비싼 가격으로 팔았다. 특히, 포토시 은광의 개발에 앞장선 에스파냐가 대량의 은을 유럽 사회에 공급하면서 가격혁명, 상업혁명 등이 일어났다.[82]

한편, 신항로 개척은 유럽 국가들이 아시아와 아프리카, 아메리카 대륙으로 진출하는 계기가 되었다. 이 과정에서 영국과 네덜란드, 프랑스 등의 동인도 회사가 설립되었다. 각국의 동인도회사는 아시아와 유럽 간의 무역을 독점하며 향신료, 차, 도자기, 비단, 면화 등을 유통시켰다. 이 과정에서 도자기, 차, 비단을 수입하는 비용으로 많은 양의 은이 유럽에서 중국으로 흘러들어 갔다.[83]

유럽인들은 그들이 진출한 아메리카 및 필리핀 등지에 식민지를 건설하고, 자신들의 언어, 종교 등을 이식시켜 정치·문화적으로 군림하며 지배하였다. 또한, 원주민들의 노동력을 동원하여 플랜테이션을 운영하였다. 플랜테이션은 주로 카리브해와 남미에서 설탕, 담배, 커피 등을 대량으로 생산하여 유럽으로 수출하는 형태로 발전하였다. 이 과정에서 아프리카에서 끌려온 노예들이 노동력으로 공급되었다.[84] 사냥되다시피 잡혀서 노예 무역선에 실린 노예들은 비좁은 비위생적인 공간에서 폭력과 공포에 시달리며 바다를 건너야 했다. 그 과정에서 많은 노예들이 목숨을 잃었다. 살아남은 노예들은 노예시장에서 플렌테이션으로 팔려가 열악한 주거 시설에 거주하며 집단 노역에 시달렸다.

사탕수수 플랜테이션의 경우에는 베어낸 후 얼마나 빨리 그것을 분쇄하여 즙을 짜내는가에 따라 생산량이 크게 좌우되었으므로 수확-운송-착즙 과정이 쉼 없이 반복되었다.[85] 노예들은 작열하는 태양 아래서 본인들의 의지나 상황과 관계없이 각각의 공정에 투입되었다. 반면, 대규모 플렌테이션을 소유한 플렌터와 제당업자, 설탕상인, 노예상인은 중세의 영주와는 다른 새로운 부호로 등장하게 되었다.

영국과 프랑스는 스페인이나 포르투갈에 비해 늦게 동방 무역에 끼어들었으나 막강한 군사력을 내세워 식민지를 확장하면서 인도와 중국 진출에 앞장섰다. 특히, 영국은 중국의 비단, 도자기, 차와 같은 고급품을 수입하고, 모직물과 일부 사치품을 중국에 수출하였으나 지속적인 적자에 시달려야 했다. 그들이 가져오는 모직물은 따뜻하고 습한 지역에 사는 광둥인들에게 매력 있는 물품이 아니었기 때문이다. 영국은 무역 적자에서 벗어나기 위해 인도에서 생산되는 아편을 중국에 수출하였다. 그 결과 양국 사이가 악화되어 아편전쟁이 일어났다. 이 전쟁에서 중국이 패배함에 따라 중국은 일부 영토를 빼앗기고, 강제로 문호를 개방하였다.

제국주의 국가들의 동아시아 진출, 아편전쟁의 패배 등으로 중국 중심의 국제질서가 붕괴되자 동아시아 국가들 사이에서도 여러 가지 변화가 나타났다. 그중 가장 큰 변화는 서구 열강의 압박이 강해지는 가운데 일본과 조선이 개항을 했다는 것이다. 일본과 조선이 개항함에 따라 서구의 물자들이 유입되어 경제·문화적인 변화가 일어났다.

3. 사회사 교육

1) 사회사는 무엇인가?

사회사는 사람들이 인류가 공동체를 구성하고 살아온 과정을 여러 가지 시각에서 살펴보는 역사학의 한 분야이다.[86] '사회(society)'라는 말은 라틴어 '소키우스(socius)'에서 기원하였다. 이 단어는 본래 '공유하는', '참여하는', '동족의', '연합의', '동료', '동맹', '동반자' 등의 의미를 지니고 있었다.[87] 16세기에는 '동료애' 또는 '다른 사람들과의 우호적인 교류', '그룹', '클럽'이라는 의미로 확대되었고,[88] 17세기에는 현재 우리가 사용하는 의미와 유사해져서 '질서를 갖춘 공동체에 함께 모여 사는 사람들' 또는 '관습, 풍속, 법률, 조직, 제도 등을 공유하며 살아가는 사람들의 공동체'라는 의미로 변화하였다.[89] 이후 서구에서 '사회'라는 용어는 '자신의 재산 혹은 생명을 보호하기 위한 결과로 이루어진 친목적인 공동체'라는 의미로 사용되었다.

처음 'society'라는 단어를 접한 한자권의 지식인들은 이를 번역할 적절한 대체어를 찾지 못하였다.[90] 동양에서는 사적인 것을 보호하기 위해 모임을 만든다는 개념이 원래 존재하지 않았기 때문이다. 일본과 중국의 근대 지식인들이 이를 '인(仁)', '통공역사(通功易事)',[91] '상생양의 도(相生養之道)'[92] 등으로 대체하려 했던 것은 당시 동양인들과 서양인들의 관념의 차이가 얼마나 컸는지 잘 보여준다.[93]

그러나 서양과의 접촉 빈도가 높아지면서 '사회'라는 단어를 사용하고 이를 새롭게 해석하려는 시도가 있었는데, 이때 '무리'를 의미하는 '군(群)'과 '회(會)'의 개념이 도입되었다.

이처럼 '무리'로 번역되었던 '사회'가 지금 우리가 사용하는 '공동체'라는 말로 통용된 것은 20세기 초반이었다. 본래 한자어로 '사(社)'는 토지신에게 지내는 제사를 의미했다. 송대에는 지역공동체의 자치조직을 사(社)라고 하였으며, 그들이 모이는 것을 '사회'라고 했으므로, society에 가장 가까운 의미로 사회라는 말을 채택한 것이다. 이제 사회라는 용어에서 동서양의 차이를 찾는 것은 의미가 없어졌다. 사회학, 사회과학이라는 용어가 학문적으로 자리 잡은 것도 오래전이다. 그러므로 역사교육에서 사회라는 용어를 설명할 때는 그것이 당초에 가졌던 의미와 시기별 변화 등을 상세히 설명할 필요가 있다. 최근에 society와 혼용되고 있는 커뮤니티(community)라는 용어를 비교해 보는 것도 의미가 있을 것이다.

20세기 후반의 사회사 연구와 관련하여 주목되는 또 하나의 흐름은 미시사의 등장이다.[94] 아날사학과 유물사학을 기반으로 하는 20세기의 사회사는 지배층 중심의 역사 탈피, 아래로부터의 역사 등을 표방하며 더 많은 사람들을 역사학의 연구 대상으로 편입시키는 데 기여하였다.[95] 그러나 사회주의권의 몰락과 함께 계급 또는 구조로 역사의 틀을 설명하려던 기존의 사회사 연구 방식에 대한 비판이 제기되면서[96] 생활양식, 심성 등을 토대로 새롭게 역사를 조명하려는 시도가 나타났는데, 그것이 '미시사(microstoria)'와 '신문화사(new cultural history)'이다.

미시사는 전통적인 정치사나 경제사 중심의 연구에서 벗어나 일상생활, 문화, 사회적 현상 등 다양한 요소를 통해 과거를 해석하고자 하는 접근법이다. 20세기 중반부터 발전하기 시작한 미시사는 특히 1960년대와 1970년대 프랑스에서 활발히 연구되었다. 이 시기의 연구자들은 역사학의 새로운 방향을 모색하고 기존의 역사 연구에서 간과했던 주제들을 다루기 시작했다.[97] 주요 연구자로는 에마뉘엘 르 루아 라뒤리, 자크 르 고프, 미셸 드 세르토 등이 있다. 이들은 일상생활, 심성사, 기호학, 민속학 등 다양한 방법론을 도입하였다.

그중에서도 에마뉘엘 르 루아 라뒤리(Emmanuel Le Roy Ladurie)는 저서 『몽타이유』에서 중세 프랑스의 한 작은 마을의 일상생활을 세밀하게 분석하여 당대의 사회구조와 문화적 특성을 밝혀냈고,[98] 자크 르 고프(Jacques Le Goff)는 중세의 시간 개념과 노동의 의미를 고찰하여 중세인의 삶과 사고방식을 깊이 이해하고자 했다. 이후 진즈부르그(Carlo Ginzburg)의 『치즈와 구더기(1976)』, 데이비스(Natalie Z. Davis)의 『마르탱 게르의 귀향(1983)』, 단턴(Robert Darnton)의 『고양이 대학살(1984)』과 같은 서적이 발표되면서 미시사에 대한 관심이 크게 고조되었다.

미시사의 특징은 조그만 역사적 사실을 통해 역사의 리얼리티에 다가가고, 실명을 가진 평범한 인물들의 평범하지 않은 이야기를 역사서술의 대상으로 삼는다는 점이다. 국가사를 지향했던 기존의 역사학과 달리 하나의 마을, 가족, 또는 개인 등 실제로 존재했던 경계가 뚜렷한 사람들의 일상적인 삶을 면밀히 추적하여 그것이 지닌 시대적 의미를 복잡한 사회망에서 구체적으로 파악한다는 특징도 있다.[99]

기어츠(Clifford J. Geertz)가 주장한 치밀한 묘사, 두터운 묘사, 세밀한 묘사, 중층 기술 등은 미시사 연구자들의 연구 방법을 잘 보여준다.[100] 조한욱은 기어츠의 연구 방식을 '두껍게 읽기', '다르게 읽기', '작은 것을 통해 읽기', '깨뜨리기' 등으로 재정리하기도 했다.[101]

포스트모더니즘과 함께 한국 역사학계에 큰 파장을 일으켰던 미시사는 2020년대에 들어와서는 다소 활기를 잃은 것처럼 보인다. 역사 연구의 범주가 넓어지고, 작은 사건을 통해 사회상을 읽으려는 시도는 늘어났지만, 미시사를 표방한 연구는 초반에 비해 많이 줄었다. 교회나 수도원의 자료가 풍부한 서양과 달리 평범한 사람들의 이야기를 담고 있는 자료가 부족하다는 점도 우리나라에서 미시사가 크게 활기를 띠지 못한 이유 중의 하나가 아닐까 생각된다.

그런 한계에도 불구하고 미시사가 일상생활, 의식, 신념, 상징, 예술, 종교, 언어, 음식, 놀이 등 문화적 경험을 중시함으로써 역사 연구의 지평을 넓히는 데 기여하였다는 점은 가볍게 평가할 수 없다. 무엇보다도 역사가 거대한 담론이며 전문가들만의 연구 영역이라는 벽을 무너뜨리고, 하층민, 여성, 소수자 등 평범한 사람들의 사소한 이야기도 역사의 중요한 연구 대상이 될 수 있다는 점을 환기한 점은 미시사의 가장 큰 공로라고 할 수 있다.

2) 사회사는 왜 배우는가?

역사학에서 사회사를 학습해야 하는 이유는 무엇일까? 첫째, 사회사를 통해 개인의 일상생활과 특정 집단의 생활 양상을 사회 풍속, 신분 제도, 가족 및 친족 관계 속에서 파악할 수 있다. 조선시대의 양반과 상인의 생활 방식을 비교함으로써, 학생들은 각 신분의 특성과 그에 따른 사회적 역할을 이해할 수 있다. 이러한 학습을 통해 학생들은 과거의 사건과 사회적 구조를 분석하고, 이를 통해 사회의 복잡성과 그 배경을 깊이 이해하게 된다.

둘째, 사회사는 사회구조의 형성과 변동, 사회 신분과 사회 세력, 촌락과 도시, 사회 조직과 그 기능, 인구의 변화 등을 포함하는 다양한 측면을 고려할 수 있게 해준다. 산업혁명 기간 동안 농촌에서 도시로 대규모의 인구이동이 있었다는 점, 신항로 개척 이후 많은 사람이 농장주를 꿈꾸며 바다를 건넜다는 사실 등을 통해 학생들은 인구이동과 사회 구조의 변화를 파악할 수 있다. 또한, 가족 구성과 사회 신분에서 개인이 차지하는 위치를 이해함으로써, 학생들은 생생한 삶 속에서 역사의 흐름을 찾아볼 수 있게 된다. 이 과정에서 개인의 경험이 사회적 변동과 어떻게 연결되는지를 학습함으로써, 사회 변화의 복잡성을 더 잘 이해하게 된다.

셋째, 사회사는 다양한 사회 집단의 성격과 그들 간의 관계를 이해하는 데 효과적이다. 권력자나 영웅 중심으로 구성된 정치사와는 달리, 사회사는 이름 없는 대다수 하층민의 삶에도 관심을 기울인다. 예컨대 프랑스 혁명에 참여한 시민들이 혁명의 전개에 어떤 영향을 끼쳤는지, 그들의 요구가 어떻게 사회 변화를 이끌어냈는지 파악함으로써, 학생들은 역사 변동의 원동력이 지배층에 한정되지 않는다는 사실을 이해하게 된다. 또한, 이러한 접근을 통해 학생들은 단순히 역사적 사건을 암기하는 것을 넘어, 사회의 다양한 목소리와 그들이 만들어낸 변화를 파악하게 된다.

넷째, 사회사는 인간의 구조와 상호작용, 그리고 변화를 심층적으로 이해하는 데 도움을 준다. 사회사 학습을 통해 학생들은 인류의 역사가 끊임없이 변화하며 발전해 온 모습을 이해할 수 있다. 또한 학생들은 사회사를 학습하면서 과거와 현재를 연결하고, 사회의 복잡성을 이해하며, 개인과 집단의 삶을 더 깊이 탐구할 수 있게 된다. 그런 점에서 사회사는 단순히 과거 사람들의 삶을 복원하는 것을 넘어 현재와 미래를 이해하고, 더 나은 사회를 이루기 위해 어떤 노력과 참여가 필요한지 고민하는 중요한 분야라고 할 수 있다.

3) 사회사에서는 무엇을 배우는가?

사회사의 기원은 고대의 정치학자들과 철학자들로 거슬러 올라간다. 당시의 정치학자들은 경제, 사회, 사상 등을 포괄적으로 연구하는 종합적인 접근을 지향했기 때문에 그들의 사회사적 관심은 주로 철학적인 면이 강하였다. 체계적인 연구 방법을 추구하는 학문으로서의 사회학은 18세기 말에 이르러 콩트, 스펜서, 마르크스 등에 의해 본격적으로 연구되기 시작하였다.[102] 이러한 연구는 산업혁명, 공업화, 도시화, 프랑스 혁명, 계몽사상 등의 영향을 받았다.

20세기에 이르러서는 사회사의 연구 폭이 더욱 확대되면서 사회 구조와 일상생활을 연구 대상으로 강조하는 아날학파가 등장하였다. 아날학파는 전통적인 역사학이 정치, 개인, 연대라는 세 가지 우상을 숭배한다고 비판하며, 독일 역사주의의 개별성과 배타성에서 벗어나려 하였다. 그 결과, 역사 연구는 정치사에서 사회경제사로, 개인에서 집단으로, 이야기체에서 구조적인 설명으로 변화하게 되었다. 이후 사회사는 변화와 발전을 거듭하면서 경제사, 문화사, 여성사, 노동사 등 다양한 하위 분야로 세분화되었다. 역사학에서 다루는 사회사의 분야는 방대하고 다양하다. 그중에서 역사과 교육과정과 교과서에서 주로 다루는 주제로는 신분 제도, 인권, 가족제도와 혼인제도, 법률과 풍속, 일상생활, 사회 시책 등이 있다.

(1) 신분제도

사회는 다양한 사람들로 구성되며, 그들은 여러 집단으로 나뉜다. 이때 경제적 지위의 차이를 기준으로 나누는 것을 계급이라고 한다. 자본가 계급, 노동자 계급, 무산자 계급 등이 그 예이다.[103] 반면, 사회적 지위의 높낮이에 따라 집단을 구분할 때는 계층이라는 용어가 쓰인다. 지식인층, 학생층, 시민층, 상류층, 중류층, 하류층 등과 같은 예가 그것이다.[104]

계급은 실재적으로 경계가 명확한 반면, 계층은 명목적이며 경계가 모호하다. 계급은 객관적 기준과 주관적 기준이 모두 포함하지만, 계층은 객관적인 면이 강하다. 또한, 계급에는 지배-피지배 관계나 적대감이 포함되어 있으므로 그들 간의 심리적 연대감(귀속감)이 강하지만 계층은 귀속감이 막연하고 피상적인 경우가 많다.[105]

전근대 사회에서는 계급이나 계층처럼 사회 구성원의 집단을 구분하는 단위로 신분(身分)이라는 용어가 사용되었다.[106] 신분이란 인간 집단을 혈통에 따라 분류하는 용어이다. 신분은 태어날 때부터 귀속되어 대대로 세습되는 폐쇄성이 특징이다.[107] 그들의 사회적 권리와 의무는 법률로 제한되며, 혼인이나 관직 진출, 승진 등이 출생과 함께 결정되어 있는 경우가 대부분이다. 또한, 이동이 전혀 불가능한 것은 아니지만 특별한 계기가 없는 한 태어난 신분의 굴레를 벗어나기란 쉽지 않다.[108]

신분제의 사례로는 인도의 카스트 제도, 신라의 골품제도, 고려와 조선의 양천제도 등을 꼽을 수 있다. 그중에서도 골품제도는 다른 제도와 차별되는 몇 가지 특징이 있다. 그 대상이 수도에 사는 왕경인들이라는 점, 왕경인과 지방 세력들은 각각 경위(京位)와 외위(外位)의 적용을 받았다는 점, 골품에 따라 관직 진출이나 승진은 물론, 일상생활(가옥, 수레, 의복 등) 전반에 제약이 있었다는 점 등이 대표적이다.[109] 따라서 신라 시대에는 골품제도 안에 포함되지 못한 양인, 천인들이 다수 있었고, 3~6두품 안에 속하더라도 각각의 신분에 따라 사회생활이나 일상생활이 크게 제약을 받았다. 그것은 신라의 신분제가 하나의 틀로 구성되어 있지 않았다는 것을 의미한다.

고려와 조선의 양천제도 마찬가지이다. 표면적으로 양천제하에서는 양인과 천인만이 존재하지만, 실재 고려와 조선 사회에는 양인이 여럿으로 구분되어 있었다. 고려의 문벌과 중간계층, 조선의 양반과 중인층은 법적 신분은 아니지만 양인 내에 여러 신분층이 존재하고 있었음을 말해준다.

그런 점에서 신분제는 학생들이 이해하기 가장 어려운 제도 중 하나라고 할 수 있다. 현대에 남아있지 않으므로 직접 경험하지 못한다는 점, 전근대 어느 사회에도 하나의 신분제만이 존재하지 않았다는 점 때문이다. 지금도 흔히 특정 코스를 밟은 사람들만 선발되거나 승진을 할 때 '현대판 골품제도'라고 비판하거나 '금수저', '흙수저'라는 말을 사용하지만 실제의 신분제도는 현대인들이 인식하는 골품제도와 수저 논쟁보다 더 복잡하고 차별적인 의미가 내포되어 있는 것이다.

신분이라는 말은 근대 역사학에서 생겨난 개념이다. 조선시대의 경우 신분이라는 '분수' 또는 '처지'라는 말로 쓰였고, '출신(出身)'이라는 말은 과거의 합격자를 뜻하는 말로 사용되었다.[110] 신분이란 말이 개인의 사회적 소속이나 지위를 나타내는 말로 쓰인 것은 갑오개혁 전후 시기로 추정된다. 이후 일제 강점기에 시카타 히로시(四方 博)가 조선인의 직역을 양반, 중인, 상민, 천민으로 구분한 이래 조선의 신분을 4분제로 나누는 방식이 일반화되었다.[111] 신분이라는 용어와 조선의 4신분제는 모두 근대 역사학의 산물이었던 것이다.

역사교육에서 신분제도를 가르치는 이유는 사회의 구조와 인간관계의 복잡성을 이해하는 데 중요한 역할을 하기 때문이다. 신분제도는 특정 시대와 문화 속에서 개인의 사회적 위치와 권리, 의무를 결정하는 기준이 되었으며, 이는 사회 전반에 걸쳐 큰 영향을 미쳤다. 조선시대의 경우 양반과 상민, 천민의 구분은 각 계층의 삶과 거주 이전, 신분의 상승 등을 제한했으며, 이로 인해 사회 불평등이 심화되었다. 따라서 학생들은 시대별 신분제도를 학습하면서 사회 구조와 변화를 이해하고, 특권이나 제한 등과 같은 차별 문제에 좀 더 가까이 다가서게 될 것이다.

(2) 인권의 문제

역사교육에서 인권 문제는 다양한 사회적 및 정치적 맥락 속에서 다루어진다. 이는 주로 권력 구조와 인간의 기본적인 권리 사이의 갈등을 통해 드러난다. 인권 교육은 역사적 사건들을 통해 개인과 집단의 권리가 어떻게 침해되었는지를 탐구하며, 이를 통해 학생들이 인권 보호를 위한 노력의 중요성을 깨닫게 하는 것을 목적으로 한다.

인권 문제와 관련된 주요 영역으로는 인권 선언, 전쟁과 평화, 식민지 경험, 그리고 인종 및 성 정체성 등이 포함된다. 예컨대 세계 인권 선언(1948)의 역사적 배경, 인종 차별과 불평등에 맞서 싸운 미국의 민권 운동, 우리나라와 서양에서 전개된 여성 참정권 운동, 식민지 시기 한국 학생들이 일제의 차별 대우에 맞서 추진한 동맹 휴학, 세계대전 중에 자행된 제노사이드(genocide)와 홀로코스트(holocaust) 등을 학습함으로써 학생들이 인권 침해의 사례와 인권 신장을 위한 노력의 역사를 이해하게 하는 것이다.

인권 교육에서 가장 중요한 것은 학생들이 편협한 민족주의·인종 차별·국가주의·이념 갈등 등을 극복할 수 있도록 돕는 일이다. 또한, 역사가 다양한 관점에서 해석될 수 있으며 그렇게 되어야 한다는 것을 깨닫게 하는 것이 중요하다. 이와 관련하여 '유엔 아동권리 협약 제29항'에서는 다음과 같이 규정하고 있다.

> 여기에서 체결국들은 교육이 아동의 성품, 재능, 정식적·육체적 능력을 최대한으로 발전시키는 것, 인권과 근본적인 자유권에 대한 존중을 하도록 하고, 아동의 부모와 자신의 문화적 정체성, 언어와 가치체계, 그가 살고 있는 나라와 그가 유래한 나라의 국가적 가치체계에 대한 존중, 자신과 다른 문명에 대한 존중을 발전시키는 것, 학생을 이해, 평화, 관용, 성적 평등, 모든 민족, 인종, 국가, 종교 그룹과 토착민의 우호적인 관계의 정신에서 자유 사회의 책임 있는 삶을 살도록 준비시키는 것을 지향함에 동의했다.[112)]

지금 이 순간에도 전쟁, 독재, 종교 차별, 성적 불평등과 같은 문제들을 겪는 사회에서는 인권 침해가 빈번히 일어나고 있다. 학생들은 인권 침해의 다양한 양상들을 이해하고, 그것이 인간의 존엄성을 부정하는 행위임을 자각해야 한다. 특히 전쟁 상황에서는 가장 기본적인 인권조차 보호받지 못하는 경우가 많다는 점, 세계 곳곳에는 아직도 종교나 잘못된 사회 관습으로 여성, 어린이 등의 인권이 침해되고 있다는 점 등을 이해해야 한다. 이러한 교육을 통해 학생들은 역사 속의 인권 침해 사례들의 문제점을 인식하고, 더 나은 사회를 만들기 위해 노력하는 시민으로 성장할 수 있을 것이다.

(3) 가족제도와 혼인제도

인간은 출생과 함께 가족이라는 집단에 속하게 된다.[113] 가족은 혼인, 혈연, 또는 입양 등으로 결합된 사람들의 집단이다.[114] 가족은 일상생활에서 가장 친밀하게 상호작용하면서, 저마다 독특한 규범과 가치에 기반한 문화를 형성한다.[115] 또한, 가족은 사회화 과정을 담당하는 가장 기본적인 단위이며, 개인의 인성 형성에 강한 영향력을 끼치는 공동체이다.

역사 교육에서 가족제도와 혼인제도를 학습하는 것은 학생들이 과거와 현재의 가족 구조를 비교하고, 가족제도와 혼인제도가 사회와 어떻게 연결되어 있는지를 분석하기 위함이다. 학생들은 구석기 시대로부터 현대에 이르기까지 혼인과 가족제도가 변화하는 과정을 통해 사회·경제적 변화가 가족제도에 미친 영향을 이해할 수 있다. 또한 가족과 혼인제도의 변화를 통해 사회의 가치관과 문화의 변천 과정을 인식할 수 있다.

원시시대의 가정은 모계가 중심이 되었다. 모계는 혈통이 확실하고, 여성들은 대부분 같은 씨족에 속한 반면, 남성들은 여러 씨족에 나뉘어 속해 있었기 때문이다. 이 시기의 혼인은 군혼(群婚)이나 대우혼(對偶婚)에 가까웠으며, 상속도 모계 중심으로 이뤄지는 것이 일반적이었다.[116] 그러나 농업이 발달하여 사유재산이 발생하고, 계급이 발생하면서 점차 사회에서 남성의 역할이 증대하였다. 농업과 사냥, 전쟁 등에서 여성보다 남성이 더 우위에 있었기 때문이다.

농업의 발달과 전쟁 발발 등으로 남성의 역할이 커져서 남성 중심의 사회가 형성되자 혼인의 풍속도 점차 바뀌게 되었다. 가부장제도가 생겨났으며, 일부일처제 또는 일부다처제가 혼인의 기본 원칙으로 자리 잡게 되었다. 엥겔스는 일부일처제의 등장을 다음과 같은 배경에서 찾고 있다.

> 일부일처제는 결코 개인적인 성애(性愛)의 소산이 아니었다. 그것은 성애와는 아무런 상관이 없었다. 결혼은 언제나 이해관계에 의한 거래였기 때문이다. 일부일처제는 자연적 조건이 아니라 경제적 조건에 기초한 최초의 가족 형태였다.[117)]

엥겔스의 주장에 따르면 일부일처제가 등장한 것은 경제 생활의 변화와 관련이 있다. 청동기 시대에 들어 인구가 증가하고 채집보다 농업 생산의 비중이 높아지면서 본격적인 농업 사회로 접어들었다. 그러나 식량은 여전히 부족한 상태였기 때문에 남성들은 어쩔 수없이 부양 가능한 한 명의 여성만을 아내로 맞이하게 되었다는 것이다. 그렇다면 일부일처제의 등장은 계급과 빈부의 차가 발생하고, 남성의 사회적 지위가 높아진 청동기 시대 이후의 사실이며, 인류 전체 역사를 두고 보면 그리 오랜 전통이 아니라고 할 수 있다.

가부장 사회와 함께 형성된 일부일처제 또는 일부다처제는 근대 이전까지 지속되었다. 그러나 모계 중심의 사회 풍속이 갑자기 부계중심으로 바뀐 것은 아니었다. 우리나라의 경우 고구려의 서옥제나 고려~조선 중기까지 성행했던 남귀여가혼(男歸女家婚)은 모계사회가 부계사회로 전환되는 과정에서 생겨난 풍속으로 이해되기 때문이다. 남귀여가혼은 남자가 혼인한 후에도 계속 부인의 집에 살면서 제사와 재산을 상속받는 제도를 일컫는다. 율곡 이이가 외가인 오죽헌에서 태어나 어린 시절을 외가에서 보낸 것을 보면 16세기 중후반까지도 남귀여가혼 또는 반친영(半親迎) 제도가 여전히 남아 있었던 것 같다.

반친영제도가 친영의 제도로 변화한 것은 양난 이후인 17~18세기 무렵이었다. 혼인 풍속이 바뀌면서 제사와 재산의 상속에도 변화가 나타났다. 자녀들에게 고루 분배되던 제사와 상속은 아들 중심으로 바뀌었고, 점차 여성들은 상속의 대상에서 차별을 받게 되었다.[118)]

> 나는 선대로부터 많은 재산을 상속[遺業]받았다. 토지와 노비들은 집안 식구들보다 많지만 전처나 후처가 낳은 딸들도 매우 많다. 그러므로 이들 각각에게 똑같이 재산을 나누어 주기에는 부족하다. 만약 이들에게 재산을 나누어 준다면 직계 손자들[宗系]이 궁핍을 면할 수 없어 조상 봉사를 계속할 수 있을지 매우 걱정스럽다. 아들과 딸들이 부모들에게 똑같이 신체 외양을 받았으니, 사람으로서 감정은 다르지 않을 것이다. 그러나 내외의 원칙을 통해서 볼 때 그들 사이에는 큰 차이가 있다. 그러므로 종손(宗孫)은 아무리 극빈해도 조상의 묘에 향을 사르는 일은 차마 중단해서는 안 된다. 이와 반대로 다른 성[異性]을 가진 손자들은 학식이 있더라도, 외가의 조상에 대하여 성의를 표하는 일은 거의 없을 것이다. …… 재산을 분배할 때에 이르러 이 모든 것을 생각하니, 아들과 딸들 사이에 차이를 둘 수밖에 없다.[119]

이러한 혼인제도의 변화에는 성리학의 확산이라는 사상적인 면과 함께 적장자 중심으로 가문의 위세를 보존하려 했던 경제적인 요인이 함께 작동한 것으로 알려져 있다.[120] 그러나 지금까지도 '장가간다'라는 말과 '시집간다'는 말이 혼용되는 것을 보면 남귀여가혼의 전통은 친영이 일반화한 후에도 여전히 남아 있었다고 생각된다.

가부장사회에서 가장 가혹했던 것은 여성의 재가 금지였다. 조선은 건국과 함께 과전법에 수신전을 두어 재혼하지 않는 여성들의 경제적인 기반을 마련해 주었다. 그러나 한편으로는 재혼한 여성의 자손이 문과에 응시하지 못하도록 하는 법 조항을 『경국대전』에 명시하여 사실상 여성들의 재혼을 막았다.[121] 또한, 남편 사후에도 종신토록 수신한 여성들이나 남편을 따라 자결한 여인들에게 열녀문을 내려주고 급복(給復)하는 등 열녀 표창을 널리 장려하였다. 성리학적 사회 규범을 내세워 여인들의 재혼을 암묵적으로 막은 것이다. 여성들의 재가는 1894년 갑오개혁에 이르러서야 비로소 법적으로 허용되었다.

현대에는 가족제도와 혼인제도에 많은 변화가 생겼다. 한부모 가족, 입양가족, 혼합가족, 비혼가족, 동성가족은 물론이고, 다문화 가정이나 새터민 가족도 적지 않은 수를 차지한다. 이러한 형태는 전통적인 가족제도나 혼인제도에서 많이 벗어난 것이다.

따라서 가족 제도와 혼인제도를 다룰 때는 문화적 다양성과 개인의 관점을 존중해야 한다. 또한, 역사 교육에서 가정과 혼인에 관한 문제를 학습할 때는 특정한 가족 형태나 혼인제도가 역사·문화적 산물이며, 모든 문화에서 동일하게 적용되지 않음을 강조해야 한다. 이를 통해 학생들은 편견 없이 다양한 문화적 관점을 수용하고, 가족 제도와 혼인 제도를 역사적 맥락에서 이해하게 될 것이다.

(4) 법률과 풍속

법률은 국가 권력에 의해 강제되는 공식적 규범 체계로, 사회의 지배적 가치관과 공공질서를 반영한다. 풍속은 오랜 역사적 경험을 통해 자연스럽게 형성된 사회 구성원들의 일상적 행동 양식과 관습적 규범이다. 법률은 사회의 질서를 유지하고 개인의 권리를 보호하는 역할을 하며, 풍속은 특정 사회의 문화적 정체성과 인간관계를 형성하는 데 중요한 역할을 한다. 따라서 학생들은 역사 수업 시간에 역대의 법률과 풍속을 학습함으로써 역사적 사건과 인물, 그리고 이들이 살았던 시대의 사회적 분위기를 더 깊이 있게 이해하게 된다.

역사 수업 시간에 법률과 풍속을 학습하는 이유는 무엇일까? 첫째, 법률과 풍속은 해당 사회를 이해하는 기본적인 척도이다. 따라서 법률과 풍속을 통해 당시 사람들의 사고방식과 가치관, 역사적 사건의 배경을 더 잘 파악할 수 있다. 조선 시대의 유교적 법률과 풍속을 배우면, 당시 사회에서 남녀 간의 관계, 가족 구조, 그리고 신분 제도가 어떻게 작용했는지를 좀 더 명확히 알 수 있는 것이다. 둘째, 법률과 풍속은 현재의 사회와의 연관성을 이해하는 데도 유용하다. 과거의 법과 풍속이 현대 사회의 법률 체계나 문화적 관습에 어떻게 영향을 미쳤는지 탐구함으로써, 학생들은 오늘날까지 남아 있거나 혹은 사라진 제도를 파악하고, 그 과정을 이해할 수 있다. 셋째, 법률과 풍속을 통해 학생들은 사회적 변화와 갈등의 원인을 분석하고, 그 과정에서 인간의 행동과 사회적 구조의 상호작용을 이해하는 능력을 키울 수 있다.

법률은 특정 사회에서 사람들 간의 관계를 규제하고 조정하기 위해 제정된 규범으로, 사회의 질서와 안전을 유지하는 데 중요한 역할을 한다. 지금까지 남아 있는 가장 오래된 성문법은 우르-남무(Ur-Nammu)의 법전이다.[122] 점토판에 새겨진 이 법전은 기원전 2100년에서 기원전 2050년 사이에 수메르어로 작성되었다. 법전에는 생명과 사유재산 보호, 가부장적 가족제도, 상해를 입힌 행위에 관한 보상, 신분 차별, 화폐사용 등을 알 수 있는 구절들이 수록되어 있다. 그와 유사한 내용은 기원전 1792년에서 1750년에 작성된 것으로 알려진 함무라비 법전에서도 확인된다.

우리나라 최초의 법률은 고조선 시기에 제작된 '범금 8조(犯禁八條)'라고 알려져 있다.[123] '범금 8조'는 중국에서 편찬된 『한서』「지리지」에 남아 있는데, 아쉽게도 3개 조항뿐이다. 그러나 세 조항이 우르-남무 법전이나 함무라비 법전에서 유사하게 확인되는 것을 보면, 나머지 5개 조항도 그와 유사한 내용이었을 것으로 추정된다.[124]

삼국시대에는 중국의 영향으로 율령이 반포되었다. 율령은 형법에 해당하는 '율(律)'과 행정법에 해당하는 '령(令)'을 합쳐 부르는 것으로 나라를 통치하기 위한 기본 법령을 일컫는 말이다. 『삼국사기』에는 고구려 소수림왕, 백제 고이왕, 신라 법흥왕 때 율령을 반포한 사실이 기록되어 있는데, 그것은 삼국이 왕권 중심의 중앙집권 체제를 구축했음을 보여준다.

고려시대에는 '고려율(高麗律)'이 존재했던 것으로 보이지만 실제로는 '당률(唐律)'에 따라 중요 사건을 처리하는 것이 일반적이었다. 그런 점에서 우리나라에서 제작된 최초의 법전은 『경국대전』이라 할 수 있다. 『경국대전』이 편찬되면서 조선은 유교적 성문법을 갖춘 만세 불변의 문명국가로 자리매김하게 되었다. 그럼에도 고려와 조선시대의 형벌은 『대당률』이나 『대명률직해』에 따라 집행하는 경우가 많았다.

서양 법률의 역사는 고대 그리스에서 시작되었다. 아테네의 경우 드라콘이 기존의 관습법을 수정하여 최초로 성문법을 만들었으며, 솔론이 이를 수정하였다. 솔론이 개정한 법률의 핵심적 조치인 '세이삭테이아(seisachtheia)'는 자영농이 부당하게 노예로 전락하는 것을 막고, 노예로 팔려 간 자들을 아테네로 돌아오게 하는 등 농민들의 삶을 안정시키는 것이다.[125] 솔론의 개혁을 통해 아테네에서는 부채로 인한 인신 예속 문제가 상당 부분 해결되었다.

로마제국 시기에는 성문화된 법률체제가 자리를 잡았다. 서양법의 원천이라 불리는 로마법은 공화정에서 제정에 이르는 시기의 판결과 관습이 축적되어 완성된 것이었다.[126] 로마에서 처음으로 제정된 법은 십이표법이었는데, 그 핵심은 토지나 경작권과 같은 사적 권리를 보호하는 것이었다. 이후 평민의 권리가 점차 강화됨에 따라 호르텐시우스법, 리키니우스-섹스티우스법이 제정되었다. 리키니우스-섹스티우법이 제정될 무렵에는 귀족과 평민 두 계층이 최고 관직(콘술)을 동등하게 선출할 수 있게 되었다.[127)]

이후 유스티니아누스 황제가 로마법을 집대성하여 『로마법대전(Corpus Juris Civilis)』을 편찬하였다. 중세에는 로마법이 교회법・관습법과 결합하여 『유럽공통법(ius commune)』이 마련되었다. 유럽의 법전 편찬 전통은 프랑스 혁명 이후 나폴레옹 법전으로 집약되어 현대 유럽법의 기초가 되었다.

법률과 관련된 역사학의 주요 내용으로는 법률의 변천 과정, 그 법률이 만들어진 사회적 배경, 그리고 해당 법률이 개인의 삶에 미친 영향 등을 포함할 수 있다.

한편, 풍속에 관한 내용을 지도할 때는 특정 풍속의 기원과 그 변화 과정, 그리고 풍속이 사회적 관계와 공동체의 정체성에 미친 영향 등이 소재가 될 수 있다. 이러한 내용을 학습하면서 학생들은 과거의 법률과 풍속이 단순한 정보가 아니라, 사람들의 삶과 밀접하게 연결되어 있음을 깨닫게 될 것이다.

그러나 역사 교육에서 법률과 풍속을 지도할 때 유의해야 할 점도 있다. 첫째, 법률이나 풍속을 단순히 나열하는 데 그치지 말고, 그 배경과 맥락을 충분히 설명해야 한다. 학생들이 법률과 풍속을 이해하려면 그 시대의 사회적, 경제적, 문화적 맥락을 파악할 수 있어야 하기 때문이다. 둘째, 특정 법률이나 풍속이 가진 긍정적 측면과 부정적 측면을 균형 있게 다루어야 한다. 그리고 학생들이 비판적 사고를 통해 다양한 관점을 수용하도록 해야 한다. 조선 시대의 가부장적 구조는 당시 사회의 안정성을 제공했지만, 동시에 여성이나 하층민들의 권리를 제한하는 부정적 측면도 있었다. 역사 수업 시간에는 이 두 가지 관점을 모두 소개할 필요가 있다. 셋째, 법률과 풍속의 변화를 단선적으로 이해하기보다 시대의 변화에 따라 어떻게 변화하는 지 탐구하는 것이 필요하다. 법률이나 풍속은 고정된 것이 아니라 사회가 추구하는 이념 또는 가치관에 따라 얼마든지 달라질 수 있다는 점을 파악할 수 있도록 지도해야 한다.

(5) 일상생활

일상생활사는 사회사 또는 미시사의 영역에서 중요하게 다루는 분야이다. 일상생활의 범위는 명확히 규정하기 어렵지만 평범한 사람들의 음식, 의복, 주거, 여가활동, 가정생활, 친족관계, 통과의례(관, 혼, 상, 제), 소송, 교류 등과 같은 관습을 포함한다. 또한, 일상생활에서의 경제적 활동, 즉 노동, 소비, 거래 등을 포함하여 사람들이 어떻게 생계를 유지하고 자원을 관리하는지에 관한 부분과 개인의 감정, 정체성, 가치관 등 정신적이고 감정적인 측면도 다룬다. 그런 점에서 일상생활사는 이러한 다양한 요소들을 통해 사람들의 삶을 보다 구체적이고 입체적으로 이해하고 역사적 맥락 속에서 개인의 경험이 어떻게 형성되고 변화해 왔는지를 보여주는 중요한 연구 분야라고 할 수 있다.

일상생활을 역사 교육에서 다루는 이유는 학생들이 과거를 보다 생생하게 이해하는 데에 도움이 되기 때문이다. 학생들은 과거 사람들의 삶을 구체적으로 상상하는 경험을 통해 역사적 사실이 단순한 연대기적 나열이 아닌 인간 존재의 복잡성과 다양성을 반영하는 것임을 깨닫게 된다. 또한, 현재 사회와의 연관성을 인식하고, 비판적으로 과거의 사건을 이해하는 시각을 갖게 된다.

일상생활을 이해하는 데에 가장 좋은 자료는 당대인이 남긴 일기, 가계부, 토지·가옥·노비 등을 거래하고 남긴 매매문서, 부모의 재산을 상속받을 때 작성한 분재기, 재판자료, 향교나 서원에서 작성한 학생 명단이나 회의 자료, 평생도와 같은 회화, 풍속화, 사진 등이다. 특히, 일기와 풍속화(또는 사진)는 당시 사람들의 의식주와 일상의례를 생생하게 보여준다. 조선 시대에 작성된 일기 중 유희춘(柳希春, 1513~1577) 『미암일기(眉巖日記)』, 영·정조 시기에 활동한 김복휴(金復休, 1724~1790)의 『기백재일기(己百齋日記)』, 19~20세기에 향촌 지주의 일상을 기록한 유제양(柳濟陽, 1846~1922)의 『시언(是言)』 등은 당시 양반들의 일상생활과 교육, 제사, 노비, 가계 운영 등을 실감나게 보여주는 자료들이다.[128] 또한, 병자호란 중에 남이웅(南以雄)의 부인인 남평 조씨(1574년~1645년)가 쓴 『병자일기』[129]는 병자호란 당시 관리 가족들의 피난 생활과 여성들의 한글 사용, 주인과 노비와의 관계 등을 파악하는 데에 유용하다.

소송 자료와 분재기(分財記)도 당시 사람들의 법 관념과 도덕성, 범죄의 종류와 법 집행 과정, 재산의 분배와 제사 문제 등을 이해하는 데 도움이 된다. 조선의 재산 상속의 제사와 연동되어 본래 자녀들에게 고루 분배되는 것이 원칙이었다. 그러나 중기 이후에는 점차 딸들이 상속에서 배제되기 시작하였으며, 조선 후기에 이르면 적장자 중심으로 고착되었다. 고전소설 『흥부전』은 재산 상속이 적장자 중심으로 이뤄지던 상황과 그에 대한 사회적 시선을 잘 보여주는 작품이다.

조선시대의 재판은 고을의 수령들이 맡아서 하는 것이 원칙이었다. 소송의 절차와 형벌의 선고는 『경국대전』과 『대명률직해』, 각종 판례 등에 따라 진행되었으며, 불복하는 경우 세 번 재판을 받을 수 있었다. 당시에는 원고를 원고(元告, 原告人), 피고는 피척(被隻)·원척(元隻)·척(隻)이라고 불렀다. 원고가 고소장을 제출하면 소송관이 원척(원고와 피척), 증인 등을 불러들여 절차에 따라 진행하였다.[130] 흔히 남성, 양반 중심의 사회로 알려진 것과 달리 조선에서는 여성은 물론이고, 노비까지도 주인을 상대로 소송을 제기할 수 있었다. 조선 후기에는 묫자리(명당)를 둘러싸고, 양반과 양반, 양반과 상민 등 다양한 사람들이 오랫동안 산송을 벌이기도 했다.

미국인 의사 알렌(Horace Newton Allen, 安連, 1858~1932)은 갑신정변 때 심한 부상을 당한 민영익을 구해준 대가로 홍영식의 집을 하사받아 최초의 병원인 광혜원을 설립하였다. 이후 알렌은 여러 조선인 환자를 치료했는데, 그중에는 석전(石戰)이라 불리는 돌팔매질에서 머리를 다쳐 긴급 치료를 받으러 온 사람도 있었다. 석전은 길이나 강을 사이에 둔 두 마을이 돌을 던져 가며 승패를 다투는 전통 민속놀이이다. 간혹 심하게 다치는 사람이나 목숨을 잃은 사람도 있었지만 조선 정부는 그것이 전쟁을 준비하는 방법 중의 하나라고 여겨 심하게 탄압하지는 않았다. 현대적인 관점에서 생각해 보면 이해하기 어렵지만, 당시에는 매우 유용한 놀이였던 것이다.

이처럼 역사교육에서 일상생활이 중요하게 다루어지는 것은 과거의 사회적 문화적 맥락을 이해하는 데 있어 역사교육의 내용들이 역사 이해에 필수적이라는 점에서 출발한다. 일상생활은 단순히 과거 사람들의 생업이나 의식주를 넘어, 그 시대의 가치관, 사회 구조, 그리고 인간관계를 반영하는 중요한 지표이다. 학생들은 과거인들의 일상생활을 학습함으로써 역사적 사건이나 인물의 행동이 개인의 삶과 어떻게 연결되는지 이해하고, 역사적 맥락에서 인간 존재의 복잡성을 인식할 수 있게 될 것이다.

(6) 사회시책과 농업 보호

사회시책은 국가가 민의 생활 안정 또는 몰락을 막기 위해 시행한 일종의 복지 정책과 구휼제도를 일컫는 말이다. 경우에 따라 사회정책, 사회복지 등과 혼용되지만 이들 용어 사이에는 다소 차이가 있다. 사회시책은 정부나 기관이 사회문제를 해결하기 위해 마련한 구체적인 실행 방안을 의미한다. 사회 정책은 사회시책을 포함하여, 사회의 구성원들이 더 나은 생활을 할 수 있도록 하는 장기적인 방향성과 계획을 제시하는 더 포괄적인 개념이다. 사회 정책에는 교육, 건강, 주거 등 다양한 분야의 정책이 포함된다. 그에 비하면 사회복지는 개인이나 집단이 필요한 기본적 권리와 서비스를 보장받아 궁극적으로 행복, 복리를 구성하는 사회성(the social)의 한 형식이라고 할 수 있다.[131]

산업혁명 이전까지 전 세계의 주요 산업은 농업에 기반하고 있었다. 일부 지역에서 상공업과 국제교역이 발전한 것도 인정되지만, 그들 또한 교역을 통해 얻는 것은 귀금속, 향신료, 옷감(견직물, 모직물, 면직물 등) 등이 대부분이었다. 따라서 동서양의 막론하고 왕조국가에서는 농민들의 보호와 생활 안정을 위해 각종 사회시책을 시행하였다. 사회시책의 주요 내용은 식량이 부족할 때 낮은 금리로 곡식을 빌려주거나 흉년이나 가뭄이 들었을 때 조세를 감면시켜 주는 조치가 대표적이다.

산업혁명 이후에는 경제 위기, 대규모 빈곤, 질병, 범죄, 비도덕성, 도시화 등과 관련된 여러 문제점이 부각되면서 사회갈등이 표면화되었다. 이러한 상황의 해소를 위해 노동법, 사회보장법 등과 같은 제도가 시행되고, 사회주의 사상과 같은 새로운 이념이 대두되었다.

역사교육에서 다루는 사회 시책은 대개 농업 중심의 사회에서 농민이 몰락하여 노비가 되는 것을 막고, 사회적 안정성을 확보하기 위한 다양한 노력과 산업혁명 이후에 대두된 사회 문제 해결을 위한 정책들이 대부분이다.

농민을 대상으로 하는 사회시책은 주로 동아시아 사회에서 확인된다. 그것은 동아시아 지역에서 일찍부터 중앙집권국가가 수립되었다는 점과 유교 정치 이념이 채택되면서 군주의 덕목 중 가장 중요한 것이 민을 구제하는 것이라는 의식이 퍼져 있었던 것과 관련이 있다고 생각된다. 예컨대 고구려 고국천왕이 시행한 진대법이 대표적이다. 백제에서도 곡식을 저리로 빌려주는 구휼제도를 시행하였는데, 그것은 충남 부여에서 출토된 좌관대식기(佐官貸食記)를 통해 확인된다. 좌관대식기에 기록된 이자의 비용은 30~50%로 높은 편이었으나 당시 귀족들에게 곡식을 빌려먹고,갚지 못해 노비가 되는 농민들이 많았던 점을 고려하면 터무니없이 비싼 이자액은 아니었던 것 같다. 고려시대에는 흑창, 의창, 상평창 등의 제도가 마련되었고, 재면법(災免法)이나 자모정식법(子母停息法) 등을 통해 고리대의 피해를 막고자 했다. 조선 건국 이후에도 의창, 환곡, 사창 등의 제도를 마련하여 농민들이 고리대의 피해를 보지 않도록 보호하였다.

중국에서도 농민 몰락을 방지하기 위해 토호들이 일정 면적 이상의 토지를 소유하지 못하도록 하는 제도를 시행하거나, 빈민 및 중소 상인에게 낮은 이자로 곡물과 자금을 지원하는 제도를 마련하기도 했다. 예컨대 한(漢) 대에 시행된 한전제나 왕전제, 북송 대에 왕안석이 시행한 청묘법, 균수법, 시역법 등이 대표적이다.[132] 이들 제도는 대지주의 토지 소유를 억제하여 자영농민이 소작농이나 노비로 전락하는 것을 막거나 대상인이 중간 이익을 독점하여 중소 상인들이 몰락하는 것을 막는 데에 목적이 있었다.

그 외에도 사회시책으로 시행된 제도로는 세금 감면 및 면제 조치가 있었다. 농민들이 세금을 부담하기 어려운 상황에서 세금 감면 조치를 통해 농민의 부담을 덜어주려는 노력이 있었다. 또한, 농업 기술의 보급과 개선을 위한 다양한 정책이 시행되었다. 농업서적을 편찬하거나 지방관들에게 명을 내려 새로운 농법이나 작물 재배 방법을 보급하고, 이를 통해 생산성을 높이려는 시도가 그 대표적인 예이다.

서양에서는 공화정 말기에 그라쿠스 형제가 시행한 농지법(lex Sempronia agraria)과 곡물법(lex Sempronia frumentaria), 그리고 1815~1846년 사이에 영국에서 곡물수입을 제한하고 높은 관세를 부과하기 위해 시행한 곡물법(Corn Laws) 등이 확인되는데, 이러한 조치 또한 농민들을 보호하기 위한 것이었다.[133]

그러나 이러한 정책들이 모두 성공을 거둔 것은 아니었다. 정부의 정책이 실제로 농민들의 생활 개선에 미치는 영향이 제한적인 것이라는 점이 주요 원인이었지만 대지주와 대상인들의 반발에 부딪혀 좌초되는 일도 종종 있었기 때문이다. 조선 후기 환곡의 사례에서 확인되는 것처럼 농민 보호 정책이 오히려 농민들의 몰락을 가속화시키고, 이로 인해 장기적으로 국가 재정의 불안정이 초래되기도 하였다. 따라서 학생들에게 전근대 시대의 시책에 대해 설명할 때는 그것이 시행된 배경과 목적, 최종적으로 이익을 입은 사람들이 어떤 사람들이며, 농민들의 처지는 어떻게 바뀌었는지 등에 좀 더 세심하게 마음을 쓸 필요가 있다.

또한 사회사를 지도할 때는 용어로 인한 오류가 나타날 수 있다는 점도 유의해야 한다. 사회사에서 농노(serf, villein), 농부(farming), 소농(smallholder), 자영농(self-employed farming)과 같은 용어들은 모두 농촌에 살고 있는 사람을 가리키지만 서로 다른 의미를 가진다. 예컨대 영어 단어 peasant(농민)는 프랑스 단어인 paysan(농민)과 정확히 일치하지 않는다.[134] 그것은 보통 시민을 의미하는 것으로 여겨지는 bourgeois, burgher, citizen, 도시나 마을로 해석되는 town, ville, brug도 마찬가지이다.[135] 교구의 작은 부분을 의미하는 영어의 township이나 토지 귀족을 의미하는 독일의 junker처럼 번역하기 어려운 단어들도 있다. 이런 단어들을 수업 시간에 활용할 때는 언어의 차이와 문화적 차이를 좀 더 구체적으로 설명할 필요가 있다.

4. 문화사 교육

1) 문화사란 무엇인가?

문화사(文化史)는 인간이 일궈낸 문화의 발전과 변화를 다루는 역사학의 한 분야이다. 문화사의 범주는 좁은 의미와 넓은 의미로 나누어진다. 전자는 정치·경제·사회와는 구분되는 별도의 영역(학문, 사상, 종교, 과학기술, 예술 등)에 한정되고, 후자는 인간이 이루어낸 정치, 경제, 사회, 사상 등은 물론 일상생활까지 포함한 인간의 총체적 삶의 모습을 연구 대상으로 삼는다.[136] 일반적으로 분야사로서의 문화사는 전자로 한정되는 것이 일반적이다.[137]

문화(culture)라는 용어의 어원은 라틴어 '쿨투라(cultūra)'이다. 이 말은 본래 '경작', '가꿈', '교양'이라는 의미였다.[138] 처음에는 '농사를 짓기 위해 땅을 평평하게 고르고 다듬는 행위'를 일컫는 말이었으나 점차 '돌보다', '지키다', '보살피다', '존중', '문화'라는 의미로 확대되었다. culture라는 단어가 '한 민족이 집단적으로 성취한 관습, 특정한 형태의 집단적인 지적 성취'라는 의미와 가깝게 사용된 것은 19세기 이후의 일이다.[139]

동양에서도 일찍부터 문화라는 용어가 사용되어 왔다. 가장 오래된 용례는 기원전 1세기에 편찬된 것으로 알려진 『설원(說苑)』에 보이는데,[140] 이때의 문화는 '문덕교화(文德敎化, 예악으로 교화함)'를 일컫는 말이었다. 이후 문화라는 말은 학문과 예악으로 문명화 시킨다는 의미로 사용되었으며, 조선왕조실록이나 학자들의 문집에서도 '이문교화(以文敎化)'라는 의미로 종종 인용되었다.[141]

문화 또는 문화사라는 용어가 현재 우리가 사용하는 의미로 사용된 것은 개화기 이후 근대 학문이 유입되면서부터이다. 그러나 이 시기의 지식인들은 문화사를 문명사 또는 역사와 같은 의미로 사용하였다. 1910년대 후반에 발간된 신채호의 『조선상고문화사』, 1924년에 발간된 아오야기 쓰나타로(青柳綱太郎)의 『조선문화사대전(朝鮮文化史大全)』,[142] 1925년에 발간된 이나바 이와키치(稻葉岩吉)의 『조선문화사연구(朝鮮文化史研究)』[143] 등이 문화사라는 서명 아래 정치, 경제, 사회, 문화 분야를 모두 다룬 것은 그러한 사실을 잘 보여준다.

우리나라 제1차 교육과정 시기에 발행된 고등학교 교과서인 『우리나라 문화의 발달(한국문화사)』[144]과 『세계문화사(고등 세계사)』[145]에도 문화사라는 제목이 붙어 있으나 내용은 통사와 주제사를 통합한 형태로 서술되어 있다. 그러한 흐름은 제2차 교육과정 시기까지 이어졌다. 다음 글에는 당시 교과서 서술자들이 문화사를 어떻게 인식하고 있었는지 잘 나타나 있다.

> ① 이 책은 종래 정치에 치중한 역사에서 탈피하여 경제, 학문, 종교, 예술 등을 광범위하게 다룬 문화사적 입장에서 꾸몄다.[146]
>
> ② 한 민족 한 국가의 역사란 그 민족 또는 그 국가의 정치, 경제, 학예, 종교, 사상 등 넓은 의미의 문화에 관한 발전상을 말하는 것이다. …… 오늘의 우리나라 문화도 갑자기 하루아침에 이룩된 것이 아니다. …… 이 땅의 자연 환경에 맞도록 발휘하여 전통 있는 문화의 줄거리를 세워 내려오는 동안에 이웃

민족과의 문화적 교류와 정치적 교섭이 끊임없이 행하여진 결과 동방 세계에 있어 문화적으로 또는 정치적으로 중요한 지위를 차지하게 된 것이다.[147]

③ 구 국사 교과 과정에서 문화사에 치중하였던 것을 지양하고, 정치 · 경제 · 사회 · 문화 생활 전반에 걸친 내용을 종합적으로 학습할 수 있도록 서술하였다.[148]

①에 따르면 문화사는 정치와 경제를 제외한 학문, 종교, 예술 등에 관한 내용으로 제한된다. 그것은 앞서 살펴본 기준에 따르면 좁은 의미의 문화사에 해당한다. ②에서는 문화사의 범위를 정치, 경제, 학예, 종교, 사상 등 역사 전체로 보고 있다. 교과서의 저자는 문화사를 한민족이 이뤄낸 역사, 다른 지역과는 구분되는 독특한 생활양식 또는 전통을 일컫는 용어로 이해하고 있다. ③은 문화사를 정치, 경제, 사회와 구분하고 있다. ③의 저자는 1952년에 편찬된『한국문화사』의 시대별 목차를 정치제도, 법률, 경제, 학문과 교육, 문예, 종교, 풍속, 예술 등으로 편성한 바 있다. 그중 정치와 경제를 제외하면 문화의 영역이 차지하는 비중이 약 2/3정도에 해당한다. 머리말에서 저자가 문화사에 치중했던 것을 종합적으로 서술했다고 서술한 것은 한국문화사에서 비중이 적었던 정치, 경제, 사회 분야의 서술을 더 늘렸다고 이해할 수 있을 것이다.

이런 사실을 고려하면, 우리가 흔히 문화사라고 부르는 좁은 의미의 문화사는 제2차 교육과정 시기인 1960년대 후반에 대략적인 틀이 형성된 것으로 보인다. 이후 국사 교과서가 통사의 형태로 편찬되면서 문화 영역은 정치, 경제, 사회와 구분되는 사상, 종교, 예술 등을 주요 내용으로 구성되었다. 제7차 교육과정 시기 국사교과서에 수록된 '민족문화의 발달' 단원에서 주요 주제를 학문과 사상, 종교, 과학 기술의 발달, 건축과 예술 등으로 설정한 것을 보면[149] 제2차 교육과정 국사 교과서에서 분류된 문화사의 개념이 계속 지속되어 내려온 것으로 이해된다.

2) 문화사를 왜 가르쳐야 하는가?

문화사는 단순히 정치적 사건이나 경제적 변동을 넘어, 인간의 일상생활, 가치관, 신념, 예술, 종교, 언어, 음식, 놀이 등 다양한 측면에서 과거를 탐구하는 학문이다. 이를 통해 학생들은 단순히 과거의 사실을 암기하는 것이 아니라, 그 시대 사람들의 사고방식과 생활양식을 깊이 이해할 수 있는 기회를 갖는다. 그런 점을 고려하여 문화사 학습의 필요성을 제시하면 다음과 같다.

첫째, 문화사 학습은 맥락적 사고와 역사 인식의 형성에 기여한다. 역사적 사건과 문화적 경험은 단절된 것이 아니라 서로 연관되어 있다. 이들의 연결고리를 파악하는 과정에서 학생들은 현대 사회에서 발생하는 다양한 현상을 이해할 수 있는 기초를 마련하게 된다.

잘 알려진 것처럼 르네상스는 이탈리아에서 처음 시작되었다. 비잔티움 제국 멸망 후 많은 학자들이 이탈리아로 피신해 온 점과 경제적으로 번영을 누리고 있었던 군주, 부유한 상인들이 예술가와 학자들을 후원한 것이 배경이 되었다. 예술가들이 그리스와 로마의 고전 문화를 연구하면서 인간 중심의 문화가 싹트기 시작했고, 교회의 전통적인 교리에서 벗어나 인간을 개성적인 존재로 인식하는 문화가 형성되었다.

학생들은 14~15세기의 르네상스에 대해 학습하면서 이탈리아에서 인문주의에 기초한 르네상스가 시작된 배경을 파악하게 되며, 르네상스가 유럽사회에 끼친 영향과 당시에 형성된 인간관, 자연관, 예술관, 과학기술의 발달 등이 후대 인류의 삶에 어떤 영향을 주었는지를 이해하게 된다. 역사 속 중요한 사건들의 맥락을 이해하고, 그것이 어떻게 현재로 이어지고 있는지 파악하게 되는 것이다.

둘째, 문화사 학습을 통해 학생들은 문화의 다양성을 존중하고 이해하는 태도를 기르게 된다. 인간은 종종 자신들과 다른 문화를 가진 집단을 이단시하거나 배척하는 경향이 있다. 또한, 무의식적으로 선진 문화와 후진 문화를 구분하고, 상대를 문명인이나 야만인으로 평가하기도 한다. 이러한 평가는 상대의 역사와 문화를 이해하지 못한 데서 오는 자문화 중심주의적 관점의 산물이다.

마빈 해리스(Marvin Harris)의 『문화의 수수께끼』는 문화 상대주의를 이해하는 데 적절한 저작이다.[150] 해리스에 따르면 인도인들의 암소 숭배나 이슬람들이 돼지를 불결하게 여기게 된 것은 그 지역의 생태적 · 경제적 환경에서 비롯된 복합적인 현상이 문화로 굳어진 사례라고 한다. 원시 부족 사이에 발생하는 주기적인 전쟁과 야노마미족(Yanomami, 야노마모족: Yąnomamö)에서 행해지는 유아 살해 역시 생태학적 균형을 유지하고 공존하기 위한 행위라고 한다.

물론, 비윤리적이고 반인륜적인 행위를 모두 문화 상대주의로 치부하는 것은 문제가 있지만, 특정 문화가 발생한 원인을 좀 더 객관적인 시각에서 이해하는 태도는 현대사회에서 반드시 필요한 덕목이다. 학생들은 서로 다른 문화의 형성 배경에 대한 학습을 통해 문화의 다양성과 가치관을 이해하는 기회를 얻게 될 것이다.

셋째, 문화사는 정체성과 소속감을 형성하는 데 중요한 역할을 한다. 사회과학적 맥락에서 정체성(identity)은 '나는 누구인가'라는 질문에 대한 개인의 답변(자기다움)을 의미한다.[151] 이는 개인이 사회적 주체로서 자신을 인식하고, 사회 속에서의 역할과 위치를 이해하는 과정을 포함한다. 정체성 형성의 첫 단계는 개인이 타자와의 차이를 인식하는 것이다. 그리고 그 다음 단계는 사회 내에서 자신의 존재 의의와 위치를 확인하는 것이다.[152]

우리나라의 경우 잦은 외침과 근대 식민지 시기를 경험하면서 중국이나 일본과는 다른 '우리'라는 집단적인 의식과 정체성을 갖게 되었다. 또한, 유교·불교·도교·천주교 등의 다양한 종교를 수용하고, 그것들을 고유의 신앙과 결합시켜 독자적인 문화를 형성하였다. 이처럼 '우리'라는 배타적 집단의식과 새로운 문화의 수용이라는 포용적인 문화의식이 조화를 이루며 형성된 것을 한국문화의 정체성이라고 정의한다면, 한국문화사는 그것이 형성되어 온 과정을 탐구하는 학문이라고 할 수 있을 것이다. 따라서 학생들은 문화사를 통해 우리나라의 전통 문화가 형성되고 전승되는 과정을 학습하면서, 자신의 문화적 정체성을 인식하고 그 가치를 새롭게 이해하게 된다. 이러한 경험은 개인의 정체성을 강화하고, 문화적 자부심을 더욱 고취시키는 데 기여하게 될 것이다.

넷째, 문화사 학습은 창의력과 상상력을 자극하는 데 중요한 역할을 한다. 그리스·로마 신화, 중국의 삼황오제 신화, 고조선의 단군 신화 등은 고대인들의 시각에서 건국과 국가 체제 정비 과정을 재구성한 이야기들이다. 따라서 이러한 신화들은 단순한 허구가 아니라 당시 사람들의 가치관과 세계관이 담겨진 역사적 산물이라고 볼 수 있다. 학생들은 여러 나라의 신화를 분석하면서 그 안에 담긴 사실을 깊이 고민하고, 각 신화의 공통점과 차이점에 대해 탐구하게 된다. 피라미드, 만리

장성, 파르테논 신전, 콜로세움과 같은 대규모 건축물도 마찬가지이다. 변변한 도구도 없던 시기에 이처럼 거대한 건축물들을 어떻게 만들었는지, 건축 자재를 어떤 방법으로 운반했는지, 그리고 얼마나 많은 사람들이 공사에 투입되었는지를 상상하는 과정에서 학생들은 고대 사람들의 사유에 행위에 접근하게 되고, 그것을 통해 정서적 공감대를 형성하게 된다. 이러한 경험은 창의적 사고를 자극하고, 문제 해결 능력을 키우는 데에도 도움이 될 수 있다.

다섯째, 문화사 학습은 비교적 사고의 향상에 도움이 된다. 문화는 지역이나 종교에 따라 유사하거나 다르게 형성될 수 있다. 각 문화권 사이에는 공통점도 있고 차이점도 있다. 크리스트교를 중심으로 하는 유럽문화권과 이슬람교를 중심으로 하는 이슬람 문화권은 유일신을 신봉하고, 구약에 기반한 경전을 받들며, 사후 심판과 부활을 믿는다는 공통점이 있지만 생활양식이나 가치관, 가족제도, 산업, 건축 등은 차이가 있다. 동아시아문화권이라 불리는 한국, 중국, 일본, 베트남은 한자, 유교, 불교, 벼농사 등과 같은 문화를 공유하지만 각각의 독자적인 문화도 발전시켜 왔다. 한국의 한글, 일본의 가나, 베트남의 쯔놈문자 등의 문자가 대표적이다. 한, 중, 일 세 나라는 모두 쌀을 주식으로 하지만 밥을 지어먹는 방식이나 식기를 사용하는 방식에는 차이가 있다. 이러한 사실들을 학습하는 과정에서 학생들은 여러 사례나 이론을 비교하고, 문제 해결을 위한 다양한 접근 방식을 모색하게 된다.

3) 문화사에서는 어떤 것을 다루는가?

역사를 배우는 가장 중요한 이유는 과거의 사실을 통해 현재 우리가 살고 있는 세계를 더 잘 이해하기 위함이다. 제도, 관습, 전통과 같은 요소들은 역사적 맥락에 따라 형성되고, 점차 변화한다. 학생들은 문화사를 학습함으로써 우리의 삶의 방식이 어떻게 형성되었으며, 시대에 따라 어떤 변화를 거쳤는지 이해하게 될 것이다. 문화사에서 다루는 영역은 사상, 종교, 예술, 과학 등 다양하다. 문화사의 영역은 하나같이 범위가 넓고, 다양한 개념을 포함하고 있으며, 시대와 지역에 따라 차이가 있다. 학생들이 문화사를 다른 분야보다 더 어렵게 생각하는 것은 양이 방대하고, 익숙지 않은 용어들과 많은 문화유산이 한꺼번에 제시되기 때문이다.

(1) 학문과 사상

학문과 사상은 시대의 정신이다. 전근대시대의 학문과 사상은 지배층의 통치질서를 정당화하고, 특정한 이념을 토대로 사회를 유지하는 역할을 하였다. 역사수업 시간에 다루는 학문과 사상으로는 유학(훈고학, 성리학, 양명학, 고증학 등)과 철학, 종교학 등이 있다.

유학은 인륜과 도덕적인 삶을 중시하며, 국왕 중심의 통치체제를 확립하는 데에 기여하였다. 고대 중국의 춘추전국시대(기원전 770년~기원전 221년)에는 공자가 등장하여 유교의 기초를 세웠다. 그는 인간의 도덕성과 사회의 조화를 강조하며 '인(仁)'과 '의(義)'의 개념을 통해 인간관계의 중요성을 설파하였다. 공자 이후 맹자, 순자 등이 유학의 사상을 계승하여 발전시켰다. 맹자와 순자는 철학사에서 성선과 성악의 대립으로 종종 설명되지만, 그들의 결정적 차이는 지식[知慮]의 위치에 있다.[153] 맹자는 지식을 본성 안에 포섭하여 사덕(四德) 또는 사단(四端)이 상호 협력하여 도덕적 성공을 이룰 수 있다고 보았으나 순자는 지식을 본성 밖에 두고, 이를 통해 본성을 규제하여 도덕적 성공을 이룰 수 있다고 보았다.

한나라 초기에는 황노사상이 발달하여 무위의 정치를 강조하였다. 그러나 한무제 시대에 중앙집권화가 진행되면서 황노사상은 영향력을 잃고 유학이 국가의 지도 이념으로 자리 잡았다. 전한의 유학자 동중서는『춘추공양전』을 바탕으로 천인상관설과 재이설을 제시하며 유학을 통치이념으로 수용할 것을 건의하였다. 이로 인해 오경박사가 설치되어 유학은 관학으로 자리매김하였다. 또한, 경전의 중요성에 따른 금문과 고문의 논쟁이 활발해지고, 경전 해석의 차이는 사상 전반에 걸쳐 대립을 초래하였다. 이러한 긴장 속에서 고문학자인 정현의 훈고학이 발전하였다.

위진남북조 시대에는 노자의 사상과 장자의 철학이 주목받으며 현학이 유행하였다. 따라서 기존 유가 경전의 해석에서도 노장적 접근이 이루어졌다. 하안(何晏)의『논어』주석과 왕필(王弼)의『주역』주석은 모두 자연주의 입장에서 한유(漢儒)의 설을 교정한 것이었다. 당 초에는 국자학, 태학 등 교육기관이 설립되어 학생을 양성하고, 공영달이『오경정의』를 편찬하여 경서 해석을 통일하였으나, 실제로는 시문을 통해 인재를 선발하였다. 이로 인해 학자들은 유학보다 시문을 중시하게 되었다.

송대에는 성리학이 자리를 잡았다. 송대 성리학은 우주의 이치와 인간의 본성 문제 탐구를 주요 과제로 삼았으며, 태극과 이기설을 통해 우주 자연의 근본 원리를 탐구하였다. 성리학의 선구적 역할을 한 것은 정이(程頤), 정호(程顥), 주돈이(周敦頤)와 같은 북송 시기의 사상가들이었다.

이후 성리학은 남송 시기 주희에 의해 집대성되었다. 주희는 『논어』, 『맹자』, 『대학』, 『중용』의 4서를 주석하며 성리학의 체계적 기초를 확립하였다. 주자성리학은 인간의 본성과 하늘의 명이 내재해 있다는 중용사상의 원리에 바탕을 두고, 천리와 인성을 연구하는 철학적 체계를 갖추었다.

명이 건국된 후에도 학문의 주류는 성리학이었으나, 한편에서는 지행합일(知行合一)의 원칙 등 실천을 강조하는 양명학이 등장하여 지식인들 사이에 확산되었다. 양명학의 창시자인 왕수인(王守仁)은 '마음이 곧 이치'라는 주장을 통해 도덕적 실천과 개인의 내면적 인식을 강조하였다. 그의 사상은 후에 많은 이들에게 영향을 끼쳤으며, 개인의 도덕적 자각과 실천적인 삶을 강조하는 새로운 흐름을 만들어냈다.

청대에는 한족들에 대한 탄압이 강화되면서 고증학이 발달하였다. 고증학은 문헌과 고대 자료를 철저히 검토하고 분석하여 역사적 사실을 재구성하는 학문을 일컫는다. 청대의 유학자들은 명대의 유학적 전통을 계승하면서도 더 깊은 연구를 통해 사유의 폭을 확대하였다. 청 말에는 공양학(公羊學)이 등장하여 경전 해석의 다양성을 강조하고 새로운 사고의 필요성을 인식하였다.

서양의 학문과 사상은 고대 그리스 철학에서 시작되었다. 고대 그리스의 소크라테스는 인간 존재와 도덕에 대한 질문을 던지며, 대화법을 통해 진리를 탐구하는 방법론을 제시하였다. 그의 제자 플라톤은 이데아론을 통해 현실 세계의 본질을 탐구하였으며[154], 아리스토텔레스는 플라톤의 이데아론을 비판하며 실증적 사고와 논리적 방법론을 발전시켜, 자연과학 및 윤리학에 대한 체계적인 연구를 시작하였다.

헬레니즘 시기의 철학은 윤리학과 인간의 삶, 행복에 중점을 두었다. 이 시기에는 스토아 학파와 에피쿠로스 학파가 형성되었는데, 이들의 사상은 로마 철학에 영향을 끼쳤다. 헬레니즘 철학의 영향을 받은 로마 철학은 그리스 철학보다 실용적인 측면을 강조하였다. 로마의 키케로 등은 그리스 철학을 로마 사회에 맞게 재구성하여 로마 공화정의 이상을 철학적으로 정당화하려 하였다.

중세에는 아우구스티누스가 기독교 신학과 그리스 철학을 통합하며, 신과 인간의 관계를 탐구하였다. 이어서 토마스 아퀴나스는 아리스토텔레스의 사상을 기반으로 신의 존재와 인간의 이성을 연결 짓는 철학적 논의를 전개하였다.

근대에는 데카르트가 근대 철학의 기초를 마련하였다. 그의 방법론적 회의주의는 이성의 중요성을 강조하였다. 이어서 홉스와 루소는 사회계약론을 통해 정치철학의 새로운 방향을 제시하며, 개인의 자유와 권리에 대한 논의를 심화하였다.

18세기에는 계몽주의가 대두되었다. 이 시기에 활동한 칸트는 인간의 인식 가능성을 탐구하고, 도덕적 의무와 자유의지를 강조하였다. 서양 근대의 계몽주의는 이성, 과학, 개인의 자유를 강조하며, 민주주의와 인권 개념의 발전을 촉진했다. 19세기에는 헤겔(G. W. F. Hegel)이 변증법적 사유를 통해 역사와 사회의 발전을 설명하였으며, 마르크스는 자본주의 사회의 구조를 비판하며 유물론적 역사관을 제시하였다.

20세기에는 니체가 기존의 도덕적 가치와 진리에 대한 비판을 통해 포스트모더니즘의 기초를 마련하였다. 또한, 하이데거와 사르트르와 같은 실존철학자들은 인간 존재의 의미와 개인의 자유에 대한 깊은 탐구를 진행하였다. 현대에는 다양한 철학적 사조가 공존하며, 포스트모더니즘, 페미니즘, 생태철학 등의 새로운 이론이 등장하고 있다.

역사교육에서 학문과 사상을 다루는 것은 특정 시대와 사회의 가치관, 신념, 문화적 배경 등을 이해하는 데 도움이 되기 때문이다. 이를 통해 학생들은 과거 인류의 사고방식과 행동을 깊이 있게 이해하고, 역사적 사건과 변화의 맥락을 파악할 수 있다. 또한, 현대 사회가 당면한 여러 가지 문제의 근원을 파악하고, 그것을 해결하기 위한 통찰력을 얻게 된다.

(2) 신앙과 종교

종교라는 말에는 두 가지 의미가 있다. 하나는 '인간과 신을 하나로 묶어준다.'는 것이고, 다른 하나는 '새로운 존재 방식의 선택 또는 귀의한다'라는 의미이다.[155]

전자가 영적 존재를 신봉하는 관념적인 면에 주목한 것이라면 후자는 특정 교리를 믿거나 의식을 실천한다는 점이 더 강조된 것이라고 할 수 있다.

종교의식은 절대적인 존재와 소통하기 위한 행위이다.[156] 그런 점에서 종교는 인간이 유한한 생명과 능력을 지닌 존재라는 점을 자각하고, 무한한 능력을 지닌 위대한 신과 교섭을 맺고자 하는 심리의 개인적 및 사회적 표현이라고 할 수 있다.

종교와 유사한 의미로 사용되는 신앙은 개인이나 특정의 내면적 믿음, 또는 영적인 존재를 두려워하거나 그것에 의존하는 신념을 일컫는다. 모든 사물에 영혼이 있다고 믿는 애니미즘이나 특정 동식물을 숭배하는 토테미즘, 샤머니즘, 조상숭배 등이 대표적이다. 신앙에는 교리, 의식, 도덕규범 등이 포함되어 있으며, 사회와 공동체 속에서 형성된다. 신앙은 개인이나 특정 집단의 경험에 뿌리를 두고 있지만, 종교는 역사적·문화적 맥락 속에서 발전해 온 체계화된 시스템이라고 할 수 있다.

역사수업 시간에 다뤄지는 신앙이나 종교로는 원시신앙, 조로아스터교, 불교, 크리스트교, 이슬람교, 힌두교 등이 있다. 이들 종교는 일종의 문화권을 형성하고 있으며, 특정한 교리와 의식을 통해 개인과 공동체의 정체성을 형성하고, 도덕적 가치를 제시함으로써 사회를 유지하는 데에 중요한 역할을 한다. 또한, 종교는 또한 문화, 예술, 정치 등 다양한 분야에도 영향을 끼쳤다.

종교와 관련된 수업은 특정 종교의 등장 배경과 교리의 특징, 당시 사회에 끼친 영향, 다른 종교와의 연관 관계 등에 초점을 맞춰 진행할 필요가 있다. 조로아스터교의 경우에는 주요 교리인 유일신, 메시아의 출현, 죽은 자의 부활, 최후의 심판 등이 다른 종교에 끼친 영향을 찾아 비교하는 활동을 할 수 있다.

이슬람교의 경우에는 이슬람 상인들의 활동과 이슬람의 과학기술이 동서 문화 교류에 끼친 영향, 십자군 전쟁과 같이 다른 종교권 국가들과의 사이에서 일어난 갈등 등이 주요 내용 요소가 된다. 현재 서아시아 국가들 사이에서 전개되는 전쟁이나 갈등의 배경을 역사적 배경을 토대로 탐구하는 활동도 의미가 있을 것이다.

불교의 경우에는 인도에서 불교가 발생하게 된 배경을 브라만교 및 카스트 제도와 연계하여 파악하는 것이 중요하다. 또한, 불교 신앙의 확산 과정, 동아시아와 동남아시아 불교의 특징 비교, 불교 미술이 끼친 영향 등을 전체적인 역사에서 살피는 것도 가능하다. 간다라 미술의 성립 배경을 이해하거나 대승불교와 상좌부

불교 전파의 경로를 따라 문화가 어떻게 확산되고 변화하는 지 살피는 것도 의미있는 활동이 될 수 있다.

서양사에서는 크리스트교(기독교)와 관련된 내용들이 중요한 비중을 차지한다. 로마사에서는 밀라노 칙령, 니케아 공의회 등과 같은 중요한 사건들이 있고, 중세 유럽에서는 교회의 동서 분열, 로마 가톨릭교회의 발전, 카노사의 굴욕과 보름스 협약, 십자군 전쟁과 같은 내용들을 주요 사건으로 다룬다.

종교에 관한 수업에서는 종교적인 풍속이나 역사 속 전쟁 등을 지나치게 부각시켜 특정 종교에 관한 편견을 갖지 않도록 유의해야 한다. 그보다는 신앙의 자유의 중요성을 강조하고, 종교 탄압, 성 차별, 전쟁 등을 인권 중시라는 측면에서 파악하도록 하는 것이 좋다.

(3) 예술

예술은 문학, 음악, 미술, 건축 등 인간의 미적 창작 활동과 그 결과로 탄생한 작품을 일컫는다. 근대 이전에 예술은 '곡식 등을 심는다'라는 의미의 '예(藝)'와 '방법', '어떤 일을 해내는 능력'이라는 뜻의 '술'이 합쳐져 방법이나 기술을 의미하는 데 사용되었다.[157] 예술을 뜻하는 영어 'Art'의 경우도 유사하다. 그 어원은 물품, 가옥, 동상, 배, 침대, 옷 등을 만드는 솜씨를 나타내는 그리스어 '테크네(τέχνη)' 또는 기술, 기교, 능력 등을 의미하는 라틴어 '아르스(ars)'에서 유래하였다.[158] 르네상스 초기까지만 해도 예술의 범위는 매우 넓어서 건축가, 조각가, 도공, 전략가, 기하학자, 변론가 등이 가진 기술도 '아트'라고 불렸다.[159]

예술이 '인간의 작품'이란 의미로 사용된 것은 14세기 후반부터이고, 창조적 예술에 관한 기술이라는 의미로 인식된 것은 17세기경부터이다.[160] 현재와 같은 의미의 예술 개념이 동양에 처음 들어온 것은 19세기 무렵이었다. 1870년대에 일본에서 니시 아마네(西周, 1829~1897)가 '기술(mechanical art)'과 구분되는 미적 활동을 '예술(liberal art)'로 번역한 것이 그 시초라고 생각된다.[161] 우리나라에서는 20세기 초반부터 '예술'이라는 용어가 사용되기 시작하였으며, 1910년대에 들어서면서 근대적 의미의 예술 개념이 자리 잡았다.

역사 수업시간에 다루는 예술의 범위는 고분, 건축, 탑, 불상, 조각, 공예, 글씨,

그림, 음악, 무용, 도자기, 문학 등이다. 고분은 당시의 매장 풍속과 장례문화를 이해하는 데 중요한 단서가 된다. 고분에는 조성한 시대와 지역의 사회구조, 당시 사람들의 신앙, 문화적 가치관 등이 담겨 있다. 또한, 고분에서 출토되는 유물들은 당시 사람들의 생활상을 연구하는 데에도 도움이 된다. 유물의 종류와 형태, 제작 기술, 용도 등을 분석하는 과정에서 학생들은 고대인의 경제활동과 기술 수준을 이해할 수 있다.

건축 분야에 속하는 내용요소로는 궁궐, 성당, 교회, 사찰 등이 있다. 좀 더 범위를 확장하면 궁궐이나 종교시설에 남아있는 조각상, 탑 등도 건축의 분야에 포함할 수 있다. 파르테논 신전, 콜로세움, 자금성, 베르사유 궁전, 노트르담 성당, 타지마할, 경복궁, 불국사, 석굴암 등의 건축물에는 당시 사람들의 기술과 미적 감각이 잘 반영되어 있다. 또한, 건축에는 역사적 사건이나 인물과 관련된 이야기들이 많이 남아있다. 학생들은 다양한 건축물과 그곳에서 일어났던 사건들을 통해 역사를 좀 더 맥락적으로 이해할 수 있게 된다. 건축의 역사를 학습함으로써 학생들은 공간의 의미와 그 변천사를 파악할 수도 있다.

벽화, 회화 등은 당시 사람들의 생활모습을 생생하게 전해준다는 점에서 중요한 수업 자료가 된다. 그림은 글씨보다 훨씬 더 전달력이 풍부하며, 그것을 통해 학생들은 역사적 상상력을 발휘할 수 있기 때문이다. 또한, 시대 조류에 따라 달라지는 화풍을 통해 사회의 변화가 미술에 끼친 영향도 파악할 수 있다. 옷차림, 꾸밈새, 장식품과 같은 것을 통해 당시 사람들의 생활상을 이해하는 것은 물론이고, 신분제도, 가족제도, 풍속 등과 같은 사회사적인 특징도 파악할 수 있다.

조각이나 공예품은 당시의 기술, 문화 교류, 문화, 종교, 의식주와 같은 생활문화와 밀접한 관련이 있다. 조각이나 공예품은 대개 귀금속으로 제작된 장신구, 신상(神像), 불상, 토기 등이 많은 수를 차지한다. 그리고 생활 용품으로는 토기, 자기, 금은기, 경함, 화장용기, 문방구 등이 있다. 조각이나 공예품에는 당시 사람들의 미의식, 가치관, 기술적 성취, 교류 등이 담겨 있으므로 학생들은 그것을 통해 당시의 문화와 사회적 맥락, 국제 관계 등을 좀 더 폭넓게 이해할 수 있다.

동양에서 음악은 예와 함께 나라를 통치하는 기본적인 요소였다. 중국 고전 중의 하나인 『예기(禮記)』에는 '예는 다름을 구별하고, 악은 하나로 합치게 하는 것이다

[禮辨異 樂和同].'라고 기록되어 있는데, 그것은 음악의 정치적인 속성을 잘 드러낸 것이다. 실제로 제례, 가례, 길례, 군례, 빈례 등에서 연주되는 음악들은 소속감과 결속력을 강화하고, 의식이라는 절차를 통해 국인들을 하나로 뭉치게 하는 효과가 있었다. 공자가 나라를 예악으로 통치한다는 주장을 편 것도 같은 맥락에서 이해된다.

그에 비하면 서양에서의 음악은 귀족층과 지식인들의 교양으로 강조되었다. 서양 음악은 각 시대의 감성과 사회적 배경을 반영하고, 정서적 메시지를 전달하는 수단으로 이용되기도 한다. 따라서 시기별 음악의 특징을 학습하면 당시의 시대적 정서를 느끼고, 시기별 음악의 변화 과정도 이해할 수 있게 된다.

문학작품은 그것이 제작된 시대의 정치, 경제, 사회, 문화적인 맥락을 담고 있다. 「일리아스」와 「오디세이」 등의 서사시, 단테의 『신곡』, 조지 오웰의 『1984』, 셰익스피어의 『햄릿』이나 『로미오와 줄리엣』, 나관중의 『삼국지연의』, 조선후기에 제작된 『춘향전』과 『흥부전』 등의 문학작품에는 당시 사람들의 삶과 사상, 감정, 가치관이 잘 반영되어 있다. 이러한 문학작품들을 통해 학생들은 문화적 감수성과 공감능력, 사회구조, 역사적 사건의 복잡성 등을 생생하게 체험할 수 있게 된다. 또한, 문학의 속에 감춰진 당시 사람들의 사회에 관한 비판의식, 사회 변화의 움직임을 파악할 수 있으며, 주인공에 감정이입하는 경험도 할 수 있을 것이다.

마지막으로 공연 예술은 연극, 무용, 오페라 등으로 구성되며, 사회적 메시지를 전달하거나 감정을 표현하는 데 중요한 역할을 한다. 중국 한 대의 화상석, 역대 고분 벽화, 요나라의 벽화에서 발견된 무용방식 등은 당시 예술의 모습과 신분별 사람의 크기, 각종 놀이와 무용에 관한 내용 등이 잘 표현되어 있다. 이와 같은 공연 예술 관련 문화유산을 통해 학생들은 당시 사람들과 정서적 공감을 나누고, 시기별 차이점을 파악할 수 있게 된다.[162)]

(4) 과학기술

역사교육에서 과학의 발달, 과학기술의 발전, 그리고 과학사를 다루는 것은 인류의 지식과 기술이 어떤 과정을 거쳐 현재에 이르렀는지 이해하기 위함이다. 과학기술의 발전은 인류의 삶의 질을 높이기도 하였으나 한편으로는 전쟁과 같은 폭력을 확산하는 데에도 영향을 끼쳤다. 과학기술사와 과학사 학습을 통해 학생들은 역사적 맥락을 좀 더 깊이 있게 이해하고, 과학 기술의 긍정적인 면과 부정적인 면을 동시에 이해하게 될 것이다.

역사교육에서 다루는 대표적인 과학기술의 예로는 제지술과 인쇄술, 항해술, 기계 분야, 의학 분야, 무기 분야 등이 있다. 목판·활판 인쇄술과 제지술은 일찍이 중국에서 등장하여 지식의 발달과 확산에 기여하였다. 중국의 영향으로 우리나라에서도 통일신라 시기부터 목판인쇄술이 발전하였으며, 고려 후기에는 중국의 목활자를 금속활자로 전환하는 성과를 거두었다. 인쇄술과 제지술의 발전은 유교 및 불교 경전, 역사서, 개인문집, 소설 등의 발행과 대중문화의 발전으로 이어졌다. 서양에서도 인쇄술의 발달은 정보의 확산을 가속화하여 르네상스와 종교개혁을 촉진했으며, 이후 시민혁명에도 영향을 미쳐 시민사회의 형성과 민주주의 발전에 기여하였다.

항해술의 발전은 주변국가와의 교류와 전쟁의 증가를 불러왔다. 특히 대항해 시대에는 동서양의 문물교류가 더욱 활발해졌다. 남아메리카 지역의 은이 유럽으로 대거 유입되었으며, 중국의 도자기와 차, 동남아시아 지역의 향신료 등이 유럽으로 전해져 삶의 모습을 크게 변화시켰다. 그러나 한편으로는 산업혁명과 신항로 개척의 이익을 독점한 국가들이 약소국의 영토와 자원을 약탈하는 결과를 낳기도 하였다. 그것은 19세기 후반 이후 제국주의 열강들의 팽창정책으로 이어져 두 차례의 세계대전이 일어나는 원인이 되었다.

기계 분야에서는 방직기와 방적기의 발명, 자동차와 기차의 발명 등이 이어지면서 인간 삶과 사회경제 구조에 중요한 변화가 나타났다. 대량생산 체제가 구축되었으며, 이동 방식을 근본적으로 변화시킴으로써 인구이동과 경제발전을 촉진하였다. 그러나 한편으로는 빈부 격차와 사회 갈등 심화, 환경 오염, 노동자의 일자리 축소 등과 같은 사회 문제를 야기하기도 하였다. 러다이트 운동, 사회주의 사상 등은 그와 같은 배경에서 등장한 것이다.

의학 분야에서도 백신 개발과 같은 과학적 발견은 전염병 퇴치에 중요한 역할을 하였다. 이로 인해 인간의 평균수명은 더 길어졌고, 유아 사망률도 크게 낮아졌다. 의학의 발전은 공중 보건의 발전에도 기여하였다.

무기의 발달은 전쟁의 양상 변화와 기술진보를 이해하는 데에 중요한 요소이다.

역사교육에서 다루는 무기 관련 내용으로는 청동기와 철제 무기, 활과 화살, 기마술, 화약, 총과 대포, 탱크, 비행기, 로켓, 핵무기 등이 있다. 활과 화살이 처음 등장한 시기는 중석기 시대로 알려져 있다. 기온의 변화로 사냥감이 작아지면서 인간의 팔 길이를 극복할 수 있는 새로운 무기가 등장했는데, 그것이 활과 화살, 그리고 창이었다. 이후 청동기와 철기 등 철제 무기가 등장함에 따라 전쟁의 빈도가 높아지고 정복전쟁이 활발해졌다. 기원전 1274년에 벌어진 이집트와 히타이트의 카데시 전투는 철제 무기와 전차를 동원한 치열한 전투였다. 중국에서도 춘추 전국시대에 철제 무기와 전차, 기마병, 보병을 중심으로 하는 새로운 전투 방식이 도입됨에 따라 전투 양상이 크게 변화하였다. 진이 춘추전국 시대를 통일할 수 있었던 것도 다른 나라에 비해 철기를 일찍 수용했기 때문이다.

9세기경에 중국에서 처음 발명된 화약은 10세기 무렵에 이르러 무기로 사용되기 시작하였다. 처음에는 폭죽이나 신호용으로 이용되다가 점차 화포와 소총 등으로 변화한 것이다. 화약 무기의 출현으로 동서양에서는 해전과 공성전이 더욱 치열해졌다. 제1차 세계대전 시기에는 기관총, 탱크, 비행기 등이 등장하여 전투 방식이 대규모로 변화하였다. 기관총과 탱크의 등장으로 대량 살상과 파괴력이 더 커졌으며, 기동성도 빨라졌다. 제1차 세계대전 이후의 전투는 총력전이자 대량 살상 전쟁의 형태로 확대되었고, 참호전이라는 새로운 전투 방식이 등장하게 되었다.

제2차 세계대전에서는 비행기와 로켓, 그리고 원자폭탄과 같은 새로운 기술들이 사용되면서 전쟁의 파괴력이 더욱 커졌다. 인종말살(Genocide), 전략폭격(Strategic bombing), 원폭 투하(Atomic bombings) 같은 비인도적인 폭력으로 대량 살상이 발생하기도 하였다.

이와 같은 내용 요소들에 관한 학습을 통해 학생들은 과학 기술 발전의 긍정적인 면과 부정적인 면을 동시에 고려하게 되며, 기술 개발 과정에서 생겨나는 윤리적 문제와 사회적 책임에 대해 깊이 있게 생각하는 기회를 갖게 될 것이다.

(5) 문화교류

문화교류란 서로 다른 문화 간의 사상, 예술, 종교, 기술 등 다양한 요소가 교환되는 상호작용과 영향을 의미한다. 교류는 상업망의 형성과 같은 교역, 자발적 또는 강제적 이주, 전쟁을 통한 영토의 확장이나 축소, 선교활동과 같은 종교적 목적, 표류나 표착과 같은 우연한 상황을 통해서 이루어진다.[163]

문화교류는 인류의 역사와 문명 발전에 기여하며, 다양한 문화가 서로를 이해하고 존중하는 기반이 된다. 또한, 각 지역의 경제적 번영과 문화적 다양성을 증진시키는 데 큰 영향을 끼침으로써 세계 역사에 큰 변화를 가져왔다. 이러한 교류는 단순한 물질적 교환을 넘어서, 문화적 정체성과 사회 구조의 변화를 유도하며, 새로운 사조와 예술이 탄생하는 계기가 된다. 역사교육에서 문화 교류에 주목하는 것은 그러한 이유 때문이다.

역사교과서에 서술된 문화교류의 대표적인 사례로는 동서 문화 교류(초원길, 비단길, 바닷길), 고대 지중해의 문화교류, 동아시아 국가 간의 문화 전파, 은 유통의 증가와 교역망의 확대, 유럽 교역망의 확장, 신항로의 개척과 유라시아 교역 및 문화 교류 확대, 제국주의 확장에 따른 근대 문화 전파 등이 있다.[164]

역사교육에서 문화교류를 다룰 때에는 몇 가지 유의할 점이 있다. 첫째, 문화교류를 단순히 긍정적으로만 설명하는 경우 문화의 충돌과 갈등, 그리고 제국주의의 폭력성이나 침략성을 간과할 수 있다. 둘째, 특정 문화나 지역에 대한 편향된 시각이 교과서나 교사의 시각을 통해 전달되는 경우 학생들이 편견이나 왜곡된 역사상을 가질 수 있다. 셋째, 문화교류의 복잡성이나 역사적 맥락을 충분히 설명하지 않으면 단편적인 지식 전달에 그칠 수 있다. 따라서 역사교육에서는 문화교류의 다양한 측면과 복잡성을 고려하여, 학생들이 폭넓은 이해를 가질 수 있도록 해야 한다. 이를 통해 학생들은 문화교류가 인류 역사에 미친 영향을 깊이 이해하고, 서로 다른 문화에 대한 존중과 이해를 배울 수 있을 것이다.

토의해 봅시다.

1) 역사교육의 내용 중 중요하다고 판단되는 사건이나 인물의 기준은 무엇일지 토의해 봅시다.
2) 학생들의 역사적 사고력을 신장하기 위해서는 역사 교과서의 내용을 어떻게 조직하여야 할지 논의해 봅시다.
3) 초, 중, 고의 역사교육 내용을 계열화하는 가장 좋은 방안은 무엇일지 토론해 봅시다.

CHAPTER 07

어떤 세계사를 어떻게 가르칠 것인가

챕터 개관

목적 이번 단원은 '지구화 시대'가 요구하는 세계사의 의미를 다시 정립하고 그것에 기초해 세계사교육이 나아가야 할 새로운 방향을 탐색하는 것을 목적으로 삼는다. 특히 동서양 모두에서 지속되어 온 '세계사' 서술의 전통이 역사적으로 변화해 온 과정을 추적하면서, 오늘날의 세계사가 지향하는 문제의식을 확인하고 이를 우리 세계사교육 과정에 어떻게 녹여낼 것인지에 대해 살펴본다.

내용 요약 이번 단원은 근대역사학이 탄생하면서 세계사가 자국사 이외의 역사라는 의미로 축소되어 온 과정을 검토하는 것에서 시작한다. 이와 같은 세계사 이해는 자문화 중심주의라는 제한된 인식의 틀 속에서 다른 세계의 역사적 경험을 타자화한다. 이후 이에 대안으로 자민족이나 자국의 과거가 아니라 타자의 과거를 어떻게 역사 인식의 범주에 포함할 것인가라는 문제를 중심으로 오늘날의 세계사의 쟁점들을 탐색한다. 마지막으로 한국을 제외한 다른 나라의 역사를 세계사로 가늠하고 가르쳐온 우리 역사교육의 기존 관행을 비판적으로 검토하면서 새로운 세계사교육의 대안을 모색한다.

질문 우리는 왜 그리고 어떤 세계사를 배우고 공부해야 할까?

I '근대역사학'과 세계사 서술의 전통

1. 근대역사학의 대두와 세계사의 쇠퇴

1차 세계대전 직후 영국의 저명한 작가 웰스(H. G. Wells)는 당대의 역사서술 관행을 비판하는 흥미로운 저작 하나를 썼다. '근대역사학'의 아버지 랑케(Leopold von Ranke)의 주도로 전문분과 학문으로서 역사학이 탄생한 19세기 이래, 웰스 시대 유럽의 여러 나라에서는 역사에 관한 관심이 유례를 찾을 수 없을 정도로 높아졌다. 이를 고려하면 그의 비판이 사뭇 생뚱맞게 들릴 수도 있지만, 비평가 특유의 냉소를 곁들여 그가 전하려 한 대목은 분명 다른 데에 있었다. 『역사학 개요(*Outline of History*)』라는 제목의 이 작품에서 웰스는 역사 지식이나 내용 자체에 관한 문제가 아니라 폭넓은 세계사적 관점에서 과거를 바라보려 하지 않는 당대인들의 편협한 세계관에 초점을 맞추었다. 진정으로 역사를 알고자 한다면 영국이나 프랑스 등 개별 국가를 넘어 시공간적으로 멀리 떨어진 다른 세계의 역사도 함께 배워야 하며, 이를 위해서는 한 나라의 역사에 접근할 때와는 근본적으로 다른 정신과 자세가 뒤따라야 한다는 주장이었다.

더욱이 그런 문제의식 아래 웰스는, 만약 "조화로운 협력 속에서 전체로서의 인류를 하나로 유지할 수 있는 개념이 없다면, 편협하고 이기적이며 갈등을 조장하는 민족주의 전통 때문에 사람들은 갈등과 파멸"로 향하게 될 것이라고[1)] 목소리를 높였다. 민족이나 국가 혹은 지역 단위로 이루어지던 당대의 협소한 역사서술의 폐해를 겨냥한 힐난이자, 인류의 공존을 위해서라면 이제라도 개별 국가를 넘어설 수 있는 공통의 역사 개념을 마련해야 한다는 호소였다. 지난 세기 초반 이렇듯 세계사적 관점에서 역사를 기술해야 한다고 주장한 이는 비단 웰스 혼자만이 아니었다. 저명한 문명사가 토인비(Arnold J. Toynbee)는 물론이고 유기체적 관점에서 '유럽'의 쇠퇴를 우려한 독일의 사상가 슈펭글러(Oswald Spengler) 등도 비슷한 생각을 공유했다.

그런데, 좀 더 긴 사학사적 맥락까지 고려하면, 자신들이 살고 있는 세계와 그 주변의 알려진 세계를 한데 아울러 기술하자는 웰스의 바람에 그리 새로울 게 없는 것도 사실이다. 기실 세계사는 동서양을 막론하고 면면히 지속된 역사서술의 오랜 전통 가운데 하나였다. 그리스와 페르시아 사이에서 벌어진 전쟁을 다루면서 이집트와 스키티아 등 그 주변 세계의 오랜 역사와 풍습 등에 많은 지면을 할애한 고대 그리스의 헤로도토스(Herodotus)나, 삼황오제 시기부터 자신의 시대에 이르기까지의 한족의 역사를 기술하면서 『열전』의 형식을 빌려 그 주변 세계까지 아우르려 했던 전한 시대 중국의 역사가 사마천(司馬遷)이 대표적이다. 그렇다면 그저 세계사적 시각에서 역사가 쓰여야 한다는 표면적인 주장 때문에 웰스의 호소에 주목하게 되는 게 아니다. 랑케 이래 유럽 지성계를 휩쓸던 '근대역사학'의 협소한 세계관과 그것이 낳은 정치적·사회적 파국을 향한 경고의 목소리가 그 속에 훨씬 크게 공명을 울리기 때문이다.

19세기에 소위 '학문의 왕좌'에 오른 역사학은 랑케가 모범을 보인 엄정한 사료비판과 세미나를 학문적 방법론의 전면에 내세우며 이른바 '객관적' 역사서술의 전형을 수립했다. 한편에서는 인간의 모든 경험을 특정한 역사적 상황이나 맥락 속에 위치시키려고 하면서도, 다른 한편에서는 개별 인간들의 경험을 하나의 전체로 통합하려는 '역사주의(historicism)' 세계관이 정립된 것이었다.[2] 특히 간과할 수 없는 사실은 랑케식의 역사주의가 부상하면서 인간의 역사적 경험이 특정한 시공간 속에서 파편화·개별화되기 시작했다는 점이다. 1차 세계대전의 참상을 목격한 웰스에게는 이런 역사 이해의 관행, 달리 말해 근대역사학의 편협한 사고가 인류를 전쟁으로 몰아간 주범이나 마찬가지였다.

이렇듯 개별 국가를 넘어 인류 공동의 역사를 기술하자는 웰스의 주장에는 '근대역사학'에 대한 모종의 비판이 흐르고 있었다. 그렇다면 '근대역사학'이란 과연 무엇인가? 이에 대한 답을 구하기 위해서는 먼저, 역사가 결코 과거 자체를 의미하지 않는다는 당연한 사실을 다시 한번 상기해야 한다. 과거가 시간의 흐름 속에서 소멸한 모든 것을 뜻한다면, 역사는 그 가운데에서 후대의 누군가가 선택해 재구성한 일부에 지나지 않는다. 그렇다면, 역사가들이 자신들 역사 서사의 뼈대로 여기는 증거(evidence)나 연대기(annals) 등도 결코 역사와 같을 수 없다. 이와 달리 역사는 과거, 과거의 재현, 그리고 과거와 현재와의 관계 등에 대한 다양한 생각이 한데 어우러지면서 만들어진 구성물이다. 종종 '역사'와 과거를 다루는 학문 '역사학'이 동의어로 여겨지는 것도 그런 이유에서다. 근대역사학도 이 점에서 예외가 될 수 없다. 한마디로 그것은 19세기 유럽에서 역사학이 전문분과 학문으로 성장하면서 나타난 새로운 사고방식이자, 그것에 기초해 과거를 기술하려던 특정한 서사 양식일 뿐이다.

근대역사학의 가장 큰 특징은 모든 역사 현상의 '실재성'을 받아들이고, 만약 '시간적 계기' 속에서 행위자의 의도를 파악할 수만 있다면, 그것들의 본모습 또한 찾아낼 수 있다는 인식론적 전제였다. 그리고 그런 생각에 기초해, 역사상에 나타난 어떤 개별적인 실체와 그것이 단선적인 시간의 흐름 속에서 변화하는 양상을 '인과적 관계' 속에서 밝혀내는 것이 역사학의 기본 과제가 되었다.[3] 더욱 의미심장한 사실은, 시간의 흐름 속에서 변화하는 개별 실체나 단위에 주목하는 랑케식의 역사주의 사고가, 19세기 이후 유럽 전역을 강타한 민족주의 열풍과 손을 맞잡게 되었다는 점이다. 이런 과정을 거치면서 자연스럽게 개별 '민족이나 국가'가 역사서술이나 이해의 기본 단위로 부상했다. 근대역사학이 대두하면서, 민족이나 국가를 역사의 주체로 삼고 단선적인 시간의 흐름에 따라 그것의 발전 과정을 기술하는 게 역사서술의 전형으로 자리 잡게 된 것이었다.[4]

그뿐이 아니었다. 이렇듯 인과 관계 위에서 과거를 실증적으로 찾아내는 것이 역사의 객관성을 보증하는 이론적 무기가 되면서, 이 특정한 양식은 역사서술의 전범이라는 우월한 지위마저 얻게 되었다. 그리고 자연스럽게 그것이 제시한 '단선적 발전'과 그 지향점으로서의 '근대화'라는 진보 관념이 역사서술의 정당성을 지탱하는 기둥으로 우뚝 서기 시작했다. 근대역사학이 유럽을 넘어 세계 여러 나라에서 전문 역사학의 보편적인 규준으로 자리매김하게 된 것이다. 이는 곧 유럽의 역사가 인류의 보편사로, 유럽인들의 역사적 경험이 인류 모두가 밟아야 할 세계사의 발전 법칙으로 격상된 것을 의미한다. 오늘날 세계 여러 나라에서 유럽의 역사적 경험이 역사서술이나 역사적 사고의 지배적인 모델로 자리 잡게 된 배경 가운데 하나가 그런 근대역사학의 성장과 전파였다. 그렇다면 19세기 이후 유럽인들의 세계 지배는 정치·경제적 차원에서 이루어진 제국주의적 팽창의 결과만은 아니었다. 근대역사학의 탄생과 전파, 즉 "클리오의 제국(Clio's Empire)"의 수립과 성장이 그것의 사상적·철학적 기반을 닦았다.[5]

한국에서 근대역사학이 수용되고 자리 잡는 과정은 이 점을 보여주는 흥미로운 사례다. 구한말과 일제 식민지의 혼란을 겪으면서 우리에게도 유럽의 근대역사학이 수용되었고, 그러면서 역사학이 점차 전문분과 학문의 모습을 갖추어 가기 시작했다. 한국 역사학계에서 역사학의 목적이 무엇인가라는 논제와 관련해 오늘날까지도 쟁점이 되는 두 암묵적인 전제는 그와 절대 무관하지 않아 보인다. 한편에서는 우리 '민족이나 국가'의 고유한 특징을 강조하면서 그것의 실체를 정당화하는 민족주의 이데올로기가, 또 다른 한편에서는 유럽의 역사적 경험에 비추어 우리의 과거 속에서 그에 상응하는 무언가를 찾아내려는 편집증적 병리 현상이 한국 역사학을 견인하고 있는 듯하기 때문이다. 한국 역사학계와 교육계에서 한국사의 특수성을 유럽의 근대역사학이 정립한 진보라는 세계사적 법칙과의 관련성 속에서 어떻게 해명할 것인가라는 문제가 줄곧 역사 해석의 '보이지 않는 손'으로 기능해 온 것도 그런 맥락에서다.

'근대화'와 '진보'라는 두 기둥에 기초한 유럽 근대역사학의 목적론적 사고가 우리 역사학계와 교육계에 지우기 어려운 그림자를 드리우고 있는 셈이다. 분명 이는 유럽에서 시작된 근대역사학의 망령이 한국인으로서 우리가 역사를 이해하고 해석하는 인식의 지평을 극도로 제한하고 있다는 점을 의미한다. 19세기 이래 '실재성', '인과성', 그리고 '시간적 계기성'을 인식론적 전제 삼아 과거의 경험을 객관적으로 복원하려던 유럽 근대역사학의 이상은 유럽인들의 경험을 인류 보편의 경험으로 치환하는 이데올로기적 서사를 낳았다. 그리고 그 속에서 민족이나 국가를 기본 단위 삼아 단선적인 진보의 도상 위에서 자국의 발전 과정을 해명하려는 민족주의적 서사 양식이 전 세계에 걸쳐 역사서술의 전형이 되었다. 한국의 근대역사학은 바로 그 점을 보여주는 징표다.

더욱이 그런 까닭에 한국 역사학계 및 교육계에서는 한국인으로서 우리가 사고하고 서술하는 세계사의 지평 위에 우리가 더 이상 존재하지 않는 모순이 나타났다. 달리 말해, 우리에게 세계사는 한국을 제외한 다른 세계의 역사 그 이상도 또 이하도 될 수 없었고, 그런 맥락에서 동・서양사를 막론하고 세계사는 한국사와는 다른 별개의 영역으로 뚜렷이 분리되어야 했다. 이는 19세기 말 일본에서 유럽중심주의(Eurocentrism)와 오리엔탈리즘(Orientalism)이 이른바 "일본적 오리엔탈리즘" 및 침략주의와 결합하면서 일본사·동양사·서양사의 분과 체제가 만들어지기 시작한 것[6]과 그 결을 같이한다. 일본의 경우, 바로 그런 삼분과 체제가 형성되면서, 일본사는 역사라기보다 '국학'이라는 모습으로 한층 격상되었고, 또 같은 맥락에서 일본의 역사가 동양사에서도 분리되는 자국 중심의 역사 인식[7]이 공고하게 자리 잡을 수 있었기 때문이다.

이를 고려하면, 근대 이후 우리 역사학계에 강고하게 뿌리 내린 한국사·동양사·서양사라는 삼분과 체제 또한 일제 식민지를 거치면서 우리에게 이식된 자국사 중심의 유럽중심주의의 변종이나 다를 바 없어 보인다. 그리고 그 결과 오늘날까지 한국 역사학계에서는 '세계 속에 존재하지 않는 우리,' 혹은 '우리의 역사가 포함되지 않은 세계의 역사'라는 역설이 생겨났다. 게다가 그런 이분법적 사고 때문에, 우리 세계사교육의 지평마저 한층 축소·왜곡될 수밖에 없었다. 좀 더 자세히 말해보자. 한국사와 유리된 별개의 영역으로서 우리에게 세계사란 한국의 특수성을 실증적으로 해명해 주는 보조적 설명 틀이나 역사 이해의 도구, 그것이 아니라면 우리 역시 보편적인 인류의 발전 과정을 거쳐 왔다는 점을 보증하는 한국사의 비교 대상으로 여겨지곤 한다. 만약 세계사가 이런 '절대 타자의 역사' 혹은 없어도 무방한 '여분의 역사'라고 한다면, 그 교육적 가치는 단지 한국사를 위한 보조 수단에 머물 수밖에 없다.

웰스의 호소에 잘 나타나듯이, 유럽에서는 그런 민족 혹은 국가 중심 역사서술의 폐해에 대한 우려가 20세기 초반부터 이미 나타나기 시작했다. 국가 단위의 편협한 역사 이해가 두 차례의 세계대전을 촉발한 숨은 원인이었다는 성찰의 결과였다. 그리고 그런 생각은 20세기를 지나면서 계속 자라났다. 일례로 오늘날의 대표적인 세계사 연구자 맥닐(William H. McNeill)은, 만약 일국사 중심의 역사만을 고집하면서 인류 전체가 경험한 공통의 시련과 성공을 개인의 그것들과 동일한 맥락에서 조망하지 못한다면, 인류는 더 이상 인간들 사이의 갈등을 해소할 어떤 방법도 찾을 수 없을 것이라고 비판한다.[8] 개별 국가나 민족이 아니라 공통된 인간의 경험을 담아낼 수 있는 역사서술로의 전환이 요구된다는 주장이다.

지구촌 곳곳이 하나로 연결된 오늘날의 '글로벌 시대'에, 웰스와 맥닐의 주장은 더욱 호소력 있게 들린다. 오늘날의 우리는, COVID-19 팬데믹이 여실히 보여주었듯이, 지구촌의 모든 이들이 환경과 질병, 기후 문제 등을 포함한 생태적 연관 관계 속에 깊이 연루되어 함께 살아가고 있다는 점을 자연스럽게 받아들인다. 또한 이제는 우크라이나 전쟁이 초래한 정치 지형의 변화나 경제적 여파로부터 지구상 누구도 자유롭지 못하다는 점을 잘 알고 있다. 뉴욕 증권가의 작은 변화가 거의 실시간 세계 곳곳의 경제 시장에서 큰 파동으로 변화하는 것을 목격하는 일도 지구촌 시대의 일상 가운데 하나다. 그렇다면 이렇듯 하나로 묶인 세계에서 역사 연구의 지평을 확대하는 일은 더 이상 피할 수 없는 역사학의 과제일지도 모른다. 그것이 곧 오늘날의 현실 문제와 맞닿아 있기 때문이다. 하지만 이를 위해서는 먼저 근대화를 향한 단선적 진보의 서사에 맞추어 민족이나 국가의 역사를 신화화해 온 근대역사학의 올가미에서 벗어나야 한다.

2. 전통적인 세계사와 그 종착점

근대역사학은 민족이나 국가를 역사의 주체로 삼아 과거를 이해하고 서술한다. 태생적으로 민족주의와 결합한 탓이다. 그리고 그것의 성장과 함께 유럽의 경험을 보편적인 인간의 역사로 환원하고, 이를 다른 세계에도 그대로 투사하는 관행이 역사서술의 전범으로 자리 잡았다. 유럽중심주의가 지구촌 모든 이의 역사적 사고를 지배하기 시작한 것이다. 자국사와 세계사를 분리하는 일관된 현상이 세계 곳곳에서 나타난 것도 마찬가지 맥락에서다. 자국이나 자민족의 과거를 독립된 역사 단위로 간주하고 그것의 발전 과정을 추적하는 것이 거스를 수 없는 역사학의 기본 과제가 되었기 때문이다. 이를 고려하면, 근대역사학을 수용한 20세기 전후 유럽 이외의 다른 지역에서도 자국의 역사와 함께 세계 여러 나라의 역사에 관한 관심이나 교육이 한층 확대되었다는 점은 분명 눈여겨볼 만하다.

구한말 소위 '만국사'라는 이름 아래 다양한 형식의 세계사 저작들이 역술·찬술된 우리의 사례가 이 점을 잘 보여준다. 두말할 나위 없이 그것은 유럽의 근대역사학이 근대화를 향한 구한말 지식인들의 열망 속에 어지럽게 뒤섞인 결과일 뿐, 그에 대한 근본적인 도전이 아니었다. 당시의 세계사 저·역술가들은 민족의 위기를 세계사적 발전 과정과의 연관성 속에서 가늠하고, 다른 나라들의 역사적 경험에서 우리 민족과 국가가 나아갈 길을 배워야 한다고 생각했다. 이것이 바로 그들이 근대화나 진보라는 맥락에서 세계사의 발전 과정을 해석하고, 또 그러면서 그 발전 경로를 우리 역시 따라가기 위해 "국가의 일원으로서 개인이 갖는 책무와 중요성"을 강조한 이유였다. 그들에게는 민족이나 국가만이 역사의 주체, 더 나아가 세계적 경쟁 체제에 맞선 주인공이었다.[9)]

이런 우리의 사례가 예증하듯이, 근대역사학과 세계사는 한편에서는 대립하면서도 다른 한편에서는 함께하는 모종의 '적대적 공모관계'에 놓여 있다. 근대역사학의 체제 아래에서, 유럽의 발전 경로를 기준 삼아 개별 민족이나 국가 혹은 문명 사이의 우열을 견주고, 그것에 기초해 자국의 긍정적인 이미지를 창출하거나 자국의 발전을 위한 교훈을 얻는 것이 세계사 학습이나 교육의 목표로 자리 잡게 된 것이 그런 까닭에서다. 한마디로 그것은 세계사교육이라는 이름으로 포장된 자국사 교육이었다. 웰스는 물론이고, 19세기 말 영국의 역사가 액튼(John D. Acton)은 그런 역사 이해의 폐해를 깨닫고 그것을 극복하기 위한 대안으로 민족주의에서 벗어난 더 커다란 규모의 역사를 써야 한다고 생각했다.

하지만 의미심장하게도 그런 그들의 생각에도 뚜렷한 모순이 존재했다. 인류의 다양한 경험이나 운명을 고려해야 한다고 주장하면서도, 그들 역시 다양한 역사적 경험에 작용하는 하나의 원리, 즉 역사의 보편적 발전 법칙을 찾으려던 근대역사학의 또 다른 이상에 기대고 있었기 때문이다. 다시 말해 그들은 역사의 경험을 하나의 구성 원리에 맞추어 조직하고 이를 하나의 이야기로 담아내려는 소위 전통적인 '보편사(universal history)'의 관념에 기대고 있었다. 이는 그들에게도 유럽의 역사가 인류의 보편사로 환원될 수 있었다는 점을 의미한다. 게다가 개별 국가의 차원을 넘어 다양한 나라와 문명 세계를 기술하려고 시도하면서, 예기치 못한 난제 또한 그들에게 제기되었다. 세계나 문명의 의미가 무엇인지 단언하기 힘들다는 점이 점점 분명해졌기 때문이다.

지난 세기 내내 그저 기계적·지리적으로 세계를 나누고 종교나 관습 혹은 문화 등의 차이를 징표 삼아 각각의 세계를 구분한 뒤, 그들 모두를 백과사전처럼 기술하려는 시도가 계속된 게 그 점을 보여주는 방증이다. 이런 까닭에 지난 세기 중반에 이르기까지 세계사 서술은 다양한 지역이나 문화, 혹은 국가와 문명들의 역사를 하나로 집적하는 수준에 머무를 수밖에 없었다. 오늘날까지 우리 역사학계나 교육계에서 세계사가 지구상 각 지역의 역사를 포괄해 하나로 묶어낸 소위 '제본 세계사'나, 독립 단위로서의 단일 문명의 고유성을 전제하고 그에 기초해 각 문명의 개별적인 성격을 추적하면서 그 우열 관계를 확인하는 비교사의 차원에 머무는 것도 마찬가지 이유에서다.

그렇다면 다양한 지역이나 문화를 한데 모으는 것 이외에 어떠한 방법이 있는가? 이와 관련해 오늘날의 대표적인 세계사 연구자 폰팅(Clive Ponting)은 단순히 세상에 존재해 온 개별 국가와 제국 혹은 문명의 역사를 추린다고 해서 그것이 곧 세계사가 되지는 못한다고 단언한다. 그에 따르면, 백과사전을 기술하는 듯한 그런 나열적인 서사 양식을 통해서는 "국가, 제국, 문명 등의 구성단위에 담긴 공통의 주제는 물론, 그것들이 상호작용해 온 방식"을 전혀 이해할 수 없다. 그뿐만 아니라, "다양한 인간 공동체 사이의 지식과 기술의 전파" 과정 또한 그런 방식을 통해서는 제대로 추적하기 어렵다는 게 그의 비판적인 입장이다.[10)] 여기에서 폰팅은 인류가 이룬 모든 것들의 역사, 혹은 인류의 다양한 경험을 하나의 원리로 치환하는 보편사적 관점에서 쓰인 세계사와 자신이 쓰려고 하는 세계사가 다르다고 강조한다.

두말할 나위 없이 폰팅의 주장에는 역사학을 비롯해 오늘날 인문학 세계 전반에 커다란 영향을 끼치고 있는 소위 '글로벌 전회(global turn)'의 지적 충격이 감지된다. 달리 말해 폰팅의 세계사 인식은 고대 이래 끊임없이 지속되어 온 '보편사'의 전통부터 다양한 '포스트(post) 담론'의 영향 아래 지난 세기 후반부터 영미 역사학계를 중심으로 제기된 '새로운 세계사(new world history),' 그리고 이후 대두한 '글로벌 히스토리(global history)'에 이르기까지 서양 역사학계에서 나타난 여러 세계사 서술의 변화와 관련한 사학사적 성찰에 기초하고 있다. 물론 지구화(globalization)로 대변되는 오늘날 지구 환경의 변화 역시 그의 세계사 인식이 형성되는 데 커다란 영향을 끼쳤다.

앞서 이야기했듯이 인간이 이루어 놓은 모든 것들의 역사를 기술하고 철학적·추상적 차원에서 인간 경험의 공통된 양식이나 규칙적인 패턴을 찾으려는 시도는 동서양을 막론하고 어느 세계에서나 지속되어 왔다. 그렇다면 폰팅과 같은 오늘날의 연구자들이 주장하는 세계사는 전통적인 세계사와 무엇이 다른가? 이 질문에 답하기 위해서는 먼저 다양한 방식으로 전개되어 온 세계사 서술의 변화 과정에 대해 간략하게나마 살펴볼 필요가 있다. 이를 통해 세계사 서술이나 이해와 관련된 오늘날의 여러 논의가 함의하는 역사적·사회문화적 지형과 맥락이 한층 명확하게 드러날 것이다.

역사서술이 복잡한 지적 활동의 산물이라는 점에는 이견이 있을 수 없다. 흔히 우리말로 역사서술이나 사학사 등으로 번역되는 '히스토리오그라피(historiography)'를 단순한 '역사 쓰기(historical writing)'라는 의미로만 받아들일 수 없는 것도 그 때문이다. 울프(Daniel Wolf)에 따르면, 오히려 그것은 '역사 쓰기'와 '메타적 차원에서 이루어지는 역사적 사고(meta level of historical thinking)'가 한데 어우러진 복잡한 지적 과정의 결과물이다.[11] 그렇다면 '사학사', 즉 역사학의 역사는 역사서술의 변화가 내포하는 메타적 사고의 추이를 추적하는 역사학의 한 분야라고 할 수 있다. 여하튼 이런 관점에서 세계사 서술의 역사를 살펴보면, 설령 인류 공동의 경험을 기술해야 한다는 문제의식을 공유한다고 해도, 고대 이래 20세기 중반까지 이어져 온 소위 '전통적인 세계사'와 폰팅 등이 주장하는 '오늘날의 세계사'가 서로 다른 지향점을 갖고 있다는 점을 확인할 수 있다. 다른 무엇보다 오늘날의 세계사는 근대역사학이 낳은 자국사 중심의 편협한 역사적 사고, 더 나아가 그것의 기저를 이루는 유럽중심주의 역사관을 극복하겠다는 확고한 목표를 지향한다.

유럽의 경우, 세계사는 역사주의의 부상과 함께 19세기 역사가들의 관심사에서 그 뒷전으로 밀려나기 시작했다. 근대역사학이 낳은 결과였다. 19세기를 세계사와 관련해 역사의식이 변화하는 일종의 분수령으로 해석할 수 있는 한 가지 이유도 바로 그것이다. 하지만 설사 그렇다고 해도, 고대 그리스의 헤로도토스부터 19세기에 이르기까지의 전통적인 세계사가 한결같은 모습으로 유지되어 온 것도 분명 아니다. 아마도 이는 '세계'라는 단어가 한마디로 정의할 수 없는 다양한 의미로 사용될 수 있다는 일견 평범한 사실에서 기인한다. 고대 이래 유럽인들은 서로 다른 맥락에서 다양한 의미로 세계라는 용어를 사용해 왔다. 먼저 세계를 국가적 경계를 넘어 지구촌 모두를 아우르는 지리적 개념으로 사용하는 경우가 가장 일반적이다. 하지만 '나만의 세계' 혹은 '그들의 세계'라는 일상의 용례에서 확인할 수 있듯이, 또 다른 누군가는 지극히 불확정적이고 추상적인 차원에서 물리적 규모와 관계없는 개념으로 세계라는 말을 쓰기도 한다.

이런 용례 상의 혼란은 '세계'라는 말을 전면에 내세워 역사를 기술하는 세계사 연구자들 사이에서도 심심찮게 발견된다. 예를 들어 어떤 역사가는 자신이 추적하려는 역사적 행위나 사상의 범위를 설명하기 위한 주관적 개념 범주로 세계라는 용어를 사용하고, 또 다른 누군가는 역사적 행위가 실제로 이루어지는 물리적 경계나 규모라는 차원에서 그 말을 쓴다. 더군다나 세계라는 개념이 과거를 인식하기 위한 역사가의 메타-분석적인 도구로 이용되는 경우도 적지 않다. 이런 다양한 용례를 염두에 둔다면, 단순히 한 지역이나 국가를 넘어선다는 지리적·물리적 규모의 차원으로만 세계사를 정의하기에는 석연치 않은 구석이 제법 적지 않다. 전통적인 세계사 서술이 변화해 온 과정에는 이런 다양한 생각과 그로 말미암은 혼란이 고스란히 녹아 있는 듯하다. 이제 유럽을 중심으로 그 변화 과정에 대해 간략히 살펴보자.

'인류가 이루어 놓은 모든 것들의 역사'를 쓰고, '인류의 경험을 하나의 전체'로 서술하려는 전통은 동서양 모두에서 고대 이래 대략 1500년경까지 지속되었다. 서양에서는 그리스와 로마의 역사가 헤로도토스와 폴리비오스(Polybius)가, 동양에서는 중국의 역사가 사마천과 이슬람 역사가 이븐 할둔(Ibn Khaldun)이 대표적이다. 그들에게 세계란 인간이 정착해서 삶을 영위해 왔다고 알려진 모든 공간을 의미했고, 따라서 그들은 자신들이 살고 있는 세계와 그 주변의 알려진 세계 모두를 아우를 수 있는 커다란 규모의 역사를 쓰려고 시도했다. 더욱이 그러면서 그들은 오랜 기간의 사회적 진화를 거쳐 하나로 통합된 세계를 담아내는 것을 역사서술의 궁극적인 주제나 목표로 삼았다. 로마제국이 성장하고 기독교 사회가 정립된 유럽의 경우, 바로 그런 전통 속에서 이른바 '섭리 사관'이 출현할 수 있었다.

아마도 그와 무관하지 않을 것이다. 고대에서 중세에 이르기까지, 그런 관점에 따라 그려진 커다란 세계란 결국 역사가 자신이 살고 있는 작은 '세계(ecumene)'의 관점에 맞추어 결정된 것에 불과했고, 이에 따라 세계사는 자기 세계의 정체성이나 우월성을 확인하는 기제로 작동했다. 문명과 야만을 기준으로 그리스인과 비그리스인을 나눈 헤로도토스, 화이사상(華夷思想)으로 대변되는 중국 중심의 질서를 구축하기 위해 주변의 '오랑캐'마저 역사서술의 대상에 포함한 사마천, 아시아와 아프리카 등 자신이 여행한 모든 곳에 대한 여행기를 쓰면서 의도적으로 유럽을 제외한 중세 모로코의 이슬람 여행가 이븐 바투타(Ibn Batutha)의 사례가 이를 잘 보여준다. 이처럼 고대부터 대략 1500년에 이르기까지의 세계사 서술에서는 역사가가 살고 있는 사회의 도덕적·정신적 가치 규준에 따라 타자의 과거가 평가되었다.[12)]

유럽의 경우 대략 1500년 이후 이런 세계사 서술 양식에 변화가 나타나기 시작했다. 두말할 나위 없이 그것은 '대항해 시대'가 유럽 지성계에 가져온 산물이었다. 자신들이 알고 있던 물리적 세계의 범위가 확대되고 그에 따라 세계의 다른 지역에 대한 정보가 한층 늘어나면서, 유럽의 지식인들에게는 새롭게 알게 된 정보들을 어떻게 해석할 것인가라는 문제가 대두했고, 그에 대한 응답으로 그들은 서로 다른 문화나 지역에서 발견한 다양한 사례들을 한데 모아 '모든 것들의 역사'라는 이름으로 체계화하기 시작했다. 가능한 많은 지역의 과거와 현대의 경험을 연대기적 지형 속에 나열하는 것이 역사서술의 주된 관행으로 자리 잡게 된 것이다. 일례로 볼테르(Voltaire)를 비롯한 당대의 지식인들은 너나없이 문화와 문화 혹은 문명과 문명을 소개하고 비교하는 데 몰두했다. 그리고 그런 가운데 계몽주의 시대 이후 유럽인들 사이에서 세계사는 지식인이라면 갖추어야 할 '교양'이라는 우월한 지위에 올랐다.

의미심장하게도 이런 근대 초의 변화는 얼마 지나지 않으면 '섭리의 보편사'가 '진보의 보편사'로 대체될 것이라는 점을 예기하는 일종의 징후였다. '서로 다른 문명들'이라는 관념을 받아들이면서도, '유럽 문명'을 중심에 두고 그것들을 비교하는 '유럽중심주의 사고'의 씨앗이 당대 유럽 지식인들의 세계사 인식에 싹트기 시작한 탓이다.[13)] 그렇다면 19세기에 나타난 근대역사학의 이상, 달리 말해 이성과 진보라는 방법론적·목적론적 기준에 따라 역사를 서술해야 한다는 사고방식은 그것의 논리적 귀결점에 지나지 않을지도 모른다. 여하튼 19세기에 접어들면서 랑케의 역사주의로 무장한 새로운 사고방식 아래에서, 유럽의 경험은 역사의 진보를 보여주는 모델로 굳건히 자리 잡았다. 개별 국가나 민족의 역사적 경험을 단선적인 진보의 과정, 즉 근대화를 향한 도정으로 여기고 그에 맞추어 과거를 해석하는 게 역사학의 본령이 되었기 때문이다.

이에 따라 19세기 이후의 세계사 서술에는 지구적 차원의 위계 구조와 비대칭적인 지정학적 질서가 고스란히 반영되었다.[14] 그렇다면 19세기에 근대역사학이 자리 잡으면서 고대 이래 지속되던 세계사 서술의 이상이 상대적으로 퇴조의 길을 걷게 된 것은 당연한 수순의 결과였다. 역사서술이란 모름지기 모든 주제를 하나의 관점에서 관통해야 달성할 수 있는 일관성을 담아야 한다는 웰스의 호소는 말할 나위 없고, 토인비가 문명을 단위로 세계의 역사를 거시적으로 조망하려 한 것은 그런 흐름에 대한 의식적인 도전이었다. 그러나 뒤에서 더욱 자세히 논의하겠지만, 문명을 자율적 단위로 상정하고 그에 기초해 개별 문명의 고유성을 찾아내려 한다는 점에서, 토인비 등이 천착한 문명사적 접근 또한 전통적인 세계사와 크게 다르지 않아 보인다. 다른 무엇보다 이는, 무엇이 문명을 구성하는가에 대한 합의가 이루어지기 어렵고, 그에 따라 문명사적 비교에도, 헤로도토스 이래의 전통적인 세계사 서술자들이 그랬듯이, 역사가가 살고 있는 세계나 문화의 관점이 중요한 역사 해석의 준거로 작용하기 때문이다.

요약하자면, 근대역사학이 태동하면서 그 중요성이 퇴색하기 전까지 유럽에서 세계사는 역사서술의 주된 전통 가운데 하나였다. 고대부터 대략 15세기까지 그것은 자신들의 세계와 그 주변 세계 모두를 망라해 알려진 모든 것들을 기술하려는 관심에서 출발해, 그것들을 하나의 통합된 원리 속에 종합하는 것을 의미했다. 16세기부터 18세기까지는 지구촌의 다양한 지역이나 세계의 문화들을 백과사전적으로 나열하는 게 세계사 서술의 전형이 되었다. 하지만 교양이라는 이름으로 포장된 그런 서술 방식에서도 여전히 '유럽 문화'가 서로 다른 문명이나 문화들을 바라보는 기준으로 작동했다. 계몽주의 지식인들과 고대의 세계사 서술자들이 발을 딛고 선 인식론적 토대에는 별반 차이가 없었던 탓이다. 종종 '유럽 헤게모니의 시대', '역사학의 시대' 등으로 불리는 19세기 이후의 변화는 한결 급진적이었다. 근대역사학이 등장하면서 세계사의 이상이 쇠퇴하고 유럽의 경험이 역사 발전의 모델로 대두하면서, 이른바 "역사 없는 사람들"이 탄생하는 지경까지 이르렀기 때문이다.[15] 이제 인류의 공통 경험을 서술하는 보편 서사의 원리로 '진보'가 섭리를 대체했고, 유럽이 그 중심 자리를 차지했다.

지금까지 살펴보았듯이 전통적인 세계사는 몇 차례의 의미 있는 변화를 경험해 왔다. 하지만, 오늘날의 세계사와의 비교를 위해서는, 그런 변화에도 불구하고 그 아래에 면면히 흐르던 공통된 생각에 주목할 필요가 있다. 첫째는 인간이 이 세상에서 이룬 모든 것들의 역사를 기술한다는 목표 아래 알려진 모든 세계를 역사서술에 포함하려 했다는 점이다. 둘째, 적어도 외견상, 오늘날의 세계사 연구자들처럼 전통적인 세계사 서술자들도 인류를 '하나의 전체'로 기술하려 했다. 하지만 오늘날의 세계사 연구자들과 달리, 그들은 전 세계를 포괄하는 하나의 진리나 관념 혹은 원칙을 찾아내려는 '보편사'의 이상을 세계사 서술의 궁극적인 지향점으로 삼았다.[16] 이에 따라 로마제국 이후 유럽에서는 유일신의 개입으로 모든 인간의 경험이 하나의 계시적 질서 아래 통합된다는 섭리의 역사가 등장했고, 19세기에 이르러 그것이 '진보 사관'이라는 역사철학으로 대체되었다. 셋째, 관념이든 제도든 전통적인 세계사는 끊임없이 전수되어 온 어떤 것들의 역사에 초점을 맞추었다. 이에 따라 긴 시간에 걸쳐 인류가 공통으로 유지해 온 일반적인 경향이나 원리가 세계사의 주요 탐구 대상으로 자리 잡았다. 세계사라는 이름으로 저술된 저작들이 대개 상대적으로 긴 시간적 범위를 다루는 것이 그런 이유에서다.

이를 염두에 두면, 19세기 이후의 유럽인들에게 세계사가 두 방향에서 서술되어 온 것도 자연스러워 보인다. 첫째는 세계사라는 이름으로 다양한 민족이나 국가의 역사를 집적하려는 경향이다. 20세기 초중반 랑케의 역사학 방법론을 비판적으로 계승한 유럽의 역사학계가, 역사학과 마찬가지로 개별 분과 학문으로 성장한 비교언어학이나, 고고학, 인류학 등 여러 주변 학문의 도움을 받아, 민족이나 국가 중심의 역사서술을 한층 보강하면서 이런 경향은 더욱 확고해졌다. 간단히 말해 세계사란 바로 그런 개별 국가나 지역의 역사적 경험을 한데 모은 총합이었다. 둘째는 그런 다양한 역사적 경험을 하나의 원리로 체계화·일반화하려는 시도다. 헤겔(G. W. F. Hegel)이나 마르크스(Karl Marx) 등의 19세기 철학자들이 기존의 성서적 역사 해석을 전복하고 그 자리에 이성과 진보를 위치시키려 한 게 그 점을 잘 보여준다. 이처럼 역사의 발전 과정을 추상화하려는 시도는 20세기 후반 자유주의의 승리를 부르짖으며 '역사의 종말'을 선언한 정치학자 후쿠야마(Francis Yoshihiro Fukuyama)에게까지 이어졌다. 한마디로 그것은 역사의 발전 법칙을 염두에 두고 인간의 역사를 거시적으로 조망한 관념론적 보편사다.

마지막으로 과거 인간들의 다양한 경험을 '자문화중심주의(ethnocentrism)'적인 인식의 구도 속에 배치하려는 경향이 전통적인 세계사 서술을 지배해 왔다는 점을 반드시 지적해야 한다. 달리 말해 전통적인 세계사 서술자들 사이에는 자기 민족이나 국가 혹은 자기 세계의 "문화적 지향, 특히 정체성" 강조하고, 이를 위해 자신들이 받아들이는 방식대로 타자의 역사를 이해하고 서술하는 관행이 일관되게 나타났다. 이에 따라 전통적인 세계사에는 과거에서 "자민족의 긍정적인 자기 이미지를 지지하고 확인하는 사건"을 찾아내 이를 "강조해야 한다"는 신념이 마치 강박증처럼 지속되었다.[17] 그렇게 서술된 역사는 '특권화'된 과거를 '소유'함으로써 타민족이나 국가를 차별하기 마련이다. 19세기 유럽에서 시작된 근대역사학과 그것에 기초한 유럽중심주의적 세계사 서술이 그 정점이었다. 유럽이 역사 발전의 보편적인 모델로 자리 잡으면서, 세계 곳곳에서는 이제 유럽의 역사적 경험을 자신의 것으로 전유하고 이를 통해 자신의 역사를 타문화와 비교하는 것이 역사서술의 거스를 수 없는 관행이 되었다.

이를 고려하면 오늘날의 다양한 세계사 연구자들이 '민족(국가)사'와 '유럽중심주의'의 극복을 세계사 서술의 지향점으로 내세운다는 점은 자못 의미심장하다. 그들은 자민족을 중심에 둔 세계사 서술이 다양한 민족이나 국가들이 한데 얽혀 진화해 온 인류 공동의 발전 과정을 도외시할 뿐만 아니라, 의도했든 아니든, 그러면서 타자에 대한 차별마저 정당화한다고 비판한다. 더 심각한 문제는 유럽적 모델에 기초한 그런 식의 자문화중심주의적 역사서술이 유럽의 역사 경험을 공유했느냐의 여부에 따라 정치·사회적 차원에서도 지구촌의 위계적 서열 구조를 한결 재생산하고 지탱한다는 점이다. 설령 인류 공동의 역사를 기술하겠다는 전통적인 세계사의 외관을 따르더라도, 이 점에서 분명 오늘날의 세계사에는 전통적인 세계사와 전혀 다른 문제의식이 담겨 있다. 20세기 후반 유럽의 지성계를 강타한 여러 포스트 담론의 영향을 받으면서 나타난 역사의식의 결과물로서, 한마디로 그것은 부족적·민족적·일국적 경계를 넘어 과거에 접근하려는 새로운 시도이다.[18]

Ⅱ '오늘날의 세계사': 지구화 시대에 다시 묻는 세계사의 의미

1. '오늘날의 세계사'가 제기하는 새로운 문제의식

20세기 유럽 역사학의 역사는 전통적인 역사학의 기본 가정들을 비판하면서 쏟아진 여러 패러다임의 연속이었다. 20세기 전반까지는 여전히 큰 힘을 발휘하던 랑케의 영향 아래 정치사 위주의 역사서술이 주류를 이루었다면, 중반 이후부터는 '아래로부터의 역사'라는 이름 아래 소외된 이들의 목소리를 되찾아주려는 다양한 시도가 일기 시작했다. 1960~70년대 유럽 역사학계를 풍미한 사회사의 융성은 그 반향이었다. 더욱이 이후 서양의 지성계에서 주체와 객체를 엄격히 분리하는 데카르트(René Descartes) 이래의 근대적 사유 체계에 대한 전면적인 비판이 일어났고, 그것이 낳은 여파로 다양한 포스트 담론이 대두했다. 그것이 바로 1980년대부터 90년대에 이르기까지 '문화사'가 역사학의 새로운 분야로 떠오른 배경이다. 이를 고려하면 종종 '신문화사'로 불리는 이 새로운 경향은 흔히 오해되는 것과 달리 어떤 지역이나 사람의 습성이나 풍습 혹은 예술이나 문화 등에 주목하는 것이라기보다, 모든 역사 현상을 하나의 텍스트로 여기고 그것과 콘텍스트 사이의 난독성(discursive) 관계를 해명하려는 지적 시도로 볼 수 있다. 이 점에서 신문화사는 당대 지성계를 주도한 '언어적 전회(linguistic turn)'라는 지적 조류와 떨어질 수 없었고, 그 결과 지난 세기말 '역사학의 폭발'이 이루어졌다.

이제 새로운 천 년대의 시작과 함께 유럽의 역사학계는 또 다른 패러다임의 전환기를 지나고 있다. 대략 20세기 중반부터 일부 서양의 역사가들이 제기한 '서양의 발흥(the rise of the West)'이라는 논쟁적인 주제가 그 변화를 이끈 역사학적 화두 가운데 하나였다. 하지만 더욱 중요한 점은 '글로벌 시대(global ages)'나 '지구화' 등으로 불리는 1990년대 이후의 급격한 지구 환경의 변화가 끼친 영향이었다. 이에 따라 '글로벌 전회'가 역사학의 흐름을 이끄는 새로운 추동력으로 자리 잡았다. 네트워크 이론, 세계 체제 이론, 의사소통이나 정체성 문제 등에 관한 다양한 사회문화 이론 등이 특정 개별 분과 학문의 경계를 넘어 복합적인 차원에서 논의되고 있는 것도 그런 변화의 산물이다. 그렇다면 오늘날의 세계사는 새로운 밀레니엄이 시작하면서 전 지구적 차원에서 한결 첨예하게 감지되는 사회적·지적·문화적 변화에 조응하려는 역사학계의 응전이라고 할 수 있다. 이런 배경 속에서 오늘날의 세계사 연구자들은 일국사의 관점을 넘어 트랜스내셔널(transnational)한 시각으로 역사를 새롭게 읽으면서 유럽중심주의 역사 서사에 균열을 가져오려 한다.

이것이, 전통적인 세계사와 달리, 오늘날의 세계사가 그저 일어난 모든 것들의 역사를 지향하지 않는 이유다. 오히려, 특정 주제나 제한된 시기를 다루면서도, 오늘날의 세계사 연구자들은 '세계적 범위에서 일어난 일들,' 좀 더 정확히 말해 '세계적 차원에서 인류 모두에게 영향을 준 사건들'을 어떻게 재구성할 것인가라는 문제에 초점을 맞춘다. 물론 누군가는 이를 랑케 이래 역사학 내부에서 학문적 지위를 잃어가던 '큰 규모의 역사'를 부활하려는 시도 가운데 하나로 간주할 수도 있을 것이다. 하지만 비슷한 문제의식에서 문명을 중심으로 지구촌의 여러 지역을 나누고 각 문명권의 역사를 탐색한 토인비나 20세기 후반 종교를 중심으로 세계를 분할하고 그들 사이의 충돌을 예견한 정치학자 헌팅턴(Samuel p. Huntington)과 달리, 오늘날의 세계사 연구자들은 세계를 국가나 지역, 혹은 문화나 문명들의 집합체로 여기지 않는다. 오늘날 세계사의 특징이나 성격이 그것이 다루는 역사 현상의 규모 차원에서가 아니라, 그것에 접근하는 '문제의식'과 '방법론' 그리고 그에 관해 이야기하는 '서술 방식'의 맥락에서 구해져야 하는 것이 그 때문이다.[19)]

이를 염두에 두면, 자민족이나 자국의 과거가 아니라 '타자의 과거를 어떻게 역사 인식의 범주에 포함할 것인가'라는 문제의식이야말로 오늘날의 세계사를 특징짓는 가장 중요한 요소다. 이를 좀 더 명확히 이해하기 위해, 오늘날의 세계사 분야를 선도하는 역사가들이 공유하는 몇몇 논점에 대해 살펴보자. 첫째는 오늘날의 세계사가 국가나 민족 그리고 문화 등 개별 역사 단위의 "경계를 넘어서는 관점(border-crossing perspective)"에 기초하고 있다는 점이다.[20)] 이는 세계가 독립된 개별 실체들의 단순한 총합이 아니라는 점을 전제한다. 이런 맥락에서 울프(Eric R. Wolf)는 세계를 하나의 다양체, 즉 "상호 연관된 흐름들로 구성된 하나의 총체"라고 강조하면서, 이 총체를 작은 조각들로 해체하기만 할 뿐 다시 조립하지 못하면서 인류 공동의 역사적 경험이 심각하게 왜곡되었다고 비판한다. 그에 따르면, 국가나 사회 혹은 문화 같은 개념들은 그런 파편적인 조각들에 붙인 이름에 불과하며, 따라서 하나의 집합체 속에서 그들이 접촉하고 관련을 맺는 과정을 해명해야만 비로소 그 이름 너머의 실체를 온전히 이해할 수 있다.

이런 울프의 주장에는 유럽중심주의 역사학에 내재한 이데올로기적 폭압성에 대한 비판이 도사리고 있다. 이에 따라 그는 유라시아에서 들어온 질병들이 아메리카와 오세아니아의 주민들을 절멸시켰고, 유럽인들이 아라비아의 숫자를 배우고 인도의 직물과 중국의 자기를 모방하고 아메리카 원산의 초콜릿이나 담배를 즐겼으며, 유럽에서 시작된 전쟁이 지구 전체에 큰 반향을 일으켰다는 잘 알려진 사실들을 상기시킨다. 심각한 문제는, 이런 명백한 사실에도 불구하고, 여전히 사회적·문화적 차원의 구별과 분리가 역사학에서 사회학 그리고 인류학에 이르는 오늘날 여러 인문·사회과학의 서사 구도를 지배하면서 사람들의 시야를 흐리게 만든다는 점이다. 그렇게 이름뿐인 허상들을 독립된 실체로 간주하고 그들 사이에 경계를 지어 서로를 대비시키면서, 유럽의 역사적 경험을 도덕적 성공담으로 간주하는 신화 조장의 역사서술이 지배하게 되었다는 주장이다. 이런 시각에서 보자면, 유럽의 역사적 발전 경로에서 벗어난 타자들이 "미개인"으로 치부되며 "역사 없는 사람들"로 강등되는 것도 자연스러운 일이었다.[21)]

"휴먼 웹(human web)"이라는 개념을 제시하며, 파편적으로 보이는 여러 역사현상이 실제로는 아주 이른 시기부터 밀접하게 연결된 지구적 관계망, 달리 말해 여러 지역 사이의 상호작용이나 교환, 협력과 갈등 속에서 시작되었다고 강조하는 맥닐 부자의 주장도 궤를 함께한다. 그들은 이런 관계망(web)들이 지구촌 곳곳의 문화나 사회 혹은 민족이나 국가의 경계를 넘나들며 사상과 산물 그리고 재화와 권력 등이 한데 어우러지는 모체가 되었다고 강조한다.[22)] 맥닐 부자와 울프가 공유한 문제의식은 분명하다. 그들은 모두, 내적으로는 자신들의 동질성을 보증하면서도 외적으로는 자기 자신과 외부 세계를 뚜렷이 구별해 주는 '경계'가 국가나 사회 혹은 문화들 사이에 존재한다는 전통적인 세계사의 기본 관념을 거부한다. 그들에 따르면, '근대화된 서양'이나 '정체된 동양' 등과 같은 오랜 관념은 모두 그런 경계 짓기가 낳은 이데올로기의 산물일 뿐이다. 하지만 그런 상상의 세계들이 실체인 양 대두하면서, 외부와 구별되는 개별 세계들을 찾아 나열하고 비교하는 게 세계사 서술의 전형이 되었다.

오늘날의 세계사가 지향하는 '경계 넘기'는 전통적인 세계사 및 20세기의 문명사(history of civilization)나 지역사(regional history) 위주의 세계사 서술에 나타나는 그와 같은 '경계 짓기'를 넘어서려는 시도다. 오늘날의 세계사 연구자들이 다양한 세계나 문화들 사이에서 목격되는 '차이'를 무시하지 않는다는 데에서 이 점을 확인할 수 있다. 전통적인 세계사가 소위 보편사를 지향하며 역사의 법칙이나 원리 혹은 동일한 역사 발전의 상(像)을 찾으려 한다면, 오늘날의 세계사는 인류나 인간성 혹은 체제와 같은 전체주의적 개념을 받아들이지 않는다. 이는 흔히 오해되는 것과 달리, 적어도 기본 전제에 관한 한, 오늘날의 세계사가 지난 세기 후반부터 월러스타인(Immanuel M. Wallerstein) 등이 제시한 '세계체제론'과도 같지 않다는 점을 의미한다. 넓은 지역적 블록이나 체제를 다루면서도, 세계체제론 역시 '체제'로 명명된 개별 단위의 '동질성'에 더 많은 주의를 기울이기 때문이다. 또한 같은 맥락에서 그것은 문명사나 지역사와도 다르다. 다양한 문화와 지역 사이의 접촉에 주목하면서도, 문명사나 지역사의 기본적인 초점은 서로 다른 환경에서 성장한 개별 문화나 지역의 고유성, 즉 그들 각각의 '내적 동학'과 '창조성'에 맞추어져 있기 때문이다.

이와 달리 오늘날의 세계사는 바로 그 경계를 해체하고 넘어서는 것을 목표로 삼는다. 그리고 그런 생각은 오늘날의 세계사 연구자들이 공유하는 두 번째 논점, 즉 역사를 대하는 역사가들의 자세라는 윤리의 문제로 연결된다. 이와 관련해 오스터함멜(Jürgen Osterhammel)은, "역사가는 역사 현상을 해석할 때, 자료가 제공하는 개별성과 (개별성을 처음 만났을 때 해석을 가능케 해주는) 보편적·추상적 지식을 어떻게 연결할 것인가? 역사가는 어떻게 검증을 통과할 수 있는, 더 큰 역사 단위와 과정에 대한 서술을 만들어 낼 것인가"라는 질문을 던진 바 있다.[23] 물론 그가 제기한 문제는 비단 세계사 연구자뿐만 아니라 모든 분야의 역사가가 맞닥뜨리게 되는 난제다. 역사가들은 대개 개별 현상이나 사건을 통해 과거와 만나고, 그렇게 접한 과거를 추상적인 원리나 보편적인 맥락 속에 위치시키면서 역사 서사를 구성하기 때문이다. 하지만 랑케 이래 전문화·파편화가 역사서술의 주된 흐름이 되었다는 점을 고려하면, 오스터함멜의 물음은 세계사를 서술하려는 역사가들에게 더욱 민감하게 다가올 수밖에 없다. 그들에게는 개별 시대나 특정 분야의 역사에서 연구된 여러 현상을 하나의 큰 그림 속에서 조망하는 일이 한결 중요한 과제이기 때문이다.

그런 까닭에 오늘날의 세계사 연구자들은 개별성과 보편성의 변증법적 통합에 많은 관심을 기울인다. 그들이 고대-중세-근대라는 전통적인 시기 구분론에서 벗어나, 한층 탄력적인 시공간 속에서 역사의 시기를 새롭게 나누려 하는 것도 마찬가지 이유에서다. 랭(Michael Lang)은 독일의 비판철학자 아도르노(Theodor Ludwig Wiesengrund Adorno)의 논의에 기초해, 역사의 시기 구분이 특정 시대 고유의 내재적 의미와 보편적 연대기라는 두 극단에서 끌어당기는 힘이 충돌하는 "힘의 장(force field)" 속에서 언제나 긴장 상태에 놓일 수밖에 없다고 이야기한다.[24] 시간의 구분에 관한 이런 생각은, 한편으로는 '모든 시대는 신에게 직결되어 있다'라고 이야기하며 개별 시대를 역사 해석의 독립 단위로 다루어야 한다고 강조하면서도, 다른 한편에서는, '모든 시대는 거대한 전체에 속한다'라는 명제에 잘 드러나듯이, 태초부터 지금까지 인간의 역사가 하나로 연결되어 있다고 주장한 랑케 이래 유럽인들의 독특한 역사적 상상력에서 비롯되었다.[25]

그렇다면 특정 시대의 개별성과 연대기적 보편성 사이에서 어떻게 균형을 잡아야 하는가? 누구도 이에 대한 만족할 만한 해결책을 제시하기는 어렵다. 하지만 설령 그렇다고 해도 오늘날의 세계사 연구자들은, 끊임없이 그 문제를 거론하면서, 전통적인 역사 시기 구분법에 담긴 이데올로기적 폭력성을 상기시킨다. 유럽의 역사적 경험에 기초해 고대-중세-근대로 이어지는 역사의 변화 과정을 보편화하면서, 전통적인 역사 시기 구분이 일차원적인 시간의 분할뿐만 아니라 유럽의 역사적 경험을 공유했는가에 따라 지구촌의 모든 지리적 공간마저 위계적으로 나누기 때문이다.[26] 두말할 나위 없이 이는 근대역사학의 목적론적 서사 구도와 유럽의 세계 지배가 손을 맞잡은 정치적 결과다. 그렇다면 '진보'가 아닌 '진화'라는 자연선택적 개념을 통해 역사의 변화를 설명하려는 오늘날 몇몇 세계사 연구자들의 시도는 유럽중심주의 역사에 대한 도전으로 간주할 만하다.

오스터함멜이 도덕성이 세계사 서술의 정당성을 가늠하는 기준이 되어야 한다고 강조한 이유도 바로 그 때문이다. 그에 따르면, 알아야 할 모든 것들을 다 아는 게 세계사 서술자들의 핵심 자격이 될 수 없다. 세계사가 모든 것의 이야기가 될 수 없는 것처럼, 세계 곳곳에서 벌어진 모든 일들을 속속들이 알고 검증할 수 있는 연구자도, 여러 다른 세부 분야에서 진행된 연구들로부터 적절한 하나의 결론을 도출할 수 있는 세계사 저술자도 실제로는 존재할 수 없기 때문이다. 이에 따라 그는 세계사 연구자가 갖추어야 할 자격으로, "균형 감각, 모순과 연결성을 감지할 수 있는 예민한 후각, 여기에 더하여 무엇이 전형적이며 대표적인지를 파악해 내는 인식력"을 첫손에 꼽는다. 그리고 거기에 더해 그는 "전문적 연구를 존경하는 겸손한 자세"가 반드시 뒤따라야 한다고 덧붙인다.[27] 지구촌에서 벌어지는 온갖 현상을 편견 없이 바라보고 그것들을 인류 공동의 발전에 이바지할 수 있는 관점에서 이해하기 위해서는, 지구화 시대가 요구하는 윤리적 문제에 부응하는 지적 성실성이 필요하다는 주장이다.

그리고 그런 생각은 오늘날의 세계사 연구자들이 공유하는 세 번째 논점, 즉 방법론적・인식론적 차원으로 이어진다. 과연 어떻게 '윤리적인 차원에서' 다양한 문화나 지역 그리고 세계 사이의 경계를 넘어설 수 있을까? 앞서 이야기했듯이 오늘날의 세계사는 그저 다양한 지역 모두를 역사 분석의 대상에 포함해 그 물리적 공간을 확대하려는 것이라기보다, 한층 넓은 인식론적 틀 속에서 타자의 과거를 자신의 역사 인식과 서술에 포함하려는 시도다. 두말할 나위 없이 이는 세계 여러 나라에서 흔히 목격되는 자문화중심주의적인 역사서술에 대한 도전을 함의한다. 이를 염두에 두면, 목적론적・도구적 차원에서 유럽과 자국의 역사적 경험을 등치하거나 유럽을 가늠자 삼아 서로 다른 지역이나 세계의 우열을 매겨 온 전통적인 비교사의 관행, 세계사를 자국사 이외의 역사로 제한하는 편협한 민족주의적 역사서술 등은 비판의 도마 위에 오를 수밖에 없다. 바로 그런 관점에서 영국의 인류학자 구디(Jack Goody)는 단지 대상을 넓혀 나열하는 것이 아니라, 비교를 통해 균형을 잡고 그럼으로써 "자기중심적 혹은 국가주의적 관점"을 버리는 것이 올바른 세계사가 나아갈 첫걸음이라고 주장한다.[28]

국가든 민족이든 전통적인 역사가들이 역사 분석이나 서술의 대상으로 삼아오던 기본 단위들이 결코 분리된 공동체가 아니라는 게 오늘날 세계사 연구자들의 공유된 생각이기 때문이다. 이에 따라 그들은, 소위 '글로벌(global)'과 '로컬(local)'이 결합한 초국적 연구를 지향하면서, 그것들 사이의 상호 얽힘에 주목해야 한다고 강조한다. 이를 위해서는 다른 무엇보다 과거를 바라보는 새로운 관점이 요구될 수밖에 없다. 이런 문제의식에서 딜릭(Arif Dirlik)은 전통적인 세계사의 분절적이고 편협한 시각을 극복하기 위해서는, 어떤 사회나 문화를 "세계로 만드는 것(worlding)," 달리 말해 "그 사회를 세계로 들여오고 세계를 그 사회로 들여가는" 관점의 전환이 필요하다고 주장한다. 딜릭이 "월딩(worlding)"이라는 조어를 통해 전하려 한 의도는 분명하다. 개별 사회와 더 넓은 세계 사이의 상호작용에 주목하면서, 세계의 시선으로 자기 자신을 바라볼 수 있어야 한다는 것이다. 그에게는 그것이 "각 국가와 문명의 고유한 목적의식을 극복"하고 세계적 관점에서 자기를 이해할 수 있는 해결책이다.[29)]

일견 오늘날의 세계사 연구자들이 제기하는 문제의식은 단순해 보일지 모른다. 하지만 실행에 옮기기는 절대 쉽지 않은 여러 걸림돌이 그것 앞의 곳곳에 도사리고 있다. 지금까지의 논의를 요약하면서, 그들이 그 걸림돌을 넘어서기 위해 제시한 바를 정리해 보자. 첫째, 그들은 시공간적 차원 모두에서 세계를 구분해 오던 전통적인 세계사의 서술 방식을 거부한다. 그들이 문화나 문명, 지역별로 나뉜 경계를 넘어서야 한다고 강조하는 것이 바로 그 때문이다. 분명 그런 생각의 기저에는 오늘날의 인류가 직면한 공동의 문제에 역사가 답할 수 있어야 한다는 모종의 위기감이 흐르고 있다. 둘째, 그렇기에 그들은 세계사 서술의 정당성이 윤리적인 차원에서 구해질 수밖에 없다고 인정한다. 마지막으로 그들은 새로운 서사 양식에서 그 방법을 찾는다. 자문화중심주의나 유럽중심주의를 극복하기 위해서다. 그리고 그런 문제의식에 기초해 그들은 '자기의 시각에서 세계를 보는 것(inside out)'이 아니라 '세계의 시각에서 자신을 보는 것(outside in)'이 필요하다고 강조한다. 후술하겠지만 이런 요구는 한국 세계사교육의 문제를 살펴보는 데에도 적지 않은 시사점을 제공한다. '우리의 시선으로 본 세계사'라는 매력적인 구호 아래 감추어진 문제가 그것을 통해 드러날 수 있기 때문이다.

2. '오늘날의 세계사'의 여러 갈래

21세기에 들어서면서 더욱 가속되는 지구촌화의 현상은 오늘날의 역사가들에게 세계사적 시각에서 인간의 경험을 이해해야 한다는 점을 한층 절감케 한다. 그 누구도 지구상의 다양한 사건이 서로 얽혀 있다는 점을 거부할 수 없게 되었고,

그에 따라 그것들 각각은 물론이고 그들과 지구적 차원에서 벌어지는 현상들 사이의 상호작용 그리고 그 속에서 변화하는 인간과 세계의 구조적 움직임을 추적해야 한다는 목소리가 커지고 있다. '오늘날의 세계사'는 분명 이런 지구화가 낳은 역사에 대한 완전한 재인식의 산물이다. 오늘날의 세계사 연구자들이 역사 서사의 단순화와 일반화를 피하려 한다는 점에서 알 수 있듯이, 지난 세기 후반부터 역사학을 포함한 인문·사회과학 전반에 불어닥친 '언어적 전회'의 충격이 그런 변화의 흐름에 적지 않는 영향을 끼쳤다. 그 결과 그들은 다양한 인간의 경험이 서로 연결되어 있다는 전제 아래, 개별 문화들 사이의 접촉에 주목하면서 근대역사학을 지탱하던 유럽중심주의에서 벗어나려 한다.

지난 세기 후반부터 '새로운 세계사(new world history)', '빅 히스토리(big history)', '글로벌 히스토리(global history)', '트랜스내셔널 히스토리(transnational history)' 등 다양한 이름을 내걸고 등장한 여러 시도에는 모두 그런 문제의식이 녹아 있다. 물론 서로 다른 이름을 내세운다는 점에서, 그들이 강조하는 지향점들 사이에 미묘한 차이가 존재하는 것도 사실이다. 하지만 오늘날의 세계사 연구자들이 자신들의 연구 성과를 내놓는 중요한 학술지들이 대개 겹치고 있다는 점에서, 실제 그 차이는 생각보다 크지 않아 보인다. 특히 이 점은, 크고 작은 몇몇 이견에도 불구하고, 각 지역이나 나라의 역사가 상호 연관되어 발전했고 이것이 한층 넓은 지구적 환경과 연결되어 있다는 점을 강조하는 '새로운 세계사'와 '글로벌 히스토리' 연구자들의 주장을 살펴보면 더욱 분명해진다. 이 점을 고려해, 아래에서는 연구 대상의 규모나 범위라는 측면에 주목하면서 '트랜스내셔널 히스토리', '글로벌 히스토리', 그리고 '빅 히스토리'를 중심으로 오늘날의 세계사의 갈래를 가늠해 보고자 한다.

오늘날의 세계사 연구자들이 공유하는 제1의 전제는 일국사 혹은 자국사 중심의 역사에서 탈피해야 한다는 생각이다. 이를 염두에 두면 트랜스내셔널 히스토리의 지향점은 특히 흥미롭다. 무엇보다 이는 다양한 세계나 문화들 사이의 연결 관계를 강조하며 일국사 중심의 역사서술에서 벗어나려고 시도하면서도, 트랜스내셔널 히스토리 연구자들이 영토 국가를 더 넓은 맥락에 위치시키려 할 뿐 결코 지구성(globality) 자체를 규명하는 데까지는 나아가지 않기 때문이다. 달리 말해, 트랜스내셔널 히스토리의 목적은 다양한 차원에서 이루어지는 국가들 사이의 접촉과 그것이 인간의 역사적 행위에 끼친 영향을 해명하려는 것이지, 한 국가의 역사 자체를 역사가의 시선에서 완전히 몰아내려는 것이 아니다.

이런 문제의식에 기초해 트랜스내셔널 히스토리 연구자들은 하나의 나라가 세계 속에 위치 지어지는 방식, 또 그 반대로 세계가 한 나라나 개별 인간의 삶에 끼어드는 양상을 주된 연구의 대상으로 삼는다. 그들이 대략 지난 두 세기에 걸쳐 역사적으로 형성·발전해 온 '국민국가(nation-state)'가 인간 삶에 어떤 영향을 끼쳤는지에 많은 관심을 기울여 온 것도 그 때문이다. 이 점에서 분명 트랜스내셔널 히스토리는 곧 살펴보게 될 글로벌 히스토리와 어느 정도의 문제의식을 공유하고 있다. 즉 글로벌 히스토리와 마찬가지로 그것은 영토 국가를 더 넓은 맥락 속에 위치 지으면서, 독립적·자생적으로 보이는 역사상의 특정 행위가 실제로는 초국적(transnational) 관계 속에서 나타난 현상이라는 점을 강조한다. 외견상 국민국가 단위에서 벌어지는 것처럼 보이는 그 어떤 행위도 실제로는 다른 국가와의 얽힘(entanglement)의 산물이라는 이야기다. 이에 따라 오늘날의 트랜스내셔널 히스토리 연구자들은 소위 국경이나 경계를 가로지르며 벌어지는 역사적 행위에 주목하면서, 한 국가가 민족적 순수성이나 자율성을 지니고 있다는 전통적인 역사 관념이 결국은 만들어진 신화에 지나지 않는다고 폭로한다.[30)]

이것이 트랜스내셔널 히스토리 연구자들 사이에서 국민국가 단위를 넘어선 더 큰 규모의 '제국사'나 '지역사'적 역사서술이 지배적인 연구 경향으로 자리 잡게 된 배경이다. 소니에(Piere-Yves Saunier)가 적절하게 표현한 것처럼, 트랜스내셔널 히스토리가 "민족국가들의 역사(a history of nations)가 아니라 민족국가들을 포함하고 있는 역사(a history with nations)"를 지향하기 때문이다.[31)] 그런데 의미심장하게도, 트랜스내셔널 히스토리는 바로 그 지점에서 글로벌 히스토리와 갈라설 수밖에 없다. 소니에의 언급에 잘 드러나듯이, 트랜스내셔널 히스토리가 일국사적 역사 해석의 편협성을 넘어서려 하면서도, 그와 동시에 일국사의 존재 자체를 인정하고 그것에 관한 서술 자체를 완전히 포기하지 않기 때문이다.

그렇다면 글로벌 히스토리는, 국가들 사이의 경계나 국경 그리고 그것을 가로지르며 나타나는 사회적 관계에 주목하는 트랜스내셔널 히스토리와 달리, 그 경계를 완전히 넘어서려는 시도라고 할 수 있다. 따라서 글로벌 히스토리 연구자들은 문명이나 국민국가 혹은 제국 등 전통적인 역사 분석의 단위들이 실제로는 결코 독립적으로 존재할 수 없다는 전제 아래 전 지구적 차원에서 나타나는 관계 속에서 그것들의 역사적 의미가 해명되어야 한다고 강조한다. 과도한 일반화의 위험성을 무릅쓰고 말하자면, 국민국가의 존재를 인정하고 그것들 사이의 경계선 위에서 역사를 바라보려 하는가, 아니면 그 경계 자체를 해체하려는 가가 둘 사이를 가르는 분기점이다. 여하튼 그런 경계 해체라는 관점에 기초해 오늘날의 글로벌 히스토리 연구자들은 다음과 같은 몇 가지 논점을 공유한다.

첫째는 일반적으로 오해되는 것과 달리 설령 확대된 관점에서 역사를 조망하려 한다고 해도, 글로벌 히스토리가 다루는 지역이나 시기가 물리적으로 반드시 넓은 지역을 포괄하거나, 시간상 꼭 아주 긴 역사적 과정을 다룰 필요는 없다는 점이다. 역사 분석이나 대상의 규모나 크기가 아니라 독립적이라고 여겨지던 역사의 단위들을 어떻게 연결할 것인가라는 문제가 글로벌 히스토리 연구자들의 주된 관심사이기 때문이다. 한마디로 글로벌 히스토리 연구자들의 목적은 어떤 역사적 현상의 그림을 단순히 확대하려는 게 아니다. 오히려 그들은 그것을 낳은 지구적 차원의 여러 요소와 그 요소들 사이의 관계를 분석하는 것을 역사서술의 목표로 삼는다.[32] 요약하자면 글로벌 히스토리는 전통적으로 분리된 것으로 이해되던 역사 단위들 사이의 '관계성'에 주목한다.

둘째, 그런 까닭에 글로벌 히스토리는 개별 인간이나 사회가 다른 이들과 상호작용을 하는 방식에 주목하면서, 전통적으로 역사가들이 다루어 오던 공간을 물리적·관념적 차원 모두에서 넘어서려고 시도한다. 이것이 글로벌 히스토리 연구자들이 의도적으로 민족국가나 제국, 문명 같은 정치적·문화적 단위들을 자신들 연구의 출발점에서 배제하는 이유다. 의미 있는 역사적 변화를 불러온 공간이라면 어느 곳이라도 역사 연구의 대상이 될 수 있다는 생각이다. 오늘날 산업 노동자나 정치적 망명자들의 이동이나 이주는 물론이고 종교적·인종적 디아스포라(diaspora) 등이 역사학의 중요한 주제로 부상하는 것도 그런 맥락에서다. 더욱이 그러면서 그들은, 발전이나 지체 그리고 후진성 등 전통적인 역사학이 기대 온 진보 사관의 수사를 대체하기 위해 영토성(territoriality)이나 지정학(geopolitics) 혹은 순환(circulation)이나 네트워크 같은 지리적 메타포를 역사 서사에 적극적으로 도입한다.[33]

이를 고려하면 글로벌 히스토리는 결코 '글로브에 관한 역사(a history of globe)'가 아니다. 오히려 어떤 역사 현상을 '글로벌한 관계 속에서 규명하는 역사(a history seen from global connections)'로 그것을 받아들이는 게 더욱 적절하다. 또한 그런 까닭에 정치사나 사상사, 경제사처럼 모든 분야의 전통적인 역사가 '글로벌 히스토리'에 수렴될 수 있다. 다만 정치, 사상, 경제 그 무엇이든, 글로벌 히스토리 연구자들은 그것들의 의미를 사회적·문화적 단위들 사이의 '연결성(connectivity)' 속에서 해명하려 할 뿐이다. 이에 따라 그들은 개별적인 역사적 사건들의 고유성을 강조하기보다, 서로 다른 지역이나 문화 속에서 그것들이 표출하는 '동시발생성(synchronicity)'에 더 많은 촉각을 기울인다. 글로벌 히스토리 연구자들이 유럽중심주의적인 근대역사학의 관행, 즉 어떤 특정한 사례나 경험에 권위를 부여하는 역사 해석을 완강히 거부하는 것도 그 때문이다. 또한 그렇기에 그들은, 독일의 특수한 길을 뜻하는 '존더베크(Sonderweg)'처럼 어떤 개별 사회나 문화의 역사적 경험을 예외론(exceptionalism)이라는 틀로 설명하는 역사 해석 관행도 받아들이지 않는다.[34] 개인이나 국가 혹은 문명 등을 넘어서는 여러 요인 사이의 관계를 추적하면서 그것이 전 지구적 차원에서 초래하는 구조적 변화를 포착하는 게 그들의 지향점이다.

마지막으로 빅 히스토리는 빅뱅(Big Bang)부터 오늘날에 이르기까지의 우주의 장기적인 변화라는 관점에서 역사를 거시적으로 조망하려 한다. 따라서 그것은 자연과학과 인문학을 통합한 간학문적(interdisciplinary) 접근을 통해 역사 변화의 보편적인 경향을 추적하면서, 전통적인 역사학의 파편화되고 분절적인 전문성을 극복하려고 시도한다. 이 점에서 빅 히스토리는 오늘날의 세계사 가운데 가장 큰 규모의 역사를 지향한다고 할 수 있다. 더욱이 그러면서 빅 히스토리 연구자들은 기존의 인간 중심의 역사학에서 벗어나 인간과 자연환경, 인간과 지구 행성 사이의 상호작용 및 그 결과로 나타난 지구의 역사, 그리고 더 나아가 광대한 우주의 역사를 서술하는 것을 목표로 삼는다.

오늘날 인류가 봉착한 생태 질서의 붕괴나 기후 문제 등을 고려하면, 빅 히스토리가 그 문제들을 극복하는 대안적인 역사 서사의 하나로 기능할 수 있을지도 모른다. 하지만 빅 히스토리에는 몇 가지 위험성도 도사리고 있다. 첫째, 너무 큰 규모의 역사를 쓰려고 시도하면서, 일부 전통적인 세계사 서술자나 역사철학자들이 역사 발전의 숨은 원리로 기대곤 했던 신의 문제로 빅 히스토리 연구자들 역시 또다시 회귀할 수도 있다. 둘째는 인간의 특정 경험을 우주의 장기적인 진화 속에서 증명하기가 생각만큼 쉽지 않다는 점이다. 그렇다면 자칫 빅 히스토리는 역사를 준-형이상학적 혹은 신화적 차원의 추상적인 이야기로 전락시키거나, 오늘날의 인류가 봉착한 여러 문제를 진단하고 해결하는 데 있어 누군가에게 면죄부를 주는 역사의 탈-정치화를 낳을 수도 있다.[35)]

지금까지의 논의에서 나타나듯이, 오늘날의 세계사 연구자들이 하나의 방향과 동일한 방법론을 제시하는 것은 아니다. 하지만 그럼에도 그들은 모든 역사가 하나로 귀속되는 궁극적인 공간이나 시간적 대상이 존재하지 않는다는 점에서는 견해를 함께한다. 선험적으로 결정된 특정한 목적이나 형태 없이 역사가 다양한 방향으로 진행된다는 공유된 믿음 때문이다. 두말할 나위 없이 이는 오늘날의 세계사와 관련된 여러 논의가 지난 세기 후반부터 유럽 지성계에 큰 영향력을 행사해 온 포스트모더니즘의 자장 아래에서 제기되었다는 점을 암시한다. 오늘날의 세계사 연구자 대부분이 소위 '본질주의(essentialism)'에 기초해 다른 세계를 '타자화(othering)'하던 기존 역사학의 서사 방식에 강한 거부감을 표출하는 것도 그 영향과 무관하지 않다. 좀 더 자세히 말해, 그들은 언어와 의미 사이의 불안정한 관계에 주목하면서, 이른바 "구성주의적 인식론(constructive epistemology)"의 토대 위에서 자신들의 논의를 전개한다.

하지만 설령 그렇다고 해도 그들이 포스트모던 역사학의 모든 것을 그대로 수용하는 것도 절대 아니다. 무엇보다 이 점은 오늘날의 세계사 연구자들이 기존의 역사보다 더 큰 규모의 역사를 쓰려는 데에서 비롯된다. 좀 더 정확히 말해 보자. 일반화를 거부하는 포스트모더니즘의 논리를 수용해 역사를 특정 모델에 따라 해석하는 것에 반대하면서도, 그와 동시에 그들은 다양한 문화나 역사, 심지어는 자연환경마저 하나의 거대한 역사 서사 속에서 구조화하려고 시도한다.[36)] 그렇다면 오늘날 세계사를 특징짓는 한 가지 징표는 그 둘 사이의 긴장일지도 모른다. 게다가 그 긴장이 충분히 해소되지 못한 채 앞으로도 여전히 남아있을 가능성도 제법 농후하다. 오늘날의 세계사가 개별성과 다양성을 강조하는 "포스트모던 시대"의 "보편사"[37)]라는 모순어법으로 표현될 수 있는 것도 그런 이유에서다.

3. '오늘날의 세계사'의 서사 방식

앞서 언급했듯이, 오늘날의 세계사가 제기하는 문제의식은 주제나 대상보다 하나의 탐구 양식 혹은 그와 관련된 방법론적 차원에서 규명된다. 오늘날의 세계사가, 장기간에 걸친 역사의 변화 과정을 연구 대상으로 삼는 경우가 많지만, 설령 그렇다고 해도 그 속에 나타난 모든 것을 포괄하는 하나의 총합으로 역사를 기술하려거나 보편사적 관점에서 그것을 관통하는 일관된 원리를 찾으려 하지 않기 때문이다. 이를 고려하면 케임브리지 세계사 시리즈를 펴내면서, 첫 1권의 서문에서 "세계사 서술의 목표는 간략화에 있다"라고 공표한 크리스천(David Christian)의 언급은 새삼 주목할 만하다.[38] 전 세계의 모든 일들을 서술하려는 시도가 종종 무수히 많은 역사적인 사건을 한데 모으는 더하기 역사로 귀결되곤 한다는 생각에서다. 역사를 서술하는 일이 어떤 것을 포함하고 또 다른 무엇을 배제하는 선택의 과정이라는 점에는 더 이상 이견이 있을 수 없다. 그렇다면 확대된 시공간을 대상으로 삼는 오늘날의 세계사는 이 문제에 어떻게 답하는가? 달리 말해 '지구촌'이라는 말로 대변되는 현대 세계에서, 오늘날의 세계사 연구자들은 어떤 방식으로 세계사를 서술해야 한다고 생각하는가?

첫째, 오늘날의 세계사는 기존의 역사서술을 지배하던 지리·문화·정치적 분할 방식, 즉 국가나 문화 그리고 대륙별로 세계를 나누던 방식을 거부한다. 이와 달리 오늘날의 세계사 연구자들은 '가시적인 물리적 경계 너머의 세계'를 역사 분석의 단위로 삼는다. 19세기 유럽에서 나타난 여러 현상을 통합된 관점에서 추적한 오스터함멜의 『대변혁』은 그 점을 잘 보여주는 연구 사례 가운데 하나다. 이 방대한 저작에서 그는 혁명이나 전쟁 등 정치적 경험을 중심으로 19세기 유럽사를 서술해 오던 전통적인 서사 방식에 도전하면서, 이동이나 물질생활은 물론이고 도시 문화 등의 다양한 측면으로 연구의 지평을 넓힌다. 더욱이 그러면서 그는 그 모든 현상을 비단 유럽만이 아니라 비유럽 세계에서도 나타나는 동시적 상호작용의 과정이자 결과로 해석한다.

한마디로 『대변혁』은 '한 유럽인'이 유럽인의 시각을 넘어선 '세계인'의 관점에서 유럽의 역사를 조망하면서 자신의 시야에 들어온 총체적인 변화상을 더 넓은 세계사라는 '전경' 속에 위치시키려는 시도다.[39] 아마도 이 책의 부제가 '역사풍경'이라는 점도 그와 무관하지 않을 것이다. 그런데 의미심장하게도 이는 역사 분석의 대상으로서 유럽이 상대화될 수 있을 뿐만 아니라, 다른 세계와도 복잡하게 얽혀 있는 분리될 수 없는 세계라는 점을 보여준다. 그런 까닭에 『대변혁』에서 유럽의 역사적 경험은 독립적인 분석단위, 더 나아가 보편적인 역사 경험의 전범이라는 우월한 지위에서 밀려난다. 물론 이는 오스터함멜이 흔히 유럽의 세기로 불리는 19세기 유럽인들의 경험을 세계사적 전망 속에서 내다보면서 유럽중심주의 서사를 극복하려고 의도했기 때문이다. 이 점을 염두에 둔다면, 오스터함멜의 이 19세기 역사는 단절적인 문명사나 지역사와 오늘날의 세계사가 같지 않다는 점 또한 분명하게 보여주는 흥미로운 사례로 평가할 만하다.

토인비의 저술에 잘 나타나듯이 일반적으로 문명사는 개별 문명들을 고유하고 자율적인 단위로 간주하면서, 그들 사이의 차이를 확인하고 비교하는 데에 집중한다. 하지만 그 누구도 문명을 구성하는 요소가 무엇인지 확언할 수 없으며, 지구상에 존재하는 문명의 수나 유형에 대해서도 적절한 합의에 이르기가 만만치 않다. 게다가, 설령 어떤 고유한 문명이 존재한다고 해도, 시간의 변화 속에서 그것의 본원적인 특성이 한결같은 모습으로 보존될 리도 만무하다. 이에 따라 개별 '문명'들을 기준으로 세계사를 서술할 경우, 자칫 다양한 지역이나 사회 사이의 연결 관계나 그들 사이의 상호작용을 놓치게 될 수도 있다.

헌팅턴의 '문명 충돌론'은 말할 나위 없고, 심지어 오늘날의 대표적인 세계사 연구자 맥닐의 초기 저작에 나타나는 '유럽 예외주의'가 그 점을 잘 보여준다.[40] 헌팅턴은 냉전 이후의 세계질서가 종교로 대변되는 비슷한 문화적 배경을 지닌 지역 세계를 중심으로 재편되고, 그 문명권이 만나는 단층선 지대에서 충돌이 발생하면서 앞으로의 국제질서를 좌우할 것이라고 예견한 바 있다. 19세기 이후 확연해진 유럽의 세계 지배라는 현실 상황을 해명하기 위해 '서양의 발흥'이라는 화두를 던지고 유럽 문명의 '예외적인' 발전에서 그와 관련된 역사적 해답을 찾으려 한 맥닐의 초기 저작도 마찬가지다. 훗날 맥닐 스스로 인정했듯이 현재의 위계적 정치 지형을 뒷받침하는 유럽 중심의 시각이 그의 세계사 해석에 투영되었기 때문이다.[41] 헌팅턴과 초기 맥닐의 논의는 모두 독립된 문명들의 고유성을 강조하면서 나타난 논리적 귀결이었다.

이와 비슷한 문제는 '지역사'의 경우에도 나타난다. 일례로 우리 학계에서 주목받고 있는 동아시아 담론에 빗대어 생각해 보자. 유럽중심주의 역사서술에 대한 대안으로서 혹은 역사를 한국사와 동일시하는 자국사 중심의 역사 이해에 대한 비판으로서, 동아시아 담론은 지난 사반세기가량 우리 역사학계의 지배적인 화두 가운데 하나로 자리 잡고 있다. 하지만 여전히 동아시아의 실체가 명확하지 않다. 한국사의 확장판으로서의 동아시아사 혹은 한국의 특수성을 확인하는 동아시아의 역사라는 왜곡된 방식으로 전유되면서,[42] 한국의 동아시아 담론이 기본적으로 '단절'을 전제로 한 자국사 담론의 변형으로 전락한 듯 보이기 때문이다. 여기에는 지역사가 내포하는 문제가 고스란히 잠재해 있다. 지역을 나누는 기준 자체가 명확하지 못할 뿐만 아니라, 그렇게 나뉜 지역이 더 넓은 지구적 차원에서는 과연 다른 지역과 어떻게 연결되는지도 분명하지 않기 때문이다. 어디까지가 동아시아이며, 또 그 동아시아는 세계 전체와 어떻게 연결되는가? 단절이 전제된 지역사는 이에 대해 답하기 어렵다.

둘째, 전통적인 공간 분할 방식에서 벗어나려는 것과 마찬가지로 오늘날의 세계사 연구자들은 기존의 역사서술을 지배하던 시간의 분할 방식도 거부한다. 물리적으로 절대 끊어질 수 없는 시간을 나누려 한다는 점에서 역사의 시기 구분은 자의적이고 편의적일 수밖에 없다. 고대-중세-근대로 이어지는 3시기 구분론도 마찬가지다. 물론 르네상스에서 그 연원을 찾을 수 있지만, 더욱 본질적인 철학적·이론적 차원을 고려하면 분명 그것은 19세기 유럽인들의 창안물이다. 이는 곧 역사의 3시기 구분론이 유럽의 역사적 경험에 기초하고 있으며, 따라서 그런 시기 구분에 의존해 역사를 서술하면 지구상에 존재하는 다른 지역의 다양한 발전상을 빠뜨릴 수밖에 없다. 더 큰 문제는 목적론적 진보 사관에 기초한 우열의 논리가 그 속에 숨어 있다는 점이다. 이런 문제의식에서 오늘날의 세계사 연구자들은 한결 개방적이고 탄력적으로 연대기적 시간을 구분하려고 시도한다. 한 번 더 『대변혁』을 예로 든다면, 오스터함멜이 '장기' 19세기라고 부를 수 있는 관점으로 1700년대 후반부터 1900년대 초반까지를 하나의 시기에 포함한 것도 그 때문이다. 특정 시기를 하나의 그림 속에서 조망하기 위해 그는 물리적 역법의 시간을 넘어 역사적 시간을

재구조화한다.[43]

아마도 전통적인 시기 구분을 피하는 한층 효과적인 방법은 유럽의 역사적 경험이 아닌 인류 공동의 경험에 기초해 세계사를 새롭게 구성하는 방식일 것이다. 이런 관점에서 위스너-행크스(Merry E. Wiesner-Hanks)는 기존의 세계사 서술이 강력한 물질주의 전통에 기초해 거대한 규모로 진행된 경제적 변화에만 천착해 왔다고 비판하면서, 초기 인류부터 오늘날에 이르기까지의 역사를 인간의 사회·문화적 차원에 초점을 맞추어 다시 쓰려고 시도한다. 그리고 그것을 위해 그녀는 세계사의 시기를 종으로서의 인간이 유사한 삶을 살았던 초기 인류 사회, 도시와 고전 고대 사회, 상호 교류와 네트워크 확장의 시대, 새롭게 연결된 시기, 산업화와 제국주의 및 불평등의 시대, 그리고 21세기의 세계화 시대로 나눈다. 개별 지역이나 문화가 아닌 인류 전체의 관점에서 조망하면 인간의 역사가 점진적인 '세계화'의 방향으로 진화해 왔다는 점을 확인할 수 있다는 게 그녀의 주장이다.[44] 이와 함께 현생 인류의 출현 이후 인간이 생물학적·문화적으로 나뉘고 이후 다시 하나의 세계에서 공존하게 되는 장기간의 인류의 진화 과정에 주목하며, '분화나 분기' 그리고 '통합이나 수렴'이라는 차원에서 역사를 두 시기로 나누어 보자고 주장한 노스럽(David R. Northrup)의 제안도 주목할 만하다.[45]

셋째, 역사 분석의 대상을 시공간적으로 새롭게 구분하는 만큼, 오늘날의 세계사 연구자들은 그렇게 나뉜 세계들을 다시 공시적인 차원에서 하나로 통합하려고 시도한다. 어쩌면 역설적으로 들릴 수 있는 그런 주장을 이해하기 위해, 일찍이 '새로운 세계사'라는 이름 아래 오늘날의 세계사가 가야 한 바를 선구적으로 제시한 벤틀리(Jerry H. Bently)의 언급에 귀를 기울여 보자. 벤틀리의 문제의식은 단절적으로 분할된 문화나 지역 등의 총합이 아니라 그들이 한데 어우러지면서 글로벌 차원에서 초래하는 구조적 변화가 새로운 세계사의 분석 대상이 되어야 한다는 점이다. 이에 따라 그는 개별 공동체나 사회를 독립적으로 바라보기보다 그들 사이의 "비교, 연결, 네트워크, 시스템" 등에 초점을 맞추어야 한다고 강조한다.[46] 오늘날의 세계사가 모든 역사적 단위 사이의 상호작용에 주목해야 한다는 선언적인 호소다.

그렇다면, 오늘날의 세계사가 흔히 오해되는 것과 달리 전통적인 '비교사(comparative history)'와 결을 달리한다는 점을 언급하지 않을 수 없다. 다른 무엇보다 '비교사'의 이곳저곳에 은밀히 숨어 있는 일국사 혹은 자문화중심주의의 함정 때문이다. 좀 더 자세히 말하자면, 무분별하게 '비교'만을 앞세운다면 그저 기능론적 차원에서 등가물로 여겨지는 무언가에 지나친 의미를 부여하면서 비교 대상 사이의 역사적 차이를 간과하거나 기계적인 유사성에만 천착하는 오류에 빠질 소지가 다분하다.[47] 더욱 심각한 문제는 다른 데에 있다. 즉 자칫 개별 사안들을 동일한 척도로 비교하면서, 비교사에는 하나의 중심 모델을 설정하고 그것을 기준으로 서로 다른 현상들의 우열을 가늠하게 될 위험성도 도사리고 있다. 이런 생각에 기초해 앤더슨(Benedict Anderson)은 유럽의 경험을 서로 다른 문화나 지역에 착종하면서 비교라는 망령(spectre)이 민족이나 국민국가의 정당성을 합리화하는 데 이용된다고 비판한다. "자율성의 허구(fiction of autonomy)"라는 신화에 기대어 비교 대상들 사이의 민족적·문화적 특수성을 찾아내고 그 우열 관계에 천착하는 차별의 이데올로기로 전화할 위험성이 비교사에 은밀히 잠재해 있다는 주장이다.[48]

물론 오늘날의 세계사 연구자들도 비교를 세계적인 차원에서 일어나는 역사적 사건들을 이해하는 중요한 방법 가운데 하나로 여긴다. 하지만 그들이 주목하는 것은 결코 비교 대상들 사이의 차이나 유사성만이 아니다. 오히려 오늘날의 세계사는 그것들 사이의 연결 관계, 그리고 그 관계가 만들어지고 변화하는 더 넓은 구조적 맥락을 찾으려 한다.[49] '비교경제학'적 입장에서 유럽과 아시아의 경제 현상이 나뉘는 과정을 거시적으로 조망한 포메란츠(Kenneth Pomeranz)의 유명한 작품 『대분기』는 이 점을 보여주는 적절한 사례다. 유럽의 산업 발전과 비유럽 지역의 지체라는 유럽중심주의 해석에 반기를 들며, 포메란츠는 18세기 이후 중국의 양쯔강 유역과 영국에서 동시에 나타난 경제적 변화를 비교한다. 그에 따르면 영국의 산업혁명이 대변하는 18세기 이후 유럽의 발전은 신대륙의 자원 활용이라는 정치적 요인과 석탄 자원의 유형 같은 환경적 요인 등이 겹친 여러 행운의 산물이다.

이 점에서 포메란츠에게 있어 영국은 비교 대상인 중국, 더 정확히 말해 동양의 후진성을 가늠하는 척도가 될 수 없다. 영국이 대변하는 유럽의 산업화가 유럽의 지적·문화적·사회적 특성이 낳은 본연의 산물이라기보다 유럽과 다른 지역 사이의 상호작용은 물론이고 그 밖의 여러 우연이 겹쳐 일어난 결과이며, 설령 그런 산업화의 결과로 유럽과 중국을 비롯한 다른 세계 사이에서 커다란 분기가 일어났고 해도, 그것은 고작해야 19세기 이후의 일이기 때문이다.[50] 물론 포메란츠의 이런 해석에 여러 논란의 여지가 남아있는 게 사실이다. 하지만 간과할 수 없는 중요한 사실은 유럽의 산업화·근대화가 자생적이고 본원적이라는 유럽중심주의적인 해석에 경종을 울리면서, 포메란츠가 유럽의 발전 원인을 그 내부에서가 아니라 외부, 달리 말해 다른 지역과의 관계 속에서 찾으려 한다는 점이다.

포메란츠의 사례가 보여주듯이 오늘날의 세계사 연구자들은 역사 방법론으로 비교의 가치를 무시하지 않는다. 하지만 그들은 자신들의 강조점을 비교 대상들 각각이 지니는 내적 동질성보다는 그것들이 외부와 맺는 상호작용이나 교환 등으로 옮겨 온다. 달리 말해 독립된 문명이나 지역들 사이의 단절이나 분리에 무게를 두는 전통적인 비교사와 달리, 오늘날의 세계사 연구자들은 비교 대상들이 서로에게 끼치는 영향, 그들 사이의 상호 얽힘, 각자가 더 넓은 세계와 연결되는 양상, 그리고 궁극적으로는 그것들이 하나로 통합(integration)되면서 초래하는 지구적 차원에서의 구조적 변화에 주목한다. 이에 따라 그들은, 재화나 사상 혹은 질병 그 무엇이든, 자신들이 주제로 삼은 역사적 분석 대상이 비교되는 지역이나 문화들 사이에서 끝없이 움직이고 이동하는 과정을 추적하려 한다. 그들이 비교와 "함께(cum)" 반드시 "연결(connection)"을 세계사 연구의 분석 대상으로 삼아야 한다고 목소리를 높이는 것도 그 때문이다.[51] 연결과 순환(circulation), 더 나아가 '하이브리드성(hybridity)'이라는 낯선 용어가 오늘날 세계사 연구자들 사이에서 의미 있는 키워드로 등장한다는 점이 이를 보여주는 징표다.

요약하자면 오늘날의 세계사 연구자들은 시공간적 차원에서 전통적인 역사가들과 다른 방식으로 역사를 구분한다. 또한 궁극적으로 그들은 그렇게 설정된 시공간적 세계에서 자신들이 다루는 대상들 사이의 연결과 통합에 천착한다. 오늘날의 세계사가 그것이 다루는 주제나 대상이 아니라 방법론적 차원에서 특징되는 것도 그런 맥락에서다. 다양한 문화나 세계가 상호 연결되면서 만들어 낸 지구적 차원에서의 구조적 변형이 그들의 탐구 대상이라는 이야기다. 한층 의미심장한 것은, 바로 그런 까닭에 그들이, '묘사적(descriptive)' 서술을 강조한 지난 세기 포스트모던 역사가들과 달리, '분석적(analytic)' 서사 양식, 좀 더 정확히 말하자면 '인과론적 설명 관계' 속에서 역사를 서술하려 한다는 점이다.[52)]

이를 염두에 둔다면 한 가지 사실이 분명하게 도드라진다. 즉, 오늘날의 세계사 연구자들은 어떤 특정 지역이나 문화 공동체에서 나타나는 역사적인 현상을 설명하기 위해 해당 지역이나 공동체의 내부 상황만이 아니라 더 넓은 지구적 차원과의 관련성 속에서 그 원인을 찾으려 한다. 달리 말해 그들은 어떤 역사적 현상의 내적 원인보다는 외적 요인에 더욱 초점을 맞추면서, 궁극적으로는 양자 모두를 함께 추적해야 한다고 강조한다. 두말할 나위 없이 여기에는 하나로 얽혀 있는 오늘날의 지구촌 세계에서 한 지역의 문제가 다른 지역의 삶에도 영향을 줄 수밖에 없다는 자각이 녹아들어 있다.

Ⅲ 우리 세계사교육의 위기와 대안

1. 세계사교육의 난제와 목표

지금까지 논의했듯이 오늘날의 세계사 연구자들이 인류의 역사를 한결 넓은 맥락에서 이해해야 한다고 강조한 데에는 지구화로 대변되는 인간 삶의 변화가 중요한 사회적 배경으로 자리 잡고 있다. 오늘날 한국 사회에서 자국사 중심의 역사교육을 넘어 세계사교육을 강화해야 한다는 주장이 점점 힘을 얻고 있는 것도 마찬가지다. 특히 90%를 웃도는 경제의 대외 의존도와 거주 외국인이 증가하면서 명실상부한 '다인종 국가'로 변모하고 있는 오늘날 한국의 상황을 고려하면, 국가 경쟁력의 강화를 위해서라도 세계사를 공부하고 가르쳐야 할 명분은 충분해 보인다.[53)] 하지만 여전히 한국 사회의 여러 역사 연구자나 교육자는 우리의 세계사교육이 심각한 위기에 처해 있다고 목소리를 높인다. 물론 수학능력시험으로 대변되는 전반적인 중등교육과정의 문제가 그 위기의 가장 중요한 원인 가운데 하나다. 하지만 지난 국정교과서 파동에서 여실히 드러났듯이, 한국의 역사교육이 '역사교육' 자체를 의미하기보다 '한국사교육'과 등치가 되면서 그 위기가 증폭되었다는 점을

결코 부인해서는 안 된다.[54)]

한마디로 자국사 중심의 역사 이해야말로 한국의 세계사교육을 위기에 빠뜨린 무시 못 할 요인이다. 지구촌 다양한 세계 사이의 상호 연결과 통합에 주목하는 '오늘날의 세계사' 논의에 대해 일각에서 표출하는 모종의 거부감도 그런 맥락에서 이해할 수 있다. 물론 이런 태도는 비단 한국 사회에서만 나타나는 것은 아니다. 글로벌 히스토리란 무엇인가에 관한 오스터함멜의 논의에 대한 논평에서, 소니에가 표출한 우려는 유럽도 이 점에서 예외가 아니라는 점을 잘 보여준다. 글로벌 사회가 되어가면서 세계사가 거스르기 힘든 역사학의 주된 경향이 될 것이라는 오스터함멜의 낙관적인 전망에 맞서, 소니에는 그런 시대적 요구에도 불구하고 여전히 민족국가 중심의 전통적인 역사 서사의 저항이 공공영역에서 완강하게 지속되고 있다고 냉소한다. 그에게는 2008~13년 프랑스의 교육과정 논의에 참여했던 저명한 프랑스의 역사가 노라(Pierre Nora)의 사례가 이 점을 상징적으로 보여준다. '기억의 터'라는 개념을 통해 프랑스의 국민 정체성을 새로운 시각에서 규명한 것으로 유명한 노라가, 글로벌 히스토리 혹은 세계사가 프랑스의 교육 현장에서 민족사를 몰아냈다고 강하게 비판했기 때문이다.

노라의 사례에서 나타난 것처럼 오늘날 세계사교육과 관련된 여러 논쟁을 관통하는 핵심 논점 가운데 하나는 역사교육에 대한 소위 "애국주의적" 접근과 "글로벌주의" 접근 사이의 우려스러운 대립이다.[55)] 분명 이는 근대역사학과 그것이 싹틔운 자국사 중심의 역사서술과 역사교육이 유럽에서도 여전히 커다란 힘을 발휘하고 있다는 방증이다. 그렇다면 그런 유럽의 근대역사학에 기초해 학문적 정체성을 수립하고 민족이라는 이름 아래 한국사의 정당성을 찾아온 한국의 역사학계 및 역사 교육계는 더할 나위가 없다. 심층적인 인터뷰를 통해 우리 고등학생들이 무엇을 기준으로 "중요한 역사"를 판단하는지 살펴본 한 연구 성과가 이를 잘 보여준다. 그에 따르면, 한국의 학생들은 우리 민족이 경험한 시련과 그 시련의 극복 그리고 그것을 통한 발전을 우리 민족이나 국가의 정체성을 가늠하는 기준으로 받아들인다. 민족의 기원, 국난 극복, 진보적 발전 등이 한국의 학생들이 중요하게 생각하는 역사의 준거라는 이야기다. 두말할 나위 없이 이는 민족적 정체성을 주입하려는 국가 주도의 교육과정 체제 내에서 그런 내용을 충실하게 전달해 온 오랜 한국사교육의 결과이다.

한결 간과할 수 없는 사실은 그런 민족 중심의 역사 인식이 한국의 학생들이 세계사를 이해하는 데에도 고스란히 침투한다는 점이다. 그리고 그 결과 우리 학생들은 일견 상반된 두 관점에서 세계사교육의 가치를 판단한다. 한편에서 그들은 세계사교육을 통해 세계 여러 나라나 문화가 만나서 교류하는 과정과 그것을 통해 만들어진 체제를 이해하고 그들 사이의 다양성이나 차이를 인정하는 글로벌한 시각을 배워야 한다고 생각한다. 하지만 그 반대편에는 다른 나라의 역사를 공부함으로써 한국사의 특수성을 이해하고 우리가 봉착한 문제나 시련을 극복하는 교훈을 얻어야 한다는 생각도 깊이 자리 잡고 있다.[56] 그렇다면 한국 학생들이 세계사를 바라보는 시선에도 역시 하나로 얽혀 있는 인류 공동의 경험을 이해해야 한다는 오늘날 세계사 연구자들의 글로벌한 관점과, 다양한 나라의 역사를 배움으로써 궁극적으로는 우리의 민족적 정체성을 확인해야 한다는 전통적인 민족주의적·국가주의적 관점이 뒤섞여 있다고 할 수 있다.

소니에가 언급한 "애국주의적" 세계사와 "글로벌주의" 세계사 사이의 강고한 장벽이, 둘 사이의 모순을 숨긴 채, 한국의 학생들 사이를 은밀히 가로지르고 있는 셈이다. 물론 이런 학생들의 세계사 이해에는 교육과정에 깊이 뿌리 내린 국가주의 역사관이 커다란 영향을 끼쳤다. 그리고 그 영향 덕분에 한국의 학생들에게, 더 나아가 한국에서 역사교육을 받은 사람 대부분에게는, '우리'의 역사가 모든 역사적 사고의 기반이자 타자의 역사를 읽는 출발점으로 굳건히 자리 잡고 있다. 이것이 바로 '우리의 시각으로 보는 세계의 역사'라는 매력적인 구호 속에 똬리를 튼 자문화중심주의의 함정이다. 이를 고려하면 지난 세기 후반부터 영미 역사학계를 중심으로 제기된 '새로운 세계사'나 '글로벌 히스토리'는 한국 역사 교육계에 작지 않은 혼란을 가져올 수밖에 없었다. 그리고 그 파장 속에서, 우리만의 과거가 아니라 타자의 과거를 더 큰 역사 인식의 틀에 어떻게 넣을 것인가라는 문제가 세계사교육과 관련된 쟁점으로 떠올랐다.

곧이어 세계사와 관련된 교육과정의 변화에 대해 살펴보면서 좀 더 자세히 논의하겠지만, 2007년부터 2015년에 이르기까지 세계사 교육과정 개편과 맞물려 교육현장을 혼란에 빠뜨린 일련의 논쟁은 그런 배경 속에서 이해되어야 한다. 유럽중심주의에서 탈피한 새로운 관점에서 세계사를 서술하고 그 성과를 교육 현장에 어떻게 녹여낼 것인가라는 문제가 핵심 쟁점이었기 때문이다. 근대역사학의 본원적인 억압성과 이데올로기성을 폭로하면서, 전통적인 세계사 서술과 교육에 내재한 유럽중심주의에 대한 비판이 본격적으로 제기된 결과였다. 그동안 "서유럽의 내적 발달에 기초한 근대 창안론", "유럽사를 보편사로 상상하는 단선적 진보 사관", 그리고 그 저류를 흐르는 "근대화론"이 우리 세계사 인식의 토대를 이루어왔고, 그 교육적 산물로서 모든 지역과 문화 등을 아우르려는 '망라주의'적 교과서가 한국의 교육 현장을 지배해 왔다는 성찰이었다. 그렇다면 특정 지역이나 문명의 역사를 늘리는 것만으로 문제를 해결할 수 없다는 점도 분명해졌다. 궁극적인 해결책은 근대역사학 자체를 해체하는 것이 되어야 했다.[57]

'상호의존성' 개념이 세계사교육의 중심 화두로 떠오른 것은 그런 배경 덕분이다. 이는 단절적인 문명이나 지역사의 총합에서 벗어나 그들 사이의 접촉과 교류, 달리 말해 상호 연결을 중심으로 인류의 역사를 추적하고 이를 세계사적 변화나 구조 속에서 해명하려는 오늘날 세계사 연구자들의 문제의식이 한국의 역사 교육계에도 어느 정도 공유되고 있다는 점을 보여주는 흔적이다. 하지만 아이러니하게도 우리 교육계에서는 어떤 내용을 선정하고 또 선정된 내용을 어떻게 구성할 것인가에 대해서는 그와 다른 차원에서의 접근이 필요하다는 또 다른 주장도 강하게 제기된다. 만약 그렇지 못하다면 "우리의 세계사교육은 또다시 우리와 관련 없는 타자의 시각에서 가르치는 것이 될 수밖에 없다"는 우려에서다.

그리고 그런 생각은 "우리가 처한 현실을 세계적 맥락에서 역사적으로 보려는 시각을 가지게 하는 것"이 세계사교육의 목표가 되어야 한다는 별반 새롭지 않은 주장으로 이어진다.[58] 일견 우리가 처한 상황이나 문제의식이 반영될 수 있도록 세계사의 내용 기준을 선정해야 한다는 생각에는 큰 무리가 없다. 유럽중심주의가 세계사교육에 끼치는 폐해를 지적하면서, 그것을 극복하는 대안으로 우리의 관점을 정립해야 한다는 주장도 마찬가지로 설득력 있게 들린다. 더욱이 그런 생각의 연장선상에서 교육 현장이 자칫 세계사 이론이나 개념의 타당성을 검증하는 무분별한 시험대가 되어서는 곤란하다는 교육적 차원에서의 문제 제기도 충분히 수긍할 만하다.

하지만 이와 관련해, '우리와 관련 없는 타자의 시각'이나 '우리가 처한 현실'이라는 구호가 무엇을 의미하는지 명확하지 않다는 점도 결코 간과해서는 안 된다. 이는, 한국 세계사교육의 위기가 그저 우리가 처한 현실을 반영하지 못해서가 아니라, 본래부터 우리가 가르치는 세계사 속에 우리가 존재하지 않았던 탓에서 비롯되었다는 한결 본질적인 문제 때문이다. 달리 말해 한국 사회에서 세계사란 애초부터 우리와 관계없는 타자의 역사일 뿐이었고, 따라서 한국의 세계사교육은 우리 외부의 세계를 가르치는 한국사교육의 보조 수단에 지나지 않았다. 그렇다면 우리의 시각을 강조하면서 자칫 한국의 세계사교육이, 우리가 받아들이는 방식대로 세계의 역사를 가르치는 자문화중심주의의 함정으로 빠져들 공산이 다분하다.

이를 염두에 둔다면, '우리의 시각'이나 '우리의 현실'이라는 자기중심적인 구호를 앞세우기보다, 뤼젠(Jörn Rüsen)이 언급한 평등의 원칙, 달리 말해 다양한 세계의 문화적 차이를 받아들이고 그러면서 우리의 어두운 면을 인식하게 하는 것[59]이 오늘날의 세계사교육에 더욱 필요해 보인다. 이것이 말뜻 그대로의 '상호의존성' 개념을 통해 우리 학생들에게 인류의 역사를 가르치는 더욱 적절한 방안으로 생각되기 때문이다. 기실 한국인으로서 우리가 인식하고 가르치는 세계사 속에 한국의 역사는 존재하지 않는다. 그렇다면 세계사교육과 관련해 우리의 시각을 강조하는 것은 곧, 우리를 제외한 그 어느 세계와도 '상호 의존'하지 못한 채, 우리 외부의 지역이나 문화 그리고 국가 그 무엇이든, 그들 사이의 상호 의존만을 알맹이 없는 구호처럼 부르짖는 것이나 다름없다. 우리 '없는' 상호 의존의 모순인 셈이다. 유럽중심주의를 극복하기 위해 그 유럽의 자리에 우리를 위치시킬 수는 없다.

달리 말해 보자. 하나로 얽혀 있는 지구촌의 다양한 사람들의 경험을 가르치기 위해서는, 우리의 시각이 아닌 세계의 시각을 우리의 역사 인식에 포섭하는 것을 세계사교육의 원리로 삼아야 한다. 이는 세계사교육을 위해서는, 앞서 어디에선가 언급했듯이, '우리의 시각에서 세계를 보는 것(inside out)'이 아니라 '세계의 시각에서 우리를 보는(outside in)' 관점의 전환이 필요하다는 점을 의미한다. 방법론적 차원에서 볼 때, 이런 관점의 전환은 어떤 역사 현상을 해석할 때 그것의 내인보다는 외인을, 그리고 더 나아가 둘 모두를 함께 고려해야 한다는 사실로 이어진다. 만약 그렇지 못하다면 세계사는 또다시 민족국가 같은 개별 단위들 사이에서 벌어지는 치열한 대립의 경연장 이상이 되기 어렵기 때문이다.

초중등학교에서 어떻게 세계사를 가르쳐야 하는가와 관련된 문제를 둘러싸고 지난 50여 년 동안 미국 사회에서 나타난 두 '무대(stage)'는 이 문제에 접근하는데 적지 않은 시사점을 제공할 수 있다. 던(Ross E. Dunn)에 따르면, 지난 반세기 동안 미국에서는 뚜렷이 상반된 두 경향이 세계사교육과 관련된 논의를 양분해 왔다. 한편에서는 국민국가나 민족 같은 특정 집단의 역사가 아니라 인류의 역사를 광범위한 수준에서 총체적으로 가르쳐야 한다는 진영이, 또 다른 한편에서는 세계사를 가르침으로써 서유럽 문명을 포함해 다양한 이름들이 붙은 문명들의 속성과 성과를 이해하게 해야 한다는 진영이 서로 대립하며 충돌해 왔다는 주장이다. 전자가 인간과 사회 사이의 관계나 상호작용의 역사, 지구상의 다른 지역들에서 나타나는 역사 현상에 대한 비교연구, 혹은 그들 사이의 관계를 탐구하고 가르치는 것을 세계사교육의 목표로 삼는다면, 후자는 역사를 국가가 추구하는 가치와 목적의 표현으로 여기고 이를 세계사 교육과정에 녹여내려 한다.

던은 후자의 경향이 그동안 미국의 교육과정을 지배해 왔다고 단언한다. 그것이 서유럽에서 미국으로 이어진 정치적·지적·문화적 이상을 학생들에게 전달하고 궁극적으로는 그럼으로써 그들의 애국심을 고취하는 국가주의적 목적에 더 잘 부합했던 탓이다. 그런데 한결 의미심장하게도 그와 함께 던은, 세계사를 다른 문화들에 대한 학습으로 여기면서 이런 개별 문화들을 역사적 탐구나 교육의 자연적인 단위로 간주하는 소위 "다문화주의 교육자들"도 알게 모르게 후자의 경향을 지탱해 왔다고 지적한다. 본질주의(essentialism)적 관점에 기초해 어떤 개별 문화를 내적 동질성을 공유하는 고유의 실체로 간주하면서, 다문화주의가 종종 그 의도와 달리 전 세계적으로 얽혀 있는 연결 관계를 이해하기 어렵게 만들기 때문이다.[60] 결국 이런 세계사 이해는 자칫 다양성만을 강조하다가 헌팅턴이 예견한 것과 같은 '문명의 충돌'을 정당화하는 기제로 전락할 수도 있다.

던의 논의가 특히 주목되는 이유는 이처럼 다양한 지역과 문명의 역사를 비판 없이 강조하면서 자칫 세계사교육이 그 목적과 다른 방향으로 흐를 수도 있다는 위험성에 경종을 울리기 때문이다. 아시아의 여러 지역뿐만 아니라 라틴아메리카는 물론이고 아프리카나 오세아니아 등지의 과거를 모두 세계사 교과서에 포함하려고 시도하면서, 결과적으로는 그 지역들에서 나타났던 역사적 발전이나 의미 자체에는 그리 관심을 기울이지 못했던 지난 우리의 세계사교육이 이 점을 잘 보여준다. 어찌 보면 이는 관용이나 시혜의 차원에서 지구촌 곳곳의 다양한 목소리를 담아내겠다는 도덕적 명분에만 급급했을 뿐, 동등한 관계에서 그들의 경험을 전지구적 구도 속에 위치시키지 못한 '무비판적' 다문화주의교육의 결과였다.[61] 두말할 나위 없이 지리적 공간의 확대에만 천착하는 그런 식의 세계사교육을 통해서는 고작해야 17~18세기 유럽의 계몽주의자들이 주장한 '교양'으로서의 세계사를 가르치는 것 이상을 기대하기 힘들다. 수많은 역사적 사실을 백과사전적으로 나열해 가르치는 것에 지나지 않기 때문이다.

이를 고려하면 2022년 교육과정에 제시된 세계사의 성격과 세계사교육의 목표는 새삼 의미 있게 다가온다. 적어도 외견만을 본다면, 지구상 각 지역의 특성과 발전은 물론이고 그들 사이의 상호작용을 가르치는 것을 세계사교육의 목표로 내세우기 때문이다. 교육부의 고시에 따르면, "세계사는 인류가 출현한 시기부터 오늘날까지 인류가 걸어온 발자취를 탐구하는 과목"이며, "세계시민으로서 살아가는 데 필요한 역량을 함양"시키는 데에 세계사교육의 목적이 있다. 교육과정에 참여한 개발진은 이를 위해 세계사 교과를 "역사적으로 형성된 각 지역 세계의 고유한 특성을 학습하는 한편, 각 지역 세계가 접촉하며 이루어진 교역·갈등 등의 상호 연관성을 입체적으로 탐구하도록 구성하였다. 또한 국민국가의 형성을 역사적으로 살펴보고, 인류에게 제기된 과제의 해결 방안을 모색하도록 구성하였다. 이 과정에서 학습자는 인류가 추구한 인권·평화·민주주의·생태환경 등 오늘날의 보편적 가치들이 세계 역사 속에서 탄생한 역사적 구성물임을 확인"할 수 있도록 구성했다고 강조한다. 그러면서 그들은 세계사 교과서의 내용 체계를 "지역 세계의 형성," "교역망의 확대," "국민 국가의 형성," 그리고 "현대 세계의 과제"라는 네 개의 대주제 아래 편성한다.[62]

분명 여기에는 오늘날의 세계사 연구자들이 주장한 핵심 논점들이 녹아 있는 듯하다. 먼저 "상호 연관성"이라는 표현에 드러나듯이 역사 현상의 지구적 관련성이 세계사 교과가 다루어야 할 내용이라는 점이 명시되어 있다. 또한 "각 지역 세계의 고유한 특성"의 학습을 적시한다는 점에서, 적어도 유럽중심주의 역사서술에 대한 거부가 2022년 교육과정이 천착하는 세계사교육의 지향점이라는 점도 확인할 수 있다. 그리고 "인류에게 제기된 과제의 해결"을 모색하려 한다는 점에서, 그것은 분명 오늘날의 세계사 연구자들이 공유하는 다양한 차원에서의 지구적 삶의 위기 상황도 염두에 두고 있다. 하지만 결코 간과할 수 없는 것은 이런 여러 논점이 서로 다른 지평 위에서 맥락 없이 제시되고 있다는 점이다. 일례로 2022년 교육과정에 언급된 세계사의 단위가 과연 지구적 차원에서의 세계인지, 아니면 국민국가들의 총합을 의미하는지부터 명확하지 않다. 이런 까닭에 교육부 고시에 제시된 세계사의 성격이나 세계사교육의 목표가 실제 교육 현장에서 신기루처럼 형해화할 가능성이 높아 보인다. 이에 대한 이해를 위해서는 먼저, 한국의 세계사 교육과정이 변화해 온 과정을 살펴보는 것이 도움이 될 듯하다.

2. 우리 세계사 교육과정의 변화와 그 함의

한국 사회에서 세계사교육은 한국사교육을 빼놓고 결코 이야기할 수 없다. 세계사가 한국사와 다른 분야라는 단절적 사고가 우리 사회에 깊이 뿌리내려 있고, 그렇기에 한국사교육과의 관련성 속에서 세계사교육이 부침을 거듭할 수밖에 없었기 때문이다. 이를 염두에 두면, 해방 이후의 교수요목기부터 2차 교육과정 개정 기간까지 세계사가 한국사와 대등한 지위를 누렸다는 점은 새삼 눈여겨볼 만하다. 이는 '민주주의 국가의 성실하고 유능한 국민'의 양성을 사회생활과의 교과 목표로 삼고, 역사교육을 통해 학생들에게 '다른 나라의 역사와 우리나라 역사의 연관성'을 파악하는 능력을 기르려 했기 때문이다. 세계사 교과의 급격한 위상 변화는 '국사'가 독립교과로 분리되기 시작한 3차 교육과정기부터 나타나기 시작했다. 물론 이를 통해 역사과의 전체적인 위상이 높아졌을지는 몰라도, 국사와 분리되어 사회 교과에 남게 된 세계사의 경우 그 가치가 축소되고 심지어 방치되는 지경까지 이르렀다.[63]

그리고 그런 현상은 국사가 다시 사회 교과에 통합된 7차 교육과정기까지 본질적인 변화 없이 계속되었다. 세계시민의 양성을 위해 세계사와 국사를 연계하겠다는 언명과 달리, 한국사와 세계사를 별개의 영역으로 간주하는 분리 체계가 큰 변화 없이 유지되었기 때문이다. 다른 무엇보다 이런 분리가 가져온 효과는 '국사'라는 명칭을 통해 분명하게 체감되었다. "국사란 '우리' 민족의 절대적 우월성과 배타성을 강조하는 문화적 당위 개념이며 본질주의적인 개념이다." 따라서 그것은 추상적인 집단인 '우리', 좀 더 엄밀히 말해 '우리 민족'을 혈통적·문화적 정체성을 지닌 독립적인 단위로 신화화한다.[64] 이를 고려하면 국사는, 설령 지리적인 차원에서만 생각한다고 해도, 절대로 세계사의 비교 개념이 될 수 없다. 객관적인 분석이나 탐구의 대상을 넘어 선험적으로 주어진 신성한 것으로 격상되었기 때문이다. 더욱이 근대화와 산업화를 지상 과제로 생각한 20세기 한국의 상황에서, 국사 교육은 국가 주도의 민족주의 담론을 지탱하고 재구성하는 이데올로기로 기능했다. 지난 세기 한국의 교육 현장에서 한국사는 '국민윤리'나 마찬가지였고, 역사교육은 '국민윤리교육'이나 다를 바 없었던 셈이다.

바로 그런 까닭에 한국의 세계사교육은, '국민윤리'를 보강하는 수단으로서, 오직 유럽의 근대역사학이 제시한 발전 법칙이나 보편사적 원리를 우리 역시 경험했다는 점을 예증하는 도구로 기능할 때만 그 가치를 인정받을 수 있었다. 한국사와 세계사의 통합을 시도한 2007년 교육과정이 많은 논란을 불러일으킨 것도 그와 무관하지 않다. 두말할 나위 없이 그 변화를 이끈 것은 지난 세기 후반부터 영미 역사학계를 중심으로 전개된 글로벌 전회의 충격이었다. 전 세계가 하나로 연결된 오늘날의 지구촌 환경과 유럽중심주의 역사의 이데올로기적 폭압성에 대한 각성이 기존의 한국사-세계사라는 이분법적 구도에서와는 다른 시각에서 '역사'를 받아들이도록 이끌었고, 그것이 다시 교육 현장의 논의로 이어진 것이었다. 물론 새로운 세기에 접어들면서 서양의 '새로운 세계사' 논의를 적극적으로 소개하면서 한국 역사학계 및 교육계의 한국사-세계사 분리 담론에 도전한 여러 서양사 연구자의 문제 제기도 그런 변화를 견인한 중요한 추동력이었다.

그런 배경 아래에서 2007년 교육과정은 유럽중심주의의 극복을 전면에 내세우면서 역사 및 세계사교육의 재구조화를 시도했다. 국사와 세계사가 '역사'라는 과목으로 통합된 것 이외에도, 기존의 유럽과 중국 중심의 교과서 서술에서 탈피하고자 세계사 교과에 지역 세계라는 개념이 본격적으로 도입되었고 그들 사이의 비교와 상호 교류를 중심으로 교과서가 대폭 수정되었다. 또한 기존의 유럽중심주의적 시기 구분론에서 벗어나기 위해 고대-중세-근대라는 표제어가 교과서에서 사라진 점도 눈에 띄는 대목이다. 부분 개정으로 이루어진 2009년 교육과정에서도 기본적인 관점이나 틀은 큰 변화 없이 지속되었다. 유럽중심주의, 중국중심주의 등에 대한 비판이 확대되면서 각 지역 세계나 지역명이 늘어나고 그 결과 교과서에서 다루어야 할 내용이 늘어난 것뿐이었다.

아이러니하게도 '망라주의'적인 세계사교육에서 탈피하겠다던 2007년 교육과정의 목표가 2009년의 부분 개정을 거치면서 학습해야 할 내용의 증가만을 가져온 것이다. 그렇다면 2015년 교육과정은 그에 대한 일종의 반향이었다. 2007년~2009년 교육과정이 표방한 교류와 접촉에 대한 과도한 강조가 가능한 한 지구촌 모든 지역의 역사를 담아야 한다는 부담으로 이어졌고, 이에 따라 너무 많은 분량의 내용을 가르쳐야 한다는 학교 현장의 비판이 뒤따랐기 때문이다. 앞서 어디선가 언급했듯이, 이는 유럽중심주의를 비판한다는 명분 아래 더하기에 더하기를 더하는 무분별한 첨가의 역사가 가져온 결과였다. 하지만 단지 과도한 학습의 양만이 문제가 아니었다. 그와 함께 더욱 중요한 몇 가지 근본적인 문제가 해소되지 않은 상태로 남아있었다.

첫째, 통합이라는 말이 무색하리만치 여전히 '역사'라는 과목 속에서도 한국사와 세계사가 아무런 연관성 없이 병치되었다. 달리 말해, 역사 과목 아래에서도, 한국사는 세계사와 별개의 현상이라는 특권적인 지위를 유지했다. 둘째, 세계사 교과의 경우, 그것의 의미가 무엇인지에 대한 명확한 규명 없이 지역 세계나 문화권이라는 개념들이 무분별하게 도입되면서 여러 혼란을 낳았다.[65] 앞서 살펴보았듯이, 오늘날의 세계사 연구자들이 염두에 둔 분석단위는 전통적인 국가나 지역, 문화 등을 넘어선다. 이를 고려하면 2007년과 2009년의 교육과정에 나타난 지역 세계가 그에 대한 철저한 규명 없이 그저 전통적인 공간적·지리적 개념에 의존한다는 비판으로부터 자유롭기 힘들다. 요약하자면 2007~2009년 교육과정에서도 공고한 한국사-세계사 분리 체계가 그대로 지속되었고, 어떻게 시공간적 차원에서 세계를 새롭게 구분할 것인가에 대한 명확한 이론적 뒷받침이 이루어지지 못했다.

이를 고려하면, 볼썽사나울 정도로 치열하게 전개된 논전에도 불구하고, 2015년 교육과정은 2007~2009년 교육과정의 한계가 맞닥뜨릴 수밖에 없는 논리적 귀결일 뿐 결코 그에 대한 완전한 반대 이야기가 아니었다. 2015년 세계사 교육과정에 나타난 가장 큰 특징은 세계사 교과서의 내용을 양분했다는 점이다. 전근대는 지역 세계별로, 그리고 유럽의 근대를 기점으로 근현대사의 출발선을 설정한 후 19세기 이후부터는 이른바 세계사적 관점에서 통합된 역사를 서술했기 때문이다. 그러면서 동양사와 서양사가 또다시 뚜렷하게 나뉘게 되었다는 점도 주목할 만하다. 상호 교류에 입각한 세계사에서 개별 지역사의 총합으로서의 세계사로 회귀했다는 비판이 제기된 것이 바로 그 때문이다. 하지만 큰 틀에서 생각하면, 2007~2009년 교육과정과 2015년 교육과정에는 별다른 차이가 없어 보인다.

무엇보다 이는 교류와 접촉이 이루어지는 '역사적 단위'가 무엇인지에 대한 뚜렷한 합의 없이 '상호 관련성'이라는 화두가 우리 교육과정 논의에 마치 신비한 주술처럼 호명되는 데 그쳤기 때문이다. 이에 따라 한편에서는 지구촌의 모든 '지역' 세계를 포괄하려는 '망라주의'가, 다른 한편에서는 무분별한 '잘라내기'가 각축전을 벌였다. 전근대와 근대를 서로 다른 관점에서 양분한 2015년 교육과정의 세계사 교과서 내용 체제는 그와 관련된 일종의 타협책이었다. 그리고 그 결과 2007년부터 2015년에 이르기까지 세계사 교육과정에 관한 논의가, 교육적 목적이나 상황에 대한 고려 없이, 새로운 역사 개념이나 이론을 정립하기 위한 경연의 장으로 전락했다는 거센 비판이 제기되었다. 일례로 그런 문제의식 아래 국내의 한 연구자는 세계사라는 개념을 위해 세계사 교과목이 존재하는 것이 아니라고 지적하면서, 2007년부터 2015년까지의 교육과정상의 변화에도 불구하고 "문패는 바뀌 달았지만, 실제 사는 사람과 살림살이는 별로 바뀐 것이 없는" 게 세계사교육의 실정이라고 희화한다.[66)]

새로운 세계사 개념이나 이론을 무분별하게 적용하면서, 맥락 없는 모자이크식의 '잘라내기 세계사', 마치 첨가만을 미덕으로 여기는 듯한 '제본주의 세계사'가 기묘하게 대립하고 병존하면서 혼란만을 가중했다는 지적이다. 의미심장하게도 이 문제는 '오늘날의 세계사' 연구자들이 줄곧 봉착하게 되는 딜레마와 맞닿아 있는 듯하다. 기실 불가능할 수밖에 없는 모든 것들의 역사를 꿈꾸면서, 자칫 세계사 연구자들이 맥락 없는 누더기의 역사를 쓰는 데 그치거나, 세계의 모든 것을 알고 있다는 위험천만한 오만의 함정에 빠질 수도 있기 때문이다. '글로벌 히스토리'의 중요성을 옹호하면서도, 오스터함멜이 "교육적 필요성"과 "연구의 관점" 사이에서 오늘날의 세계사가 부유할 수밖에 없다고 이야기한 것이 바로 그 때문이다.[67)]

하지만 설혹 그렇다고 해도, 이 딜레마야말로 오늘날 누구도 피할 수 없는 지구적 삶과의 연관성 속에서 세계사교육의 가치와 의미가 추구되어야 한다는 점을 깨닫게 해주는 징표일지 모른다. 한 지역에서 시작된 작은 파장이 먼 다른 지역에서 커다란 파동으로 변한다는 '나비 효과'가 그저 머릿속에서가 아니라 우리가 몸소 느끼는 현실이 된 지 오래다. 이에 따라 오늘날 지구상의 그 누구도 인류 공동의 생존을 위해 함께 고민해야 하는 지구적 차원의 불평등, 환경이나 기후 위기 같은 실존적 문제 등에 귀를 기울이지 않을 수 없게 되었다. 2022년 교육과정에서 '현대 세계의 과제'를 중요한 내용 요소로 선정한 것도 그런 고려 때문이었을 것이다. 더욱이 2015년 교육과정이 또다시 유럽중심주의로 돌아갔다는 비판을 염두에 두고, 2022년 교육과정은 지역성을 드러낸 2015년 교육과정의 내용을 의식적으로 주제를 중심으로 재편한다. 하지만 그것을 지탱하는 구조적 틀이나 골격은 과연 어떠한가?

이 점을 확인하기 위해 먼저, 2022년 교육과정이 목표로 삼은 핵심 아이디어를 살펴보자. "지역 세계의 형성 및 역사 전개는 각각의 특징을 지닌다," "국민국가와 자본주의 체제는 다양한 경로를 통해 형성되었다" 등 2022년 교육과정은 개별 지역이나 문화의 발전을 학생들이 배워야 할 중요한 내용으로 제시한다. 하지만 그것들을 하나로 통합하는 전체적인 주제나 서사적 구조가 전혀 제시되지 못하고 있다. 그렇다면 이런 세계사에는 여전히 다양한 지역이나 문화가 영위해 온 역사의 총합으로 돌아갈 여지가 다분하다. 또한 "역사적으로 형성된 인권, 평화, 민주주의, 생태환경 등의 가치를 포용하려는 자세가 필요하다"라는 환영할 만한 문제의식과 달리, 실제로는 2022년 교육과정에서도 이 보편적 가치나 문제들이 그저 현대사의 영역으로만 축소·환원될 뿐이다. 그것들이 어떻게 지구촌 모두의 문제가 되어 왔는지 그리고 되고 있는지에 대한 '역사적' 고려 없이, 그저 당위적인 차원에서 탈역사화하기 때문이다.

요약하자면 우리의 세계사 교육과정은 해방 이후부터 지금까지 여러 변화를 거듭해 왔다. 하지만 그런 변화가 무색하리만치 일관되게 세계사 교육과정에 영향을 미쳐 온 것은 '한국사'의 존재였다. 2007년 교육과정은 그 점을 보여주는 시금석이다. 특히 그것은, 한국사와 세계사를 '역사'라는 단일 과목에 통합하면서, 의도치 않게 그동안 한국 역사 교육계에서 역사가 곧 한국사로 생각되어 왔다는 숨은 사실을 폭로했다. 하지만, 여기에도 중요한 모순이 잠재하고 있었다. 앞서 이야기했듯이 2007년의 교육과정에서도 세계사와 한국사는 그저 병치에 머문 채 그 어떤 진정한 통합도 이루지 못했고, 그런 상황이 지금도 계속되고 있기 때문이다. 이는 여전히 우리의 세계사 속에는 한국이나 우리가 결코 존재할 수 없다는 점을 의미한다. 달리 말해 세계 각 지역이나 문화들 사이의 상호 의존이나 얽힘을 강조하면서도, 한국 역사교육의 체계는 한국의 역사적 경험을 그 얽힘에서 제외한다. 여전히 한국사가 독립적인 탐구와 이해의 대상이라는 신성한 지위를 누리고 있는 셈이다. '우리 시각으로 읽는 세계사'라는 구호 아래 숨어 있는 역설이 바로 그것이다. 유럽중심주의를 비판하면서도, 한국의 역사교육은 우리의 '자문화중심주의'를 결코 양보할 수 없는 세계사를 읽는 관점으로 고집한다.

3. '오늘날의 세계사'와 세계사교육의 방향 전환

그렇다면 우리 교육 현장에서 어떻게 현대 사회가 요구하는 세계사를 가르쳐야 하는가? 물론 누구도 이에 대한 만족할 만한 해법을 제시할 수 없다. 사람마다 세계사라는 용어를 통해 받아들이는 의미가 제각각이기 때문이다. 하지만 더욱 본질적인 이유는 한국 사회에서 세계사가 한국이 존재하지 않는 타자의 역사로만 받아들여져 왔다는 점이다. 세계사 교육과정에 관한 논의나 정책 수립에 참여하는 연구자들이 역사교육 연구자나 동양사·서양사 전공자일 뿐이라는 점이 이를 잘 보여준다. 그 어떤 한국사 연구자도 세계사교육에 관한 논의에 함께하지 않는다. 이 때문에, 세계사교육에 관한 논의는 대개 한국사와 동·서양사 전공자 사이의, 그리고 동·서양사 전공자 내부의 반쪽짜리 영역 다툼으로 비화하곤 한다. 한국은 세계 밖에 존재하기 때문이다. 이런 철저한 분리 체계 내에서는, 어쩌면 '국가 교육과정 밖'에서 고구될 때나 비로소 온전한 세계사교육의 방안을 모색할 수 있을지도 모른다. 이것이 세계사교육의 논의를 확대하고 세계사교육의 위기를 극복하기 위해 다른 무엇보다 한국사-세계사의 분리 구조를 타파해야 하는 이유다. 그것이야말로, 모두가 알고 있지만 누구도 보려 하지 않는, 우리 역사교육 현장 '방 안의 코끼리'이다.

이를 염두에 두면 『대분기』의 저자 포메란츠가 중국경제사를, 『대변혁』을 쓴 오스터함멜이 19세기 독일지성사를 공부하면서 학문적 이력을 시작했다는 점을 가볍게 볼 수 없다. 『사피에스』로 유명한 이스라엘의 역사학자 유발 하라리(Yuval Noah Harari)가 르네상스기의 개인 정체성에 관해 추적하면서 연구자로서의 첫걸음을 내딛기 시작했다는 점도 마찬가지로 흥미롭다. 이들의 사례는 오늘날의 세계사가 개별 국가의 역사나 개별 지역의 역사는 물론이고 그들의 총합과도 다르다는 점을 은연중에 암시한다. 그렇다면 한국사 연구자도 충분히 세계사적 관점에서 역사교육과 관련된 논의에 참여할 수 있고, 또 세계사를 쓸 수 있어야 마땅하다. 물론 그와 마찬가지로 동양사·서양사 연구자들에게도 역사교육이라는 넓은 관점에서 한국사교육에 관한 논의에 참여할 길이 분명하게 열려야 한다.

하지만 한국의 역사학계는 한국사-동양사-서양사라는 뚜렷한 분과 체제를 만들고 '세계사'를 동양사와 서양사 연구자의 몫으로만 남겨 놓는다. 이런 체제 아래에서 역사 교육과정을 논의하는 한, 세계사교육의 파행은 피할 수 없다. 그런 분과 체제의 틀 속에서는, 설령 다양한 지역과 문화 사이의 상호 연관성과 교류를 강조한다고 해도, 그 통합된 이야기에 한국의 역사적 경험이 들어설 자리가 없기 때문이다. 분명 이는 여전히 되풀이되는 잘못된 세계사 인식과 그것에 기초한 세계사교육의 폐해다. 즉 한국의 역사학계 및 교육계는 유럽의 근대역사학을 비판 없이 수용하면서 유럽과의 비교를 통해 한국사 이외의 역사를 세계사로 정의하고, 한국 이외의 다른 지역의 역사만을 세계사로 기술하고 가르쳐왔다.

더욱 심각한 문제는 그러면서 한국의 역사를 유럽의 역사라는 지배 서사의 자랑스러운 변주곡으로 신화화한다는 점이다. 만약 유럽중심주의가 유럽과 비유럽 세계를 구분하는 배척의 논리이면서 그와 동시에 유럽의 경험을 비유럽 세계에도 그대로 투사하는 포섭의 논리라고 한다면,[68] 한국의 역사적 경험을 유럽의 발전과정에 견주어 설명하고 그 틀을 통해 세계를 이해하려는 한국 역사학계와 교육계의 지난 행태는 그 점을 보여주는 방증이나 다를 바 없다. 지난 20여 년 동안 한국의 역사 교육계는 유럽중심주의의 비판을 세계사교육과 관련된 논의의 핵심 화두로 삼았다. 하지만 그 논의에 한국사를 제외하면서 우리의 역사적 경험을 세계의 역사와 무관한 독립적인 존재로 간주하는 자문화중심주의의 성채를 쌓아왔다. 그 성채를 허물고 세계사, 더 나아가 역사 자체를 온전히 가르치기 위해서는 이제라도 우리가 인식하는 세계사 속에 한국을 포함해야 한다. 물론 이는 어떤 단편적인 내용이나 사실들을 끼워 넣어야 한다는 망라주의적 세계사로의 회귀를 의미하지 않는다. 그저 역사를 바라보는 관점의 전면적인 전환이 필요하다는 점을 뜻할 뿐이다.

이를 위해서는 먼저 여전히 우리 역사학계와 교육계의 주위를 맴도는 근대역사학의 망령을 제거해야 한다. 어쩌면 국가 주도의 교육과정이 지배하는 한국 교육계에서는 결코 바라기 어려운 이 전제를 염두에 두고, 세계사교육이 나아갈 방향을 찾아보자. 첫째, 유럽중심주의를 비롯한 여러 '중심주의'에서 벗어난 새로운 서사 구도를 만들고 이를 교육 현장에 적용해야 한다. 달리 말해, 특정 지역이나 문화 중심의 세계사를 해체하고 여러 지역 사이, 더 나아가 전 지구적 차원에서 개별 문화나 국가들이 서로 영향을 끼치는 얽힘의 과정을 가르쳐야 한다. 소위 '예외론'이나 '특수성'의 안경을 벗고, 지구적 차원에서 벌어지는 다양한 역사 현상들 사이의 연관 관계에 주목해야 한다는 것이다. 물론 이를 위해서는 우리의 역사적 경험, 즉 한국사도 그 점에서 예외가 될 수 없다는 사실을 겸허히 받아들여야 한다. "전지적 해설자의 자기 기만적인 중립성"에서 벗어난 "관점의 상대성"이 절실히 요구되는 것이 그 때문이다.[69)]

두말할 나위 없이 이는 어떤 내용으로 어떻게 시공간을 나누어 세계사를 가르칠 것인가라는 현실적인 문제로 이어진다. 미국의 대학에서 세계사교육에 사용되고 있는 몇몇 교재를 분석하면서 '인도양 무역,' '산업혁명' 그리고 '제국주의'가 어떻게 기술되고 있는지 분석한 국내의 한 연구 성과에 주목해 이 문제에 접근해 보자. 그에 따르면, 내용과 파급력이라는 측면 모두에서 그것들은 시공간적으로 매우 포괄적인 현상이었다. 시대구분의 교차로에서 발생한 중요한 사건들로서 그것들 모두가 지구적인 차원에서 추동력을 얻어 일어났고 또 지구촌의 모든 이에게 아주 오랜 기간 커다란 영향을 끼쳤기 때문이다.[70)] 물론 이 주제들을 다루는 가운데 부지불식간에 끼어들 수 있는 유럽중심주의나 그 밖의 변종 '중심주의'를 어떻게 극복할 것인가라는 문제가 여전히 숙제처럼 남아있는 게 사실이다. 하지만 설령 그렇다고 해도, 그것들을 가르침으로써 일국사의 관점이나 어떤 중심주의에서 벗어나 세계사교육을 새롭게 구성할 때 과연 무엇을 고려해야 하는가에 관한 일말의 단서를 얻을 수 있다. 글로벌 차원에서 벌어지는 구조적 변화가 세계사교육의 주제가 되어야 한다는 점이 잘 드러나기 때문이다.

앞으로의 세계사교육과 관련된 두 번째 논점, 즉 어떻게 세계사의 서사 구도를 만들 것인가라는 문제도 그와 맞닿아 있다. 역사는 언제나 선택을 강요한다. 또 그 선택은 역사가나 역사 교육자가 어떤 서사 구도를 염두에 두고 있느냐에 따라 결정된다. 기존의 세계사 교과서에는 '문명의 발전이라는 진보의 서사', 인류 공통의 이야기보다 '지역별·국가별 묶음으로서의 역사'가 서사의 기본적인 틀을 형성했다. 지금까지 살펴보았듯이, 그런 서사 구도에는 지구촌의 정치적 위계나 불평등을 정당화하는 차별의 이데올로기가 개입한다. 자문화중심주의에서 벗어나야 하는 가장 큰 이유가 그것이다. 하지만 오늘날에는 그 문제가 더욱 심각해지고 있다. 환경 오염과 기후 위기 등으로 말미암아 오늘날의 인류는 인간의 생존 가능성, 더 나아가 생명체의 서식지로서의 지구의 보존 가능성 자체를 회의하지 않을 수 없는 상황에 놓여 있다. 이는 곧 진보의 역사가 재난과 파괴의 역사와 다르지 않을 수 있다는 점을 의미한다. 2022년 교육과정에 명기되었듯이, 국내의 여러 역사 연구자나 교육학자들이 생태나 환경의 문제에 주목하는 것이 그 때문이다.

그렇다면 이런 모든 문제를 고려해 어떻게 세계사의 서사 구도를 새롭게 정립할 것인가? 역사란 모름지기 시간 속의 변화를 추적하는 학문이라는 점을 상기한다면, 어떤 방식을 취하든 역사서술이 시간적인 서사 구도를 피할 수 없다는 점은 두말할 나위가 없다. 이것이 바로 역사학이 지닌 본령이자 한계이다. 이를 염두에 두면, 역사교육과 관련한 새로운 세계사 서술 방안으로서, 연대기적 서사와 지역별 경험을 결합해 온 전통적인 세계사의 서사 구도에서 벗어나, 인류 공동의 경험이나 인류가 봉착한 공통의 문제와 관련된 주제를 선정하고 이를 연대기적 배열 속에서 서술하자고 제안한 최근의 한 연구 성과가 눈에 띈다. 그에 따르면, 역사적 사고의 출발점은 현재에 있을 수밖에 없으며, 만약 그렇다면 역사교육은 오늘날의 인류가 봉착한 문제가 어떻게 역사적으로 만들어져 왔는지를 해명하고 가르치는 것이 되어야 한다. 그러기 위해서는 국가별·지역별·문화별 차이가 아닌 인류 공동의 경험을 학습의 주제로 선정하고 그것이 연대기적 상황 속에서 나타나고 변화하는 과정을 가르치는 게 세계사교육의 핵심이 되어야 한다는 주장이다.[71)]

물론 그러면서 다양한 지역이나 국가가 경험한 이런저런 사건이나 사실이 교육현장에서 사라질 수도 있다. 하지만 그것이 바로 '역사' 혹은 '역사교육'이 받아들여야 하는 숙명이다. '망라주의,' 혹은 일종의 '교양주의'가 세계사교육의 지향점이 아니라면, 선택은 불가피하다. 중요한 것은 무엇이 선택의 기준인가일 뿐이다. 이와 함께 역사가 기본적으로 '이야기'의 양식을 빌려 과거의 일들을 기술하는 것이라는 점을 덧붙일 필요가 있다. 만약 그 점을 받아들인다면 과거의 무수한 사건이나 지구촌 곳곳에서 벌어진 다양한 일을 무분별하게 나열하거나 분절적으로 제시하기보다, 그것들을 일관된 실타래를 통해 하나의 이야기로 엮어내는 서사의 변화 또한 요구되기 때문이다. '이야기' 혹은 '내러티브'로서의 역사의 성격을 무시한 그간의 세계사교육, 더 나아가 역사교육이 국가 교육과정에서 제시한 내용 요소들을 맥락 없는 암기의 대상으로 전락시켰다는 점을 받아들인다면, 이 점은 더욱 절실해 보인다.

역사학이 변화의 과정을 추적하는 학문이라면, 어쩌면 역사가의 첫 임무는 그 변화에 대해 '설명'하기보다 변화 자체를 '기술'하는 것이 되어야 마땅할지 모른다. 이 점을 염두에 두고 지금까지의 모든 논의를 정리해 보자. 지구촌의 모든 사람은 이제 함께 얽혀 삶을 영위할 수밖에는 없는 '하나의 세계'에 살고 있다. 이런 환경 속에서 일국사나 자국사 중심으로 세계의 변화를 설명하는 것은 더 이상 설득력을 얻기 어렵다. 게다가 그것이 현재의 지구적 삶을 살아가는 데에도 별다른 도움이 되지 못한다. 유럽중심주의의 폐해는 이 점을 증명하고 있다. 그렇다면 이제 우리 세계사 더 나아가 역사교육에 필요한 것은 비단 유럽중심주의의 극복만이 아니다. 그와 함께 유럽중심주의가 우리 안에서 또 다른 자문화중심주의로 변종하고 있지는 않은지, 그리고 언제든 그렇게 될 수 있는 것은 아닌지 경계하는 성찰의 자세가 더욱 필요하다. 인류의 삶에 변화를 불러온 것이 무엇인가에 대해 '설명'하려는 시도가 자칫 빠져들곤 하는 함정, 달리 말해 유럽중심주의가 대변하는 어떤 누군가의 '중심주의'는 인류를 차별하게 만들 수밖에 없다. 이 위험성을 받아들인다면, 한국사와 세계사의 분리 구조를 끊는 일이 세계사교육의 선결과제가 되어야 한다.

둘째, 이를 위해 세계사교육의 목표를 간결하게 다시 정립할 필요가 있다. 세계사를 가르침으로써 치열하게 경쟁하는 국제 사회에서 그 경쟁에 나서는 애국적 국민 혹은 민족적 전사를 양성하려는 것인가, 아니면 복잡하게 변화하는 세계의 물정을 이해하고 다양한 문화에 조예 깊은 백과사전적 교양인을 기르려는 것인가? 분명 둘 모두는 아닐 테다. 이 점은 "다양한 시기와 지역의 역사를 열린 자세로 이해하는" 세계시민의 양성을 세계사교육의 목표 가운데 하나로 설정한 2022년 교육과정에서도 확인할 수 있다.[72] 그렇다면 세계시민이란 무엇이고 세계시민의 양성을 위해 세계사가 무엇을 할 수 있는가? 이 난해한 질문에 답하기 위해서는 먼저, 세계사 교과서의 내용을 인류 전체의 삶에 영향을 끼친 주제, 오늘날의 인류가 해결해야 할 당면과제, 그리고 그것을 위해 인류가 가져야 할 보편적 가치 등을 중심으로 선정해야 한다. 물론 시간의 흐름에 주목하는 역사적인 관점이 그 속에 녹아들어 가야 한다는 점은 두말할 나위가 없다. 당위적인 선언, 시간성을 무시하는 보편 담론은 역사의 영역이 아니기 때문이다. 이제껏 한국의 역사학계와 교육계는 그 점을 외면하면서 '우리의 역사,' '이웃 나라의 역사' 그리고 '먼 나라의 역사'라는 상상의 층위 속에서, 한국이 없는 역사를 세계사로 가늠해 왔다. 의미심장하게도 오늘날의 세계사가 쏘아 올린 비판의 화살은 바로 그런 역사 이해를 극복해야 할 표적으로 삼고 있다.

토의해 봅시다.

1) 한국 사회에서 세계사교육이 위기에 봉착한 이유와 그것을 극복하는 방안에 대해 토의해 봅시다.
2) 지구화 시대에 걸맞은 세계사교육의 주제를 한 가지 선정해 보고, 왜 그 주제를 선정하게 되었는지 또 그 주제를 어떤 서사 양식을 통해 가르치는 게 알맞은지 의견을 나누어 봅시다.

CHAPTER

08 어떻게 가르치고 무엇을 평가할까

챕터 개관

목적 역사 수업을 의미 있고 흥미롭게 진행할 수 있는 교수-학습 방법과 수업지도안 작성 방법에 관해 살펴본다. 수업 시간에 학습한 내용을 학생 성장과 교사의 전문성 향상으로 이어가는 평가 방안을 모색한다.

내용 요약 이번 장에서는 교수-학습 방법의 개념과 의미, 수업지도안을 작성하는 중요성, 그리고 학습한 내용을 평가하기 위한 다양한 평가 방안의 필요성에 대해 다룬다. 또한 교수-학습 방법을 교수-학습 활동을 기준으로 하여 전통적 수업방법과 최근의 수업방법으로 구분한 후 각각의 다양한 수업방법과 특징을 살펴보고 실제 수업 사례에서 활용될 수 있는 방법을 모색한다.

수업지도안을 작성하는 이유는 수업의 목표와 내용을 명확히 하고, 수업 진행 과정에서의 일관성을 유지하기 위함이다. 수업지도안을 작성하는 과정에서 교사들은 수업의 전체적인 흐름을 이해하고, 예상되는 문제점에 대비할 수 있다. 또한, 수업내용과 학생들의 흥미를 고려하여 다양한 교수-학습 방법을 시도하고 활용하게 된다.

수업의 흐름을 설계하고 난 후에는 학습한 내용을 효과적으로 평가하기 위해서 다양한 평가 방안을 모색해야 한다. 전통적인 선다형 평가 방식은 학생들의 사고력이나 판단력을 측정하는 데에 한계가 있으므로, 수행평가를 병행하는 등의 보완점을 찾아야 한다. 또한 선다형 문항을 출제하는 방법과 수행평가에서 루브릭을 구성하는 요소 및 설계 방법을 모색해야 한다. 이러한 평가는 학생의 학습 성과를 보다 정교하게 반영하며, 교육의 질을 향상시키는 데 중요한 역할을 하게 될 것이다.

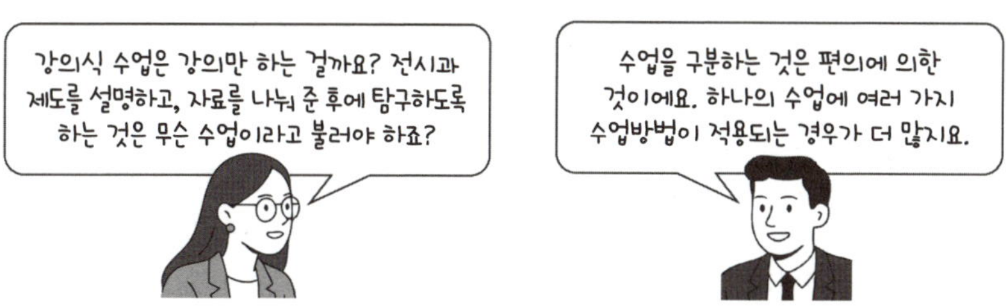

질문 수업방법과 평가방법을 다양하게 시도해야 하는 이유는 무엇일까?

Ⅰ 역사과 교수-학습 방법의 이론과 실제

1. 역사과 교수-학습 방법의 이론

1) 수업의 설계

교사의 수업은 잘 설계된 계획에 따라 진행된다. 수업설계 과정은 교사마다, 상황마다 다르게 진행될 수 있지만 보편적으로 아래와 같은 과정을 따른다.

교육과정 분석 및 수업목표 설정 → 내용 선정 → 학습자 진단 → 교재연구 →

교재와 방법 설정 → 수업지도안 작성 → 학습지 작성 → 수업 →

수행평가 시행 → 전체적인 교수 · 학습 과정에 대한 피드백 및 계획 수립

① 교육과정 분석 및 수업목표 설정: 45분 또는 50분의 수업을 진행한다고 할 때 교육과정의 성취기준을 분석하고, 이에 따라 교사가 재구성한 내용에 적합한 학습목표 제시.

② 내용 선정: 학습목표 달성을 위해 본 수업에서 다루어야 할 내용의 범위와 수준 선정.

③ 학습자 진단: 학생의 발달단계, 선행학습 정도, 흥미, 성향(내성적 또는 외향적), 동기, 다문화 학생 구성 정도 등을 파악하여 내용과 방법의 수준 수정.

예시) 본 수업은 논쟁적 주제 '흥선대원군의 쇄국정책은 옳은 판단이었는가'를 내용으로 다룬다. 학생들은 전시에 학습한 내용을 잘 이해하고 있다. 학생들은 멀티미디어 도구를 모두 활용할 줄 알며 강의식 수업보다는 토론식 수업을 흥미롭게 생각한다. 그러나 적극적으로 의견을 발표하거나 논리적으로 의견을 정리하여 발표하는 학생은 많지 않다. 따라서 토론 전에 토론개요서를 작성하게 하고, 학생들이 적극적으로 참여할 수 있는 토론 방식을 선택해야 한다.

④ 교재연구: 주제에 대해 교사가 다양한 자료를 기반으로 수업 자료 제작.

예시) 이 주제에 대한 내용은 교사의 심도 깊은 이해를 요하므로 교재연구를 위해 관련 논문과 책을 읽고, 핵심적인 내용을 파악해야 한다. 서로 다른 견해가 제시된 경우 A관점은 어떤 자료에 의해 근거가 되는지 B관점은 어떤 자료를 근거로 하는지 등을 꼼꼼하게 정리하여 학생들이 쉽게 이해할 수 있도록 내용을 재조직한 후에 학습지를 작성한다.

⑤ 교재와 방법 설정: 내용 분석과 교재연구를 통해 가장 적정한 교재와 방법 설정.

⑥ 수업지도안 작성: 세안 또는 약안의 구성요소를 살펴 실제 수업에 활용될 수 있도록 내용 구성.
⑦ 학습지 작성: 교사가 수업 중 배부할 학습보조자료로서 학습지를 작성. 제본을 해서 배움책을 만들거나 차시별 학습지를 개별적으로 작성.
⑧ 수업: 수업지도안에 따라 수업 실행(도입-전개-정리). 실제 상황에서 일어날 수 있는 여러 변수에 대해 능숙하게 대응.
⑨ 수행평가 시행: 평가의 타당도 등을 생각하며 루브릭 설계 방법을 이용하여 작성.
⑩ 전체적인 교수 · 학습 과정에 대한 피드백 및 보완 계획 수립: 수업의 전반적인 과정에 대한 성찰. 학생들의 수업평가 결과를 통한 수업 반성, 학생들이 잘한 부분과 못한 부분에 대한 복기, 수업의 전개에 대한 반성(학습자 진단 또는 절차 등에서 잘못한 부분, 수업실시 단계에서 잘못한 부분, 수행평가 단계에서 채점 등에서 잘못한 부분) 등을 피드백하고 새로운 수업 계획 수립에 활용.

2) 교수-학습 방법의 개념

학습 내용을 조직한 후에는 그것을 잘 가르칠 수 있는 방법에 관해 고민하게 된다. 전자가 역사교육에서 '무엇을 가르칠 것인가'의 문제라면, 후자는 '어떻게 가르칠 것인가'의 문제라고 할 수 있다. 이를 일컬어 교수법이라고도 하고, 교수-학습 모형, 교수-학습 방법, 수업모형이라고도 한다. 이들 용어는 교육 현장에서 서로 밀접하게 연결되어 있으며, 각각의 개념이 지니는 특징이 있다.[1)]

첫째, 교수법은 전통적으로 교사 중심의 수업 방식으로, 교사의 수업 기술이나 진행 방식에 초점을 맞춘다. 따라서 교사가 주도적으로 수업을 이끌어 가며, 학생의 참여나 활동보다는 교사의 전달에 중점을 두는 경향이 있다. 수업에서 교사의 주도성이 크기 때문에 학생들은 대개 수동적으로 정보를 수용하는 역할을 하게 된다.

둘째, 교수-학습 모형은 특정 이론을 바탕으로 하여 교수-학습의 효과성을 높이기 위해 정형화된 수업 과정이나 절차를 의미한다. 교수-학습 모형은 특정 이론을 정형화한 것이기 때문에 목표 달성을 위해 선택된 다양한 전략이나 절차를 포함하고 있다. 따라서 수업의 전체적인 구조가 드러나는 것이 특징이며, 교사가 어떤 교육적 목표를 달성하기 위해 어떤 절차를 따라야 하는지 안내하는 역할을 한다.

셋째, 교수-학습 방법은 교수 방법과 학습 방법을 포괄하는 개념으로, 교사와 학생 간의 상호작용을 중시하는 최근의 경향을 반영한다. 교수-학습 방법은 교사가 실제 수업을 진행하기 위해 선택한 수업 모형이나 기법을 포함한 구체적인 수업 계획을 의미한다. 그러므로 수업의 실제적인 진행 방식을 강조하며, 학생들이 좀 더 능동적으로 참여할 수 있도록 다양한 활동을 포함할 수 있다.

이러한 세 가지 개념은 서로 다른 부분도 있고 중복되는 부분도 있다. 최근 교육 현장에서는 교사의 구체적인 수업 계획과 학생들의 다양한 활동을 포함하는 '교수-학습 방법'이라는 용어가 더 많이 사용되고 있다.[2)]

3) 교수-학습 활동에 따른 분류

(1) 전통적 수업방법론

전통적 수업방법에는 강의식 수업, 탐구식 수업, 토론식 수업, 토의식 수업, 극화 수업, 역사 시뮬레이션, 제작 학습, 역사 글쓰기 수업 등이 있다.

강의식 수업은 교사가 학생들에게 역사적 개념, 인물, 제도, 사건 등을 직접 설명하는 방식이다. 강의식 수업의 장점은 정해진 시간 내에 다양한 지식을 많은 학생들에게 효율적으로 전달할 수 있다는 점이다. 복잡한 지식과 기능을 체계적으로 전달할 수 있다는 점도 장점이다. 그러나 개별적인 지도가 어렵고, 교사가 설명하는 역사적 사실을 학생들이 수동적으로 받아들일 수 있다는 한계가 있다.

따라서 강의식 수업을 진행할 때는 강의 내용을 활용한 사고 자극 질문, 즉 문답법을 병행하고, 유추나 비교 등과 같은 다양한 자극을 통해 학생들의 수업 참여를 독려하는 방안을 모색해야 한다.[3)] 흔히 질문과 발문은 혼용되지만, 수업이라는 환경에서 학생이 교사에게 모르는 것을 묻는 것은 질문이라 하고, 교사가 학생들의 학습 내용 이해 정도를 확인하기 위해 질의하는 것은 발문이라고 한다. 수업시간에 교사가 학생들에게 제시하는 발문 유형은 학생들의 기대되는 대답의 유형에 따라 폐쇄적 발문과 개방적 발문으로 나뉜다. 폐쇄적 발문은 학생의 답이 단답식으로 도출되는 발문이고, 개방적 발문은 학생의 역사적 사고를 자극하여 다양한 답이 도출되는 발문이다. 예를 들어 '임진왜란이 일어난 때는?'이라는 교사의 발문이 '1592년'이라는 학생의 답을 기대하며 물었을 때 이는 폐쇄적 발문에 해당되고,

'임진왜란에 대한 선조의 대응은 적절했는가'라는 발문은 학생의 역사적 판단력에 따라 다양한 대답이 도출되므로 개방적 발문에 해당된다. 문답법을 활용한 수업에서는 학생들의 학습 수준에 맞는 간결한 발문을 사용하고, 사고력을 자극하며, 활발한 반응을 유도하는 것이 중요하다.[4)]

한편, 강의식 수업은 그 방법에 따라 설명식, 문답식, 이야기식으로 구분할 수 있다.[5)] 그러나 이러한 구분은 인위적인 구분일 뿐이고, 현장에서의 강의식 수업은 설명식, 문답식, 이야기식 방법이 혼용되는 것이 일반적이다.

탐구식 수업은 학습자가 특정 주제나 문제를 해결하기 위해 질문을 만들고 자료의 수집과 해석을 통해 이를 해결하는 교수-학습 방법이다. 탐구식 수업은 학습자가 주도적으로 수업에 참여하기 때문에 교사의 개입을 가능한 최소화한다는 특징이 있다.

역사 탐구식 수업은 ① 문제 정의(문제 인식), ② 질문 설정, ③ 자료 수집, ④ 검증 및 보완, ⑤ 결론 도출 및 적용의 다섯 단계로 진행된다.[6)] 그 첫 단계는 문제를 인식하고 탐구할 역사적 사건이나 주제를 선택하고 질문을 만드는 데서 시작된다. 두 번째 단계의 질문 설정이란 사회과학에서 말하는 가설의 설정을 말한다. 학습자는 탐구 주제 및 탐구 질문에 연관되거나 판단하는 데 중요한 정보 및 자료를 수집하고, 그 가운데 신뢰할 만한 자료를 선정하여야 한다. 이를 뒷받침하는 증거 또는 상반되는 증거를 분석 및 해석하고, 역사 해석의 다양성과 역사의 논쟁성을 이해하는 과정이 필요하다. 이러한 과정을 통해 학습자는 탐구 주제에 대해 역사적으로 추론하며, 자신의 역사 이해를 형성하게 된다. 또한, 학습자는 자신의 역사 이해를 다양한 형태의 결과물로 표현할 수 있다. 이때 형식이나 기법에 치중하기보다 학습자가 이해한 바를 재구성하고 표현하는 것에 중점을 두어야 한다. 교사는 학습자가 역사적 주제, 사건, 인물 등에서 탐구 질문을 만들어 과제를 설정하여, 학습자 주도로 신뢰할 만한 자료를 찾아 탐구하고, 탐구 결과를 다양한 방법으로 표현하도록 지도한다.

토론 및 토의식 수업은 주제에 대한 논쟁이나 논의를 통해 결론을 도출하는 방법이다. 토론이 서로 다른 의견을 가진 학생이 상대를 논리적으로 설득하는 과정이라면, 토의는 당면한 문제를 합리적으로 해결하기 위해 좋은 의견을 수렴해 가는 과정이다. 토론과 토의는 협동적인 집단 학습 과정으로, 학생들이 자신의 정보와 의견을 검증하며, 문제 해결 능력과 비판적 사고를 기를 수 있다는 장점이 있다. 토론 주제는 논쟁거리가 풍부하고, 학생들의 능력과 흥미에 적합해야 한다. 또한, 민감하고 논쟁적인 주제를 다룰 때에는 학습자의 역사 인식과 정서적 반응에 유의하는 것이 중요하다. 역사 인식의 차이나 역사 해석을 둘러싼 갈등에 직면하고 이를 조정·관리하는 경험은 현재의 문제에 대한 문제해결능력과 의사소통능력, 역사적 판단력을 기르는 데 도움이 된다.

그러나 토론 또는 토의식 수업에도 유의할 점이 있다. 학생들이 활동하는 동안 교사는 허용적 위기를 조성하여 학습자의 적극적 참여를 독려해야 한다. 또한, 토론·토의식 수업은 강의식 수업에 비해 정보 전달이 비효율적일 수 있으므로, 수업 시작 전, 또는 수업이 끝난 후에 수업의 전체적인 내용을 교사가 정리해 주는 것이 좋다.

역할극은 학생들이 쉽게 접하기 어려운 상황을 경험해 보도록 하거나 다른 사람의 역할을 실행함으로써 해당 인물의 행동에 대한 이해를 돕는 수업방법이다.[7] 역할극에는 실제로 있었던 과거의 사실을 학생들이 대본으로 작성하여 연극으로 실연하는 극화수업과 가상의 상황을 설정하여 역사의 전개 과정을 이해하도록 하는 모의역할극이 있다.[8]

역사 극화수업은 학생들의 상상력을 자극하여 역사적 사고력을 신장하는 데에 효과적이다. 수업을 준비하고 참여하는 과정에서 학생들이 다양한 역사 자료를 비교·분석·비판·종합하는 학습 기회를 경험할 수 있기 때문이다. 또한, 학생들의 역사적 상상력을 자극하여 학습동기를 높이는 데에도 도움이 된다.

그러나 수업의 목표 설정이나 사전 계획을 철저히 하지 못하면 자칫 흥미 위주로 치우치거나 투자한 시간이나 노력만큼 성과를 얻지 못할 수 있다. 따라서 극화수업을 진행할 때는 자기 주도성을 발휘할 수 있도록 자료 수집, 대본 작성, 실연, 피드백에 이르는 전 과정에 학습자가 참여할 수 있도록 한다.

역사 시뮬레이션수업은 실제 상황과 유사한 학습 환경을 제공하는 학습 활동이다. 시뮬레이션수업은 다른 활동에 비해 현실에 가까운 상황을 설정하여 학생들이 정해진 역사적 상황에 참여하여 선택과 결정을 내리게 되기 때문에 더 적극적으로 참여할 수 있다는 장점이 있다. 또한, 학생들이 협력하여 문제를 해결하고, 상황 분석 능력을 개발하는 데에 도움이 되며, 역사적 사건의 전개 과정에 대한 통찰력을 기를 수 있다. 그러나 시뮬레이션 학습에 대한 구체적인 모델이 부족하고, 수업의 절차가 명확히 정해지지 않아서 아직까지는 널리 활용되지 못하고 있다. 만약 교육용 프로그램이나 AI기술이 좀 더 발전한다면 다양한 형태의 시뮬레이션이 가능해질 것이다.

제작학습은 학생들이 역사적 주제를 다양한 형태로 표현하는 방법이다. 제작학습에는 만들기와 그리기, 답사보고서 작성, 역사신문 만들기, 영상 제작하기 등이 있다. 만들기와 그리기는 학생들이 찰흙으로 토기나 토우 등을 제작하거나 벽화, 유물, 유적 등을 스케치하고 채색함으로써 제작자의 의도와 특징 및 의미를 파악하는 활동이다.

역사신문 만들기는 중요한 사건, 인물, 문화유산 등을 선정하여 학생들이 그것을 신문의 형태로 제작하는 수업이다.[9] 학생들은 자료를 수집・선별하여 기사를 작성하는 과정에서 본인 또는 모둠의 판단에 따라 '중요한' 인물이나 사건을 선정하게 되므로 역사적 '관점'을 갖게 된다. 또한 신문기사를 작성하는 과정에서 논리적인 글쓰기 능력이나 판단력 등을 기를 수도 있다. 역사신문 만들기를 효과적으로 수행하기 위해서는 동일한 수행 과제라고 할지라도 학습자의 특성을 고려해서 흥미와 수준에 따라 수행 활동을 다양화할 필요가 있다. 신문은 사설, 기사, 제보, 광고, 화보 등 다양한 코너로 구성할 수 있으므로 선정한 사건이나 인물을 잘 나타낼 수 있는 방법을 창의적으로 찾아보게 하는 것도 방법이 될 수 있다.

역사 글쓰기 수업은 글의 목적에 따라 크게 과거의 사건과 인물을 상상력과 창의력을 통해 재구성하는 글쓰기와 사료와 역사적 사실에 대한 탐구력과 분석력을 필요로 하는 글쓰기로 구분된다. 역사 글쓰기는 학생들이 역사를 깊이 이해하고, 역사적 사고력을 기르는 데 중요한 역할을 한다. 또한 단순한 사실의 이해를 넘어, 학생들이 새로운 지식을 습득하고 기존의 사고를 확장하는 기회를 제공하는 데 효과적이다. 역사 글쓰기는 종류도 많고, 분류 기준도 다양하다. 강선주는 역사 글쓰기의 종류를 '역사가가 되어 글쓰기', '역사적 인물이 되어 글쓰기', '제3의 인물이 되어 글쓰기'로 나누어 제시한 바 있다.[10] 역사가가 되어 글쓰기는 역사가의 글쓰기 과정을 재구성한 것으로 사건 보고서 쓰기, 답사 보고서 쓰기, 역사 이야기 쓰기 등이 그에 해당한다. 역사적 인물이 되어 글쓰기는 인물의 정서와 생각을 표현하는 글쓰기로 독백, 편지, 벽보, 교지, 상소, 일기쓰기 등 다양한 형태의 글쓰기가 포함된다. 제3의 인물이 되어 글쓰기는 역사 이해와 해석에 도달하는 방식을 경험하게 하는 것으로 신문기사, 인터뷰, 사설, 뉴스대본 쓰기 등이 있다.

이러한 역사 글쓰기는 학생들이 불합리한 정보와 적절한 정보를 구별하고, 정보 간의 관계를 파악하여 비판적 사고 능력을 향상시키는 데 효과적이다. 또한, 사회적, 역사적, 정치적 주제에 대한 관심을 높이고, 역사적 사고력과 통찰력을 기르는 데 도움이 된다. 역사 글쓰기는 학생들이 역사를 단순히 배우는 것을 넘어서, 주체적으로 탐구하고 해석하는 능력과 창의력을 발전시키는 데 매우 유익한 방법이다.[11)]

(2) 최근 수업방법론

최근 수업방법론에는 플립 러닝, 사이버 박물관 교육, 문화감응교수법, 블렌디드 러닝, 프로젝트 학습, 북큐레이션 수업, 비주얼씽킹 수업, 교육용 앱을 활용한 스마트 수업, 소셜 미디어 활용 수업, AI와 빅데이터를 활용한 수업 등이 있다. 요즘은 AI를 활용한 수업이 현장에 확산되면서 디지털 역사 콘텐츠를 탐색, 선정, 분석, 활용하는 방법에 대한 활동도 교수·학습 계획에 포함하고 있는 추세이다. 디지털 콘텐츠를 활용하면 역사를 기억하고 기념하는 다양한 방식을 경험할 수 있다. 기념관이나 박물관은 방문 견학뿐 아니라 누리집에서 온라인 전시로 감상할 수 있으며, 전시의 맥락과 강조점을 분석하는 기회를 제공할 수 있다. 온오프라인 연계 수업이 가능한 디지털 플랫폼을 활용하여 교사와 학습자, 학습자와 학습자 간에 소통을 강화하고, 역사 콘텐츠에 접근하여 그것을 활용하는 방법을 교수·학습 계획에 포함하여 운영한다. 이를 통해 학생들은 현대 사회에서 역사적 자료를 효과적으로 활용하는 방법을 배우게 된다.

4) 내용 구성에 따른 분류

역사적 사실의 내용 구성의 방법에 따라서는 사건학습, 개념학습, 주제학습, 시대학습, 인물학습, 비교학습으로 나눌 수 있다. 사건학습은 역사를 이루는 다양한 사건들을 단위로 역사를 이해하는 방안을 일컫는다.[12] 역사적 사건은 기본적으로 인과 관계(언제, 어디서, 어떤 일이 일어났는가 등)에 따라 기술된다. 또한, 해당 사건에 연결된 인물에 관한 정보가 포함되기도 하고, 작은 사건이 서로 연결되어 큰 사건으로 확대되기도 한다. 이러한 과정을 학습함으로써 학생들은 역사의 흐름과 사건 간의 연계성 등을 시간과 공간 위에서 파악할 수 있게 된다. 그런 점에서 사건학습의 주요 목표는 역사적 사실을 바탕으로 종합적으로 역사를 인식하고 역사적 사고력을 기르는 것에 있다고 할 수 있다. 역사적 사건은 구체적인 사료나 증거를 통해 입증되며, 과거를 이해하는 기본적인 소재가 된다. 그러나 역사적 사실을 단순히 아는 것에 그치기보다는 사실 간의 인과관계 및 의미를 추구하는 것이 중요하다.

개념학습은 특정 개념이 가진 특성을 파악하거나 공통적인 속성을 찾아내어 개념을 형성하는 학습을 일컫는다. 역사 학습에서의 개념은 역사적 사실들로부터 추출된 아이디어로, 역사 이해의 근간이 되는 내용 요소이다. 개념은 내포적 개념과 외연적 개념으로 구분된다. 내포적 개념은 단어가 지니는 속성, 즉 해당 개념이 공통적으로 갖는 속성의 '특징'을 일컫는 말이다. 반면 외연적 개념은 단어가 지시하는 실제 대상들의 '집합'이자 '범주'를 의미한다.[13] 19세기 말~20세기 전반까지 강대국들이 아시아, 아프리카 등을 정치·경제적으로 지배하거나 식민지로 삼은 패권주의적 행태를 제국주의라고 규정한다면 그것은 제국주의의 내포적 개념을 설명한 것이다. 제국주의라는 내포적 개념 안에는 강대국의 군사력과 경제력에 기반한 팽창주의 정책, 자신들의 민족이나 문화에 대한 우월감, 원료 공급지와 상품 시장 확보를 위한 약소국의 식민지화 등과 같은 속성이 포함된다. 그에 비하면 당시 식민지를 확대하고 약소국을 침탈한 영국, 프랑스, 미국, 독일, 일본 등을 실제적으로 나열한다면 그것은 제국주의의 외연적 개념에 해당한다.

개념은 다양한 정보와 사실들에 일정한 체계를 부여하고 이들 간의 관계를 규정하는 역할을 하고[14], 공통적인 특성을 가진 것을 일반화하는 특징이 있다. 따라서 개념을 활용하면 학생들의 학습 부담이 줄어들고, 역사적 사건이나 인물을 유형화하는 데에 도움이 된다. 그러나 개념의 의미는 항상 새롭게 추론되고 해석되는 잠정적인 진술이라는 점에 유의해야 한다. 사용하는 사람들이나 시기에 따라 변하기도 하고, 환경에 따라 변하는 경우도 있다. 예컨대 한량(閑良)이라는 말은 본래 '무과에 급제하고 관직을 받지 못한 사람'을 일컫는 말이었으나 지금은 '특별한 일 없이 놀고 먹는 사람'을 의미하는 말로 변화하였다. 따라서 교사는 개념의 속성을 잘 이해하고, 학생들이 잘못 알고 있는 오개념이 있다면 바로 잡아주는 역할을 하여야 한다.

주제학습은 단일한 역사적 사실이나 사건이 아닌 광범위한 역사 영역이나 문제를 다루는 방법이다. 주제 학습에서의 주제는 교과 내용의 조직과 관련하여 학문의 위계에 토대를 둔 계통적 방법에서 내용을 구분하여 묶어 놓은 항목을 일컫는다.[15] 따라서 주제 학습은 교과 내용을 구조화하면서 특정한 주제 아래 유사한 역사적 사실들을 함께 다룬다. 대항목(대주제) 아래 토픽을 소항목(소주제)으로 묶는 경우도 있다. 주제를 선정할 때는 문제의식이 선행되어야 하며, 수업을 전개할 때는 다양한 자료를 활용하여 학습 내용을 심화해야 한다.[16]

시대 학습은 한 국가의 역사 전개과정 중 특정 시기를 선정하여 당시의 정치, 경제, 사회, 문화 등에 대한 전반적인 이해를 도모하는 수업이다. 시대 학습을 위해서는 해당 시기의 기본적인 역사 사실이나 주요 개념, 인물, 사건에 대한 이해가 필요하다. 따라서 수업 시간에는 토론과 발표를 통해 학생들의 이해 여부를 확인하고, 수업 전 또는 수업이 끝난 후에는 해당 시대의 주된 역사적 사건과 흐름을 전체적인 시각에서 안내해 주는 과정이 필요하다. 또한, 다양한 시각과 해석을 함께 안내하여 학생들의 사고와 판단을 유도하는 것이 중요하다.

인물 학습은 인물 탐구를 통해 인간의 과거 행위 의도와 결과에 대한 이해를 추구하는 학습 방법이다. 인물 학습의 목적은 그가 살았던 시대 배경에 대한 이해를 돕고, 인물의 행위 의도와 결과를 분석하여 탐구 능력을 배양하는 하는 데에 있다.[17] 학생들은 추체험과 감정이입을 통해 과거의 인물이 되어보기도 하고, 그가 살았던 시기 또는 그의 활동과 신념을 탐구하게 된다. 그 과정을 통해 역사를 좀 더 생생하게 이해하게 된다.

그러나 인물이 처한 시대 상황을 충분히 이해하지 못하면 자칫 역사를 지배층 중심으로 이해하게 되거나 도덕적으로 평가하게 될 수도 있다. 또한, 교사의 도덕적 잣대가 수업에 반영되거나 인물의 행적을 선악으로 이분화하는 결과를 낳기도 한다. 따라서 인물학습을 전개할 때는 교사의 도덕적 가치가 수업에 반영되지 않도록 유의하고, 인물이 처한 시대적 조건을 충분히 고려하는 것이 중요하다.

마지막으로 비교 학습은 서로 다른 국가나 지역에서 발생한 사건을 다양한 관점에서 비교하는 방법이다. 이 과정에서 사건들의 배경, 원인, 결과 등을 분석하고, 유사성과 차이점을 찾아내는 것이 중요하다. 비교의 목적은 단순히 우열을 가리는 것이 아니라, 사건에 대한 깊은 이해를 추구하는 데 있다. 동일한 수행 과제라고 하더라도 학습자의 특성을 고려해서 흥미와 수준에 따라 수행 활동을 다양화할 필요가 있다. 예를 들어, 학습자가 이해한 내용을 역사 글쓰기, 시각적 이미지 활용 방법, 구술 등으로 표현할 수 있다.

2. 역사과 교수-학습 방법의 실제

1) 전통적 수업방법론의 실제

(1) 토론식 수업

토론은 자신과 생각이 다른 사람들과의 대화를 통해 생각이 다른 상대방을 설득하거나 자기주장의 오류를 발견하여 상대편 주장과의 조율을 꾀하는 것을 기본으로 한다. 이러한 과정을 역사 수업에도 그대로 적용하면 학생들은 역사를 배우면서 느낀 감정이나 동일 사건을 바라보는 서로 다른 시각에 대해 의견을 교환할 수 있게 된다. 이를 통해 역사적 사건 또는 인물의 행위에 대한 공감대를 형성하거나, 자신과 생각이 다른 사람들의 생각을 읽는 등의 활동을 통해 학습에 보다 적극적인 의사결정 과정에 참여할 수 있게 된다.[18)] 즉, 동일한 역사적 사건에 대한 역사가의 평가가 시대에 따라 어떻게 달라지는가, 관점에 따라서 역사적 사건에 대한 평가가 어떻게 달라지는가, 역사 자료의 선택이 역사적 사건의 평가에 어떤 영향을 미치는가 등의 문제를 논의함으로써 역사적 사건과 그에 대한 평가와의 관계를 더 깊이 이해할 수 있게 되는 것이다.

토론은 종류도 많고, 절차도 다양하다. 수업시간에 흔히 사용되는 디베이트 토론의 경우 논제 제시→논제 선정→긍정측 입론, 부정측 심문→부정측 입론, 긍정측 심문→부정측 반박, 긍정측 반박→최종변론(부정측 결론, 긍정측 결론)→평가→총평(학생들의 수업 소감 및 교사 피드백)의 형태로 진행된다. 중간에 모둠활동을 통해 자료와 논의를 보완할 수도 있다. 토론 활동이 끝난 후에는 평가와 총평의 과정을 거치는 것이 좋다. 그 과정을 통해 본인들이 미처 생각하지 못했던 의견이나 주장(근거)의 오류 등을 교정하는 기회를 갖게 되기 때문이다. 최근에는 둘 중 하나를 선택하는 찬반토론보다 다양한 주장을 제시하고, 그에 따른 근거를 찾아서 토론하는 방안도 제시되고 있다. 그 경우 좀 더 다양한 의견과 방안을 제시함으로써 사고를 유연하게 하고, 학생들의 의견이 양극으로 치닫는 결과를 방지하는 효과를 기대할 수 있다.

역사 수업시간에 적용 가능한 토론 주제는 다양하다. '객관적인 역사는 존재한다', '삼국시대 사람들은 서로 대화하는 것이 가능했을 것이다', '묘청의 서경천도운동은 조선일천년래 제일 대사건이었다', '역사영화나 사극은 반드시 역사적 사실에 맞게 작성되어야 한다', '산업혁명은 인간의 삶이 풍요롭고 행복해지는 데 기여하였다', '황사영이 백서를 보내 외국 군대를 요청한 것은 어쩔 수 없는 선택이었다' 등이 대표적이다. 위의 예시에서도 확인되는 것처럼 토론 주제는 '~이다.'의 형태로 제시하는 것이 효과적이다. 찬반 토론의 경우에는 긍정과 부정 중 한 가지를 선택하기 쉽고, 다른 의견이 있는 경우에는 그에 타당한 답을 정한 뒤에 본인들의 의견을 논리적으로 제시할 수 있기 때문이다.

(2) 토의식 수업

토의(discussion)와 토론(debate)은 어떤 문제에 대해 각자 의견을 제시하여 최상의 해답을 찾아가는 과정이라는 점에 공통점이 있지만 서로 다른 점도 있다. 토의가 여러 사람의 의견을 모아 어떤 문제의 해결 방안을 찾아나가는 '협력적 말하기'라면, 토론은 어떤 논제에 대하여 찬성 또는 반대 의견을 가진 사람들이 자기주장의 논리적 정당성을 입증하고 상대방 주장의 논리를 비판하는 '설득적 말하기'이다.[19] 목적에 있어서도 토의가 여러 견해를 조정하고 종합하기 위한 것이라면, 토론은 반대편 입장에 있는 사람이나 제 3자의 관점을 변화시키기 위해 논리적으로 설득하는 것이다. 학습과정에서 나타나는 사고의 면에서 토의는 일종의 집단 사고 과정인데 반해, 토론은 의견 대립이 먼저 존재하고 그것들이 충돌하는 가운데 발전을 꾀하는 변증법적인 사고과정을 거친다는 특징이 있다.

역사 수업에서 진행할 수 있는 대표적인 토의 주제로는 '계급과 빈부의 차가 발생한 가장 큰 이유는 무엇인가?', '신라에서만 여성이 왕위에 오를 수 있었던 이유는 무엇인가?', '아테네 민주정치에서 노예와 여성에게 참정권을 주지 않은 이유는 무엇인가?', '민주사회에서도 인권이 탄압받는 이유는 무엇인가?', '중국 문화대혁명이 중국 역사에 끼친 가장 큰 영향은 무엇인가?' 등이 있다.

토의의 순서는 대체로 주제선정 → 준비활동 → 토의 진행 → 정리 및 발표 → 평가 → 총평한 후에 수업을 마무리하는 형태로 진행한다. 주제선정 단계에서는 학습할 주제를 선정하여 학생들의 학습동기를 유발하고, 준비 단계에서는 해당 주제에 대한 사전조사나 자료를 준비한다. 토의 진행 단계에서는 학생들이 자신의 의견을 나누고, 상대방에게 질문을 던지면서 서로의 의견을 경청한다. 이때에는 브레인스토밍이 효과적일 수 있다. 정리, 평가, 총평 과정에서는 토의가 끝난 후 핵심내용을 정리하여 발표하고, 교사와 동료들에게 피드백을 주고받는다.

토의 수업의 장점은 학생들 간의 협력과 소통을 촉진하며, 학생들이 능동적으로 참여할 수 있는 기회를 제공한다는 점이다. 다양한 관점에서 역사적 사건이나 인물의 행위를 조명함으로써 역사적 사건에 대한 깊이 있는 이해를 도울 수 있다. 또한, 토의 수업은 학생들이 사회적 이슈와 연결 지어 역사적 사건을 바라보게 하여, 역사적 지식을 현대 사회의 문제 해결에 활용할 수 있는 기반을 마련한다.

(3) 역사 극화수업

극화수업은 학생들이 역사 속 인물이 되어 특정 사건에 직접 참여하거나 중요한 결정을 내리게 된 이유 등을 직접 체험해 보는 활동이다. 학생들은 역할에 몰입하여 당시 사람들의 생각과 감정을 경험하며, 창의적으로 해석할 수 있는 기회를 갖게 된다. 특히 역사 극화수업은 역사적 맥락을 생동감 있게 체험하며, 비판적 사고와 협력, 의사소통능력 등을 기르는 데에도 도움이 된다. 또한, 역사적 사건의 의미와 중요성, 역사적 인물의 행위 배경과 합리성 등을 깊이 있게 성찰하는 경험을 할 수도 있다. 역사 극화수업의 종류로는 '역사적 사건의 재현(再現)', '역사 법정', '모의 재판식 수업', '토론과 협상 재연(再演)', '가상 역할극' 등이 있다.

역사적 사건의 재현(Reproduction)이나 재연(Recollection)은 역사 속 사건의 주인공이 되어 당시 사람이 느꼈던 감정을 추체험하게 한다는 점에서는 공통점이 있다. 그러나 재현과 재연은 유사한 듯 하지만 차이가 있다.[20] 재현은 역사적 사건을 충실하게 묘사하여 당시 상황을 복원하는 것이고, 재연은 과거에 일어난 특정한 사건을 그대로 따라해 보는 것이다. 역사적 사건을 최대한 본래의 모습을 살려서 보여주려 한다면 재현이라는 용어가 적합하고, 극화수업에서 과거에 일어난 사건을 다시 따라해 보는 것은 재연에 가깝다.

재현의 대표적인 사례는 고려시대 만적의 난이 일어났던 시기의 상황을 충실히 재구성하여 사건의 전개 과정을 이해하게 하거나 바스티유 감옥 습격, 요크타운 전투, 러다이트 운동, 파리강화회의 등이 일어났던 상황을 그림이나 사진에 가깝게 설정한 후에 당시 사람 중 한 사람이 되어 중요한 결정을 내리는 장면을 보여주는 것이다. 이때 소품이나 배경음악, 영상, 당시의 언어와 말투 등을 고려하여 대본을 작성한다면 더 몰입도를 높일 수 있다.

'역사 법정'은 논란이 있는 역사 속 인물을 법정에 세우고 그의 행적을 당시의 상황에서 판단해 보는 활동이다. 소크라테스, 진시황, 카이사르, 김춘추, 루터, 나폴레옹, 루이 14세, 콜럼버스, 스탈린, 히틀러 등을 재판정에 피고로 세우고, 그들을 변호하거나 잘못을 심문하는 활동을 통해 역사 속 인물들을 학생들이 직접 평가해 보는 것이다. 역사 교과서 속 인물들에 관한 서술은 단편적이고, 간략하기 때문에 학생들이 그들의 행적을 찾아보거나 재평가의 기회를 갖는 일은 쉽지 않다. 그럼에도 불구하고 역할극 학습은 학생들의 자료 수집 및 분석 능력을 신장하고, 역사적 사고력 중에서도 가장 상위에 있는 '역사적 판단력'을 신장하는 데에도 효과적이다.

'모의 재판식 수업'의 경우에는 다른 역사 극화수업보다 좀 더 철저한 준비가 필요하다. 또한, 재판의 절차에 맞게 공연할 수 있도록 실재 재판모습이나 대본 등을 미리 보여주는 사전학습도 진행하는 것이 좋다. 검사, 변호사, 재판관 등을 맡지 않은 학생들도 재판에 참여할 수 있도록 배심원의 역할을 맡기거나 최종 판결문을 작성하여 발표할 수 있는 기회를 주는 방법도 고려해 볼 만하다.

'역사 법정'이 판결보다는 평가에 중심을 두고, 역사적 맥락에 따라 인물이나 사건에 대한 다양한 해석을 도출하는 데 목적이 있는 반면, '모의 재판식 수업'은 재판의 절차를 익히고 역사적 인물의 행위에 대한 평가(유/무죄)를 도출하는 데 목적이 있다. 둘 다 학생들이 과거의 사실을 평가하고 맥락적으로 깊이 있게 이해하는 데에는 공통점이 있지만 절차의 엄격성과 판결의 방식에 차이가 있다. 즉 역사 법정이 다층적인 평가가 가능한 것에 반해 모의재판은 유무죄를 판정하며, 역사 법정이 인물은 물론 사건도 포함하는 것에 반해 모의재판식 수업은 주로 인물의 행적을 중심으로 이루어진다.

'토론과 협상 재연'은 역사 속의 주요 정책, 새로운 법령의 시행, 전쟁 전후 또는 전쟁 중이라는 상황을 설정하고 토론과 협상을 전개하는 과정을 따라해 보는 것이다. 티베리우스 그라쿠스와 원로원의 귀족이 만나서 농지법 개정에 관하여 토론하거나 미국의 노예제 폐지에 대한 논쟁, 제1차 세계대전 후에 개최된 베르사유 회의에 참석한 각국 정상의 입장에서 베르사유 조약의 주요 내용을 논의하는 활동, 리우 회의에 참석해서 환경(기후) 문제를 둘러싸고 기업인과 과학자의 입장이 되어 토론하는 활동 등이 이에 해당한다. 이러한 활동은 역사 속 인물들의 결정이 이후의 역사에 어떤 영향을 끼쳤는지 학생들이 실제 경험해 봄으로써 토론과 정치 참여의 중요성에 대해 더 깊이 생각하는 기회를 제공할 수 있다.

'가상 역할극'은 학생들이 역사적으로 중요한 사건을 선정하여 가상의 상황을 설정하고, 그 속에서 각 인물들의 역할을 맡아 체험해 보는 활동이다. 역사적 사실을 기반으로 하지만 학생들이 상상력을 발휘하여 가상 인물을 만들어 낼 수도 있고, 승패를 반대로 설정할 수도 있다. '만약 ~이라면'이라는 주제로 역할극을 해보는 것이 가상 역할극의 가장 대표적인 예라고 할 수 있다. 예컨대 '당이 신라의 연합 요구에 거절했다면?'이라는 스토리를 만들어 역할극을 하거나 '1905년에 정부의 대신들이 모두 을사늑약 체결에 반대했다면?'이라는 전제하에 대한제국이 이후에 어떻게 되었을지 상상하여 역할극으로 실연하는 활동 등이 이에 속한다. 이런 활동은 역사적 사건이나 인물을 바탕으로 하면서도 창의력, 상상력 등을 발휘하여 새로운 이야기를 만들어내는 것으로 학생들의 흥미를 유발하기에 적합하다.[21)]

역사 극화수업은 연극 준비, 연극 공연, 연극 후 분석이라는 세 단계로 진행되는 것이 일반적이다. 좀 더 구체적으로는 다음과 같은 순서로 진행한다.

<table>
<tr><th colspan="2">단계</th><th>교수 · 학습 활동</th></tr>
<tr><td rowspan="3">연극준비</td><td>준비 및 지도</td><td>• 극화 수업의 전반적인 과정을 안내한다.
• 간단한 시나리오를 통해 연기 연습을 해 보게 한다.</td></tr>
<tr><td>대본(시나리오) 쓰기</td><td>• 역할극에서 다룰 사건이나 주제를 선택한다.
• 학생들의 수준에 맞는 용어로 상황을 재구성하여 시나리오를 작성하게 한다.</td></tr>
<tr><td>역할 분담</td><td>• 대본을 토대로 전체적인 극의 흐름, 당시의 상황, 등장인물의 성격, 사건의 전개 과정 등을 파악하게 한다.
• 모둠원의 역할을 배정하고 시나리오 읽는 연습을 한다.</td></tr>
<tr><td>연극공연</td><td>연기 실시</td><td>• 역할극에서 배역을 맡은 학생들이 실제로 대본에 따라 연기한다.
• 연기를 하지 않는 학생들은 역할극을 보고 평가기준표를 작성한다.</td></tr>
<tr><td>연극 후 분석</td><td>후속토의 (발표 및 평가)</td><td>• 연기한 학생은 연기하면서 느꼈던 생각, 갈등 상황, 감정 등을 다른 학생들에게 발표한다.
• 연극을 관람한 학생과 연기한 학생이 서로 잘된 점과 아쉬웠던 점에 대해 이야기하는 시간을 갖고, 각자 자신의 생각을 정리한 후 결과 보고서를 작성하여 제출한다.</td></tr>
</table>

역사 극화수업에서는 참여하는 학생의 각자 맡은 인물에 대한 이해가 중요하다. 따라서 주제가 선정되면 대본은 학생들이 직접 작성하는 것이 좋다. 대본을 작성할 때에는 학생들이 등장인물과 해당 사건에 대해 충분히 조사하여 이해할 수 있게 해야 한다. 또한, 공연할 때는 극이 좀 더 실감나게 하도록 음향이나 간단한 무대장치, 소품 등을 이용하는 것도 좋다. 극이 마무리된 후에는 후속토의를 진행한다. 후속토의는 발표(연기한 학생)와 평가(동료 학생과 교사)로 이루어진다. 이를 통해 준비하면서 중점을 두었던 부분에 대한 설명을 듣고, 관람한 학생과 교사의 입장에서 잘 표현된 점과 그렇지 못한 부분에 대한 의견을 나누는 것이 좋다. 그 경우 역사적 사실에 따라 대본을 잘 구성했는지, 극화수업을 통해 느낀 점은 무엇인지, 대본과 연극의 잘 된 점이나 아쉬웠던 점은 무엇인지 등에 대한 이야기를 나누면서 수업 과정을 성찰하는 기회도 갖게 된다.

극화수업은 같은 주제의 연극을 여러 모둠이 공연하는 방법과 모둠별로 서로 다른 사건을 선정하여 연극을 공연하는 방법이 있다. 같은 연극을 여러 모둠이 공연하는 방법은 일관된 주제에 대해 깊이 있게 탐구하고, 각자의 해석에 따라 연극을 다르게 구성할 수 있다는 장점이 있다. 그러나 모둠 간의 차별성이 적으므로 학생들이 지루함을 느낄 수 있다. 그런 한계를 극복하기 위해서는 같은 사건이라 하더라도 주인공을 다르게 하거나, 찬반 견해가 명확한 사건인 경우 각각의 시각에서 대본을 작성하게 하는 방법을 고려할 수 있다.

반면, 서로 다른 사건을 선정하여 연극하는 방법은 여러 가지 다른 사건들을 연극을 통해 접할 수 있다는 장점이 있지만, 모둠별 주제 선정에 유불리가 생길 수 있다. 사건이나 인물에 대한 기록에 따라 자료와 정보에 차이가 있기 때문이다. 또한, 주제의 복잡성과 깊이에 따라 준비 시간이 달라질 수 있다. 그 경우 극화수업의 목표와 대본 작성 및 연극 시행의 기준을 명확히 설명하고, 평가를 위한 체크리스트를 미리 제시하면, 수업의 방향과 목표, 평가 등을 일관성 있게 추진할 수 있다.

(4) 역사 시뮬레이션 수업

역사 수업에서 시뮬레이션은 극화수업과 유사하지만 목적과 방법에는 다소 차이가 있다.[22] 극화수업이 인물의 역할을 맡아 인물의 내면과 동기, 역사적 맥락을 깊이 있게 이해하고 공감하는 활동이라면, 시뮬레이션은 특정 사건이나 과정, 시스템을 실제와 유사한 방법으로 재현하는 활동이다. 신석기인들의 농업 시작을 둘러싼 부족회의, 콜럼버스와 원주민들의 만남, 산업혁명 시기의 기계도입 문제, 왕안석의 청묘법 시행, 정약용의 여전제 시행 제안, 제1차 세계대전 후 독일의 배상을 요구한 베르사유 조약 체결(1919)·다우닝 스트리트 회담(1922), 루즈벨트의 뉴딜 정책 발표 등과 같은 상황을 설정하고 모의로 재현한다면 그것은 극화수업보다는 역사 시뮬레이션 수업에 가깝다. 그 경우 배상을 강제하는 방안과 배상을 완화하는 방안을 동시에 시뮬레이션하는 것도 가능하다. 만약 학생 자신이 회의 참가자가 되어 배상안과 관련된 결정을 내릴 경우 그것이 이후 세계사에 끼친 영향을 분석해 보도록 하는 방안도 있다.

이처럼 역사 시뮬레이션을 통해 다양한 국가의 지도자가 되어 정치적 결정을 내리는 활동은 학생들에게 몰입감을 높여준다. 이 과정에서 학생들은 각자의 역할을 맡고, 역할에 맞는 결정을 내리며, 주어진 환경 속에서 상호작용한다.

극화수업이 주관적인 감정을 표현하고 인물의 동기를 탐구하는 데에 중점을 둔다면, 시뮬레이션은 주로 분석적이고, 전략적인 사고를 요구하며, 현실적인 문제 해결력을 신장하는 데에 목적이 있다. 두 수업 방식 모두 교육적 가치가 있지만 그 접근 방식과 기대되는 학습 결과는 다르다. 따라서 교사는 수업 목표에 따라 적절한 방법을 선택하여 활용해야 한다.

역사 시뮬레이션 수업은 주제선정 → 자료 조사 → 역할분담 → 시뮬레이션 준비 → 시뮬레이션 진행 → 평가 → 총평을 진행한 후에 최종보고서를 제출하는 순으로 진행한다. 역사 수업에서 시뮬레이션 수업을 시도하기 위해서는 먼저 주제를 선정하는 과정이 필요하다. 이 단계에서는 수업의 목표와 내용을 정리하고, 학생들이 흥미를 가질 수 있는 역사적 사건이나 시대를 선택한다. 주제 선정이 끝나면 학생들이 주제와 관련된 문서, 사진, 영상 등을 찾아서 해당 사건에 대한 이해를 높이도록 한다. 자료조사 후에는 역할을 분담한다. 이때 교사는 학생들에게 역사적 인물이나 특정 집단의 역할을 부여하고, 각자가 맡은 역할에 대해 연구할 수 있도록 안내한다. 또한, 모둠별로 맡은 역할에 대해 논의하고 준비할 수 있도록 한다.

시뮬레이션 준비 단계에서는 상황을 설정하고, 시뮬레이션 진행 시 지켜야 할 규칙과 절차를 명확히 안내한다. 모든 과정에 대한 설명이 끝나면 학생들이 각자의 역할을 맡아 시뮬레이션을 실행하도록 한다. 이 과정에서 교사는 상황을 관찰하며 필요시 개입하여 조정하고, 학생들 간의 토론과 상호작용을 촉진하여 실제 학생들이 역사의 현장에 있는 것처럼 느낄 수 있도록 학습 분위기를 조성한다.

시뮬레이션이 끝난 후에는 피드백 세션을 통해 학생들과 경험에 대해 반성하고 토론하는 시간을 갖는다. 각자의 역할에서 느낀 점이나 배운 내용을 공유하며, 역사적 사실과 교훈을 정리하여 학습한 내용을 확실히 이해할 수 있도록 한다. 마지막으로, 학생들에게 시뮬레이션을 바탕으로 최종보고서를 제출하도록 하여 평가를 진행한다. 최종보고서 작성 후에는 자기 평가, 모둠평가 등의 기회를 제공함으로써 학생들이 자신의 참여와 학습 경험을 돌아볼 수 있도록 한다.

(5) 제작학습-역사신문 만들기

신문은 “사회에서 발생한 사건에 대한 사실이나 해설을 널리 그리고 신속하게 전달하기 위한 정기 간행물"을 일컫는 말이다.[23] 특정 주제에 대한 정보를 정기적으로 전달하는 인쇄물 또는 디지털 매체로, 보통은 일간으로 발행되며, 주간, 순간, 월간으로 발행되는 경우도 있다. 또한, 사진, 그래픽, 편집 디자인 등 시각적 요소를 활용하여 독자의 관심을 끌고 정보를 효과적으로 전달하는 데 기여한다.

역사신문은 역사적 사건이나 인물에 대한 정보를 신문 형식으로 정리하여 전달하기 위한 목적으로 제작된다. 따라서 신문의 형식대로 만들어지지만, 그 대상은 과거이다. 새로운 소식을 전하는 것이 아니라 과거의 사실을 새로운 소식으로 가공하여 전달하는 것이 역사신문이다. 역사신문을 만드는 활동을 통해 학생들은 역사적 사건을 깊이 있게 이해하고, 객관적인 시각에서 파악할 수 있는 기회를 갖게 된다. 또한, 신문에 게재될 중요한 내용을 학생 스스로 결정하여 취재하고, 기사를 작성하게 되므로 '역사적 중요성'이라는 개념에 대해서도 생각해 볼 수 있는 기회를 갖는다.

예컨대 사회사와 관련된 역사신문의 주제로는 신라의 골품제도와 같은 신분제 정비, 조선 후기 가족제도와 혼인제도의 변화, 중세 장원이나 도시의 등장, 사회주의 사상의 등장, 교회의 개혁, 시민혁명의 확산, 농민보호를 위한 각종 시책 등이 있다. 신라 법흥왕 대의 신분제도를 역사신문 주제로 선정하는 경우 먼저 골품제도, 상대등 설치, 백관 공복제도 등에 관한 내용을 조사한다. 정리가 끝난 후 학생들은 법흥왕 대에 시행된 골품제도의 특징과 기능, 문제점 등을 다룬 사설을 작성하거나 상대등 설치와 관련된 기사를 쓰고, 공복제도를 나타내는 만평 등을 반영하여 신문을 작성할 수 있을 것이다.

역사신문의 제작은 모둠 구성 → 모둠 회의(신문제작 협의) → 역할 분담 → 자료조사 → 신문작성 → 발표 → 게시 → 평가 → 총평의 순으로 전개된다. 역사신문 만들기는 사설쓰기, 만평그리기 등 개인 활동으로 진행하는 경우도 있지만 대부분은 모둠 활동으로 진행하는 것이 좋다. 모둠활동으로 진행하는 경우 한 모둠의 인원은 5~6명 정도가 적합하다. 모둠이 구성되면 토의를 통해 제작하려는 신문의 형식, 신문 이름, 내용 요소, 분량 등을 결정한다. 신문의 제목은 독자의 관심을 끌기 위해 시대나 모둠의 특징을 고려하여 결정한다. 주요 내용은 사건이나 인물에 대한 구체적인 내용을 담은 기사, 시각적인 정보를 제공하는 사진이나 그림, 시대적 배경이나 사건의 사회적 맥락을 반영할 수 있는 광고물이 포함된다.

신문 제작을 위해 참고한 자료는 출처를 반드시 기록하도록 한다. 신문제작이 완료되면 인쇄 또는 디지털 형태로 제출한 후 모둠별로 신문의 주제, 신문 작성 의도, 주요 내용 등을 발표하고, 질의 응답하는 시간을 갖는다. 발표가 끝난 후에는 게시하여 다른 모둠 학생들이 자세히 읽을 시간을 주고, 감상평을 적을 수 있도록 한다. 게시가 끝난 후에는 절차에 따라 평가(자기평가, 동료평가, 교사평가)를 진행하고, 총평한 후에 수업을 정리한다.

역사신문 제작 활동은 역사에 대한 흥미를 높이고 비판적 사고 능력을 향상시키며, 논리적 글쓰기와 발표 능력을 기르는 데 도움이 된다.[24] 또한, 역사신문 제작 과정에서 얻은 정보와 경험은 학생들이 자신의 관점을 정립하고 역사를 다각적으로 바라보는 기회를 제공한다. 이를 통해 역사적 사건이 단순한 사실이 아닌, 여러 사람의 이야기가 얽혀 있는 복잡한 맥락임을 깨닫게 된다.

(6) 역사가가 되어 글쓰기-가상답사 보고서 작성하기

학술 답사는 학문적 목적을 가지고 특정 지역이나 장소를 직접 방문하여 현지의 자료와 정보를 수집하고 분석하는 활동이다. 답사는 이론과 실제를 연결하는 중요한 학습 방법으로, 현장에서의 경험과 데이터를 통해 연구를 심화할 수 있는 장점이 있다. 학생들은 답사를 통해 이론적인 지식을 실제 현장에서 확인함으로써 수업 시간에 배운 내용을 보다 깊이 이해할 수 있게 된다. 또한, 답사를 통해 얻은 현지의 정보와 자료는 교과서, 사진, 동영상 등을 통해 학습한 것보다 학생들에게 훨씬 더 인상 깊게 남아 오랫동안 기억될 수 있다. 따라서 답사는 학생들이 현지의 문화, 환경, 사회적 맥락을 이해하는 데 도움이 된다.

그러나 이러한 장점에도 불구하고, 학교 현장의 상황을 고려할 때 답사는 쉽게 실행할 수 없는 활동이다. 인근에 박물관이나 유적지가 있을 경우 연 1~2회라도 답사를 시도할 수 있지만, 세계사와 동아시아 수업에서 학습한 해외 유적지를 방문하는 것은 거의 불가능에 가깝다. 이러한 문제를 해결해 주는 것이 바로 가상 답사(사이버 답사)이다.

가상 답사는 학생들이 인터넷 자료를 활용하여 특정 유적에 관한 정보를 수집하고, 이를 토대로 역사 유적의 특징과 의미를 파악하는 활동이다. 가상 답사 후에 보고서를 작성하면 학생들은 단순히 조사하는 것에 그치지 않고, 해당 유적의 위치, 규모와 같은 장소성과 중요성에 대해 더 깊이 이해할 수 있게 된다. 또한, 실제 답사보다는 시간이나 이동거리 등의 제약이 적다는 장점도 있다.

서양 고대사를 학습한 후에는 유네스코 세계유산 홈페이지를 방문하여 그리스의 아테네의 아크로폴리스, 올림피아 고고 유적, 델로스섬과 로마의 콜로세움, 산피에트로 대성당, 로만 포룸, 판테온 등을 관람한 후 보고서를 작성할 수 있다. 최근에는 박물관, 기념관, 전시관, 미술관 등에 VR 관람이 가능한 프로그램이 구축되어 있어 박물관 관람이 어려운 상황에서 대체 관람하는 것도 가능해졌다. 국립중앙박물관, 국립경주박물관, 대한민국역사박물관 등의 대형 박물관 홈페이지에는 지난 특별전시를 VR로 관람할 수 있는 코너가 구축되어 있다. 이러한 프로그램은 학생들에게 중요한 역사적 유물이나 인물에 관해 더 깊이 이해할 수 있는 데에 도움을 준다.

가상 답사 보고서 쓰기 과정은 답사 주제 선정 → 답사 일정 정하기 → 자료 조사 → 사이버 답사 및 내용 정리 → 보고서 작성 → 발표 → 평가 → 총평의 순으로 진행한다. 답사 주제를 선정할 때는 주제와 답사의 목적을 명확히 해야 한다. 주제가 정해지면 구체적인 답사 코스를 결정한다. 코스를 정할 때는 주제의 적합성, 문화유산의 가치, 이동 거리 등을 고려한다. 구글 어스(Google Earth)와 같은 프로그램을 활용하면 도시의 모습을 좀 더 생생하게 감상할 수 있으며, 이동 거리, 교통수단, 도로 상황 등도 파악할 수 있다.

자료조사는 문헌 조사, 신문, 도서, 인터넷 자료 조사 등으로 나누어 시행한다. 여행가들이 운영하는 개인 블로그도 참고할 수 있지만 가능한 신뢰할 만한 사이트를 이용하도록 한다. 문화유산에 관한 관찰과 기록은 객관적이고 정확해야 한다. 답사할 문화유산에 대한 자료조사가 끝나면 보고서를 작성한다. 보고서에는 방문한 장소의 역사적 배경, 중요성, 개인적인 소감 등이 포함되어야 한다. 또한, 독자의 관점을 고려하여 가독성을 높이고, 전문 용어나 복잡한 내용은 쉽게 풀어서 정리하는 것이 중요하다. 보고서가 완성되면 발표하거나 수업 홈페이지에 탑재하고, 친구들과 교사의 피드백을 받는다.

이처럼 역사가의 입장에서 가상 답사 보고서 쓰기는 박물관에 전시된 문화유산이 제작된 시기, 장소, 목적 등을 조사하고, 조사한 내용을 다양한 역사적 맥락에서 탐구한 후에 그것을 토대로 보고서를 작성하는 활동이다. 이를 통해 학생들은 역사적 장소와 문화유산의 특징을 깊이있게 이해할 수 있다. 또한, 가상 답사 보고서 쓰기 활동은 학생들의 디지털 리터러시를 향상시키고, 신뢰할 수 있는 자료를 찾아 활용하는 능력을 발전시키는 데에도 도움이 된다.

(7) 역사적 인물이 되어 글쓰기-상소문 쓰기

상소는 관료나 유생이 국왕에게 제출하는 문서로, 국정 현안에 대한 보고, 건의, 청원, 감사 표현 등 다양한 내용을 담고 있다.[25] 상소문은 일반적으로 관료가 작성하여 승정원에 제출하고, 승정원을 통해 국왕에게 전달된다. 국왕은 상소를 열람한 후, 상소문 말미에 자신의 답변인 '비답(批答)'을 적어 돌려보낸다. 상소는 행정문서의 역할뿐만 아니라 정치적 의견을 전달하는 언론의 기능도 수행하였다. 사간원, 사헌부, 홍문관 등 국왕에 대한 언론 책임이 있는 기관에서 자주 상소를 올렸으며, 서울과 지방의 유생들도 상소를 올렸다. 성균관 유생들의 유소(儒疏)나 영남 지역 유생들이 올린 만인소(萬人疏)가 대표적이다.

역사수업에서 상소문 쓰기 수업은 학생들이 역사적 인물이 되어 글을 작성하는 기회를 경험할 수 있는 중요한 교육 활동이다. 상소문은 특정 인물이나 집단에게 자신의 의견이나 요구를 정식으로 전달하기 위한 문서로, 역사적 맥락에서 개인의 목소리를 표현하는 중요한 수단이다.

상소문 쓰기 활동은 사전활동 → 문제인식 → 모둠 토의·토론 → 입장 정하기 → 상소문 쓰기 → 상소문 발표 → 질의응답 → 평가 → 총평의 순으로 진행한다. 사전활동 시간에는 교사가 상소문의 형식과 내용을 설명하고, 예시를 통해 이해를 돕는다. 문제인식 단계에서는 신라 흥덕왕의 사치 금지 조서, 고려 숙종의 화폐 주조 정책, 권문세족의 토지 독점, 대동법·균역법 시행, 대원군의 통상수교 거부 정책, 메가타의 화폐 정리 사업 등에 대한 구체적 내용과 당시의 여론 등을 조사하는 활동을 전개한다.

주제가 정해지면 모둠 토론을 통해 찬성, 반대 등의 입장을 정한 후에 모둠원들이 함께 상소문을 작성한다. 상소문의 내용은 해당 정책에 관한 자신의 의견, 예상되는 결과, 문제점, 해결책 등이 포함되도록 작성한다. 이 과정에서 학생들은 자신이 생각하는 문제를 명확하게 제시하고, 그에 대한 해결 방안을 제안하는 방식으로 글을 구성하게 된다. 상소문이 완성되면 모둠 대표가 발표한 후 학급 친구들의 질의에 응답한다. 질의응답 후에는 교사의 조언을 듣고, 미흡한 부분을 보충한 후 최종 제출한다.

상소문 쓰기는 학생들의 글쓰기 능력을 향상시키며, 역사적 사건이나 인물에 대한 자신의 의견을 표현하는 데 자신감을 갖게 하는 장점이 있다. 또한, 역사적 사건을 둘러싼 여러 관점을 이해함으로써 비판적 사고 능력을 기르는 데에도 도움이 된다.

(8) 역사적 인물이 되어 글쓰기-가상 일기 쓰기

일기는 개인이 하루 동안 경함한 인상 깊은 사건을 선택하여 자신의 생각, 감정, 경험을 솔직하게 기록한 글이다. 사관들의 기록(사초)이 모여 실록이 되는 것처럼 개인의 일기를 모으면 그 사람의 일대기가 된다. 그런 점에서 일기는 하루 동안의 생각과 감정을 기록한 개인의 역사라고 할 수 있을 것이다.

가상 일기 쓰기는 학생들이 역사적 인물이 되어 역사 속에서 일어난 사건을 직접 경험해 보면서 그의 감정을 공유하는 활동이다.[26] 가상일기를 작성함으로써 학생들은 역사적 인물이나 특정 시대의 사람들의 삶을 더 깊이 이해하게 되고, 그들의 감정과 생각을 체험할 수 있다. 이러한 과정을 통해 학생들은 변화, 계속성, 인과관계, 발전과 같은 시간 관련 개념을 익히고, 역사 속 인물들이 겪었던 문제와 상황을 감정이입의 방식으로 접근할 수 있게 된다.

가상 일기 쓰기의 유형은 매우 다양하다. 같은 사건 안에서도 서로 다른 사람의 입장이 되어 일기를 작성할 수도 있다. 고조선의 준왕과 위만 입장에서 각각 일기를 쓸 수도 있고, 제갈량과 조조의 입장이 되어 적벽대전이 일어난 날의 일기를 작성할 수도 있다. 또한, 동일한 인물이 겪은 일을 두 학생이 서로 다른 시각으로 작성할 수도 있다. 이러한 일기쓰기를 통해 학생들은 역사적 사실이 선정되는 기준과 그것이 기록되는 과정에서 어떻게 달라지는지에 관하여 생각해 볼 수 있다.

가상일기 쓰기의 과정은 인물 선정 → 자료조사 → 가상일기 작성 → 발표 → 평가 → 총평의 순으로 진행한다. 다만 특정 인물에 너무 집중되지 않도록 교사가 먼저 등장인물들을 정해 주고, 해당 인원에 관한 일기를 쓸 수 있는 학생 수를 미리 한정해 주는 것이 좋다. 가상 일기 쓰기 활동은 개인 활동으로 진행하는 것이 일반적이지만 모둠 활동으로 진행하기도 한다.

인물 선정이 끝난 후에는 해당 인물에 관한 좀 더 상세한 내용을 조사한다. 일기가 있는 경우에는 이를 참고할 수 있으며, 역사서에 기록된 내용이나 문집에 연보 등이 남아 있는 경우에도 좋은 자료가 된다. 외국 인물의 경우에는 해당 인물을 연구한 논문이나 자서전, 평전 등을 참고하도록 한다. 기록이 남아 있지 않은 하층민의 경우에는 당시의 사회상을 반영하여 작성하도록 안내한다. 가상 일기 쓰기에서는 작성할 날짜를 선정하는 일이 중요하다. 일기를 쓰는 날짜로 선정된 날에는 역사적으로 중요한 사건이 포함될 수 있도록 지도해야 한다.

자료 조사가 완료되면 가상 일기를 작성한다. 일반적으로 1일 분량의 일기를 쓰지만, 중요한 사건의 경우에는 3일이나 일주일 분량의 일기를 작성하게 된다. 이 경우 사건의 흐름을 이해하는 데 도움이 된다. 이때 일기의 분량을 미리 정해주면 학생들이 좀 더 계획적으로 일기를 작성할 수 있다.

가상 일기 작성이 끝나면 발표 후 다른 학생들과 질의응답하는 시간을 갖는다. 이 과정을 통해 학생들은 관점의 차이를 확인하고 사실의 오류를 점검할 수 있다. 질의응답이 끝난 후에는 교사가 피드백하거나 총평을 한다. 같은 인물을 대상으로 서로 다른 일기를 작성한 경우에는 공통점과 차이점, 그리고 그러한 차이가 발생한 원인 등을 비교해 보도록 한다.

가상 일기 쓰기는 역사적 사건을 단순한 정보로 받아들이는 것이 아니라, 그 사건이 개인의 삶에 어떤 영향을 미쳤는지를 이해하도록 돕는 데 목적이 있다. 일기 쓰기는 학생들의 역사적 사건에 대한 비판적 사고 능력을 향상시키고, 다른 학생들의 시각을 이해하는 데 도움을 준다. 또한, 역사에서 소외된 사람들의 삶을 조명하는 데에도 기여한다. 역사에 이름이 남지 않은 평범한 사람들의 일상을 경험함으로써 역사적 사실을 보다 생생하게 기억하고 역사에 대한 흥미를 높일 수도 있다.

가상 일기 쓰기와 같은 활동은 일상생활의 역사를 소재로 한다는 점에서 의의가 있다. 일상생활의 역사는 미시사나 생활사를 이해하는 데 유익하다. 그러나 일상생활을 역사 수업 시간에 다룰 때는 몇 가지 유의할 점이 있다. 첫째, 일상생활의 요소를 단순히 나열하는 것이 아니라 그 배경과 맥락을 충분히 설명해야 한다. 학생들이 과거의 일상생활을 이해하는 데 있어 그 시대의 사회적, 경제적, 정치적 맥락을 고려하는 것이 중요하다. 둘째, 특정 일상생활의 관습이 가진 긍정적 측면과 부정적 측면을 균형 있게 다루어 학생들이 비판적으로 사고할 수 있도록 유도해야 한다. 예컨대 과거의 공동체 생활은 사람들 간의 유대를 강화하고 협력하는 분위기를 조성에는 도움이 되었지만 동시에 개인의 자유를 제한하는 측면도 있다는 점도 생각해 보게 하는 것이다. 셋째, 일상생활의 다양성을 존중하고 특정한 사례나 관습이 모든 문화나 사회에서 동일하게 적용되지 않음을 인식해야 한다. 이를 통해 학생들은 편견 없이 다양한 관점을 수용할 수 있도록 유도할 수 있게 될 것이다.

2) 최근 수업방법론의 실제

(1) 사이버 박물관 교육-가상 전시실 만들기

"백 번 듣는 것보다 한 번 보는 것이 낫다"는 속담이 있다. 한 점의 그림이나 사진이 천 개의 단어보다 많은 것을 말해줄 때가 있다.[27] 그러나 교과서의 분량은 제한되어 있으므로 교과서에 소개된 문화유산의 사진이나 설명을 모두 수록하기는 어렵다. 따라서 교과서 집필자들은 어쩔 수 없이 대표적인 문화유산의 사진이나 설명만을 선정하여 제시하게 된다. 그러한 경우에도 규모나 특징까지 보여주기 어렵다. 가장 좋은 방법은 박물관이나 사적지 등을 답사하는 것이지만 현실상 어려움이 많다.

이런 현실적 한계는 학생들이 사이버 전시관이나 전시회 등을 직접 기획하고, 전시하는 활동으로 극복할 수 있다. 특히, 한국사의 경우에는 국립중앙박물관 구축한 'e뮤지엄'을 활용하면 국내의 박물관에 소장된 모든 문화유산들을 활용하여 전시실을 구축할 수 있다.[28]

가상 전시실을 만들기 수업은 시간과 공간의 제약을 없애고 어디서나 전시를 관람할 수 있는 가상공간을 구축하는 것이다. 사이버 박물관은 인터넷을 통해 전 세계 어디서든 접속할 수 있어 교육적 기회를 확장시키는 장점이 있다. 학생들은 교실에서나 집에서나 자유롭게 전시를 관람할 수 있다. 또한, 디지털 활동으로 전개되기 때문에 전시물이 손상될 위험도 없다.

사이버 전시실 제작 과정은 전시 주제 설정→전시 유물 선정→전시실 구조 선택→유물 전시 및 설명서 작성→발표→ 평가→총평의 순으로 진행한다. 전시 주제 설정에서는 모둠별, 개인별로 관심 있는 주제를 선정한다. 도자기, 토기, 회화, 조각, 세공품 등에 따라 주제를 선정하는 것도 가능하고, 그보다 더 세분화하여 특정 시대의 예술품을 기획 전시하는 주제도 설정할 수 있다.

주제가 선정되면 주제에 적합한 유물을 선정한다. 'e뮤지엄', 각 박물관, 국가유산청 홈페이지를 접속하면 유물의 사진과 소장처, 설명 등을 볼 수 있으므로 참고할 수 있다. 전시 유물을 선정하고 난 후에는 그에 적합한 전시실의 구조와 전시 유물의 수, 동선 등을 결정한다.[29)]

가상 전시실을 만들 때는 사용자 경험을 고려하는 것이 중요하다. 전시물의 배치, 이동 경로, 인터페이스의 직관성 등을 신경 써야 한다. 또한, 콘텐츠의 신뢰성과 정확성도 중요하다. 잘못된 정보가 포함되지 않도록 철저한 검증 과정을 거치는 것도 필요하다.

사이버 전시실이 완성되면 프로그램이 잘 작동되는 지 확인하고 관람객의 피드백을 받아 개선한다. 전시실을 작성한 모둠의 발표가 진행되는 동안 다른 모둠의 학생들은 발표 모둠의 전시 취지와 특징, 주제와의 연관성, 작품 선정의 타당성 등을 집중적으로 검토한다. 이 과정에서 예상치 못한 문제점을 발견하고 수정해 나가는 경험을 할 수 있다.

사이버 전시실을 만드는 수업은 학생들 스스로 '중요한 문화유산'을 선정하는 경험을 하게 한다는 점에 의미가 있다. 전시 주제에 따라 문화유산을 선정하고 조사하는 과정에서 문화유산에 대한 관심과 이해를 높이는 효과도 있다. 또한, 디지털 기술을 활용 능력과 창의력을 키워준다.

이외에도 문화사 수업에서는 '세계 과학사에 빛나는 10대 발명품 선정', '세계유산 홍보 포스터 그리기', '세계유산 보호를 위한 전문가 포럼', '예술가 가상 인터뷰' 등과 같은 활동을 시도할 수 있다. 이러한 수업 방법은 설명식 수업이나 단순히 사진을 감상하는 수업보다 학생들 스스로 적극적으로 수업에 참여하게 하는 효과가 있다.

(2) 프로젝트 학습

학생들에게 역사는 내용이 방대하고, 어려운 교과이다. 특히, 정치사와 문화사 분야에는 다수의 인명과 사건명, 정치기구, 문화유산 등의 내용이 포함되어 있다. 학생들이 역사 수업에 흥미를 느끼면서도 어려워하는 이유는 낯선 용어와 많은 인명 및 사건 등을 암기해야 한다는 부담 때문이다. 따라서 정치사나 문화사 관련 수업을 진행할 때는 가능한 한 탐구 학습, 주제 학습, 프로젝트 수업 등 학생들이 적극적으로 참여할 수 있는 수업 방안을 계획하는 것이 좋다.

PBL(Project Based Learning)이라는 용어로 더 많이 알려져 있는 프로젝트 학습은 학생 스스로 의미 있는 특정 주제를 선정하고, 학습 계획을 세운 후 다양한 자료를 수집하여 자기 주도적으로 깊이 학습하는 활동이다.[30] 일반적으로 비구조화된 문제가 주어지기 때문에 정답이 하나로 정해져 있지 않다. 또한, 프로젝트 학습의 허용적이고 개방적인 분위기 속에서 학습자는 호기심과 흥미를 바탕으로 다양한 시도를 할 수 있으며, 그 과정에서 여러 해결책을 도출할 수 있다. 무엇보다도 학생들은 프로젝트 학습 과정에서 새로운 발상과 도전을 통해 능동적으로 참여하며 비판적이고 창의적으로 사고할 수 있는 경험을 하게 된다.[31]

문화사 시간에 시도할 수 있는 프로젝트 학습의 주제로는 '인류 문명의 발생과 특징', '그리스와 로마의 건축', '당의 수도 장안은 어떻게 국제도시가 되었나', '르네상스 시기의 예술과 예술가', '길을 통해 본 동서문화 교류', '차와 도자기가 바꾼 유럽인의 삶', '건륭제 시기의 청 문화', '시와 문학을 통해 본 근대문화와 근대인' 등 다양하다. 수업시간에 대주제를 설정하고, 학생들이 그에 적합한 소주제를 선택하여 조사활동을 전개할 수도 있다. 어떤 형태이든 핵심질문을 작성하고, 주제를 해결하는 활동을 전개한다면 프로젝트 학습의 범주에 포함된다.

프로젝트 학습의 과정은 모둠구성, 역할분담 → 주제선정 → 연구질문 작성 → 자료 조사 → 보고서 작성 → 발표 → 질의응답 → 평가 → 총평 → 최종보고서 제출의 순으로 진행한다. 프로젝트 학습은 모둠 협력 활동을 중심으로 전개되므로 모둠 구성이 반드시 필요하다. 모둠은 4~5명 정도로 구성하는 것이 좋다. 모둠이 구성되면 모둠 장을 선출하고, 역할을 분담한다. 모둠에 따라 관심 있는 토의 주제를 선정하고 구체적인 질문들을 작성한다. 학생들은 역할에 따라 자료를 수집하고, 조사한 내용을 분석·정리하여 보고서를 작성한다. 보고서가 작성되면 모둠 대표가 탐구 주제, 탐구한 내용과 결과를 정리하여 발표한다. 발표 후에는 모둠 간 자유로운 질의응답을 통해 보완점을 정리하고, 교사의 평가와 피드백을 받는다. 이때 자기평가와 동료평가를 함께 진행한다. 이후 교사가 최종 보고서를 받는 것을 끝으로 프로젝트 학습은 마무리된다.

프로젝트 학습을 통해 학생들은 협력과 소통의 중요성을 배우고 서로의 의견을 존중하며 문제를 해결하는 능력을 향상시킬 수 있다. 또한, 학생들은 역사적 사실에 대한 이해를 심화하고 비판적 사고 능력 및 문제 해결 능력을 발전시킬 수 있다. 프로젝트 발표를 통해서는 자신의 연구 결과를 다른 사람들과 공유함으로써 자신감을 얻고 의사소통 능력도 키울 수 있다.

그러나 프로젝트 학습을 진행할 때 유의해야 할 점도 있다. 첫째, 학생들이 주제를 선정할 때 범위가 지나치게 넓거나 좁지 않도록 지도해야 한다. 둘째, 팀원 간의 역할 분담이 분명해야 한다. 만약 그렇지 않으면 열심히 참여하는 일부 학생이 부담을 느끼거나 반대로 무임승차하는 학생이 발생할 수 있다. 셋째, 자료의 신뢰성을 평가하는 과정이 필요하며, 학생들이 출처를 명확히 하고 비판적으로 분석할 수 있도록 도와야 한다.

프로젝트 학습의 또 다른 사례로는 인물조사 프로젝트, 통치기구나 군사조직, 인재 선발제도, 전쟁 다양한 주제의 사실을 정리하는 보고서 작성 프로젝트 등이 있다. 이 중 역사인물 조사 프로젝트는 학생들이 특정 역사적 인물에 대해 깊이 있는 연구를 통해 그 인물의 생애와 역사적 맥락을 이해하는 데 도움을 주는 효과적인 학습 방법이다. 수업의 전개 과정은 다음과 같다. 먼저 모둠을 구성하고 역할을 분담한 후에는 주제를 선정한다. 주제 선정 단계에서는 수업시간에 학습한 인물

중 가장 중요하다고 생각되는 인물을 모둠별 토의를 통해 선정한다. 연구 질문 단계에서는 선정한 인물과 관련된 정책, 주장, 생애, 결정 등 중요한 사건과 관련된 질문을 선정한다.

자료조사 및 분석 단계에서는 연구질문과 관련된 회고록, 문집, 역사서의 기록, 다른 사람의 평가 등을 수집하여 질문에 따라 내용을 분류하고 분석한다. 자료 분석이 끝나고 나면 보고서를 작성하고, 순서에 따라 모둠별로 발표한다. 해당 모둠의 발표가 끝나고 나면 발표를 들은 학생들과 질의응답 시간을 갖고, 교사의 피드백을 듣는다. 모든 활동이 끝나고 나면 토론과 피드백 시간에 언급되었던 내용을 반영하여 수정한 후 최종보고서를 작성하여 제출한다.

인물조사 프로젝트 학습의 예로는 서양사의 경우 아테네의 페리클레스, 로마의 그라쿠스 형제, 르네상스 시기의 레오나르도 다빈치, 종교개혁 시기의 루터와 칼뱅, 대항해시대의 콜럼버스와 마젤란 등의 생애 조사 활동이 있다. 동양사에서는 춘추전국 시대를 통일한 진시황, 사기를 완성한 사마천, 정관정요에 기록된 당 태종과 위징, 송대의 개혁가 왕안석, 명 말에 활동한 원숭환, 청대의 강희제 등을 조사하는 활동이 있다. 한국사에서는 삼국통일에 앞장 선 김춘추와 김유신, 고려를 건국한 왕건과 조선을 건국한 이성계, 각종 전쟁에서 공을 세운 서희, 윤관, 최무선, 이순신, 신립, 원균, 유성룡을 비롯하여 독립운동에 앞장선 인물들을 대상으로 할 수 있다. 다만, 이러한 경우 주요 대상이 영웅이 되므로 자칫 영웅주의적 역사의식에 빠지기 쉬운 문제가 생길 수 있다. 따라서 역사 속 인물의 초인적인 능력이나 과장된 활동 내용, 검증되지 않은 전언 등을 다루는 것에 대해서는 주의해야 한다.

(3) 교육용 앱을 활용한 스마트 수업-UCC 만들기

UCC(User Created Content)는 사용자 제작 콘텐츠라는 말의 준말로, 개인이 직접 만든 저작물을 모두 포함하는 콘텐츠를 일컫는다. 상업적인 목적 없이 일상생활에서 일어나는 것들을 콘텐츠화하는 것은 모두 그 범위에 포함된다. 수업용어로서의 UCC는 학생들이 특정 주제에 관하여 직접 기획하고, 제작한 콘텐츠로, 영상, 음악, 그래픽 등이 포함된다.

UCC 수업의 과정은 주제설정 → 역할분담(콘티 작성, 자료수집, 배역 선정, 대본 작성, 영상 촬영 및 편집, 음향 등) → UCC 제작 → 발표 → 질의응답 → 평가 → 총평의 순으로 진행하며, 총평 후에 마무리하는 순으로 진행한다.[32] 주제설정 단계에서는 UCC를 만드는 목적, 주제의 특징, 역사적 사실 등을 고려하여 모둠 토의를 진행한다. 농업혁명, 신항로 개척, 가격혁명과 상업혁명, 새로운 작물의 재배, 산업혁명, 아편전쟁, 화폐, 제국주의 국가들의 식민지 경제 수탈 등이 경제사 분야의 주요 주제가 될 수 있다.

주제가 설정되면 모둠의 인원을 고려하여 역할을 정한다. 콘티는 모둠원 전체가 협의하여 UCC의 주제에 맞도록 콘텐츠의 흐름을 고려하여 작성하는 것이 좋다. 콘티가 완성되면 주제에 관하여 자료를 수집하고, 관련된 정보와 이미지를 정리한다. 자료가 수집되면 등장인물의 배역(아나운서, 기자, 전문가 등)을 정하고, 대본을 작성한다. 대본은 전체 콘티의 흐름을 고려하여 배역별로 작성한 후에 합쳐서 전체적인 구성을 검토한다. 대본이 작성되면 영상을 촬영하고, 편집한다. 이때 학생들이 제작하는 영상의 길이는 3~5분 사이가 적당하다. 모든 활동이 마무리되면 완성된 UCC를 발표하고, 전체 학생들과 질의응답 시간을 가진 후 교사의 피드백을 받고 마무리한다.

UCC의 형식은 뉴스형, 다큐멘터리형, EBS 지식채널e형, 광고형, 퀄트형(콩트, 단막극, 미니시리즈 등), 캠페인 등으로 다양하다. 학생들은 UCC를 제작하는 과정에서 역사적 사건에 대해 좀 더 깊이 이해하고, 모둠 활동을 하는 과정에서 협동심과 의사소통 능력을 향상시킬 수 있다. 또한, 창의적인 표현 방법을 통해 학습에 흥미를 높일 수 있으며, 제작과정에서 정보 습득과 처리 능력 등을 익힐 수 있다.

그러나 유의할 점도 있다. UCC를 제작할 때는 학생들이 과제의 목적과 방향을 명확히 이해하도록 지도하는 것이 중요하다. 또한, 저작권의 개념을 이해하고, 그것을 활용하는 방안을 학습할 수 있도록 해야 한다.[33] 사용가능한 자료를 적절히 선택하고, 출처를 표시하는 등 연구 윤리를 지킬 수 있도록 지도하는 것도 필요하다. UCC를 평가할 때는 역사적 사실에 토대를 두고 제작하였는지, 창의적인 아이디어가 반영되었는지, 모둠원들이 협력을 통해 제작하였는지 등을 고려해야 한다.

(4) AI와 빅데이터를 활용한 수업-인포그래픽

인포그래픽(Infographics), 인포메이션 그래픽(Information graphics), 뉴스 그래픽(News graphics)은 문자, 숫자, 그래픽이라는 세 요소를 연결하여 정보, 자료, 지식 등을 시각적으로 표현하는 방식이다.[34)] 일반적인 이미지나 사진과는 달리 인포그래픽은 복잡한 정보를 빠르고 명확하게 이해할 수 있도록 돕는다. 대표적인 유형으로는 한 장의 이미지로 나타내는 이미지형 인포그래픽, 복잡한 정보와 데이터를 효과적으로 전달하는 인터랙티브 인포그래픽, 동영상으로 제작하는 모션 인포그래픽 등이 있다.[35)]

인포그래픽 제작 수업은 주제선정 → 자료수집 및 분석 → 스토리보드 작성 → 디자인하기 → 인포그래픽 작성 → 발표 및 전시 → 평가 → 총평의 순으로 진행한다.

주제 선정 과정에서는 모둠원들이 토의를 통해 어떤 정보를 전달할지 명확하게 정리하여야 한다. 주제가 선정되면 주제와 관련된 자료를 수집하고 분석하여 숫자, 그림, 글자 등으로 나타낼 수 있는 핵심 정보를 추출한다. 노예무역의 문제점을 표현할 때는 연간 끌려간 노예의 수, 강제 노동으로 목숨을 잃은 노예의 수, 노예 플랜테이션 농업을 통해 강대국들이 얻은 금액 등 숫자로 표현할 수 있다. 또한, 노예무역의 문제점을 보여주는 그림으로는 노예를 많이 운송하기 위해 비인간적으로 노예들을 눕혀 실은 노예선의 모습을 보여주는 것이 효과적일 수 있다. 자료를 수집할 때는 신뢰할 수 있는 사이트나 서적, 연구논문 등을 이용하여야 하며, 인용한 사진 등의 자료는 출처를 명확히 표시하게 한다.

핵심정보가 추출되면 스토리텔링을 통해 정보를 흥미로운 이야기로 구성한다. 그리고 인포그래픽의 흐름을 고려하여 각 자료의 배치 및 디자인을 구상한다. 디자인 과정에서는 색상, 폰트, 아이콘 등과 같은 디자인 요소를 결정하고, 전체적인 스타일을 고려하여야 한다.

디자인 작업이 정리되면 각 요소들을 조화롭게 배치하고 시각적인 효과를 추가하여 인포그래픽을 완성한다. 활동이 모두 끝나고 나면 각 모둠이 만든 작품을 설명하고, 질의응답 시간을 가진 후 교사의 피드백을 받는다. 모든 과정이 끝나고 나면 마지막으로 피드백 받은 내용을 수정하여 최종 제출한다.

Ⅱ 수업지도안의 작성

1. 수업지도안의 필요성

수업지도안은 수업을 계획하기 위한 중요한 도구이다. 수업이 한편의 멋진 영화라면 수업지도안은 영화의 대본이라고 할 수 있다. 조명, 음향, 세트장 구성 등등 감독이 얼마나 정성을 들이냐에 따라 영화를 본 관객의 감동 정도가 달라지는 것처럼 교사가 얼마나 수업지도안에 공을 들이는가에 따라 수업의 효과는 크게 달라질 수 있다.[36] 수업지도안(이하 지도안)은 “교수·학습의 목표를 효과적으로 달성하기 위하여 학습의 목표, 내용, 과정, 행동, 자료, 평가 등을 구체적이고 주도면밀하게 조직적으로 구안한 계획서”라고 정의된다.[37]

따라서 지도안이 제대로 작성되지 않으면 수업을 계획적으로 진행하기 어렵고, 학급 간 수업의 일관성을 유지하기도 어렵다. 지도안 작성은 교육과정 분석부터 시작하여 평가 및 피드백까지의 과정이 포함되어야 한다. 최근에는 ‘교육과정 분석-수업-평가-기록’의 일체화를 통해 학교 수업의 전반적인 변화를 추구해야 한다는 원칙이 교육과정에 명시되기도 했다.[38] 그러나 그것은 기존에 없었던 것을 새롭게 만들어낸 것이 아니다. 교사의 수업은 교육과정 분석에서 시작되어 평가로 마무리되는 것이 본래의 원칙이었기 때문이다. 생활기록부 작성을 중시하게 된 것은 대학 입학의 자료로 활용되기 때문인 것처럼 인식되고 있지만, 본래의 의도는 학생 개개인의 성취를 중요하게 여기고, 그것이 교육과정에서 언급된 성취기준에 얼마나 잘 도달했는지를 확인하는 것에 있음을 기억해야 한다.

교사가 지도안을 작성해야 하는 이유는 여러 가지가 있다. 첫째, 지도안은 수업의 목표를 명확히 하고, 수업 방향을 설정하는 데 도움을 준다. 교사가 수업을 체계적으로 준비하기 위해서는 각 수업의 목적과 목표를 분명히 해야 한다. 학생들이 학습 목표를 이해하게 되면, 본시에 어떤 내용을 학습하고, 그것을 왜 배우는지 이해하게 된다. 수업의 목표와 진행 과정에 관한 이해는 학생들이 수업에 더 적극적으로 참여하도록 유도하며, 학습 동기를 높이는 데 도움이 된다.

둘째, 지도안은 수업의 일관성을 유지하는 데 기여한다. 보통 복수학급의 학교에 근무하는 교사들은 같은 내용으로 여러 번 수업을 반복하게 된다. 그 경우 지도안을 작성하면 일관된 내용의 수업을 전개할 수 있다. 또한, 특정 학급에서는 가르치고, 다른 학급에서는 내용을 누락하는 실수를 줄일 수 있다. 학생들이 같은 주제에 대해 동일한 학습 경험을 할 수 있도록 보장하며, 교육의 질을 높이는 중요한 자료가 되는 것이다. 일관성 있는 수업은 학생들의 학습 효과성을 증대시키고, 교사 간의 협업을 통해 서로의 수업을 참조하여 개선할 수 있게 한다.[39)]

셋째, 지도안은 교사가 수업을 평가하고 개선하는 기초 자료가 된다. 교사는 수업 후 지도안을 검토함으로써 수업의 계획과 현실이 어떻게 다르게 진행되었는지 또는 어떤 예기치 못한 상황이 발생했는지 점검함으로써 이후 수업을 더 효과적으로 계획할 수 있다. 계획대로 잘 진행된 수업은 그렇게 된 이유를 분석하고, 의도대로 진행되지 않은 수업은 어떤 부분의 개선이 필요한 지 분석함으로써 지속적으로 자신의 교수법을 발전시킬 수 있다. 이러한 피드백 과정은 교사의 전문성 향상에도 크게 기여하며, 결과적으로 학생들에게 더 나은 학습 경험을 제공할 수 있게 된다.

넷째, 수업지도안은 수업에 유연성을 갖게 해 준다. 교사가 아무리 수업 준비를 열심히 하더라도 수업시간 중에는 예상치 못한 상황이 발생하는 경우가 있다. 토론 시간이 예상보다 길어질 수도 있고, 수업 기기가 갑자기 작동하지 않을 수도 있다. 교사가 미리 그러한 상황을 예상해 두고, 영상을 대체할 자료를 준비하거나 수업의 순서를 조정한다면 수업을 좀 더 체계적으로 전개할 수 있을 것이다.

2. 수업지도안 작성의 방법과 유의점

수업은 교사의 교육과정에 관한 이해, 교재의 구조와 학생의 흥미 및 학습 수준에 관한 이해, 교사 본인의 특성과 교실 환경에 관한 이해 등이 종합되어야 원활히 진행될 수 있다. 따라서 지도안을 작성할 때는 교육과정과 교육의 전반적인 환경을 면밀히 분석할 필요가 있다. 수업 전 교사는 교육과정의 목표와 내용을 면밀히 분석하여 학생들이 습득해야 할 지식과 기능을 명확히 설정하고, 교재의 구조와 내용이 학생들의 흥미를 끌 수 있도록 선정하며, 학생들의 학습 수준과 선호도를 반영하여 수업 자료를 준비해야 한다. 또한, 교사 본인의 교육 철학과 교수법을 고려하여 수업을 설계하고, 수업 기기 등을 효과적으로 이용하기 위해 교실 환경을 꼼꼼히 점검해야 한다.

그렇다면 지도안은 어떻게 작성해야 할까. 먼저 지도안은 교실 수업의 전개 과정을 고려하여 도입-전개-정리 단계에 따라 구성되어야 한다. 시작이 불확실하고 마무리가 없는 수업은 학생들에게 혼란을 초래할 수 있다. 따라서 수업지도안을 작성할 때는 도입, 전개, 정리 및 평가의 순서를 따르고 각 단계별 소요 시간을 명시해야 한다.

둘째, 교사의 활동과 학생의 활동을 구분해야 한다. 예를 들어 고려시대 무신정변을 주제로 수업할 경우 무신정변이 일어난 배경을 설명하거나 영상자료를 제시하거나 사료를 제시하는 등의 활동은 교사의 활동에 해당한다. 반면, 교사가 제시한 자료를 보거나 읽고 무신정변의 원인을 찾아 발표하고, 학습지에 기록하는 것은 학생의 활동에 해당한다. 모둠활동으로 수업을 진행하는 경우 모둠의 구성 방법, 모둠 활동의 구체적인 방법, 활동결과의 발표 및 제출 방법 등을 설명하는 것은 교사의 활동이고, 교사의 안내에 따라 모둠 활동을 진행하고 활동 결과를 발표하는 것은 학생이 해야 하는 활동이다. 교사가 수업의 진행과정과 방법을 정확히 설명해 주지 않으면 수업이 원활히 진행되기 어렵다.

셋째, 수업 중 필요한 자료나 유의사항을 표시해 두어야 한다. 예컨대 토론과정에서 토론 개요서를 작성하게 하거나 정해진 토론 시간을 준수하게 하는 것, 학생들이 활동할 때 순회지도 하는 것, 학생 활동을 피드백할 때의 주의사항 등은 미리 준비해 두는 것이 좋다. 특정 수업 단계에서 제시해야 할 학습 자료나 판서할 내용 등도 미리 준비해 두지 않으면 중요한 사항을 빠뜨리거나 순서를 지키지 못할 수 있다.

넷째, 학생 활동 부분을 지나치게 정적이거나 수동적으로 작성하지 않도록 준비한다. 물론, 지도안의 학생 활동은 교사가 의도하는 활동 또는 예상되는 활동이다. 따라서 실제 상황에서는 계획단계에서 교사가 의도한 것과는 다를 수도 있다. 그런 특성을 고려하더라도 예상되는 학생의 활동은 상세히 제시할 필요가 있다. 만약 지도안에서 학생이 단순히 교과서를 읽고 문제를 푸는 것으로 설정한다면 실제 수업에서도 적극적인 학생의 참여는 기대하기 어려울 것이다. 수업의 어느 단계에서 학생들이 활동을 할 것인지, 개인활동인지 모둠활동인지, 활동 시간은 얼마나 배분할 것인지, 자료를 찾는 활동인지 아니면 분석하고 토론하는 활동인지 등을 구체적으로 설정해 두어야 한다.

3. 수업지도안 작성의 실제

1) 수업지도안의 구성요소

지도안은 세안과 약안으로 분류된다. 세안은 세부 수업안을 일컫는 말로 수업의 구체적인 내용을 자세히 기술한 문서이다. 세안에는 수업 설계 자료(교육과정·교재·학생들의 흥미와 수준 등을 분석한 내용 등), 수업지도안, 수업자료, 평가 자료 등이 매우 상세히 제시되어 있다. 세안은 주로 교육실습이나 연구수업 등을 준비하는 과정에서 작성하는 사례가 많다. 반면, 약안은 약식 수업안을 일컫는 말로, 수업지도안 중심으로 본시 수업의 전체적인 틀을 간략히 정리한 문서이다. 따라서 세안에는 약안이 포함되어 있다. 세안은 크게 아래와 같은 요소로 구성된다. 이 중 'Ⅷ. 본시 교수-학습 지도안'에 해당되는 것이 약안이다.

[세안의 구성요소]

Ⅰ. 교재 및 단원명
  1. 교재
  2. 단원명
Ⅱ. 단원설정의 이유
  1. 학습자 측면
  2. 학문적 측면
  3. 사회적 측면
Ⅲ. 단원의 개관
Ⅳ. 단원의 학습 목표
  1. 지식 · 이해
  2. 기능
  3. 가치 · 태도
Ⅴ. 단원의 구조
Ⅵ. 지도상의 유의점
  1. 준비
  2. 내용
  3. 마무리
  4. 수업 방법론 소개
Ⅶ. 교수-학습 계획
Ⅷ. 본시 교수-학습 지도안
Ⅸ. 참고 자료

2) 수업지도안(약안)의 실제

〈수업지도안(약안) 예시〉

<table>
<tr><td colspan="2">단원 ❶</td><td>Ⅱ. 근대 이전 한국사의 탐구 3. 신분제와 사회 구조
3) 조선 신분제 사회의 성립과 변화</td><td>지도
대상</td><td>고등학교
1학년</td></tr>
<tr><td colspan="2">국가교육과정
성취기준 ❷</td><td>[10한사1-02-03] 근대 이전 사회 구조를 신분제를 중심으로 분석한다.</td><td>시간</td><td>100분</td></tr>
<tr><td colspan="2">학습목표 ❸</td><td colspan="3">1. 조선 후기에 신분제가 동요된 배경을 설명할 수 있다.
2. 조선 전기와 후기 신분제의 변화를 비교하고 그 원인을 제시할 수 있다.
3. 조선 후기 신분제의 동요로 인한 사회 변화에 대한 의견을 말할 수 있다.</td></tr>
<tr><td>학습
단계
❹</td><td>학습요소
❺</td><td>교수 · 학습활동 ❻</td><td>시간</td><td>자료 및 지도상
유의점 ❼</td></tr>
<tr><td rowspan="4">도입
❽</td><td>인사</td><td>인사 및 출석 확인</td><td rowspan="4">5</td><td rowspan="4">〈자료 1〉
고려시대
신분그래프

〈자료 2〉
김흥발 집안
신분 변화
“권내현,
『노비에서
양반으로, 그
머나먼 여정』”</td></tr>
<tr><td>전시 확인</td><td>• 교사: 고려시대의 신분구조를 나타낸 그래프를 제시하고 중류계층의 특징을 발문한다.
- 고려시대의 신분 중 중류계층에 속한 사람들과 그 특징은 무엇인가요?
• 학생: 고려시대 신분구조 그래프를 보고 교사의 발문에 답변하면서 전시학습 내용을 상기한다.</td></tr>
<tr><td>동기 유발</td><td>• 교사: 김흥발 집안의 가계가 시기에 따라 변화한 과정을 도표로 제시하고, 발문한다.
- 김흥발 집안의 신분은 어떻게 변화했나요?
- 김흥발의 집안은 어떻게 신분 상승에 성공할 수 있었을까요?
• 학생: 가계도를 보면서 노비 출신의 주인공이 양반으로 신분상승한 상황을 파악하고, 교사의 발문에 답변한다.</td></tr>
<tr><td>학습목표</td><td>동기유발 자료와 연계하여 학습 목표를 제시하고, 학습목표의 핵심 내용을 간단히 풀어서 안내한다.</td></tr>
<tr><td>전개
❾</td><td>강의 학습</td><td>• 교사: 조선시대 신분제도의 특징을 가리키는 양천제와 반상제에 대해 설명하고, 자료를 토대로 양반이라는 용어가 본래 직역자를 가리키는 말에서 신분을 가리키는 말로 변화했음을 알게 한다. 『성종실록』에 제시된 자료를 통해 당시 사람들의 신분의식이 어떠했는지 파악하게 한다.
• 학생: 교사의 설명을 들으며, 양천제와 반상제의 차이를 이해한다. 자료를 읽고 양반의 개념이 변화한 것과 조선 전기 사람들의 신분제에 대한 관념을 파악한다.</td><td>10</td><td>〈자료 3〉
양천제, 반상제
신분 그래프

〈자료 4〉
성종실록</td></tr>
</table>

학습 단계 ❹	학습요소 ❺	교수 · 학습활동 ❻	시간	자료 및 지도상 유의점 ❼
	사료탐구 학습	• 교사: 조선 후기에 발급된 공명첩을 자료로 제시하고, 공명첩 발급이 조선의 신분제도 변화에 어떤 영향을 끼쳤을지 발문한다. • 학생: 공명첩 발급이 끼친 영향에 관해 생각하고, 본인의 생각을 발표한다. • 교사: 〈자료 6〉~〈자료 7〉을 토대로 양반의 수가 늘어나면서 양반층 내부에서 나타난 현상에 대해 조사한 후 학습지에 주요 내용을 쓰도록 한다. • 학생: 양반 명문가의 위상을 보여주는 자료와 몰락한 양반이 굶주림에 시달렸음을 보여주는 자료를 비교해서 읽고, 당시 양반들 사이에서 분화가 일어난 사실을 파악한다. • 교사: 박지원의 양반전을 읽고, 소설에 반영된 당시의 사회모습을 찾아보게 한다. • 양반전을 읽으며 조선 후기 양반들의 지위가 어떻게 달라졌는지, 당시 사람들이 신분에 대한 생각이 이전과 비교하여 어떻게 달라졌는지 차이점을 찾아 학습지에 기록한다. • 교사: 양난 이후 중인들과 노비들의 동향에 대해 간단히 설명한다. • 학생: 교사의 설명을 들으며 질문하거나 발문에 답변한다. • 교사: 교과서와 학습지의 내용을 토대로 다음의 질문에 대한 답을 작성하게 한다. 1) 조선후기에 가난한 양반과 부유한 양인 또는 노비가 생겨난 이유는 무엇일까? 2) 양난 이후 서얼들의 신분상승이 가능해진 이유는 무엇인가? 3) 서얼과 기술직 중인들의 신분상승 방법과 그 결과는 어땠는가? 4) 노비 수가 급속히 줄어든 이유는 무엇인가? • 학생: 교과서, 학습자료, 인터넷 검색 등을 통해 각 물음에 대한 답을 정리한다. • 교사: 학생들의 활동이 끝나고 나면 각각의 물음에 대하여 학생들이 답변한 내용을 발표하게 한다. • 학생: 활동 시간에 작성한 글쓰기 내용을 발표한다. 발표를 듣는 학생은 경청한다.	35	〈자료 5〉 공명첩 〈자료 6〉 양반을 능멸한 상민 처벌 요청상소 〈자료 7〉 오랫동안 굶은 유진사 부부이야기 〈자료 8〉 양반전 〈학습지〉 ◦ 학생이 활동하는 동안 교사는 순회 지도한다.
	토의학습	• 교사: 토의 수업 진행 방법과 평가 기준을 안내한다. • 학생: 교사의 설명을 듣고 수업의 진행방식, 평가 기	40	

<table>
<tr><th>학습
단계
❹</th><th>학습요소
❺</th><th>교수·학습활동 ❻</th><th>시간</th><th>자료 및 지도상
유의점 ❼</th></tr>
<tr><td></td><td></td><td>준 등을 확인한다.
• 교사: 앞서 학습한 내용을 토대로 다음의 주제 중 1가지를 선택하여 모둠별로 토의한 후 결과를 발표하게 한다.
1. 신분제의 동요가 조선 사회를 어지럽힐 것을 알면서도 조선 정부가 공명첩과 납속책을 지속적으로 시행한 이유는 무엇일까?
2. 같은 중인들인데도 서얼들은 신분 상승에 성공하고, 기술직 중인들은 실패한 이유가 무엇일까?
3. 조선후기에 접어들어 신분보다 경제력이 중요해졌다면 당시의 상민들과 천민들은 왜 많은 돈을 주고 양반 신분을 얻으려고 했을까?
• 학생: 모둠별로 세 주제 중 한 가지를 선택하여 토의한 후 결과보고서를 작성한다.
• 교사: 토의가 끝나면 모둠별로 토의한 결과를 발표하도록 한다. 발표가 진행되는 동안 다른 모둠의 학생들은 발표 내용을 경청한 후에 궁금한 점을 질문하도록 한다.
• 학생: 다른 모둠의 학생들이 발표한 내용을 듣고, 자기 모둠에서 논의한 내용과 다른 점이 있거나 궁금한 점, 반박할 내용이 있으면 손을 들고 발표한다.
• 교사: 모둠별 발표가 끝나면 평가기준표에 따라 동료평가를 시행하도록 한다.
• 학생: 평가기준표에 따라 모둠 내 평가와 모둠 간 평가를 시행한다.
• 교사: 동료평가가 끝나면 학생들의 전체 활동에 대해 총평하고, 각 모둠의 활동 내용 중 잘 된 부분과 아쉬운 부분에 대해 피드백한다.</td><td></td><td>〈루브릭〉
◦ 세 주제를 고루 선택할 수 있도록 안내한다.
◦ 모둠활동이 시작되면 순회 지도한다.

〈학습지〉
◦ 질의응답이 원활히 진행될 수 있도록 진행한다.
◦ 교사의 발언이 평가에 영향을 끼치지 않도록 한다.</td></tr>
<tr><td rowspan="4">정리
❿</td><td>내용정리</td><td>• 교사: 중요한 내용의 요점을 정리하여 설명하면서, 문답 형식으로 학습한 내용을 정리한다.
• 학생: 교사의 설명을 들으면서 학습한 내용을 정리한다.</td><td rowspan="4">10</td><td rowspan="4">〈자료 6〉
김홍도
'자리 짜기'</td></tr>
<tr><td>형성평가</td><td>• 교사: 김홍도의 풍속도 '자리 짜는 양반'을 제시하고, 그림 속 주인공의 신분이 무엇인지 추론해 보게 한다.
• 학생: 자신의 생각을 이야기하고, 그렇게 생각한 이유가 무엇인지 설명한다.</td></tr>
<tr><td>차시예고</td><td>• 교사: 다음 시간의 수업 주제를 안내한다.</td></tr>
<tr><td>인 사</td><td>인사하고 수업을 마친다.</td></tr>
</table>

위의 지도안에서 ❶은 보통 교과서의 대단원-중단원-소단원을 가리킨다. 간략하게 중단원과 학습주제만 쓰는 것도 가능하지만 가능한 본시의 학습 내용이 해당 단원의 어느 단계에 해당하는 내용인지 파악할 수 있도록 대단원부터 소단원 학습 주제까지 모두 작성해 주는 것이 좋다. 학습주제는 대부분의 교과서에 잘 기술되어 있으므로 그대로 사용할 수 있지만 교사가 교육과정과 교과서 내용을 토대로 작성할 수도 있다. ❷는 국가 교육과정에 제시된 성취기준의 내용이다. 교육과정에는 단원의 구성과 각 단원에서 도달해야 할 성취기준, 성취기준 해설 등이 수록되어 있다. 수업계획은 교육과정의 분석으로부터 출발하는 것이 기본이므로 해당 성취기준을 쓰고, 본시 수업과 성취기준의 연관성을 고려하여 교수-학습 활동을 계획하는 것이 좋다.

❸은 본시의 학습목표를 제시하는 부분이다. 학습목표는 1차시에 2~3개 정도를 설정하는 것이 일반적이다. 3개의 학습목표는 교과의 내용체계에 따라 지식・이해, 기능, 가치・태도의 영역을 골고루 반영하여 설정한다.[40] 학습목표는 가능한 구체적이고 명시적인 형태로 제시하는 것이 좋다. 명시적인 목표는 '말할 수 있다', '설명할 수 있다', '표현할 수 있다', '차이점을 구별할 수 있다', '3가지 이상 열거할 수 있다', '비교할 수 있다' 등과 같이 수업이 끝난 후에 학생들에게 직접 확인할 수 있는 변화를 일컫는다. 또한, 하나의 학습목표에는 하나의 내용만을 포함하여 학생들이 학습해야 하는 내용이 무엇인지 명확히 파악할 수 있게 하는 것이 좋다.

❹ 학습의 단계는 도입, 전개, 정리의 단계를 일컫는다. 보통은 시간을 함께 표기하는데, 도입 5~10분, 전개는 30~40분, 정리 5~10분으로 분배한다. 도입이 너무 길거나 정리가 너무 길지 않도록 적절히 조절하며, 전개는 2~3개의 활동이 이루어지도록 학습 내용을 재조직하여 제시하도록 한다.

❺의 학습요소는 각 단계에서 이루어지는 주요 활동이나 수업의 형태를 의미한다. 수업 중에 이뤄지는 내용 설명, 사료 읽기, 토론, 토의, 자료 제작 등은 학습요소에 포함되는 대표적인 활동이다. ❻은 실제 수업에서 이뤄지는 교사와 학생의 활동에 관한 내용을 제시하는 부분이다. 교사와 학생의 활동이 구분되어 있는 경우도 있고, 하나로 합쳐진 경우도 있는데, 하나로 합쳐진 경우에는 교사와 학생의 활동이 구분되도록 표시해주도록 한다. 교사의 활동은 주로 '설명한다', '제시한다', '찾

아서 정리하게 한다', '토론하게 한다' 등과 같이 수업이 전개되도록 안내하는 내용을 기록한다. 반면, 학생 활동은 '설명을 듣고 이해한다', '질문한다', '자료를 찾아 정리한다', '토론을 전개하고, 주요 내용을 토론 개요서에 작성한다', '모둠별 토의 내용을 정리하여 발표한다' 등과 같이 예상 또는 기대되는 학생들의 주요 활동 내용을 기록한다.

❼에는 수업 시간에 제시할 학습자료와 수업 과정에서 교사가 특별히 유의해야 하는 사항들을 기록한다. 학생들이 활동할 때 교사가 순회지도하면서 유의할 사항, 교과서와 학습지와 같은 교재의 이용방법, 적절한 수업 자료를 제시해야 하는 시점 등을 기록해 두면 준비한 내용들을 빠뜨리지 않고 학생들에게 제시할 수 있다.

❽ 도입란에는 인사, 전시학습 확인, 학습 동기유발, 학습 목표 제시 등 도입부에서 이루어져야 하는 활동을 꼼꼼하게 적어두어야 한다. 특히 인사의 단계에서는 수업이 시작되기 전에는 수업준비가 갖춰졌는지 확인하고(출석 확인, 교과서 등 교재 준비 상황 확인, 수업 분위기 조성 등), 지난 시간에 학습한 내용을 환기하여 본시에 학습할 내용과 연결 지을 수 있게 해야 한다. 또한, 학생들이 이전 수업에서 학습한 내용을 상기시키고 학습 동기를 유발하기 위해 영상 자료나 질문을 활용하는 것이 중요하다. 이때 학습 목표를 분명히 전달하여 학생들이 수업의 목적을 이해할 수 있도록 해야 한다. 학습 목표 제시단계에서는 본시 학습을 안내할 수도 있다.

❾ 전개는 본시수업의 핵심이 되는 부분으로 학습할 내용에 따라 주제별, 내용별, 수업방법별 등으로 나누어 구성할 수 있다. 학습내용에 부합하는 수업의 방법, 예컨대 역사 글쓰기, 토론식 수업, 역할극, 역사 신문 만들기 등의 방법을 통해 학생들이 적극적으로 수업에 참여할 수 있도록 하며, 교과서 읽기, 영상 시청, 학습지 작성 등의 활동 계획을 수업의 흐름에 따라 제시해야 한다. 중간에 학생들의 학습 내용을 확인하거나 잠깐 쉬어가는 코너, 2~3분 정도의 짧은 토론 등과 같은 방법을 준비함으로써 학습 동기를 이어가도록 해야 한다.

❿ 정리는 수업을 마무리하는 단계로 내용정리, 형성평가, 차시예고, 인사로 이루어진다. 보다 구체적으로 말하면, 먼저 학습 목표와 연계된 중요한 내용을 정리하고 형성 평가를 실시하도록 한다. 형성평가는 본시에 학습한 내용 중 학습목표와

연관되는 중요한 것을 학생들이 제대로 이해했는지 확인하는 활동이다. 빈칸 채우기나 5지 선다형 문제를 제시하는 경우가 많지만 진위형 문항이나 핵심단어 제시하기, 삼행시 짓기, 마인드 맵 작성 등 다양한 평가방법을 통해 학생들의 흥미를 유발할 수도 있다. 형성평가 결과 학생들 다수가 이해하지 못한 내용이 있으면 그 부분에 대해서는 다시 설명하거나 복습할 수 있는 학습지 등을 제공하여야 한다. 형성평가가 끝난 후에는 다음 시간에 학습할 주제를 안내하여 학생들이 다음 시간의 준비를 할 수 있도록 한 후에 수업을 마무리한다.

Ⅲ 평가 문항 작성

1. 평가의 개념과 평가요소

학교에서의 평가는 학생들의 성취도를 점검하고, 그것을 기반으로 교수-학습의 개선 정보를 추출·제공하는 과정이라고 할 수 있다.[41] 타일러(Ralph Tylor)는 "평가의 과정이란 본질적으로 교육과정 및 수업 프로그램에 의하여 교육목표가 어느 정도 실현되었는가를 밝히는 과정"이라고 정의했는데,[42] 그것은 평가가 지향해야 하는 최종 도달점이 교육목표의 달성임을 강조한 것이다. 최근 현장에서 교육과정 분석-수업-평가-기록의 일체화를 강조하는 것도 같은 맥락에 있다.[43]

이런 내용들을 종합하면 역사교육에서의 평가는 "학생들의 학습목표 달성 여부를 확인하고, 그것을 달성하기 위하여 시행된 교수-학습 프로그램의 적절성을 파악하여 개선해 나가는 활동"이라고 정의할 수 있을 것이다.

역사교육에서의 평가는 크게 세 가지의 역할을 한다. 첫째, 학생들의 학업성취도를 평가하고, 학습 목표의 달성여부를 확인하는 기능이다. 학습 목표의 성취는 교육과정에서 제시한 성취기준이 학교 교육을 통해 실현됨을 의미하는 것이다. 평가를 통해 교사는 학생들의 학습 수준을 이해하고, 개개인의 학습 수준에 맞는 차별화된 지도를 제공할 수 있다.

둘째, 교사의 수업과 교육과정의 개선에 기여한다. 교육평가는 학생들뿐만 아니라 교사들의 수업 개선에도 중요한 도구가 된다. 교사는 평가 결과를 분석하여 수업방법이나 학습내용의 난이도, 수업의 속도와 분량 등을 점검할 수 있다. 평가 결과 수업 결손이 있다고 판단되는 경우에는 개별적 또는 전체적인 피드백을 제공함으로써 학습의 질을 향상시킬 수 있다. 이러한 과정은 교사의 전문성 강화와 학생들의 수업 만족도 향상으로 이어져 교육의 질을 높이는 데에도 기여한다.

셋째, 학생들의 학습 동기를 강화하고, 자발적인 참여를 유도한다. 교육에서의 평가는 단순히 학생들을 성적을 파악하는 데에만 목적이 있지 않다. 학생들은 정기적인 평가와 그 과정에서의 피드백을 통해 학습의 방향을 점검하고, 자신의 강점과 약점을 파악할 수 있다. 또한, 성적에 관해 교사와 상담하는 과정에서 더욱 효과적인 학습 전략을 찾을 수 있다. 학생들의 자신에 대한 이해는 자기 주도적 학습 능력의 신장과 학습 동기 유발에도 도움이 된다.

평가의 목적을 달성하기 위해서는 평가 문항이 타당도(validity), 신뢰도(reliability), 객관도(objectivity), 난이도(difficulty), 변별도(discrimination) 등을 갖추어야 한다.[44] 타당도란 평가 도구가 측정하고자 하는 대상의 내용을 얼마나 충실하게 측정하고 있는지를 나타내며, 반드시 기준(criteria) 개념이 수반된다. 타당도는 여러 가지로 분류되지만, 그중에서도 내용 타당도가 가장 일반적으로 활용된다. 내용 타당도는 평가 도구가 평가하고자 하는 내용을 얼마나 충실히 측정하고 있는지에 관한 것으로, 교수와 학습 과정에서 설정한 교육 목표와 관련된다.[45] 따라서 교육 목표를 충실히 측정하면 성적 측정의 타당도는 높아지게 된다.

신뢰도는 시행하려는 평가가 측정 대상의 내용을 얼마나 안정적으로 일관되게 측정하고 있는지를 말한다. 즉, 신뢰도는 한 검사가 얼마나 정확하게 측정하고 있는지에 중점을 두며, 주로 측정 과정에서의 오차에 주목한다. 일반적으로 객관식 평가 문항은 주관식 평가 문항에 비해 신뢰도가 낮은데, 그것은 실제로 알지 못하는 것을 우연히 맞출 확률이 높기 때문이다.[46]

객관도는 평가 채점자에 대한 신뢰도로, 한 검사의 측정 결과가 검사자 혹은 채점자 간에 얼마나 일치하는지를 나타낸다.[47] 객관도를 향상시키기 위한 방법으로는 평가 도구의 객관화, 평가자의 자질 향상, 명확한 기준 설정, 선택형 평가 문항 지향, 공동 채점 등이 있다. 평가자의 주관에 의해 이루어지는 검사나 선발,

성적 부여를 위한 검사에서 객관도는 매우 중요하게 다루어진다. 이는 평가자에 따라 동일한 검사라도 점수 부여 방법이 달라질 수 있기 때문이다.

난이도는 문항의 어려움과 쉬움을 나타내는 지표로 평균정답률에 따라 계산된다. 시험에 응시한 학생들이 특정 문항의 정답을 맞춘 비율이 높다면 그것은 쉬운 문항이라고 할 수 있다.[48] 반면, 변별도는 문항이 학습능력에 따라 학생들을 얼마나 잘 구분할 수 있는가를 나타내는 지표이다. 변별도는 일반적으로 문항 점수와 총점 간의 상관관계에 따라 계산된다. 학습능력이 높은 학생이 높은 점수를 받고, 낮은 학생이 낮은 점수를 받는다면 그것은 변별도가 높은 문항이라고 할 수 있다.[49] 난이도와 변별도는 시험의 질을 평가하는 데 중요한 지표이다.

좋은 평가 문항은 위의 평가 요소를 고루 갖추어야 한다. 문항에서 요구하는 능력이 측정하고자 하는 능력과 일치해야 하며, 단순한 지식을 묻기보다는 분석, 종합, 평가와 같은 사고력을 측정해야 한다. 또한, 문항의 형식이나 내용이 기존의 오랜 형태에서 벗어나 학생들에게 참신한 경험을 제공함으로써 학습동기를 유발할 수 있어야 한다. 그리고 무엇보다도 평가 문항은 교육과정에 제시된 학생들의 성취기준을 고려하여 중요한 것을 평가해야 한다.

2. 평가의 유형

평가의 유형은 크게 네 가지로 나눌 수 있다. 첫째, '어떤 기준'에 따라 평가하는가에 따라 상대평가와 절대평가로 구분된다.[50] 상대평가(규준지향 평가)는 해당 집단에서 얻은 평균 성적을 기준으로 평가의 결과를 해석하는 방식, 즉 평균을 기준으로 하여 상대적으로 어떤 위치에 있는가를 평가하는 것이다. 따라서 상대평가에서는 개인차를 분별하는 변별도와 문제의 쉽고 어려움을 나타내는 곤란도(난이도)가 강조된다. 현재의 고등학교 내신성적 산출이나 대입수학능력시험은 상대평가를 이용한 평가방식이라고 할 수 있다. 상대평가는 개인차의 변별이 가능하여 선발이라는 목적의 달성에 유리하고, 경쟁을 통하여 동기를 유발하는 효과가 있지만 지나친 경쟁을 조장할 수 있다는 한계가 있다.

반면, 절대평가(목표지향 평가)는 학생의 성적을 미리 정한 기준에 따라 평가하는 방식으로, 특정 기준에 도달했는지를 판단한다. 절대평가는 개인의 능력을 비교하기보다는 학습목표의 도달여부를 확인하기 때문에 학습자의 점수가 가능한 설정한 목표에 가깝게 도달하는 것을 추구한다. 그런 점에서 절대평가는 학생들에게 성취감이나 자신감을 심어주는 데에 유리하다. 또한, 학생들 사이의 경쟁보다는 협력을 중요하게 생각하기 때문에 변별도나 곤란도보다 타당도의 개념이 강조된다.

둘째, '평가의 목적'이 무엇인가에 따라서는 진단평가, 형성평가, 총괄평가 등으로 나눌 수 있다.[51] 진단평가는 수업이 시작되기 전에 출발점을 확인하거나 학습이 실패한 후에 교육 외적 원인을 찾아보기 위해 시행한다. 수업 전에 시행하는 진단평가는 학생의 기본적인 학습능력, 학습동기, 학습결손, 선수학습의 정도 등을 확인하는 역할을 한다. 학습 실패의 교육 외적 파악은 수업과 직접 관련은 없지만 학습에 어려움을 주는 학습장애의 원인을 찾는 것이다. 학습 실패의 대표적인 요인으로는 건강상태의 이상, 운동 감각 기능의 장애, 심리적인 불안이나 갈등 등이 있다. 진단평가는 학습 계획을 수립하는 데 유용한 정보를 제공하며, 학생의 개별적인 학습 요구를 충족시키기 위한 기초 자료로 활용된다.

형성평가는 수업 과정 중 또는 수업이 끝난 후 종료 전에 시행되며, 학생의 이해도와 학습 진행 상황을 지속적으로 관찰하고 피드백을 제공하는 역할을 한다. 교사는 형성평가의 결과를 통해 수업의 속도를 조절하고, 학생들의 학습 곤란 여부를 파악한다. 또한, 학생들에게는 학습에 대한 강화의 역할을 한다.

총괄평가는 학습이 완료된 후 학생의 성과를 종합적으로 평가하는 방식으로 주로 학기 말이나 학년 말에 실시된다. 총괄평가는 학생의 학습 결과를 종합적으로 검토하고, 향후 교육 방향을 설정하는 데 중요한 정보를 제공한다. 또한, 학습지도의 장기적인 질 관리에 도움이 되며, 집단의 성과를 비교하는 데에 유용하다.

셋째, '출제자의 주관이 채점 과정에 반영되는가의 여부'에 따라 객관식 평가(선택형 평가)와 주관식 평가(서답형 평가)로 구분할 수 있다. 객관식 평가는 사전 정의된 선택지 중에서 정답을 선택하게 하는 방식으로, 채점이 간편하고 신뢰성이 높은 장점을 지닌다. 객관식 평가는 대규모 평가에 적합하며, 학습자의 기초 지식과 기억력을 측정하는 데 유용하다. 반면, 주관식 평가는 학생이 자신의 생각이나 주장을 자유롭게 서술하도록 요구하는 방식으로, 보다 깊이 있는 사고력과 비판적 사고를 평가할 수 있게 한다. 주관식 평가는 학생의 창의성과 논리적 사고를 촉진하는 데 기여하며, 학습자의 개인적인 이해도를 더욱 잘 반영할 수 있다.

넷째, 시험의 형식에 따라 지필평가와 수행평가로 구분하기도 한다. 지필평가는 주로 중간고사와 기말고사와 같은 정기적인 시험을 통해 실시된다. 지필평가는 선택형 문항과 서답형 문항으로 구분된다. 지필평가는 학생의 기억력과 논리적 사고력을 평가하는 데 중점을 둔다. 반면, 수행평가는 학생들의 문제 해결력, 지식 활용 능력, 사고 과정 등을 요구하는 평가 방법이다. 수행평가는 프로젝트, 발표, 실험 등 다양한 활동을 통해 학생의 이해도와 참여도를 측정하며, 지필평가와 달리 학생의 실제적인 학습 과정과 결과를 모두 반영하는 데 중점을 둔다.

3. 지필평가

1) 지필평가의 특징과 종류

학교 현장에서의 평가는 크게 지필평가와 수행평가로 나뉜다. 지필평가는 시험 문제를 풀거나 답안지에 정답을 쓰는 형태의로, 선택형과 서답형이 있다. 서답형은 학생들의 지식의 활용, 사고력, 사고과정을 측정하기 위해 응답을 만들어 내도록 요구하기 때문에 구성형이라고도 한다.[52] 선택형 문항에는 선다형, 진위형, 연결형이 있고, 서답형 문항에는 단답형, 괄호형, 완성형, 논술형 등이 있다.

다만, 서답형 중에서 서술형 평가와 논술형 평가는 평가의 방법에 따라 지필평가 또는 수행평가로 구분되기도 한다. 예를 들어 문제를 보는 즉시 답을 작성해야 하는 총괄 평가에서 서술형 평가나 논술형 평가가 나왔다면 이는 지필평가에 해당된다. 그러나 수업의 과정에서 시간을 가지고 학생의 사고와 수행을 평가하는 용도로 서술형 평가와 논술형 평가가 출제되었다면 이는 수행평가에 해당된다.

역사 수업에서 지필평가는 현실적으로 선다형이나 단답형이 많고 논술형보다는 서술형의 문제로 구성되는 경우가 많다. 그중 선다형은 주어진 선택지 중에서 답을 고르는 형식의 문제로, 학생들의 지식을 정확하게 측정하는 데 효과적이다. 또한, 특정 인물이나 사건에 대한 이해, 인과 관계와 선후 관계, 사상이나 문화의 특징 등 다양한 요소를 평가하는 데에도 적합하다.

3. (가) 국가에 대한 설명으로 옳은 것은? [3점]

> **문두(발문)**
> 묻고자 하는 바를 간략히 나타낸 것이다.

개로왕이 북위에 사신을 보내 표(表)를 올렸다. "우리와 [(가)] 은/는 모두 부여에서 나왔으므로 서로 옛정을 굳건히 존중하였는데, 그들의 선조인 쇠(釗, 고국원왕)가 이웃과의 우호를 깨버리고 우리의 국경을 짓밟았습니다. 이에 우리의 선조께서 평양성을 공격하여 쇠를 죽였습니다. … (중략) … 지금 [(가)] 의 연(璉, 장수왕)이 죄가 있어 나라는 엉망이 되었고, 백성들은 이리저리 흩어지고 있습니다. 이는 멸망시킬 기회이며 폐하의 도움을 받아야 할 때입니다."

> **제시문**
> 문제 풀이에 필요한 자료로 지문, 그래프, 표, 삽화 등으로 제시된다.

① 조사 시찰단을 파견하였다.
② 도병마사를 설치하였다.
③ 수의 침략을 막아 냈다.
④ 전국을 8도로 나누었다.
⑤ 대가야를 정복하였다.

> **선지(답지)**
> 문제의 답이 제시되는 것으로 정답과 오답으로 구성된다.

출처: 2025학년도 대입수학능력시험 한국사 문항

〈선다형 문항의 사례〉

선다형 문항은 위와 같이 크게 세 부분으로 구성된다. 문항에서 묻고자 하는 것을 문두 또는 발문이라 하고, 문제 풀이를 위해 제시된 지문, 표, 그림, 그래프 등은 제시문이라고 한다. 그리고 ①~⑤까지 정답과 오답으로 구성된 문장을 선지 또는 답지라고 한다. 답지가 4개인 경우에는 4지 선다형, 5개인 경우 5지 선다형 문제라고 구분해서 부른다.

선다형 문항은 최선형, 합답형, 완성형, 부정형 등 여러 가지 유형이 있다. 최선형은 학생들에게 주어진 선택지 중에서 최선의 정답 1개만을 고르게 하는 것이다. '가장 옳은 것은?' 또는 '가장 타당한 것은?'이라는 말을 제시하여 더욱 확실한 정답을 선택하게 하는 방법도 최선형 문항에 해당한다.

합답형은 여러 개의 선택지 중에서 하나 이상이 합쳐져서 정답이 되는 문항을 일컫는다. 제시문에 ㉠, ㉡, ㉢, ㉣의 선택지를 주고, 그것을 조합하여 답지를 구성하는 사례가 대표적이다. 선지의 숫자가 서로 같은 경우에는 '옳은 것만을 〈보기〉에서 고른 것은?'이라고 표현하고, 선지의 숫자가 서로 다른 경우에는 문두에 '있는

대로' 또는 '모두'라는 표현을 넣는다. 합답형 문항은 학생들이 다양한 관점에서 문제를 바라보고, 두 가지 이상의 학습내용을 연결시키는 능력을 측정하는 데에 목적이 있다.

15. (가)에 들어갈 장면으로 옳은 것만을 〈보기〉에서 고른 것은? [3점]

〈보 기〉

ㄱ.

▲ 제1차 미소 공동 위원회 개회

ㄴ.

▲ 발췌 개헌안 통과

ㄷ.

▲ 5·10 총선거 실시

ㄹ.

▲ 인천 상륙 작전 전개

① ㄱ, ㄴ ② ㄱ, ㄷ ③ ㄴ, ㄷ ④ ㄴ, ㄹ ⑤ ㄷ, ㄹ

출처: 2023학년도 대학수학능력시험 한국사

〈합답형 문항의 사례〉

완성형 문항은 그림, 그래프, 지도, 표, 제시문, 사진, 문장, 용어, 숫자 등의 일부를 빈칸이나 괄호의 형태로 비워두고, 빈칸에 들어갈 내용을 찾게 하는 것이다. 제시문의 특정 단어, 인물, 사건 등을 빈칸으로 만들거나 대화체의 문장에서 어느 한 인물의 대사를 빈칸 처리한다면 그것은 완성형 문장에 해당한다.

오른쪽 문항은 삽화로 제시된 대화에서 (가)의 대화 내용을 괄호의 형태로 비워두고 있으므로 완성형 문항이라고 할 수 있다. 그러나 다른 한편으로는 '가장'이라는 표현을 썼으므로 최선형 문항이기도 하다. 학생들은 탐구주제를 고려하여 '(가)의 대화에 들어갈 말로 옳은 것'을 고르면 되기 때문에 일반적인 선다형 문제보다는 학생들의 추측 요인을 줄일 수 있으므로 쉽게 느낄 수 있다.

4. (가)에 들어갈 내용으로 가장 적절한 것은?

① 수와 당의 침공을 막아냈습니다.
② 일본과 제물포 조약을 맺었습니다.
③ 마한의 여러 소국을 복속시켰습니다.
④ 국왕이 러시아 공사관으로 피신하였습니다.
⑤ 강감찬이 귀주에서 거란군을 물리쳤습니다.

출처: 2025학년도 9월 모의평가

〈완성형/최선형 문항의 사례〉

부정형은 4개 또는 5개의 선지 중 틀린 것을 고르는 문항이다. 문두는 "~에 대한 설명으로 옳지 않은 것은?" 또는 "~에 관한 탐구활동으로 옳지 않은 것은?" 등으로 진술한다. 최선형 문항과는 달리 부정형 문장에는 "가장"이라는 말을 넣지 않으며, 실제로 나머지 답지는 모두 옳은 내용으로 구성되어야 한다. 옳지 않은 것이 여러 개 포함되어 있는 경우 가장 옳지 않은 답지가 어느 것인지에 대해 오답시비가 생길 수 있기 때문이다. 또한, '않은'이나 '못한' 등과 같은 부정어에는 밑줄을 쳐서 학생들이 틀린 내용을 찾는 문항임을 인지하도록 하는 것이 좋다.

5. 밑줄 친 '이 왕'에 대한 설명으로 옳지 <u>않은</u> 것은?

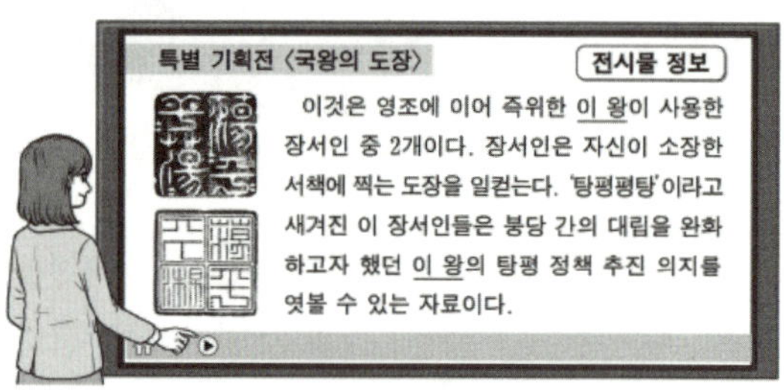

① 규장각을 육성하였다.
② 장용영을 설치하였다.
③ 탕평비를 건립하였다.
④ 수원에 화성을 건립하였다.
⑤ 초계문신제를 시행하였다.

출처: 2025학년도 수능 5번 문항 변형

〈부정형 문항의 사례〉

지필평가에서 단답형 문항은 학생이 지명, 인명, 사건 등과 같이 간단한 답변을 요구하는 문제 유형이다. 단답형 문항의 장점은 정답이 명확하며, 간결한 답변을 통해 학생의 이해도를 평가할 수 있다는 점이다. 단답형 문항에는 괄호 넣기, 빈칸 채우기, 제시된 설명에 관한 지명이나 인명쓰기, 사건이 일어난 순서대로 기호를 나열하기 등이 있다.[53] 단답형 문항을 출제할 때는 문두를 명확히 하고, 학생들이 이해하기 쉬운 용어를 사용하여 문항을 해석하는 데에 문제가 생기지 않도록 해야 한다. 묻는 내용이 분명하지 않으면 학생들이 여러 가지로 해석하여 답안의 범위가 넓어질 수 있고, 너무 어려운 용어가 제시되면 평가하고자 하는 내용을 제대로 이해하지 못하여 답을 쓰지 못하는 경우가 생길 수 있다.

2) 지필평가 문항 작성의 실제

(1) 선택형(선다형, 진위형, 연결형)

선다형 문제는 학생들의 단순한 암기력을 평가하는 문항부터 고차원적인 사고력을 묻는 문항까지 다양하게 출제할 수 있다. 대학수학능력시험에서 한국사가 필수화되던 시기에 교육부에서 배포한 예시 문항 자료에 따르면 한국사 문항은 다음과 같이 6가지 영역, 10가지 유형으로 분류된다.

〈대학수학능력시험의 문항유형〉[54]

문항 영역	문항의 내용	문항 유형
역사지식의 이해	기본적 역사적 사실 알기	유형 1
	중요한 개념과 용어의 이해	유형 2
연대기적 사고	역사의 연속성과 변화 및 발전 이해	유형 3
	역사 사건의 시간 순서 및 인과 관계의 파악	
역사적 상황 및 쟁점의 인식	복합적 역사적 사실, 역사적 상황 인식	유형 4
	서로 다른 시대 상황의 비교 및 쟁점의 인식	유형 5
역사적 탐구의 설계 및 수행	역사 문제 해결을 위한 질문 선정하기	유형 6
	역사 탐구의 절차 및 방법 선택하기	
	역사 탐구 수행하기	
역사 자료의 분석 및 해석	역사 자료의 핵심내용 분석하기	유형 7
	역사 자료의 분석을 통한 역사적 사실 추론하기	유형 8
	역사 자료의 시대적 배경과 사회적 의미 해석하기	
역사적 사상 및 판단	역사 자료를 토대로 있을 법한 역사적 상황 추론하기	유형 9
	당시의 상황을 고려하여 주장이나 행위의 적절성 파악하기	유형 10

유형 1은 기본적이고 중요한 역사적 사실의 이해 정도를 평가하는 문항이다.[55] 특정 시기의 사실이나 인물의 행적, 지배세력의 특징 등을 묻는 문항은 대부분 유형 1에 속한다. 이러한 유형의 문제를 출제할 경우 문두는 '~으로 가장 옳은 것은?' 또는 '옳지 않은 것은?', '가장 관련이 깊은 것은?' 등으로 제시하여야 한다.

유형 2는 역사적으로 중요한 용어나 개념을 이해하는 능력을 평가하는 문항이다.[56] 고구려 고국천왕이 시행한 진대법의 내용을 토대로 그것의 개념이나 시행 목적을 묻는 문항이나 대동법 관련 자료를 제시하고, 대동법의 주요 내용과 시행 결과를 묻는 문항 등은 유형 2에 속한다.

유형 3은 역사적 사건의 흐름을 시간의 순서대로 파악하고, 이들 사건의 원인과 결과의 연관성 등을 파악하는 문항이다.[57] (가)사건과 (나)사건 사이에 일어난 사실을 묻거나 특정한 사건이 일어난 시기를 연표에서 고르는 문항, 역사적 사건이 일어나게 된 배경, 결과, 영향 등을 묻는 문항은 대개 유형 3에 속한다. 이러한 문항들은 대개 제시문이 있는 형태로 출제하며, 자료를 분석하고 이해하는 능력을 파악할 수 있도록 문항을 구성하는 것이 좋다.

유형 4는 문헌자료, 문화유산의 사진이나 설명 등을 제시하고, 그것을 통해 파악할 수 있는 역사적 사실을 파악하는 문항이다.[58] 신석기시대에 제작된 도구 사진이나 발굴보고서의 일부를 제시하고 당시 사람들의 생활상을 묻는 문항, 예송논쟁을 둘러싼 서인과 남인의 서로 다른 의견을 제시하고 당시 그들의 주장의 특징을 파악하는 문항 등이 이에 속한다.

유형 5는 서로 다른 시대의 자료를 제시하고, 두 시기의 사회모습을 비교함으로써 해당 시기의 특징을 파악하게 하는 문항이다.[59] 나말여초와 여말선초 시기의 상황을 제시하고 공통점이나 차이점을 찾게 하거나 고려시대와 조선시대 여성 지위의 차이를 묻는 문항 등이 대표적이다. 이러한 문항들은 역사의 연속성, 변화, 발전을 파악하는 데에 효과적이다.

유형 6은 특정 사실에 관한 탐구주제 설정, 탐구방법 계획, 자료의 수집, 결론의 도출 등과 관련된 내용을 묻는 문항이다.[60] 학생들이 작성한 가상 탐구보고서의 제목이나 자료, 결론 등에 빈칸을 만들고, 빈칸에 들어갈 내용을 찾게 하는 문항이 대표적이다. 탐구의 과정을 통해 학생들은 관련 주제의 전체적인 내용과 자료의 수집, 분석 등과 같은 활동을 경험하게 된다.

유형 7은 역사자료에 담긴 핵심 내용이나 해당 자료가 등장하게 된 시대적 배경 등의 이해 여부를 평가하는 문항이다.[61] 사진, 사료, 도구, 삽화 등을 제시하고, 그와 같은 사건이 일어나게 된 배경, 자료에 담긴 역사적 의미, 자료가 만들어진 시기의 상황을 묻는 문항은 대개 유형 7에 속한다. 공민왕이 반포한 변발과 호복을 금지하는 조서를 제시하고 그와 같은 정책을 추진하게 된 배경을 묻거나 물산장려운동을 홍보하는 포스터를 제시하고, 물산장려운동이 일어나게 된 배경을 묻는 문항이 대표적이다.

유형 8은 그래프, 도표 등을 분석하여 특정 기간 동안 일어난 변화, 도표나 그래프가 나타내는 상황 등을 파악하는 문항이다. 조선후기에 나타난 신분제의 변화 양상, 1910년대~1930년대 농민운동의 발생 빈도, 산업화 시기 수출량의 증가 추세, 인구의 변화 등을 나타낸 그래프, 도표 등을 통해 당시에 그런 상황이 발생한 원인을 찾게 하는 문항이 이에 속한다. 이러한 문항은 단기 또는 장기적인 변화의 추이, 변화 원인과 그로 인한 영향에 관한 이해 여부를 평가하는 데에 효과적이다.

유형 9는 역사 자료를 제시하고, 당시에 있었을 것으로 추정되는 상황을 고르거나 제시된 상상의 적절성을 판단하는 능력을 평가하는 문항이다.[62] 청동기 시대의 대표적인 도구를 제시하고, 그것을 사용하던 사람들의 모습을 추정하게 하거나 고려 무신정권기의 사료를 제시하고 당시에 볼 수 있었던 장면으로 적절한 것을 고르게 하는 문항이 이에 속한다. 유형 9는 직접적인 지식을 묻기보다는 특정 시기의 상황이라는 점을 파악한 후에 그 시기의 사실에 해당하는 장면을 상상하도록 한다는 점에서 학생들의 흥미를 자극할 수 있다는 장점이 있다. 그러나 이러한 문항을 작성할 때는 비역사적인 사실을 답지에 넣지 않도록 유의해야 한다. 예컨대 공민왕이 노비안검법을 발표하는 장면, 조선 중종이 4군 6진을 개척한 장수에게 상을 내리는 장면 등과 같이 역사적 사실에 어긋나는 답지를 만들게 되면 학생들은 자칫 역사적 오류를 사실로 받아들일 수도 있다. 평가는 학생들의 점수를 채점하고 등급을 나누는 데에만 목적이 있는 것이 아니라 학생들에게 학습한 내용을 다시 한번 확인하게 하는 효과도 있다는 점을 상기할 필요가 있다.

유형 10은 특정 사건에 대한 서로 다른 시각이나 당시의 역사적 상황을 고려하여 주장 또는 행위의 적절성을 판단하는 문항이다. 갈등 상황에서 역사 속 인물이 선택한 방법의 결과를 파악하는 것, 주어진 조건에서 어떤 결정이 합리적인가를 파악하는 것, 그리고 특정 주장의 정당성이나 모순점 등을 파악하는 문항이 이에 속한다. 갑신정변을 일으킨 김옥균 등이 일본 공사의 지원을 받으려 했던 주장의 근거를 파악하거나 백제의 요서진출설이 『남제서』와 『양서』 등에 수록된 이유 등을 파악하는 문항이 대표적이다. 이러한 문항은 학생들의 역사적 사실에 대한 판단력, 평가력 등을 신장하는 데에도 도움이 된다.

① 문항 출제 기본 원칙[63)]

평가 문항은 공정성과 신뢰성을 확보하여야 한다. 따라서 문항을 작성할 때는 몇 가지 유의해야 할 점이 있다. 첫째, 출제자는 일반화되지 않은 이론이나 주장을 이용하여 문항을 제작해서는 안 된다. 학계의 소수 의견이나 교과서 서술에서 벗어난 내용을 출제할 경우 학생들은 풀이할 때 생소함이나 혼란함을 느끼게 된다.

둘째, 문항은 수험자의 입장을 고려하여 제작해야 한다. 문항의 수와 답지의 수준은 수험자의 능력에 맞도록 조절되어야 한다. 또한, 문항은 쉬운 것부터 어려운 것의 순으로 배열할 필요가 있다. 쉬운 문항부터 어려운 문항의 순으로 배열하는 것이 수험자의 동기 유발에 효과적이다.

셋째, 하나의 질문에는 하나의 내용만을 포함해야 한다. 질문의 내용이 광범위하고 복잡할 경우 학생들이 문제의 본질과 목적을 파악하기 어려울 뿐 아니라 신뢰성이 떨어진다. 따라서 문항의 영역과 응답의 범위를 좁혀서 과제를 분명히 하여야 한다.

넷째, 질문은 명료해야 한다. 평가 문항은 무엇을 묻고 있는지, 어떤 근거에서 답을 해야 하는지에 대한 범위를 명료히 제시해야 한다. 문항이 명료하지 못하면 내용을 알고 있는 학생이 문항을 파악하지 못하여 틀리는 일이 생길 수 있다. 따라서 문항을 검토할 때에는 측정하고자 하는 반응 외에 다른 반응의 여지가 생길 수 있는지 충분히 살펴야 한다.

다섯째, 정답이 규칙성을 갖지 않도록 무작위로 배치하는 것이 중요하다. 답지가 순서대로 배열되거나 특정 번호에 집중되어 있을 경우, 학생들은 정답을 예상하거나 추측해서 정답을 찾을 수 있다. 추정에 의한 정답 선택이 어렵도록 답지의 길이는 유사해야 하고, 합답형 문항에는 특정 번호가 너무 여러 번 노출되지 않도록 해야 한다.

② 문두 작성

문두는 출제자가 묻고자 하는 내용을 확실하게 알 수 있도록 간결하고 쉬운 용어를 사용하여 진술해야 한다. 형식은 불완전 문장으로 하고, 의문문으로 끝나게 하여 출제자의 의도가 수험자에게 정확히 전달되도록 해야 한다. 이러한 문두 작성 원칙은 질문이 무엇을 묻는 문항인지 명확히 하여, 학생들이 질문을 이해하고 정확한 답변을 할 수 있게 한다. 또한 문두는 가능한 긍정문으로 작성하는 것이 바람직하다. 긍정형 문항은 난이도 조절에 유리하고, 학생들의 긍정적 사고를 유도하는 데에도 적합하기 때문이다. 실제로 최근의 대학수학능력시험 한국사의 경우 부정형 문항이 한 문항도 출제되지 않았다.

③ 제시문(자료) 제작

문항을 출제할 때에는 출제에 사용되는 자료의 정확성과 적절성을 확보하는 데 중점을 두어야 한다. 제시문의 내용이 지나치게 특수하거나 상투적인 것을 선정하지 않도록 하며, 통계표를 이용하는 경우에는 가능한 최근의 자료를 활용해야 한다. 만약 제시문에 지나치게 어렵거나 생소한 용어가 있으면 쉽게 풀어서 제시해야 하는 것이 좋다.

제시문에 사료 속의 특정 용어를 그대로 사용하는 경우에는 보충설명을 병기하여 학생들이 이해할 수 있도록 해야 한다. 자료의 제시문은 문제 풀이 시간을 고려하여 너무 길지 않게 조정해야 한다. 그리고 문화, 인종, 성별, 노인, 장애인 등을 비하하거나 편견을 조장하는 내용은 피해야 한다.

④ 답지 작성

답지를 제작할 때는 정답과 오답의 명확성을 확보하는 데 중점을 둔다. 답지 중 정답은 분명해야 하며, 오답은 그럴듯하게 만들어야 한다. 정답과 혼동되는 오답을 매력적인 오답이라고 하는데, 매력적인 오답이 있는 문항은 학생들이 학습할 방향을 파악하는 데에도 도움이 된다. 또한, 답지에는 정답에 대한 단서가 포함되어서는 안 되며, 언어적 연상이나 정답의 길이와 위치 등이 주는 단서를 배제해야 한다. 문항의 답지는 내용이 상호 독립적이어야 하며, 정답의 번호가 일정한 패턴이 보이지 않도록 배열하고 특정한 번호에 치우치지 않도록 하는 것이 좋다.

(2) 서답형(단답형, 서술형, 논술형)

역사교과에서 서답형 평가는 학습자의 이해도와 사고력을 평가하는 중요한 도구이다. 서답형 평가는 학습자가 주어진 질문에 대해 자신의 생각을 표현할 수 있도록 하여, 사고력과 창의력 등을 측정하는 데 중점을 둔다. 그런 점에서 서답형 평가는 단순한 암기력보다는 학습자가 역사적 사건이나 개념을 어떻게 해석하고 연결하는지를 평가하는 방식이라고 할 수 있다. 서답형 평가는 선다형 문제에 비해 다음과 같은 장점이 있다.

첫째, 학생의 깊이 있는 사고력을 평가하는데 유용하다. 서답형 문항의 답안을 작성할 때 학생들은 단순한 지식 암기를 넘어, 역사적 사건이나 개념을 분석하고 자신의 생각을 논리적으로 정리하게 된다. 이를 통해 학생들은 비판적 사고를 발전시키고, 문제 해결 능력을 기를 수 있다.

둘째, 학생의 창의적인 사고력을 향상하는 데에 도움이 된다. 학생들은 답안을 구상하고 조직하고, 서술하는 과정에서 다양한 관점에서 문제를 접근하고, 자신의 독창적인 아이디어를 표현할 수 있는 기회를 갖게 된다. 이러한 자유로운 표현은 학생들이 역사적 사실을 더욱 의미 있게 이해하도록 돕고, 새로운 시각을 형성하는 데 기여한다.

셋째, 학생들의 의사소통 능력 향상에 도움이 된다. 학생들은 자신의 생각을 글로 표현함으로써 논리적이고 체계적인 의사소통 능력을 발전시킨다. 또한, 글을 작성하고 발표하는 과정에서 상대의 의견을 수용하며, 협업하는 기회를 갖게 된다.

그러나 서답형 평가에는 몇 가지 한계도 있다. 첫째, 채점자의 주관성이 작동되거나 전문성이 부족하면 일관된 평가가 어려울 수 있다.[64] 서답형 평가에서는 채점자가 학습자의 답변을 평가할 때, 각자의 주관적인 기준이나 해석이 개입될 수 있다. 이로 인해 동일한 답변이 다른 채점자에 의해 상이한 점수를 받을 가능성이 있다. 특히, 채점 기준이 명확하지 않거나 일관성이 결여된 경우, 평가 결과의 신뢰성이 크게 저하될 수 있다.

둘째, 학생이 자신의 생각을 제대로 표현하지 못하는 경우 실력에 비해 낮은 점수를 받을 수 있다. 특히 시험 불안도가 높은 학생이나 표현력이 부족한 학생은 글쓰기 과정에서 자신이 알고 있는 내용이나 생각을 충분히 서술하지 못하는 경향이 있다. 그 경우 답안지를 불완전하게 작성하면 실력에 비해 낮은 점수를 받게 된다. 따라서, 학생들이 자신의 생각을 자유롭게 표현할 수 있는 환경을 조성하거나 구술 시험 등을 통해 서술형 시험의 문제점을 보완하는 것이 좋다.

셋째, 학생 수가 많은 경우 답변을 읽고 평가하는 데 오랜 시간이 소요된다. 또한, 문항이 여럿이거나 답안의 길이가 긴 경우에는 채점자의 부담이 커질 수 있다. 여러 날에 걸쳐 채점을 하게 되면 앞서 채점한 기준과 뒤에 채점한 기준이 달라지거나 채점 시간을 확보하지 못하는 문제가 생기기도 한다.

이러한 한계에도 불구하고, 서답형 평가는 학생들의 깊이 있는 사고와 이해를 평가하는 데 매우 중요한 도구이다. 따라서 평가의 신뢰성과 일관성을 높이기 위해, 명확한 채점 기준을 설정하고, 2차 이상의 채점이나 교사들 간의 교차 채점을 통해 평가자의 주관성을 최소화하는 노력이 필요하다. 또한, 학생들이 자신감을 가지고 자신의 생각을 표현할 수 있도록 지원하는 교육 환경이 조성되어야 한다.

서답형 평가 문항을 작성할 때는 명확하고 구체적인 질문을 제시하는 것이 중요하다. 질문은 학습자가 답변하기 쉽게 구성되어야 하며, 주제와 관련된 핵심 개념을 포함해야 한다. 또한, 학습자의 사고를 자극할 수 있는 질문 방식이 필요하다.

서답형 문항은 객관식 평가와 달리 단순히 정답이나 오답을 판단하는 것이 아니라, 학습자의 사고력과 표현력을 종합적으로 평가하는 데 중점을 둔다. 따라서 예시 답안 작성 및 채점 과정에서는 학습자의 답변이 얼마나 명확하고 논리적인지를 평가하는 것이 중요하다. 채점 기준은 사전에 명확히 설정되어야 하며, 본격적인 채점 전에 학생들의 답안을 모니터링하여 전체적인 수준을 파악한 후 유사답안과 채점기준을 확정해야 한다. 또한, 객관적 평가를 위해 학생 정보를 가리고, 답안지별로 채점하기보다 문항별로 채점하는 것이 좋다.

4. 수행평가

수행 평가(Performance assessment)란 '평가자가 학습자들의 학습 과제 수행 과정 및 결과를 직접 관찰하고, 그 관찰 결과를 전문적으로 판단하는 평가 방식'을 의미한다.[65] 관찰이란 학습자가 수행하는 과정이나 그 결과를 평가자가 읽거나, 듣거나, 보거나, 느끼거나 하는 활동을 모두 평가대상에 포함하는 의미이다. 따라서 수행평가는 크게 과제(task)와 채점기준(rubrics)으로 구성된다.[66] 여기서 학습 과제란, 학습자들에게서 성취되기를 기대하는 교육 목표와 관련되는 것으로, 가능한 한 실제 생활에서 보다 의미 있고, 중요하며, 유용한 과제들을 의미한다. 수행의 의미는 학생이 단순히 답을 선택하는 것이 아니라, 학생 스스로 답을 구성하는 것, 산출물이나 작품을 만들어 내는 것, 태도나 가치관을 행동으로 드러내는 것 등을 모두 포함한다. 따라서 학생들이 과제를 해결하기 위해 사고하고 행동하는 과정을 총체적으로 파악하기 때문에 과정 중심의 평가라고 정의할 수도 있다.

수행평가는 과제에서 요구하는 수행능력을 측정할 수 있는 채점 기준(rubrics)과 짝을 이룰 때 학생들의 수행능력을 제대로 평가할 수 있다.[67] 루브릭은 기계적으로 작성된 채점기준이 아니라 사고의 과정, 활용의 과정을 관찰 등을 반영하여 작성한 정교한 채점의 틀이다. 수행평가가 성공적으로 진행되기 위해서는 적절한 과제와 정교한 루브릭, 그것을 만들고 채점할 수 있는 교사의 전문성이 갖추어져야 한다.

수행평가는 학습자가 주어진 답지 중에서 정답을 선택하는 것이 아니라 스스로 정답을 작성하거나 행동으로 나타내도록 하는 방식이다.[68] 이러한 평가 방법은 달성하고자 하는 학습목표의 달성 여부를 가능한 한 실제 생활과 유사한 상황에서 직접 관찰하여 평가하는 데 중점을 둔다. 수행평가는 교수-학습의 결과뿐만 아니라 과정도 중시하여, 학습자의 성장과 변화를 종합적으로 평가할 수 있는 기회를 제공한다.

수행평가는 질적 평가의 특성이 강하지만, 양적 평가의 특성이 보완되어야 평가 결과의 신뢰성과 객관성을 확보할 수 있다. 따라서 출제자는 단편적인 영역에 대해 일회적으로 평가하기보다는 학생 개개인의 변화와 발달 과정을 전체적이면서도 지속적으로 평가해야 한다. 이 과정에서 개개인에 대한 평가도 중시하지만, 집단에 대한 평가 또한 중요하게 여겨진다. 이를 통해 학습자의 협동심과 같은 사회적 기술을 파악할 수 있으며, 학습에 대한 동기도 높아진다.

또한, 수행평가는 학습자의 학습 과정을 진단하고 개별 학습을 촉진하는 역할을 한다. 학습자가 목표를 향하여 바르게 나아가고 있는지를 확인하고 이에 대한 피드백을 제공함으로써, 학습자의 종합적이고 전인적인 성장에 기여한다.

수행평가의 방식은 매우 다양하다. 실기나 실험·실습 또는 관찰, 면접이나 구두시험, 포트폴리오, 연구보고서 등이 대표적이다. 위와 같은 일반적 도구 외에 좀 더 구체적으로 역사교과의 수행평가에 활용할 수 있는 평가도구의 유형으로는 마인드맵이나 개념도 그리기, 역사지도 그리기, 역사신문 만들기, 연표 만들기, 역할극, 극화학습, 모의재판, 시뮬레이션게임, 모형 만들기 등을 생각할 수 있다. 예컨대 한국교육과정평가원에서는 역사학습용 수행평가 도구의 예로 구두시험법, 포트폴리오법, 시무책 작성(과제형), 심포지엄 발표 및 보고서형, 진정서 작성(과제형), 논술형, 역사신문 만들기(과제형) 및 보고서법을 제시하고 있다.[69]

이 중 어떤 평가도구가 효과적인가는 수행평가를 통해서 무엇을 측정하려고 하느냐에 따라 달라진다. 학생들의 사고과정을 측정하려고 할 경우 역사 글쓰기 시험이 유용한 평가도구가 될 수 있다. 수업에서 배운 지식이나 기능을 적절히 활용하여야 풀 수 있는 역사 글쓰기 문항들은 학생들이 어떤 사고과정을 통해 답에 이르는가를 파악하는 데에 유용하기 때문이다. 마인드맵도 사고과정을 드러내는 전형적인 방식이라고 할 수 있다. 시무책이나 진정서 작성, 역사신문 만들기 같은 유형의 도구도 학생들의 사고과정을 알아보는 데 효과적이다.

학습의 과정이나 활동을 평가하는 데는 포트폴리오와 같은 방식이 효과적이다. 포트폴리오는 짧게는 한 단원, 길게는 한 학기, 학 학년과 같이 비교적 장기간 계속되는 것으로, 개별 학생이 학습과제를 수행하는 과정을 볼 수 있고, 학습활동의 질에 대한 구체적인 정보를 얻을 수 있다. 한편 역할극, 극화학습, 모의재판, 시뮬레이션게임과 같은 방식은 그 자체가 학습활동이면서도, 학생들의 사고과정도 함께 드러나기 때문에 활동과정과 결과를 전체적으로 파악할 수 있는 장점이 있다.

2) 수행평가 문항작성의 실제

(1) 역사과 수행 평가에서 루브릭의 구성요소

루브릭은 '붉은 색 흙'을 의미하는 라틴어 '루브리카(rubrīca)'에서 유래하였다. 당시 로마에서는 법원이나 종교기관에서 결정문을 붉은 색 글씨로 썼으므로 루브리카는 '공정하게 판단하는 기준'을 의미하게 되었다.[70] 루브릭을 설계할 때는 명확하고 공정하며 구체적인 평가 기준을 포함하는 것이 중요하다. 루브릭은 다음과 같은 여섯 가지 구성 요소로 설계된다.

① 평가준거(평가요소): 이해나 숙달 등의 상이 정도를 구별해 준다.
② 등급: 상・중・하, A・B・C・D, 1・2・3・4・5 등과 같이 차이를 나타내 준다.
③ 서술적 용어: 해당 등급의 특성을 기술한다.
④ 수행과제: 전체적으로 수행평가를 통해 해결해야 할 과제를 제시한다.
⑤ 가중치: 각 평가준거가 가지는 중요성에 따라 영역별 비율을 제시한다.
⑥ 수행수준: 각 등급과 등급에 해당되는 수준을 기술한다.

〈표 8-1〉 루브릭의 구성요소(사례: 답사 보고서 작성하기)

	수행과제	조선 후기에 조성된 문화유산을 조사하여 답사보고서를 작성한다.			
	등급 / 항목	자료조사의 정확성	답사보고서의 충실성	보고서의 구조	평가준거(평가요소)
	비중	30%	40%	30%	
등급(배점)	우수	답사 장소에 관한 역사적 사실을 정확히 서술하고, 출처를 명시함	답사 경험이 보고서 전반에 생생하게 녹아있으며, 답사 활동의 의미를 잘 설명함	보고서가 체계적으로 구성되어 있으며, 답사 내용을 논리적으로 잘 조직함	수행수준(서술적 용어)
	보통	답사 장소에 관한 정보에 일부 오류가 있으며 출처가 일부 누락됨	답사 경험을 반영하여 체험 내용을 기술했으나 답사의 의미나 체험 경험 설명은 미흡함	보고서의 기본 구조는 갖췄으나 일부 연결이 미흡하며, 논리적 흐름이 약함	
	미흡	답사 장소에 관한 중요한 사실 오류가 많고, 자료 출처를 쓰지 않음	단순 답사 기록 나열하였거나 답사의 의미나 체험경험을 충분히 보고서에 반영하지 못함	보고서의 구조가 불명확하고, 논리적 흐름이 부족하여 핵심을 파악하기 어려움	

루브릭은 총체적 루브릭과 분석적 루브릭의 두 가지 유형이 있다. 각 유형별 루브릭의 특징과 장단점을 살펴보면 다음과 같다. 첫째, 총체적 루브릭은 학생의 활동에 대한 전체적인 인상을 제공한다. 총체적 루브릭은 산출물이나 수행을 위한 단 하나의 점수나 평점을 산출하기 때문에 단순한 산출물이나 수행을 판단하는 데 적합하다. 이것은 수행의 차원을 분리하지 않고 수행의 전반적인 질을 판단할 수 있으며, 채점자의 노력과 시간을 적게 들여 평가할 수 있으므로 다수 학생의 반응을 평가하려는 큰 규모의 평가(국가, 지역단위)에서 종종 사용된다. 총체적 루브릭은 '이 에세이는 어느 정도로 설득력이 있는가?'와 같이 산출물이나 수행의 효과를 판단하는 데 효과적이다.

그러나 총체적 루브릭은 산출물이나 수행의 장점과 단점의 상세한 분석을 제공하지 못한다는 한계를 가지고 있다. 왜냐하면 단 하나의 점수는 학생들이 무엇을 잘 해왔고, 개선하기 위해 필요한 것이 무엇인가에 대해 학생들에게 전달하기에 충분하지 않으며, 구체적인 피드백을 제공하기 어렵기 때문이다. 그것은 다음의 루브릭 사례를 통해서도 확인된다.

〈표 8-2〉 총체적 루브릭 사례

등급	총체적 평가 준거
3	모든 자료가 그래프로 정확히 표현된다. 이 그래프의 모든 부분(측정 단위나 열)은 정확히 표시된다. 이 그래프는 자료가 보여주는 것을 알려주는 제목을 포함한다. 이 그래프는 매우 간결하고 읽기가 쉽다.
2	자료가 그래프로 정확히 표현되거나 그래프에 사소한 오류가 있다. 이 그래프의 모든 부분은 정확히 표시되거나 그래프 내용에 일부 부정확함이 있다. 이 그래프는 자료가 보여주는 것을 일반적으로 알려주는 제목을 포함한다. 이 그래프는 일반적으로 간결하고 읽을 수 있다.
1	자료가 부정확하게 표현되고 다수의 과실이나 실수를 포함하고 있다. 단지 이 그래프의 일부분이 정확하게 표시되어 있거나 표시가 잘못된 것도 있다. 제목은 이 자료가 보여주고자 하는 것을 반영하지 못하거나 잘못 설정되어 있다. 이 그래프는 허술하고 표현해야 할 것을 드러내지 못했으며, 읽기가 어렵다.

둘째, 분석적 루브릭은 하나의 산출물이나 수행을 뚜렷한 특성이나 차원으로 나누고 각각을 분리하여 판단한다. 〈표 8-2〉에서 보이는 것과 같이 하나의 분석적

루브릭이 각각의 확인된 특성을 독립적으로 평가하기 때문에 하나의 분리된 점수는 각각에게 제공된다. 분석적 루브릭은 요건만족형 루브릭, 점수형 루브릭, 점수-비중형 루브릭으로 구분된다.

요건만족형의 경우 평가준거의 요건을 다수로 구성하여 이 중 몇 개의 요건을 만족하는 가로 배점을 구성한다. 점수형 루브릭은 각각의 평가준거에 개별 등급을 주어 배점을 구성한다. 점수-비중형 루브릭은 점수형 루브릭의 형태와 유사하지만, 각 평가준거에 다른 비중을 두어 배점을 구성한다는 점에서 차이가 있다. 분석적 루브릭은 몇 가지 중요한 차원을 포함하고 있으므로, 복잡한 수행을 판단하는 데 더 적합하다. 교사들은 필요한 특정 영역에서 수업의 분석적 평가를 제공하는 데 이 정보를 활용할 수 있다. 분석적 루브릭은 학생들이 과업 특성의 본질을 더 잘 이해하도록 돕는다.

반면에 분석적 루브릭은 여러 가지 특성을 고려하기 때문에 총체적 루브릭보다 적용하는 데 많은 시간이 소요된다. 또한, 분석적으로 점수를 부여하는 것은 총체적으로 채점하는 것보다 더 낮은 상호 평가 신뢰도를 초래할 수 있다. 따라서 분석적 루브릭으로 점수를 부여하는 것은 속도와 신뢰도가 필요한 대규모의 평가 맥락에서 활용할 때는 적합하지 않을 수 있다.

(2) 역사과 수행 평가에서 루브릭 작성의 실제 사례

앞서 살펴본 것처럼 역사과 수행평가에서 루브릭은 크게 요건만족형, 점수형, 점수-비중형 루브릭이 가장 많이 활용된다. 그러나 각 수행평가의 유형과 주제 등에 따라 이를 교사가 적절하게 변형시켜 활용할 수 있다.

① 요건만족형 루브릭

요건만족형 루브릭은 학생들이 특정 과제를 수행하면서 충족해야 하는 요건들을 구체적으로 제시하고, 요구되는 기준을 얼마나 충족했는가를 평가하는 방식이다. 평가 항목별 요구사항을 명확히 제시하고, 해당 요구사항을 충족하는지 여부에 따라 점수를 부여하거나 합격/불합격으로 평가한다. 예컨대 다음과 같이 학생들이 수행해야 할 기준 6개를 미리 설정하고, 학생들이 제출한 보고서에 그중 몇 개의 수행기준이 포함되었는가를 고려하여 채점하는 방식이다. 이런 방식의 루브릭은 채점이 쉽고, 여러 명의 교사가 채점해도 차이를 줄일 수 있다는 장점이 있지만 평가 기준이 동일한 가치를 갖지 않는 경우 중요성에 가중치를 줄 수 없다는 한계가 있다.

<table>
<tr><td>교육과정 성취기준</td><td colspan="3">[12동역04-03] 동아시아의 역사 및 영토 갈등과 새롭게 대두되는 문제를 파악하고 해결하려는 자세를 갖는다.</td></tr>
<tr><td>수행과제</td><td colspan="3">동아시아 역사 및 영토 갈등의 쟁점을 파악하고, 갈등 해결 방안을 제시하는 논술문을 작성한다.</td></tr>
<tr><td>평가준거</td><td colspan="2">수행 수준</td><td>배점</td></tr>
<tr><td rowspan="7">역사 및 영토 갈등을 해결하는 방안을 제시하는 논술문 작성하기</td><td rowspan="6">1. 논제에 대한 자신의 입장을 밝혔는가?
2. 주장과 근거가 유기적으로 연결되었는가?
3. 역사적 사실 관계에 오류가 없는가?
4. 출처가 명확하고 구체적인 사례를 제시하였는가?
5. 논리적으로 일관성이 있고 설득력이 있는가?
6. 평가자가 요구하는 형식적 요건을 갖추었는가?</td><td>6개 요소를 모두 만족하는 경우</td><td>20</td></tr>
<tr><td>5개 요소를 만족하는 경우</td><td>18</td></tr>
<tr><td>4개 요소를 만족하는 경우</td><td>16</td></tr>
<tr><td>3개 요소를 만족하는 경우</td><td>14</td></tr>
<tr><td>2개 요소를 만족하는 경우</td><td>12</td></tr>
<tr><td>1개 요소를 만족하는 경우</td><td>10</td></tr>
<tr><td colspan="2">수행활동에는 참여하였지만 과제를 수행하지 못한 경우 (기본점수)</td><td>8</td></tr>
</table>

② 점수형 루브릭

점수형 루브릭은 평가 영역별로 점수를 배정하고, 각 영역에 제시된 기준에 얼마나 충실히 답안을 작성했는가를 평가한 후 합산하여 총점을 도출하는 형식이다. 수행 주제에 따라 4~5개 정도의 평가 기준을 작성하고, 각각에 수행수준에 따른 단계를 설정하는 것이 일반적이다.

점수형 루브릭은 평가 방식이 간편하여 교사의 평가 부담을 줄여주고, 정량적인 평가 방식으로 평가의 개관성을 확보할 수 있다는 장점이 있다. 점수형 루브릭의 경우에는 평가 준거 못지않게 수행 수준을 설정하는 것이 중요하다. 각 단계별 차이가 무엇인지 명확히 해야 객관성을 확보할 수 있다.

교육과정 성취기준	[12동역04-03] 동아시아의 역사 및 영토 갈등과 새롭게 대두되는 문제를 파악하고 해결하려는 자세를 갖는다.
수행과제	동아시아 역사 및 영토 갈등의 쟁점을 파악하고, 갈등 해결 방안을 제시하는 보고서를 작성한다.

평가준거	수행 수준			
	5점	4점	3점	2점
1. 주제의 타당성	주제가 제시된 성취 기준 안에서 적절하게 선정되고, 선정 이유가 타당하고 설득력이 있음.	주제가 제시된 성취 기준 안에서 선정되고, 선정 이유가 타당함.	주제가 제시된 성취 기준 안에서 선정됨.	주제가 제시된 성취 기준에서 벗어남.
2. 역사 사실 이해 및 논거 연결	주장과 근거가 논리적이고 유기적으로 연결되고, 역사적 오류가 없으며, 근거를 뒷받침하는 사례의 출처가 명확하고 상세하게 제시됨.	주장과 근거가 통일성 있게 구성되고, 근거를 뒷받침하는 역사적 사례가 제시됨.	주장, 근거 등이 제시됨.	주장, 근거 등이 제시되지 않음.
3. 비판적 사고력 및 창의성	역사적 맥락에서 자료를 비판적으로 분석·해석하고, 새롭고 가치 있는 아이디어를 생성해 냄.	해당 주제와 관련하여 문제의식을 드러내고 역사적 서사에 대한 성찰을 표현함.	주제에 대한 문제의식과 역사적 서사에 대한 성찰이 부족함.	비판적 사고력과 창의성이 드러나지 않음.
4. 탐구 과정 및 성찰	탐구 과정에서 느꼈던 어려움과 극복 과정을 구체적으로 표현하고, 해당 탐구가 자신과 공동체의 삶에 주는 의미를 적극적으로 탐색함.	탐구 과정에서 느꼈던 어려움과 극복 과정을 서술하고 해당 탐구의 의미를 표현함.	탐구 과정에 대한 성찰과 탐구의 의미에 대한 성찰이 부족함.	탐구 과정에 대한 성찰과 탐구의 의미에 대한 성찰이 드러나지 않음.

※ 수행활동에 참여하였지만 수행과제를 미제출(백지활동 제출 포함)한 경우: 기본점수

③ 점수-비중형 루브릭

점수-비중형 루브릭은 특정 평가 영역 내에서 각 항목이나 성취 기준에 배정된 점수 비중을 나타내는 평가 도구이다. 이러한 평가 방식은 각 항목에 대한 명확한 평가 기준을 제공하여 교사들이 객관적으로 학생들의 수행을 평가할 수 있다는 장점이 있다. 또한, 루브릭을 통해 학생들의 학습 목표 달성 여부를 확인하고 부족한 부분을 개선할 수 있도록 도울 수 있으며, 교사 간 평가 기준의 일관성을 높여 신뢰도를 높일 수 있다.

점수-비중형 루브릭을 개발할 때는 평가하고자 하는 내용을 명확하게 정의하고 각 평가 영역에 대한 비중을 객관적으로 설정해야 한다. 또한, 각 항목에 대한 점수 비중을 설정하여 전체 배점과 일치하도록 하며, 각 항목별 성취 수준에 대한 구체적인 예시를 제공하여 학생들의 이해를 돕는 것이 좋다.

〈표 8-3〉 점수-비중형 루브릭 사례

<table>
<tr><th>교육과정 성취기준</th><td colspan="5">[12동역04-03] 동아시아의 역사 및 영토 갈등과 새롭게 대두되는 문제를 파악하고 해결하려는 자세를 갖는다.</td></tr>
<tr><th>수행과제</th><td colspan="5">동아시아 역사 및 영토 갈등의 쟁점과 관련된 이해를 바탕으로 자율적으로 주제를 선정하여 프로젝트를 수행하고 결과 보고서를 작성한다.</td></tr>
<tr><th rowspan="2">평가 준거</th><th rowspan="2">비중</th><th colspan="4">수행 수준</th></tr>
<tr><th>5점</th><th>4점</th><th>3점</th><th>2점</th></tr>
<tr><td>1. 주제의 타당성</td><td>50%</td><td>주제가 제시된 성취기준 안에서 적절하게 선정되고, 선정 이유가 타당하고 설득력이 있음.</td><td>주제가 제시된 성취기준 안에서 선정되고, 선정 이유가 타당함.</td><td>주제가 제시된 성취기준 안에서 선정됨.</td><td>주제가 제시된 성취기준에서 벗어남.</td></tr>
<tr><td>2. 역사 사실 이해 및 논거 연결</td><td>30%</td><td>주장과 근거가 논리적이고 유기적으로 연결되고, 역사적 오류가 없으며, 근거를 뒷받침하는 사례의 출처가 명확하고 상세하게 제시됨.</td><td>주장과 근거가 통일성 있게 구성되고, 근거를 뒷받침하는 역사적 사례가 제시됨.</td><td>주장, 근거 등이 제시됨.</td><td>주장, 근거 등이 제시되지 않음.</td></tr>
<tr><td>3. 비판적 사고력 및 창의성</td><td>10%</td><td>역사적 맥락에서 자료를 비판적으로 분석·해석하고, 새롭고 가치 있는 아이디어를 생성해 냄.</td><td>해당 주제와 관련하여 문제의식을 드러내고 역사적 서사에 대한 성찰을 표현함.</td><td>주제에 대한 문제의식과 역사적 서사에 대한 성찰이 부족함.</td><td>비판적 사고력과 창의성이 드러나지 않음.</td></tr>
<tr><td>4. 탐구 과정 및 성찰</td><td>10%</td><td>탐구 과정에서 느꼈던 어려움과 극복 과정을 구체적으로 표현하고, 해당 탐구가 자신과 공동체의 삶에 주는 의미를 적극적으로 탐색함.</td><td>탐구 과정에서 느꼈던 어려움과 극복 과정을 서술하고 해당 탐구의 의미를 표현함.</td><td>탐구 과정에 대한 성찰과 탐구의 의미에 대한 성찰이 부족함.</td><td>탐구 과정에 대한 성찰과 탐구의 의미에 대한 성찰이 드러나지 않음.</td></tr>
<tr><td colspan="6">※ 수행활동에 참여하였지만 수행과제를 미제출(백지활동 제출 포함)한 경우: 기본점수</td></tr>
</table>

(3) 학교생활기록부 교과학습 발달상황 기록: '세부능력 및 특기사항'(세특)

매 학년 초마다 학교급별로 배부되는 「학교생활기록부 기재요령」은 초・중등교육법(법률), 초・중등교육법 시행규칙(교육부령), 학교생활기록 작성 및 관리지침(교육부훈령) 등에 따른다. 이 학교생활기록부에는 학생의 인적사항, 출결상황, 교내 수상경력, 자격증 취득, 학교폭력 조치상황, 창의적 체험활동 등의 기록들이 있고, 이를 나이스(NEIS, 교육정보시스템)에 모두 교사가 입력하도록 되어 있다. 학교생활기록부 내의 교과학습 발달 상황 기록에는 학교급마다 차이는 있지만, 학생의 성적(원점수/과목평균), 각 교과의 '세부능력 및 특기사항', '성취도' 등을 기재하도록 되어 있다.[71)]

한편 학교생활기록 작성 및 관리지침에는 "중・고등학교의 '세부능력 및 특기사항'란에는 과목별 성취기준에 따른 성취수준의 특성 및 학습활동 참여도 등을 문장으로 입력한다"라고 되어 있다. 또한 중학교의 '세부능력 및 특기사항'란에는 특기할 만한 사항이 있는 과목 및 학생에 대하여 입력하고, 고등학교는 모든 학생에 대해 입력하되 세부사항은 교육부장관이 별도로 정한다고 되어 있다.[72)]

이 '세부능력 및 특기사항'(세특)은 각 교과의 교사가 직접 입력하도록 되어 있으므로 이에 대한 기재요령을 교육부가 「학교생활기록 및 관리지침 해설 및 기재요령」에서 상세히 안내하고 있다.[73)]

> 마. '세부능력 및 특기사항'에서는 학생들의 특성을 보다 구체적으로 기술한다. 학생들의 교과특성은 교사가 교과학습 평가 및 수업 과정에서 수시・상시로 기록한 내용을 중심으로 교과의 전 영역을 고려하여 종합적으로 기술한다.
>
> ※ '세부능력 및 특기사항'의 기술은 성취기준과 성취수준에 근거하여 학생 개인의 성취과정과 성취특성이 명료히 드러나도록 하되, 수업에서 이루어진 활동의 단순 나열이나 이미 성취기준에 명시된 지식의 단순 서술은 지양함.[74)]

교육부의 『교과 세부능력 및 특기사항 기재 도움자료: 사회교과(군)』에 따르면, 아래와 같은 내용으로 '세부능력 및 특기사항'을 구성하도록 하고 있다.[75)]

• 교수 · 학습 과정을 통한 학생의 변화와 성장, 자기 성찰 등
• 교육과정 성취기준과 평가기준에 기반한 학생의 학업 내용 및 성취수준 등
• 학생 개인별 또는 모둠별 활동 중 보여준 태도, 학습참여도, 역량 등
• 학생의 교과 흥미나 관심분야, 적성이나 진로 등
• 학생이 보여준 강점, 약점을 극복하기 위한 노력 등
• 기타 학생에게서 관찰된 의미 있는 요소

「학교생활기록 및 관리지침 해설 및 기재요령」에서는 지필평가를 '중간 또는 기말고사(1회, 2회고사 등)'과 같은 '일제식 정기고사'를 의미하며, '선택형'과 '서답형'으로 구분하고 있다. 수행평가는 '교과담당교사가 교과 수업시간에 학습자들의 학습과제 수행 과정 및 결과를 직접 관찰하고, 그 관찰 결과를 전문적으로 판단하는 평가방법'이라고 정의하고 있으며 수행평가 과제 유형은 서술 · 논술, 구술 · 발표, 토의 · 토론, 프로젝트, 실험 · 실습, 포트폴리오 등으로 보고 있다.[76)]

수행평가는 성취기준에 기반하여 수업시간 중에 실시하며, 지필평가와 수행평가의 실시 비율, 서 · 논술형 문항 출제 비율 등 평가의 세부적인 사항은 시도교육청의 '학업성적관리 시행지침'에 따라 학교의 '학업성적관리규정'으로 정하여 실시하고 있다.[77)]

토의해 봅시다.

1) '교수내용지식(Pedagogical Content Knowledge)'이 풍부한 교사가 실제 역사 수업에서도 잘 가르칠 수 있다는 의견에 대하여 토론해 봅시다.
2) AI시대의 역사교육은 지금까지의 역사교육과 비교할 때 어떻게 달라져야 하는지 토의해 봅시다.
3) 역사 수업에서의 수행평가 루브릭은 다른 사회 교과의 루브릭과 비교할 때 어떤 점이 달라야 하는지 논의해 봅시다.

CHAPTER 09

한국의 역사 교육과정, 어떻게 바뀌어왔나

단원 소개

목적 현행 역사 교육과정의 성격과 한계를 교육목표와 핵심 아이디어, 서사의 상호관련성이라는 관점에서 살펴보고, 역사 교육과정이 갖고 있는 과제가 무엇인지 이해하는 데 초점을 둔다. 또 역사 교육과정이 변화한 과정을 살펴보고, 그 개선 방향을 탐색한다.

내용 요약 우리나라 역사과 교육과정은 해방 직후 미군정을 거쳐 최근에 이르기까지 많은 변화를 겪어 왔다. 국가의 교육과정은 역사과가 지향해야 할 목적과 목표를 제시하며 역사교육의 방향을 설정하여 왔는데 각 시기마다 국내외 정치적인 상황과 교육과정은 궤를 거의 같이하면서 변화를 겪어왔다. 실제로 역사교육에서 다루어 온 내용은 오랫동안 국가주의 서사를 벗어나지 못했고, 오늘날 바람직한 역사교육을 외치는 사람들도 그 영향에서 좀처럼 벗어나지 못하고 있다. 역사교육이 개선되기 위해서는 새로운 서사를 모색하고, 역사 탐구를 통해 학습자가 역사적 사실을 다양한 시선으로 바라볼 수 있도록 더 노력해야 한다.

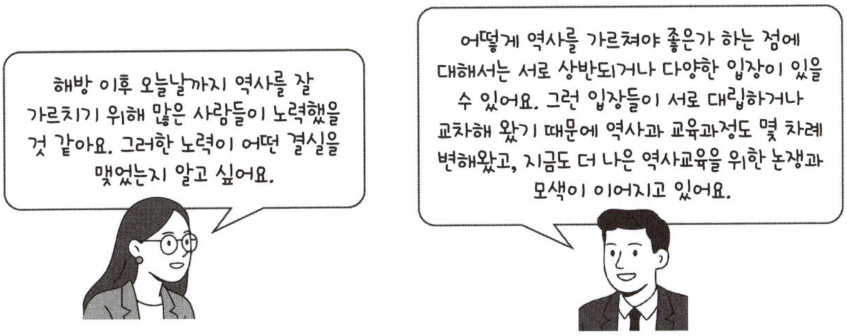

질문 우리나라 역사 교과서 내용은 교육과정의 변화에 따라 어떻게 바뀌어 왔을까?

I 역사 교육과정 내용 구성의 방향

1. 교육의 목적과 역사교육의 목적

교육이란 무엇을, 어떻게, 왜 가르쳐야 하는가에 관한 결정 사항을 실천하는 광범위한 활동이다. 우리가 무엇인가를 교육한다고 했을 때는 가르치고자 하는 지식이나 가치 등을 선정하고, 그것을 어떻게 가르칠 것인지도 미리 정해두곤 한다. 일반적으로 가르치고자 하는 지식이나 가치 등을 정할 때는 학습자 개인의 측면과 사회적 측면을 동시에 고려한다.

학습자 개인의 측면을 고려한다는 것은 학습자가 교육을 통해 품성과 소양을 계발해 자기 정체성을 확립할 수 있도록 돕는다는 의미다. 자아정체성을 확립하는 것은, 학습자가 자신의 진로를 계획하고 그에 필요한 준비를 할 수 있도록 하는데 도움이 될 수 있다. 사회적으로 보았을 때도 의미 있는 교육은 공동체 문화 발전에 큰 도움이 된다. 우리가 국가 수준 교육과정을 제시한다고 했을 때는 이러한 두 가지 측면이 모두 고려되어야 한다.

잘 알려진 바이지만, 교육과정은 위의 두 측면을 적절하게 반영한 교육목적을 도출하고 학생들이 배워야 할 내용을 그 목적에 적합한 방식으로 조직한 진술이다. 그런데 교육과정을 만들 때 위의 두 측면 중에서 한 가지만을 앞세우기도 한 사례가 적지 않다. "민족 중흥의 역사적 사명"이라는 목적을 지나치게 앞세우고 그에 적합한 내용과 그렇지 아니한 내용을 구분하는 것이 그 예라고 할 수 있다.

최근 역사교육 논의에서 '민주시민교육'의 필요성이 강조되곤 하는데, 이에 대해 고민을 할 때도 교육이 지니는 두 가지 측면을 종합적으로 고려할 필요가 있다. '민주시민의 자질'이란 개념이 무엇을 의미하는가 하는 점에 대해서는 비교적 논의가 활발한 편이다. 어떤 사람은 "정치, 경제, 사회, 문화 역사의 여러 면에서 기본적인 지식을 갖추고 사회생활에서 부딪치는 문제를 해결할 수 있는 능력"이야말로 '민주시민의 자질'이라고 주장하고 있으며,[1] 또 어떤 사람은 "지식과 가치, 기능적 측면을 기반으로 합리적인 의사 결정을 할 수 있는 능력, 혹은 문제 해결 능력"으로 규정하기도 한다.[2] 미국의 교육학자 뉴만(Newmann)은 "대화 능력, 자료 처리 능력, 의사 결정 능력, 논쟁 문제에 대해 자신의 의견을 정당화할 수 있는 능력, 정의를 적용할 수 있는 능력, 협동력 등을 갖춘 사람"을 민주시민으로 보고 있으며,[3] 세비지와 암스트롱(Savage & Armstrong)은 '민주적 의사 결정 능력, 비판력, 능동적으로 참여하는 능력 등을 갖춘 사람'이라고 주장한다.[4]

실제로 오늘날 격변하는 정치, 사회 환경은 비판적 사고력과 논리력, 다원성을 인정하는 태도가 얼마나 중요한지 잘 보여준다. 이런 능력들을 제대로 갖추지 못한 사람들은 그저 선입견이나 '누군가로부터 전해 들은 정보'를 무비판적으로 받아들여 타인을 함부로 평가하거나 차별할 수 있다. 자기와 다른 생각이나 입장을 갖춘 사람들을 '제거해야 할 대상'으로 여기고 폭력과 폭언을 행사하는 것도 '민주시민의 자질'이 부족한 경우에 속한다. 오늘날 우리 사회에는 정치적으로 보수나 진보 중 어느 하나를 선택하고 그 진영 논리에 따라 상대를 공격하는 사람이 적지 않다. 심지어 어떤 사람은 물리력을 동원해 상대를 제거하려 나서기도 하며, 어떤 사람은 정치적으로 자기 입장을 적극적으로 드러내지 않는다는 이유만으로 상대를 폄하하기도 한다. 이는 모두 '민주시민의 자질'을 결여한 탓에 벌어지는 일이다.

이와 관련해 우리는 아리스토텔레스의 『니코마코스 윤리학』에 언급된 '올바른 선택'을 위한 요건에 주목할 필요가 있다. 『니코마코스 윤리학』에 따르면 인간은 올바른 선택을 위해 '지성'을 발휘해야 한다. 바람직한 '지성'은 '무엇을 추구할 것인가?'라는 것에 대한 명확한 관점을 갖추는 데서 비롯한다. 그런데 그 목적에 도달하기 위해서는 목적을 향해 나아가는 과정에서 맞닥뜨리게 되는 수많은 상황에 슬기롭게 대처하는 심사숙고 능력과 의지(프로네시스)도 필요하다. 어떤 주장의 합리성을 따지거나 더 나은 선택을 위한 탐구 역량이 이러한 능력에 해당한다.

아리스토텔레스의 입장은 주입식 교육이 만연해 있는 오늘날 교육의 현실에 큰 시사점을 제공한다. 주입식 교육을 통해 갖춘 지식만으로는 공동체의 안정과 발전을 기약할 수 없기 때문이다. 영문도 모른 채 그저 교사가 가르친 내용을 외우고 수용하게 하는 식으로는 민주시민의 자질을 양성한다는 교육목적을 달성할 수 없다. 요컨대 민주시민의 자질을 키우는 역사교육이 되기 위해서는 학습자가 '알아야 할 내용'을 제시하는 데 그쳐서는 안 되고, 학습자가 자아정체성을 계발하는 데 필요한 역량을 함양할 수 있는 교육과정이 무엇인가 하는 고민이 병행되어야 한다.

학습자가 교육과정을 이수했을 때 갖출 수 있는 지식이 교육과정을 구성한 사람의 의도에 합치되어야 한다는 생각은 공급자 중심으로 교육 문제에 접근하는 태도다. 교육과정의 개념에 대해 진보주의 입장을 대표하는 홀리스와 캠벨(Hollis & Campbell)은 학습자가 교사의 지도를 통해 가지게 되는 모든 경험의 총체가 바로 교육과정이라고 정의했다. 이들에 따르면 학습자는 자신이 접하는 다양한 내용의 지식과 가치를 스스로 재구성할 수 있는 능력과 자질을 갖추고 있으며, 실제로 성장 과정에서 자기 정체성을 주체적으로 구성하는 학습자가 대다수다. 사실 학습자가 교육을 거치면서 어떤 변화과정을 겪게 될지는 교사가 장담하기 어렵다. 그것은 미지의 영역에 속하는 사항이다. 일견 제대로 교육과정을 이수하지 않은 것처럼 보이는 학습자라고 해도 그의 장래 인생에서 학생 시절의 학습 경험이 중요한 자산으로 작용할 수 있고, 우수한 학업 성취도를 보인 학생이 교육목적과 다른 태도와 가치를 보이거나 근거 없는 우월감으로 사회 구성원의 통합을 저해하는 사람으로 자랄 수 있다.

요컨대 아무리 학습해야 할 지식을 미리 정해둔다고 해도 학습자가 그에 합치하는 인간으로 성장할 것이라 보장할 수 없다. 그럼에도 불구하고 우리는 국가수준 교육과정을 구성할 때 교육목적과 교과별 교육목표를 진술할 필요가 있다. 교육의 형평성과 질적 수준을 관리하는 데 도움이 되기 때문이다. 교과별 교육목표는 교과가 추구하는 핵심 역량을 명확히 제시해 교육 성과를 평가하는 데 유용하고, 학교급별 교육의 연속성을 확보하는 데에도 도움이 된다. 교과별 교육목표는 해당 교과가 다른 교과와 구별되는 고유한 성격과 가치를 드러내도록 설정되어야 한다. 다시 말해 교과가 다루는 지식의 체계와 영역들을 바탕으로 목표가 진술되어야 한다.

교육은 인간이 축적한 문화를 전수하고, 새로운 문화를 창조하는 미래 지향적인 활동이다. 학습자는 교육을 통해 성장 가능성을 신장시켜 자신의 자아실현을 기할 수 있다. 그러므로 인류가 경험한 '역사' 가운데에서도 어느 특정한 부분만이 '가르칠 만하다'라고 주장하는 것은 적절하지 않다. '자유교육론'으로 잘 알려진 피터스(R. S. Peters)와 허스트(P. H. Hirst)에 따르면 인류는 다양한 경험을 공적 언어와 지식 분류 체계를 이용해 축적한 뒤 이를 한 세대에서 다음 세대로 전수해 왔다. 인간은 교육이라는 공적 전통에 입문함으로써 무지와 자기중심적 사고라는 속박에서 벗어나 자유로운 지성인으로 성장한다. 우리가 학교에서 국어, 수학, 사회, 역사 등 다양한 교과를 배우는 것은 인간 경험이 어느 하나의 교과 또는 학문으로만 이해할 수 없을 정도로 총체성을 지니기 때문이다.[5] 교과들은 총체로서의 인간 경험을 바라볼 수 있는 창에 해당하며, 역사교육도 그 창의 하나로서 인간을 이해하고 자아실현을 돕는 일에 동참하는 영역인 것이다.

교사는 학습자가 교과 교육을 경험하는 과정에서 자신의 미래를 스스로 찾아가고, 합리적이면서도 조화로운 인간으로 성장할 수 있도록 배려해야 한다. 교사가 가르쳐야 할 지식을 명확하게 선정하고 그 의미를 학습자가 충분히 깨닫도록 할 필요도 있는데, 그것이 학습자 스스로 자기 안에 내재한 자질과 소양을 발견하고 계발해 나가도록 도와주는 것보다 더 중요할 수 없다. 많은 사람은 교육과정을 제대로 만들어 학습자들을 '바람직한 방향'으로 성장하도록 추동하는 것이 중요하다고 생각하지만, 그렇다고 해서 교사가 학습자에 앞서서 '알아야 할 지식'과 '암기해야 할 지식' 등을 임의로 제한한다거나 학습자의 우열을 함부로 판단해서는 곤란하다. 우리는 학습자들이 역사를 배움으로써 제대로 된 역사 지식뿐만 아니라 주어진 자료를 바탕으로 적절하고 합리적인 서사를 가려내거나 스스로 진술하는 역량, 상대의 입장에 귀 기울일 줄 아는 태도 등을 갖출 수 있도록 도와야 한다. 진정한 민주시민의 자질도 결국 인간이해의 역사라는 토대 위에서 구축될 수 있으므로, 인간이해의 역사는 그 자체로 핵심적이고 포괄적이면서 더욱 근본적인 교육적 의의와 목적을 지닌다.

2. 역사과의 서사

역사교육에서 다루는 내용 지식은 다른 교과와 달리 개별적 사실이나 개념 단독으로 의미를 갖기 어렵다. 역사학에서 다루는 지식은 서사성(narrativity)을 띠고 있으므로 핵심 아이디어를 역사서사로 구현하는 노력이 병행되어야 한다.

역사는 서사로 이루어진 텍스트다. 이는 1950년대 영미권의 분석철학자들 사이에 진행된 논쟁에서 월시(W. Walsh), 가드너(P. Gardiner), 드레이(W. H. Dray) 등이 견지한 입장이며, 1980년대 이후 확산된 신문화사 연구자들이 재확인한 바이

기도 하다.[6)]

내러티브는 특정 시점에 일어난 설화나 에피소드를 뜻하는 것이 아니라 시간의 변화 속에 일어나는 무질서하고 의미 없어 보이는 일련의 사건 간에 존재하는 관련성을 드러내어 의미를 부여한 틀이다. 인간 행동의 원인과 결과를 어떻게 바라보아야 할 것인가 하는 문제에 대해 하버마스(J. Habermas)는 논리학적인 논증 상황에서 이를 설명할 수 있어야 합리성을 확보했다고 간주한다. 이에 비해 서사에 관한 철학 연구자로 잘 알려진 피셔(Walter Fisher)는 논리학적 논증이 어렵다고 하더라도 인간의 일상적 의사소통에 나타난 의미와 문화를 통해 이해할 수 있도록 구성되어 있다면 성공한 의사소통이라고 본다. 피셔에 따르면 제3자가 보기에 무의미해 보이는 어떤 행동이라 하더라도, 그 행동에 특정한 공동체 구성원이 공유한 상징이나 의미가 담겨 있을 수 있다. 이 경우 그 '의미'는 상징이나 내러티브로 구현되기 마련이고, 그것을 잘 살펴보면 뉘앙스를 파악해 낼 수 있다.[7)]

기어츠(Clifford J. Geertz)는『문화의 해석』이라는 책에서 인간 행위를 대할 때, 그 동작 자체에 대한 현상적 관찰과 설명에 그치면 행위 속에 담겨진 진정한 의미를 알 수 없다고 주장한다. 그 의미를 파악하기 위해서는 행위가 이루어지는 맥락(context)을 살펴보아야 하며, 밀도 있는 관찰을 통해 의사소통의 범주를 확대할 필요가 있다는 것이다. 기어츠의 주장을 받아들인다면 역사교육에서도 개별 사실들을 연결하는 '서사'가 중요하게 작용하고 있음에 주의를 기울일 필요가 있다. 역사교육에 종사하는 사람이라면 꼼꼼한 시선으로 그 '서사'의 특징을 파악하고 이에 대해 '나름의 입장'을 가지는 것이 좋다.

한편, 피셔의 주장을 받아들이면 "역사는 서사다."라는 명제는 "역사는 과학이다."라는 명제와 대립된다. 과학은 어떠한 이론을 개발할 때 가설연역 방법을 취하거나 귀납확률론의 관점 등을 취한다. 가설연역은 어떠한 현상의 관찰로부터 가설을 제시하고, 측정 가능한 실험 결과를 통해 그 가설을 검증하는 방법이다. 이 방법은 가설을 통한 예측과 검증을 통해 가설을 반증하거나 새로운 가설을 설계하는 과정을 상정하고 실험을 통해 더욱 정교한 이론의 만드는 데 목표를 둔다. 그런데 칼 구스타프 헴펠 등은 '검증 가능성 원리'를 내세워 귀납적인 검증 과정의 한계를 지적했다. 이에 따라 가설을 '증명'한다거나 '검증'한다는 접근법에 경계심을 갖고 가설을 지지하는 정도를 확률로서 나타내야 한다는 주장이 힘을 얻게 되었다.

헴펠과 같은 과학철학자들은 경험적 검증을 통해 잠정적으로 타당성을 확보한 지식만이 존재한다고 본다. 그런데 헴펠은 역사학 연구 방법론이 그와 같은 경험적 검증을 통해 지식을 확정하는 것이 무척 어렵다는 것을 발견했다. 우리가 다루는 역사적 사실은 과거에 발생한 것으로서 지금 당장 검증하기가 어렵고, 검증할 때 사용할 수 있는 자료 자체를 완전히 신뢰하기도 쉽지 않다. 이 점에서 우리는 헴펠이 역사 지식을 가설연역 방법론을 적용할 수 있는 과학 연구의 대상이라고 여겼다거나, 역사학습의 탐구활동도 사회학 지식을 다루는 것처럼 '가설 설정-검증-결론과 문제해결'이라는 식으로 구현할 수 있다고 주장하는 것은 곤란하다는 사실을 인지해야 한다. 헴펠은 역사학 또는 역사교육에 자연과학적 연구 방법 또는 탐구 방법을 적용하기가 무척 힘들다는 점을 여러 차례 언급했다.

사실 사회과학처럼 어떤 현상을 설명하고자 할 때 가설을 먼저 설정하고 여러 가지 자료를 취합해 이를 검증하려는 방식은 역사가들이 취한 연구방법과 거리가 멀다. '가설'이란 2개 이상의 변인 간 특별한 관계를 설정해 경험적으로 이를 검증할 수 있게 한 잠정적 진술이다. 이 가설이라는 것은 일반적으로 조건문의 형식으로, 주어진 선행 조건에 따르면 결과 조건이 달성될 것이라는 예측 형태를 띤다. 또 유의미한 가설을 세우기 위해서는 변인을 정량적 또는 질적 자료를 통해 확인할 수 있도록 명확히 정의해야 하며 검증의 성패 여부를 결정할 수 있는 기준도 포함해야 한다. 예를 들어 "학생이 결석을 많이 하면 그에 비례해 학업 성취도는 떨어진다."라는 가설이 있다고 치자. 이 가설은 결석 횟수와 학업 성취도라는 변인을 명확히 설정하고 있으며, 변인과 관련되어 있는 데이터를 얻어내 잠정적인 진술의 참과 거짓을 따질 수 있으므로 검증 가능하다. 이에 비해 "윤관이 설치한 동북9성은 모두 함흥평야 지역에 있었다."라는 진술은 무엇이 변인인지 확인하기 어려울 뿐만 아니라 검증 가능한 데이터 수집 방식을 포함하고 있지 않다. 따라서 이 문장은 논리학에서 말하는 '가설'이 아니라 특정한 사건에 대한 '가정'에 해당한다.

일반적으로 역사학자들은 특정한 사실에 대해 자신이 갖고 있는 '가정'을 보완하기 위해 자료를 덧붙여가며 사실을 복원하고, 그렇게 복원된 '역사적 사실에 대한 진술'이 인문학적인 해석의 하나라고 여긴다. 그러므로 동일한 역사적 사실을 다른 태도와 시선으로 복원할 수 있음을 인정하며, 서로 다른 생각을 토의와 대화로 주고받으려는 태도를 자연스럽다고 생각한다. 물론 '역사적 사실에 대한 진술'을 도출하는 과정에서 이용된 근거와 자료가 박약하거나 잘못된 것일 수 있는데, 이때는 그 진술이 기각되어야 한다. 학습자들은 바로 이처럼 적절하지 않은 진술을 가려내는 사고력을 역사교육을 통해 함양해야 하며, 나름대로 적절한 근거가 갖추어진 진술이 있다면 그것을 열린 마음으로 살펴보면서 자신의 시각을 확대하는 태도를 갖출 필요가 있다.

역사 지식을 인문학적 해석이 아니라 과학적 법칙이나 원리로 여기게 되면 많은 문제가 벌어질 수 있다. 하나의 역사적 사실에 오직 하나의 진술만 존재해야 한다거나, 자신과 다른 시선으로 역사적 사실을 바라보는 사람을 쉽사리 배척하는 태도가 나타날 수 있는 것이다. 이런 태도는 학문과 교육의 발전에 이롭지 않다. 이런 문제가 근절되지 않으면 특별한 근거 없이 자기 생각만이 우월하다거나 제대로 알지도 못하는 사람을 적대시하는 경향이 사라지기 어렵다.

다시 말하지만 역사가는 자신이 가진 '가정'을 설득력 있는 진술로 만들기 위해 수많은 사료를 찾아가며 근거를 갖추어 나가는 작업을 수행한다. 변인 간 관계를 검증해 미래를 예측하고자 연구를 하는 것이 아니라 이미 벌어져 그 진상을 확인하기 어려운 과거의 사실에 가깝게 다가가기 위해 노력을 거듭하는 것이다. 역사학자들은 그 노력의 결과 자신이 확고부동한 원리 또는 법칙을 발견해 냈다고 주장하지도 않으며, 그저 자신의 시각이 더 많은 설득력을 가지고 있다고 논증하는 데 신경을 쓴다. 또 이를 위해 자신만의 서사를 동원하기도 하는데, 이 경우 그는 더 많은 설득력을 획득하기도 한다.

역사학 연구 결과로 얻어낸 지식은 법칙이나 공식이 될 수 없다. 근거자료에 대한 해석이 바뀌거나 새로운 근거자료가 나올 경우 반박 또는 강화될 가능성이 열려 있는 잠정적인 결론에 해당하는 셈이다. 그러한 '잠정적 결론'은 내러티브라는 맥락 속에 놓여 있을 때 많은 사람의 공감을 이끌어낸다.

이는 이미 여러 차례 지적되어 온 바 있다. 월시, 가드너, 피셔 등은 역사를 과학적 연구방법론에 따라 분석할 수 없다는 데 의견을 같이 한다. 이들에 따르면 역사는 가설을 설정한 뒤 검증하는 방식이 아니라 자신의 해석을 바탕으로 역사를 진술하며, 이는 많은 사람이 공유할 수 있는 서사의 형식으로 표현된다. 이것이 역사학에서 일반적으로 벌어지는 일이라는 것이다.

맥락 분석은 낱말의 의미를 논할 때 그 낱말이 어떤 문장 안에서 어떤 구실로 쓰였는가를 보아야 비로소 그 의미를 알 수 있음을 전제로 한다. 이에 관해 사회적 화용론자들은 개인 간의 의사소통 교환이 사회·문화·맥락적 요인에 포함되거나 제약되고 있다고 보고 있으며, 어떤 문장을 언어 표현 안에 들어 있는 낱말들의 사전적 의미의 총화로서 이해해서는 안 된다고 말한다. 그 표현이 구체적으로 사용된 맥락 속에서 비로소 참다운 해석이 가능하다는 것이다.

실제로 어떤 단어 또는 어구의 의미는 그것이 사용되는 맥락 속에서 변화하기도 하고 강조되기도 한다. 우리 일상적으로 사용하는 단어들 중에는 맥락을 벗어날 경우 정확한 의미를 이해하기 어려운 경우가 많다. 예를 들어 '자유'라는 단어를 사용했을 때, 단발적인 발화 현상만으로는 발화자가 어떤 의도를 갖고 있는지 파악하기 어렵다. 그 정확한 의미를 파악하기 위해서는 해당 단어와 문맥상 관련을 맺고 있는 연어(聯語)를 살펴보아야 한다.[8] '자유'가 '반공'이라는 단어와 밀접하게 관련되어 있다면, 이 단어에는 신분이나 억압으로부터의 해방이라는 의미가 아니라 그 어떤 정치적 담론이 담겨 있다고 볼 수밖에 없다.

우리가 사용하는 문법과 음운은 장기간에 걸쳐 서서히 변하지만 단어의 의미는 단기간에 변하는 특징을 가진다. 늘 새로운 단어가 나타나고 소멸하며 기존의 단어가 새로운 뜻을 가지는 현상은 흔히 볼 수 있다. 일례로 '자유'라는 단어에는 식민지배의 압제와 신분차별 등으로부터의 해방이라는 의미가 담겨 있었다. 하지만 시간이 흐르면서 반공주의와 연관된 단어로 변했다. 이러한 변화를 파악해야 해당 단어가 포함된 서사의 의미를 제대로 추출할 수 있다.

이러한 관점에서 볼 때 역사교육에서 말하는 탐구학습은 사료에 어떤 의미가 담겨 있는지 파악하고, 자신의 가치에 비추어 보았을 때 어떠한 서사가 더 적절한지 가려낼 수 있는 안목을 갖출 때 비로소 그 의미를 찾을 수 있다. 이와 관련해 송상헌은 역사교육에서 다루는 내용 지식은 과거 사실 그 자체, 역사 서사(historical narrative), '역사하기(doing history)' 활동(탐구활동 등)으로 구성되어 있다고 지적한다.[9] 그는 역사적 사실들이 의미 없이 나열된 것이 아니라 어떠한 특정 관점 및 맥락을 내포한 서사 속에 위치 지워져 있다고 말했다. 역사교육에서 다루는 역사적 사건들도 서사 안에 담겨 있다는 것이다. 실제로 수업 상황이나 역사 강사들의 대중 강연에서 개별 역사 사실을 나열하는 방식을 취하는 사례는 거의 없다. 역사적 사실들을 하나의 체계로 조직하는 서사를 동원해 설명하는 것이 일반적이다.

역사 서사는 교육 영역에서 큰 힘을 발휘한다. 상당수 연구자는 한국사 교과서가 역사 전개의 주체를 국가 또는 민족으로 상정한 국가주의 서사를 채택했다고 본다.[10] 국가주의란 개인·집단·시민 사회보다 국가 또는 국가권력을 장악한 존재가 우월하다는 사고방식이다. 국가주의 서사는 권력 집중을 지지하고, 영토 확장을 위한 분쟁과 전쟁을 긍정적으로 서술하곤 한다. 전근대 시기 국왕 권력이 커지면 예외 없이 전성기를 맞이했다고 설명한다거나, 신라 중대에 전제 왕권이 수립된 덕분에 문물이 융성해졌다고 가르치는 것이 그 사례다. 이처럼 권력 집중을 역사 발전의 원동력으로 여기는 생각이 고착되면, 삼권 분립과 권력에 대한 견제를 특징으로 한 현대 민주 정치를 바라보는 시각에 균열이 발생할 수 있다. 이는 비판적 사고를 지향하는 역사학습의 취지를 약화하는 결과로도 이어지기 마련이다.

서사는 특정한 이데올로기와 규범, 가치를 형성하는 도구로 사용될 수 있다.[11] 국가 단위로 역사를 서술할 때, 우리는 국가의 공공성에 대한 올바른 관점을 정립할 수 있는 적절한 대안서사를 찾아야 한다. 앞으로의 교육과정은 교육과정이 표방하는 목표와 핵심 아이디어, 그리고 역사서사의 연계성을 강화하는 방향으로 개선되어야 하고, 그러한 노력의 일환으로 대안서사에 대한 고민도 깊어져야 한다.[12]

3. 국정 교과서와 '국사'의 집필 방향

국가주의 역사서사는 제3차 교육과정 시기인 1974년 국정 교과서 발행과 함께 본격적으로 그 모습을 드러냈다. 국정 교과서는 제7차 교육과정 시기에 정부가 교과서에 대한 규제 완화를 표방하면서 중학교 사회(세계사), 고등학교 한국근·현대사 과목을 검정체제로 전환하고, 2010년 기존 국정 체제였던 국사가 '한국사'로 명칭이 바뀌고 검정 체제로 전환될 때까지 계속 발행되었다.

국사 교과서가 국정으로 전환된 것은 1973년 5월의 일이었다. 당시 문교부가 국정 국사 교과서 발행을 밀어붙인 명분은 '한국사 학계의 연구 성과를 종합한 객관성 높은 교과서'를 만든다는 것이었다. 국정 교과서로의 전환 발표가 있기 전인 1972년 3월 7일 지방장관회의에서와 같은 달 국무위원과 전국 77개 대학 총장 및 전문학교장, 초·중등학교 교장 등이 참가한 '전국교육자대회'에서 '국적 있는 교육'이 역설되었는데, 박정희 정부가 말한 '국적 있는 교육'이란 "올바른 민족사관과 우리의 민족사적 정통성을 확고히 정립·체득하고 그 위에 투철한 국가관과 자주성을 확립"에 목적을 둔 교육이었다.[13]

그는 이날 "우리가 개성을 존중하며 창의와 자발적 활동을 조장하는 교육에 힘을 기울여온 나머지 국가나 민족에 대한 관념이 희박"하게 되었다고 주장하고 "국력배양을 위한 자주, 자립, 자위의 3대 목표를 추진하는 기본이 되는 민족 주체사상의 확립"을 주장하였다.[14] 이러한 분위기 속에서 다음과 같은 내용의 결의문이 채택됐다.

> ① 안보교육체제 확립: 우리는 국가의 안전과 겨레의 생존을 지키기 위하여 총력안보체제를 확립해야 할 국가적 요청에 교육의 전 기능을 집중시킨다.
> ② 새마을운동 추진: 우리는 자립과 번영을 위한 거족적 노력에 보조를 맞추어 방방곡곡에서 전개되고 있는 새마을 운동에 우리의 역량을 총동원하여 20만 교육자와 800만 학생이 다 함께 전진한다.
> ③ 국민총화 저해 요인의 제거: 국민총화를 저해하는 불신과 부조리를 제거하는 데 교육의 사회적 기능을 최대한으로 발휘할 것이며, 학풍을 바로잡아, 나라가 요청하는 인재를 기르는 데 우리의 정성과 열정을 다 바친다.
> ④ 교육풍토 개선: 교육자는 겨레의 스승으로서의 품위와 자질과 권위를 스스로 바로 세워 교권을 확립하고, 학교와 가정과 사회의 일치 협조로써 학원에 공부하는 분위기가 충만하도록 교육풍토 개선에 과감한 노력을 펴나간다.[15]

이 결의문이 채택된 지 몇 달 후 박정희 정권은 장기집권을 목적으로 이른바 '유신'을 단행했으며, 1972년 12월에는 "국적 있는 교육의 강화를 통해 유신과업 수행에 앞장서는 「참다운 새 한국인」의 육성을 골자로 한" 장학 방침을 확정·발표했다. 문교부가 발표한 장학방침의 주요 내용(일부)은 다음과 같다.

- 국가 · 민족의식의 고취: 국가와 민족의 이익을 앞세우고 국가 중심, 민족 중심의 차원에서 바로 내가 주체적인 국민 내지 민족의 일원이라는 공동운명체 의식을 투철히 심어주기 위해 국사 및 국어교육을 강화한다.
- 민주 교육의 강화(유신교육 체제의 확립)
- 새마을 교육의 심화[16)]

정치적 의도와 권위주의 체제 수립이 목표였던 이 장학방침과[17)] '국적 있는 교육'이라는 모토 아래 문교부는 1972년 5월 국사교육강화위원회를 소집하고 여러 차례 회의를 거친 후 '국사교육의 일반목표'라는 것을 제출하였는데, 그 일부 내용을 소개하면 아래와 같다.

> 민족이라는 주체는 우리 국사에서 유구한 개념으로 되어 왔다. 따라서 그것은 오늘의 우리가 확보하여야 할 소중한 역사 추진력의 바탕이다. 이러한 역사의 추진력은 민족의 자기 본질에 대한 인식과 역사의식이라는 규범 체계 없이는 발현될 수 없으며 영속되기도 곤란하다. …(중략)… 국사에서의 주체성은 우리 민족을 독립된 역사주체로 확인시킬 수 있는 개별성과 함께 우리 민족을 역사의 실천자로 길이 부각시키는 영속성을 아울러 가질 때 확립된다. …(중략)… 1. 굳건한 민족사관을 바탕으로 현재의 삶을 역사적으로 의식하고 국가사회 발전에 주체의식을 가지고 참여하도록 한다. 2. 민족의 발전 과정과 각 시대의 특성을 이해하고 정치, 사회, 경제, 사상 등의 상호 기능관계를 파악한다. 3. 민족중흥의 이념을 구현하기 위하여 선조들의 노력과 그 업적을 이해하고 스스로 국가에 헌신하는 태도를 기른다. …(하략)…

'유신' 단행 이후 발표된 제3차 교육과정을 살펴보면 국사과의 목표는 '올바른 민족사관의 확립'으로 "민족중흥에 이바지하게" 하는 것, "투철한 역사의식을 가지고 당면한 국가 문제 해결에 적극 참여하는 자세" 기르기 등으로 설정되어 있어 '국사교육의 일반목표'가 반영된 것으로 확인된다.

한편 문교부는 1973년에 국사 교과서 내용 서술의 방향을 적시한 '국사의 중심 개념'을 만들었다. '국사의 중심 개념'은 한국사 전반에 걸쳐 교과서에 실어야 할 내용의 대강을 진술한 것으로서, 그 주요 내용을 발췌하면 다음과 같다.

- 청동기 문화와 고조선
  - 우리 민족은 알타이어족에 속하며 그 주체 세력은 예맥족이었다. 민족 형성의 기반은 무문토기 계통이 즐문토기 계통을 통합하는 과정에서 형성된 것이다.
  - 청동기 시대에 있어서 씨족 공동체적 경제관계에 변화가 생기고 이로 말미암아 씨족 공동체가 해체되어 점차 친족공동체가 발전하였다.
  - 청동기 문화가 성립하는 시기에 만주와 한반도에 걸쳐서 여러 부족국가들이 등장하였고, 그 국가들은 새로운 개척지를 찾아 이동하기도 하였다.

…(중략)…

- 고대국가의 성립
  - 철기문화의 보급에 따라 청동기시대 이래의 영도세력이 붕괴되고, 각 지방에 새로운 부족국가들이 형성되었다.

…(중략)…

  - 고대 국가의 지배체제는 우세 부족국가의 정복 과정을 통하여 복속시킨 지방 부족장들을 중앙 귀족으로 흡수하고, 한편 고대 신분체제를 마련하여, 또한 일원적인 수취 체제를 정비함으로써 성립되었다.
  - 고대 왕권이 크게 강화되었으나, 족장 회의체의 전통을 계승한 고대 귀족회의 제도로 말미암아 그 지배력의 행사가 크게 제약되었다.

…(중략)…

- 신라의 삼국통일과 그 사회
  - 삼국 초기의 초부족적 고대 국가 정신의 수립 단계에서 한 단계 진전하여 유교 정치이념에 입각한 행정조직을 만들어 재래의 골품제도를 중심으로 한 지배체제의 결함을 보강하였다.
  - 통일 신라는 고구려, 백제를 통합 지배하고, 행정 말단에 있는 촌주로 하여금 각 지방의 생산력을 관장하게 함으로써 경제적 기반의 확대와 생산력의 발전을 가져왔다.
  - 식읍과 대토지, 목장, 노비의 소유, 고리대업 등으로 중앙 귀족과 사원의 경제기반이 확대되었다.

…(중략)…

- 귀족 관료국가의 형성
  - 호족세력을 기반으로 하여 후삼국과 발해로 나뉘어져 있던 민족이 고려라는 하나의 국가 기구 속에 통합되었다. 고려는 신라 편중을 지양하고 고구려 구토 회복을 위한 북진 정책을 썼다.
  - 귀족들은 중앙집권적인 기구 속에서 왕권의 전제화를 제약하고, 귀족 전체의 특권을 공동으로 보장하기 위한 유교적 정치 이념을 마련하였다.

…(중략)…

- 양반사회의 태동
  - 양반으로 인한 사회혼란과 경제위축 속에서 양반관료 간에는 점차 대립의식이 심화되고, 그 정치세력은 분화되어 갔다.
  - 지배계층에서는 집권 관인과 재야사림 간의 분화가 일어나고 한편 농민층에서는 빈부의 차이가 벌어지는 가운데 신분 질서에 변화가 일어났다.
  - 국가 재정 정비와 농촌 사회 피폐를 타개하려는 수취 체제의 개편이 있었고, 또한 법제도의 재정비를 위한 국가적 노력이 있었다.
  - 농업기술의 발달, 수리시설의 확충, 상업적 농산물의 등장으로 생산이 증가되며, 도조제, 차경의 보급 등으로 농민의 지위는 점차 상승되었고, 농촌 상조 조직인 계의 발달을 보았다.

…(중략)…

- 양반정치의 동요
  - 벌족 중심의 세도정치는 관료체제의 동요를 촉진하는 변태정치이다.
  - 세도정치 하에서의 가혹한 수취행위는 광범한 농민의 반발을 받게 되었고, 그 항거의식은 점차 조직화되었다.
  - 일부 재야 사림의 학문적 노력에서 서교의 수용을 보았고, 그것은 점차 민중에 파급되자 양반사회의 지도이념과 충돌하여 탄압을 받게 되었다.
  - 외세의 접근과 서교의 침투로 인한 위기의식과 현실사회의 모순을 극복하려는 자주적 종교운동으로서 동학사상이 등장하였다.
  - 흥선대원군은 왕권의 재확립을 기하고자 혁신정치를 펴는 한편 자의적 쇄국정책을 강화하였다.

…(중략)…

- 독립협회의 활동
  - 대한제국은 외세의 간섭 속에서 근대민족 국가로서 필요한 사업을 추진하려고 노력하였다.

…(중략)…

- 6 · 25 사변과 민족의 시련
  - 제1공화국에서 정치의 방향은 일제 식민통치에 항거하였던 민족적 전통을 이어받아 우리 민족의 대외적 자주성은 상당히 강조되고 있었다. 그러나 거기에는 행정 관료 등 근대 민주주의 운영을 위하여 요구되는 정치적 효율성과의 갈등으로 상당한 제약이 따르고 있었다.

…(중략)…

- 6 · 25 사변과 민족의 시련
  - 4월 혁명을 통하여 제2공화국이 수립되었으나 새로운 역사방향을 담당할

조직세력의 불비, 자유개념의 지나친 확대 등으로 정치적 혼란이 일어났다.

- 5월 혁명과 제3공화국
  - 5월 혁명은 자유 민주주의에 대한 보다 긍정적인 확인과 함께 민족 주체성의 위기에 대한 극복이었다.
  - 경제적 자립을 위한 근대화를 추진함으로써 민족국가의 실질적인 내용을 구현하기 위해 노력하였다.
  - 주체성과 정통성을 강화하고 근대화를 이룸으로써 통일국가로 지향하는 기반을 마련하고 있다.

이 문서는 당시까지 축적된 역사학 연구 성과를 바탕으로 교과서에 실어야 할 내용의 대강을 진술한 것이다. 이 가운데 일부는 오늘날 전공자들 사이에서 논란을 빚고 있지만, 당시 역사 연구자들이 이해하고 있던 시대상을 적절히 진술한 것으로 파악된다.

그런데 이 문서에는 역사적 사실에 대한 객관적 진술 외에 각 항목을 아우르는 일정한 서사가 나타나 있다. 선사시대에 '민족 형성의 기반'이 갖추어지고, 통일신라와 고려를 거쳐 하나의 국가 기구 속에 민족이 통합되었으며, 박정희 정권이 그 민족의 주체성을 확립하기 위해 노력하고 있다는 내용은 학계 연구 성과가 개별적으로 독립된 형식으로 학습자에게 제공된 것이 아니라 민족·국가를 중심으로 한 거대한 서사 속에 배치되어 있음을 보여준다. 다시 말해 '국사의 중심 개념'이라는 문서가 민족을 역사의 주체로 상정하고 있던 것이다.

민족 또는 국가를 역사 주체로 상정한 것의 숨은 뜻은 이 문서의 근현대사 부분에서 뚜렷이 나타난다. 근현대사 부분을 보면 "새로운 역사방향을 담당할 조직세력", "근대 민주주의 운영을 위하여 요구되는 정치적 효율성"이라는 표현이 많이 나온다. 또 그 뒤를 이어 "새로운 역사와 민주주의 운영을 위해서는 정치적 효율성이 필요하다."라는 결론이 도출되어 있다. 요컨대 국가와 민족 중심의 역사가 더욱 발전하기 위해서는 '새로운 …(중략)… 조직세력'이 필요하다는 것인 바, 이 '조직세력'이 누구를 뜻하는가 하는 문제는 생각해 내기 그리 어렵지 않다.

'정치적 효율성'이라는 어구는 박정희 정권이 자주 사용한 표현이다. 1979년 10월 국회 시정연설에서는 "유신 헌정을 채택한 지난 6년 동안 …(중략)… 획기적인 국력 신장을 이룩할 수 있었던 것은 유신 이념으로 다져진 국민 총화와 정치적, 사회적 안정 그리고 효율적인 국정 운영이 그 바탕"이라고 하였다.[18] 그해 3월 국회개원식에서도 그는 "70년대에 들어서는 중첩된 내외의 도전 속에서 우리의 생존권을 보장하고 국권의 수호를 위해 과감한 유신적 국정 개혁이 단행되었다."라고 말하면서 그 덕분에 능률이 극대화되고 "총화된 국민의 힘"을 모을 수 있었다고 말했다.[19] 요컨대 유신 체제의 정당성을 역설할 때마다 '효율성' 있는 정치가 필요하다고 주장했던 것이다. 그러므로 국사 교과서의 내용서술 방향을 규정하게 되는 '국사의 중심 개념'이라는 글에 "근대 민주주의 운영을 위하여 요구되는 정치적 효율성"이라는 표현이 등장한 것에 모종의 정치적 의도가 담겨 있었다고 보는 것이 어느 정도 타당할 수 있다.

이 문서에 진술된 내용을 따르면 시간이 흐를수록 국왕을 중심으로 한 중앙의 지배력이 강화되었다고 쓰도록 되어 있었고, 특권 계급이 왕권을 제약할 때는 사회가 혼란스러워진 것으로 서술하게끔 되어 있었다. 또 박정희 정권 등장 이후에 관한 서술 부분에서는 정부가 민족 주체성과 정통성을 강화하고 근대화를 이루어 나가고 있다는 내용이 포함되어야 한다고 규정했다.

한편 문교부는 1973년 6월에 '국사 교과서의 국정화 방안'을 작성했다. 이 문서에서 문교부는 다음과 같은 이유를 들어 국정 교과서 도입을 천명했다.

> 1. 일본의 식민지 정책이나 우리의 의타성에 의하여 다분히 왜곡되고 타율적인 이제까지의 역사관은 시급히 청산되어야 하며,
> 2. 주체적인 민족의식에 투철하고 민족중흥의 의욕에 충만한 후세 국민을 길러낸다는 관점에서 볼 때 현행 국사 교과서의 내용은 상당 부분의 개편이 필요한 바
>
> …(중략)…
>
> 5. 새로운 가치관 확립을 위한 일관성 있는 교육을 위하여 현재 국정으로 되어 있는 도덕, 국어 과목과 함께 가치관 교육의 중핵이 되는 국사 과목도 국정화가 요청됨.
> 6. 교과서의 국정화로 내용의 충실화를 기하고 권위를 높임.[20]

요컨대 당시까지의 역사관은 식민 사관에 오염된 것이므로 '주체적인 민족의식'과 '민족중흥의 의욕'을 고취하고자 국사 교과서를 국정으로 발행해야 한다는 것이

다. 문교부는 국사 과목이 "가치관 교육의 중핵"이 되므로 "새로운 가치관 확립"을 위해 국사 교과서 내용을 상당 부분 개편해야 한다고도 말했다. 그런데 "민족중흥의 의욕", "새로운 가치관"이라는 어구는 유신 정권이 내세운 표현이기도 하다.[21)]

1974년부터 발행된 국정 국사 교과서는 역사교육에 부정적인 영향을 끼쳤다. 먼저 국정 교과서에 '권위'가 부여되는 바람에 그에 실리지 않은 역사지식이 중요하지 않는 것이 아니냐는 생각이 퍼지게 되었다. 이렇게 되자 자신들이 선호하는 역사적 사실 또는 생각이 교과서에 나오지 않았다며 집단 반발하는 사람들도 나타났다. 일례로 안호상 등은 "교과서에서 국조 단군을 완전히 신화로만 돌린 것은 일제 식민 사관을 흉내 낸 것"이라며 반발했고,[22)] 국정 교과서에 사육신에 관한 언급이 없다는 불만도 제기되어 논란을 빚었다.[23)]

Ⅱ 역사 교육과정의 변화

1. 교수요목기의 역사교육

우리나라 역사교육은 1945년 8월 일제의 항복과 미군정의 수립으로 새로운 전기를 맞았다. 미군정은 교육에 대한 긴급조치로서 1945년 9월 초·중등학교의 수업 재개를 지시하는 한편 8개 항의 '교육방침'을 발표했는데, 이때 역사교육에 대해서는 다음과 같이 언급했다.

> 아국 과거의 역사와 문화가 혁혁한 광채를 발휘하였던 것을 회상하여 공헌할 신문화 창조의 의욕을 왕성케 함과 동시에 근세의 사대사상과 당쟁이 민족자결의 기능을 상실케 하였음을 확인하여 전철을 불복할 각오를 새롭게 할 것[24)]

미군정 학무 당국은 당쟁과 사대사상을 극복하고 한국사와 한국문화에 대한 자부심을 갖게 하는 데 역사교육의 목표를 맞추게 했다. 새로운 역사교육을 위해서는 그에 맞는 교육과정과 교과서가 만들어져야 할 필요가 있었는데, 당시에는 제대로 된 교과서가 없는 실정이었기 때문에 현장에서는 혼란이 벌어졌다. 이에 1945년

10월 진단학회 등이 교과서 편찬이 급무라는 점을 미군정 학무국 당국자에 제안해 『국사교본』, 『초등국사』 등의 교재를 만들었지만, 이 역시 현장에는 잘 보급되지 않았다.[25)]

진단학회가 만든 교재 외에도 조선문화사의 『중등조선역사』, 중앙출판사의 『(해방신판)조선역사』, 동명사의 『조선역사(최남선 저)』 등 여러 교재가 발행되었다. 그런데 이 역시 많이 보급되지 않았다. 참고로 이 교재들은 집필자에 따라 내용이 달랐고, 단원 구성 등도 일정하지 않았다. 또 기자조선, 관구검과 모용황의 고구려 침공, 조선시대 노론과 소론의 대립 등 오늘날 교과서에서는 자세히 취급되지 않는 내용의 분량이 많았다.

한편 미군정은 동년 12월에 교육에 대한 중장기 계획을 수립하고자 조선교육심의회를 구성했다. 이 회의는 교육이념, 교육제도, 교육행정, 초등교육, 중등교육, 직업교육, 사범교육 등 10개의 분과로 나뉘어 각종 교육 현안을 논의한 결과를 취합해 "신교육방침에 관한 안"을 제출했다. 이 안에는 "홍익인간의 건국 이상에 기(基)하여 인격이 완전하고 애국정신이 투철한 민주국가의 공민 양성"을 교육의 근본이념으로 한다는 내용이 있고, 그 구체적인 교육방침으로 민족적 독립자존의 기풍과 국제 협조의 정신을 구전(具全)한 국민의 품성을 도야할 것, 실천궁행과 근로정신을 강조하고 사회생활에 대한 충실한 책임감과 상호애조(相互愛助)의 공덕심을 발휘케 하여 건전한 개성의 발휘를 기할 것 등이 제시되어 있다.[26)]

한편 미군정은 중등학교(4년제 중학교 및 고등여학교) 수업 재개에 앞서 1945년 9월 30일에 '교과과정'을 발표했는데, 이때 역사를 비롯한 각 교과목의 시수를 〈표 9-1〉에 나타난 바와 같이 정했다.[27)]

〈표 9-1〉 1945년 9월 미군정 발표 중등학교 일부 교과목의 시수

교과목	1학년		2학년		3학년		4학년	
	중학교	고등 여학교	중학교	고등 여학교	중학교	고등 여학교	중학교	고등 여학교
공민	2	2	2	2	2	2	2	2
국어	7	7	7	7	6	6	5	5
역사 · 지리	3	3	3	3	4	3	4	3

교과목	1학년		2학년		3학년		4학년	
	중학교	고등 여학교	중학교	고등 여학교	중학교	고등 여학교	중학교	고등 여학교
수학	4	3	4	3	4	2	4	3
물리 · 화학 · 생물	4	3	4	3	5	4	5	4
영어	5	4	5	4	5	4	5	4

비고: 가사, 재봉, 체육, 음악, 습자, 도화, 수예, 실업 교과 시수는 생략함.
출처: 매일신보 1945년 09월 30일 중등학교 교과과정 결정

이 교과과정은 오래가지 못했다. 조선교육심의회가 1946년 2월 미국 학제를 참고해 6-3-3-4 학제를 미군정에 건의함에 따라 4년제 중학교 제도가 존속하기 어렵게 되었고, 동년 9월 미군정이 발표한 교수요목에 따라 지리, 역사, 공민이 사회생활과로 묶였기 때문이다.

참고로 6-3-3-4 학제는 곧바로 적용되지 못했다. 조선교육심의회가 6-3-3-4 학제를 제안하기는 했지만, 여러 가지 이유로 시행되지 않았고, 1949년 12월 31일 공포된 「교육법」에도 중학교 4년, 고등학교 2년 내지 4년으로 되어 있었다. 오늘날처럼 중학교 3년, 고등학교 3년 제도가 확정된 것은 1951년 3월 「교육법」이 개정되면서부터였다.[28)]

한편 1946년 9월 발표된 교수요목의 중학교 사회생활과 부분은 사회생활과의 목적, 교수 방침, 시수 배당 등에 관한 내용으로 구성되어 있는데, 그 주요 내용을 발췌하면 다음과 같다.

사회생활과의 목적	사람과 자연환경 및 사회환경과의 관계를 밝게 인식시켜 올바른 사회생활을 실천 체득하게 함으로써 민주주의 국가의 성실, 유능한 국민이 되게 함을 목적으로 함.
교수 방침	1. 공동생활에 필요한 정신, 태도, 기술 및 습관을 기름 …(중략)… 3. 사람으로서의 자각을 깊이 하여 인격을 발전시키도록 하며, 예의 바른 사회인으로서 행동하게 하도록 함. …(중략)… 5. 사회생활은 항상 과거를 기초로 하여 발전하고 있음을 알게 하며, 현대 생활의 특질을 이해시키고, 또 장래의 방향으로 보는 능력을 기름. …(하략)…

시수 배당

지리, 역사 및 공민의 세 부분으로 갈라서 교수하기로 함, 각 학년에 있어서의 교구 사항 및 매주 교수 시수는 다음과 같음.

학년	지리 부분	역사 부분	공민 부분
1	이웃나라 생활(2)	이웃나라 생활(2)	공민생활 I (1)
2	먼 나라 생활(2)	먼 나라 생활(2)	공민생활 II (1)
3	우리나라 생활(2)	우리나라 생활(2)	공민생활 III (1)
4	인류와 자연환경 (자연지리)(2)	인류문화의 발달, 우리나라의 문화(1)	정치문제(2)
5	인류와 자연환경 (인문지리)(1)	인류문화의 발달, 우리나라의 문화(2)	경제문제(2)
6	인생과 사회(도덕 · 사회 · 문화)(4), 시사문제(1)		

이 표에서 확인할 수 있듯이 교수요목 시기 사회생활과는 지리, 역사 부분 모두 '이웃나라 생활'과 '먼 나라 생활'을 먼저 학습한 뒤 '우리나라 생활'을 배우도록 구성되어 있었다. 이에 대해서는 미군정 당국이 '다른 지역의 공동체 생활'을 학습한 뒤 '콜로라도와 미국의 위대한 발전'이라는 내용의 교육과정을 이수하게 한 미국 콜로라도 주의 교육과정을 참고했기 때문이라는 연구 성과가 있어 참고가 된다.[29)]

중등학교 사회생활과 교수요목에는 사회생활과 운영법이라는 내용도 포함되어 있는데, 여기에는 사회생활과라는 교과를 설정한 이유와 교수법에 대해 다음과 같이 진술되어 있다.

- 중학교 사회생활과 교수요목의 일반적 해설: 중학교 사회생활과는 생도가 사회생활을 이해하고, 그 진전에 협력하도록 하게 함이 궁극의 목표이다. 그러므로 교사는 생도들의 사회적 경험을 풍부하고 깊게 하기 위하여 이 과목 교수에는 생도들의 생활에 있어서의 구체적인 문제를 중심으로 하되 이 해결에 있어서는 생도들의 여러 가지 자발적인 활동을 통해 하도록 하여야 한다. …(중략)…
- 분과적으로 교수하되 사회생활과에 귀일할 것: 지리, 역사, 공민이 분과적으로 되어 있다 하여 종래와 같이 전연 독립하여 있는 과목으로 다루어서는 안 된다. …(중략)… 교사는 이 세 부분을 아무 연락도 없이 따로따로 다루지 말고, 항상 각 부분이 가로 긴밀한 연락을 취하여 사회생활과 교수의 궁극의 목표에 이르도록 노력하여야 한다. …(중략)…

- '시사 문제'를 다루는 데에 관한 주의: 제6학년의 시사 문제는 따로 교수요목을 내지 않는다. 이것은 특히 교재가 일정할 수 없는 것인 고로 그때그때의 시사 문제 가운데에서 생도가 사회생활을 하는 데 가장 필요하다고 교사가 생각하는 것을 적당히 선택하여 이것을 연구 교재로 하는 것이 좋다. …(중략)…
- 민주주의적 교수를 할 것: 이 교수요목이 설문식으로 되어 있는 이유는 민주주의적 교수법에 의거하려 함에 있다. 종전과 같이 선생이 먼저 교재 내용에 있어서 가치 판단을 하여 명령적으로 가르치는 단안적 명령적 교수법을 떠나서 교사 생도가 협력하여 문제를 해결하기 위한 관찰, 연구, 추리, 비판 및 토론을 하며 생도들 자신으로 하여금 정당한 결론을 얻게 하도록 교사는 지도하여야 한다.

사회생활과는 사회 현상을 통합적으로 판단해 생활에서 경험할 수 있는 문제를 해결할 수 있는 통합적인 인간 육성에 취지를 둔 교과였다.[30] 인용문에서 확인할 수 있는 바와 같이 사회생활과 도입 당시 그에 반발한 사람이 적지 않았지만, 오천석 등 '새교육운동' 논자들은 지식 위주의 교육을 벗어나 학습자가 스스로 문제를 발견하고 해결해 나가는 과정을 경험하게 하는 것이 좋다고 주장하며 동의했다.

개인주의와 실용주의를 지향하는 새교육운동은 획일적 교수방법을 청산하고 학습자의 생활과 교육을 긴밀하게 연계시키고 개성을 중시하는 방식을 추구했다. 실제로 위 인용문을 살펴보면 "명령적 교수법"을 폐기하고 학습자과 교사가 협력해 문제를 해결하는 가운데 토론과 연구, 추리를 할 수 있도록 해야 한다고 적시되어 있다.

학습자의 경험을 중시하는 미군정의 교수요목은 지리, 역사, 공민 각 부분을 교수함에 있어 교사가 학습자에게 질문형으로 학습주제를 제기하고, 학습자가 그에 대한 답을 찾아가는 형식을 취하게 했다. 또 "너무 전문적인 역사학적으로 치우치지 말고 항상 사회생활과적 견지에서 이를 다룰 것"이라고 주의를 제기하는 동시에 "항상 현재와 연관을 붙여 현재에 부딪힌 당면 문제가 그 역사적 원인이 있음을 이해"시켜야 한다고 규정했다. 참고로 교수요목에 제시된 질문을 일부 발췌해 보자면 다음과 같다.

- 삼국의 건국 경로는 어떠하였는가?
- 6가라는 어떻게 성립하였는가?
- 고구려는 어떻게 강성하였으며, 그 국민성은 어떠하였는가?

…(중략)…

• 노예계급의 자유 해방 운동은 어떠하였는가?
• 고려와 송, 금과의 관계는 어떠하였는가?

…(하략)…

이상의 취지는 제대로 구현되지 못했다. 표면적으로는 통합을 지향했지만, 각 영역이 융합되지 않은 채 분립하는 형태로 나누어졌기 때문이기도 하고, 주제별 내용을 채울 만큼 역사교육 연구 성과가 축적되지 못했기 때문이기도 하다. 교수요목기에는 역사과의 성격과 고유한 내용을 담은 교육과정이 마련되지 못했다. 이 시기 학습자들은 사회생활과 학습 과정에서 역사에 관한 단편적인 사실만 접하는 데 그쳤다.

2. 제1~2차 교육과정 시기의 역사교육

미군정 시기 교수요목은 교육과정으로 기능하기에는 부족한 측면을 갖고 있었다. 이에 1948년 정부 수립 이후 교육과정을 새로 만들기 위한 노력이 시작되어 1954년 4월 20일 문교부령 제35호 「국민학교, 중학교, 고등학교, 사범학교 교육과정 시간배당 기준령」이 공포되었으며, 이듬해 8월에는 각급 학교 교과과정도 발표되었다.

1954년 4월에 공포된 시간배당 기준에 따라 국민학교와 중학교에서 역사는 여전히 사회생활과에 속하게 되었고, 고등학교에서는 일반사회, 도덕, 국사가 '사회'라는 이름으로 묶였으며 세계사와 지리가 사회과 선택과목으로 지정되었다. 국민학교 사회생활과 교육과정의 단원은 다음 표와 같은데, 이에서 살펴볼 수 있듯이 역사는 4학년과 6학년에 분산 배치되었다. 제1차 교육과정 역시 교수요목처럼 학습내용을 질문형으로 제시하는 형식을 취했는데, 4학년과 6학년 사회생활과 역사 영역의 학습내용은 다음과 같았다.

• 우리나라의 내력은 어떠한가?(6학년 사회생활과 2단원)
  - 우리 민족은 어떻게 시작되었나?
  - 유사(有史) 이전의 우리나라 사람들의 생활은 어떠하였나?
  - 고조선이란 어떠한 나라이며, 그 생활은 어떠하였나?

…(중략)…

- 대한민국은 어떻게 해서 성립되었나?

• 우리의 역사를 빛낸 사람과 물건(6학년 사회생활과 3단원)
  - 정치상으로 우리 역사를 빛낸 시대와 인물엔 어떤 것이 있나?

…(중략)…

  - 우리는 어떻게 하면 우리 역사를 더욱 빛나게 할 수 있을까?

제1차 교육과정 시기에는 6학년 사회생활과 2단원에 "우리나라의 내력은 어떠한가?"라는 제목하에 간단하게 통사를 학습하고, 3단원에서 인물 및 문화유산을 중심으로 학습을 하게 되어 있었다. 2단원에 배치된 통사 내용은 다소 소략한 편이었는데, 일례로 통일신라와 발해 부분 전체를 발췌해 살펴보면 아래와 같다.

> 신라는 원래 그의 발전을 꾀하여, 당과 힘을 합쳐서 대한 반도를 통일하였는데, 당은 신라까지도 지배하려고 하였으므로, 신라는 고구려의 유민과 힘을 합쳐서, 당군과 수십 차 싸워서, 단기 3010년에는 평양, 원산 이남의 땅을 통일하였다.
> 이때, 만주에서는 고구려 사람인 대조영이, 발해라는 나라를 세웠다. 당은 이를 두려워하여, 신라와 서로 사귀었으므로, 이후 근 200년 동안, 신라에는 중국 문화가 들어오게 되는 동시에, 중국을 숭배하는 사상도 생기게 되었으며, 이 무렵부터 우리나라에도 중국식의 성명을 갖게 되었다.
> 이어, 후삼국 시대(신라, 후백제, 태봉)를 이루다가, 고려에게 통일되었으며, 북쪽의 발해도 거란족에게 망하고(3259), 우리 겨레의 활동 무대는 대한 반도 안으로 줄어들게 되었다.
> 신라는 통일 후에, 전국을 아홉 주로 나누어서 다스렸고, 서울을 금성이라고 불렀다. 불교를 굳게 믿어서, 불국사 같은 큰 절을 많이 세웠다. 서울에는 국학이라는 학교를 두어서, 각종 학술이 발달되어, 최치원 같은 문장, 김생 같은 명필도 나고, 이름난 중이며, 예술가도 많았다.

소략하게 내용을 제시한 것은 3단원도 마찬가지였다. 교육과정에서 3단원에서 다루게 규정된 "정치상으로 우리 역사를 빛낸 시대와 인물" 부분의 내용은 다음과 같았다.

> 우리나라는 오랜 귀족 정치를 하여 왔으나, 그중에는 진심으로 국민을 위한 임금님도 적지 않았다. 고구려의 광개토왕은, 임금이 된 후, 20여 년 동안이나

> 불교를 퍼뜨려서, 국민을 단결시키는 한편, 그 국토를 늘여서, 만주 벌판을 모조리 손에 넣고, 침입한 왜적을 전멸시켜, 나라의 위세를 크게 떨쳤다. …(중략)… 고려의 태조 왕건은, 마음이 어질고 착했으므로, 신하들에게 추대되어 임금이 되자, 후삼국을 통일하고, 후삼국인들에게 차별 없는 대우를 하며, 영토를 넓혀서, 고려조 500년의 터전을 닦았다.

6학년 사회생활과 2~3단원을 살펴보면 제한된 지면에 "중국식 성명"에 관한 내용을 길게 언급하는 등 오늘날의 관점에서 볼 때 생소한 부분이 있었다. 또 광개토왕을 "진심으로 국민을 위한 임금님"이라고 표현하는 등 쉽게 받아들이기 힘든 진술도 들어 있었다.

한편 당시에는 중학교에서도 역사가 사회생활과에 포함되어 있었고, 고등학교에서는 국사, 세계사가 지리, 일반사회와 함께 사회과로 묶였다. 고등학교 사회과의 일반사회, 도덕, 국사는 필수과목으로 지정되었고, 세계사와 지리는 선택 과목이 되었다. 제1차 교육과정 국사와 세계사의 목표는 다음과 같이 진술되어 있었다.

[중학교]

- 국사 학습의 목표
  1) 민족의 형성과 국가 생활의 발전을 이해시킴으로써 단일민족으로서의 통일의 과업을 인식시키고 민주국가 육성에 이바지하게 한다.
  2) 조상들의 국토방위의 정신과 국난 극복의 활동을 이해시킴으로써 애국정신을 길러 국사의 독립발전에 노력하고 나아가 세계 평화 건설에 이바지하게 한다.
  3) 조상들의 경제생활의 발전을 이해시킴으로써 근면 노작의 정신을 길러 경제생활 향상에 이바지하게 한다.
  4) 조상들의 문화생활의 발전과 그 유산을 이해시킴으로써 민족 문화를 계승앙양하게 하며, 세계 문화 창조 발전에 이바지하게 한다.
  5) 조상들의 협동적 공동생활을 이해시킴으로써 책임을 존중하고 의무를 수행하며 신의와 협동정신으로 화락하고 건전한 민주 사회를 이루게 한다.
- 세계사 학습의 목표
  1) 인간의 자아완성으로서 가져 온 인류 생활의 향상과 발전을 이해시킴으로써, 인간의 고귀한 사명을 인식하게 하고, 각자의 책임을 존중 완성하게 한다.
  2) 정치 생활의 발전을 이해시킴으로써 민주 사회의 일원으로서의 자질을 갖

추도록 노력하게 하며 자주적이며 통일된 민주국가 건설에 이바지하게 하고, 나아가 인류 평화 건설에 공헌하게 한다.

3) 인간이 자연에 적응하고 이를 이용함으로써 가져온 사업의 발달과, 경제생활의 발전을 이해시킴으로써 자주적 생활 능력을 갖춘 건전한 생산인의 자질을 갖추도록 근로 노작 정신을 기르고, 산업의 발달과 경제생활 향상에 노력하게 하며, 나아가 인류 공영에 이바지하게 한다.
4) 인류의 진선미의 탐구로서 이루어진 문화의 발전과 그 유산을 이해하게 함으로써 문화인의 자질을 갖추도록 노력하게 하며, 민족문화의 양양과 세계 문화 발전에 공헌하게 한다.
5) 인권의 존중과 사회 정의의 발전을 이해시킴으로써, 서로 애경하며, 신의와 협동정신으로 질서 있고 화락한 사회를 이루게 한다.

[고등학교]

• 국사
  1. 국사의 학습을 사담(史譚)이나 사실(史實)의 나열적인 기억에서 탈각시켜 국사 각 시대의 구조적 특질과 그 각 시대 호상간의 맥락을 골격으로 하여 과학적인 국사의 체계를 파악하게 한다.
  2. 국사의 전 발전 과정을 통하여 발양된 우리 민족의 미점과 우수성을 발굴하여 민족애에 철저히 하는 동시에 또한 그 결점과 후진성을 판별하여 민족적 과업의 달성에 반성을 주게 하여 항시 현재의 위치와 실천의 계기에서 국사를 이해하게 한다.
  3. 우리 민족이 각 시대에 있어서 세계사적으로 지니는 연관에 유의하여 세계사에 있어서의 국사의 특수성과 일반성을 아울러 이해케 하여 세계 사조의 진전에 기여하는 태도를 배양케 한다.

• 세계사
  1. 세계 사조의 개념을 명확히 이해함으로써 현대 사회의 역사적 지위를 파악하게 하고 따라서 바른 사회관과 건전한 상식의 소유자가 되게 한다.
  2. 세계사의 발달과 동향을 이해함으로써 역사적 사고력을 가지고 현대 사회의 제 문제에 대한 정확한 비판과 건전한 판단을 할 수 있는 능력을 기른다.
  3. 우리나라의 세계사적 지위를 이해함으로써 민족의 사명을 자각하고 개인 활동의 바른 길을 밟게 한다.
  4. 세계사를 통하여 문화유산을 형수함으로써 심미적 정서를 함양하게 하고 숭고한 예술을 감상하고 창작하는 능력을 길러 명랑화락한 생활을 할 수 있는 사람이 되게 한다.
  5. 세계사 학습을 통하여 인류 공영의 이상을 실현할 수 있도록 국제 협력의 정신을 육성하게 하고 인류 평화에 기여할 수 있는 사람이 되게 한다.

중학교 역사의 학습 목표에는 단일민족으로 발전하는 과정 및 국난 극복 노력에 대한 이해, 민족문화 발전과 세계문화에 대한 기여, 인권과 사회정의 등이 강조되어 있었다. 민족을 중심으로 역사를 학습해야 한다는 인식은 제1차 교육과정 제정이 본격화될 무렵부터 학계와 언론계를 중심으로 확산되었다. 동아일보는 1954년 3월 29일자 칼럼에서 "교육은 일개인이나 어떤 단체의 영욕의 도구가 될 수 없다"라고 단언하면서 "교육은 민족의 발전을 목표로 하고 공통된 이념하에서 전 국민이 연대적 책임으로 운영되어야 한다."라고 주장했다. 민족발전을 교육목적으로 삼고, 각 교과 내용도 그에 맞춰 구성되어야 한다는 것이다. 이러한 분위기는 미군정 시기 민족정신을 재건하는 방향으로 교육정책이 전개되지 않았다는 비판이 확산된 것과 관련이 없지 않다.

한편 제1차 교육과정 시기 국민학교 전 교과, 중·고등학교 도의, 국어, 실과 교과서는 국정으로 발행되었으나 중·고등학교 역사 교과서는 검정으로 발행되었다. 1956년 검정에 통과된 국사 교과서는 중학교 10종, 고등학교 4종이었는데, 정음사 발행 고등학교 『국사』의 단원 구성 사례를 살펴보면 아래와 같다.

대단원	중단원
Ⅰ. 선사 시대의 문화	1. 선사 시대의 유적과 유물 2. 선사 시대의 사회 생활
Ⅱ. 부족 사회의 문화	1. 민족 신화(民族神話) 2. 부족국가의 형성과 분포 3. 부족 사회의 조직과 경제 4. 부족 사회의 신앙과 풍속 5. 한 문화의 영향
Ⅲ. 삼국 시대 문화	1. 삼국의 성립과 국제 관계 2. 삼국의 정치와 사회 경제 3. 삼국의 학술과 사상 4. 삼국의 신앙과 화랑도 5. 삼국의 예술
Ⅳ. 통일 신라와 발해의 문화	1. 신라의 통일과 민족의 형성 2. 정치와 경제 3. 신앙과 학술 4. 문학과 예술 5. 발해의 변천과 문화

대단원	중단원
V. 고려의 문화	1. 고려의 통일과 변천 2. 고려의 정치와 경제 3. 학술과 문화의 발달
VI. 조선 문화 전기(1392~1592)	1. 조선의 성립과 국제 관계 2. 조선의 사회 구성 3. 조선의 정치와 경제 생활 4. 국문의 제정과 문예의 발달 5. 유학의 발전과 불교의 쇠퇴 6. 조선의 과학과 미술 · 공예 7. 일본의 침입
VII. 조선 문화 중기(1593~1863)	1. 정치의 문란과 사회 상태 2. 제도의 개편과 경제 생활 3. 실학의 흥기와 학술 · 문예의 발달 4. 천주교의 전래와 동학 운동 5. 조선 부흥기의 예술
VIII. 조선 문화 후기(1864~1910)	1. 국제 무대에의 진출 2. 정치 경제의 근대화 3. 교통 · 통신 · 후생 시설 4. 신 교육과 신 사조
IX. 현대 문화와 우리의 사명	1. 일본의 침략과 민족 운동 2. 민족 문화의 위기 3. 대한민국의 성립과 우리의 사명

각 단원의 명칭에서 살펴볼 수 있듯이 당시 국사 교과서는 시대별 정치, 사회, 경제, 사상을 나열하는 방식으로 단원 내용을 구성하였다. 근현대 시기 부분에서는 양요 및 강화도 조약, 대원군의 정치, 1880년대 초의 정책과 갑신정변, 갑오개혁과 광무개혁, 일제의 침략, 일제의 식민 지배와 독립운동, 대한민국 정부의 수립 순으로 내용을 배치하였다. 고등학교 세계사를 살펴보면 초기 문명(중국, 인도, 오리엔트, 그리스, 로마), 유럽의 형성과, 서남아시아 문화, 동아시아 문화, 산업혁명과 시민사회의 발달, 아시아의 근대화, 제1차 및 제2차 세계대전을 중심으로 단원이 구성되어 있었다.[31)]

이 시기 교과서 저자들은 열악한 환경 속에서도 교육과정이 제시하는 목표와 학습요소를 충족하기 위해 노력했다. 교과서 전반을 아우르는 '학습 활동'의 틀을 제시해 교사가 활용할 수 있도록 한 것도 있었고, 알아두기 형식으로 핵심 개념을 제시해 쉽게 내용을 파악할 수 있게 노력한 경우도 있었다.[32] 하지만 전반적으로 볼 때, 이 시기 역사교육은 다음과 같은 문제점을 안고 있었다.

첫째, 고등학교 국사와 세계사의 경우 다소 어려운 용어와 내용을 포함하고 있었다. 중요한 몇 가지 역사적 사실을 중심으로 통사 형식을 취한 중학교 역사를 학습한 뒤 배우는 내용이었으므로 학습자가 어느 정도 소화할 수도 있었지만, 일부 교과서에 일본 아스카 시대 후기부터 헤이안 시기에 걸쳐 실시된 것으로 생각되는 반전제(班田制)와 조선 초 손실답험 제도가 소개되어 있다거나 학계에서도 그 진상이 제대로 밝혀지지 못한 고려시대 전품과 사전(私田) 개념도 있는 등 지나치게 어려운 내용이 많았다. 오늘날 역사학을 전공하는 대학생들도 잘 알지 못하는 속전(續田)이나 "재상전(災傷田) 10결 연복(連伏)에 의한 감면규정"이라는 문장처럼 파악하기 힘든 진술도 있었다.

둘째, 암기식 교육을 벗어나지 못했다. 제1차 교육과정에 따른 교과서가 개발된 이후 현장 교사들을 중심으로 "교과서가 개설서의 축소판에 불과"하다는 지적이 제기되었다. 이에 대해 당시 교과서 집필에 참여한 강진철은 "역사 서술에서 통사체를 극복하기 어려운 만큼 강의식 수업을 벗어나기 힘들다."라고 실토한 바 있다.[33] 앞서 언급한 바와 같이 일부 교과서는 이러한 문제점을 극복하기 위해 '학습활동'을 제시하기도 했지만, 당시에도 "형식적인 연습 문제가 너무 많아 지면만이 낭비되었고, 참고 사항에 있는 내용 증보는 암송의 강요와 시험출제 범위의 확대를 초래하니, 역사에 대한 취미는 점차 더 잃어버린다."라고 자성하는 목소리가 컸다.[34] 이처럼 교과서가 암기식 학습을 위한 교재로 개발되다 보니 학습자가 스스로 역사적 사실을 파악하거나 자신의 생각을 표현할 기회가 거의 없었다.

교과서가 학술적인 내용을 축약한 개설서와 다름없다는 비판은 제2차 교육과정 시기에 어려운 내용이 줄어들면서 잦아들었다. 1963년 2월 고시된 제2차 교육과정은 문교부가 1950년대 말 여론 조사 결과를 바탕으로 실업 및 도덕교육을 강화하고자 연구에 착수하면서 그 모습을 드러내기 시작했다. 이때 문교부는 1952년부터 62년까지 4차에 걸쳐 한국을 방문한 바 있는 미국교육사절단의 컨설팅을 받아들여 교육과정의 중점을 교과에 두지 않고 학습자의 경험과 성장에 초점을 둔 경험중심

교육과정을 표방했다.[35] 제2차 교육과정 총론에는 교육과정 개정의 필요성을 다음과 같이 설명했다.

> (구) 교육과정은 운영에 있어서도 단편적인 지식 주입에 편중한 나머지 인격의 도야에 소홀하였고, 학습 활동도 표방하는 경험주의와는 멀리 실생활과의 유리가 심하여 교육 개혁을 요구하는 소리가 높았다. 이러한 실정에 비추어 문교부는 1958년부터 교육 과정 개정에 대한 기초 조사를 하며, 자료 수집에 힘써 오던 중 5·16 혁명을 계기로 하여 종래의 교육을 평가하고 새로운 교육 과정으로 전면적 개편을 보게 되어 1963년 2월 15일에 이를 공포하기에 이르렀다.

문교부는 위 취지에 따라 "교육 내용과 방법이 일상생활과 직결되어야 하며, 학습 지도는 지식(이해)의 습득에만 그칠 것이 아니라, 실제로 활용할 수 있는 기술(기능)의 습득과 인격(태도)의 배양에 중점"을 두도록 규정했다. 심오한 학문 개념이나 학설을 가르치는 것이 아니라 실제로 활용할 수 있는 기술과 기능, 그리고 국가와 사회가 필요로 하는 태도 양성에 초점을 맞추어야 한다는 것이다.

이에 덧붙여 고등학교 국사과는 "우리 민족의 미점과 우수성을 찾아 민족애를 철저히 하는 한편 민족적 과업의 달성을 위하여 올바른 반성"하도록 지도하게 하였으며, "경제 부흥과 사회 개선에 노력"하는 태도 및 반공 사상을 기르는 데 초점을 두어 가르치게 했다. 당시 교육당국이 "일상생활과 직결"된 교육 내용을 강조했다는 사실은 위에서 언급한 바와 같은데, 흥미롭게도 국사과의 경우 그러한 취지에서 반공 사상을 고양하고 민족적 과업의 달성에 이바지하는 역사교육을 지향하는 방향으로 나아갔다.

다시 말하지만, 역사서술은 일종의 서사이다. 서사는 복잡한 역사적 경험을 화자가 편집·재배열한 것으로서, 과거에 대한 객관적 사실의 나열을 지양하고 주관적인 인식이 개입된 해석을 포함한다.[36] 또 다양한 사회 구성원들에게 역사 경험의 통일성(unity)을 부여하고 동일한 정체성을 부여하는 역할을 한다.[37] 한국인이 어떻게 외세에 대항해 생존권을 지켰는가 하는 점에 대한 공통의 기억을 형성하고, 우리 사회의 미래를 어떻게 가꾸어 나가야 하는가 하는 문제에 대해서도 같은 목적의식을 만드는 기능을 갖고 있는 것이다. 따라서 역사 서사를 명확히 구성하고,

이를 학습내용으로 제시하는 활동은 교육적으로 상당히 중요한 의미를 지닌다. 그렇기 때문에 우리는 역사교육의 개선을 위해서라도 어떤 서사를 지향해야 하는가 하는 문제에 대해 깊이 고민해야 한다.

한편 고등학교 세계사의 경우에는 "우리나라의 정치, 경제, 문화, 사회의 국제적 지위를 이해함으로써 우리 민족의 역사적 사명을 자각"하게 하는 데 초점을 두었다. 참고로 제2차 교육과정 고등학교 국사와 세계사의 '지도 목표'와 '지도 내용'을 살펴보면 아래와 같다.

[고등학교 국사]

- 지도 목표
  - (1) 국사의 전 발전 과정을 통하여 발양된 우리 민족의 미점과 우수성을 찾아 민족애를 철저히 하는 한편 민족적 과업의 달성을 위하여 올바른 반성을 가지게 하며, 그를 시정하고 민주 국가 발전에 기여하는 태도를 기른다.
  - (2) 국가 발전에 있어서의 각 시대의 정치, 사회, 경제, 문화생활을 종합적으로 이해시킴으로써 각 시대의 성격과 역사적 의의를 고찰시키는 한편, 경제 부흥과 사회 개선에 노력하며 문화유산을 존중하는 태도와 새 문화의 창조 발전에 공헌할 수 있는 능력을 기른다.
  - (3) 우리 민족이 각 시대에 있어서 가지고 있는 세계사와의 연관에 유의하여 국사의 특수성과 일반성을 이해시킨다.
  - (4) 우리나라의 세계적 지위를 올바로 이해시킴으로써 반공 사상을 강화하여 세계 평화 건설에 이바지하게 한다.
- 지도 내용
  - (1) 역사의 시작
    - ① 원시 시대의 유물, 유적
    - ② 원시 시대의 사회생활
    - ③ 우리 민족의 내력과 건국
  - (2) 부족 국가 시대의 생활
    - ① 부족 국가의 형성과 그 변천
    - ② 부족 국가의 사회, 문화
    - ③ 한 문화의 섭취와 그 영향
  - (3) 삼국 시대의 생활
    - ① 삼국의 성장과 변천
    - ② 삼국의 사회, 경제

③ 삼국의 문화

④ 삼국의 대외 관계

(4) 통일 신라 시대의 생활

① 신라의 삼국 통일과 민족 통합 정책

② 통일 신라의 정치, 사회, 경제

③ 통일 신라의 문화

④ 발해의 흥망과 그 문화

(5) 고려 시대의 생활

① 후삼국과 민족의 재통일

② 고려의 정치

③ 고려의 사회, 경제

④ 고려의 문화

⑤ 고려의 대외 관계

(6) 조선 시대의 생활

① 조선의 성립과 지도의 정비

② 민족의 문화의 발달

③ 정치의 문란과 사회 상태

④ 제도의 개편과 경제생활

⑤ 실학의 흥기와 문화의 발전

⑥ 조선 시대의 대외 관계

(7) 조선의 근대화 운동

① 국제무대에의 등장

② 정치, 사회의 변화

③ 민족의 자각과 신 문화 운동

④ 일본의 진출과 민족의 수난

(8) 민주 대한의 발달

① 일본의 침략 정치

② 민족의 독립 운동

③ 민족의 해방과 독립

④ 대한민국의 발달

⑤ 우리의 할 일

[고등학교 세계사]

• 지도 목표

(1) 세계사의 발전 과정을 체계적으로 이해함으로써 현대 세계의 여러 문제에

대한 역사적 배경의 파악과 비판력을 길러 바른 사회관과 국제 협조 정신을 갖게 한다.

(2) 세계 각 민족의 역사는, 시대와 환경의 상이에 따라 특성이 있는 반면에 보편성과 공통적인 인간성이 흐르고 있음을 이해시켜, 세계 평화와 인류의 복지 증진 및 문화 향상에 공헌하게 한다.

(3) 우리나라의 정치, 경제, 문화, 사회의 국제적 지위를 이해함으로써 우리 민족의 역사적 사명을 자각하고, 조국의 자주 통일 발전에 이바지할 수 있는 힘과 태도를 기른다.

• 지도 내용

(1) 고대 생활

① 문화의 발생
② 고대 중국
③ 고대 인도
④ 오리엔트
⑤ 그리스 문화의 성립과 영향
⑥ 로마의 발전과 변천
⑦ 한 문화의 성립과 진, 한 제국
⑧ 위, 진, 남북조와 동북아시아

(2) 중세 유럽과 아시아 여러 민족의 생활

① 민족의 대이동과 유럽 세계의 성립
② 유럽의 봉건 사회와 가톨릭교
③ 이슬람교 국가의 문화 활동
④ 수, 당의 통일과 문화
⑤ 송의 변천과 동북아시아 여러 민족
⑥ 몽고 제국의 성립과 발전
⑦ 동서 문화의 교류
⑧ 유럽의 새 기운

(3) 근세 세계의 생활

① 근세 유럽의 성립과 세계의 확대
② 근세 유럽의 절대 왕정
③ 모걸 제국과 인도의 변천
④ 명, 청의 통일과 변천
⑤ 시민 사회의 성장
⑥ 자유주의, 국민주의의 발달
⑦ 산업 혁명과 사회의 변천

⑧ 유럽 여러 나라의 식민 활동
⑨ 아시아의 수난
⑩ 근세 세계의 문화
(4) 현대 세계의 생활
① 제국주의 세력의 발전
② 제1차 세계대전
③ 민족주의의 대두
④ 제2차 세계대전
⑤ 약소민족의 자각과 독립
⑥ 국제 평화 운동과 오늘의 세계
⑦ 현대 문화의 추세
⑧ 세계의 추세와 우리나라의 사명

'지도 목표'에 따르면 고등학교 국사 및 세계사 교육은 '민족적 과업' 또는 '민족의 역사적 사명'을 자각하고 그 달성을 위해 노력하는 태도의 함양, '새 문화'의 창조 및 향상에 공헌하는 인재의 양성에 초점을 맞추고 있었다. 이와 같은 목표에 따라 교과서 내용도 다소 바뀌었는데, 이를 정리해 보면 다음과 같다.

첫째, 반전제, 전품제, 답험손실법 등 난해한 학술적 내용이 줄어들고 단원도 1/3가량 감소했다. 제1차 교육과정 시기 국사 내용은 다소 어려운 편이었고 진술된 문장도 많아 쉽게 읽을 수 없었는데, 이 문제가 어느 정도 완화된 셈이다. 이는 제2차 교육과정이 교과 지식의 축소를 지향한 영향인 것으로 보인다.

둘째, '민족애'를 강조하는 내용이 더 강화되었다. 제1차 교육과정 시기에도 민족을 중심으로 역사를 학습해야 한다는 인식이 확산되어 있었는데, 제2차 교육과정 시기에는 민족애를 강조하는 내용이 도입부에 제시되는 등 더 뚜렷하게 나타났다. 실제로 고등학교 국사 교과서 삼국시대 학습요점에 "우리 겨레는 대륙 문화를 어떻게 소화하여 찬란한 민족 문화를 창조했으며, 이를 어떻게 주변 민족에게 전파하였는가?"라는 질문을 배치해 민족문화에 대한 자긍심을 함양하는 데 주목하도록 하거나, 마지막 대단원의 "우리의 사명" 단원에 국토 통일의 완수, 조국 근대화의 성취, 경제 자립의 달성 등을 강조하는 내용이 담겨져 있었다.

한편 이 시기 중학교 역사교육은 사회과 2학년 과정(과목명 '사회Ⅱ')에서 이루어졌다.[38] '사회Ⅱ'는 한 단원에 한국사와 세계사 내용을 같이 수록하는 형식을 취했는데, 대단원 명칭은 한국사와 세계사 용어를 병렬해 사용했다. 중학교 '사회Ⅱ'는 한국사와 세계사를 유기적으로 결합하는 것을 지향했지만, 실제로는 그렇게 구현되지 못했다. 국사와 세계사 내용이 별개로 구성되었고, 교류사 관련 내용 정도만 통합되는 데 머물렀다. 제1~2차 시기 역사교육 종사자들은 역사과가 다루는 지식의 체계와 영역을 충실히 반영한 교육과정을 마련하는 데 상당한 노력을 기울였다. 하지만 제1차 교육과정 시기에는 역사과의 지식을 어떤 목표 아래에서 어떻게 도출할 것인가 하는 점에 대해 제대로 고민하지 못했다. 그 결과 역사학자들의 연구 성과를 가감 없이 교과서에 수록하는 문제가 나타났다. 이는 제2차 교육과정 시기에 들어와 다소 완화되었다.

3. 제3~6차 교육과정 시기의 역사교육

1) 제3차 교육과정 시기의 역사교육

1973년 2월에 중학교와 실업계 고등학교 대상으로 고시된 후 이듬해에 인문계 고등학교를 대상으로 고시된 제3차 교육과정은 국민적 자질의 함양, 인간 교육의 강화, 지식·기술 교육의 쇄신을 기본 방침으로 삼고, 아래와 같이 국민 교육 헌장 이념의 구현을 그 방향으로 내세웠다.

> 우리는 조국 근대화를 조속히 성취하고 국토를 평화적으로 통일함으로써 민족중흥의 사명을 완수하기 위하여 거족적으로 유신 과업을 추진하여야 할 역사적 시점에 서 있다. 이러한 민족적 대업을 완수하기 위하여 우리는 긍정적으로 사고하고 능률적으로 행동하며 국민의 지혜와 역량을 한데 뭉치고 우리에게 알맞은 민주주의를 확립함으로써 주체적이며 강력한 국력을 배양하는 데 총력을 기울여야 한다.
>
> 이러한 점에 비추어 교육 과정을 구성함에 있어서는 국민 교육 헌장 이념의 구현을 기본 방향으로 삼고 국민적 자질의 함양, 인간 교육의 강화, 지식·기술 교육의 쇄신을 기본 방침으로 하였다.
>
> 가. 국민적 자질의 함양
>
> (1) 민족 주체 의식의 고양: 민족사의 정통을 바탕으로 한 민족적인 자각에

의하여 우리 민족이 당면한 과제를 주체적으로 판단하고 해결하려는 정신을 기른다.

(2) 전통을 바탕으로 한 민족 문화의 창조: 줄기차게 이어 온 우리의 전통 문화를 바탕으로 하여 유용한 외래문화를 섭취, 소화함으로써 새로운 민족 문화를 창조하고 나아가 민족의 전통과 문화적 유산을 올바르게 계승 발전시키는 데 이바지하게 한다.

(3) 개인의 발전과 국가의 융성과의 조화: 민주주의의 이상은 개인의 발전과 국가의 융성과의 조화 속에서 실현되며, 개인의 발전과 국가의 융성은 국민의 총화로서 이루어진다는 점을 깨닫게 한다.

나. 인간 교육의 강화

(1) 가치관 교육의 강화: 광범위한 우리의 문화적 가치 중에서도 특히 국민 윤리에 관한 가치, 심미적 가치, 지식에 관한 가치, 건강에 관한 가치 및 인간관계에 관한 가치를 강조하여 이를 실천시키는 데 중점을 둔다.

(2) 비인간화 경향의 극복: 현대 문명의 비인간화 경향을 극복하기 위하여 인간의 존엄성과 개인의 독자성을 강조하는 한편, 사회 구성원으로서의 연대 의식을 고취하도록 한다.

(3) 근면성과 협동성의 앙양: 슬기롭고 근면하게 일하며, 스스로의 앞길을 개척하는 동시에 이웃과 성실히 협동하여 다 같이 행복을 누릴 수 있도록 한다.

다. 지식 기술 교육의 쇄신

(1) 기본 능력의 배양: 언어 능력과 수리적 능력은 학습과 사고의 기본이 되는 것이므로 이를 배양하는 데 중점을 두도록 한다.

(2) 기본 개념의 파악: 지식의 구조를 이루는 기본 개념과 그 관계를 이해하고, 지적인 탐구 방법을 익힐 수 있도록 지도 내용을 정선하여야 한다.

(3) 판단력과 창의력의 함양: 이미 이루어진 지식과 기술의 단순한 전달에 그치지 않고, 계속 미지의 세계를 탐구하고 문제를 해결할 수 있게 하기 위하여 판단력과 창의력을 함양하도록 한다.

(4) 산학 협동 교육의 강화: 이론과 실제와의 밀접한 관계를 이해하여, 학교에서 배운 과학적 지식과 유용한 기술을 생산에 적용함으로써 국가 경제 발전에 이바지할 수 있도록 한다.

요컨대 제3차 교육과정은 1968년에 선포된 국민교육헌장을 교육에 적용하고, 1960년대 미국 교육계를 풍미한 학문중심 교육과정을 도입하는 데 초점을 두었다.

한편 이 시기에 국사 교과서는 국정으로 발행되었다. 대다수 연구자들은 이 국정 교과서가 국가주의 역사서사의 플랫폼 역할을 했다고 본다. 그런데 이 플랫폼의 영향력은 무척 커서 오늘날 새로운 역사 서술을 지향하는 사람들조차 자신이 인식하지 못하는 사이에 국정 교과서 발행 시기의 서사를 되풀이하곤 한다. 어떤 논자는 그 서사가 전근대에 대한 역사학 연구 성과를 대표한다고 여기면서 전근대 역사에 대한 학습량을 감축함으로써 국가주의 서사를 극복해야 한다고 말하기도 한다.

국정 국사 교과서는 수많은 역사학자들이 밝혀 낸 성과를 잘 담지 못했다. 예를 들어 연구자들이 밝혀낸 바에 따르면 백제 초기 고분의 형식은 구덩무덤, 돌덧널무덤, 돌무지무덤, 독널무덤 등 18가지에 이른다. 이 고분들은 여러 지역에 다양하게 분포하고 있어 백제 권역 안에 수많은 세력이 포함되어 있었음을 보여준다. 그런데 국정 국사 교과서에는 "고구려의 한 갈래인 위례 부락이 한강 유역에 자리 잡으면서 차차 커지기 시작하였는데, 이것이 백제이다."라고 간단히 서술했고, 이후 석촌동 고분군과 고구려 돌무지무덤 사진이 곁들여지면서 학습자들로 하여금 고구려 유이민이 백제를 세워 왕위를 이은 것으로 확신하게 만들었다.

서울 몽촌토성, 풍납토성, 석촌동 고분군 등의 유적을 연구한 결과를 보면 이들 유적의 연대가 3세기 이전으로 내려가기 어렵다는 것이 확인되며, 이전에 다른 집단이 이곳에 세력을 이루고 있었음도 확인된다. 최근에는 백제 북방에 자리 잡은 세력이 기리영 전투로 약화된 바람에 백제가 중국 군현과의 교역을 주도하게 되었다는 평가도 나온다. 이를 종합적으로 살펴볼 때 백제는 북방으로부터 남하한 고구려-부여계 집단과 한강 하류 유역의 토착 집단이 결합해 형성되었고 중국 군현과의 교역을 매개로 주변 세력을 편입해 나가면서 성장했다고 설명할 수도 있다. 이렇게 보면 무역과 개방성이 백제 성장의 원동력이었다고 풀이하는 것도 가능하다.

오늘날 많은 교사는 백제가 강한 나라가 될 수 있었던 것은 고이왕이 율령을 반포하고 근초고왕에 의해 강한 왕권이 수립된 덕분이라고 가르친다. 그러나 학자들은 고이왕 때 율령이 반포되었다는 설에 신중한 입장을 취한다. 또 백제의 왕계가 '우씨'라는 세력과 '부여씨'라는 세력으로 구분되어 있었고, 부여씨를 대표하는 초고왕의 후예 근초고왕이 등장해 권력을 장악했다고 보는 사람이 많다. 어떤 사람은 근초고왕 때 국가 체제가 정비되었다는 데 의문을 품기도 한다. 이처럼 백제의 성장을 두고 다른 시선과 연구 성과가 많음에도 국정 국사 교과서는 어느 한 세력이 백제를 만든 뒤 권력을 대대로 세습했다고 묘사하고, 국가를 대표하는 왕의 힘이 세진 결과 나라가 부강해졌다는 서사를 확정적인 사실로 만들었다.

국정 교과서를 통해 형성된 서사가 권위를 획득하게 되면 마치 그 서사를 구성하는 진술들이 수학, 과학과 등에서 다루는 학습요소처럼 모든 역사학자가 동의하는 보편적이고 확정불변한 '진리'로 간주될 위험성이 생긴다. 이는 대다수 학습자가 역사 교과서 내용을 무비판적으로 받아들이고, 학자들이 오랜 논쟁 과정을 거쳐 합의한 정설이 교과서 내용과 다르다는 이유만으로 배척되는 모습이 나타나는 원인이 될 수 있다.

앞에서 언급했듯이 서사는 화자가 역사적 사실을 편집·재배열한 것으로서 주관적인 인식이 개입된 해석을 포함하고 있다. 그러므로 우리는 역사과에서 다루어야 할 지식들이 숙고와 협의를 통해 교육적으로 유의미한 방식으로 재구성되어야 할 것임을 인지해야 한다. 이와 관련해 독일 일반교수학을 대표하는 학자 클라프키(Wolfgang Klafki)는 단순히 학문을 대표하는 지식을 정선한다는 입장에서 벗어나 다음과 같이 다양한 측면에서 교수내용을 결정해야 한다고 제안했다.

- 교육내용을 통해 학습자들이 어떤 원리와 내용, 태도, 가치를 익힐 수 있는가?
- 교육내용을 학습하는 행위가 학생의 자아관과 세계관 형성에 유의미하게 작용할 수 있는가?
- 교육내용이 학습자의 생애와 꿈 성취에 도움이 될 수 있는가?
- 교육내용이 교육적으로 유미한 상태로 구성되었는가?[39)]

클라프키는 학문적 원리와 내용을 교육적으로 유의미하게 재구성한 '교과'를 가르치고 배워야 한다고 언급했다. 이를 받아들인다는 입장에서 볼 때, 역사 교육과정을 구성할 때에는 교육적으로 유미한 서사와 그에 알맞은 요소를 적절하게 구성해 교육 효과를 제고하도록 노력해야 한다.

의미 있는 역사교육을 위해서는 먼저, 역사적으로 중요한 사실, 역사적 사실에 접근하는 방법, 다양한 해석의 중요성 등 학문적으로 유의미한 내용을 엄선해야 한다. 다음으로, 이 내용을 교육적으로 바람직한 내용과 태도, 가치를 담아 재구성하고, 교육적으로 유의미한 역사 서사를 모색하는 데에도 힘을 기울여야 한다. 이러한 균형감을 잃으면 학문적으로도 논란이 있고, 교육적으로도 문제가 있는 콘텐츠가 나올 수 있음을 직시해야 한다.

1975년에 구성된 '국사찾기협의회'는 『자유』지를 통해 국사 교과서가 단군이 실재 인물임을 부정하고 고조선 영역을 축소・기술하였다고 비판하였다. 이 단체는 여러 차례 학계를 비판하는 글을 언론에 실은 뒤 국사 교과서의 내용 정정을 요구하는 행정소송을 제기했다. 안호상 등 이 단체에 속한 사람들은 "우리 국사책은 단군씨족을 부정해 이 땅이 어느 조상이 물려준 조국인지도 모르게 만들었다."라고 주장하면서, 단군이 실재 인물임을 명확히 적지 않은 것은 식민사관에 해당한다고 비난했다.[40] 사실 이 단체가 옹호한 '바른 역사'라는 것은 학계의 지지를 얻지 못했다. 이들은 공주의 무령왕릉이 백제사를 왜곡하기 위해 누군가 위조품을 미리 묻은 것이니 거짓된 역사라고 주장하기도 했고, 백제가 400년 동안 중국 중남부를 통치한 왕조였다고도 주장했다.[41]

한편 당시 문화유산에 대한 해석이 정권을 뒷받침해 주는 데에 활용되기도 하였다. 예를 들어 금산의 칠백의총에 대해 "평소에는 밭 갈고 씨 뿌리며 풍년가를 즐겨 부르던 순박한 우리 국민이지만 일단 나라가 위기에 처하면 싸움은 군인이나 한다는 생각을 버리고 남녀노소가 창칼을 들고 전쟁터에 나가 관군과 함께 적과 싸워 국난극복의 선봉이 됐다."라고 하면서[42] 정권을 중심으로 단결해 관의 지도를 따라 산업과 국방에 몸을 던질 때에야 국가가 번영한다는 신념을 강화하는 도구가 되었다. 이 문화유산은 충청남도 금산군에 위치한 무덤과 사당으로 구성되어 있는데, 임진왜란 때 왜군과 싸우다가 전사한 700명의 의병과 승병을 위해 조성된 곳이다. 『선조실록』에 따르면, 선조는 명나라 장수들에게 여러 차례 감사의 뜻을 전달했던 반면 의병에는 큰 의미를 부여하지 않았다고 한다. 실제로 선조는 1601년 3월에 열린 경연에서 의병장 곽재우 등을 공신으로 삼아 표창해야 한다는 신하들의 요청을 거부하며 "명나라 군대의 힘이 아니면 왜적을 어떻게 물리쳤겠는가? 강토를 회복한 것은 모두 명군의 공이다. 우리나라 사람은 한 일이 없다."라고 말한 것으로 전해진다.

선조가 의병의 활동을 폄하한 이유는 잘 알려져 있지 않다. 어쩌면 의병에 주목하는 사람이 늘어날 경우 국왕의 권위가 낮아질 수 있다고 염려했기 때문일 수 있다. 사실 선조가 임진왜란을 극복하는 데 어떤 역할을 했는가 하는 점에 대해서는 당대에도 논자에 따라 평가가 엇갈렸다. 일례로 이수광은 『지봉유설』에서 선조의 지도력 덕분에 전란을 극복했다고 말했다.[43] 하지만 정탁이라는 사람은 『용만문견록(龍灣聞見錄)』이라는 책에서 관군이 혼란에 빠져 있을 때 무명의 수많은 백성이 의병에 가담해 싸웠기 때문에 왜군을 물리칠 수 있었다고 적었다. 그에 따르면 의병은 관의 지도를 적극 수용한 수동적인 존재가 아니라 선조와 관군 대신 주도적으로 나라를 지킨 사람들이다.

국왕과 관의 주도적 역할을 부각하고, 백성이 이에 순응했다는 서사를 선호한 사람들에게 정탁이 제시한 서사는 낯설다. 만일 정탁의 서사가 이니셔티브를 쥐게 된다면, 칠백의총은 선조가 왜란을 피해 몽진하기에 바빴을 때 백성들이 관군을 대신해 나서 국난을 극복했다는 민중 중심 서사의 근거가 될 수 있다.

한편, 제3차 교육과정 시기는 내재적 발전론이 본격적으로 강조된 때이기도 하다. 내재적 발전론은 1960년대 이후 식민사학을 극복하는 과정에서 등장해 한국사 인식체계로 정립된 이론으로서, 조선후기 광작 현상이 확산되었다고 주장하면서, 조선 안에서 자본주의 맹아가 형성되었음을 강조한다. 이 서사는 오늘날 한국사 교과서에서 거대 담론으로서의 위상을 확고히 갖고 있다. 하지만 오늘날 학계에서는 내재적 발전론에 대한 재검토가 이어지고 있으며, 내재적 발전론 자체의 논리도 상당히 변화해 왔다.[44] 어떤 연구자는 내재적 발전론에 대해 "4 · 19 전후의 '민족주의 바람' 속에서 민족적 열패감을 만들어낸 식민사학을 극복하기 위해 민족사를 주체적, 발전적으로 보아야" 한다는 믿음과 목적적 성격이 농후한 이론이라면서, 익숙했던 이론에서 벗어나자고 제안하기도 한다.[45]

2) 제4차 교육과정 시기의 역사교육

국사 교육의 내용은 제4차 교육과정 시기에도 바뀌지 않았다. 1981년 12월에 고시된 제4차 교육과정은 문교부가 한국교육개발원에 위탁해 총론, 각론, 시안을 개발한 것으로서, 건전한 심신의 육성, 지력과 기술의 배양, 도덕적인 인격의 형성, 민족 공동체 의식의 고양에 목적을 두었다. 이 교육과정의 국사과 교과목표는 "한국사의 발전 과정을 주체적인 입장에서 파악"하여 "우리의 과제를 주체적으로 해결할 수 있는 능력"을 기르고 "민족 문화의 계승과 국가 발전에 적극적으로 참여하는 태도"를 가지게 하는 것으로 설정되어 이전 시기 교육과정을 답습한 것으로 파악된다. 이 시기 국사 교과서 내용도 내재적 발전론, 민족의 주체성 강화 등을 특징으로 한 제3차 교육과정 시기의 그것과 거의 같았다.

제4차 교육과정 국사과가 이전에 비해 달라진 점이라면 근현대사 내용이 많아졌다는 사실을 꼽을 수 있다. 이는 그동안 잘 알려지지 않았던 근현대사 연구 성과가 공유되기 시작했다는 점에서 긍정적이다. 그러나 당시 근현대사 내용은 민족주의 진영의 실력 양성 운동을 일제 강점기 당시에 비해 다소 과대평가한다거나 이동휘 등 일부 독립운동가의 활동을 소개하지 않는 등 균형을 유지하지 못했다는 평가를 받곤 한다.[46)]

한편 이 시기는 국사 교과서의 고대사 서술로 논란이 벌어진 때이기도 하다. 이 논란은 1981년 8월 안호상 등이 '국사 교과서 내용 시정 요구에 관한 청원'을 국회에 제출하면서 확산되었다. 이 청원에는 국사 교과서에 단군이 실존인물이라고 명시되어 있지 않으며, 백제가 중국 땅을 다스렸다고 쓰지 않았다는 내용이 담겨 있었다. 이처럼 고대사를 둘러싼 논란이 커지자 정부는 '국사교육심의위원회'를 구성하여 '국사 교과서 편찬준거안'을 확정하고, 여기에 단군신화를 "역사 사실"을 반영한 기사로 적을 것 등을 규정하는 방식으로 대응했다. 참고로 당시 발표된 편찬준거안의 일부를 소개하자면 아래와 같다.

[고등학교 국사 편찬준거안]

- 우리나라 청동기 시대의 묘제를 일괄 설명하고, 각 묘지에서 출토되는 부장품의 종류와 다양성을 설명한다.(만주지역 포함)
- 무늬 없는 토기 유적이 우리나라 전역에서 고르게 출현하고 있음을 설명한다.
- 우리나라 민족이 중국 문헌에 예맥족으로 나타나고 있음을 알려 준다.
- 한반도 청동기 시대의 문화가 중국의 요령성 일대와 연관됨을 이해시킨다.
- 비파형 단검을 위시하여 우리나라 청동기 문화의 주요 유물이 한반도 안에서만 출현하는 것이 아님을 주지시킨다.
- 석관묘와 토광묘의 묘제를 비교하여 설명한다.
- 단군신화는 단순한 신화나 설화가 아니라, 전래의 역사 사실을 반영한 기사로 이해시킨다.

- 단군의 탄생을 기이한 이야기로만 간주하지 않고, 인접 지역에서도 그와 같은 탄생 신화가 있음을 비교, 설명해 준다.

…(중략)…

- 연맹 왕국 시대의 전통을 이은 고구려 대대로의 선거, 백제 재상의 선출, 신라 화백 제도 등의 기능을 설명하고, 이 같은 고대 귀족들의 합의제적 정치 운영 방식이 왕권의 전제화를 제약하는 구실을 하였음을 인식시킨다.
- 신라의 화랑도에서 볼 수 있는 삼국 시대 사회생활을 지도 이념인 협동과 단결의 정신은 군장 국가 시대 이래의 공동체적 생활 전통이 국가 관념의 고조에 따라 재편, 강화된 것이었음을 이해시킨다.

…(중략)…

- 인조에서 정조에 걸쳐 붕당 정치가 전개되는 과정을 발전적 시각에서 이해시키되, 당시 지식층 사이에 붕당 정치에 대한 자기반성이 있었음도 아울러 설명하여 양극적인 가치 평가를 피하여 냉정하고 객관적인 이해를 가지도록 유도한다.
- 조선 후기에 국민 부담을 조정하고 국가 수입을 늘리기 위해 전세 · 공납(대동법) · 균역 제도(균역법)의 개혁이 있었고, 그 결과 수취 체제의 모순이 근본적으로 해결되지는 않았으나 국가 안정에 일정하게 기여했음을 이해시킨다.

…(중략)…

- 국토의 분단을 공산주의 세력의 팽창이라는 세계사적 상황과 연결시켜 설명한다. 신탁 반대, 군정 종식 운동 등을 민족의식과 자주 독립 국가의 수립이라는 근대 민족주의 사상 방향에서 설명한다.

…(중략)…

- 4 · 19를 민주주의의 자유 혁명의 성격에서 설명하고, 국민의 역량을 인식하게 한다.
- 4 · 19와 더불어 민주주의와 민족주의가 부상한 것을 설명한다.
- 과도 정부의 상황과 제2공화정의 정부 형태와 사회 상황을 설명한다.
- 4 · 19 후에 자유주의 이념을 현실적으로 조직화하지 못한 민족적 반성점을 이해하도록 설명한다.

…(중략)…

- 제3공화정의 장기 집권과 유신 체제를 설명하면서 제5공화정이 성립하게 된 이유를 설명한다.

정부가 이 '준거안'을 발표하자 이번에는 개신교 측에서 "단군신화의 사실화는 우상숭배"라고 반발하면서 '단군 실존화 국정교과서 편입에 대한 기독교 대책협의회'를 꾸려 반대운동에 나섰다.[47] 이처럼 당시 역사교육은 교과서를 사회 · 종교 · 정치 세력의 생각과 입장을 담는 그릇으로 여기는 분위기 속에서 표류를 거듭했다.

3) 제5차 교육과정 시기의 역사교육

1987년에 중학교, 1988년에 고등학교를 대상으로 공포되어 1989년부터 중학교에 적용되고 이듬해 고등학교에도 적용되기 시작한 제5차 교육과정의 역사교육은 교과목표 등에서 이전 시기와 조금 달랐다. 이 교육과정은 "건전한 정신과 튼튼한 몸을 지닌 건강한 사람, 자신과 공동체의 일을 스스로 결정하여 실천하는 자주적인 사람, 지식과 기술을 익혀 문제를 슬기롭고 합리적으로 해결하는 창조적인 사람, 인간을 존중하고 자연을 아끼며 올바르게 판단하고 행동하는 도덕적인 사람"을 양성하는 데 초점을 두고, 고등학교 국사와 세계사의 교과목표를 다음과 같이 설정했다.

[국사 교과목표]

한국의 역사를 구조적으로 파악하여 그 발전의 특성을 이해하고, 역사 학습 과정을 통해 탐구 기능과 문제 해결 능력을 기르며, 올바른 역사의식을 바탕으로 새 문화 창조와 민주 사회 발전에 기여하게 한다.

1) 한국사의 전개 과정을 문화 및 사회·경제면을 중심으로 파악하여, 이를 종합적으로 인식하게 한다.
2) 한국의 전통과 문화의 특질을 세계사적 보편성과 관련시켜 인식하게 한다.
3) 역사적 사실과 각 시대의 성격을 객관적으로 해석하고, 이를 현재적 관점에서 비교, 평가할 수 있는 비판적 사고력을 기르게 한다.
4) 역사 자료를 조사, 분석, 종합하는 기능과 역사적 방법으로 문제를 해결하는 능력을 기르게 한다.
5) 향토 문화에 대한 흥미와 관심을 높이고, 민족 문화에 대한 자부심을 가지며, 새 역사 창조에 적극 참여하는 태도를 가지게 한다.

[세계사 교과목표]

1) 세계사의 흐름을 각 시대와 문화권의 특성을 중심으로 파악하여, 이를 종합적으로 이해하게 한다.
2) 현대 사회의 사회·문화적 기초를 파악하여, 현대 사회의 제 문제를 올바르게 인식하게 한다.
3) 세계사를 통하여 한국사의 특수성과 보편성을 인식할 수 있는 능력을 기르게 한다.
4) 세계사에 관한 자료들을 비판, 해석, 종합해 나가는 탐구 과정의 훈련을 통하여 폭넓은 역사적 사고력을 기르게 한다.
5) 세계 여러 나라의 문화와 전통에 대한 관심과 이해를 바탕으로 국제 협력과 인류 문화 발전에 이바지하려는 태도를 가지게 한다.

이 시기 국사 교육은 역사 학습 과정을 통해 탐구 기능과 문제 해결 능력, 민주 사회 발전에 기여하는 태도를 기르는 데 목표를 두었다. 그러나 정작 전근대사 내용은 기존과 크게 다르지 않았고, 근현대사 내용도 분단 체제와 당시 집권 세력을 정당화하는 흐름을 벗어나지 못하였다.[48] 세계사도 여러 차례 문제시되었던 서구와 동아시아 중심 서술을 그대로 유지했다. 또 교과목표에 제시된 탐구 및 문제 해결 능력의 심화를 위한 내용도 부족했다. 문제해결 학습모형을 적용하기 위한 탐구문제 확인 및 설정 관련 자료가 제시되지 않았고, 학습자에게 문제해결 과정을 안내하는 내용도 부족해 교육과정이 지향한 탐구 기능과 문제 해결 능력의 심화라는 목표에 도달하는 데 한계가 있었다.

4) 제6차 교육과정 시기의 역사교육

1992년 6~10월에 발표되어 유치원·국민학교·중학교는 1995년, 고등학교는 1996년부터 적용된 제6차 교육과정은 교육 과정 결정의 분권화, 교육 과정 구조의 다양화, 교육 과정 내용의 적정화, 교육 과정 운영의 효율화 등에 중점을 두고, '국가 수준 교육 과정'과 시·도 교육청이 제시하는 '교육 과정 편성·운영 지침', 학교 수준 교육 과정의 세 가지 측면에서 교육 과정을 구성할 수 있도록 하였다. 또 "건강한 사람, 자주적인 사람, 창의적인 사람, 도덕적인 사람"을 추구하는 인간상으로 제시하고, 이를 구현하기 위해 도덕성과 공동체 의식이 투철한 민주 시민 육성, 학생 개성과 능력 그리고 요구를 고려한 교육 내용과 방법의 다양화 등을 표방했다.

이전 시기 중학교에서는 역사가 사회과에 편입되어 운영되었는데, 이 교육과정 때에는 고등학교 국사와 세계사도 사회과의 한 과목으로 편성되었다. 고등학교 국사는 공통사회와 함께 필수 과목이었으며, 수업 시수는 6단위로 종전과 같았다. 세계사는 선택 과목으로서 6단위가 배정되었다. 중학교 국사의 대단원을 살펴보면 왕조 명칭을 단원명에 포함하던 이전과 달리 귀족 사회의 변천, 양반 사회의 성립, 사림 세력의 집권 등 시대의 특징을 드러내는 표현이 사용되었고, 통사적으로 역사를 기술했다. 고등학교 국사는 고대 사회의 발전, 중세 사회의 발전, 근세 사회의 발달, 근대 사회의 태동, 근대 사회의 전개, 민족의 독립 운동, 현대 사회의 발전 등의 대단원으로 구성되어 있었는데, 세부 내용을 보면 각 시대 안에서 정치, 경제,

사회, 문화 등 분류사별 접근 방식을 취했다. 또 각 대단원의 첫째 중단원에 세계사 내용을 넣어 당대의 세계사 흐름을 함께 살필 수 있게 했다.

이 교육과정에 따라 교과서 개발에 들어가기에 앞서 교육부는 '내용전개준거안 연구회'를 구성했다. 그런데 이 위원회가 발표한 '내용전개준거안' 초안이 공개되자 파장이 일어났다. 좌우합작운동, 10월 항쟁, 4·3사건 등 당시까지 일반인들에게 잘 알려져 있지 않던 내용이 포함되었기 때문이다. 이에 교육부는 새로 '국사교육 내용전개의 준거안'을 만들어 1994년 11월에 발표했다. 이 '준거안'은 분량이 방대한데, 일부만 발췌해 소개하면 아래와 같다.

[고등학교 국사 내용전개의 준거안]

- 우리나라 역사의 상한을 단양 금굴(약 70만 년 전)로 보고 있으나, 그보다 빠를 수 있는 이유를 설명한다.
  - 중국(약 200만 년 전)과 시베리아(약 100만 년 전)의 상한이 우리보다 훨씬 앞서 있음.
  - 중부 지방의 내륙 지방인 단양 지역에 상한이 되기 어려운 점

…(중략)…

- 백성들에 대한 배려와 호족들을 대상으로 한 시책에 특히 유의하면서, 태조의 여러 정책을 차례로 밝히고, 그것이 가지는 역사적 의미를 인식시킨다.
- 태조가 후삼국을 통일하는 한편, 발해의 유민까지도 적극 포용하여 새로운 민족의 통합에 기여한 사실을 설명하고, 그 의미도 강조한다.
- 혜종과 정종 · 광종대의 왕권과 호족과의 관계가 어떠하였는지에 대하여 설명한다.

…(중략)…

- 고려와 조선의 사회 체제상의 차이와 계기적인 발전적 요소를 설명함으로써, 조선 왕조 건국이 지니는 민족사적 발전의 의미를 이해시키고, 여기서 조선 시대를 근세로 규정하게 된 이유를 밝힌다.
- 조선 초기에 있어서 왕권의 강화와 양반 관료 체제의 기초로서 정치 기구의 확립 과정 및 그 기본 구조를 설명하며, 특히 고려에 비해 중앙 집권적 성향이 강화된 군현제의 정비와 지방 행정에 대하여 설명한다.

…(중략)…

- 15~17세기에 이르는 기간의 조선 왕조에서 국가나 지배층인 양반 세력이 일반 농민, 특히 빈민층의 구제와 생활 보호를 위해 취하였던 여러 가지 사회 정책에 대해 설명한다. 즉, 환곡, 사창제, 빈민 구휼 기구 등과 각종 법률 관계 및 민간 신앙, 풍속 등을 설명함으로써 하층민의 생활상에 대한 이해의 심화를 도모한다.
- 조선 초기의 경제 활동은 국가에 의해 통제되어 국가 재정의 확보와 민생 안정을 도모하는 선에서 이루어졌으나, 16세기 이후 차차 사족층에 의한 지주제가 나타나게 되며, 특히 왜란 이후 전쟁 피해를 복구하는 과정에서 토지 개간에 의한 지주제의 발전이 오

게 되고, 그에 따라 사족 중심의 향촌 체제하에서 농업 생산과 함께 장시 중심과 유통 경제가 유지되고 있었음을 설명한다.

…(중략)…

- 대한 국제의 반포 등을 예로 들어 대한 제국의 성립이 국제 질서의 변화에 대응하고 왕실을 강화하기 위한 보수적 방책이었음을 설명한다.
- 대한 제국의 치적을 각 분야별로 설명하되, 구본신참(舊本新參)적인 자주적 노력이었음을 설명하며, 그 한계성도 서술한다.

…(중략)…

- 통일 정부를 수립하기 위해 좌우 합작 운동이 어떻게 전개되고 있었는지를 기술하고, 좌우 세력의 대립 속에서 사회 혼란이 초래된 점도 지적한다.
- 이승만, 한민당의 단정 운동의 불가피성과 그 전개 과정을 서술한다.
- 임시 인민 위원회, 인민 위원회 설치 등 북한에서의 사회주의화 과정을 서술한다.
- 한국 문제가 유엔에 넘어가게 된 배경과 유엔에서의 한국 문제 결정 과정을 서술하여 대한민국이 대한민국 임시 정부의 법통을 계승한 정통 정부임을 이해하게 한다.
- 남북 협상과 5 · 10 총선거 과정을 서술한다.
- 대한민국의 국가 기구와 헌법의 특징을 설명한다.
- 반민법 제정, 농지 개혁 등 건국 초기의 활동과 제주도 4 · 3 사건 및 여 · 순 사건 등을 서술한다.

…(중략)…

- 유신 체제의 붕괴 이후, 일부 군부 세력이 정치적 실권을 장악하는 과정과, 이 시기의 민주화 운동이 5 · 18 광주 민주화 운동으로 이어져 갔음을 설명한다.
- 1987년 6월 민주 항쟁은 4월 혁명을 이어받은 것으로, 우리나라에 자유 민주주의의 틀을 확고히 제시하였음을 설명하고, 6 · 29 민주화 선언의 내용을 서술한다.

한편 이 시기 국사 교과서에는 근현대사 관련 내용이 조금 많아졌는데, 그 내용 서술 방향에서 민주화 운동과 민주주의가 강조되었다는 특징이 있었다. 또 이전 시기에 논란을 불러일으킨 4 · 3 사건, 여순 사건, 좌우합작운동 등도 일부 서술되어 있어 이전에 비해 진일보되었다는 평가를 받았다. 하지만 실제 교과서에는 학계 연구 성과가 제대로 실리지 않았고 좌우합작운동 등 '준거안'에 기술된 내용도 소개되지 않았다.

4. 제7차 교육과정과 근현대사 논쟁의 촉발

1997년 12월 고시된 제7차 교육과정은 "자주적 생활 능력과 민주 시민으로서 필요한 자질을 갖추게 하여 인간다운 삶을 영위하게 하고, 민주 국가의 발전과 인류 공영의 이상을 실현하는 데 이바지"하는 인재를 추구하는 인간상으로 설정하고, 사회적 변화 흐름을 주도할 수 있는 기본 능력을 길러 줄 수 있는 교육 과정 구성, 국민 공통 기본 교육 과정과 선택 중심 교육 과정 체제의 도입, 교육 내용의 양과 수준의 적정화, 교육 과정 편성과 운영에 있어서 현장의 자율성 및 자기 주도 학습의 확대 등을 내세웠다.

제7차 교육과정은 초등학교 1학년(1학년)부터 고등학교 1학년(10학년)까지를 국민공통기본교육과정으로 설정하고, 국민공통기본교육과정이 끝난 고등학교 2~3학년에서 심화선택교육과정을 이수하도록 한 특징이 있었다. 이 시기 국사는 초등학교의 경우 6학년 1학기에서 학습하게 되어 있었고, 중학교에서는 전근대부터 근현대까지 통사 형식으로 다시 국사를 배운 뒤 고등학교 1학년에서 분류사적 접근에 따라 구성된 국사를 이수하게 규정되었다. 고등학교 2학년 때부터 학습하게 되어 있는 선택 중심 교육과정에는 한국지리, 세계지리, 경제지리, 법과 사회 등과 함께 한국근·현대사(8단위), 세계사(8단위)가 선택과목으로 지정되었다.

국민공통기본과 선택 중심 교육과정이라는 이원적 체제는 교육과정 개정을 위해 구성된 '교육개혁위원회'가 초안을 내놓았을 때부터 많은 논란이 있었다. 특히 고등학교 2~3학년 과정을 선택 중심 교육과정으로 운영하겠다는 계획에 대해 현장 교사 등의 회의적 반응이 컸다. 역사교육 영역에서는 세계사가 여러 개의 선택과목 중 하나로 지정되는 바람에 세계사 교육이 약화될 수 있다는 우려가 컸다. 이러한 가운데 세계사 교육의 내용적 측면도 비판의 대상이 되었다. 이미 지적한 바와 같이 세계사 교육은 오랫동안 서구 중심적 서술을 취하고 있다는 비판을 받아왔고 아시아·아프리카 및 남미 여러 문명에 대한 균형 잡힌 내용이 필요하다는 지적도 받았다. 그러나 제7차 교육과정 시기 세계사는 그와 같은 문제의식을 반영하지 못했고 서술 분량에 있어서나 내용 서술 면에서 여전히 서구중심 구도에서 벗어나지 못했다는 비판이 제기된 것이다.

세계사 과목 외에 한국근·현대사도 논란의 대상이 되었다. 이 교과서에 대해 본격적으로 문제를 제기한 측은 '교과서포럼'이라는 이른바 '뉴 라이트' 계열 단체였다. 2005년 1월에 출범한 교과서포럼은 한국근·현대사, 경제 교과서 등에 이념적으로 잘못된 내용이 있고 사실관계도 왜곡되어 있다고 주장했다. 교과서포럼은 검정 한국근·현대사 교과서들에 국내 우익 세력의 활동이 제대로 소개되지 않은 것도 문제라고 언급했으며, 현대사에서 가장 중요한 학습요소는 다름 아닌 경제성장이라고도 말했다. 이런 취지에서 박정희 정권 시대 경제성장을 다루는 부분에 우리 정부의 경제 개발 성과가 두드러지게 서술되어야 한다고 주장했다. 교과서포럼은 이러한 생각에서 대안교과서 집필을 선언하고 그 발행 방안에 대한 의견을 정리·발표했는데, 그 일부를 발췌하면 아래와 같다.

> (1) 역사 교과서는 국민교육 수단이므로 대한민국의 정체성, 다시 말해 헌법에서 제시된 '자유민주적' 또는 자유 민주주의적 질서의 기본이념을 충실히 반영해야 한다. 즉 자유주의 사관에 따라 편찬되어야한다.
>
> (2) 지금의 좌·우 이념 논쟁과 관련하여 대한민국의 정체성은 우파적 또는 반공적인 것임을 분명히 밝히는 동시에, 그것에 대립되는 좌파적·친공적인 것과의 구분을 뚜렷이 해야 한다.
>
> (3) 대한민국의 자유민주주의 체제는 1948년에 '완성된 상태'에서 출발한 것이 아니라 '걸음마 단계'에서 시작하여 어려운 과정을 거쳐 점차적으로 정착해가는 "형성 중인", 따라서 불완전한 체제로서 관대히 보는 태도가 있어야 한다.
>
> …(중략)…
>
> (9) 한국인의 근대화와 독립에 기여한 외국인들, 특히 미국인 선교사들의 공로가 인정되어야 한다.
>
> (10) 이승만과 김성수 및 그들을 도운 한민당, 그리고 많은 청년단체들로 구성된 '건국세력'에 대한 조명이 이루어져야 한다.
>
> …(중략)…
>
> (13) 20세기 최대의 민족적 재앙을 가져온 6·25 전쟁에 대한 원인과 과정에 대한 상세한 서술이 있어야 한다.
>
> (14) 대한민국의 안보와 경제발전에 결정적으로 중요하게 기여한 미국의 역할, 특히 한미상호방위조약에 대한 언급이 있어야 한다. 그리고 중국, 러시아와의 관계에 비교하여 비중을 분명히 해야 한다.
>
> …(중략)…
>
> (17) 실현가능성이 없었던 좌우합작론이나 남북협상에 대한 미련을 버려야 한다.
>
> …(중략)…
>
> (21) 교과서 제작과정에 참여한 모든 사람들의 이름을 공개하는 실명제를 도입

해야 한다.

(22) 집필은 전문분야의 연구업적이 있는 전문가들에게 맡겨져야 한다.

(23) 1945년 이후의 현대사 서술분량을 크게 늘려야 한다.

교과서포럼이 위 의견서를 통해 추구하는 바가 무엇인지는 명확하지 않다. 다만 '대한민국의 자유민주주의 체제'가 아직 불완전한 체제이므로 관대하게 보아야 한다는 말에는 발췌 개헌, 사사오입 개헌, 유신 개헌 등을 관대하게 평가해야 한다는 메시지가 들어가 있는 것이 아니냐는 의문이 제기되고 있으며, 미국인 선교사들에 대한 내용을 대폭 늘려야 한다는 주장에 대해서도 다소 의아하다는 반응이 적지 않았다.

제7차 교육과정 시기에는 한국근・현대사 교과서가 검정으로 발행되기 시작하면서 근현대사 전문가들이 집필에 참여할 수 있게 되었고, 그 영향으로 그동안 축적된 연구 성과가 반영될 수 있었다. 그런데 교과서포럼이 언급한 한미상호방위조약, 한국민주당 관련 내용은 이미 한국근・현대사 교과서에 대부분 등장하고 있어서 새롭지 않았다.

교과서포럼을 중심으로 근현대사에 관한 논란이 확산된 것은 2004년 일부 언론을 통해 금성출판사의 한국근・현대사 교과서 등이 친북적인 내용을 담고 있다는 보도가 있으면서부터였다. 당시 이 보도를 접한 국방부는 교과서가 "정부 수립 과정에서 남한 쪽의 문제점만 집중 조명해 대한민국의 정통성을 훼손하고 근・현대사 전반에 걸쳐 미국 관련 내용을 비판적으로 기술해 반미감정을 조장하고 있다."라고 비판했다. 하지만 이런 논란과 달리 한국근・현대사 교과서에는 대한민국의 정통성을 훼손하는 내용이 없었다. 정부 수립 과정에 남한의 문제만 분석했다고 비판하는 목소리가 있었지만 해당 교과서의 초점은 대한민국 정부 수립에 맞추어져 있었기 때문에 굳이 북한 문제를 거론하지 않아도 문제가 없었다. 게다가 이 교과서는 교육적 목적에서 제정된 교육과정과 집필기준을 충족하고 있었기 때문에 문장에 무언가 '부적당한 뉘앙스'가 숨어 있을 것이라 의혹의 눈길을 가지는 것도 바람직하지 않았다.

5. 2007 · 2009 개정 교육과정과 역사 논쟁

2007년 2월 28일 고시된 '2007 개정 교육과정'은 1997년에 고시된 제7차 교육과정을 근간으로 하면서 국가 · 사회의 변화, 교육 현장의 요구를 반영해 일부 개정한 '수시개정' 교육과정이었다. 제7차 교육과정은 학습자 중심, 단위 학교에서 만들어 가는 교육과정, 국민공통기본교육과정과 선택중심 교육과정으로 이원화된 운영 등을 표방한 바 있는데, 2007 개정 교육과정도 이를 계승하였다.

2007 개정 교육과정에서 역사교육은 강화되었다. 이전까지의 역사는 형식적으로 사회과 속에 통합되어 있었고 국사와 세계사가 분리되어 있었다. 이러한 가운데 중국의 동북공정과 일본 역사교과서 문제가 불거지면서 역사교육 강화를 주문하는 목소리가 커졌고 이것이 반영되어 초등학교에서는 5학년 1학기와 2학기에서 역사를 통사 형식으로 배우고, 국민공통기본교육과정인 중학교와 고등학교 1학년에서 한국사와 세계사 영역이 통합된 '역사'를 학습하게 되었다. 또 고등학교 2학년과 3학년에서는 한국문화사, 세계 역사의 이해, 동아시아사를 선택해 배우게 되었다. 또 종래 7차 교육과정에서 나뉘어져 있던 중학교와 고등학교의 한국사 영역과 세계사 영역이 '역사' 과목으로 통합되었고, 중학교 '역사'는 전근대사, 고등학교 '역사'는 근현대사를 중심으로 재편되었다.

2007 개정 교육과정에서는 교과서 발행체제도 바뀌었다. 제7차 교육과정 시기에 한국근 · 현대사가 검정으로 발행된 적이 있었는데, 이 시기부터는 '역사' 교과서도 검정으로 전환되었다. 국정 국사 교과서는 역사에 대한 비판적 해석의 가능성을 차단하고 획일적인 역사관을 주입시킬 위험성 때문에 비판을 받아왔다. 그렇기 때문에 검정제로의 전환에 대한 기대가 없지 않았다. 하지만 실제 검정을 통과한 교과서의 내용은 국정 교과서에 비해 크게 다르지 않았다. 이는 교과서 집필에 나선 사람과 편집자의 대다수가 기존의 역사 지식을 비판적으로 살펴보지 못했기 때문이기도 하며, 교과서 출판사들이 검정 통과를 위해 내용과 서사 변화에 소극적이었던 탓이기도 하다.

2007 개정 교육과정에 따른 검정 통과 교과서들은 적용 직전에 2009 개정 교육과정이 발표되는 바람에 폐기되었지만, 그 내용을 살펴보면 대체로 본문의 양이

지나치게 많고 유의미한 활동자료는 많지 않았다. 이 문제점은 교과서 제작에 임한 편집자들이 검정 절차에서 내용 누락으로 불이익을 받을 것을 염려했기 때문인 것으로 생각된다. 사실 역사 교과서가 검정체제로 전환되었다고는 하지만 국정 교과서 시기 '내용 전개의 준거안' 또는 '편찬준거'의 잔재라고 할 수 있는 집필기준이 있었기 때문에 집필자의 재량은 제한되어 있었다.

검정 절차에도 문제가 있었다. 검정 절차는 내용 오류를 확인하는 기초 조사, 검정 기준에 적합한지 따지는 본 심사, 수정 지시에 응했는지 살피는 이행 적합성 확인 등의 단계로 구성되어 있다. 그런데 검토해야 할 검정 신청본의 분량에 비해 기초 조사 기간이 짧아 내용 오류를 찾아내기 쉽지 않고, 집필자 역량 문제로 학계에서 새롭게 밝혀진 내용이 담겨 있지 않은 경우도 나타났다. 또 심사위원이 교육과정이 아니라 자신의 견해에 비추어 내용의 적절성 여부를 판단하는 경우도 있을 수 있었다.

2009년 12월 교육과학기술부 고시 제2009-41호로 고시된 '2009 개정 교육과정'은 교육 관계자들로부터 많은 비판과 우려를 받은 교육과정이었다. 학교현장에서는 2007 개정 교육과정의 적용 시점에 갑자기 교육과정이 바뀌는 바람에 혼란이 야기되었다. 이 교육과정은 국민공통기본교육과정을 종래 10년에서 9년으로 축소하고, 국어, 사회(역사와 도덕 포함), 과학 선택과목의 조정을 통한 교육내용의 적정화를 도모하였다. 또 선택과목의 기본 단위 수를 5단위로 하여 한 학기에 이수할 수 있도록 조정하기도 했다. 이에 대해 일각에서는 입시에 필요한 과목의 수업을 장려하는 것이 아니냐는 비판이 제기되었고, 특정 교과의 비중이 낮아져 교사 채용에도 문제가 나타날 수 있다는 우려가 나왔다.

역사과에서도 많은 변화가 있었다. 중학교에서 '역사' 과목을 8학년에서 6단위, 9학년에서 4단위, 총 10단위를 이수하고, 고등학교에서는 '한국사'를 5단위로 이수하게 바뀌었다. 초등학교에서는 기존과 같이 5학년 1, 2학기에서 역사를 배우는 것으로 유지되었다. 한편 고등학교 선택과목도 2007 개정 교육과정에서는 한국문화사, 동아시아사, 세계 역사의 이해가 있었지만 2009 개정 교육과정에서는 동아시아사와 세계사만 개설되었다.

이 교육과정 시기에는 전근대사와 근현대사를 어떤 학년에 배치할 것인가 하는 문제가 논란이 되었다. 2007 개정 교육과정에서는 고등학교 1학년까지 국민공통기본교육과정을 이수하게 되어 있었고, 중학교와 고등학교에서 역사를 연이어 배우게 되어 있었다. 이에 중학교에서 전근대사를 배우고 고등학교에서는 근현대사를 배우는 것으로 정해졌는데, 2009 개정 교육과정은 고등학교 1학년을 국민공통기본교육과정에 포함하지 않았고, 중학교 역사와 고등학교 한국사로 이원화되었다. 이에 따라 2007 개정 교육과정처럼 고등학교에서 근현대사를 중점적으로 가르쳐야 하는지, 아니면 전근대사와 근현대사를 모두 배우되 중학교에서 배운 내용을 심화하여 가르쳐야 할지 논쟁이 벌어졌다. 당국은 당초 고등학교 한국사 전근대와 근현대 내용을 1:1의 비율로 정하고자 했으나 다양한 이유로 2007 개정 교육과정의 기본 틀을 전면적으로 수정하지 못하고, 고등학교 한국사에 '고려와 조선의 설립과 발전'이라는 단원을 하나 추가하는 것으로 하여 2010년 5월 '부분 개정' 형식으로 한국사 교육과정을 고시했다.

참고로 2009 개정 교육과정은 2009년에 총론이 발표되어 그 뒤를 이어 각론이 발표되는 형식을 취했기 때문에 한국사 교육과정의 고시도 늦어지게 되었다. 그런데 2010 부분 개정 교육과정이 발표된 후 얼마 지나지 않은 2011년에 다시금 역사과 교육과정이 개정되었다. 이 개정 작업은 많은 논란을 불러 일으켰다. 교육과학기술부와 국사편찬위원회는 2011 역사과 교육과정 개정 과정에서 '역사교육과정개발정책연구위원회'를 구성해 역사과 교육과정 초안을 만들게 했다. 그런데 이 위원회와는 별도로 '역사교육과정개발추진위원회'라는 것을 만들어 '역사교육과정개발정책연구위원회'가 내놓은 초안을 심사하게 했다. 이처럼 복잡한 방식으로 교육과정 개정이 추진되다 보니 전문 역사학자와 교사가 주축이었던 연구진의 의견이 제대로 반영되지 못하게 되었다. 그 대표적 사례가 바로 '자유 민주주의' 용어 문제였다. 당초 '역사교육과정개발정책연구위원회'가 교육과정안(한국사 부분)에는 '민주주의'라는 용어가 많이 사용되었는데, 심의 과정에서 이것이 일방적으로 '자유민주주의'로 변경되었다. 이 상황은 '역사교육과정개발정책연구위원회'에 속한 위원 일부가 사퇴하고, 이것이 언론에 보도되면서 정치적 사안으로 떠올랐다. 이후 역사 교과서 개발을 둘러싼 논란이 심화되고, 대중의 관심도 커졌다. 이러한 가운데 근현대사와 전근대사의 비중 문제도 다시금 불거져 논쟁이 커졌다.

6. 2015 · 2022 개정 교육과정의 역사 문제

'2015 개정 교육과정'은 교육부가 '창의융합형 인재 양성'을 목표로 2015년 9월 발표한 교육과정이다. 이 교육과정은 2017년 3월에 초등학교 1 · 2학년, 2018년 3월에 초등 3 · 4학년과 중학교 1학년, 고등학교 1학년, 2019년에 초등 5 · 6학년과 고등학교 2학년, 2020년에 중학교 3학년과 고등학교 3학년에 적용되는 것으로 고시되었다. 단 중학교 역사와 고등학교 한국사는 2017년 3월 1일부터 적용하도록 해 2016년에 교과서를 개발하는 것으로 되었다.

당시 교육부가 내건 교육과정 개정의 이유는 핵심개념 · 원리 중심으로 학습내용을 적정화하고, 문 · 이과 통합교육 기반을 마련하는 것 등이었다. 이외에도 학교교육 전 과정에서 학생들에게 중점적으로 길러주고자 하는 핵심역량을 설정했다는 점도 주목을 끌었다.

2015 개정 교육과정은 2009 개정 교육과정이 추구하는 인간상을 기초로 '미래사회가 요구하는 핵심역량을 함양하여 바른 인성을 갖춘 창의 융합형 인재를 양성하는 데 초점이 맞추어져 있었다. 핵심역량이란 교육과정 총론에 따르면 교과 교육을 포함한 학교생활 전 과정을 통해 중점 육성해야 할 가치로서 자기관리 역량, 지식정보처리 역량, 창의적 사고 역량, 심미적 감성 역량, 의사소통 역량, 공동체 역량의 여섯 가지 역량이다. 하지만 당시부터 이 '역량'들이 과연 교과 교육의 목표가 될 수 있는가 하는 의문이 제기되었고, 의미도 모호하다는 비판이 많았다. 잘 알려진 것처럼 '역량'이란 OECD에서 수행한 DeSeCo(Definition and Selection of Key Competencies) 프로젝트에 따라 '오늘날의 복잡한 삶 속에서 특정 맥락의 요구를 충족시키는 능력'으로 구별되어 규정되었다. 핵심역량(Key competency)이란 그 많은 역량 가운데서도 삶에서 반드시 필요한 몇 가지 역량이라고 할 수 있는데, 역사과를 통해 어떤 역량을 함양할 수 있는가 하는 점은 다소 논란이 있을 수 있다.

이 교육과정에 기술된 역사과 핵심역량은 역사 사실 이해, 역사 자료 분석과 해석, 역사 정보 활용 및 의사소통, 역사적 판단력과 문제 해결 능력, 정체성과 상호 존중 등이었다. 그런데 이 '역량'들은 역사교육에서 꾸준히 논의된 영역들이기 때문에 '역량' 개념의 도입으로 새롭게 대두한 것이라고 보기 힘들다는 지적이 많다.[49]

한편 2015 개정 교육과정에서부터 '핵심 개념'이라는 용어가 나타나기 시작하였다. 이 '핵심 개념'은 2022 개정 교육과정에서 '핵심 아이디어'라는 용어로 바뀌었다.

교과의 내용을 선정하고 구성하는 단계에서는 교육목표보다 더 구체적인 기준(성취기준)이 필요하다. 그런데 최근 교육과정은 성취기준과 함께 핵심개념 또는 핵심 아이디어를 제시하고 있어 주목을 끈다.

핵심 아이디어(또는 핵심개념)는 교육 내용의 얼개로서 세부적인 내용 요소 선정의 근거가 되며 학습자들이 학습한 구체적인 내용을 잊어버리더라도 영속적으로 남게 되는 일반화된 원리로 알려져 있다.[50)]

위긴즈와 맥타이(Grant Wiggns & Jay McTighe)의 백워드 설계 모형(Backward Design)은 교과 전문가들이 갖고 있는 지식, 사고하는 방식 등을 참고해 이와 같은 '빅 아이디어'를 추출하는 접근법을 취한다. 빅 아이디어를 중심으로 내용을 구성하려는 시도는 단순한 사실적 지식을 나열하는 데에서 벗어나고자 하는 노력의 일환인 것이다.[51)] 다시 말해 교과의 핵심이 되는 아이디어를 중심으로 학습자가 사고・탐구하도록 함으로써 암기식 교육의 한계를 극복하려는 취지인 셈이다. 오늘날처럼 암기식・주입식 교육을 지양해야 하는 여론이 높은 때 이 모형은 상당히 중요한 의미를 띤다. 우리나라 교육당국도 이에 주목해 '2015 개정 교육과정'에 빅 아이디어에 해당하는 진술인 "핵심개념(key concept)"을 제시하고, 교과별 교육과정에서 영역, 핵심개념, 일반화된 지식, 내용 요소, 기능을 설정해 내용 체계를 구성하는 방식을 취했다. 교과의 영역을 설정한 뒤 그 영역의 핵심개념을 도출하여, 내용 요소를 왜 배워야 하는지에 대한 일반화된 지식을 설정하는 방식을 추구한 것이다. 그런데 이 방식이 도입되었을 당시에는 다소 혼란이 벌어지기도 했다. 교과별 특징을 감안하지 못한 상태에서 총론의 일방적인 요구에 따라 핵심개념, 일반화된 지식 등을 설정할 수밖에 없었다는 비판적 목소리도 만만치 않았던 것이다.[52)]

〈표 9-2〉 2015 개정 교육과정에 제시된 역사 영역의 핵심개념과 일반화된 지식

<table>
<tr><th>영역</th><th>핵심 개념</th><th>일반화된 지식</th></tr>
<tr><td>역사 일반</td><td>역사의 의미</td><td>역사학은 '기록으로서의 역사'와 '해석으로서의 역사'를 모두 다루는 학문으로서 과거의 사실을 바탕으로 현재의 우리를 이해하는 통로가 된다.</td></tr>
<tr><td rowspan="11">정치 · 문화사</td><td>선사시대와 고조선의 등장</td><td>한반도에는 구석기시대부터 사람이 살기 시작하였으며, 신석기시대와 청동기시대를 거친 후 최초의 국가인 고조선이 등장하였다.</td></tr>
<tr><td>여러 나라의 성장</td><td>고조선이 멸망한 후 부여, 고구려, 옥저, 동예, 삼한 등이 등장하였다.</td></tr>
<tr><td>삼국의 성장과 통일</td><td>고구려, 백제, 신라는 중앙 집권화를 거쳐 국가로 발전하였으며, 서로 간의 항쟁을 거쳐 신라가 통일을 이루었다.</td></tr>
<tr><td>통일신라와 발해</td><td>통일신라는 전제 왕권을 바탕으로 국가적 통합을 이루고자 하였으며, 옛 고구려 땅에서 등장한 발해는 고구려 계승 의식을 내세우며 문화적으로 발전한 국가를 이루었다.</td></tr>
<tr><td>고려 문벌귀족사회의 형성과 변화</td><td>후삼국을 통일한 고려는 문벌귀족을 중심으로 정치가 발전하였으며, 무신집권기를 거쳐 몽골의 간섭을 받았다.</td></tr>
<tr><td>조선의 건국과 유교 문화의 성숙</td><td>성리학을 정치 이념으로 내세운 조선은 유교 정치를 표방하였으며, 이를 바탕으로 문화를 발전시켰다.</td></tr>
<tr><td>전란과 조선 후기 사회의 변동</td><td>임진왜란과 병자호란을 거친 조선은 새로운 사회로 변화되었다.</td></tr>
<tr><td>개항과 개화파</td><td>개항 이후 개화파의 등장으로 근대 개혁이 이루어졌으나 일제의 침략으로 좌절되었다.</td></tr>
<tr><td>일제 식민 지배와 광복을 위한 노력</td><td>일제의 지배에 맞서 나라를 되찾기 위한 노력을 하였다.</td></tr>
<tr><td>대한민국의 발전</td><td>광복 후 대한민국 정부가 수립되었으며, 6 · 25 전쟁을 거쳐 민주화와 산업화를 이룩하였다.</td></tr>
<tr><td>대한민국의 미래</td><td>우리나라는 남북통일과 주변국과의 역사 갈등 해소를 통해 평화롭고 번영하는 미래를 추구해 나가야 한다.</td></tr>
<tr><td rowspan="4">사회 · 경제사</td><td>신분제의 변화</td><td>전근대 시대 신분제는 정치 변동과 함께 변화하다가 근대에 이르러 사라졌다.</td></tr>
<tr><td>경제적 변동</td><td>전근대 시기 농업 중심의 경제는 현대에 들어서 상공업 중심 경제로 변화하였다.</td></tr>
<tr><td>가족 제도</td><td>우리나라의 가족 제도는 시대 변화에 따라 다양하게 변하였다.</td></tr>
<tr><td>전통문화</td><td>우리나라의 전통문화는 시대 변화에 따라 변화 발전되어 왔다.</td></tr>
</table>

역사과의 경우도 예외가 아니었다. 〈표 9-2〉에서 확인할 수 있는 바와 같이 '역사의 의미'라든가 '통일신라와 발해' 등은 핵심개념이 아니라 그저 단원명에 지나지 않았다. 상황이 이러했기 때문에 '역사 수업에서 무엇을 가르치는 것이 중요한가?'라는 문제를 중심으로 진행된 논의의 맥락과 접점을 이루지 못했다는 비판이 제기된 것이다.[53)]

역사과 외에 다른 교과에서도 핵심개념과 일반화된 지식이 그 취지를 구현하지 못하는 방식으로 진술되었다는 지적이 많았다.[54)] 이에 2022 개정 교육과정에서는 핵심개념이라는 단어 대신 핵심 아이디어라는 용어를 도입해 교과 내용을 일반화할 수 있는 진술을 내세우는 방식을 취했다. 또 핵심 아이디어를 선정할 시 참고할 사항을 아래와 같이 제시했다.[55)]

- 교과의 본질과 얼개를 드러내는가?
- 교과의 핵심을 관통하는가?
- 해당 교과를 구성하는 영역들을 아우르는가?
- 해당 교과와 다른 교과를 연계할 수 있는가?
- 교과 학습 및 교실 밖 삶에서 강력한 전이력을 가지고 있는가?
- 학생이 발견해야 할 것으로 깊이 있는 사고와 탐구를 필요로 하는가?
- 하위영역의 제목, 주제, 혹은 소재로 해석될 오해는 없는가?

핵심 아이디어는 교과의 본질과 핵심을 담은 것이야 하므로 광범위한 논의 과정을 거쳐 도출하는 것이 이상적이다. 하지만 현실적으로는 다양한 제약 조건이 있다는 이유로 하향식으로 이를 제시하는 방식에 그쳤다. 참고로 2022 개정 교육과정에 제시된 중학교 역사와 고등학교 한국사 및 세계사의 핵심 아이디어는 다음과 같다.

〈표 9-3〉 2022 개정 교육과정에 제시된 중학교 역사, 고등학교 한국사1 · 2 및 세계사의 핵심 아이디어

중학교 역사	• 인류는 지역적 · 시대적 배경에 따라 다양한 형태의 정치체를 수립하였다. • 종교와 사상은 지역 세계의 문화와 유기적 관련을 맺고 있다. • 지역 세계는 상호 교류하고 충돌하며 변화하였다. • 역사 지식은 역사 자료에 대한 분석, 해석 등을 통해 형성된다. • 문화적 다양성을 포용하는 태도는 세계시민 의식의 기초가 된다.

고등학교 한국사1	• 한국사는 국제 질서의 변동과 맞물려 변화하였다. • 제국주의 열강의 침략에 대응하며 근대 국가로의 전환을 모색하였다. • 역사 자료를 분석하고 해석할 때에는 역사적 맥락을 고려해야 한다. • 역사 학습은 인간의 삶을 이해하고 나의 삶을 성찰하는 과정이다.
고등학교 한국사2	• 일제의 식민 통치는 경제 구조와 생활의 변화를 가져왔다. • 8 · 15 광복은 독립을 위한 노력과 준비 과정에서 실현되었다. • 대한민국은 산업화와 민주화를 기반으로 발전하였으며 사회 · 환경적 과제를 남겼다. • 한국인들은 자유와 평등, 민주와 평화 등 인류의 보편적 가치를 추구해 왔다. • 역사 자료를 분석하고 해석할 때에는 역사적 맥락을 고려해야 한다. • 역사 학습은 인간의 삶을 이해하고 나의 삶을 성찰하는 과정이다.
고등학교 세계사	• 지역 세계의 형성 및 역사 전개는 각각의 특징을 지닌다. • 이슬람 세계의 확대, 몽골 제국의 형성은 교역망의 확대를 가져왔다. • 국민 국가와 자본주의 체제는 다양한 경로를 통해 형성되었다. • 제1 · 2차 세계 대전 과정에서 인권과 과학 기술 등의 문제가 대두하였다. • 역사 지식은 역사 자료의 분석 · 해석을 통해 형성된다. • 증거에 기반한 논증은 역사 지식 형성에 필요한 과정이다. • 역사적으로 형성된 인권 · 평화 · 민주주의 · 생태환경 등의 가치를 포용하려는 자세가 필요하다.

최근 교육과정은 이 핵심 아이디어를 바탕으로 지식 · 이해, 과정 · 기능, 가치 · 태도별 내용요소를 선별했는데, 고등학교 한국사1의 내용 요소만 살펴보면 〈표 9-4〉와 같다.

핵심 아이디어와 내용 요소를 연계하여 제시하는 방식은 학습자들이 빅 아이디어와 관련된 주제, 사실, 기능과 같은 내용을 학습의 소재로 삼아 탐구 · 토의하는 경험을 갖게 하고, 이를 통해 관련된 개념에 대한 이해를 귀납적 방식으로 형성하게 하는 데 초점을 둔다.[56] 그런데 개정 교육과정에서도 지식 · 이해 범주 내용요소는 고대 국가의 성장 등 대단원 명칭에 어울리는 표현을 제시하는 데 머물러 핵심 아이디어로서 기능하는 데 아직 한계를 지니고 있다. 이러한 현실에서 알 수 있듯이 어떻게 역사적 사실에 대한 지식을 구성하고 가르쳐야 "문화적 다양성을 포용하는 태도는 세계시민 의식의 기초가 된다."라거나 "한국인들은 자유와 평등, 민주와 평화 등 인류의 보편적 가치를 추구해 왔다."라는 핵심 아이디어를 구현할 수 있는가 하는 사안은 아직 미완의 과제이다.

〈표 9-4〉 2022 개정 교육과정 고등학교 한국사1의 범주별 내용 요소

<table>
<tr><th colspan="2">범주</th><th>내용 요소</th></tr>
<tr><td rowspan="3">지식
·
이해</td><td>근대 이전
한국사의 이해</td><td>• 고대 국가의 성장
• 고려의 통치 체제와 정치 변동
• 조선 사회의 성립과 발전
• 조선 후기의 새로운 흐름</td></tr>
<tr><td>근대 이전
한국사의 탐구</td><td>• 국제 관계와 대외 교류
• 수취 체제와 경제생활
• 신분제와 사회 구조
• 사상과 문화
• 근대 이전 한국사 주제 탐구</td></tr>
<tr><td>근대 국가
수립의 노력</td><td>• 국제 질서의 변동과 개항
• 근대 국가 수립을 위한 노력
• 사회 · 경제 변화와 문화 변동
• 국권 침탈과 국권 수호 운동</td></tr>
<tr><td colspan="2">과정 · 기능</td><td>• 한국사의 다양한 자료를 바탕으로 탐구 주제 설정하기
• 신뢰할 수 있는 자료를 증거로 선택하기
• 역사적 맥락에서 자료를 비판적으로 분석하고 해석하기
• 한국사 탐구 주제의 결론을 다양한 방식으로 표현하기</td></tr>
<tr><td colspan="2">가치 · 태도</td><td>• 역사에 성찰적으로 접근하는 태도
• 타인의 역사적 해석을 존중하는 태도
• 한국 사회 발전에 참여하는 자질과 태도
• 한국 사회 당면 문제의 해결 방안을 모색하는 자질과 태도</td></tr>
</table>

한편, '2022 개정 교육과정' 총론에는 "우리나라의 교육은 홍익인간의 이념 아래 모든 국민으로 하여금 인격을 도야하고, 자주적 생활 능력과 민주시민으로서 필요한 자질을 갖추어 인간다운 삶을 영위하고, 민주 국가의 발전과 인류 공영의 이상을 실현할 수 있도록 함을 목적으로 한다."라고 적혀 있다.

이 진술에서 우리는 우리 교육이 처한 현실을 성찰할 필요성을 느끼게 된다. 오늘날 뛰어난 학업 성취도를 보이는 학습자가 이 교육목적에 합치된 태도와 가치를 갖고 있는가? 이 교육목적이 우리가 가르치고 배우는 교과목 내용에 잘 반영되어 있는가? 이 문제를 조금 더 살펴본다는 취지에서 최근 교육과정에 진술된 '추구하는 인간상'을 잠깐 살펴보도록 하자.

가. 전인적 성장을 바탕으로 자아정체성을 확립하고 자신의 진로와 삶을 스스로 개척하는 자기 주도적인 사람
나. 폭넓은 기초 능력을 바탕으로 진취적 발상과 도전을 통해 새로운 가치를 창출하는 창의적인 사람
다. 문화적 소양과 다원적 가치에 대한 이해를 바탕으로 인류 문화를 향유하고 발전시키는 교양 있는 사람
라. 공동체 의식을 바탕으로 다양성을 이해하고 서로 존중하며 세계와 소통하는 민주시민으로서 배려와 나눔, 협력을 실천하는 더불어 사는 사람

'추구하는 인간상'이란 교육목적을 구체화한 진술에 해당한다. 교육목적은 다소 추상적인 진술이 포함되어 있으므로 '추구하는 인간상'을 별도로 진술해 교육목적을 구체화할 필요가 있는 것이다.

위에서 확인할 수 있듯이 우리나라 교육과정은 전인적 성장을 바탕으로 자아정체성을 확립하는 자기 주도적인 인간, 새로운 가치를 창출하는 창의적인 인간, 문화적 소양과 다원적 가치에 대한 이해 능력을 갖춘 인간, 공동체 의식을 바탕으로 다양성을 이해하고 서로 소통하는 민주시민을 길러내는 것을 교육목적으로 삼고 있다. 사실 우리가 '민주시민으로서 갖추어야 할 자질'이라고 했을 때는 민주시민 양성에 적당한 지식을 가르쳐야 한다는 관념을 염두에 두는 것이 아니라 자기 주도적이고 새로운 가치를 창출하는 인간, 문화적 소양과 다원적 가치를 이해하는 인간, 공동체 의식을 갖춘 인간을 염두에 두는 것이다.

그렇다면 역사과 교육목적과 교육목표는 어떠한 모습일까. '2022 개정 교육과정'은 중학교 역사를 '역사' 과목에 대해 "인류가 살아온 과거의 다양한 모습을 폭넓게 이해함으로써 현재를 성찰하고 미래를 조망하는 능력을 기르는 과목"으로 규정하고, 다음과 같은 '구체적 목표'를 제시했다.

(1) 한국과 세계의 형성 및 변천 과정을 체계적·종합적으로 이해한다.
(2) 자료에 대한 분석·해석 과정을 통해 역사적 탐구력과 역사적 판단력을 기른다.
(3) 다양한 정체성과 가치를 존중하는 포용적 태도를 갖는다.
(4) 역사적 주체로서 공동체에 참여하는 시민성을 함양한다.

한편 '2022 개정 교육과정' 고등학교 한국사 및 세계사 교육과정에 제시된 교육목표는 각각 다음과 같다.

〈한국사〉

(1) 근대 이전 한국사의 특징을 파악하고, 근현대사와의 연속과 변화를 파악한다.
(2) 근현대 한국사를 다각적으로 분석하여 심층적이고 종합적으로 이해한다.
(3) 학습자 스스로 탐구 주제를 설정하고, 역사 자료를 분석하고 해석하는 탐구 과정을 통해 역사적 사고력을 기른다.
(4) 한국 현대 사회가 당면한 문제의 역사적 연원을 분석하고 이를 바탕으로 해결 방안을 모색하는 자질과 태도를 기른다.

〈세계사〉

(1) 지역 세계의 형성 및 변화, 지역 세계 간 상호 관련성을 파악한다.
(2) 인권, 평화, 민주주의, 생태환경의 가치가 역사적 구성물임을 이해한다.
(3) 자료의 분석·해석을 통해 능동적으로 세계사 인식을 형성한다.
(4) 다양한 시기와 지역의 역사를 열린 자세로 이해하고 세계시민 의식을 함양한다.

위에서 알 수 있듯이 한국사 과목은 역사적 사고력을 함양하고 현대 사회의 당면한 문제의 역사적 연원을 분석하고 해결 방안을 모색하며, 한국사의 특징을 파악하는 데 목표를 두고 있다. 또 세계사 과목은 인권, 평화, 민주주의, 생태환경의 가치가 역사적 구성물임을 이해하도록 하는 것과 자료의 분석과 해석을 통해 세계사 인식을 형성하며 세계시민 의식을 함양하는 데 목표를 두고 있다. 자료 분석·해석을 통해 능동적으로 세계사 인식을 형성한다는 진술은 한국사의 목표로 설정된 "역사 자료를 분석하고 해석하는 탐구 과정을 통해 역사적 사고력을 함양한다."라는 진술과 그 방향이 대체로 일치한다.

그렇다면 어떤 내용을, 어떻게 다루어야 이러한 목표를 달성할 수 있을까? 혹자는 한국사의 경우, "전근대 영역이 이 목표 달성에 걸맞지 않으므로 해당 지식은 줄이고 근현대사 영역을 줄여야 한다."라고 주장하기도 한다. 그러나 이렇게 역사의 어느 한 분야 지식만 다루어야 한다는 주장은 근거가 부족하고 일방적이기도 하다. 우리는 어떤 주장을 할 때, 논거를 명확히 제시할 수 있어야 하고 반론에 귀 기울일 줄도 알아야 한다. 그렇지 않은 태도는 합리적이지 않다. 우리가 삼국시대에 대해 배운다고 했을 때, 그에 관한 지식을 알고 있다는 것이 '민주시민의 자질'을 양성하는 데 걸림돌이 된다거나 무의미하다고 보는 것은 설득력이 부족하다. 삼국시대 전쟁에 관한 지식을 통해 전쟁이 가져올 사회적 재난이 얼마나 큰지 인식할 수도 있고, 지배층의 욕망에 얼마나 많은 사람이 고통받을 수 있는지 살펴볼 수도 있다. 이러한 지식과 판단은 평화와 공존, 평등에 관한 신념을 강화하거나 그 중요성을 논리적으로 개진하는 데 도움이 될 수 있다. 반대로 박정희 정부와 신군부 시절의 '비상조치'와 '계엄령'에 관한 내용에 반복적으로 노출된 학습자 중에는 자신과 다른 입장을 가진 사람을 물리력으로 제거한 사례가 있음을 인지한 뒤 불법 계엄을 "있을 수 있는 일"로 보는 사람도 있다. 이러한 점에 비추어 볼 때, 무엇을(또는 '어떤 단원을') 집중적으로 가르칠 것인가 하는 점보다 가르치고 배워야 할 사건을 어떤 시선으로 바라보아야 하는가(또는 '어떤 서사 방식으로 역사를 서술해야 할 것인가') 하는 점이 더 중요하다고 생각할 수 있게 된다.

한편 2015 개정 교육과정 발표와 함께 역사 교과서를 국정으로 전환하려는 시도가 전개되어 사회적으로 큰 논란이 벌어졌다. 이 사안은 2013년 '뉴 라이트' 계열의 인물들이 교학사와 함께 2011 개정 교육과정에 따른 교과서 개발에 뛰어들면서 표면화될 기미가 나타났다. 교학사 한국사 교과서는 검정을 통과했지만, 일본군 위안부 피해 문제를 축소하거나 이승만 정권을 미화했다는 비판을 받아 채택률이 0%대에 그쳤다. 이후 정부가 역사 교과서를 2017년부터 국정으로 제작하겠다고 결정하는 일이 벌어지자 '뉴 라이트'의 역사관을 강요하기 위한 조치가 아니냐는 의혹이 일었고, 걷잡을 수 없이 반발이 확산되었다. 이 논란은 결국 정권 퇴진 이후 잦아들었고, 2018년에 역사과 교육과정이 개정되는 것으로 마무리되었다.

우여곡절 끝에 구성된 교육과정으로 초등학교 역사는 5학년 2학기에서만 학습하게 되었고, 중학교 역사①은 세계사, 역사②는 한국사로 구성되었다. 또 역사②의 내용은 흥선 대원군 등장 이전의 전근대사 내용 중심으로 구성되었고, 고등학교 한국사는 근·현대사 중심으로 구성되었다. 고등학교 한국사에서 전근대사 내용이 감소한 것에 대해 일각에서 비판이 제기된 바 있는데, 이 문제는 '2022 개정 교육과정'에서도 이어졌다.

2022 개정 교육과정은 기존의 역량 중심 교육과정을 이어받으면서 역량의 범주

에 '과정・기능'이라는 영역을 설정해 각 교과가 지닌 고유한 성격을 교과 나름의 원리와 방법으로 포함시킬 수 있게 했다. 그런데 역사 교육과정을 구성하는 과정에서 여전히 학교급별 내용 차별화와 근현대사 비중 문제에 논의가 집중되었다. 또 그 영향으로 중학교 역사의 학습요소가 많아진 반면 고등학교 한국사는 근현대사 위주로 편성되었다가 뒤늦게 전근대사 내용이 추가되는 과정에서 충분한 검토가 이루어지지 않아 혼란이 가중되었다.

한편 2022 개정 교육과정은 미래 사회에 필요한 역량을 함양하고 진로와 적성에 따른 학습자 맞춤형 교육으로의 개선을 목적으로 '학점 기반 선택 중심 교육과정'과 고교학점제를 제안하였다. 이에 역사과에서는 일반 선택 과목으로 세계사를 두고, 진로 선택 과목으로 '동아시아 역사 기행'을, 융합 선택 과목으로 '역사로 탐구하는 현대 세계'를 신설했다. 그러나 이 숫자는 다른 교과에 비해 적은 것이었고, 선택하는 학생의 숫자도 줄어들 수 있다는 우려가 커졌다. 이는 교사의 원활한 교과 운영과 역사교육의 개선에 걸림돌로 작용할 수도 있다.

위에서 언급한 것처럼 최근의 역사 교육과정에는 근현대사 교육을 강화하는 데 중점을 두고 있으며, 고등학교 한국사에 근현대사 내용을 배치하고 전근대사 내용은 중학교 역사에서 소화하도록 해야 한다는 입장이 반영되어 있다. 그런데 현장의 목소리를 들어보면 시수 등을 포함한 학교 교육과정 구성 문제에 어려움을 호소하는 교사가 적지 않다. 현실적으로 지금의 교육과정으로는 역사교육이 활성화되기 어렵다는 것이다.

역사교육이 지향하는 민주시민의 자질을 양성하는 데 적절한 방향성을 찾는 일은 어느 특정한 교육과정으로 마무되었다고 볼 수 없다. 앞으로 이 사안에 대한 검토가 차분하게 이루어진다면 관련 논의도 더 활발하게 이루어질 수 있을 듯하다. 최근에는 서사의 개편이나 비판적 사고력, 탐구 능력의 제고를 지향하는 논의가 더 중요하다는 의견도 나오고 있는데, 이러한 움직임은 그 나름대로 의미가 있다. "내용 지식을 중심으로 학교급별 학습 내용을 '계열화'하는 데 집중했을 뿐, 학교급별 혹은 학생 수준별로 역사적 사고력의 향상을 추구하고 평가할 수 있는 모델이나 교육과정 체제를 개발하는 데 소홀했다."라는 비판은, 이러한 점에서 우리에게 상당한 고민거리를 던져주고 있다.[57)]

〈표 9-5〉 우리나라 교육과정의 변천

교육과정 발표 연도	교육과정명
1945	교육에 대한 긴급조치기
1946	교수요목기(교과의 지도내용을 상세히 기술한 문서)
1954 시간배당기준령 1955 교과과정	제1차 교육과정
1963	제2차 교육과정
1973 중학교, (실업계) 고등학교 1974 (인문계) 고등학교	제3차 교육과정
1981	제4차 교육과정
1987 중학교 1988 고등학교	제5차 교육과정
1992	제6차 교육과정
1997	제7차 교육과정
2007	2007 개정 교육과정
2009	2009 개정 교육과정
2010	2010 부분 개정 교육과정
2015	2015 개정 교육과정
2022	2022 개정 교육과정

표 [9-5]는 지금까지 살펴본 해방이후 우리나라 교육과정의 변천을 정리하여 나타내고 있다. 교육과정명은 제7차 교육과정 이후 교육과정이 고시되고 난 해의 연도를 명시하고 있는 것이 특징이다. 역사과 교육과정 역시 국가교육과정 하에 편제되므로 각 시대별 국가적, 사회적 맥락이 교육과정 뿐 아니라 역사과 교육과정에도 큰 영향을 주었음을 알 수 있다.

토의해 봅시다.

1) 국가교육과정에서 바람직한 역사서사가 나타나기 위한 역사교육은 어떠한 모습이어야 할지 토론해 봅시다.
2) 현행 역사 교육과정의 문제점과 한계는 무엇이고, 또 이를 개선하기 위해서는 어떤 노력이 필요할지 토의해 봅시다.

CHAPTER 10

역사과 교육과정 설계를 위해 알아야 할 기초적인 개념과 쟁점은 무엇인가

챕터 개관

목적 우리나라에는 국가 수준의 교육과정이 있고, 이에 따라 학교 교육과정이 설계되고 운영된다. 교육과정 설계와 운영 과정에서 중등학교 역사 교사는 사회과 교사로서 한 개 이상의 과목을 맡는다. 교사들은 자신이 맡은 과목의 교육과정 및 평가 계획을 작성해야 하고, 이는 매년 4월 학교 알리미 사이트(http://www.schoolinfo.go.kr)를 통해 누구나 볼 수 있도록 공개된다. 그 양식과 내용은 시도 교육청마다, 학교마다, 교사마다 다르지만, 역사 교사가 교육과정과 평가 계획을 수립하는 데 필요로 하는 기초적인 개념이나 용어들은 있다. 이 장에서는 역사과 교육과정 설계를 위해 알아야 할 기초적인 개념과 쟁점들에 대해 알아봄으로써 교사의 교육과정 문해력 증진의 기여하고자 한다.

내용 요약 국가 수준의 교육과정 문서, 총론과 사회과 교육과정 문서를 이해하는 데 필요한 기초적인 개념을 중심으로 파악한다. 또한 국가 및 학교 교육과정에서 역사과의 위치, 역사과 성취기준과 성취수준, 교육과정 설계 시에 고려할 역사과 평가의 쟁점 등을 살펴본다. 특히 역사 교과의 특성을 살리는 교육과정과 평가 계획을 수립하기 위해, 역사 교사들이 염두에 두어야 할 쟁점들에 대해서도 살펴본다.

질문 역사 교사가 역사 과목의 교육과정을 설계하는 데 필요로 하는 기초적 개념이나 용어는 무엇이고, 역사 교과의 특성을 살리는 교육과정 설계를 위해 염두에 두어야 할 쟁점은 무엇일까?

Ⅰ 국가 및 학교 교육과정에서 역사과의 위치

1. 교육과정의 세 가지 차원과 설계

우리나라에는 국가 수준의 교육과정이 있고, 이에 따라 학교 교육과정이 설계되고 운영된다. 학교 교육과정의 '설계(design)'라는 용어는 기존에 학교 교육과정의 '편성'을 대체하는 용어로 등장한 측면이 있다. 학교 교육과정이 편제 및 시간 배당 기준 등의 형식적, 행정적 재구성에 국한되지 않고 교사, 학생, 학부모의 참여 등을 포괄하는 적극적 의미를 담는 개념으로 사용되고 있다. 학교의 역사과 교육과정 설계와 운영 과정에서 역사 교사는 사회과 교사로서 한 개 이상의 과목을 맡는다. 역사 교사는 자신이 맡는 과목의 교육과정을 학교와 학년 수준에서 계획하고, 이에 따라 차시별 수업과 여러 형태의 평가를 구상하고 실행하는 주체다.

더불어 2010년대 이후로 부상한 의제인 이른바 '교수평(기) 일체화', 즉 교육과정-수업-평가(-기록)의 일체화 담론은 교과 교사가 교수 활동뿐 아니라 교육과정 (재)구성과 평가도 일관성 있게 잘 해낼 전문성과 역량을 갖춰야 한다는 점을 강조해 왔다.

이에 교사들 내에서도 학생 활동을 중심으로 하는 수업이나 수행 평가가 지속적인 관심을 받아 왔고, 교사가 구성하는 교육과정, 즉 교사 교육과정에 대한 논의가 활발해져 왔다. 국가, 지역, 학교, 학년(급) 교육과정 모두 교사 교육과정의 일부라는 견해부터[1] 교사 교육과정이라는 용어는 국가 교육과정에도 없는 용어이고 국가 교육과정 제시 수준에 맞춰 잘 가르치는 것이 교사의 전문성이라는 견해까지,[2] 교육계 내에 상당한 이견들이 공존하고 있다.

이러한 흐름은 역사교육계에서도 확인할 수 있다. 현재까지는 교사 교육과정의 의미와 교사의 교육과정 자율성에 관한 견해차가 역사 교사들이나 역사교육 연구자들 사이에서 엄밀하게 제기되거나 논쟁적으로 다뤄지고 있지는 않지만, 교사 교육과정 담론이 최근 국가 수준 역사과 교육과정 개정이나 학교 단위 역사과 교육과정 설계에 영향을 미치고 있다는 점은 여러 곳에서 확인할 수 있다.[3]

이와 같은 논의에서도 알 수 있듯, 교육과정은 교육과정을 개발, 설계, 운영,

실행하는 주체에 따라 국가 교육과정, 학교 교육과정, 교사 교육과정으로 나눌 수 있다. 아래에서는 이에 대해 하나씩 살펴보도록 하자.

첫째, 국가 교육과정이다. 이는 중앙 정부가 중앙 집중적으로 개발하는 것으로, 미국이나 독일 등의 나라가 비교적 지방 분권적으로, 즉 주(州) 단위로 개발하는 것과는 대조적이다. 가령 우리나라의 역대 교육과정은 교육부가 국가 교육과정 시안을 개발하기 위해 사전에 필요한 연구들을 진행하고, 총론과 각 교과 교육과정 시안 개발진 등을 구성한 후, 연구 결과를 토대로 새 교육과정을 확정 후 고시해 왔다.

초·중등학교에 관한 국가 교육과정은 대체로 다음과 같이 구성되어 왔다.[4] 초·중등학교 교육과정 총론이 있고, 학교급별 교육과정으로 초등학교 교육과정, 중학교 교육과정, 고등학교 교육과정이 있다. 각 교과 교육과정으로는 국어과·도덕과·사회과·수학과·과학과·실과(기술·가정)/정보과·체육과·음악과·미술과·영어과·제2외국어과·한문과 교육과정이 있고, 초등학교 1, 2학년에 한해 인정되는 교과로서 바른 생활, 슬기로운 생활, 즐거운 생활 교육과정이 있다. 이 외에도 중학교 선택 교과 교육과정, 고등학교 교양 교과 교육과정, 과학·체육·예술 계열별 선택 과목 교육과정이 있고, 전문 교과 교육과정, 창의적 체험활동 교육과정, 한국어 교육과정이 있다.[5]

초·중등학교 교육과정 총론은 먼저 교육과정의 성격을 다루고, 교육과정의 구성 방향으로 구성 중점, 인간상, 핵심역량, 학교급별 교육 목표를 담았다. 또한 학교 교육과정 설계와 운영의 측면으로 설계의 원칙, 교수·학습 및 평가, 모든 학생을 위한 교육기회 제공에 관해 다뤘다. 학교급별 교육과정 편성·운영의 기준으로는 일반적 기준으로서의 기본 사항, 편제와 시간(학점) 배당 기준, 초중고별 교육과정의 편성·운영 기준을 포함하고 있다. 또한 초·중등학교에 준하는 학교, 기타 특수한 학교와 초·중등교육법 별도 규정에 의하여 설립된 학교, 초·중등교육법 시행령에 따라 교육과정 운영의 특례를 받는 학교 등 특수한 학교들에 관한 사항을 담았다. 마지막으로 학교 교육과정의 지원을 위해 교육과정의 질 관리, 학습자 맞춤교육 강화, 학교의 교육 환경 조성을 다루고 있다.

둘째, 학교 교육과정이다. 우리나라의 경우, 학교 교육과정은 국가 교육과정을 바탕으로 하여 학교가 자율적으로 설계·운영하도록 되어 있는데, 학교가 학생의 특성과 학교 여건에 적합한 학습 경험을 제공하는 것을 뜻한다. 또한 학교 교육과정은 국가 교육과정의 총론과 시도 교육감이 정하는 지침 등을 반영하여 설계 및 운영된다.

물론 일부 시도 교육청에서는 '서울 교육과정', '경기도 교육과정'과 같은 지역 교육과정을 고시 또는 발표하기도 한다. 그러나 시도 교육청 다수는 제6차 교육과정 시기부터 교육과정 분권화의 일환으로 개발되어 온 시도별 교육청 교육과정 편성·운영 지침을 제시하고, 학교가 이에 기초하여 학교 교육과정을 구성하도록 해 왔다. 다만 지역 교육과정은 주로 총론에 해당하는 내용으로 구성되어 있고, 대체로는 교과를 다루지 않아 왔으므로 여기에서는 다루지 않았다.

학교 교육과정에서 초·중학교의 경우, 학교는 학교 교육과정 편성·운영 계획을 바탕으로 학년(군)별 교육과정 및 교과(군)별 교육과정을 편성할 수 있다. 이때 국가 교육과정이 제시한 편제와 시간 배당 기준을 고려하되, 교과(군)와 창의적 체험활동의 수업 시수를 학년별, 학기별로 자율적으로 편성할 수 있고, 교과(군)별 및 창의적 체험활동의 20% 범위 내에서 시수를 증감하여 편성·운영할 수 있다.

고등학교의 경우, 학교는 국가 교육과정이 제시한 편제와 시간 배당 기준을 고려하여 교과(군)과 창의적 체험활동을 편성해야 한다. 과목의 이수 시기와 학점은 학교에서 자율적으로 편성·운영하되, 다만 공통 과목은 선택 과목 이수 전에 편성·운영되도록 해야 한다. 또한 학교는 필요에 따라 국가 교육과정에 제시되어 있는 과목 외에 새로운 과목을 개설할 수 있는데, 이 경우에는 시도 교육감이 정하는 지침에 따라 사전에 필요한 절차를 거쳐야 한다. 이외에도 학교는 과목별 최소 성취수준을 보장하기 위해 학교의 여건 등을 고려하여 다양한 방식으로 예방 및 보충 지도를 실시하도록 되어 있다.

셋째, 교사 교육과정이다. 이는 교사가 만드는 교육과정을 뜻한다. 교사 교육과정이라는 용어는 현재 국가 교육과정 문서나 교육 관련법에 명시되어 있는 제도적 용어는 아니다. 그래서 교사 교육과정의 의미는 교육관이나 이론적 배경 등에 따라 사뭇 다르게 정의될 수 있다. 그럼에도 교사 교육과정이라는 용어는 교육과정에 대한 교사 전문성과 자율성에 대한 연구와 실행이 심화하면서, 교사가 단순히 국가

교육과정을 전달하는 주체가 아닌, 교육과정을 구성 또는 재구성하고 실행하는 주체라는 점을 강조하는 맥락에서 부상한 것이라고 할 수 있다. 다시 말하면, 교사가 계획된 교육과정의 단순 전달자(teacher as curriculum conduit)라고 보는 관점과는 대조적으로, 교사가 교육적 맥락 등을 고려하고 관련 전문성을 발휘하여 교육과정을 만드는—개발, 설계, 운영, 실행하는—주체(teachers as curriculum makers)이자 연구자 및 실행자임을 강조하는 관점이라고 할 수 있다.[6)]

이와 같은 교육과정의 세 가지 차원을 고려할 때, 학교 교육과정 설계의 행정적 주체가 '학교'라 할지라도 교사들에 의한 것임은 명백하다. 또한 학교의 교과 교육과정 설계에 발휘되어야 할 교사의 전문성은 교과 특정적인 측면도 중요하다. 그런 점에서 학교 교육과정의 설계와 교사에 대한 관점을 좀 더 살펴볼 필요가 있다.

학교 교육과정의 '편성'이란, 학교가 국가 교육과정의 총론을 따라 '편제'와 '시간 배당'에 관해 정하는 것을 뜻한다. 가령 초등학교, 중학교, 고등학교의 교육과정 편제는 모두 '교과(군)'와 '창의적 체험활동'으로 이루어져 있다. 다만 학교급에 따라 교과(군)와 창의적 체험활동의 내용은 다르다. 즉, 학교는 국가 교육과정의 교과와 활동의 시간 배당 기준을 고려하여 각 교과(군)와 활동의 시수를 편집(compilation)한다고 볼 수 있다. 그리고 '운영'은 편성된 교육과정을 실행하는 것이라 할 수 있다.

학교 교육과정의 편성이라는 용어에는 학교가 국가 교육과정을 잘 따르는 것이 중요하다는 관점이 전제되어 있다. 이는 교육과정 실행의 관점 가운데 충실(fidelity) 관점이 반영된 것이라고 볼 수 있다. 이러한 관점은 학교가 국가 교육과정을 원래 의도대로 잘 실행하는지를 파악해야 하고, 계획된 교육과정을 대다수 교사들이 수용하고 실행할 것이라 전제하며, 교사들이 교육과정을 실행하는 데 어려움을 겪지 않도록 교육과정이 세부적이고 구체적이어야 한다는 점을 전제한다. 이는 교육과정의 실행 과정에서 교사와 학생이 주어진 교육과정에 어떻게 적응하는지를 중시하는 상호적응(mutual adaptation) 관점, 교사와 학생이 만들어 가는 교육과정에 주목하는 생성(enactment) 관점과는 구분된다.[7)]

우리나라에서도 학교가 국가 교육과정을 충실히 실행하는 것을 넘어 교육과정 '설계'의 자율성을 가져야 한다는 제기는 여러 측면에서 있어 왔다. 그리고 2022

개정 교육과정에서는 학교 교육과정의 '설계(design)'라는 용어가 처음 도입되었다. 그런 점에서 우리나라 국가 교육과정 정책도 자율화 흐름을 반영하여 [그림 10-1]과 같이 교육과정에 대한 교사 자율성을 부분적으로나마 확보하는 방향으로 개정되어 왔다는 평가가 있다.[8] 그러나 동시에 표준으로서의 국가 교육과정과 그 영향력이 입시 제도 등으로 강제되는 효과와 획일화를 낳는다는 점에서 교사가 교육과정을 설계하는 데 제약이 크다는 문제 제기도 공존해 왔다.[9]

출처: 이주연 외, 2023, p. 27.

[그림 10-1] 우리나라 국가 교육과정의 교육과정 자율화 정책 흐름

역사교육계의 논의도 이런 흐름을 반영해 왔다. 교사가 국가 교육과정의 단순한 실행자가 아니라 학생의 교육적 성장을 위해 교육과정을 (재)구성하는 주체라는 점이 강조되어 왔고, 더 나아가 역사 교사가 교육과정의 재구성 수준이 아니라 설계(design)의 주체라는 점이 강조되기도 한다.[10] 그런 점에서 더 적극적인 의미 부여를 위해 교사 교육과정이라는 용어를 채택하기도 한다. 다만 이러한 흐름 속에서도 역사 교사가 (재)구성 또는 설계할 수 있는 교육과정의 대상과 범위, 권한에 대한 인식은 몇 가지 층위로 나뉘어 있다. 대체로는 역사 교사와 교육과정의 관계에 따라 국가, 학교, 교실 수준으로 나눠 볼 수 있다. 즉, 역사 교사가 국가 수준 교육과정 개발에 참여하는 경우, 학교 단위 교육과정 설계에 참여하는 경우, 학교 단위 교육과정에 따라 역사 교사 자신의 교실 수업을 설계하는 경우 등이라 할 수 있다.

가령 역사 교사들은 국가 교육과정 개정을 앞두고 학교 교과 교육과정의 설계에 반영될 기준들—개설할 역사 과목의 수, 과목명, 내용 체계, 시수(학점) 등—에 대한 참여로 국가 수준 교육과정에 대해 영향력을 끼칠 수 있다. 또한 국가 교육과정을 토대나 기초로 활용하여 학교 수준에서는 사회과의 기반 학문에 따른 영역(지리, 일반사회, 역사)을 고려하여 개설 과목 선정, 개설 학년/학기 선정, 과목 및 학급 담당 교사 선정에 참여한다. 또한 교실 수준에서는 자신이 맡은 과목에 대한 교수와 평가 계획을 수립하고 실행하기 위해 가르치고 평가할 내용과 방법을 선정하는 의사 결정의 중요한 주체가 된다. 그리고 이때 교사의 전문성과 자율성이 더욱 중요한 문제가 된다.

2. 역사과, 역사 영역, 사회 교과(군)

역사 교사들에게 역사과라는 말은 매우 익숙하다. 그래서 역사가 교과로서의 법률적 지위를 갖고 있다고 오해하는 경우도 많다. 그러나 역사과 교육과정은 사회과 교육과정에 포함되어 고시되고 있다. 역사 교사가 자신을 사회 교사라고 소개하는 경우는 드물지만, 중학교 〈사회〉나 고등학교 〈통합사회〉, 〈사회문제탐구〉를 수업하는 역사 교사를 찾기는 쉽다. 이러한 상황은 법률상 '교과', 교육과정상 '영역', 교육과정상 '과목'의 의미를 분명히 하면 이해하는 데 도움이 된다.

먼저 교과에 대해 살펴보자. 현행 초·중등교육법 제23조 3항에 따르면 '학교의 교과는 대통령령으로 정한다'고 돼 있고, 초·중등교육법 시행령 제43호(교과)에 명시된 교과에 '역사'는 포함돼 있지 않다. 법률에 따른 교과는 "1. 초등학교 및 공민학교: 국어, 도덕, 사회, 수학, 과학, 실과, 체육, 음악, 미술 및 외국어(영어)와 국가교육위원회가 필요하다고 인정하는 교과, 2. 중학교 및 고등공민학교: 국어, 도덕, 사회, 수학, 과학, 기술·가정, 체육, 음악, 미술 및 외국어와 국가교육위원회가 필요하다고 인정하는 교과, 3. 고등학교: 국어, 도덕, 사회, 수학, 과학, 기술·가정, 체육, 음악, 미술 및 외국어와 국가교육위원회가 필요하다고 인정하는 교과, 4. 특수학교 및 고등기술학교: 국가교육위원회가 정하는 교과."라고 명시돼 있다.

이에 따르면 역사는 우리나라 초·중등교육법 시행령에 명시된 교과 가운데 사회과에 속한다. 국가 수준에서 교과 교육과정을 개발할 때에는 사회과 교육과정과 역사과 교육과정이 따로 개발된다. 그러나 이때 역사과 교육과정은 중·고등학교에 대한 내용만 포함하고 초등학교 역사는 포함하지 않는다. 또한 개발된 교육과정이 최종적으로 고시될 때에는 초·중·고 사회과 교육과정에 중·고등학교 내용의 역사과 교육과정이 포함되어 고시된다. 현행 교과 교육과정이 공통 교육과정(초·중학교)과 선택 중심 교육과정(고등학교)으로 나뉘어 있음을 감안하면, 역사과 교육과정은 공통 교육과정(초·중학교)이라는 측면에서는 일관성을 갖기 어려운 구조로 개발되고 있음을 알 수 있다.

또한 국가 교육과정 총론에 따르면, 학교는 교육과정 편성·운영 계획을 바탕으로 학년(군)별 교육과정 및 교과(군)별 교육과정을 편성할 수 있는데 이때 '교과(군)'이라는 범주가 적용된다. 교과(군)은 학교급별로 다르게 명시되어 있는데, 초등학교에서는 '사회/도덕', 중학교에서는 '사회(역사 포함)/도덕', 고등학교에서는 '사회(역사/도덕 포함)'으로 고시되어 있다. 즉, 교과 기준으로 보면 학교 교육과정 수준에서는 사회과와 도덕과가 하나의 군(群)으로 묶여 편성·운영되도록 되어 있다. 이런 구조 속에서 역사 교사들은 자신의 '교원 자격 표시 과목'과 다르거나 비전공 분야의 과목을 가르치는 경우들이 적지 않다.

다시 말해 역사 교사는 사회과 교사에 속하고, 역사 기반이 아닌 과목도 수업할 수 있도록 되어 있다. 따라서 역사교육계에서 흔히 쓰는 '역사과'라는 표현은, 현재로서는 역사가 법률적 지위로서의 교과에 해당하지는 않지만 교과의 일반적인 의미, 즉 학교에서 가르칠 내용을 계통적으로 짜놓은 일정한 분야라는 의미로 사용되고 있는 것임을 알 수 있다.

다음으로, 영역에 대해 살펴보자. 우리나라 사회과 교육과정에서 '영역'은 여러 가지 의미로 혼재되어 사용되고 있다. 여기에서는 그 의미를 세 가지로 구분해 파악하고자 한다. 첫째, 교과의 기반 학문과 그 학문의 하위 분야, 둘째, 초·중학

교 교육과정의 내용 체계를 관통하는 주제, 셋째, 성취기준을 묶는 주제이다.[11)]

첫째, 사회과 교육과정에서 교과의 기반 학문과 그 학문의 하위 분야라는 의미의 영역은 주로 지리, 일반사회, 역사를 구분할 때 사용된다. 우리나라 역대 사회과 교육과정은 기반 학문을 기준으로 하여 지리, 일반사회, 역사로 구분해 왔다. 기반 학문의 하위 분야로서의 영역에 대해 일반사회는 정치, 경제, 사회, 문화를 구분해 사용하기도 했고, 역사는 국사, 역사(세계사), 한국사, 세계사 등을 사용하기도 했다. 교수요목기 이래 공민 등을 사회과의 영역으로 정한 적도 있고, 국사가 사회과와 별도의 교과로 독립했던 시기도 있었지만, 대체로 사회과의 영역은 교과의 기반 학문을 의미하는 지리, 일반사회, 역사로 구분되어 왔다.

둘째, 초·중학교 교육과정의 내용 체계를 관통하는 주제로서의 영역은 7차 교육과정부터 등장했다. 7차 교육과정의 영역은 '인간과 공간', '인간과 시간', '인간과 사회'였는데, 이때 영역은 초등학교 3학년부터 고등학교 1학년(10학년)까지의 내용 체계를 관통하는 대주제를 뜻하였다. 즉, 7차 교육과정에서 영역은 교과의 기반 학문과 그 하위 분야의 의미로 쓰이는 것과 동시에 초·중학교 학교급의 내용 체계를 관통하는 주제를 뜻하였다. 2022 개정 교육과정에서도 초·중학교 교육과정을 공통 교육과정으로 묶고 11개의 주제(지리 인식, 자연환경과 인간 생활, 인문환경과 인간 생활, 지속 가능한 세계, 정치, 법, 경제, 사회·문화, 역사 일반, 지역사, 한국사)로 구분하여 내용 체계를 제시하였는데, 이 11개 주제도 영역으로 칭하고 있다.

셋째, 성취기준을 묶는 주제로서의 영역이다. 성취기준은 7차 교육과정부터 도입되었다. 2022 개정 교육과정에서 성취기준은 '영역별 내용 요소(지식·이해, 과정·기능, 가치·태도)를 학습한 결과 학생이 궁극적으로 할 수 있거나 할 수 있기를 기대하는 도달점'으로 정의되었다. 이 도달점(benchmark)은 일종의 표준(standards)이라 할 수 있다. 우리나라 교육과정의 역대 성취기준은 교과 내용 지식과 학생의 수행을 표현하는 동사로 기술되어 왔다. 그리고 성취기준이 담은 교과 내용 지식은 묶음으로 제시되어 왔고 대체로 성취기준을 묶는 주제가 명시되어 왔다. 역대 교육과정에서는 이를 단원, 영역, 소주제 등으로 칭해 왔다. 가령 2022 개정 교육과정의 성취기준 [9역06-01], [9역06-02], [9역06-03]을 묶은 이름은 '세계 대전과 사회 변동'인데, 이전 시기 교육과정에서 성취기준을 묶은 주제를 두고 단원, 영역, 소주제라고 칭했던 것의 영향으로 여전히 이를 영역이라고 부르기도 한다.

다만 2022 개정 교육과정부터는 성취기준을 묶는 주제를 영역이라고 규정하지는 않았다는 점에 유의할 필요가 있다. 2022 개정 교육과정에서 영역은 교육과정 문서의 목차와 주요 용어 해설인 '일러두기'에서 '교과(목)의 성격에 따라 기반 학문의 하위 영역이나 학습 내용을 구성하는 일차 조직자'로 정의되어 있다. 즉, 2022 개정 교육과정에서 영역은 교과의 기반 학문에서 하위 영역과, 학습 내용을 구성하는 일차 조직자라는 두 가지 의미로 정의되었다. 또한 '일러두기'에서는 '핵심 아이디어'가 '영역을 아우르면서 해당 영역의 학습을 통해 일반화할 수 있는 내용을 핵심적으로 진술한 것'이라 하여 2022 개정 교육과정이 제시하는 영역을 설명하였다. 이때 핵심 아이디어가 영역을 아우른다는 것은, 영역이 핵심 아이디어의 하위 또는 일부이고 핵심 아이디어 내에 영역이 속해야 한다는 뜻이다. 그러나 사회과 교육과정에서 영역이라고 칭한 것은 지리, 일반사회, 역사이고 이들은 핵심 아이디어의 하위가 아니라, 핵심 아이디어의 상위 개념으로 제시되어 있다. 따라서 사실상 각론 개발 기준이기도 한 '일러두기'와 사회과 교육과정 개발 체제는 다소 상이하고, 역대 사회과 교육과정 개발의 역사와 맥락 속에서 '영역'이 의미는 여러 가지로 혼용되어 왔음에 유의할 필요가 있다.

다음으로, 국가 교육과정상의 과목에 대해 살펴보자. 2022 개정 사회과 교육과정을 예로 들면, 사회과의 과목은 공통(초·중학교) 교육과정으로 〈사회〉와 〈역사〉, 2개를 제시하고 있다. 초등학교 3학년부터 6학년까지 배우는 사회과의 과목은 〈사회〉이고, 중학교에서 배우는 사회과의 과목은 〈사회〉와 〈역사〉이다. 선택 중심(고등학교) 교육과정의 과목은 공통 과목, 일반 선택 과목, 진로 선택 과목, 융합 선택 과목으로 나뉘어 있다. 공통 과목으로는 한국사1, 한국사2, 통합사회1, 통합사회2, 4개가 제시되어 있다. 일반 선택 과목으로는 세계시민과 지리, 세계사, 사회와 문화, 3개가 있다. 진로 선택 과목으로는 한국지리 탐구, 도시의 미래 탐구, 동아시아 역사 기행, 정치, 법과 사회, 경제, 국제관계의 이해, 7개가 있다. 융합 선택 과목으로는 여행지리, 역사로 탐구하는 현대 세계, 사회문제 탐구, 금융과 경제생활, 기후변화와 지속가능한 세계, 5개가 있다.

국가 교육과정에 제시되지 않은 '고시 외 과목'도 개설이 가능하다. 이는 학교별 교육의 특성화를 위해 국가 교육과정에 제시되어 있는 과목 외에 새로운 과목을 개설하여 시도 교육감의 승인을 받은 것으로, 일종의 시도 교육청 인정 과목이라 할 수 있다. 가령 어느 학교가 학기 개시일 3개월 전에 고시 외 과목 신설을 신청하면, 교육청은 적정성을 심의하여 교육감 승인 여부를 결정하는 식이다. 해당 과목에 대한 승인이 결정되면 학교 교육과정에 편성 및 운영이 가능한데, 역사과에서 잘 알려진 기 승인 고시 외 과목으로는 '인문학적 감성과 역사 이해', '세계유산 탐구' 등이 있고 이 과목들은 인정 교과서도 개발되어 있다. 이 외에도 개별 학교 단위에서 학교 특성을 고려하여 고시 외 과목을 신설하는 경우도 있다.

과목에 따라 교과용 도서, 즉 교과서가 개발되는데, 공통 교육과정의 과목과 선택 중심 교육과정의 일반 선택 과목의 교과서들은 검정 도서로, 진로 선택 과목과 융합 선택 과목은 인정 도서로, 고시 외 과목은 인정 도서 또는 기타 교수학습자료로 개발된다. 이때 중학교 사회과의 사회와 역사 과목의 검정 교과서는 〈사회①〉, 〈사회②〉, 〈역사①〉, 〈역사②〉로 구분되어 개발되고, 고등학교의 공통 과목과 일반 선택 과목은 과목명과 동일하게 개발된다.

과목의 시수(학점) 배분은 국가 교육과정 총론의 교과(군)별 기준에 따라 학교 단위에서 결정하고, 어느 과목을 개설할지, 어느 과목을 어느 학년 또는 학기에 개설할지도, 어느 과목을 어느 교사가 가르칠지도 학교 단위에서 결정한다. 이러한 결정은 교과(군)별로 이뤄지는데, 초등학교에서는 '사회/도덕', 중학교에서는 '사회(역사 포함)/도덕', 고등학교에서는 '사회(역사/도덕 포함)'을 기준으로 한다. 현행 '교원자격검정령 시행규칙'은 교사 자격증 표시 과목을 명시하고 있는데, 중등학교의 정교사는 공통사회, 일반사회, 역사, 지리, 도덕·윤리 등으로 나뉜다. 따라서 교원자격검정령 시행규칙과 국가 교육과정에 따르면, '사회(역사 포함)/도덕' 교과(군)과 '사회(역사/도덕 포함)' 교과(군)에 해당하는 과목들은 공통사회, 일반사회, 역사, 지리, 도덕·윤리 교사가 가르쳐야 한다.

다만 학교 내 교과(군) 내 교사 수급 상황에 따라 교과(목)의 상치(相馳)가 일어나기도 한다. 개설 과목과 담당 학급 또는 시수(학점) 배분 과정에서 중학교 사회 과목을 역사 교사가 가르치기도 하고, 일반사회 또는 지리 전공 교사가 중학교 역사를 가르치는 경우가 발생하는 것이다. 고등학교의 공통 과목이나 선택 과목에서도 이런 경우를 찾기는 어렵지 않다. 이미 2000년에 일반사회 전공 교사에게 국사 과목을 가르치게 한 것은 교육의 질을 하락시켜 헌법에 보장된 학생들의 교육권을 침해한다는 가처분 결정이 있었음에도 이런 일은 여전히 일어나고 있다.[12) 비전공 분야를 가르치는 사회과 교사가 겪는 어려움에 대해서는 이미 30년 전에도 연구된 바 있다. 이 연구에서는 지리 전공 교사와 일반사회 전공 교사가 서로 다른 전공을 가르칠 때 겪는 어려움을 다뤘다.[13) 같은 맥락에서 역사뿐 아니라 중학교 〈사회〉 과목에서 일반사회 영역과 지리 영역을 별개의 과목으로 분리해야 한다는 의견도 제기되고 있다.[14)

이러한 문제제기는 의미 있는 통합적, 융합적 교육을 위해서도 중요하다. 상이한 학문을 전공한 교사들이 자기 전공의 교과 특성과 교수 전문성에 기초할 때, 이러한 교사들이 시도하는 통합, 융합 교육의 질도 높아질 수 있다. 따라서 사회과 교사들이 교과(군) 내에서 과목을 분담하는 과정에서 비전공 영역 과목에 대한 교수 및 평가를 담당하는 상황은, 현실에서는 아주 오래된 문제이지만 여전히 해결이 시급한 과제라고 할 수 있다.

Ⅱ 역사과 성취기준과 성취수준의 의미와 쟁점

1. 표준(standards)으로서의 역사과 성취기준

국가 교육과정의 총론에서는 학교 교육과정의 설계뿐 아니라 교수·학습과 평가의 주요 원칙과 유의 사항을 다룬다. 이에 따르면, 학교와 교사는 성취기준(achievement standards)에 근거하여 교수·학습과 평가 활동이 일관성 있게 이루어지도록 해야 한다. 또한 학교는 교과목별 성취기준과 평가기준에 따라 성취수준을 설정하여 교수·학습 및 평가 계획에 반영해야 한다.[15)

우리나라의 경우, 성취기준 개발은 국가 공통의 절대평가를 위해서 시작되었다.[16) 7차 교육과정 전까지는 국가 수준의 교육과정이 학습해야 할 주제를 나열하는 식으로 제시되었고, 7차 교육과정부터는 성취기준형으로 진술한 문장이 포함되었다. 사회과 교육과정의 경우, 2009 개정 사회과 교육과정의 2012년 부분 개정 이후로 성취기준이라는 용어를 직접적으로 사용하였는데, 당시 해당 문서에서는 성취기준의 뜻이 제시되어 있지는 않다.[17)]

이후 2015 개정 교육과정과 2022 개정 교육과정에서는 모든 교과 교육과정의 맨 앞에 공통적으로 '일러두기'를 포함하였고, 여기에 교육과정 각론 개발에 적용된 공통적 용어를 설명하였다. '일러두기'에서 제시한 성취기준의 정의는 다음과 같았다.

〈표 10-1〉 국가 교육과정에 명시된 성취기준의 정의

개정 시기	성취기준의 정의
2015 개정 교육과정	학생들이 교과를 통해 배워야 할 내용과 이를 통해 수업 후 할 수 있거나 할 수 있기를 기대하는 능력을 결합하여 나타낸 수업 활동의 기준
2022 개정 교육과정	영역별 내용 요소(지식 · 이해, 과정 · 기능, 가치 · 태도)를 학습한 결과 학생이 궁극적으로 할 수 있거나 할 수 있기를 기대하는 도달점

표에서도 알 수 있듯이, 두 시기 성취기준의 정의는 사뭇 다르다. 2015 개정 교육과정은 성취기준이 배워야 할 내용과 할 수 있기를 기대하는 능력을 결합하여 나타낸 수업 활동의 기준이라는 점을 부각하였다. 이와 달리 2022 개정 교육과정에서는 성취기준이 학습의 결과로 기대하는 도달점(즉, 목표)라는 점을 분명히 하였고, 학생들이 함양해야 할 능력을 '영역별 내용 요소(지식 · 이해, 과정 · 기능, 가치 · 태도)', 즉 역량(competency)의 세 범주로 제시하였다.[18)]

그럼에도 국가 교육과정 문서가 제공한 성취기준의 정의에는 수업 활동의 기준 또는 도달점(benchmark)과 같이 광범한 의미에서 표준(standards)이라는 의미를 포함하고 있다. 특히 우리나라의 경우, 국가 수준의 교육과정은 교육부 장관의 고시를 통해 발령되는 행정규칙으로 법령의 일종이다. 이때 고시는 행정기관이 일정한 사항을 일반에게 알리는 문서를 뜻한다. 따라서 연방 또는 주(州) 단위 교육과정이 국가 최고 교육과정인 나라들과는 달리, 우리나라의 국가 수준 교육과정은 전국에 동일하게 적용되어야 하는, 법령적 지위도 갖춘 표준에 해당한다.

그래서 우리나라 국가 교육과정의 성취기준은 일선 학교에서 교수·학습과 평가의 국가적 표준으로 기능하는 것이다.

성취기준이 국가적 표준으로 기능한다고 하여 학교 수준이나 교실 수준에서 반드시 성취기준 문자 그대로 적용해야만 하는 것은 아니다. 교육부가 교육과정 외에도 훈령과 지침을 통해서 교사가 성취기준에 대해 "학생의 특성·학교 여건 등에 따라 교육과정 및 교과서 내용을 분석하여 교과협의회를 통해 재구조화할 수 있다"고 명시하고 있기 때문이다.[19] 그럼에도 교사에게 주어진 재구조화의 자율성에는 제약이 있다. 교육부 훈령과 지침에 대한 해설을 담고 있는 학교생활기록부 기재요령에 따르면, "'성취기준의 재구조화'는 교육과정 성취기준을 실제 평가의 상황에서 준거로 사용하기에 적합하도록 보다 구체적이고 명료하게 하는 것"을 의미한다. 추가적으로는 "성취기준을 통합하거나 일부 내용을 압축하여 재구조화 할 경우, 성취기준의 내용 요소 일부가 임의로 삭제되지 않도록 유의해야 하며, 일부 내용 요소를 추가해야 하는 경우에는 학생의 학습 및 평가 부담이 가중되지 않도록 학년(군), 학교급 및 교과(군)간의 연계성을 충분히 고려해야 한다"는 것이다.[20] 즉, 성취기준의 통합, 일부 내용 요소의 압축이나 추가가 가능하고, 임의로 삭제하지는 않도록, 학생의 부담이 증가하지 않도록 유의해야 한다는 것이다. 이때 '임의'는 '일정한 기준이나 원칙 없이 하고 싶은 대로 하는 것'을 뜻하므로, 교사가 성취기준을 재구조화 할 경우에는 명시적인 기준이나 원칙을 수립하여 반영하거나 교과협의회 등을 통해 기준이나 원칙을 정하는 것이 필요할 수 있다.

이처럼 표준의 지위를 가지고 있는 우리나라 교육과정의 성취기준은 표현의 형식 면에서는 내용 지식과 학생의 수행을 결합하여 만든 한 문장의 형식을 띠고 있다. 이는 타일러(Ralph Tyler)의 연구가 끼친 영향이라고 볼 수 있다. 그는 가장 효과적인 목표 진술의 방법은, 학생들에게 가르치려는 행동이 무엇이고, 이 행동이 활용될 수 있는 실제 영역이나 내용이 무엇인지를 밝히는 것이라고 보았다. 그래서 목표 진술에는 추구하는 행동이나 내용이 모두 포함되어 있어야 한다고 하였다.[21]

최근까지의 역사과 성취기준도 이러한 형식으로 진술되고 있다. 다만 역사과 성취기준이 다루는 내용 지식은 역사적 사실을 둘러싼 여러 해석과 논쟁을 반영한다는 점에 유의해야 한다. 성취기준 진술에서 어떤 역사적 사건을 무엇이라고 명명할 것인가(가령 임진왜란과 임진전쟁), 어떤 역사 개념이나 용어를 사용할 것인가(가령 절대왕정과 재정군사국가) 등의 문제는 가르칠 내용과 해석에 영향을 미칠 것이다. 그래서 새로운 교육과정이 개발될 때마다 이전 시기와 달리 새롭게 등장한 용어나 개념, 역사적 관점 등을 둘러싼 사회적 논쟁이 벌어지기도 한다.

역사과 교육과정 성취기준도 학생의 수행을 표현한다. 가령 탐구한다, 조사한다, 비교한다, 파악한다 등 오랫동안 역사과 성취기준에 여러 차례 사용되어 온 수행 동사들이 있다. 다만 이러한 수행 동사들이 어떤 의미로 정의되어야 하고, 학생들이 해당 수행 과정에서 무엇을 할 수 있어야 하는지에 대한 관심과 체계적인 연구는 비교적 최근에 들어서야 높아지고 있다. 특히 역사 탐구, 역량 중심 교육과정에서 '과정·기능' 범주에 대한 연구가 늘어나면서 역사과 교육과정 성취기준이 제시하는 수행 동사의 종류의 의미, 분류와 체계 등에 대한 문제의식도 확대되고 있다.[22)]

이런 점에서 역사교육 연구자마다 용어나 분류법은 다양하지만, 여러 나라의 역사과 성취기준은 대체로 역사 실질 개념(historical substantive concept)과 역사 2차 개념을 포함하고 있다고 볼 수 있다.[23)] 이때 역사 실질 개념이란 역사의 실질적인 내용이자 실체를 지칭하는 것으로, 역사적 사실들을 추상화 또는 일반화하는 개념(또는 지식)을 뜻한다. 예를 들면, 국가, 제국, 혁명, 신분제, 민주주의, 봉건주의 등이 여기에 해당한다. 그리고 이러한 지식은 역사를 통해 가르치고 배워야 할 것으로 성취기준에 포함되고 있다. 이는 다른 표현으로는 역사 1차 개념이라고도 불린다.

우리나라의 역대 역사과 교육과정 성취기준은 대체로 역사 실질 개념을 중심으로 서술되어 왔다. 가령 2022 개정 교육과정에서 중학교 역사 과목의 성취기준 가운데 "[9역13-01] 개항 이후 근대 국가를 건설하기 위한 노력을 파악한다"는 개항, 근대 국가, 국가 건설, 국가 건설 노력과 같은 실질 개념을 포함하고 있다. 다만, 역사 실질 개념은 그 의미가 고정되어 있지 않고, 해석이 다양하며, 특히 시공간에 따라, 맥락에 따라 그 의미가 달라질 수 있다는 점에 유의해야 한다.

이와 달리 역사 2차 개념은 역사라는 학문의 구조적인 기초를 구성하는 것으로, 역사의 학문적 특성을 보여 주는 조직적 아이디어라고 할 수 있다. 즉, 역사학의 학문적 기초이자 방법이 되는 개념인 변화, 지속, 원인, 결과, 증거, 역사적 중요성, 진보, 퇴보, 역사적 관점 등이 이에 해당한다.

역사 2차 개념은 우리나라 역사과 교육과정 성취기준 진술에서는 극히 부분적으로 사용되고 있다. 가령 2022 개정 교육과정에서 고등학교 세계사 과목의 성취기준 가운데 "[12세사02-02] 유럽의 신항로 개척과 재정・군사 국가의 성립이 가져온 변화를 분석한다."는 유럽의 신항로 개척과 재정・군사 국가의 성립으로 당시의 어떤 상황이나 사정이 지속되지 않고 바뀌거나 달라졌는지를 분석해야 한다는 점에서 '변화'라는 용어를 포함하고는 있다. 다만 역대 역사과 교육과정 성취기준들이 역사 2차 개념들을 체계적이고, 본격적으로 반영하지는 못해 왔다. 2022 개정 교육과정의 고등학교 한국사와 동아시아 역사 기행 과목의 경우, 성취기준이 아니라 '교수・학습의 방향'에 대해 '학습자가 역사 자료를 다루는 과정에서 역사(적) 증거, 변화와 지속, 인과 관계, 역사적 중요성 등 역사 학습의 주요 개념을 습득할 수 있도록 한다.'고 제시하였는데, 향후 이러한 역사 2차 개념이 국가 교육과정에도 체계적으로 반영되어 역사 교사에게도 친절한 안내가 되고, 학생에게도 역사학의 방법론적 특성이나 역사 2차 개념을 체계적으로 경험하고 학습할 기회를 제공할 필요가 있다.[24)]

2. 판단 준거(criteria)로서의 역사과 성취수준

역사과 성취기준을 개발 및 활용할 때에는 판단 준거(criteria)로서의 역사과 성취수준도 염두에 둘 필요가 있다. 학생의 성장을 돕고자, 학생이 역사 학습 이후 어느 정도 이해했는지, 또는 무엇을 할 수 있거나 무엇을 하기 어려워하는지를 판단하는 것은 중요하다. 이러한 방향성은 교육 평가의 패러다임이 '학습 결과에 대한 평가(assessment of learning)'에서 '학습을 위한 평가(assessment for learning)' 또는 '학습으로서의 평가(assessment as learning)'로 전환되었음을 의미한다. 정책적 용어로서의 '과정 중심 평가', 제도적 용어로서의 '성취평가제', 교육 평가 분야 용어로서의 '피드백'이 널리 사용되고 있는 것은 이러한 교육 평가 패러다임의 전환과 궤를 같이 하는 것이라 할 수 있다.

이러한 맥락에서 학생의 성취 정도를 파악하는 것은 교육과정 설계 단계에서 고려되어야 하고, 이는 학습 종료 후 평가 계획뿐 아니라 학습 과정 중 평가 계획에도 반영되어야 한다. 이러한 문제의식에서 교과교육학 연구들이 교과별 평가기준, 성취수준 등 교과별 학생 평가 분야를 주목하거나 교원 양성 과정에서 강조하게 된 것은 그리 오래되지 않았다.

가령 교원 양성 과정에서 전공 과목의 교과교육학 영역 필수 과목은, 2016년까지만 해도 '교과교육론', '교과 교재 연구 및 지도법', '교과 논리 및 논술' 3개 과목뿐이었다. 그러나 2017년부터는 '교과별 교수법', '교과별 교육과정', '교과별 평가방법론' 과목을 추가하여 교과교육학 영역의 총 6개 과목 중 3개 과목을 이수하는 것으로 교수요목이 개정되었다.[25] 기존의 교원 양성 과정 교수요목에서 '교재 연구 및 지도법'이 교수 방법을 포함하도록, '교과교육론'이 교육과정을 포함하도록 되어 있던 것에 비춰 보면, '평가방법론' 과목의 도입은 이전과 달리 교과별 학생 평가 분야가 예비 교원에게 필요하고 중요한 분야임을 정책적으로 강조한 결과라 할 수 있다.

국가 수준의 평가기준을 개발하는 연구는 1990년대 말부터 수행되기 시작하였다.[26] 이후 7차 교육과정 고시부터는 국가 교육과정이 개정될 때마다 후속 연구로 평가기준 연구가 수행되어 왔다. 역대 평가기준 연구는 고시된 성취기준에 따라 일선 학교에서 활용 가능한 성취수준 진술문을 일종의 '예시'로 개발하여 제시하였다. 즉, 학교에서 반드시 그대로 따라야 하는 것이 아니라, 예시적 성격을 가지고 있으며, 학교의 상황 및 여건 등을 고려하여 평가기준을 수정 보완하여 사용할 수 있다는 것이다.[27] 그리고 학생의 성취수준을 판단하는 데 적절한 예시 평가도구들을 제시해 왔다.

2015 개정 교육과정 적용 시기를 기준으로 보면, '평가준거 성취기준'이란 '교육과정 성취기준을 실제 평가의 상황에서 준거로 사용하기에 적합하도록 재구성한 것'이었다. 또한 '평가기준'이란 '평가 활동에서 학생들이 어느 정도의 수준에 도달했는지를 판단하기 위한 실질적인 기준 역할을 할 수 있도록 각 평가준거 성취기준에 도달한 정도를 상/중/하의 세 단계로 구분하고 각 단계에 속한 학생들이 무엇을 알고 할 수 있는지를 기술한 것'이었다. '단원/영역별 성취수준'이란 '각 단원

또는 영역에 해당하는 교수·학습이 끝났을 때 학생이 성취하기를 기대하는 지식, 기능, 태도에 도달한 정도를 기술한 것'으로, '단원 또는 영역 내 성취기준들을 포괄하는 전반적인 특성에 도달한 정도를 수준별로 구분해 진술한 것'이기도 했다. 이때 성취수준은 5단계 또는 3단계로 나뉘었다.[28] 그리고 이러한 개념에 따라 각 학교급과 교과(목)별로 개발된 평가기준이나 평가준거 성취기준은 한국교육과정평가원의 연구 보고서를 통해 일선 학교에 안내되었다. 이와 같은 평가기준 연구의 주요 용어들을 교육과정 개정 시기별로 정리하면 다음과 같다.

출처: 이미경 외, 2016, p. 20을 활용하여 재작성함.

[그림 10-2] 평가기준 관련 용어의 변화

한편, 2015 개정 교육과정에 근거한 평가기준의 경우, 성취기준과 평가준거 성취기준이 동일한 경우가 많고, 단원/영역별 성취수준의 실제 활용도가 낮았다고 평가되었다. 따라서 2022 개정 교육과정의 후속으로 진행된 성취수준 개발 연구에서는 교육과정 성취기준과 구분되는 평가준거 성취기준을 설정하지 않았다. 또한 평가기준으로서의 성취수준을 "학생들이 각 교과(목) 성취기준(들)에 도달한 정도를 나타낸 것"으로 정의하면서, 도달 정도는 몇 개의 수준으로 구분하고, 각 수준에 속한 학생들이 무엇을 알고 할 수 있는지를 기술한 것이라고 제시하였다.

또한 2022 개정 교육과정에 따른 성취수준 개발 연구는 성취기준별 성취수준과 영역별 성취수준을 제시하여, 일선 학교에서 학기 단위 성취수준을 개발하는 데 활용할 수 있도록 체계화하였다.29) 이때 성취기준별 성취수준은 "성취기준 단위 성취수준으로, 학교급・교과(목)・성취기준의 특성에 따라 3~5수준으로 구분하여" 기술한 것이고, 영역별 성취수준은 "영역 단위 성취수준으로, 영역 내 성취기준들을 포괄하는 전반적인 특성을 학교급・교과(목)의 특성에 따라 3수준, 5수준으로 구분하여" 기술한 것이었다.30)

역사과 성취수준에 대한 국가 수준의 연구는 다른 교과와 마찬가지로 2011년에 시작되었다. [그림 10-2]에서도 알 수 있듯, 교과별 '성취수준'에 대한 연구가 정책적으로 시작된 것은 2009 개정 교육과정에 대한 후속 연구였다. 2009 개정 교육과정은 몇 차례에 걸쳐 부분 개정되었고 이후 성취평가제 도입이 공식화됨에 따라, 2011년에 교과별 성취수준 개발 연구가 진행된 것이다. 당시 역사과 성취수준 개발 연구는 성취수준의 개발 원리와 절차를 다음과 같이 제시하였다.31)

첫째, 학교급별 위계성을 바탕으로 해당 학교급의 교육과정 목표를 파악한다. 초・중・고 학교급에서 목표로 하는 역사 이해의 특성을 도출한 뒤, 해당 학기 이수 후 달성하기를 기대하는 성취수준을 구안하였다.

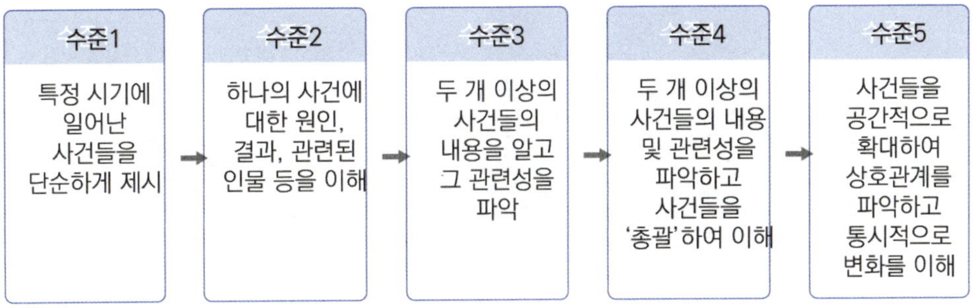

출처: 박진동 외, 2012, p. 293.

[그림 10-3] 역사의 지식/이해 구조화 수준 구분

둘째, 해당 학교급 교과 내용의 지식/이해 구조화의 수준을 구분한다. 가령 2009 개정 교육과정의 중학교 역사 과목이 사건사, 정치사 중심의 이해를 추구한다는 점을 전제하에, 역사의 지식/이해 측면은 다음과 같이 5개 수준으로 구분하여 제시하였다.

셋째, 사고/기능 측면에서 수행 능력의 수준을 구분한다. 역사 학습의 사고/기능 측면에 대해서는 자료(사료) 탐구 활동을 중심으로 하여 해당 학교급에서 달성하기를 기대하는 성취수준을 기술하였다.

이와 같은 역사과 성취수준 개발 원리는 대체로 2022 개정 교육과정의 성취수준 개발 연구에도 적용되었다.[32] 다만 2012년 연구와 2022년 연구가 모두 쟁점으로 남겨둔 것은, 역사과 성취기준에 사용되는 수행 동사에 대해 수행 동사 자체를 위계화할 수 있는가 하는 점이다. 가령 '조사한다'와 '알 수 있다'라는 2개의 수행 동사를 두고 어느 수행 동사가 더 상위의 수준이라고 판단할 수 있는가의 문제이다.

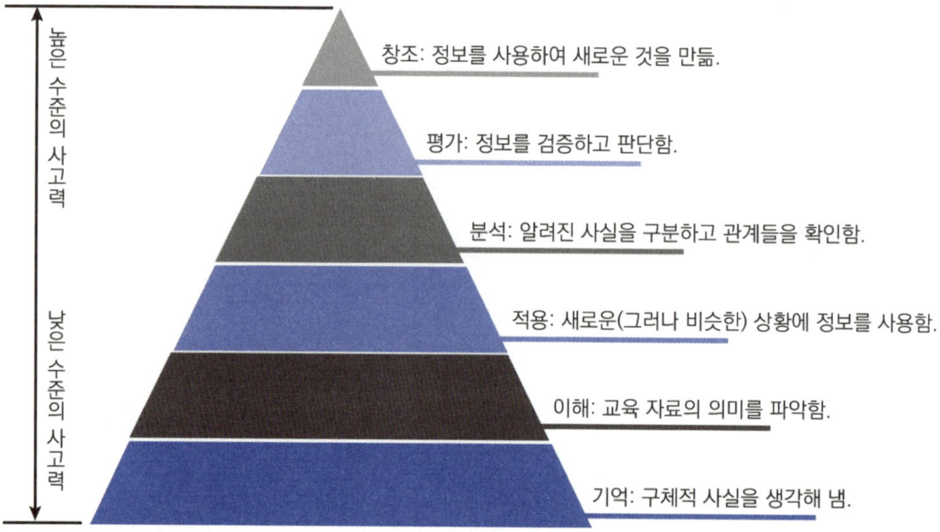

출처: https://citt.ufl.edu/resources/the-learning-process/designing-the-learning-experience/blooms-taxonomy (검색일: 2025년 1월 7일)을 번역하여 재구성함.

[그림 10-4] 블룸의 신교육목표분류에 따른 인지 영역

물론, [그림 10-4]와 같이 범교과적으로 흔히 사용되는 블룸(B. S. Bloom)의 분류는 일반적인 인지의 단계로는 타당할 수도 있고, 역사과 성취수준을 기술하는 데 일부 적절할지도 모른다.[33] 그러나 블룸이 제시한 인지의 단계가 역사학습 과정에서 있을 수 있는 학생의 사고나 수행에 그대로 적용되기에는 무리가 있다.

또한 맥타이(J. McTighe)와 위긴스(G. Wiggins)가 학생의 이해 정도를 평가하는 지표이자 핵심 질문을 만드는 데 유용하다고 제시한 '촉발 동사'도 역사과 성취수준을 기술하는 데에도 활용할 수 있을지 모른다.[34] 그럼에도 역사 학습을 통한 학생의 수행에 관해 수준을 설정할 수 있으려면, 학생이 역사 학습을 통해 배워야 할 주요한 능력을 선정하고, 이를 체계화, 타당화 하는 것이 선결 과제라 할 수 있다.

Ⅲ 교육과정 설계에서 고려할 역사과 평가의 쟁점

1. 배움의 증거를 확인하기 위한 평가 구상의 기초

학교에서는 교육과정 설계 시 평가 계획도 함께 수립하도록 하고 있다. 이때 범교과적인 표현으로 '학생 평가'라는 용어를 사용하는데, 이는 평가의 대상을 기준으로 분류하는 용어이다. 기관 평가, 학교 평가, 교원 평가 등이 이러한 분류에 따라 사용된 경우다. 제도적으로는 초·중등교육법, 초·중등교육법 시행규칙, 학교생활기록 작성 및 관리 지침(교육부 훈령), 시·도교육청 학업성적관리 시행 지침, 학교 학업성적관리규정에 근거하도록 되어 있고, 이 경우들에서는 이른바 '학생 평가'라는 용어로 통칭하고 있다.

학생 평가, 교육 평가 등 '평가'라는 용어는 학습자가 학습한 결과를 확인하는 것을 통칭한다. 즉, 학습자가 무엇을 알거나 할 수 있는지 확인하는 과정을 포함한다. 평가라는 용어에 대해 흔히는 단원 말미나 학기 말에 치르는 시험(test)을 떠올리겠지만, 평가(assessment)가 시험(test) 그 자체를 의미하지는 않는다. 평가에는 수업에서 학생의 성장을 확인할 수 있는 다양하고 비공식적인 피드백도 포함되기 때문이다. 그런 점에서 교사는 교수·학습 활동만 설계하는 것이 아니라, 평가도 설계할 수 있어야 한다. 즉, 교사는 활동 설계자이자, 평가 설계자이다.

활동 설계자는 가르칠 주제에 맞는 교구와 교재에 관심을 두지만, 평가 설계자는 학생이 이해한 증거가 충분히 드러나게 하려면 무엇을 해야 하는지에 관심을 둔다. 또한 활동 설계자로서의 교사는 활동이 제대로 운영될 수 있을지, 운영에 성공하는 이유와 실패하는 이유가 무엇인지에 주된 관심을 두지만, 평가 설계자로서의 교사는 학생이 가질 것으로 우려되는 오개념이 무엇이고, 학생들이 오개념을 가지고 있다는 것을 어떻게 알아낼 수 있을지에 주된 관심을 가진다.[35] 교사는 이러한 문제의식 속에서 교육과정을 설계하고 자신이 가르칠 과목의 교수·학습 계획을 수립할 뿐 아니라, 평가 계획까지 일관성 있게 수립하여 실행해야 한다.

평가는 대체로 평가 계획을 수립하고, 이에 적절한 평가 도구를 개발하며, 평가를 시행한 후, 평가 결과를 처리하는 순서로 진행된다. 평가 계획을 수립할 때에는 가르치고자 하는 내용의 핵심, 가령 성취기준을 분석하고 이를 통해 평가 요소를 선정해야 하며, 이때 평가는 수업과 연계하여 일관성을 가져야 한다. 즉, 가르치지 않은 내용, 학습을 체계적으로 제공하지 않은 내용을 평가해서는 곤란하다. 또한 배움의 증거가 될, 배움을 확인할 수 있는 평가 도구를 개발할 때에는 학교, 교과, 학생의 특성 등을 고려해야 하고, 평가를 시행할 때에는 학생의 수행 과정과 그 결과를 함께 평가하여야 한다. 평가 결과를 처리할 때에는 평가 결과를 분석하고 개별 학생이 교육 목표에 도달할 수 있도록 지원해야 하며, 평가 결과를 교수·학습에 환류해야 한다.

이와 같은 평가에는 여러 유형이 있다. 평가 방법의 종류에 따라서는, 양적 평가와 질적 평가, 정량 평가, 정성 평가로 나눌 수도 있다. 정량화가 가능한 경우가 양적 평가이고 그 예로는 현행 대학수학능력시험, 한국사능력검정시험 등을 들 수 있다. 정성적 평가의 경우 질적 평가라 할 수 있고, 그 예로는 교사가 학생의 관찰하고 면담하여 기록한 결과를 들 수 있다. 학교생활기록부 교과학습발달상황에 기재되는 세부 능력 및 특기 사항이 이에 해당한다.

평가할 행동 영역에 따라서는, 인지적(cognitive) 영역 평가, 정의적(affective) 영역 평가, 심동적(psychomotor) 영역 평가 등으로 나뉜다. '영역'을 무엇으로 규정하느냐에 따라 그 범주가 달라지겠지만, 이 경우에는 블룸이 제시한 학생의 행동

영역을 기준으로 분류한 것이다. 가령 어느 시도 교육청의 경우에는, 학교 단위의 교육과정 및 평가에 관한 계획을 수립할 때 정의적 영역에 대한 평가를 반드시 포함하도록 한다.

학생을 평가하는 주체에 따라서는, 자기 평가, 동료 평가, 교사 평가 등이 있다. 학생 평가 시 동료 평가란 동료 학생이 다른 학생을 평가하는 것으로, 학생들 간에 서로 하는 평가, 즉 학생 간 상호 평가를 뜻한다. 자기 평가는 학생이 자기 스스로 자신의 인지나 수행을 평가하는 것을 뜻한다. 교사 평가는 교사가 학생을 관찰하거나 학생이 제작한 수업의 결과물 등을 통해 평가하는 것을 뜻한다. 이는 앞서 평가 대상에 따른 분류와 구분된다는 것임에 주의할 필요가 있다.

평가 도구를 개발하는, 가령 시험 문제를 출제하는 주체가 학교인지, 학교 밖 기관인지에 따라 나뉘는 것으로, 내부 평가와 외부 평가로 나눌 수 있다. 가령 대학수학능력시험, 국가 수준 학업성취도 평가, 맞춤형 학업성취도 자율평가, 전국 연합학력평가 등은 모두 학교 밖 기관이 출제하므로 외부 평가라 할 수 있다. 이와 달리 학교가 수립한 교육과정에 따라 수업하고 이에 기초한 평가를 위해 해당 교육과정을 가르친 교사들이 평가 도구를 개발하고 시행하는 경우는 내부 평가라 할 수 있다.

이처럼 평가의 여러 유형들은 그 분류 기준에 따라 매우 다양하다. 이러한 용어와 개념에 대해 이해한다면, 학교 단위의 교육과정 및 평가 설계나, 시·도 교육청 단위 또는 전국 단위의 여러 학생 평가에 대한 혼선을 줄이고 적절히 활용하는 데 도움이 될 듯하다.

개별 교사들은 과목 단위의 평가를 설계할 때 평가 영역과 평가 요소를 설정해야 한다. 이때 '평가(지필 평가 및 수행 평가)의 영역'은 평가를 실시하고자 하는(평가에서 측정하고자 하는) 영역을 의미하며, '교육과정의 영역, 핵심개념, 기능 등'을 활용하여 교과 및 학교의 특성에 따라 결정할 수 있도록 되어 있다. 이는 교사의 교과 교육과정에 대한 이해도와 전문성이 중요하게 발휘되어야 하는 과정이기도 하다.

현행 우리나라의 규정상 교과별·학년별 평가 계획은 학기 초에 학생 및 학부모에 공개하여야 하고, 평가 실시 전에 평가 방법 및 채점기준 등 평가 운영과 관련된 세부적인 사항을 학생에게 안내하여 학생들이 해당 평가의 평가 방법 및 평가 요소를 인지할 수 있도록 하여야 한다. 이때 '평가 요소'란, 교육과정 성취기준 도달의 증거로, 학생들이 보여 주기를 기대하는 핵심 내용을 구체적으로 기술한 평가 내용을 말한다.[36] 세부적인 채점 기준을 모두 공개하기 어려운 경우, 채점 기준에 포함된 평가 요소를 공개해야 하고, 평가 계획이 변경되는 경우에는 학업성적관리위원회의 심의를 통해 변경 사항을 확정하고 평가 실시 전에 변경 사항을 학생과 학부모에게 안내하여야 한다. 또한 학교가 지필 평가 기출 문제를 공개하여야 한다는 점도 염두에 두어야 한다.[37]

다만 위와 같은 평가의 주요 용어와 개념, 절차들은 역사 교과 특성에 맞는 평가 설계와 이에 대한 소통에 필요한 기초적 약속일뿐이라는 점에 유의할 필요가 있다. 가령 교육부 훈령은 역사과를 비롯한 교과 학습에 대한 평가를 지필 평가와 수행 평가로 구분하도록 되어 있고, 수행 평가는 시·도 교육청의 학업성적관리 시행지침에 따라 학교별 학업성적관리규정으로 정하여 교과목의 특성상 수업 활동과 연계한 수행 평가만으로 평가할 수 있도록 되어 있다.[38] 이때 수행 평가는 교과 담당 교사가 교과 수업 시간에 학습자들의 학습 과제 수행 과정 및 결과를 직접 관찰하고, 그 관찰 결과를 전문적으로 판단하는 평가 방법이라 할 수 있다.[39]

2. 역사과 평가에 역사의 개념과 연구 방법을 반영할 가능성

국가 교육과정에는 '교과의 고유한 성격'이라는 표현이 명시되어 있고 이는 교과마다 교과 특정적인 성격이 있음을 전제하는 것이다. 이는 학문 문식성 또는 학문 문해력(disciplinary literacy) 개념과 유사하다고 할 수 있다. 이는 개별 학문에 특정적인 리터러시 전략이 존재한다고 보는 입장이다. 또한 영역 고유 인지 이론(domain-specific cognition theory)도 이와 유사하다. 교과에 특정적인 내용이 인식 원리, 사고 논리, 교수 방법 등을 좌우한다고 보는 입장이기 때문이다.[40]

그런 점에서 '교과의 고유한 성격'을 고려하는 평가란 무엇일까? 단지 과거의 기록, 사료를 활용하는 평가 방법이라 하여 그 자체가 역사 교과의 특성을 살리는 것이라고 보기는 어렵다. 가령 역사적 사고력을 측정하는 것을 목표로 하여 조사

보고서를 작성하게 하는 수행 평가를 구상했다고 가정해 보자. 이때 채점 기준이 학생이 조사 및 검토한 사료의 수가 몇 개인지에 따라 성취수준 A, B, C, D, E를 제시한다면, 교사의 교육적 의도, 평가의 방법, 채점 기준 사이의 일관성이 높다고 보기는 어려울 것이다.

또 다른 사례로 최익현의 상소문에 대해 배우고 나서 해당 학습에 대한 수행 평가로 '우리 학교의 문제점을 개선하기 위한 나의 상소문 쓰기' 활동을 한다고 가정해 보자. 상소문 읽기라는 수업과 상소문 쓰기라는 수행 평가 활동과 그 방법이 언뜻 역사스럽게 보일 수는 있다. 그러나 '상소문'이라는 형식의 글을 쓰던 시대, 즉 당대와, 최익현이 상소문을 쓴 배경, 즉 맥락을 따져보는 것을 중요하게 배운다면, 이 수업 직후 학생이 생각하는 장(場)을 최익현의 시대에서 '우리 학교'로 곧장 옮겨 적용하기는 쉽지 않을 것이다. 더구나 당대 상소문이 어떤 목적으로, 어떻게 작성되었는지, 최익현은 왜, 어떤 내용을 상소문에 담았는지 등을 배운다면, 적어도 이에 기초하여 당대의 인식, 동시대의 다른 상소문, 이 시기를 전후로 작성된 유사한 목적의 글들을 살펴보고 이를 비교하는 활동과 평가가 더 일관성 있을 수 있다.

만약 상소문 쓰기라는 수행 평가에서 교사의 주된 교육적 의도가 학생들이 학교의 문제점을 파악하고 개선하기 위한 활동을 하는 데 있다면, 또는 학생들이 학교의 문제를 찾아 조사하고 토론하여 해결책을 마련하거나 대안을 모아 의견서 형태의 입장문을 작성하게 하는 데 있다면, 학생들이 굳이 최익현의 상소문을 배울 필요가 있을까. 또한 임금과 같은 전근대 시기 최고 권력자에게 간(諫)하는 글의 내용과 형식을 배운 후 대통령, 교육부장관, 교육감, 학교장 등을 향해 건의하는 글쓰기 활동으로 수행 평가를 할 경우, 그 글에 대해 교사는 무엇을 준거로 학생의 교육적 성취를 확인할 것인지의 문제가 남는다. 최익현의 상소문에 대한 학습에서 학생들이 증거에 기초한 추론이나, 과거 기록에서 배운 사실을 통해 현재의 다른 사실과 상황에 대해 추론하는 유비추리(analogy)와 같은 역사 연구의 방법을 배우고 이를 적용하는 것이라면 조금은 더 타당할지도 모르겠지만 말이다.

그런 점에서 역사과 평가에 적용할 수 있는 역사의 개념이나 연구 방법들을 살펴보자. 첫째, 역사과 평가에 적용할 수 있는 역사 2차 개념의 사례들이다.

아래의 표와 같이 교육과정 내용 선정 시 역사 2차 개념을 활용한 역사교육 분야의 연구에서 제시한 가르칠 핵심개념과 그 개념의 주요아이디어를 참고로 하여 역사과 평가에도 활용할 수 있을 것이다.

〈표 10-2〉 역사 내용 선정에 활용한 역사 개념과 주요 아이디어

핵심개념	주요 아이디어
유사점과 차이점	역사적 사실은 일회적이며 똑같은 일이 반복되지 않는다.
	제도나 사건들은 시대마다 유사점과 차이점이 존재한다.
	유사점과 차이점을 분석하는 데는 역사가의 관점이 들어간다.
변화와 지속성	역사적 사실은 과거에서 이어진 것이며, 미래로 이어진다.
	역사 변화가 미치는 영향은 사회구성원에 따라 다를 수 있다.
	변화에는 급진적 변화와 겉으로는 잘 드러나지 않는 지속적인 변화를 포함한다.
인과관계	역사적 사실의 원인은 여러 가지이다.
	역사적 사실의 원인 가운데에는 참원인과 상대적으로 덜 중요한 원인이 있다.
	역사적 인과관계는 필연적이 아니라 개연적이다.
증거	사료는 역사적 사실을 완벽하게 전달해 주지 않는다.
	문자 사료와 유적・유물은 역사적 사실을 밝히는 데 상호보완적이다.
	증거를 분석하고 해석할 때는 역사적 맥락을 고려해야 한다.
감정이입	역사적 사실은 동기와 목적을 가진 인간행위이다.
	과거 사람들의 관점은 시대와 사회를 반영한다.
	역사 행위는 상황의 판단과 목적에 따라 달라질 수 있다.
해석	역사적 사실에는 해석이 들어가 있다.
	역사가들의 해석은 잠정적인 것으로 수정될 수 있다.
	역사지식은 해석으로 인해 논쟁적 성격을 가지고 있다.
역사적 의미	텍스트가 제시하는 역사적 사실의 중요성에 대한 판단은 독자에 따라 다르다.
	의미 있는 역사적 사실을 판단하는 기준은 사람에 따라 차이가 있다.
	역사적 사실의 의미는 시대나 사회에 따라 달라진다.
윤리적 판단	역사 서술에는 역사가의 평가가 들어가는 경우가 많다.
	역사적 행위에 대한 평가에는 윤리적 판단이 작용한다.
	역사로부터 교훈을 얻을 수 있다.

출처: 나미란, 2023, pp. 56-57.

둘째, 좀 더 구체적으로는 역사 개념을 평가도구(평가할 성취기준, 성취수준별 성취 특성, 문항, 채점기준 등)에 적용한 사례다. 역사 개념들 가운데 '증거'에 관한 평가의 사례로 뉴질랜드의 NCEA(National Certificate of Educational Achievement)를 들 수 있다. NCEA는 국가 공인 고교 졸업 학력 인정 시험 제도로, 고등학교 졸업 자격을 인정하는 시험이다. 여기에서는 2021년에 시행된 사례의 성취기준, 성취수준, 문항, 채점 기준을 살펴보고자 한다.[41] 성취기준은 '중요한 역사적 사건의 원인과 결과 분석하기'였고, 성취수준 4가지는 아래 표와 같았다.

〈표 10-3〉 성취기준 '중요한 역사적 사건의 원인과 결과 분석하기'에 대한 4가지 성취수준

성취수준	성취 특성
탁월(Excellence)	중요한 역사적 사건의 원인과 결과를 종합적으로 분석한다.
우수(Merit)	중요한 역사적 사건의 원인과 결과를 깊이 있게 분석한다.
성취(Achieved)	중요한 역사적 사건의 원인과 결과를 분석한다.
미성취(Not Achieved)	

문항은 '선택한 역사적 사건의 가장 중요한 원인을 평가하시오.'였다. 그리고 이에 대한 채점 기준은 다음과 같았다.

〈표 10-4〉 문항 '선택한 역사적 사건의 가장 중요한 원인을 평가하시오.'에 대한 채점 기준

<table>
<tr><td rowspan="2">탁월
(Excellence)</td><td>• 중요한 역사적 사건의 가장 중요한 원인 중 두 가지 이상을 평가하고, 원인의 복잡성을 인식하는 통찰력을 보여 준다.
• 원인에 대해 심사숙고한(well-considered) 주장을 제시한다.
• 이것은 간결한 답변이어야 한다.</td></tr>
<tr><td>• 중요한 역사적 사건의 가장 중요한 원인 중 두 가지 이상을 평가하고, 원인의 복잡성을 인식하는 통찰력을 어느 정도 보여 준다.
• 원인에 대해 심사숙고한 주장을 제시하려고 시도한다.
• 이것은 간결한 답변이어야 한다.</td></tr>
<tr><td rowspan="2">우수
(Merit)</td><td>• 중요한 역사적 사건의 원인 중 두 가지 이상을 평가하려고 시도하고, 가장 중요한 원인이 무엇인지 우선순위를 정한다.</td></tr>
<tr><td>• 중요한 역사적 사건의 원인 중 두 가지 이상을 평가하려고 시도하고, 가장 중요한 원인이 무엇인지 우선순위를 정하려고 시도한다.</td></tr>
</table>

성취 (Achieved)	• 중요한 역사적 사건의 원인 중 적어도 두 가지 이상의 중요성을 설명한다. • 두 가지 원인을 뒷받침하는 관련성 있는 구체적인 증거를 사용한다.
	• 중요한 역사적 사건의 원인 중 적어도 두 가지 이상의 중요성을 설명한다. • 두 가지 원인을 뒷받침하는 증거를 사용한다.

셋째, 역사과 평가에 역사 연구 방법을 적용하는 경우들이다. 먼저 역사 탐구를 가르치고 이를 평가의 준거로 활용할 수 있다. 물론 역사 탐구의 내용을 무엇으로 제시하느냐에 따라 역사 탐구에 대한 평가 준거는 다를 수밖에 없을 것이다. 가령 역사 탐구의 내용을 역사적 질문을 만들고, 신뢰할 수 있는 자료(정보)를 선택하고 분석하여, 역사적 추론을 거쳐, 역사 쓰기 및 재현하기로 본다면,[42] 이를 적용하는 역사학습의 평가를 위해 학생들은 해당 수업에서 역사적 사실뿐 아니라 역사 탐구의 절차와 방법에 대해 배웠어야 하고, 사료나 증거의 속성, 유비추리와 같은 추론 과정에서의 유의점, 당대의 맥락에서 이해하는 법 등을 배울 필요가 있을 것이다.

또한, 역사 문서 읽기 교수·학습이나, 맥락화 교수·학습의 방법을 가르치고 이를 평가의 준거로 활용할 수 있다.[43] 이 두 방법은 사료를 읽는 방법에 관한 것으로, 역사가가 역사 연구를 할 때 사용하는 방법에 기초하여 고안된 것이라 할 수 있다. 역사가의 연구 방법에서 차용한 역사 문서 읽기나 맥락화하며 읽기의 방법은 역사가처럼 읽기나 역사 탐구의 방법을 구체화할 수 있는 방안이기도 하다.

이처럼 역사적 사실뿐 아니라 역사를 하는 방법도 가르칠 내용에 포함하고 이를 평가에도 활용하여 배움의 증거를 확인할 필요가 있다. 또한, 이러한 측면이 활성화되기 위해서는 역사다운 평가를 계획하고 평가 도구를 개발하기 위한 역사 교사의 인식과 전문성이 중요하다. 이는 역사 교사가 자신의 역사 수업을 통해 학생이 알 수 있는 것, 할 수 있는 것이 무엇인지를 설정하고, 이에 적절한 역사과 평가 도구를 개발할 수 있어야 함을 의미한다. 이때 평가 도구는 단순히 평가 문항만을 의미하는 것이 아니라, 평가할 성취기준, 판단할 성취수준, 평가할 역량 등 평가 영역과 평가 요소를 포함하는 것이고, 문항이나 과제뿐 아니라, 이에 대한 채점 기준(루브릭, Rubric)을 포함하는 것임에 유의해야 한다. 다만, 무엇보다 가장 기본이어야 하는 것은 가르치지 않은 것을 평가해서는 안 된다는 점, 즉 학생에게 배울 기회를 주지 않은 내용과 기능은 평가하지 않아야 한다는 점이라 할 수 있다.

토의해 봅시다.

1) 중학교 〈역사①〉 과목에서 재구조화 하고 싶은 성취기준을 2개 고르고, 하나의 성취기준으로 재진술해 봅시다. 해당 성취기준을 선택하여 재구조화한 이유에 대해 동료들에게 설명하고, 그 적절성에 대해 서로 토의해 봅시다.
2) 고등학교 〈한국사①〉 과목에서 1개의 성취기준을 선택하고, 성취기준별 성취수준 A~E 진술문을 검토해 봅시다. 제시된 수준별 진술문의 적절성을 판단해 보고, 그렇게 판단한 근거를 토의해 봅시다.

참고문헌

| CHAPTER 01 역사교육학이란 무엇인가 |

[자료]
교육부 고시 제2022-33호 [별책 7] 사회과 교육과정.
곽노필, 「인공지능 그림 "악마의 영감을 받은 느낌"…미술전 1위 논란」, 한겨레, 2022년 9월 5일.
김영진, 「'통합' 사회 수업은 계속될 수 있을까?」, 교육언론 [창], 2024년 10월 2일.
文部省, 「國民學校の教科書をどうなるでせう」『週報』, 昭和 16年(1941) 3月 12日号.
朝鮮總督府, 『國民學校規定』, 昭和16(1941)年 3月 31日.

[도서]
강선주 편, 『세계는 역사를 어떻게 교육하는가』, 한울아카데미, 2018.
강인애 외, 한국교원대학교 초등교육연구소 편, 『구성주의와 교과교육』, 2000.
김경배 외, 『교과교육론』, 학지사, 2001.
김동구, 『미군정기의 교육』, 문음사, 1995.
김보림, 『'국민과'의 창설과 역사교육』, 서울대학교출판문화원, 2023.
김상훈, 『해방 직후 국사교육 연구』, 경인문화사, 2018.
김정환, 『교육학개론』, 피와이메이트, 2023.
김태웅, 『국사교육의 편제와 한국근대사 탐구』, 도서출판 선인, 2014.
김한종, 『역사교육으로 읽는 한국현대사: 국민학교에서 역사교과서 파동까지』, 책과함께, 2013.
그레이엄 앨런(송은영 역), 『문제적 텍스트 롤랑/바르트』, 앨피, 2006.
로이스 타이슨(윤동기 역), 『비평이론의 모든 것』, 앨피, 2012.
롤랑 바르트(김웅권 역), 『S/Z』, 연암서가, 2015.
롤랑 바르트(김희영 역), 『텍스트의 즐거움』, 동문선, 2022.
마르틴 뤼케, 이름가르트 췬도르프(정용숙 역), 『공공역사란 무엇인가』, 푸른역사, 2022.
尾形俗康 외 3인(신용국 역), 『신간 일본교육사』, 교육출판사, 1993.
박진동, 『세계의 역사교육 어떻게 평가하는가』, 선인, 2024.
박태호, 『(수석교사와 함께하는 학생 배움중심의) 중등 PCK 수업 설계』, 아카데미프레스, 2016.
샘와인버그(한철호 역), 『역사적 사고와 역사교육』, 책과함께, 2006.
Wineburg, Samuel. S.(정종복 · 박선경 역), 『(내 손안에 스마트폰이 있는데)왜 역사를 배워야 할까?』, Humanist, 2019.
서종진, 『세계의 역사교육 어디로 가고 있는가』, 동북아역사재단, 2019.
양용칠, 『수업설계를 위한 학습심리학』, 교육과학사, 2009.
양호환 외, 『역사교육의 이론과 방법』, 삼지원, 1998.
양호환, 이영효, 김한종, 정선영, 송상헌, 『역사교육의 이론』, 2009.
역사와교육학회 · 동국대학교 역사교과서연구소, 『대한민국의 역사교육과정』 1, 2, 3, 선인, 2024.
李景植, 「한국에서 역사학과 역사교육의 疏隔 사정과 소통 懸案」『역사교육』 138, 2016.

이홍우, 『지식의 구조와 교과』, 교육과학사, 2006.
정선영, 김한종, 양호환, 이영효, 『역사교육의 이해』, 삼지원, 2001.
진영은, 조은진, 『교과교육의 이해』, 학지사, 2007.
최상훈, 이영효, 김한종, 강선주, 『역사교육의 내용과 방법』, 책과함께, 2007.
최호근, 『독일의 역사교육』, 대교출판, 2009.
카를 융(홍숙기 역), 『《정신 요법의 기본 문제 1》, 〈심리학적 유형에 관한 개설〉』, 1984, 솔출판사, 2001.
피에르 노라(김인중 외 역), 『기억의 장소』, 나남, 2010.
황규호, 『(교육쟁점으로 풀어쓴) 교육학개론』, 이화여자대학교출판문화원, 2020.
J. S. Bruner, *The Process of Education*, Harvard University Press, 1960.
J. S. Bruner, *The Press of Education Reconsidered*, Robert R. Leeper (ed.) Dare to Care/Dare to Act: Racism and Education, ASCD Annual Conference Report, 1971.
小原國芳 編, 『國民學校硏究叢書續編, 國民學校の眞義』, 埼玉學院出版部, 東京, 昭和 15(1940).
長谷川端, 『國民學校敎授原論』, 啓文社, 東京, 昭和 15(1940).
世界教育史研究會 編, 『初等教育史』, (世界教育史大系23), 講談社, 東京, 1975.
田邊裕 外, 『あたらしい社會 歷史』, 東京書籍, 2005.

[논문]
강민규, 「문학교육 연구에서 독자 반응 이론의 행방(行方)과 향방(向方) - 1985년 이후 국내 연구를 중심으로 -」 『문학교육학』 66, 2020.
강선주, 「세계사교육의 '위기'와 '문제': 역사적 조망」 『사회과교육』 42-1, 2003.
강선주, 「'다중시각의 역사수업', 개념과 가치 충돌의 해결 방안」 『역사교육』 154, 2020.
고유경, 「독일의 역량중심 교육과정과 역사교육의 변화」 『독일연구』 35, 2017.
권종천, 정선영, 「歷史에 있어서의 科學性 問題」 『역사와 담론』 12, 1984.
김미을, 「독일과 프랑스 공동 역사교과서의 구성 체제 및 서술 사례 분석」, 서울교육대학교 석사학위논문, 2012.
김민성, 「미국 노스캐롤라이나 주의 교육과정: 핵심역량 관점에서의 해석과 지리교육적 함의」 『한국지리환경교육학회지』 22-1, 2014.
김보림, 「해방 직후 역사교육에서 탈식민 과제와 해소의 한계」 『역사교육』 171, 2024.
김상훈, 「미군정기 교육정책 수립과 한국인의 역할」 『역사연구』 28, 2015.
김순배, 「讀者指向理論에서 讀者判斷의 問題 : 볼프강 이저와 스탠리 피쉬를 중심으로」, 成均館大學校 석사학위논문, 1997.
김용일, 「미군정의 교육정책과 서울교육」 『서울과 역사』 71, 2008.
김유경, 「과거의 부담과 역사교육 -홀로코스트와 독일의 중등학교 역사교과서」 『서양사론』 77, 2003.
김한종, 「역사수업이론의 재개념화」 『역사교육연구』 5, 2007.
민성희, 「해방 직후(1945~1948) 황의돈의 국사교육 재건 활동」 『역사교육연구』 21, 2015.
박광희, 「한국사회과의 성립배경과 그 과정 변천에 관한 연구」, 서울대학교 석사학위논문, 1965.

박미송, 「역사역량의 개념과 역사교육 적용, 한국교원대학교 석사학위논문, 2023.
박미향, 「역량중심 교육과정의 적용에 대한 독일 역사교육의 사례- 역사적 사고 지향의 FUER 모델을 중심으로」『역사교육연구』 40, 2021.
박범용, 「미군정기 미국 교육론의 도입과 교육정책」, 연세대학교 석사학위논문, 2001.
박병기, 「포스트코로나 대비 미래지향적 사회교과군 교육과정 구성 방안 연구」, 교육부, 2021.
박선경, 「역사 문해력의 개념과 역사교육과정 적용-미국, 영국, 호주 교육과정을 사례로」『역사와 담론』 97, 2021,
박영수, 「미군정기 중등학교 국사교과서에 나타난 역사인식」, 충북대학교 석사학위논문, 2002.
박진동, 「해방후 역사교과서 발행제도의 추이」『역사교육』 91, 2004.
배지혜, 「독일의 5-6학년 역사교육-바덴-뷔르템베르크 주의 교육과정과 교과서를 중심으로」『교육과정평가연구』 21-2, 2018.
배지혜, 「교육과정의 교과 편제와 내용조직 비교 연구: 독일의 교과 편제와 역사교육과정을 중심으로」『비교교육연구』 34-4, 2024.
백은진, 「2015 개정 교육과정에 도입된 역사과 핵심역량 설정의 현황과 모순」『史叢』 86, 2015.
민성희, 「해방 직후(1945~1948) 황의돈의 국사교육 재건 활동'」『역사교육연구』 21, 2015.
손민호, 「교과내용으로서의 실천적 지식에 대한 이해와 오해」『교육과정연구』 20-3, 2002.
송인영, 「독자반응이론에 따른 학습자 중심 역사수업 방안」, 한국교원대학교 석사학위논문, 2003.
양호환, 「역사학습의 인식론적 모색」『역사교육』 75, 2000.
양호환, 「역사교육의 개념과 연구 영역」, 양호환 외, 『역사교육의 이론』, 책과함께, 2007.
오니시 노부유키, 「일본의 고등학교 세계사 탐구 · 일본사 탐구 교과서로 본 한일관계」, 한일역사교육포럼, 동북아 역사재단, 2025.7.25.
우현아, 「2000년대 이후 독일 기억문화 – 나치 과거의 '역사화'를 둘러싼 기억들의 충돌」『독어독문학』 169, 2024.
윤세철, 최상훈, 「歷史의 有用性과 歷史敎育目標」『역사교육』 87, 2003.
이길상, 「미군정기 초등교육의 변화」『한국교육사학』 25-2, 2003.
이지원, 「미국의 자국사교육」『역사교육』 100, 2006.
이해영, 「역사수업에 대한 학생들의 흥미연구」『역사교육』 127, 2013.
전미현, 「미군정기 중등 국사교과서의 체제 · 내용과 역사인식 고찰」, 중앙대학교 석사학위논문, 2012.
鄭善影, 「歷史敎育에서의 一般化問題 硏究」『歷史敎育』 35, 1984.
정선영, 「W.Dray의 합리적 설명의 논리와 역사교육에서 그 활용」『교육연구논총』 28-3, 충북대학교, 2007.
정철민, 유재봉, 「영국의 시민교육 동향: Crick 보고서와 Parekh 보고서의 비교를 중심으로」『비교교육연구』 27-6, 2017.
조건, 「美軍政期 吳天錫의 교육정책 수립과 역사교육」『역사와 교육』 21, 2015.
최상훈, 「세계사교육의 쟁점과 당면 과제」『역사교육』 138, 2016,

최아람, 「한 · 일 공동 역사교재의 역사인식 분석」, 연세대학교 석사학위 논문, 2011.
최호근, 「부담스러운 과거와의 대면-독일에서의 홀로코스트 기억」『西洋史論』 84, 2005.
T. 아담스, 김한종(토론자), 「미국 캘리포니아 주 역사-사회과학 교육과정의 구조 및 학문적 내용기준 속의 아시아」『역사교육』 75, 2000.
홍용진, 「2010~2015년 개정 프랑스 초 · 중등 역사 교육과정 분석」『역사교육연구』 29, 2017.
홍운선, 「미군정하 사회생활과 출현의 경위」『교육학연구』 30-1, 1992.

[인터넷 사이트]
국가교육과정 정보센터 사이트. https://ncic.re.kr/index.cs
대한민국 국가조정관 유네스코 학교네트워크: 지속가능발전교육. https://asp.unesco.or.kr (2025.3.13. 검색)
대한민국 지속가능발전포털. https://www.ncsd.go.kr
세계각국의 교육 한국교육개발원 교육정책 네트워크 정보센터(독일, 프랑스). https://edpolicy.kedi.re.kr/frt/boardList.do?strCurMenuId=10092 (2025.3.15. 검색)
College, Career, and Civic Life (C3) Framework for Social Studies State Standards. https://www.socialstudies.org/standards/c3 (2025.7.21. 검색)
Jason M. Allen, Théâtre D'opéra Spatial(디지털 이미지), 2022, Midjourney. https://commons.wikimedia.org (검색어: Théâtre D'opéra Spatial, 2025.7.25. 검색)
Stanford University Digital Inquiry Group. https://inquirygroup.org
Susan Cain, The power of Introverts. https://www.youtube.com/watch?v=c0KYU2j0TM4 (2025.3.15. 검색)
文部科學省 홈페이지. https://www.mext.go.jp/a_menu/01_c.htm (2025.7.25. 검색)

| CHAPTER 02 역사교육의 목적은 무엇인가 |

[자료]
교육부 고시 제2022-33호 [별책 7] 사회과 교육과정.
NCSS, *National Standards for History,* 1994.

[도서]
강선주 편, 『세계는 역사를 어떻게 교육하는가』, 한울아카데미, 2018.
강준만, 『정치적 올바름-한국의 문화전쟁』, 인물과 사상사, 2022.
김한종, 이영효, 양호환, 최상훈, 양정현, 유용태, 강선주, 『역사교육과 역사인식』, 책과함께, 2005.
김한종, 『한국근현대사 교육론』, 선인, 2005.
______, 『역사교육강의』, 책과함께, 2024.
도리야마 다케오, 마쓰모토 미치타카(이봉숙 역), 『역사적 사고력을 키우는 수업만들기』, 역사넷, 2014.
린다 심콕스 · 애리 윌셔트 편, 이길상 · 최정희 역, 『세계의 역사교육 논쟁』, 한길사, 2015.

Lorin Anderson 외(강현석 외 역), 『교육과정수업 평가를 위한 새로운 분류학』, 아카데미프레스, 2005.
마르크 블로크(고봉만 역), 『역사를 위한 변명』, 한길사, 2007.
박진동 외, 『세계의 역사교육 어떻게 평가하는가』, 선인, 2024.
백은진, 『역사교육 목적의 인식과 실제』, 서울대학교출판문화원, 2017.
샘와인버그, 한철호역, 『역사적 사고와 역사교육』, 책과함께, 2007.
Wineburg, Samuel. S.(정종복 · 박선경 역), 『(내 손안에 스마트폰이 있는데)왜 역사를 배워야 할까?』, Humanist, 2019.
Wineburg, Samuel. S.(한철호 역), 『역사적 사고와 역사교육』, 책과함께, 2006.
송상헌, 『역사인식의 논리와 역사교육』, 서울대학교출판문화원, 2017,
쇼펜하우어, 강현규 편(이상희 역), 『쇼펜하우어의 인생수업』, 메이드북스, 2024.
송상헌, 『역사인식의 논리와 역사교육』, 서울대학교출판문화원, 2017.
심성보 외, 『학교 민주시민교육의 세계』, 살림터, 2019.
양호환 외, 『역사교육의 이론과 방법』, 삼지원, 1998.
양호환, 이영효, 김한종, 정선영, 송상헌, 『역사교육의 이론』, 2009.
역사교육연구소, 『우리 역사교육의 역사: 고대부터 현대까지 한국 역사교육이 걸어온 길』, 휴머니스트, 2015.
이원순, 윤세철, 허승일, 『歷史教育論』, 삼영사, 1981.
이원순 외, 『역사과 교육』, 능력개발, 1975.
이원순 외, 『역사교육론』, 삼영사, 1980.
이원순 외, 『역사교육』, 정음문화사, 1985.
전국역사교사모임, 『역사, 무엇을 어떻게 가르칠까: 현장 교사들이 쓴 역사교육론』, 휴머니스트, 2008.
정선영, 김한종, 양호환, 이영효, 『역사교육의 이해』, 삼지원, 2001.
최상훈, 이영효, 김한종, 강선주, 『역사교육의 내용과 방법』, 책과함께, 2007.
최상훈, 김미선, 김수미, 방지원, 오정현, 『역사과 평가의 이론과 실제』, 책과함께, 2012.
Collingwood, Robin George, 『자연이라는 개념』, 이제이북스, 2004.
하워드 진, 레베카 스테포프(김영진 역), 『살아있는 미국역사: 신대륙 발견부터 부시 정권까지, 그 진실한 기록』, 추수밭(청림출판), 2008.
한국교원대학교 초등교육연구소 편, 『구성주의와 교과교육』, 문음사, 1999.
Ercikan, Kadriye, *New directions in assessing historical thinking*, Routledge, 2015.
John White, *Education and the Good Life: Beyond the National Curriculm*, London: Kogan Page, 1990.
Peter Lee, *The aims of Shcool History: the National Curriculum and Beyond*, Institute of Education London File Series, London: Tufnell Press, 1992.
R. G. Collingwood, *The Idea of History*, London: Oxford University Press, 1946.
Scott Alan Metzger, Lauren McArthur Harris, *The Wiley international handbook of history teaching and learning*, boken, NJ: John Wiley & Sons, Inc, 2018.

[논문]
김한종, 「역사교육 목적과 내용, 방법의 연계성-통합적 관점-」『역사교육』 171, 2024.
모경환 외, 「2015 개정 사회과 교육과정의 변화와 쟁점」『시민교육연구』 48-1, 2016.
박가람, 박현숙, 「Bloom의 신교육목표분류체계에 의한 2015 개정중학교 역사 교육과정 성취 기준 분석」『교육과정평가연구』 26, 2023.
박병기 외, 「포스트코로나 대비 미래지향적 사회교과군 교육과정 구성 방안 연구」, 교육부, 2021.
손민호, 「교과내용으로서의 실천적 지식에 대한 이해와 오해」『교육과정연구』 20-3, 2002.
신동경, 「영국 역사교육에서 생태환경을 통합하려는 시도와 양상: A-Level 교과서를 중심으로」 『역사교육연구』 48, 2024.
梁豪煥, 「역사적 사고의 한계와 역사화의 가능성」『역사교육』 87, 2003.
梁豪煥, 「역사교육의 목적을 다시 묻는다」『역사교육』 99, 2006.
윤세철, 최상훈, 「歷史의 有用性과 歷史教育目標」『역사교육』 87, 2003.
이쌍철 외, 「초 · 중등학교 민주시민교육 활성화를 위한 방향과 과제(RR2019-04) 연구보고서」 한국교육개발원, 2019.
정경희, 「미국 역사표준서 논쟁 연구」『역사교육』 89, 2004
鄭善影, 「역사교육의 최종 목표와 역사적 통찰력」『역사교육』 108, 2008.
최상훈, 「역사과 교육과정 개정 작업에 부쳐」『역사교육연구』 40, 2021.
최상훈, 「역사과 독립의 필요성과 내용조직 방안」『역사와 담론』 35, 2003.
황은하 외, 「다양성, 공정성, 포용성(DEI)을 실천하기 위한 미국 대학 단위 한국어 프로그램의 운영 사례 연구 - 웰슬리 대학의 사례를 중심으로」『한국어 교육』 35-3, 2024.
John White, "The Aims of School History," *Teaching History* 74, 1994.

[인터넷 사이트]
스탠퍼드 역사교육 그룹(Standford History Education Group). https://sheg.stanford.edu
윤영인, 「트럼프, 'Critical Race Theory' 금지 명령…대학의 다양성과 학문의 자유 위협 논란」, SportlightU, 2025.1.30. https://www.spotlightuniv.com/ (2025.2.15. 검색)
Stanford University Digital Inquiry Group. https://inquirygroup.org

| CHAPTER 03 역사학이란 무엇인가 |

[도서]
E. H. 카(김택현 역), 『역사란 무엇인가』, 까치, 2005.
나인호, 『개념사란 무엇인가-역사와 언어의 새로운 만남』, 역사비평사, 2011.
나인호, 『증오하는 인간의 탄생. 인종주의는 역사를 어떻게 해석했는가』, 역사비평사, 2019.
나탈리 제먼 데이비스(양희영 역), 『마르탱 게르의 귀향』, 지식의 풍경, 2000.
데이비드 블랙번, 제프 엘리(정용숙 · 최용찬 역), 『독일 역사학의 신화 깨뜨리기』, 푸른역사, 2007.
데이비드 케너다인 엮음(문화사학회 역), 『굿바이 E. H. 카』, 푸른역사, 2005.
라인하르트 코젤렉 외(최호근 역), 『역사-코젤렉의 개념사 사전 16』, 푸른역사, 2021.
라인하르트 코젤렉(한철 역), 『지나간 미래』, 문학동네, 1998.

루샤오펑(조미원 외 역), 『역사에서 허구로. 중국의 서사학』, 길, 2001.
빌헬름 딜타이(김창래 역), 『정신과학에서 역사적 세계의 건립』, 아카넷, 2009.
아리스토텔레스 외(천영희 역), 『시학. 호라티우스 시학, 플라톤 시론』, 문예출판사, 1991.
안병직, 「픽션으로서의 역사: 헤이든 화이트의 역사론」『인문논총』 51, 2004, pp. 35-75.
에릭 에릭슨(최연석 역), 『청년 루터』, CH북스, 2013.
에마뉘엘 르 누아 라뒤리(김응종 · 조한경 역), 『랑그도크의 농민들』, 한길사, 2009.
요한 구스타브 드로이젠(이상신 역), 『역사학』, 나남, 2010.
육영수, 『지식의 세계사. 베이커에서 푸코까지, 지식권력은 어떻게 세계를 지배해왔는가』, 휴머니스트, 2019.
잠바티스타 비코(조한욱 역), 『새로운 학문』, 아카넷, 2019.
조지 이거스(임상우·김기봉 역), 『20세기 사학사』, 푸른역사, 2003.
조지 이거스(최호근 역), 『독일역사주의』, 박문당, 1992.
조한욱, 『문화로 보면 역사가 달라진다』, 책세상, 2020.
카를로 진즈부르그(김정하 외 역), 『치즈와 구더기: 16세기 한 방앗간 주인의 우주관』, 문학과 지성사, 2012.
케이스 젠킨스(최용찬 역), 『누구를 위한 역사인가』, 혜안, 1999.
클리포드 기어츠(문옥표 역), 『문화의 해석』, 까치, 1998.
투퀴디데스(천병휘 역), 『펠로폰네소스 전쟁사』, 숲, 2022.
폴 벤느(이상길 · 김현경 역), 『역사를 어떻게 쓰는가』, 새물결, 2004.
프랑수아 도스(김복래 역), 『조각난 역사. 아날학파의 신화에 대한 새로운 해부』, 푸른역사, 1998.
프리드리히 니체(이진우 역), 「삶에 대한 역사의 공과」『니체전집 2: 비극의 탄생, 반시대적 고찰』, 책세상, 2012.
한스 게오르그 가다머(임홍배 역), 『진리와 방법. 철학적 해석학의 기본 특징들』 2, 문학동네, 2012.
한스 위르겐 괴르츠(최대희 역), 『역사학이란 무엇인가』, 뿌리와 이파리, 2003.
한영우, 『역사학의 역사』, 지식산업사, 2002.
헤로도토스(천병휘 역), 『역사』, 숲, 2022.
헤이든 화이트(천형균 역), 『메타역사. 19세기 유럽의 역사적 상상력』, 지식을만드는지식, 2014.
Beringer, Richard E., *Historical Analysis. Contemporary Approaches to Clio's Craft*, John Wiley & Sons, 1978.
Burke, Peter (ed.), *New Perspectives on Historical Writing*, Penn state Univ. Press, 1991.
Burns, Robert M. (ed.), *Historiography. Critical Concepts in Historical Studies*, vol. 1, Routledge, 2006.
De Melo Araujo, Andre, *Weltgeschichte in Göttingen. Eine Studie über das spataufklarerische universalhistorische Denken, 1756~1815*, Transcript Verlag, 2012.
Friedlander, Saul (ed.), *Probing the Limits of Representation. Nazism and the "Final Solution"*, Harvard Univ. Press, 1992.

Hardtwig, Wolfgnag, *Geschichtskultur und Wissenschaft*, dtv, 1990.

Hardtwig, Wolgang, *Die Geschichtserfahrung der Moderne und die Ästhetisierung der Geschichtsschreibung. Vorträge anläßlich der 200. Wiederkehr des Geburtstages Leopold von Rankes*, 63, 1996.

Hegel, Georg W. F., *Vorlesungen über die Philosophie der Geschichte*, Suhrkamp, 2012.

Koselleck, Reinhart, *Zeitschichten. Studien zur Historik*, Suhrkamp, 2000

Ranke, Leopold von, *The Secret of World History: Selected Writings on the Art and Science of History*, edited and translated by Roger Wines, Fordham University Press, 1981.

Ritter, Joachim (ed.), *Historisches Wörterbuch der Philosophie*, vol. 3, Schwabe & Co. A. G. Verlag, 1974.

Rüsen, Jörn, *Konfigurationen des Historismus,* Suhrkamp, 1993.

Wehler, Hans U., *Das Deutsche Kaiserreich 1871~1918*, Vandenhoeck & Ruprecht, 1973.

White, Hayden, *Metahistory. Die Historische Einbildugskraft im 19. Jahrhundert in Europa*, S. Fischer, 1991.

Williams, Raymond, *Keywords. Vocabulary of Culture and Society*, 2nd ed., Oxford Univ. Press, 1983.

[논문]

나인호, 「칸트의 세계사론」『역사와 경계』114, 2020.

Assis, Arthur Alfaix, "Schemes of Historical Method in the Late 19th Century: Cross-References between Langlois and Seignobos, Bernheim, and Droysen," Luiz Estevam de Oliveira Fernandes et al. (eds.), *Contributions to Theory and Comparative History of Historiography. German and Brazilian Perspectives,* Peter Lang, 2015.

Droysen, Johann G., "Outline of the Principles of History," Robert M. Burns (ed.), *Historiography. Critical Concepts in Historical Studies*, vol. 1, Routledge, 2006.

Force, Pierre, "Voltaire and the Necessity of Modern History," *Modern Intellectual History*, 6, 3 (2009).

Hempel, Carl G., "The Function of General Laws in History," *The Journal of Philosophy*, Vol. 39, No. 2 (Jan. 15, 1942) http://www.jstor.org/stable/2017635

Koselleck, Reinhart, "Über die Theoriebedürfigkeit der Geschichtswissenschaft," idem, *Zeitschichten*, Suhrkamp, 2000.

Sybel, Heinrich v., "The Principles of Historical Knowledge," Robert M. Burns (ed.), *Historiography.*

White, Hayden, "Historical Emplotment and the Problem of Truth," Saul Friedlander (ed.), *Probing the Limits of Representation. Nazism and the "Final Solution"*, Harvard Univ. Press, 1992.

Zinzburg, Carlo, "Just One Witness," in: Saul Friedlander (ed.), *Probing the Limits of Representation.*

| CHAPTER 04 역사교육 연구는 어떤 철학, 어떤 역사학에 기반하고 있는가 |

[자료]

김보림 외, 『고등학교 한국사 1』, 리베르, 2024.

이병인 외, 『고등학교 세계사』, 비상교육, 2025.

[도서]

Adornato, Anthony, *Mobile and Social Media Journalism: A Practical Guide for Multimedia Journalism*, Routledge, 2021.

Austin, J. L., *How to Do Things with Words*, Harvard University Press, 1975.

Bansal, R., *Media and Journalistic Writing for B.A. (Sem.-6) According to NEP-2020*, SBPD Publishing House, 2024.

Barton, Keith C., and Linda S. Levstik., *Teaching History for the Common Good*, Lawrence Erlbaum Associates, 2004.

Barton, Keith C., and Li-Ching Ho, *Curriculum for Justice and Harmony: Deliberation, Knowledge, and Action in Social and Civic Education*, Routledge, 2021.

Berlin, Isaiah, *Historical Inevitability*, Oxford University Press, 1957.

Bevir, Mark, *The Logic of the History of Ideas*, Cambridge University Press, 1999.

BonJour, Laurence, *Epistemology: Classic Problems and Contemporary Responses*, Rowman & Littlefield Publishers, 2010.

Bruner, Jerome S, *The Process of Education*, Harvard University Press, 1960.

Burke, Peter, *What Is Cultural History?* Cambridge: Polity Press, 2008.

Carr, E. H., *What Is History?* Macmillan, 1961.

______, *What Is History?* 2nd ed., edited by R. W. Davies, Penguin Books, 1987.

Caspary, William R., *Dewey on Democracy*, Cornell University Press, 2018.

Chaney, David, *The Cultural Turn: Scene Setting Essays on Contemporary Cultural History*, Routledge, 1994.

Chang, Richard T., *The Justice of the Western Consular Courts in Nineteenth-Century Japan*, Greenwood Press, 1984.

Clark, Elizabeth A., *History, Theory, Text: Historians and the Linguistic Turn*, Harvard University Press, 2004.

Collingwood, R. G., *An Autobiography*, Oxford University Press, 1939.

______, *An Essay on Metaphysics*, Oxford University Press, 1948.

______, *The Idea of History*, Vani Prakashan, 2024.

Darnton, Robert, *The Great Cat Massacre and Other Episodes in French Cultural History*, Basic Books, 1984.

Dees, R. L., *Great Trials and the Law in the Historical Imagination: A Law and Humanities Approach*, Routledge, 2023.

Dewey, John., *The Child and the Curriculum*, University of Chicago Press, 1902.

______, *Democracy and Education: An Introduction to the Philosophy of Education,* Macmillan, 1916.

Dharamsi, Karim, Giuseppina D'Oro, and Stephen Leach, editors, *Collingwood on Philosophical Methodology,* Springer International Publishing, 2019.

Donagan, Alan, *The Later Philosophy of R. G. Collingwood,* Oxford University Press, 1962.

Dray, William H., *History as Re-enactment: R. G. Collingwood's Idea of History*, Clarendon Press, 1995.

Friedländer, Saul, editor, *Probing the Limits of Representation: Nazism and the 'Final Solution',* Harvard University Press, 1992.

Gadamer, Hans-Georg. *Truth and Method,* translated by Garrett Barden and John Cumming, Seabury Press, 1975.

______. *Wahrheit und Methode: Grundzüge einer philosophischen Hermeneutik,* J. C. B. Mohr (Paul Siebeck), 1960.

Geertz, Clifford, *The Interpretation of Cultures: Selected Essays,* Basic Books, 1973.

Harlan, David, *The Degradation of American History,* University of Chicago Press, 1997.

Haskell, Thomas L., *Objectivity Is Not Neutrality: Explanatory Schemes in History*, Johns Hopkins University Press, 1998.

Iggers, Georg G., *Historiography in the Twentieth Century: From Scientific Objectivity to the Postmodern Challenge*, Wesleyan University Press, 2005.

Jay, Martin, "Of Plots, Witnesses, and Judgments," *Probing the Limits of Representation: Nazism and the 'Final Solution'*, edited by Saul Friedländer, Harvard University Press, 1992.

Jenkins, Keith, *Re-thinking History*, Routledge, 1991.

Johnson, Peter, *R. G. Collingwood: An Introduction*, Thoemmes Press, 1998.

Jones, Francis C., *Extraterritoriality in Japan and the Diplomatic Relations Resulting in Its Abolition, 1853-1899*, Yale University Press, 1931.

Lévesque, Stéphane, *Thinking Historically: Educating Students for the Twenty-First Century,* University of Toronto Press, 2008.

McPherson, James M., *Battle Cry of Freedom: The Civil War Era*, Oxford University Press, 1988.

Monte-Sano, Chauncey, Daisy Martin, and Sam Wineburg, *Reading Like a Historian: Teaching Literacy in Middle and High School Classrooms*, Teachers College Press, 2012.

National Center for History in the Schools, *National Standards for United States History: Exploring the American Experience,* University of California, Los Angeles, 1994.

______, *National Standards for World History: Exploring Paths to the Present,* University of California, Los Angeles, 1994.

Nokes, Jeffery D., *Building Students' Historical Literacies: Learning to Read and Reason with*

Historical Texts and Evidence, Routledge, 2022.

______, *Teaching History, Learning Citizenship: Tools for Civic Engagement*, Teachers College Press, 2019.

Novick, Peter, *That Noble Dream: The 'Objectivity Question' and the American Historical Profession*, Cambridge University Press, 1988.

Pocock, J. G. A., *Virtue, Commerce, and History: Essays on Political Thought and History, Chiefly in the Eighteenth Century*, Cambridge University Press, 1985.

______, *Politics, Language, and Time: Essays on Political Thought and History*, University of Chicago Press, 1989.

Ravndal, Gabriel Bie, *The Origin of the Capitulations and of the Consular Institution*, U.S. Government Printing Office, 1921.

Retz, Tyson, *Empathy and History: Historical Understanding in Re-enactment, Hermeneutics and Education*, Berghahn Books, 2018.

Rorty, Richard, *Objectivity, Relativism, and Truth: Philosophical Papers*, vol. 1, Cambridge University Press, 1991.

Rüsen, Jörn, *Studies in Metahistory,* edited by Pieter Duvenage, Human Sciences Research Council, 1993.

Sewell, William H., Jr., *Work and Revolution in France: The Language of Labor from the Old Regime to 1848*, Cambridge University Press, 1980.

Skinner, Quentin, *Visions of Politics,* vol. 1, Cambridge University Press, 2002.

Straub, Jörn, editor, *Narration, Identity, and Historical Consciousness*, Berghahn Books, 2005.

van den Boogert, Maurits, *The Capitulations and the Ottoman Legal System: Qadis, Consuls and Beratlyìs in the 18th Century*, Brill, 2020.

White, Hayden, *Metahistory: The Historical Imagination in Nineteenth-Century Europe*, Johns Hopkins University Press, 1973.

______, *The Content of the Form: Narrative Discourse and Historical Representation*, Johns Hopkins University Press, 1990.

Williams, Andy, Cynthia Carter, Iñaki Garcia-Blanco, Janet Harris, Karin Wahl-Jorgensen, Lina Dencik, Richard Sambrook, Stephen Cushion, and Stuart Allan, editors, *The Future of Journalism: Risks, Threats and Opportunities,* Taylor & Francis, 2020.

Williams, Michael, *Problems of Knowledge: A Critical Introduction to Epistemology*, Oxford University Press, 2001.

Wineburg, Sam S., *Historical Thinking and Other Unnatural Acts: Charting the Future of Teaching the Past*, Temple University Press, 2001.

Wineburg, Sam, Daisy Martin, and Chauncey Monte-Sano, *Reading Like a Historian: Teaching Literacy in Middle and High School Classrooms*, Teachers College Press, 2012.

Wittgenstein, Ludwig, *Philosophical Investigations: The German Text, with a Revised English Translation*, 50th Anniversary Commemorative Edition, translated by G. E. M. Anscombe, Blackwell, 2001.

[논문]

윤종필, 「역사적 사고에 대한 인식론적 고찰의 역사교육적 함의」, 고려대학교 대학원, 2018.

윤종필, 「샘 와인버그(Sam Wineburg)와 그의 비판자들: '역사적 사고의 부자연성'에 관하여」 『교육문화연구』 28, 2022.

Ahonen, Sirkka, "Form or Substance? Weighing Critical Skills Against Identity Narratives in History Education," *The Palgrave Handbook of History and Social Studies Education*, edited by Christopher W. Berg and Theodore M. Christou, Palgrave Macmillan, 2020.

Ashby, Rosalyn, and Peter J. Lee, "Children's Concepts of Empathy and Understanding in History," *The History Curriculum for Teachers*, edited by Christopher Portal, Falmer Press, 1987.

Baron, Christine, "Understanding Historical Thinking at Historic Sites," *Journal of Educational Psychology*, vol. 104, no. 3, 2012.

Barton, Keith C., "Shared Principles in History and Social Sciences," *Palgrave Handbook of Research in Historical Culture and Education*, edited by Mario Carretero, Stefan Berger, and Maria Grever, Palgrave Macmillan, 2017.

Baron, Jonathan, "Personality and Intelligence," *Handbook of Human Intelligence*, edited by Robert J. Sternberg, Cambridge University Press, 1982.

Berti, Anna Emilia, Isabella Baldin, and Laura Toneatti, "Empathy in History: Understanding a Past Institution (Ordeal) in Children and Young Adults When Description and Rationale Are Provided," *Contemporary Educational Psychology*, vol. 34, no. 4, 2009.

Bett, Richard, "Pyrrho," *The Stanford Encyclopedia of Philosophy* (Fall 2022 Edition), edited by Edward N. Zalta and Uri Nodelman. https://plato.stanford.edu/archives/fall2022/entries/pyrrho/.

Bevir, Mark, "The Errors of Linguistic Contextualism," *History and Theory*, vol. 31, no. 3, 1992.

______, "Mind and Method in the History of Ideas," *History and Theory*, vol. 36, no. 2, 1997.

______, "The Role of Contexts in Understanding and Explanation," *Human Studies*, vol. 23, no. 4, 2000.

______, "Contextualism: From Modernist Method to Post-Analytic Historicism?" *Journal of the Philosophy of History*, vol. 3, no. 3, 2009.

Britt, M. Anne, and Cindy Aglinskas, "Improving Students' Ability to Identify and Use

Source Information," *Cognition and Instruction*, vol. 20, no. 4, 2002.
Brooks, Sarah, "Historical Empathy as Perspective Recognition and Care in One Secondary Social Studies Classroom," *Theory & Research in Social Education*, vol. 39, no. 2, 2011.
Cassel, Pär, "Extraterritoriality in China: What We Know and What We Don't Know," *Treaty Ports in Modern China: Law, Land and Power*, edited by Robert Bickers and Isabella Jackson, Taylor & Francis, 2016.
Charap, Lindsay Grace, "Assessing Historical Thinking in the Redesigned Advanced Placement United States History Course and Exam," *New Directions in Assessing Historical Thinking*, edited by Kadriye Ercikan and Peter Seixas, Routledge, 2015.
Cohen, L. Jonathan, "Philosophical Surveys, V: A Survey of Work in the Philosophy of History, 1946-1950," *The Philosophical Quarterly*, vol. 2, no. 7, 1952.
______, "Has Collingwood Been Misinterpreted?," *The Philosophical Quarterly*, vol. 7, no. 27, 1957.
Cornell, Saul, "Splitting the Difference: Textualism, Contextualism, and Post-Modern History," *American Studies*, vol. 36, no. 1, 1995.
Dray, William H., "Historical Understanding as Re-Thinking," *University of Toronto Quarterly*, vol. 27, no. 2, 1958.
Dube, Mbusiseni Celimpilo, "The Epistemic Views of Rural History Teachers on School History as Specialised Subject Knowledge," *Yesterday and Today*, no. 30, 2023.
Elmersjö, Henrik Åström, and p. Zanazanian, "History Teachers and Historical Knowledge in Quebec and Sweden: Epistemic Beliefs in Distinguishing the Past from History and Its Teaching," *Historical Encounters*, vol. 9, no. 1, 2022.
Endacott, Jason L., "Reconsidering Affective Engagement in Historical Empathy," *Theory & Research in Social Education*, vol. 38, no. 1, 2010.
Fallace, Thomas D., and Johann N. Neem, "Historiographical Thinking: Towards a New Approach to Preparing History Teachers," *Theory and Research in Social Education*, vol. 33, no. 3, 2005.
Fallace, Thomas D., "Once More Unto the Breach: Trying to Get Preservice Teachers to Link Historiographical Knowledge to Pedagogy," *Theory and Research in Social Education*, vol. 35, no. 3, 2007.
Farrow, Eleanor, "eyeWitness to Atrocities: Verifying Images with Metadata" *Digital Investigative Journalism: Data, Visual Analytics and Innovative Methodologies in International Reporting*, edited by Oliver Hahn and Florian Stalph, Springer International Publishing, 2018.
Fernandez, James W., "Historians Tell Tales: Of Cartesian Cats and Gallic Cockfights," *The Journal of Modern History*, vol. 60, no. 1, 1988.
Foner, Eric, "The Causes of the American Civil War: Recent Interpretations and New

Directions," *Civil War History*, vol. 20, no. 3, 1974.

Foster, Stuart J., "Using Historical Empathy to Excite Students about the Study of History: Can You Empathize with Neville Chamberlain?" *The Social Studies*, vol. 90, no. 1, 1999.

Gardiner, Patrick, "The 'Objects' of Historical Knowledge," *Philosophy*, vol. 27, no. 102, 1952.

Geertz, Clifford, "Deep Play: Notes on the Balinese Cockfight," *Daedalus*, vol. 101, no. 1, 1972.

Gibson, Lindsay, Jennifer Roberts-Smith, Kristina R. Llewellyn, and Jennifer Llewellyn, with the DOHR Team, "A New Approach to Virtual Reality in History Education: The Digital Oral Histories for Reconciliation Project (DOHR)," *History Education in the Digital Age*, edited by Mario Carretero, María Cantabrana, and Cristian Parellada, Springer, 2022.

Goldstein, Leon J., "Collingwood's Theory of Historical Knowing," *History and Theory*, vol. 9, no. 1, 1970.

Grant, S. G., "Teaching Practices in History Education," *The Wiley International Handbook of History Teaching and Learning*, edited by Scott Alan Metzger and Lauren McArthur Harris, Wiley-Blackwell, 2018.

Harlan, David, "Intellectual History and the Return of Literature," *The American Historical Review*, vol. 94, no. 3, 1989.

Harris, Richard, and Lorraine Foreman-Peck, "Stepping into Other People's Shoes: Teaching and Assessing Empathy in the Secondary History Curriculum," *International Journal of Historical Learning, Teaching and Research*, vol. 4, no. 2, 2004.

Haskell, Thomas L., "Objectivity Is Not Neutrality: Rhetoric vs. Practice in Peter Novick's That Noble Dream," *History and Theory*, vol. 29, no. 2, 1990.

Hildebrand, David L., "Pragmatic Objectivity in History, Journalism and Philosophy," *Southwest Philosophy Review*, vol. 27, no. 1, 2011.

Hildebrand, David L., "Pragmatic Democracy: Inquiry, Objectivity, and Experience," *Metaphilosophy*, vol. 42, no. 5, 2011.

Huijgen, Tim, and Paul Holthuis, "Why Am I Accused of Being a Heretic?: A Pedagogical Framework for Stimulating Historical Contextualisation," *Teaching History*, no. 158, 2015.

Huijgen, Tim, Carla van Boxtel, Wim van de Grift, and Paul Holthuis, "Toward Historical Perspective Taking: Students' Reasoning When Contextualizing the Actions of People in the Past," *Theory and Research in Social Education*, vol. 45, no. 1, 2017.

Hunt, Lynn, "Introduction: History, Culture, and Text," *The New Cultural History*, edited by Lynn Hunt, University of California Press, 1989.

Jay, Martin, "Historical Explanation and the Event: Reflections on the Limits of

Contextualization," *New Literary History*, vol. 42, no. 4, 2011.

Jenkins, Keith, "An English Myth? Rethinking the Contemporary Value of E. H. Carr's What Is History?" *E. H. Carr: A Critical Appraisal*, edited by Michael Cox, Palgrave Macmillan, 2000.

Jenkins, Keith, and Peter Brickley, "Reflections on the Empathy Debate," *Teaching History*, no. 55, 1989.

Kaarlõp, Hanna-Liis, Mare Oja, and Katrin Poom-Valickis, "Teaching Issues Perceived to Be Controversial in History: Estonian Teachers' Epistemic Cognition," *Journal of Social Science Education*, vol. 21, no. 1, 2022.

Kloppenberg, James T., "Pragmatism: An Old Name for Some New Ways of Thinking?" *The Journal of American History*, vol. 83, no. 1, 1996.

Knight, Peter, "Empathy: Concept, Confusion and Consequence in a National Curriculum," *Oxford Review of Education*, vol. 15, no. 1, 1989.

Kohlmeier, Jada, "Couldn't She Just Leave?: The Relationship Between Consistently Using Class Discussions and the Development of Historical Empathy in a 9th Grade World History Course," *Theory and Research in Social Education*, vol. 34, no. 1, 2006.

Koikkalainen, Petri, "Contextualist Dilemmas: Methodology of the History of Political Theory in Two Stages," *History of European Ideas*, vol. 37, no. 3, 2011.

Körber, Andreas, "Presentism, Alterity, and Historical Thinking," *Historical Encounters*, vol. 6, 2019.

Korom, Erzsébet, Márió Tibor Nagy, and Maja Majkić, "First-Year Teacher Education Students' Epistemological Beliefs About Science and History: Domain-Specific Profiles and Relationships," *Science & Education*, 2023.

LaCapra, Dominick, "Rethinking Intellectual History and Reading Texts," *History and Theory*, vol. 19, no. 3, 1980.

LaCapra, Dominick, "Chartier, Darnton, and the Great Symbol Massacre," *The Journal of Modern History*, vol. 60, no. 1, 1988.

Lee, Peter, and Rosalyn Ashby, "Empathy, Perspective Taking, and Rational Understanding," *Historical Empathy and Perspective Taking in the Social Studies*, edited by O. L. Davis Jr., Elizabeth Anne Yeager, and Stuart J. Foster, Rowman & Littlefield Publishers, 2001.

Lévesque, Stéphane, and Penney Clark, "Historical Thinking: Definitions and Educational Applications," *The Wiley International Handbook of History Teaching and Learning*, edited by S. A. Metzger and L. M. Harris, John Wiley & Sons, 2018.

Levisohn, Jon A., "Historical Thinking — and Its Alleged Unnaturalness," *Educational Philosophy and Theory*, vol. 49, no. 6, 2015.

Maggioni, Liliana, "Studying Epistemic Cognition in the History Classroom: Cases of

Teaching and Learning to Think Historically," PhD diss., University of Maryland, 2010.

Maggioni, Liliana, Bruce VanSledright, and Patricia A. Alexander, "Walking on the Borders: A Measure of Epistemic Cognition in History," *The Journal of Experimental Education*, vol. 77, no. 3, 2009.

Mah, Harold, "Suppressing the Text: The Metaphysics of Ethnographic History in Darnton's Great Cat Massacre," *History Workshop*, no. 31, 1991.

McIntyre, Kenneth B., "Historicity as Methodology or Hermeneutics: Collingwood's Influence on Skinner and Gadamer," *Journal of the Philosophy of History*, vol. 2, no. 2, 2008.

Mierwald, Marcel, and Maximilian Junius, "Thinking Aloud About Epistemology in History: How Do Students Understand the Beliefs About History Questionnaire?" *Historical Encounters*, vol. 9, no. 1, 2022.

Miguel-Revilla, Daniel, "What Makes a Testimony Believable? Spanish Students' Conceptions About Historical Interpretation and the Aims of History in Secondary Education," *Historical Encounters*, vol. 9, no. 1, 2022.

Miguel-Revilla, Diego, Teresa Carril-Merino, and María Sánchez-Agustí, "An Examination of Epistemic Beliefs About History in Initial Teacher Training: A Comparative Analysis Between Primary and Secondary Education Prospective Teachers," *The Journal of Experimental Education*, vol. 89, no. 1, 2021.

Miguel-Revilla, Diego, María Sánchez-Agustí, and Teresa Carril-Merino, "History Education and Changing Epistemic Beliefs About History: An Intervention in Initial Teacher Training," *South African Journal of Education*, vol. 42, no. 3, 2022.

Miles, James, and Lindsay Gibson, "Rethinking Presentism in History Education," *Theory & Research in Social Education*, vol. 50, no. 4, 2022.

Molla, Tebeje, "Towards Understanding Epistemological Assumptions of History Teacher Educators: My Experience with Phenomenological Enquiry," *Educational Research Journal*, vol. 25, no. 1, 2010.

Monte-Sano, Chauncey, and Susan De La Paz, "Using Writing Tasks to Elicit Adolescents' Historical Reasoning," *Journal of Literacy Research*, vol. 44, 2012.

Morgan, Katalin Eszter, "Reasonable Interpretations or Emotional Identification?: Using Video Testimony in History Lessons," *The Palgrave Handbook of History and Social Studies Education*, edited by Christopher W. Berg and Theodore M. Christou, Palgrave Macmillan, 2020.

Morison, Benjamin, "Sextus Empiricus," *The Stanford Encyclopedia of Philosophy* (Fall 2019 Edition), edited by Edward N. Zalta. https://plato.stanford.edu/archives/fall2019/entries/sextus-empiricus/.

Ní Cassaithe, C., Fionnuala Waldron, and Teresa Dooley, "'We Can't Really Know Cos

We Weren't Really There': Identifying Irish Primary Children's Bottleneck Beliefs About History," *Historical Encounters*, vol. 9, no. 1, 2022.

Nielsen, Margit H., "Re-Enactment and Reconstruction in Collingwood's Philosophy of History," *History and Theory*, vol. 20, no. 1, 1981.

Nitsche, Martin, Christian Mathis, and D. Kevin O'Neill, "Epistemic Cognition in History Education," *Historical Encounters*, vol. 9, no. 1, 2022.

O'Neill, D. Kevin, Sarah Guloy, Fiona M. MacKellar, and Daniel R. Martelli, "Development and Validation of a Practical Classroom Assessment of Students' Beliefs About Differing Historical Accounts," *Historical Encounters*, vol. 9, no. 1, 2022.

Pagin, Peter, and Neri Marsili, "Assertion," *The Stanford Encyclopedia of Philosophy* (Winter 2021 Edition), edited by Edward N. Zalta. Accessed January 24, 2025. https://plato.stanford.edu/archives/win2021/entries/assertion/.

Paricio, Javier, Silvia García-Ceballos, and Alodia Rubio-Navarro, "Epistemic Beliefs and Pre-service Teachers' Conceptions of History Instruction," *Frontiers in Education*, vol. 7, 2022.

Parkes, Robert, "Postmodernism, Historical Denial, and History Education: What Frank Ankersmit Can Offer to History Didactics," *Nordidactica: Journal of Humanities and Social Science Education*, vol. 3, no. 2, 2013.

Pocock, J. G. A., "The Political Economy of Burke's Analysis of the French Revolution," *The Historical Journal*, vol. 25, no. 2, 1982.

______, "The Concept of a Language and the Métier d'Historien: Some Considerations on Practice," *The Languages of Political Theory in Early-Modern Europe*, edited by Anthony Pagden, Cambridge University Press, 1987.

Portal, Christopher, "Empathy as an Objective for History Teaching," *The History Curriculum for Teachers*, edited by Christopher Portal, Falmer Press, 1987.

______, "Empathy," *Teaching History*, no. 58, 1990.

Pritchard, Duncan, "Recent Work on Radical Skepticism," *American Philosophical Quarterly*, vol. 39, no. 3, 2002.

Prokhovnik, Raia, "An Interview with Quentin Skinner," *Contemporary Political Theory*, vol. 10, no. 2, 2011.

Reich, Zvi, "Source Credibility as a Journalistic Work Tool," *Journalists, Sources, and Credibility: New Perspectives*, edited by Bob Franklin and Matt Carlson, Taylor & Francis, 2010.

Reisman, Avishag, "Reading like a Historian: A Document-Based History Curriculum Intervention in Urban High Schools," *Cognition and Instruction*, vol. 30, 2012.

Retz, Tyson, "A Moderate Hermeneutical Approach to Empathy in History Education," *Educational Philosophy and Theory*, vol. 47, no. 3, 2015.

______, "Why Re-enactment Is Not Empathy, Once and for All," *Journal of the Philosophy of History*, vol. 11, no. 3, 2017.

______, "Teaching Empathy and the Critical Examination of Historical Evidence," *Historical Thinking for History Teachers: A New Approach to Engaging Students and Developing Historical Consciousness*, edited by Tim Allender, Anna Clark, and Robert Parkes, Routledge, 2020.

Riley, Karen L., "Historical Empathy and the Holocaust: Theory into Practice," *International Journal of Social Education*, vol. 13, no. 1, 1998.

Rosenlund, David, "The Nature of Historical Knowledge in Large-Scale Assessments: A Study of the Relationship Between Item Formats and Offerings of Epistemic Cognition in the Swedish Context," *Frontiers in Education*, vol. 8, 2023.

Rouet, Jean-François, Monik Favart, M. Anne Britt, and Charles A. Perfetti, "Studying and Using Multiple Documents in History: Effects of Discipline Expertise," *Cognition and Instruction*, vol. 15, no. 1, 1997.

Rüsen, Jörn, "How to Overcome Ethnocentrism: Approaches to a Culture of Recognition by History in the Twenty-First Century," *History and Theory*, vol. 43, no. 4, 2004.

Ryle, Gilbert, "The Thinking of Thoughts: What Is 'Le Penseur' Doing?" *Collected Essays 1929-1968: Collected Papers*, vol. 2, edited by Julia Tanney, Routledge, 2009.

Seixas, Peter, "Historical Consciousness and Historical Thinking," *Palgrave Handbook of Research in Historical Culture and Education*, edited by Mario Carretero, Stefan Berger, and Maria Grever, Palgrave Macmillan, 2017.

Seixas, Peter, and Carla Peck, "Teaching Historical Thinking," *Challenges and Prospects for Canadian Social Studies*, edited by Alan Sears and Ian Wright, Pacific Educational Press, 2004.

Shanahan, Cynthia, Timothy Shanahan, and Cynthia Misischia, "Analysis of Expert Readers in Three Disciplines: History, Mathematics, and Chemistry," *Journal of Literacy Research*, vol. 43, no. 4, 2011.

Shemilt, Denis, "Beauty and the Philosopher: Empathy in History and Classroom," *Learning History*, edited by Alaric K. Dickinson, Peter J. Lee, and Peter Rogers, Heinemann Educational, 1984.

Shulman, Lee S., "Knowledge and Teaching: Foundations of the New Reform," *Harvard Educational Review*, vol. 57, no. 1, 1987.

______, "Those Who Understand: Knowledge Growth in Teaching," *Educational Researcher*, vol. 15, no. 2, 1986.

Sendur, Kadir A., Jannet van Drie, and Carla van Boxtel, "Epistemic Beliefs and Written Historical Reasoning: Exploring Their Relationship," *Historical Encounters*, vol. 9, no. 1, 2022.

Shogimen, Takashi, "On the Elusiveness of Context," *History and Theory*, vol. 55, no. 2, 2016.

Skinner, Quentin, "Meaning and Understanding in the History of Ideas," *History and Theory*, vol. 8, no. 1, 1969.

______, "Meaning and Understanding in the History of Ideas," *Meaning and Context: Quentin Skinner and His Critics*, edited by James Tully, Princeton University Press, 1988.

______. "A Reply to My Critics," *Meaning and Context: Quentin Skinner and His Critics*, edited by James Tully, Polity Press, 1988.

______, "Lectures Part Two: Is It Still Possible to Interpret Texts?" *International Journal of Psychoanalysis*, vol. 89, no. 3, 2008.

Smith, Mark, and Joel Breakstone, "History Assessments of Thinking: An Investigation of Cognitive Validity," *New Directions in Assessing Historical Thinking*, edited by Kadriye Ercikan and Peter Seixas, Routledge, 2015.

Stern, Barbara S., "Addressing the Concept of Historical Empathy: Wit Frauen: German Women Recall the Third Reich," *International Journal of Social Education*, vol. 13, no. 1, 1998.

Stoddard, Jeremy, "Addressing Teacher Epistemology and Ideology in History Pedagogy: Teaching Historical Thinking and Media," *Teachers' Personal Epistemologies: Evolving Models for Informing Practice*, edited by Gregory Schraw, Jo Lunn Brownlee, Lori Olafson, and Michelle Vander Veldt Brye, Information Age Publishing, 2017.

Stoel, Gerhard, Albert Logtenberg, and Martin Nitsche, "Researching Epistemic Beliefs in History Education: A Review". *Historical Encounters*, vol. 9, no. 1, 2022.

Stoel, Gerhard, Albert Logtenberg, Bjorn Wansink, Tim Huijgen, Carla van Boxtel, and Jannet van Drie, "Measuring Epistemological Beliefs in History Education: An Exploration of Naïve and Nuanced Beliefs," *International Journal of Educational Research*, vol. 83, 2017.

Sylvester, David, "Change and Continuity in History Teaching 1900-93," *Teaching History*, edited by Hilary Bourdillon, Routledge, 1994.

Tamm, Marek, "Truth, Objectivity, and Evidence in Historical Writing," *Journal of the Philosophy of History*, vol. 8, no. 2, 2014.

van Boxtel, Carla, and Jannet van Drie, "Historical Reasoning: Conceptualizations and Educational Applications," *The Wiley International Handbook of History Teaching and Learning*, edited by Scott Alan Metzger and Lauren McArthur Harris, Wiley-Blackwell, 2018.

VanSledright, Bruce, and Kimberly Reddy, "Changing Epistemic Beliefs? An Exploratory Study of Cognition Among Prospective History Teachers," *Revista Tempo e Argumento*, vol. 6, no. 11, 2014.

VanSledright, Bruce A., and Liliana Maggioni, "Epistemic Cognition in History," *Handbook of Epistemic Cognition*, edited by Jeffrey A. Greene, William A. Sandoval, and Ivar Bråten, Routledge, 2016.

Vansover, Yaron, "On the Natural Aspect of Historical Thinking in the Classroom," *International Journal of Innovation, Creativity and Change*, vol. 4, no. 4, 2019.

Virta, Arja, and Elina Kouki, "Dimensions of Historical Empathy in Upper Secondary Students' Essays," *Nordidactica: Journal of Humanities and Social Science Education*, no. 2, 2014.

White, Hayden, "Historical Emplotment and the Problem of Truth," *Probing the Limits of Representation: Nazism and the 'Final Solution'*, edited by Saul Friedländer, Harvard University Press, 1992.

Wansink, Bjorn G. J., Sanne F. Akkerman, and Brianna L. Kennedy, "How Conflicting Perspectives Lead a History Teacher to Epistemic, Epistemological, Moral and Temporal Switching: A Case Study of Teaching about the Holocaust in the Netherlands," *Intercultural Education*, vol. 32, no. 4, 2021.

Wineburg, Sam S., "Historical Problem Solving: A Study of the Cognitive Processes Used in the Evaluation of Documentary and Pictorial Evidence," *Journal of Educational Psychology*, vol. 83, no. 1, 1991.

______, "On the Reading of Historical Texts: Notes on the Breach Between School and Academy," *American Educational Research Journal*, vol. 28, no. 3, 1991.

______, "Reading Abraham Lincoln: An Expert/Expert Study in the Interpretation of Historical Texts," *Cognitive Science*, vol. 22, no. 3, 1998.

Yeager, Elizabeth A., and Stuart J. Foster, "The Role of Empathy in the Development of Historical Understanding," *Historical Empathy and Perspective Taking in the Social Studies*, edited by O. L. Davis Jr., Elizabeth A. Yeager, and Stuart J. Foster, Rowman and Littlefield, 2001.

Yoon, Jong-pil, "Is Historical Thinking Unnatural?" *Educational Philosophy and Theory*, vol. 54, no. 7, 2022.

______, "Was Emily Brown American Empress in Korea? The Limits and Meaning of Historical Inquiry as Seen Through Inferential Contextualism," *Journal of the Philosophy of History*, vol. 12, 2018.

Young, Carlene, "The Struggle and Dream of Black Studies," *The Journal of Negro Education*, vol. 53, no. 3, 1984.

[인터넷 사이트]

국사편찬위원회 우리역사넷, 「사료로 본 한국사」. https://contents.history.go.kr

[도서]

강선주, 『역사교육 새로보기: 복합의 시각』, 한울앰플러스, 2015.

______, 『디지털 시대, 역사 · 박물관 교육』, 한울아카데미, 2022.

국립해양문화재연구소, 『해상교류를 통해 본 서남해 지역의 바닷길』, 2014년 특별전 자료집, 2014.

다니엘 지로디 · 앙리 뷔이예(김혜경 역), 『미술관 · 박물관이란 무엇인가』, 화산문화, 1996.

로버트 A. 로젠스톤 편(김지혜 역), 『영화, 역사: 영화와 새로운 과거의 만남』 소나무, 2002.

마르틴 뤼케 · 이름가르트 췬도르프(정용숙 역), 『공공역사란 무엇인가』, 푸른역사, 2020.

브론웬 토마스(황인석 역), 『미디어 내러티브와 스토리텔링』, 컬쳐룩, 2023.

요시미 순야(이태문 역), 『박람회: 근대의 시선』, 논형, 2004,

테사 모리스-스즈키(김경원 역), 『우리 안의 과거: 미디어 · 메모리 · 히스토리』, 휴머니스트, 2006,

하세봉, 『역사지식의 시각적 조형: 동아시아 박물관의 역사와 전시』, 민속원, 2016.

Burcaw, George Ellis, *Introduction to Museum Work* (3rd edition), AltaMira Press, 1997.

Cauvin, Thomas, *Public History: A Textbook of Practice* (2nd edition), Routledge, 2016.

Ferro, Marc, *Cinema and History*, Wayne State University Press, 1988.

Hughes-Warrington, Marnie, *History Goes to the Movies: Studying History on Film*, Routledge, 2007,

Husbands, Chris, *What is History Teaching?: Language, Ideas and Meaning in Learning about the Past,* Open University Press, 1996.

Jordanova, Ludmilla, *History in Practice* (2nd edition), Hodder Arnold, 2006.

Koselleck, Reinhart, *The Practice of Conceptual History: Timing History, Spacing Concepts,* Stanford University Press, 2002.

Lévesque, Stéphane, *Thinking Historically: Educating Students for the Twenty-First Century*, University of Toronto Press, 2008.

Moore, Kevin, *Museum and Popular Culture*, Leicester University Press, 1997.

National Curriculum Council, *Non-Statutory Guidance for History*, April, 1991.

Rosentone, Robert A., *Visions of the Past: The Challenge of Film to Our Idea of History*, Harvard University Press, 1995.

Rosenstone, Robert A., *History on Film/Film on History,* Pearson Education Limited, 2006.

Solin, Pierre, *The Film in History: Restaging the Past,* Basil Blackwell, 1980.

Stubbs, Jonathan, *Historical Film: A Critical Introduction*, Bloomsbury, 2013.

Vansledright, Bruce A., *Assessing Historical Thinking and Understanding: Innovative Designs for New Standards*, Routledge, 2014.

[논문]

강선주, 「공공역사와 역사교육: 제도적 역사교육 기관으로서 박물관의 책임과 역사 전시 방향」 『현대사와 박물관』 3, 2020.

______, 「유튜브 역사 콘텐츠 스토리텔링의 특징 -초등학생용 역사 콘텐츠로부터 알고리즘이 안내하는 역사 콘텐츠까지-」 『역사교육연구』 43, 2022.

김민정, 「영화의 역사서술과 역사교육의 가능성」 『역사교육』 94, 2005.

______, 「학교 밖 독립운동사 교육의 현황과 과제」 『역사교육』 156, 2022.

김진아, 「학생들은 중요한 역사를 어떻게 판단할까? - '내러티브 템플릿' 사용이 역사 이해에 미치는 영향」 『역사교육』 139, 2016.

나인호, 「시민을 위한 역사교육으로서 독일의 공공역사(public history)」 『역사교육논집』 69, 2018.

박상욱, 「 '퍼블릭 히스토리(public history)'에서 '역사문화(Geschichtskultur)'로 – 독일 '퍼블릭 히스토리'의 작용 메카니즘으로서 역사문화」 『서양사론』 139, 2018.

박주현, 「서로 다른 역사 재현에 대한 한국 중등학생들의 이해: 역사 영화를 중심으로(Students' Ideas about Different Historical Representations of the Past: South Korean Adolescents Interpret Historical Film)」, 런던대학교 대학원 박사학위논문, 2008.

______, 「학생들의 역사 개념에 대한 이해와 역사의식」 『역사교육』 111, 2009.

______, 「역사 탐구 체험으로서의 영국의 지역사 교육 」 『역사교육연구』 14, 2011.

박주현 · 조혜진, 「역사 재현의 다양한 경로와 대중 역사」, 양호환 편, 『한국역사교육의 연구동향』, 책과함께, 2011.

양호환, 「집단기억, 역사의식, 역사교육」 『역사교육』 109, 2009.

이소은, 「'어려운 역사' 논의를 통한 역사과 재난교육의 탐색」 『역사교육』 167, 2023.

이하나, 「역사영화를 매개로 한 역사비평의 가능성 – 역사대중화와 역사의 대중문화화 사이에서 역사연구자의 역할을 고민함 -」 『사학연구』 121, 2016.

______, 「공공역사 논의의 한국적 맥락과 공공역사가들」 『역사비평』 136, 2021.

______, 「공공역사로서의 역사영화와 개연성으로서의 역사」 『역사비평』 139, 2022.

정영권, 「한국 근현대사 영화의 정치사적 계기들 2003~2019」 정영권 외, 『영화는 역사가 아니다: 한국 현대사 영화는 어떻게 관객을 사로잡았나』, 한국문화사, 2024.

조혜진, 「박물관 전시 변화에 대한 해석과 교육적 쟁점 -배치 이론을 중심으로-」, 서울대학교 대학원 박사학위논문, 2024.

______, 「식민화, 탈식민화 공간으로서의 박물관과 '가르칠 내용'」 『역사교육』 171, 2024.

Adams, Carol, and Miller, Sue, "Museums and the Use of Evidence in History Teaching," *Teaching History* 34, 1982.

Ashby, Rosalyn, Lee, Peter, and Shemilt, Denis, "Putting Principles into Practice: Teaching and Planning," in M. Donovan and J. Bransford (eds.), *How Students Learn: History in the Classroom*, The National Academic Press, 2005.

Barca, Isabel, "Identities and History - Portuguese Students' Accounts," *International Journal of Historical Learning Teaching and Research*, vol. 8. no. 1, 2009.

De Groot, Jerome, "15. Museums and Physical Encounters with the Past," *Consuming History: Historians and Heritage in Contemporary Popular Culture*, Routeledge, 2009.

______, "13. Historical Film," in *Consuming History: Historians and Heritage in Contemporary Popular Culture* (2nd edition), Routledge, 2016.

Duraisingh, Liz Dawes, and Boix-Mansilla, Veronica, "Interdisciplinary forays within the history classroom: how the visual arts can enhance (or hinder) historical understanding," *Teaching History* 125, 2006.

Epstein, Terrie, and Peck, Carla L., "Introduction," in T. Epstein and C. L. Peck (eds.), *Teaching and Learning Difficult Histories in International Contexts: A Critical Sociocultural Approach*, Routledge, 2017.

Gardner, James B., and Hamilton, Paula, "The Past and Future of Public History: Developments and Challenges," in P. Hamilton and J. B. Gardner (eds.), *The Oxford Handbook of Public History,* Oxford University Press, 2017.

Grever, Maria, and Adriaansen, Robbert-Jan, "Historical Culture: A Concept Revisited," in M. Carretero, S. Berger and M. Grever (eds.), *Palgrave Handbook of Research in Historical Culture and Education*, Palgrave Macmilan, 2017.

Hooper-Greenhill, Eileen, "The Past, the Present and the Future: Museum Education from the 1790s to the 1990s," *Journal of Education in Museums* 12, 1991.

Hoberman, James L., "The Film Critic of Tomorrow, Today," M. Berger (ed.), *The Crisis of Criticism,* New Press, 1998.

Kansteiner, Wulf, "Film, the Past, and a Didactic Dead End: From Teaching History to Teaching Memory," in M. Carretero, S. Berger and M. Grever (eds.) *Palgrave Handbook of Research in Historical Culture and Education*, 2017.

Kean, Hilda, "Introduction," in H. Kean and p. Martin (eds.), *The Public History Reader,* Routledge, 2013.

Kelly, Robert, "Public History: Its Origins, Nature, and Prospects," *The Public Historian* 1, 1978.

Leon, Sharon M., "Complexity and Collaboration: Doing Public History in Digital Environments," in P. Hamilton and J. B. Gardner (eds.), *The Oxford Handbook of Public History,* Oxford University Press, 2017.

Letourneau, Jocelyn, and Moisan, Sabrina, "Young People's Assimilation of a Collective Historical Memory: A Case Study of Quebeckers of French-Canadian Heritage," P. Seixas (ed.), *Theorizing Historical Consciousness,* University of Toronto Press, 2004.

Loughran, Tracey, "Introduction: Frameworks and Perspectives," in T. Loughran (ed.), *A Practical Guide to Studying History: Skills and Approaches*, Bloomsbury Academic, 2017.

Murray, Mike, "Three Lessons about a Funeral: Second World War Cemeteries and Twenty Years of Curriculum Change," *Teaching History* 94, 1999.

Penuel, William R., and Wertsch, James V., "Historical Representation as Mediated Action: Official History as a Tool," in J. F. Voss and M. Carretero (eds.), *Learning and Reasoning in History: International Review of History Education Vol.2*, Woburn Press, 1998. .

Robinson, Natasha, "Conceptualising Historical Legacies for Transitional Justice History Education in Postcolonial Society," *History Education Research Journal*, vol. 19, no. 1, 2022.

Rüsen, Jörn, "Geschichtsdidaktik Heute-Was ist und zu welchem Ende betreiben wir sie (noch)? [Didactics of History Today-What Is It and for What Pupose Do We (Still) Use it?]," in E. Hinrichs and W. Jacobmeyer (eds.), *Bildungsgeschichte und Historisches Lernen Symposium aus Anlaß des 65. Geburtstages on Prof. Dr. Karl Ernst Jeismann [History of Education and Historical Learning. Symposium on the Occasion of the 65th Birthday of Prof. Dr. Karl-Ernst Jeismann]* Georg-Eckert Institut, 1991.

______, "Historical Consciousness: Narrative Structure, Moral Function, and Ontogenetic Development," in P. Seixas (ed.), *Theorizing Historical Consciousness*, University of Toronto Press, 2004.

Salvanou, Emilia, "James B. Gardner and Paula Hamilton (eds), *The Oxford Handbook of Public History*," *Historein,* vol. 19, no. 1, 2020.

Seixas, Peter, "Confronting the Moral Frames of Popular Film: Young People Respond to Historical Revisionism," *American Journal of Education,* vol. 102, no. 3, 1994.

Wertsch, James V., "Struggling with the Past: Some Dynamics of Historical Representation," in M. Carretero and J. Voss (eds.), *Cognitive and Instructional Processes in History and Social Sciences*, Hilsdale, 1994.

______, "Specific Narratives and Schematic Narrative Templates," in P. Seixas (ed.), *Theorizing Historical Consciousness*, University Toronto Press, 2004,

Westwell, Guy, "Critical Approaches to the History Film - A Field in Search of a Methodology," *Rethinking History*, vol. 11, no. 4, 2007.

Williams, Paul, "The Personalization of Loss in Memorial Museums," in P. Hamilton and J. B. Gardner (eds.), *The Oxford Handbook of Public History,* Oxford University Press, 2017.

| CHAPTER 06 역사교육의 내용을 어떻게 선정하고 조직할까 |

[자료]

『論語』『論語注疏』『孝宗實錄』『大覺國師文集』『漢書』『說苑』『芝峯先生集』『白虎通義』

[도서]
가와기타 미노루(장미화 역), 『설탕의 세계사』, 좋은책만들기, 2008.
강인애 외, 『PBL의 실천적 이해』, 문음사, 2007.
곽차섭 편, 『미시사란 무엇인가』, 푸른역사, 2000.
국사편찬위원회, 『신편한국사』 15, 2002.
국사편찬위원회, 『신편한국사』 28, 2002.
권태환 외, 『사회학의 이해』, 다산출판사, 2009.
金璟東, 『현대의 사회학 · 사회학적 관심』, 박영사, 1982.
김상기, 『국사』, 장왕사, 1967.
김장수, 『유럽의 절대왕정시대』, 푸른사상, 2011.
김준석, 『근대국가』, 책세상, 2011.
김창성, 『사료로 읽는 서양사』 1, 책과함께, 2014.
김창성, 『로마 공화정의 조세체제와 신분』, 한울, 2024.
김창성, 『사료로 읽는 서양사』, 책과함께, 2014.
김창성, 『세계사산책』 1, 솔, 2003.
김한종 외, 『역사교육과 역사인식』, 책과함께, 2012.
김한종, 『역사수업의 원리』, 책과 함께, 2007.
김혜경 외, 『가족복지론』, 공동체, 2013.
남평 조씨(박경신 역), 『병자일기』, 나의시간, 2015.
稻葉岩吉, 『朝鮮文化史硏究』, 웅산각, 大正14(1925).
도이힐러, 『한국사회의 유교적 변환』, 아카넷, 2003.
마빈 해리스(박종렬 역), 『문화의 수수께끼』, 한길사, 2017.
모리 미키사부로(조병한 역), 『중국사상사』, 서커스, 2018.
박도순 · 홍후조, 『교육과정과 교육평가』, 문음사, 2011.
박병호, 『한국 법제사고』, 법문사, 1970.
박상준, 『사회과 교재연구 및 지도법』, 교육과학사, 2023.
박윤덕 외, 『서양사 강좌』, 아카넷, 2022.
박현희, 『토론의 달인을 키우는 토론수업』, 즐거운 학교, 2013.
백낙준, 『세계문화사(고등 세계사)』, 정음사, 1959.
신희섭 編, 『정치학강의』 I , 마에스터북, 2008.
양호환, 『역사교육의 입론과 구상』, 책과함께, 2012.
앤드류 헤이우드(조현수 역), 정치학, 성균관대학교출판부, 2009.
에마뉘엘 르 루아 라뒤리(유희수 역), 『몽타이유 - 중세말 남프랑스 어느 마을 사람들의 삶』, 길, 2006.
오병근, 『정보디자인 교과서』, 안그라픽스, 2008.
오스틴 래니(권만학 역), 『현대 정치학』, 을유문화사, 1994.
오토 에른스트 쉬데코프 외(김승렬 역), 『미래를 건설하는 역사교육』, 역사비평사, 2003.
李丙燾 · 金廷鶴, 『우리나라 문화의 발달(韓國文化史)』 1, 백영사, 1954.

이병도, 『인문계고등학교 국사』, 일조각, 1967.
이영훈, 『한국사회경제사』 I , 일조각, 2016.
이종환, 『플라톤 국가 강의-정의롭고 좋은 삶에 관한 이야기』, 김영사, 2019.
이홍직, 『인문계고등학교 국사』, 동아출판사, 1969.
인드로 몬타넬리(김정하 역), 『로마제국사』, 까치, 1998.
정보통신부, 『UCC이용자들을 위한 실천적 가이드라인 보고서』, 2007.
정주환, 「그리스 민주정치와 선거제도 - 아테네 민주주의의 형성과 추첨제를 중심으로 -」 『법학논총』 40-1, 단국대학교 법학연구소, 2016.
조성환, 「Political Economy란 무엇인가?」 『시장경제연구』, 서강대학교 지암남덕우경제연구원, 1992.
조한욱, 「미시사의 이론과 실제」 『한국사론』 32, 국사편찬위원회, 2001.
青柳綱太郎, 『朝鮮文化史大全』, 長坂金雄, 조선연구회인쇄부, 大正13(1924).
최양호, 『역사교육의 현장』, 청년도서, 1991.
최완기, 『역사학습지도의 원리와 실제』, 느티나무, 2000.
정용덕, 「계몽과 근대국가 형성: 일반적 특성을 중심으로」 『OUGHTOPIA』, 경희대학교 인류사회재건연구원, 2024.
주경철, 『문명과 바다』, 산처럼, 2009.
최상훈 외, 『역사 교육의 내용과 방법』, 책과 함께, 2007.
클리퍼드 기어츠(문옥표 역), 『문화의 해석』, 까치, 2009.
프리드리히 엥겔스(김경미 역), 『가족 · 사적 소유 · 국가의 기원』, 책세상, 2007.
프리츠 하이켈하임(김덕수 역), 『로마사』, 현대지성사, 2012.
피터 버크(박광식 역), 『이미지의 문화사: 역사는 미술과 어떻게 만나는가』, 심산, 2005.
한국사특강편찬위원회, 『새로 쓴 한국사특강』, 서울대학교출판문화원, 2024.
한성정, 「제국주의 연구의 자료와 자유에 관하여」 『한국민족운동사 연구』, 2000.
洪亨雨, 「族長社會(Chiefdom)에 대한 一考察」 『韓國古代國家形成論』, 서울대학교출판부, 1997.

[논문]

강선주, 「'문화적 접촉과 교류의 역사'의 내용 선정 방안」 『역사교육연구』 3, 한국역사교육학회, 2006.
강인욱, 「인물사 학습을 위한 역사일기 쓰기 수업 모형 개발: 항일 독립 운동을 중심으로」, 부경대학교 교육대학원 석사학위논문, 2009.
강영심, 「문화를 통해 역사를 보는 신문화사의 연구 경향을 둘러보며」 『한국문화연구』 4, 이화여자대학교한국문화연구원, 2003.
곽차섭, 「미시사-줌렌즈로 당겨본 역사」 『역사비평』 46, 역사비평사, 1999.
곽차섭, 「문화사의 새로운 흐름 - 까를로 진즈부르그의 미시사를 중심으로」 『이화사학연구』 23 · 24합집, 이화사학연구소, 1997.
권경희, 「헌법이 보장하는 혼인과 가족제도의 내용 — 전통, 제도적 보장과 가족제도」 『법학연구』 29-3, 연세대학교 법학연구원, 2019.

김경현, 「로마 공화정 초기 호민관의 기원과 발전」 『서양고전학연구』 57, 한국서양고전학회, 2018.
김길식, 「부여 송국리 유적의 발굴조사 개요와 성과」 『한국고고학전국대회 발표문』 18, 한국고고학회, 1994
김봉석 · 김슬기, 「〈동아시아사〉교과서 분석-'Ⅱ.인구이동과 문화의 교류'를 중심으로」 『역사와 역사교육』 24, 2012.
김성근, 「근대 일본에서 '기술(技術)' 개념의 변천」 『동서철학연구』 94, 한국동서철학회, 2019.
김윤경, 「역사 신문 만들기를 통한 내용 중심 쓰기 교육 연구」, 대구교육대학교 교육대학원 석사학위논문, 2013.
김태진, 「근대 일본과 중국의 'society' 번역 — 전통적 개념 속에서의 '사회적인 것'의 상상 —」 『개념과 소통』 19, 2017.
김창성, 『세계사 산책(서양 고대)』, 솔, 2003
김창성, 『사료로 보는 서양사』 2, 책과함께 2014.
나요경, 「역사적 사고력 신장을 위한 역사 글쓰기 수업의 실제」, 서강대학교 교육대학원 석사학위논문, 2009.
盧泰久, 「종교와 정치」 『종교교육학연구』 15, 韓國宗教教育學會, 2002.
노태돈, 「초기 고대국가의 국가구조와 정치운영-부체제론을 중심으로」 『한국고대사연구』 17, 한국고대사학회, 2000.
문경호, 「역사과 민주시민 교육의 성과와 과제」 『교과교육학연구』 25(5), 이화여자대학교 교과교육연구소, 2021.
박지영, 「고등학교 역사교육과 다매체 · 역사 UCC의 수업 활용」 『강원문화연구』 29, 2010.
박희영, 「종교란 무엇인가?: 고대 신화와 의식에 대한 분석을 중심으로」 『西洋古典學研究』 13, 韓國西洋古典學會, 1999.
송인재, 「근대 한국 '예술' 개념의 전개 양상」 『어문논집』 98, 2023.
서혁, 「국어과 교수학습 방법 구성의 원리」 『국어교육학연구』 24, 국어교육학회, 2005.
신용하, 「한국사회사의 대상과 이론(理論)의 문제」 『韓國學報』 7-4, 1981.
신정근, 「맹자와 순자 사상의 결정적 차이」 『동양철학연구』 67, 동양철학연구회, 2011.
오정현 외, 「역사과 창의 · 인성 교육 사례 연구」 『교과교육학연구』 17-4, 이화여자대학교 교과교육연구소, 2013.
이경헌, 「역사적 사고력 향상을 위한 학생 제작 UCC 활용 역사수업 프로그램 개발 - 초등학교 5학년 역사수업을 중심으로 -」, 경인교육대학교 교육전문대학원 석사학위논문, 2022.
이대희, 「근대주의 그리고 민족과 민족주의의 기원」 『인문사회과학연구』 22-2, 부경대학교 인문사회과학연구소, 2021.
이승영, 「인터넷 신문 인포그래픽 뉴스의 유형분석에 관한 연구」 『한국디자인문화학회지』 20(1), 2014.
이윤희, 「文化正體性 확립을 위한 研究」 『한국사상과 문화』 51, 2010.
이종구, 「조선시대의 민사소송 제도에 대한 현대적 평가」 『법학논총』 39-4, 2015.
이종근, 「고대 메소포타미아의 수메르 우르-남무 법의 도덕성에 관한 연구」 『法學研究』 32, 한국법학회, 2008.
이종숙, 「조선시대 개인 일기의 현황과 특징」『MUNHWAJAE』52, 국립문화재연구원, 2019.
이준갑, 「중국문화사의 서술경향과 주요 저작의 목차분석」『韓國史論』35, 국사편찬위원회, 2002.
이진영, 「2022 개정 교육과정의 재정·군사 국가에 대한 이해: 16-18세기 영국과 프랑스를 중심으로」, 고려대학교 교육대학원 석사학위논문, 2025.
이헌창, 「Political economy와 Economics의 개념과 번역」『개념과 소통』2, 한림대학교 한림과학원, 2008.
장현근, 「중국 고대 정치사상에서 '국가(國家)' 관념의 형성과 변천」『한국정치학회보』49-2, 2015.
전덕재, 「이기백의 사학과 한국고대사 연구」『한국고대사연구』53, 한국고대사학회, 2009.
전덕재, 「고등학교 국사교과서의 삼국 및 통일신라 정치사 서술의 특징과 변천 -제3차~제7차 국사교과서를 중심으로-」『역사교육논집』43, 역사교육학회, 2009.
정근식 외, 「사회사업에서 사회복지로: '복지' 개념과 제도의 변화」『사회와역사』98, 한국사회사학회, 2013.
정주환, 「그리스 민주정치와 선거제도 - 아테네 민주주의의 형성과 추첨제를 중심으로 -」『법학논총』40-1, 단국대학교 법학연구소, 2016.
최갑수, 「문화사란 무엇인가」『韓國史論』35, 국사편찬위원회, 2002.
최정은, 「역사수업에서 시뮬레이션 게임의 의의와 활용」『역사교육논집』25, 역사교육학회, 1999.
최진열, 「동아시아 교과서의 교통사 서술과 역사교육」『역사와 교육』21, 역사와 교육학회, 2015.
카르로 진즈부르그(장문석 역), 「미시사: 내가 알고 있는 몇 가지 것들」『역사연구』7, 역사학연구소, 2000.
파리다 샤히드, 「역사교과서와 역사교육에 관한 문화적 권리 분야의 특별 조사관의 보고서(2013.8.9.)」.
홍진희, 「역사교육에서의 인물학습 수업방안 연구: 중학교 역사(하) 쑨원(孫文)의 이해를 중심으로」, 이화여자대학교 교육대학원, 2013.
Department for Education, *The national curriculum in England Key stages 3 and 4 framework document*, Hampshire: Shurville Publishing, 2014.
B. Anderson, *Imagined Communities: Reflexions on the Origins and Spread of Nationalism*, 2nd ed. London: Verso, 1991.

[인터넷 사이트]
국립국어원 표준국어대사전(https://stdict.korean.go.kr/search/searchView.do, 검색어 '신문', 2025.4.13. 검색).
국가유산연구원(https://portal.nrich.go.kr/kor/originalUsrTotalList.do?menuIdx=1046).
e-뮤지엄(https://emuseum.go.kr/m/main -메뉴-내가 해보는 전시, 2025.4.13. 검색).
살아있는 라틴어 사전(https://latina.bab2min.pe.kr/xe/lk/socius, 2025.4.13. 검색).
온라인 영어 어원 사전(https://www.etymonline.com/kr, 2025.4.13. 검색).

[자료]
교육부 고시 제2022-33호 [별책 7] 사회과 교육과정.

[도서]
강선주, 『역사교육 새로 보기: 복합의 시각』, 한울, 2015.
게오르그 G. 이거스(임상우 · 김기봉 역), 『20세기 사학사: 포스트모더니즘의 도전, 역사학은 끝났는가?』, 푸른역사, 1999.
데이비드 크리스천 편(류충기 역), 『세계사의 탄생: 전통과 주제와 서술 방식』, 소와당, 2021.
메리 위스너-행크스(류형식 역), 『케임브리지 세계사 콘사이스: 글로벌 시대 새로운 세계사를 위하여』, 소와당, 2018.
새뮤얼 헌팅턴(이희재 역), 『문명의 충돌: 세계질서 재편의 핵심 변수는 무엇인가』, 김영사, 2016).
에릭 R. 울프(박광식 역), 『유럽과 역사 없는 사람들: 인류학과 정치경제학으로 본 세계사, 1400~1980』, 뿌리와 이파리, 2015.
윤해동, 『근대역사학의 황혼』, 책과함께, 2010.
위르겐 오스터함멜(박종일 역), 『대변혁: 19세기의 역사풍경』, 3 vols., 한길사, 2021.
케네스 포메란츠(김규태, 이남희, 심은경 역), 『대분기: 중국과 유럽, 그리고 근대 세계 경제의 형성』, 에코리브르, 2016.
클라이브 폰팅(왕수민 역), 『클라이브 폰팅의 세계사』 vol. 1, 민음사, 2019.
파멜라 카일 크로슬리(강선주 역), 『글로벌 히스토리란 무엇인가: 세계사에서 지구사로, 역사학의 최전선』, 휴머니스트, 2010.
Anderson, Benedict, *The Spectre of Comparisons: Nationalism, Southeast Asia, and the World,* London: Verso, 1998.
Conrad, Sebastian, *What Is Global History?,* Princeton: Princeton University Press, 2016.
Martell, Christopher C., and Kaylene M. Stevens, *Teaching History for Justice: Centering Activism in Student's Study of the Past,* New York: Teachers College Press, 2021.
McNeil, J. R., and William H. McNeil, *The Human Web: A Bird's-Eye View of World History,* New York: W. W. Norton & Company, 2003.
McNeill, William H., *The Rise of the West: A History of the Human Community,* Chicago: University of Chicago Press, 1963.
Sachsenmaier, Dominic, *Global Perspectives on Global History: Theories and Approaches in a Connected World,* Cambridge: Cambridge University Press, 2011.
Saunier, Piere-Yves, *Transnational History,* Basingstoke: Palgrvae Macmillan, 2013.
Tamm, Marek, and Peter Burke (Eds.), *Debating New Approaches to History,* London: Bloomsbury Academic, 2019.
Wolf, Daniel, *A Global History of History,* Cambridge: Cambridge University Press, 2011.

[논문]

강선주, 「유럽중심주의 담론을 통해 본 역사교육의 과제: 포스트모더니즘과 포스트콜로니얼리즘의 도전」『역사교육』 131, 2014.

_____, 「세계화 시대의 세계사 교육: 상호 관련성을 중심 원리로 한 내용 구성」, 김한종, 이영효, 양호환, 최상훈, 양정현, 유용태, 강선주, 『역사교육과 역사인식』, 책과함께, 2005.

강성호, 「21세기 한국 서양사교육의 현황과 과제」, 한국서양사학회 편, 『한국 세계사교육의 미래: 제19회 전국서양사연합학술대회 자료집』, 2024.

강진아, 「중국의 부상과 세계사의 재조명: 캘리포니아 학파에서 글로벌 헤게모니論까지」『역사와 경계』 80, 2011.

김기봉, 「글로벌 시대 한국 역사학의 해체와 재구성: 한국사 · 동양사 · 서양사 3분과 체제의 역사화를 위하여」『한국사학사학보』 32, 2015.

김진아, 「학생들이 세계사에서 '중요한 역사'를 판단하는 기준」『역사교육』 143, 2017.

_____, 「학생들은 중요한 역사를 어떻게 판단할까? 내러티브 템플릿의 사용이 학생들의 역사 이해에 미치는 영향」『역사교육』 139, 2016.

데이비드 노스럽(류충기 역), 「분화에서 통합으로: 세계사의 구심력과 원심력」, 데이비드 크리스천 편, 『세계사의 탄생: 전통과 주제와 서술 방식』, 소와당, 2021.

데이비드 크리스천(류충기 역), 「서장: 책을 펴내며」, 데이비드 크리스천 편, 『세계사의 탄생: 전통과 주제와 서술 방식』, 소와당, 2021.

_______________(염운옥 역), 「새로운 상상의 공동체: 종족사에서 인류사로」, 조지형, 김용우 편, 『지구사의 도전: 어떻게 유럽중심주의를 넘어설 것인가』, 서해문집, 2010.

도미닉 작센마이어(류충기 역), 「세계사의 진화」, 데이비드 크리스천 편, 『세계사의 탄생: 전통과 주제와 서술 방식』, 소와당, 2021.

로스 E. 던(이길상 · 최정희 역), 「두 개의 세계사」, 린다 심콕스 · 애리 윌셔트 편, 『세계의 역사교육 논쟁』, 푸른역사, 2012.

마니 휴스-워링턴(류충기 역), 「세계사의 세계사」, 데이비드 크리스천 편, 『세계사의 탄생: 전통과 주제와 서술 방식』, 소와당, 2021.

마쓰자와 유우사쿠, 「일본 연구인가 역사학인가?: 19세기 일본의 '국사학'」『歷史硏究의 三分法 문제에 대해: 過去, 現在, 未來』, 第22回 日韓 · 韓日歷史家會議 자료집, 2022.

마이클 랭(류충기 역), 「진화와 단절, 그리고 시대구분의 문제」, 데이비드 크리스천 편, 『세계사의 탄생: 전통과 주제와 서술 방식』, 소와당, 2021.

박상민, 「새로운 세계사를 위한 밑그림」, 전국역사교사모임 편, 『더 늦기 전에 시작하는 생태환경사 수업: 기후위기 시대, 역사교사의 역할을 찾아서』, 휴머니스트, 2024.

박혜정, 「유럽중심주의 극복과 전 지구적 연계성 사이에서: 미국 대학용 세계사 교과서 7종의 인도양, 산업혁명, 제국주의 내용 분석」『역사교육논집』 68, 2018.

백옥경, 「한말 세계사 저 · 역술서에 나타난 세계 인식」, 조지형, 김용우 편, 『지구사의 도전: 어떻게 유럽중심주의를 넘어설 것인가』, 서해문집, 2010.

백영서, 「자국사와 지역사의 소통: 동아시아인의 역사서술 성찰」『역사학보』 196, 2007.

신주백, 「現代 韓國에서 歷史學의 制度的 形成과 日本: '3分科制度'의 定着을 中心으로」『歷史硏

究의 三分法 문제에 대해: 過去, 現在, 未來』, 第22回 日韓·韓日歷史家會議 자료집, 2022.
아리프 딜릭(정지민 역), 「탈중심화하기: 세계들과 역사들」, 조지형, 김용우 편, 『지구사의 도전: 어떻게 유럽중심주의를 넘어설 것인가』, 서해문집, 2010.
양호환, 「세계사 교육: 변화의 담론과 교과서 서술의 현실」『역사교육』 140, 2016.
에른 뤼젠(염운옥 역), 「집단중심주의를 넘어 보편사로: 문제와 도전」, 조지형, 김용우 편, 『지구사의 도전: 어떻게 유럽중심주의를 넘어설 것인가』, 서해문집, 2010.
임병철, 「글로벌 르네상스?: 사학사적 검토」『청람사학』 39, 2024.
_____, 「역사교과서 국정화 논쟁, 그 이후?」『역사교육연구』 24, 2016.
임상우, 「도전 받는 오늘의 역사학」『한국사학사학보』 49, 2024.
장문석, 「이탈리아 미시사에서 지구적 미시사로: 미시사의 전통과 변형」『동아문화』 60, 2022.
잭 구디(류충기 역), 「인류학은 세계사에 어떻게 기여했는가」, 데이비드 크리스천 편, 『세계사의 탄생: 전통과 주제와 서술 방식』, 소와당, 2021.
조지형, 김용우 편, 『지구사의 도전: 어떻게 유럽중심주의를 넘어설 것인가』, 서해문집, 2010.
_____, 「지구사의 미래와 역사의 재개념화」, 조지형, 김용우 편, 『지구사의 도전: 어떻게 유럽중심주의를 넘어설 것인가』, 서해문집, 2010.
_____, 「새로운 세계사와 지구사: 포스트모던 시대의 성찰적 역사」『역사학보』 173 (2002).
최상훈, 「세계사교육의 쟁점과 당면과제」『역사교육』 138, 2016.
Bently, Jerry H., "The Task of World History," Jerry H. Bently (Ed.), *The Oxford Handbook of World History,* Oxford: Oxford University Press, 2011.
McNeill, William H. "Mythistory, or Truth, Myth, History, and Historians," *American Historical Review* 91, 1986.
_____, "*The Rise of the West* after Twenty-five Years," in his *The Rise of the West,* Chicago: University of Chicago Press, 1991 new edition.
Osterhammel, Jürgen, "Global History." Marek Tamm and Peter Burke (Eds.), *Debating New Approaches to History,* London: Bloomsbury Academic, 2019.
Summit, Jennifer, and David Wallace. "Rethinking Periodization," *Journal of Medieval and Early Modern Studies* 38, 2007.

| CHAPTER 08 어떻게 가르치고 무엇을 평가할까 |

[자료]

교육부, 『교과 세부능력 및 특기사항 기재 도움자료 사회교과(군)』, 교육부·17개 시도교육청·한국과학창의재단, 2020.
교육부, 『2025학년도 학교생활기록부 기재요령: 고등학교』, 2025.
교육부 훈령 제477호(2024.2.8., 일부 개정)의 학교생활기록 작성 및 관리지침(시행 2024.3.1.).

[도서]

강인애 외 2, 『PBL의 실천적 이해』, 문음사, 2007.

교육부 고시 제2022-33호 [별책 7] 사회과 교육과정.
교육부 외, 『2017학년도 수능 한국사 필수화에 따른 교사 연수 자료』, 2014.
김덕년, 『교육과정-수업-평가-기록 일체화-학교를 바꾸고 학생의 올바른 성장을 돕는』, 에듀니티, 2017.
김한종 외, 『역사교육과 역사인식』, 책과함께, 2012.
박도순 외, 『교육과정과 교육평가』, 문음사, 2011(12쇄).
박상준, 『사회과 교재연구 및 지도법』, 교육과학사, 2023.
박일수, 『교육평가의 이해』, 창지사, 2023.
박현희, 『토론의 달인을 키우는 토론수업』, 즐거운 학교, 2013.
이명섭, 『교육과정-수업-평가-기록 일체화-성적을 넘어 한 뼘 성장을 돕는』, 교육과실천, 2022.
최상훈 외, 「역사수업의 방법」『역사교육의 내용과 방법』, 책과 함께, 2007.
최상훈 외, 『역사과 평가의 이론과 실제』, 책과함께, 2012.
최상훈, 이영효, 김한종, 강선주, 『역사교육의 내용과 방법』, 책과함께, 2007.
최완기, 『역사학습지도의 원리와 실제』, 느티나무, 2000.
피터 버크 저, 박광식 역, 『이미지의 문화사: 역사는 미술과 어떻게 만나는가』, 심산, 2005.
한국교육심리학회, 『교육심리학용어사전』, 학지사, 2000.
홍세희 외, 『교육평가의 기초와 이해』, 박영스토리, 2020.

[논문]

강인욱, 「인물사 학습을 위한 역사일기 쓰기 수업 모형 개발: 항일 독립 운동을 중심으로」, 부경대학교 교육대학원 석사학위논문, 2009.
국립국어원 표준국어대사전(https://stdict.korean.go.kr/search/searchView.do, 검색어 '신문', 2025.4.13. 검색).
김경희, 「교육평가의 종류와 특징」『행복한교육』 2016(4), 교육부, pp. 53-54.
김미정, 「전쟁에 대한 기록과 그 증후적 재현: 정준모, 『한국미술, 전쟁을 그리다: 화가들이 기록한 6 · 25』, 마로니에북스, 2014」『내일을 여는 역사』 57, 내일을 여는 역사재단, 2014.
문경호, 「역사수업의 설계와 운영」『2007학년도 역사 연수교재』, 공주대학교사범대학 부설중등교육연수원, 2007.
문창로, 「'역사 글쓰기'를 통한 史料學習의 접근방안」『중등교육연구』 53, 경북대학교 사범대학부속중등교육연구소, 2005.
서혁, 「국어과 교수학습 방법 구성의 원리」『국어교육학연구』 24, 국어교육학회, 2005.
신항수, 「사회탐구 영역 평가 문항 개발-역사 영역을 중심으로-」『출제 담당자 워크숍자료』, 대전광역시교육청, 2009.
왕경수, 「개념학습의 대안적 관점과 교육적 함의」『교육과정평가연구』 11(1), 한국교육과정평가원, 2008.
이경헌, 「역사적 사고력 향상을 위한 학생 제작 UCC 활용 역사수업 프로그램 개발- 초등학교 5학년 역사수업을 중심으로 -」, 경인교육대학교 교육전문대학원 석사학위논문, 2022.
이상수, 「수업설계와 지도안 작성」『대전교원연수원 연수자료집』, 2007.

이형빈, 「성장중심평가의 취지에 따른 평가 루브릭 개발 가능성 탐구」『교육과정평가연구』 26(2), 한국교육과정평가원, 2023
최정은, 「역사수업에서 시뮬레이션 게임의 의의와 활용」『역사교육논집』 25, 역사교육학회, 1999.
한성숙, 「역사적 리얼리즘과 엘리아데 소설 읽기: 소설 『슨지에네의 밤』에서 신화 재현(再現)과 재연(再演) 양상」『동유럽발칸연구』 47, 한국외국어대학교(글로벌캠퍼스) 동유럽발칸연구소, 2023.
홍진희, 「역사교육에서의 인물학습 수업방안 연구: 중학교 역사(하) 『쑨원(孫文)』의 이해를 중심으로」, 이화여자대학교 교육대학원, 2013.

[인터넷 사이트]
e-뮤지엄. https://emuseum.go.kr/m/main -메뉴-내가 해보는 전시. (2025.4.13. 검색)

| CHAPTER 09 한국의 역사 교육과정, 어떻게 바뀌어왔나 |

[도서]
김한종, 『역사교육으로 읽는 한국현대사』, 책과 함께, 2013.
김행선, 『박정희와 유신체제』, 선인, 2006.
유재봉, 『현대 교육철학 탐구』, 교육과학사, 2002.
차경수, 『현대의 사회과교육』, 학문사, 2004.
함종규, 『한국교육과정변천사연구』, 교육과학사, 2003.

[논문]
강범모, 「텍스트 맥락과 단어 의미: 잠재의미분석」『언어학』 제68권, 2014.
강선주, 「역사 교육과정 개발 방법: 역사교육 개선의 방향 설정과 역사교육 연구 성과 활용 방안을 중심으로」『역사교육』 146, 2018.
강우철, 「교과과정과 교과서-중학교 국사교과서에의 제언」『역사교육』 1, 1956.
구자현, 「서사와 과학-서사적 패러다임에 비추어 본 진스의 과학과 음악」『인문연구』 77, 2016.
김병극, 「내러티브 탐구의 존재론적, 방법론적, 인식론적 입장과 탐구과정에 대한 이해」『교육인류학연구』 15(3), 2012.
김상훈, 「해방 후 사회생활과의 도입과 역사교육의 방향」『서강인문논총』 41, 2014.
김상훈, 「해방 전후 중등 교육과정의 변화」『역사와 교육』 21, 2015.
김유석, 「서사적 정체성의 현대적 의의」『인문과학연구』 29, 2011.
김정남, 「이야기하는 원숭이가 만드는 문명의 내러티브: 동굴벽화에서 디지털 서사까지」『픽션과논픽션』 제6집, 2024.
김한종, 「비판적 사고를 위한 역사교과서 내용구성과 서술」『역사문제연구』 30, 2013.
도면회, 「분단된 조국, 분단된 민족 교육 - 중학교용 국정 국사교과서 개정본 초고 분석」『역사와 현실』 창간호, 1989.
류승렬, 「제1차 교육과정기 발행 중등국사 (역사교육연구회 엮음) 교과서의 특성과 의의」 『역사교육』 146, 2018.
민성희, 「해방 직후 황의돈의 국사교육 재건활동」 『역사교육연구』 21, 2015.
박진동, 「제2차 교육과정기 '사회2'에 적용된 중학교 역사의 통합 방식과 검정 교과서의 내용 구성」 『역사와 교육』 24, 2017.
백은진, 「2015 개정 교육과정에 도입된 역사과 핵심역량 설정의 현황과 모순」 『사총』 86, 2015.
송상헌, 「역사교육과 역사학의 거리」 『역사교육』 138, 2016.
신소연, 「2015 개정 중학교 「역사」 교육과정의 구성 체계 및 현장검토본의 내용 분석 - 고려시대를 중심으로」 『역사학연구』 65, 2017.
양윤선, 「교수요목기~2차 교육과정기 중학교 국사교육의 변천」, 이화여자대학교 대학원 박사학위논문, 2018.
양정현, 「역사과 국가 교육과정에 대한 대안 모색」 『역사와 세계』 53, 2018.
윤종영, 「국사교과서 편찬준거안」 『실학사상연구』 10·11, 1999.
이경건·홍훈기, 「2015 개정 교육과정에서 도입한 '핵심 개념'의 의미 변화 과정 분석」 『교육과정평가연구』 20(2), 2017.
이광우·정영근, 「2015 개정 교과 교육과정 내용 체계 구성의 반성적 고찰」 『학습자중심교과교육연구』 17(16), 2017.
이왕무, 「'임진전쟁'의 기록과 왕조의 역사 서술 - 선조실록의 서술을 중심으로」 『동양고전연구』 97, 2024.
이현아·홍후조, 「2022 개정 교육과정의 핵심 아이디어 선정 논리에 관한 연구」 『한국교육학연구』 30(2), 2025.
임기환, 「한국사 교과서 서사의 비판적 검토와 전망」 『역사교육논집』 80, 2022.
임유나, 「2022 개정 교육과정의 '핵심 아이디어'에 대한 비판적 검토」 『학습자중심교과교육연구』 제23권 18호, 2023.
정혜승, 「2015 개정 교육과정의 핵심 개념 중심 내용 체계에 대한 비판적 분석: 국어과 교육과정을 중심으로」 『교육과정연구』 34(3), 2016.
최병택, 「역사교육과정 개선을 위한 대안서사 모색 및 핵심개념 도출의 필요성」 『역사비평』 137, 2021.
최성철, 「역사와 서사」 『한국사학사학보』 35, 2017.
최종석, 「내재적 발전론 '이후'에 대한 몇 가지 고민」 『역사와 현실』 100, 2016.
한철호, 「제3차 교육과정기 고등학교 『국사』 국정교과서의 한국 근 · 현대사 서술과 그 특징」 『역사와 교육』 27, 2018.
한혜정 외, 『2022 개정 교육과정 각론 조정 연구(Ⅰ) (연구보고 CRC 2022-5)』, 한국교육과정평가원, 2002.

[자료]

교육플러스, 〈교사 교육과정 '규칙' 고시한 전북교육청 논란…국가 교육과정 무시 vs 교사 자율성 강조〉, 교육플러스, 2022.03.02. https://www.edpl.co.kr/news/articleView.html?idxno=4770 (2025. 2. 14. 검색).

교육과학기술부 고시 제2012-3호 [별책 7] 사회과 교육과정.

교육부, 『2024학년도 학교생활기록부 기재요령: 중학교』, 2024,

______, 『2024학년도 학교생활기록부 기재요령: 고등학교』, 2024,

______, '2024년도 교원자격검정 실무편람', 2024,

교육부 고시 제2022-33호 [별책 1] 초 · 중등학교 교육과정 총론.

교육부 고시 제2022-33호 [별책 7] 사회과 교육과정.

교육부 훈령 제477호(2024.2.8., 일부 개정)의 학교생활기록 작성 및 관리지침(시행 2024.3.1.).

역사교육연구소 · 전국역사교사모임, 『역사교사, 교육과정을 디자인하다』, 2020.

전라북도교육청 고시 제2021-12(2021.8.30.) 전라북도 초등학교 교육과정 총론.

[도서]

강선주, 『소통으로 만드는 역사교육: 역사 문서 읽기와 성찰적 역사의식』, 서울대학교출판문화원, 2017.

백은진, 『역사교육 목적의 인식과 실제』, 서울대학교출판문화원, 2018.

양호환 · 이영효 · 정선영 · 송상헌 · 김한종, 『역사교육의 이론』, 책과함께, 2009.

양호환, 『역사교육의 입론과 구상』, 책과함께, 2012.

온정덕 · 변영임 · 안나 · 유수정, 『교실 속으로 간 이해 중심 교육과정』, 살림터, 2020.

랠프 타일러(이해명 역), 『교육과정과 학습 지도의 기본 원리』, 교육과학사, 1998.

제이 맥타이 · 그랜트 위긴스(정혜승 · 이원미 역), 『핵심 질문: 학생에게 이해의 문 열어주기』, 사회평론아카데미, 2016.

[논문]

강대현, 「한국 사회과 교육과정의 변천과 양상」 『사회과교육』 54-1, 2015.

강선주, 「역사 교육과정 개발 방법: 역사교육 개선의 방향 설정과 역사교육 연구 성과 활용 방안을 중심으로」 『歷史敎育』 146, 2018.

김민정, 「역사과 교육과정 내용체제의 대강화와 성취기준 제시 방식에 대한 재검토」 『사회과교육연구』 21-3, 2014.

김성자, 「뉴질랜드 NCEA '역사' 시험의 역사적 사고 평가」 『歷史敎育論集』 85, 2024.

김현미 · 노은희 · 김수진 · 서민희 · 이민희 · 이주연 · 강원정 · 김원예 · 백희정 · 유영식 · 이병기 · 제연강 · 지영명, 『초 · 중학교 성취수준 개발 연구(총론)』(CRC 2024-11), 한국교육과정평가원, 2024.

나미란, 「핵심개념에 의한 초등 역사내용 구성」 『歷史敎育論集』 82, 2023.

박가람 · 박현숙, 「Bloom의 신교육목표분류체계에 의한 2015 개정 중학교 역사 교육과정 성취기준 분석」『교육과정평가연구』 26-1, 2023.

박주현, 「'강력한 지식'을 둘러싼 교육과정 논의에 대한 검토와 역사 이해에서 '실질적 지식'의 위상과 역할」『역사와세계』 62, 2022.

박주현 · 김정효 · 김현정 · 신호재, 『초 · 중등 인문소양교육 체계화 연구』(RRC 2017-5), 한국교육과정평가원, 2017.

박진동 · 박주현 · 신항수, 「역사과 성취기준 · 성취수준 개발의 원리: 2009 개정 교육과정에 따른 성취기준 · 성취수준 개발 연구를 중심으로」『歷史敎育』 123, 2012.

박진동 · 고유경 · 남한호 · 구난희 · 박소영 · 정재윤 · 천은수 · 김성자 · 김수미 · 지모선, 『세계의 역사교육 어떻게 평가하는가』, 선인, 2024.

배지혜 · 윤세병, 「독일 역사교과서의 세계사 내용구성 및 탐구활동 분석: 중국사를 중심으로」『교육과정평가연구』 25-1, 2022.

백은진, 「2015 역사과 개정 교육과정에 도입된 성취기준별 교수학습 방법 진술의 적절성」『역사교육연구』 32, 2018.

______, 「역사 교수법의 의미와 역사다운 교수법의 필요성」『학습자중심교과교육연구』 22-7, 2022.

______, 「2022 개정 역사과 교육과정이 남긴 과제: 역사 교과 고유성과 역사 탐구」『역사교육연구』 46, 2023.

______, 「역대 초 · 중학교 사회과 및 역사과 교육과정에서 '영역'의 의미」『교육논총』 44-3, 2024.

백은진 · 김광규 · 김진아 · 유단비 · 이대희 · 정희연 · 최중림, 『2022 개정 교육과정에 따른 중학교 역사 성취수준 개발 연구』(CRC 2024-15), 한국교육과정평가원, 2024.

서경혜, 「교육과정 재구성 논쟁」『교육과정연구』 34-3, 2016.

양호환 · 천세빈, 「역사 텍스트 독해에서 맥락화 교수학습의 문제」『歷史敎育』 148, 2018.

이미경 · 정영근 · 권점례 · 이근호 · 김희경 · 이주연 · 이명애 · 가은아 · 김현수 · 박은아 · 박진동 · 김현경 · 진의남 · 김기철 · 이경언 · 양윤정 · 주형미 · 백경선 · 김경훈 · 장호성 · 이근남 · 한혜정 · 서민철, 『2015 개정 교육과정에 따른 초 · 중학교 교과 교육과정 평가기준 개발 연구(총론)』(CRC 2016-2-1), 한국교육과정평가원, 2016.

이소은, 「역사 실질 지식 연구의 동향과 과제」『歷史敎育』 164, 2022.

이주연 · 정영근 · 김기철 · 전호재 · 임유나 · 강서원, 『2022 개정 교육과정에 따른 초 · 중학교 교육과정 편성 · 운영 방안』(RRC 2023-4), 한국교육과정평가원, 2023.

이혁규, 「중학교 사회과 교실 수업에 대한 일상생활기술적 사례 연구」, 서울대학교 대학원 박사학위논문, 1996.

양호환 · 천세빈, 「역사 텍스트 독해에서 맥락화 교수학습의 문제」『歷史敎育』 148, 2018.

차조일 · 김혜숙 · 박주현 · 배화순 · 김상범 · 조철기 · 김병연 · 강선주 · 오정현 · 박형준 · 이영호 · 김민재 · 차승한 · 정윤미, 『역량 함양 사회교과군 교육과정 재구조화 연구』, 한국교육과정평가원 연구보고 CRC 2021-21, 2021.

허경철 · 백순근 · 김신영 · 채선희 · 구자억 · 최돈형 · 이인제 · 김왕근 · 박경미, 『국가 공통 절대평가기준 일반모형 개발 연구』(RM96-04), 한국교육개발원, 1996.

허경철 · 백순근 · 김신영 · 채선희 · 유균상 · 이인제 · 박경미 · 김정호 · 이찬희 · 최돈형 · 조미혜 · 장기범 · 박소영, 『국가 공통 절대평가기준 교과별 모형 개발 연구』(CR97-18), 한국교육개발원, 1997.

E. W. Ross, "Teachers as Curriculum Theorizers," in E. W. Ross (Ed.), *Reflective practice in social studies,* National Council for the Social Studies, Bulletin 88, 1994.

J. Snyder, F. Bolin, and K. Zumwalt, "Curriculum implementation," in P. W. Jackson (Ed.), *Handbook of research on curriculum*, Macmillan Publishing Company, 1992.

미주

| CHAPTER 01 역사교육학이란 무엇인가 |

1) 황규호 외, 『교육쟁점으로 풀어쓴 교육학 개론』, 이화여자대학교출판문화원, 2021, pp. 40-46.
2) 이홍우, 『지식의 구조와 교과』, 교육과학사, 2006, pp. 37-40.
3) J. S. Bruner, *The Process of Education*, Harvard University Press, 1960.
4) 이홍우, 앞의 책, 2006, pp. 48-53.
5) 진영은, 조은진, 『교과교육의 이해』, 학지사, 2007, pp. 23-24.
6) 양용칠, 『수업설계를 위한 학습심리학』, 교육과학사, 2009, pp. 317-318.
7) 이홍우, 앞의 책, 2006, pp. 78-79.
8) 양용칠, 앞의 책, 2009, p. 329.
9) 김경배, 『교과교육론』, 2001, p. 195.
10) 김경배, 위의 책, 2001, pp. 200-201.
11) J. S. Bruner, *The Process of Education Reconsidered*, Robert R. Leeper(ed.) Dare to Care/Dare to Act: Racism and Education, ASCD Annual Conference Report, 1971. 이 책 『교육과정의 재음미』 번역은 이홍우, 앞의 책, 2006, pp. 375-391 참조.
12) 한국에서 교과교육이 발전한 계기를 살펴보면 1950년대 사범대학에서 교과교육에 대한 강의가 시작된 것을 그 시초로 볼 수 있다. 그리고 1963년에 교육대학원이 최초로 설립되고 교과교육 전공이 설치되었다. 역사교육연구회는 한국전쟁의 여파가 아직 가시지 않았던 1955년 '역사를 연구하여 교육의 발전에 기여하기 위한' 목적으로 창립되어 다음해 『역사교육』 학회지를 창간하였다. 이후 역사교육학회(1987, 『역사교육논집 발간), 웅진사학회(1996, 『역사와 역사교육』 발간), 한국역사교육학회(2005. 『역사교육연구』 발간) 등과 같은 역사교육학 전문 학술단체가 설립되어 우리나라 역사교육 연구의 발전을 이루고 있다.
13) 양호환, 「역사학습의 인식론적 모색」 『역사교육』 75, 2000; 양호환, 「역사교육의 개념과 연구영역」, 양호환 외, 『역사교육의 이론』, 책과함께, 2007, pp. 40-43.
14) 백은진, 「2015 개정 교육과정에 도입된 역사과 핵심역량 설정의 현황과 모순」 『史叢』 86, 2015, pp. 247-248.
15) 박미송, 「역사역량의 개념과 역사교육 적용」, 한국교원대학교 대학원 석사학위논문, 2023, pp. 5-7.
16) 대한민국 국가조정관 유네스코 학교네트워크: 지속가능발전교육
https://asp.unesco.or.kr (2025.3.13. 검색)
17) 교과서 문제에 대해서는 본서의 '제9장 한국의 역사교육과정, 어떻게 바뀌어 왔나 Ⅰ. 역사 교육과정 내용 구성의 방향' 참조.
18) 2015 교육과정 총론에서 발표된 핵심역량들은 각 교과에 적용되기 힘들었다는 비판이 있었다. 2022 교육과정 역시 "비판적 사고력 창의력 의사소통능력 협력 능력은 민주시민의 대표적인 자질로 민주시민교육은 미래사회에 대비한 교육 혁신을 위해서도 필수불가결한 요소"라고 하였는데 이 또한 모든 교과를 아우르기는 힘들었다.
19) 강선주 편, 『세계는 역사를 어떻게 교육하는가』, 한울아카데미, 2018, p. 8.
20) 마르틴 뤼케, 이름가르트 췬도르프(정용숙 역), 『공공역사란 무엇인가』, 푸른역사, 2022, pp. 42-45.
21) 노라의 기획 아래 10년에 걸쳐 120여 명의 역사가가 참여해 완성한 대작 『기억의 장소』는 이 프로젝트의 완결 이후 더욱 활발해진 논쟁과 비판을 낳았다(피에르 노라(김인중 외 역), 『기억의 장소』, 나남, 2010, p. 1).

22) 공공 역사에 대해서는 본서의 '제5장 역사 재현과 수용의 문제는 역사 이해와 어떻게 연관되는가 Ⅰ. 역사 지식의 의미화 과정에 대한 사회문화적 접근' 참조.
23) 마르틴 뤼케 · 이름가르트 췬도르프(정용숙 역), 앞의 책, 2022, pp. 54-66.
24) 역사교육의 내용을 선정하고 조직하는 문제에 대해서는 본서의 '제6장 역사교육의 내용을 어떻게 선정하고 조직할까 Ⅰ. 교육내용의 선정과 조직의 원리' 참조.
25) 교육과정 문해력에 대해서는 본서의 '제10장 역사과 교육과정 설계를 위해 알아야 할 기초적인 개념과 쟁점은 무엇인가' 참조.
26) 성취기준과 성취수준에 대해서는 본서의 '제10장 역사과 교육과정 설계를 위해 알아야 할 기초적인 개념과 쟁점은 무엇인가 Ⅱ. 역사과 성취기준과 성취수준의 의미와 쟁점'를 참조.
27) 김정환, 『교육학개론』, 피와이메이트, 2023, pp. 312-317. 단일 민족 국가라는 인식이 강한 한국사회이지만 2022년 말 기준 국내 체류 외국인은 224만 명에 달한다. 이는 전 국민의 4.37%에 달하는 수치이다. 국적은 중국이 가장 많고(85만 명/37.8%), 베트남(23만 명/10.5%), 태국 20만 명(9.0%), 미국 15만 명(7%), 우즈베키스탄 8만 명(3.5%) 정도이다. 특히 1990년대 초반까지 1%대에 지나지 않았던 국제결혼 비율은 2005년 13.6%로 증가하였고 이들은 한국에 주로 정착하고 있다.
28) 강선주, 「'다중시각의 역사수업', 개념과 가치 충돌의 해결 방안」『역사교육』 154, 2020, p. 100-108 참조. '다원적'은 영어로 'pluralistic'으로 번역하며, '다원적'은 다원주의와 연결하여 이해할 수 있는데 해외의 경우 모든 연구자들이 '다중시각(mutliperspectivity)'을 통해 다원주의 이념을 추구하는 것은 아니다(강선주, 위의 글, 2020, p. 88).
29) Jörn Rüsen, "The Limits of Multiperspectivity–Relativism and Leitkultur," *Public History Weekly*, 2017. DOI: dx.doi.org/10.1515/phw-2017-10076, (강선주, 위의 글, 2020, p. 105. 재인용).
30) 김미을, 「독일과 프랑스 공동 역사교과서의 구성 체제 및 서술 사례 분석」, 서울교육대학교 대학원 석사학위논문, 2012. 참조.
31) 최아람, 「한 · 일 공동 역사교재의 역사인식 분석」, 연세대학교 대학원 석사학위 논문, 2011, p. 236.
32) 강선주, 앞의 글, 2020, pp. 106-108.
33) 강선주, 위의 글, 2020, p. 105.
34) 교과서 사진은 高橋慎一朗 外, 『あたらしい社會 歴史』, 東京書籍, 2022, p. 229 참조.
35) 강선주, 앞의 글, 2020, pp. 109-114.
36) 이해영, 「역사수업에 대한 학생들의 흥미연구」『역사교육』 127, 2013, pp. 69-70.
37) 이해영, 위의 글, 2013, p. 75 '〈표 3〉 학생들의 흥미 분석 준거와 조사방식' 재구성.
38) 카를 융, 홍숙기 역, 『《정신 요법의 기본 문제 1》, 〈심리학적 유형에 관한 개설〉』, 1984, 솔출판사, 2001, pp. 294-296, p. 328.
39) Susan Cain, The power of introverts, https://www.youtube.com/watch?v=c0KYU2j0TM4 (2025.3.15. 검색)
40) 강인애 외, 한국교원대학교 초등교육연구소 편, 『구성주의와 교과교육』, 2000, p. 27.
41) 강인애 외, 위의 책, pp. 54-57.
42) 박선경, 「역사 문해력의 개념과 역사교육과정 적용--미국, 영국, 호주 교육과정을 사례로」『역사와 담론』 97, 2021, pp. 377-417 참조.
43) 송인영, 「독자반응이론에 따른 학습자 중심 역사수업 방안」, 한국교원대학교석사학위논문, 2003, pp. 18-22; 강민규, 「문학교육 연구에서 독자 반응 이론의 행방(行方)과 향방(向方) - 1985년 이후 국내 연구를 중심으로 -」『문학교육학』 66, 2020 참조.
44) 김순배, 「讀者指向理論에서 讀者判斷의 問題 : 볼프강 이저와 스탠리 피쉬를 중심으로」, 成均館大學校 석사학위논문, 1997, p. 17.
45) 김순배, 위의 글, 1997, pp. 16-29; 롤랑 바르트(김웅권 역), 『S/Z』, 연암서가, 2015; 롤랑 바르

트(김희영 역), 『텍스트의 즐거움』, 동문선, 2022; 그레이엄 앨런(송은영 역), 『문제적 텍스트 롤랑/바르트』, 앨피, 2006 참조.

46) 김순배, 위의 글, 1997, pp. 38-50.

47) 김순배, 위의 글, 1997, pp. 70-71; 로이스 타이슨, 윤동구역, 『비평이론의 모든 것』, 앨피, 2012. 참조.

48) 정선영, 김한종, 양호환, 이영효, 『역사교육의 이해』, 삼지원, 2001, pp. 31-34.

49) 박태호, 『(수석교사와 함께하는 학생 배움중심의) 중등 PCK 수업 설계』, 아카데미프레스 2016, p. 23.

50) 수업에 영향을 주는 여러 요소 중 교사가 자신의 교과지식을 종합적으로 어떻게 구성하는가에 해당하는 교사의 지식을 '실천적 지식'이라는 개념으로 설명된다(손민호, 「교과내용으로서의 실천적 지식에 대한 이해와 오해」『교육과정연구』 20-3, 2002).

51) 박태호, 앞의 책, 2016, pp. 23-24.

52) 박태호, 위의 책, 2016, pp. 21-22.

53) Gillert Ryle, *The Concept of Mind*, New York, Bams & Noble, Inc, 1949, pp. 27-32(김한종, 「역사수업이론의 재개념화」『역사교육연구』 5, 2007, p. 21 재인용).

54) 교수내용지식에 대한 우리말 번역은 교수학적 내용 지식, 교수법적 내용지식, 내용 교수법 등 다양하다. 슐만은 이를 '특정 내용을 특정 학생들이 효과적으로 이해할 수 있도록 가르치는 방법에 대한 교사의 지식'으로 정의했다. 이러한 관점에 따르면 탈맥락적 특성을 지니는 교수내용지식이라는 용어로는 맥락적 특성을 지닌 원래의 뜻을 표상하기는 어렵다(박태호, 앞의 책, 2016, p. 38).

55) 교수내용지식 펜타곤 모형은 원래 마그누손(Magnússon 외, 1999)과 같은 학자들이 과학수업 관련 교수내용지식의 요소로 제시한 것을 후속 연구자들이 이를 지지하였고, 그림은 박태호, 앞의 책, 2016의 그림에 나타난 '교과 교수내용지식(PCK)의 펜타곤 모형'을 역사 교수내용지식의 구성요소로 수정·보완한 것이다.

56) 박태호, 위의 책, 2016, pp. 43-46.

57) 역사의 과학성 논쟁에 대해서는 본서의 '3장 역사학이란 무엇인가 Ⅱ. 과학과 문학 사이의 역사학' 참조.

58) 권종천 · 정선영, 「역사에 있어서의 과학성 문제」『역사와 담론』 12, 1984, pp. 77-81.

59) 콜링우드에 대해서는 본서의 '제4장 역사교육 연구는 어떤 철학, 어떤 역사학에 기반하고 있는가 Ⅱ. 역사교육에서의 인식론' 참조

60) 헴펠과 드레이간의 논쟁 및 이에 대한 찬반논쟁의 전개에 대해서는 Sidney Hook (ed), *Philosophy and History: A Symposium*, New York University Press, 1963. 참조.

61) 헴펠의 포괄법칙이론에 대하여는 본서 제3장의 '역사는 과학인가 문학인가' 헴펠에 대한 이론 참조.

62) 정선영, 「W. Dray의 합리적 설명의 논리와 역사교육에서 그 활용」『교육연구논총』 28-3, 충북대학교, 2007, p. 219.

63) 정선영, 위의 글, 2007, p. 240.

64) 권종천 · 정선영, 「역사에 있어서의 과학성 문제」『역사와 담론』 12, 1984, pp. 81-93.

65) 鄭善影, 「歷史教育에서의 一般化問題 研究」『歷史教育』 35, 1984. 참조.

66) 鄭善影, 위의 글, 1984. 참조.

67) 鄭善影, 위의 글, 1984. 참조.

68) 일본의 '국민과' 성립과정은 김보림, 『국민과의 창설과 '국사'교육: 일제강점 말기 조선인의 역사교육』, 서울대학교 출판문화원, 2023, pp. 36-44.에서 참조하였음.

69) 尾形俗康 외 3인, 신용국 역, 『신간 일본교육사』, 교육출판사, 1993, pp. 224-225.

70) 小原國芳 編, 『國民學校研究叢書續編, 國民學校の眞義』, 埼玉學院出版部, 東京, 昭和 15(1940), p. 40.

71) 長谷川端, 『國民學校教授原論』, 啓文社, 東京, 昭和 15(1940), p. 72.

72) 文部省, 「國民學校の教科書をどうなるでせう」『週報』, 昭和 16年(1941) 3月 12日号.
73) 김상운 외, 『대한민국의 역사교육과정1: 교수요목기-제2차 교육과정』, 선인, 2024. p. 27.
74) 朝鮮總督府, 『國民學校規定』, 昭和 16(1941)年 3月 31日.
75) 김보림, 「해방 직후 역사교육에서 탈식민 과제와 해소의 한계」『역사교육』 171, 2024, pp. 53-62 참조.
76) 박영수, 「미군정기 중등학교 국사교과서에 나타난 역사인식」, 충북대학교 대학원 석사학위논문, 2002, p. 6.
77) 홍운선, 「미군정하 사회생활과 출현의 경위」『교육학연구』 30-1, 1992, pp. 118-121.
78) 박진동, 「해방후 역사교과서 발행제도의 추이」『역사교육』 91, 2004, p. 27.
79) 민성희, 「해방 직후(1945~1948) 황의돈의 국사교육 재건 활동」『역사교육연구』 21, 2015, pp. 88-90.
80) 중등학교 사회생활과는 교과의 목적을 '사람과 자연 환경 및 사회 환경과의 관계를 밝게 인식시켜 사회생활에 성실 유능한 국민이 되게 한다'라고 제시하여 민주시민의 양성이라는 사회과 교육의 기본목적이 등장하게 되었다(박영수, 앞의 글, 2002, p. 17).
81) 사회생활과 교수요목은 당시 문교부 편수국 담당자들이 교수요목제정위원회의 위원이 되어 만들었다. 미군정기 문교부 역사담당 편수관은 황의돈, 신동엽이었다. 하지만 황의돈은 1946년 9월 국사가 사회생활과에 포함된 중등학교 교육과정이 발표된 직후인 1946년 10월 초순에 편수관직을 사임하고 이후 오대산 월정사로 은거하였다. 국사가 사회생활과에 통합된 큰 이유라고 짐작된다. 따라서 국사부분 교수요목제정과 교과서 편찬은 신동엽이 주도했을 것이라 본다. 그는 문교부 편수국 역사담당 편수관을 역임하면서 초등학교 사회생활과 국사부분 교수요목과 중등학교 사회생활과 국사부분 교수요목 모두에 참여하였다(김상훈,「미군정기 교육정책 수립과 한국인의 역할」『역사연구』 28, 2015, p. 270).
82) 중학교, 사회생활과 교수요목, 사회생활과 교수요목의 운영법, 1946, p. 3.
83) 서양사 연구자였던 김성근은 1954년 교육과정 시간 배당표의 역사교과목 시간 수에 의하면 역사과가 적어도 명목만으로는 말소되어 버렸다고 지적하면서 통합사회과를 냉정하게 비판하였다. 우선 공민, 역사, 지리 등 3학과 통폐합의 정당성과 가능성이 충분히 논의되지 않았다는 것이다. 더욱이 이것은 세계적인 미해결의 문제임을 강조하였다. 그는 사회교과 교육의 기능과 역사교과의 기능이 서로 다르다고 주장하였다. 특히 그는 통합사회는 대세이고 진보라는 통합사회론자의 주장에 대해 1951년 유네스코 역사교육연구회 회의에 제시된 보고서에 의거하여 통합사회과가 세계 각국에서 적용되는 예는 많지 않다고 비판하였다. 오히려 계통적인 국민사가 많으며 역사과가 독립교과로 존재한다는 것이다(김태웅, 『국사교육의 편제와 한국근대사 탐구』, 도서출판 선인, 2014, pp. 17-18).
84) 이길상, 「미군정기 초등교육의 변화」『한국교육사학』 25-2, 2003, p. 77.
85) 한편, 한국인 교육계 자문기구 설치는 한국교육위원회(Korean Committee on Education)와 조선교육심의회(The National Committee on Educational Planning)의 조직과 운영으로 살펴볼 수 있다. 한국교육위원회와 조선교육심의회의 구성 및 활동에 대해서는 다음을 참고할 수 있다(김용일, 「미군정의 교육정책과 서울교육」『서울과 역사』 71, 2008).
86) 최병칠, 『대담: 나와 교과서, 교육과 인생』, 문천사, 1972, pp. 8-12(대담은 1968년 9월 25일 서울 대흥동 외솔의 자택에서 진행되었다. 김상훈, 『해방 직후 국사교육 연구』, 경인문화사, 2018, pp. 110-111 재인용).
87) 조건, 「美軍政期 吳天錫의 교육정책 수립과 역사교육」『역사와 교육』 21, 2015, p. 111.
88) 박범용, 「미군정기 미국 교육론의 도입과 교육정책」, 연세대학교 대학원 석사학위논문, 2001, pp. 16-18.
89) 김상운 외, 앞의 책, 2024. pp. 187-188.
90) 박광희, 「한국사회과의 성립배경과 그 과정 변천에 관한 연구」, 서울대학교 석사학위논문, 1965.
91) 해방 이후 역사과 교육과정의 변천에 대해서는 본서의 '제9장 한국의 역사교육과정, 어떻게 바뀌

어 왔나 Ⅱ. 역사 교육과정의 변화' 참조.

92) 교육부 고시 제2022-33호 [별책 7] 사회과 교육과정, p. 103, p. 112.

93) 교육부 고시 제2022-33호 [별책 7] 사회과 교육과정, pp. 108-109(통합사회1 가. 내용체계), pp. 115-116(통합사회2, 가. 내용체계)의 표를 재구성함.

94) 박병기, 「포스트코로나 대비 미래지향적 사회교과군 교육과정 구성 방안 연구」, 교육부, 2001; 이정우, 임은진, 이정우, 임은진, 전국 통합사회 담당교사 설문조사, 교육플러스, 2019.

95) 김영진, 「'통합' 사회 수업은 계속될 수 있을까?」, 교육언론 [창], 2024년 10월 2일.

96) 미국의 사회과 교육내 역사교육의 역사에 대해서는 이지원, 「미국의 자국사교육」『역사교육』 100, 2006 참조.

97) T. 아담스, 김한종(토론자), 「미국 캘리포니아 주 역사-사회과학 교육과정의 구조 및 학문적 내용 기준 속의 아시아」『역사교육』 75, 2000 참조.

98) 정경희, 「미국 역사표준서 논쟁 연구」『역사교육』 89, 2004, pp. 45-50 참조.

99) 김민성, 「미국 노스캐롤라이나 주의 교육과정: 핵심역량 관점에서의 해석과 지리교육적 함의」『한국지리환경교육학회지』 22-1, 2014, p.4.

100) College, Career, and Civic Life (C3) Framework for Social Studies State Standards (https://www.socialstudies.org/standards/c3 2025.7.21. 검색)

101) 박병기, 「포스트코로나 대비 미래지향적 사회교과군 교육과정 구성 방안 연구」, 교육부, 2001, p. 59.

102) NCSS, National Standards for History, 1994, p. 3.

103) Wineburg, Samuel S, 『(내 손안에 스마트폰이 있는데) 왜 역사를 배워야 할까?』, Humanist, 2019, p. 50.

104) 박병기, 「포스트코로나 대비 미래지향적 사회교과군 교육과정 구성 방안 연구」, 교육부, 2001, p. 141.

105) 박병기, 위의 글, 2001, p. 141.

106) 홍용진, 「2010~2015년 개정 프랑스 초 · 중등 역사 교육과정 분석」『역사교육연구』 29, 2017, p. 134.

107) 홍용진, 위의 글, p. 135.

108) 김현경, 프랑스의 역사교육 현황, 한국교육개발원 교육정책네트워크 정보센터(2022.3.10.) https://edpolicy.kedi.re.kr (2025.3.15. 검색)

109) 박병기, 위의 글, 2001, pp. 67-68.

110) 정철민, 유재봉, 「영국의 시민교육 동향: Crick 보고서와 Parekh 보고서의 비교를 중심으로」『비교교육연구』 27-6, 2017, p. 211.

111) 박병기, 앞의 글, 2001, p. 98.

112) 영국의 경우, 과목별 학습 프로그램을 학교급이 아니라 주요 단계(Key Stage)별로 제시한다. 우리의 학제와 연결하여 비교해 보면 다음과 같다.
- 주요 단계1: 1~2학년, 주요 단계2: 3~6학년, 주요 단계3: 7~9학년, 주요 단계4: 10~11학년 (중등교육 수료 과정(General Certificate of Secondary Education, GCSE, 이 GCSE 과정과 시험에서 받은 점수는 학생의 진로나 대학 입학과 연계)

113) 영국의 2014 교육과정에서 제시된 원칙에 따르면 국가교육과정은 핵심 과목(core subject)과 기본 과목(foundation subject)으로 나뉜다. 핵심 과목의 경우 전 주요 단계에서 학생들이 필수로 학습해야 하고 기본 과목은 대체로 두 단계 정도만 필수로 가르친다. 핵심과목은 영어, 수학, 과학 등이다.

114) 박병기, 앞의 글, 2001, p. 139.

115) 박병기, 위의 글, 2001, p. 71, p. 73.

116) 박병기, 위의 글, 2001, p. 92.

117) 배지혜, 「교육과정의 교과 편제와 내용조직 비교 연구: 독일의 교과 편제와 역사교육과정을 중

심으로」『비교교육연구』 34-4, 2024, p. 134.

118) 오니시 노부유키, 「일본의 고등학교 세계사 탐구 · 일본사 탐구 교과서로 본 한일관계」, 한일역사교육포럼, 동북아 역사재단, 2025.7.25.

119) 文部科學省 홈페이지 https://www.mext.go.jp/a_menu/01_c.htm (2025.7.25. 검색)

120) 박병기, 위의 글, 2001, pp. 140-141.

121) 박병기, 위의 글, 2001, pp. 135-136.

122) 2022년부터는 고등학교 신학습지도요령이 도입되었다.

123) 오늘날 세계사 교육의 위기 문제에 대해서는 '제7장 어떤 세계사를 어떻게 가르칠 것인가 Ⅲ. 우리 세계사 교육의 위기와 대안' 참조.

124) 모경환 외, 「2015 개정 사회과 교육과정의 변화와 쟁점」『시민교육연구』 48-1, 2016, pp. 5~6.

125) 윤세철 · 최상훈, 「歷史의 有用性과 歷史敎育目標」『역사교육』 87, 2003, p. 172.

126) 윤세철 · 최상훈, 위의 글, 2003, p. 172.

127) 최상훈, 「세계사교육의 쟁점과 당면 과제」『역사교육』 138, 2016, pp. 196-197.

128) 최상훈, 위의 글, 2016, pp. 217-218.

129) 정선영, 김한종, 양호환, 이영효, '〈표 9-3〉 고등학교(일반계) 교육과정 역사교과 편제의 변화', 『역사교육의 이해』, 삼지원, p. 281; 강선주, 「세계사교육의 '위기'와 '문제': 역사적 조망」『사회과교육』42-1, 2003, p. 60.

130) 李景植, 「한국에서 역사학과 역사교육의 疏隔 사정과 소통 懸案」『역사교육』 138, 2016, pp. 4-6.

131) 최상훈, 앞의 글, 2016, p. 206.

132) 역사관련학회, 「공동기자회견문」, 2001.6.13.(이경식, 위의 글, p. 14)

133) 강선주, 위의 글, 2020, p. 109.

134) 고유경, 「독일의 역량중심 교육과정과 역사교육의 변화」『독일연구』 35, 2017, pp. 53~54.

135) Andreas Körber et al., "Überlegungen zu Graduierungslogiken der Kernkompetenzenim Kompetenzbereich historische Orientierungs-kompetenzen," Körber et al., eds., *Kompetenzen historischen Denkens*, pp. 473-504(고유경, 위의 글, 2017, pp. 53-54 재인용).

136) 강현민, 독일의 역사교육 현황, 한국교육개발원 교육정책네트워크 정보센터(2022.3) https://edpolicy.kedi.re.kr (2025.3.15. 검색)

137) 강현민, 독일의 역사교육 현황, 한국교육개발원 교육정책네트워크 정보센터(2022.3) https://edpolicy.kedi.re.kr (2025.3.15. 검색)

138) 박미향, 「역량중심 교육과정의 적용에 대한 독일 역사교육의 사례- 역사적 사고 지향의 FUER 모델을 중심으로」『역사교육연구』 40, 2021, pp. 219-220.

139) 배지혜, 「독일의 5-6학년 역사교육-바덴-뷔르템베르크 주의 교육과정과 교과서를 중심으로」『교육과정평가연구』 21-2, 2018, p. 4.

140) 바덴-뷔르템베르크 주정부의 2016 인문계 중등학교 즉 김나지움용 역사과 교육과정(2016) http://www.bildungsplaene-bw.de/bildungsplan,Lde/Startseite/BP2016BW_ALLG/BP2016BW_ALLG_GYM_G(배지혜, 위의 글, 2018, p. 4)

141) 배지혜, 위의 글, 2018, p. 4.

142) 배지혜, 위의 글, 2018, p. 8.

143) 김유경, 「과거의 부담과 역사교육 -홀로코스트와 독일의 중등학교 역사교과서」『서양사론』 77, 2003, p. 9.

144) Wir machen Geshichte, Bd 4, Diesterweg, 1998, pp. 120~145(김유경, 위의 글, 2003, pp. 36-38 재인용).

145) 우현아, 「2000년대 이후 독일 기억문화 – 나치 과거의 '역사화'를 둘러싼 기억들의 충돌」『독어

독문학』 169, 2024, pp. 154~155.

146) 최호근, 『독일의 역사교육』, 대교출판, 2009 참조.

147) 홍용진, 앞의 글, 2017, p. 138.

148) 김현경, 프랑스의 역사교육 현황, 한국교육개발원 교육정책네트워크 정보센터(2022.3. 10.) https://edpolicy.kedi.re.kr (2025.3.15. 검색)

149) 홍용진, 앞의 글, 2017, p. 134. 재구성.

150) 'K-역사교육'에 대해서는 김보림, 앞의 글, 2024, p. 64. 참조.

| CHAPTER 02 역사교육의 목적은 무엇인가 |

1) 정선영, 「역사교육의 최종 목표와 역사적 통찰력」『역사교육』 108, 2008, pp. 1-2

2) 윤세철 · 최상훈, 「역사의 유용성과 역사교육목표」『역사교육』 87, 2003, p. 155

3) 윤세철 · 최상훈, 위의 글, 2003, p. 154(이인호, 「역사는 가르쳐야 하나」『역사비평』 10, 1990; 정현백, 「역사교육이 강화되어야 한다」『사회와 사상』 19, 1990, 정재정, 「역사교육 경시는 세계화의 역행이다」『역사비평』 32, 1996, 김영한, 「인문학의 위기와 역사교육」『역사와 현실』 20, 1996.)

4) 정선영, 앞의 글, 2008, p. 19.

5) 정선영, 위의 글, 2008, pp. 11-12.

6) 1975년에 나온 우리나라 최초의 체계적인 역사교육 개론서인 『역사과 교육』에서는 역사교육의 목적으로 민족전통의 인식과 민족적 긍지의 육성, 국제 이해력의 배양, 역사적인 사고력과 판단력의 육성, 바람직한 인간상의 형성을 들고 있다. 한편 1985년에 나온 『역사교육론』에서는 역사교육의 목적을 역사의식의 발달, 역사적 사고와 역사적 능력, 역사적 가치관의 정립, 발전적 인간 양육 등 네 가지로 제시하기도 하였다. 2002년에 나온 『역사교육의 이해』에서는 역사교육의 목적을 '역사교육의 내재적 가치(학생들의 지적인 안목을 높여서 세계를 올바르게 볼 수 있게 하는 데 도움이 되는 역사적 사고력, 판단력, 개방적 태도와 같은 목적을 말한다), 역사적 교훈, 교양으로서의 역사, 민족공동체 의식의 고취, 역사의식의 함양 등 다섯 가지로 나누어 제시하고 있다. 윤세철, 최상훈은 2003년도 논문에서 역사의 유용성을 교훈획득, 유산전승, 사실의 습득을 통한 현재 이해 및 교양구비 및 자기인식이라는 다섯 가지로 보았다(윤세철 · 최상훈, 앞의 글, 2003). 그리고 2007년 『역사교육의 내용과 방법』에서는 역사교육의 목표로 역사의 교훈, 전통과 유산의 계승, 현재의 이해, 역사의식과 사고력의 배양 등 네 가지로 나누어 상세하게 설명하고 있다.

7) R. G. Collingwood, *The Idea of History, London:* Oxford University Press, 1946, p. 10.

8) 한국교원대학교 초등교육연구소 편, 『구성주의와 교과교육』, 문음사, 1999, pp. 116-117

9) 김한종, 「역사교육 목적과 내용, 방법의 연계성-통합적 관점-」『역사교육』 171, 2024.참조

10) 정선영, 김한종, 양호환, 이영효, 『역사교육의 이해』, 삼지원, 2001, pp. 78-80.

11) Wineburg, Samuel S, 『(내 손안에 스마트폰이 있는데) 왜 역사를 배워야 할까?』, Humanist, 2019, pp. 108-109.

12) 정선영, 김한종, 양호환, 이영효, 앞의 글, 2001, pp. 80-82

13) 강현석 외, 『한국교실수업혁명을 위한 신교육목표분류학의 이론과 실천』, 교육과학사, 2024, pp. 69-76.

14) Lorin Anderson 외(강현석 외 역), 『교육과정수업 평가를 위한 새로운 분류학』, 아카데미프레스, 2005.; 박가람, 박현숙, 「Bloom의 신교육목표분류체계에 의한 2015 개정중학교 역사 교육과정 성취기준 분석」『교육과정평가연구』 26, 2023, p. 65.

15) R. G. Collingwood, 앞의 책, 1946, p. 10.

16) Sam Wineburg, "Historical Thinking and Other Unnatural Acts," in *Historical Thinking and Other Unnatural Acts*, Philadelphia: Temple University Press, 2001, pp. 3-7(梁豪煥, 「역사교

육의 목적을 다시 묻는다」『역사교육』 99, 2006, 8 재인용).

17) 아들, 또는 아이로도 번역된다.

18) 이하 블로크에 대한 설명은 고봉만, 「역사의 대상은 인간이다」, 마르크 블로크(고봉만 역), 『역사를 위한 변명』, 한길사, 2007, pp. 21-30 참조.

19) Jason M. Allen, Théâtre D'opéra Spatial(디지털 이미지). 2022, Midjourney. https://commons.wikimedia.org (검색어: Théâtre D'opéra Spatial, 2025.7.25. 검색)

20) 곽노필, 「인공지능 그림 "악마의 영감을 받은 느낌"…미술전 1위 논란」, 한겨레, 2022년 9월 5일.

21) 강준만, 『정치적 올바름-한국의 문화전쟁』, 인물과 사상사, 2022 참조.

22) 콜링우드는 16-17세기를 르네상스로 분류하고 18세기를 전반과 후반으로 나누어 전반을 르네상스시대로, 18세기 후반은 현대로 분류한다(그는 근대와 현대를 나누지 않고 하나의 시기로 보고 있다). 그 이유는 18세기 전반까지 과거의 자연관이 지속되었고, 18세기 후반부터 새로운 자연관이 생겨났다고 보기 때문이다(R. G. 콜링우드(유원기 역), 『자연이라는 개념』, 이제이북스, 2004, p. 11).

23) R. G. 콜링우드(유원기 역), 위의 책, 2004, p. 11.

24) R. G. 콜링우드(유원기 역), 위의 책, 2004, p. 12

25) 신동경, 「영국 역사교육에서 생태환경을 통합하려는 시도와 양상: A-Level 교과서를 중심으로」 『역사교육연구』 48, 2024, p. 169.

26) 쇼펜하우어, 강현규 편, 이상희 역, 『쇼펜하우어의 인생수업』, 메이드북스, 2024, p. 287.

27) 와일리 국제 역사 교육 및 학습 핸드북은 7개국 40여 명의 국제 역사교육 전문가가 지난 30년간 역사교육계가 겪은 성장을 탐구하고 미래에 대한 도전과 기회를 관찰하기 위해 작성되었다. 이 책은 역사교육 정책, 연구, 사회적 맥락을 포함한 역사 교육의 주요 주제와 이슈를 다루고 있다. 목차는 ① 역사교육의 정책, 연구, 사회적 맥락 ② 역사 교육의 개념적 구성, ③ 역사 교육의 이념, 정체성 및 집단 경험, ④ 실천과 학습, ⑤ 역사 문학: 텍스트, 미디어, 사회 공간 등의 다섯 개 장으로 구성된다.

28) Scott Alan Metzger, Lauren McArthur Harris, *The Wiley international handbook of history teaching and learning*, boken, NJ: John Wiley & Sons, Inc, 2018, pp. 16-17.

29) *Ibid.*, pp. 365-387.

30) John White, *Education and the Good Life: Beyond the National Curriculum*, London: Kogan Page, 1990. 참조.

31) Peter Lee, *The aims of School History: the National Curriculum and Beyond*, Institute of Education London File Series, London: Tufnell Press, 1992. 참조.

32) John White, "The Aims of School History," *Teaching History* 74, 1994. 참조.

33) 린다 심콕스 · 애리 윌셔트 편(이길상 · 최정희 역), 『세계의 역사교육 논쟁』, 한길사, 2015. 참조.

34) 최상훈, 「역사과 교육과정 개정 작업에 부쳐」 『역사교육연구』 40, 2021, p. 13 참조.

35) 김한종, 『역사교육강의』, 책과함께, 2024, pp. 393-397 참조.

36) 최상훈, 앞의 글, 2021, p. 14. 참조.

37) 최상훈, 위의 글, 2021 참조.

38) 교육내용 조직의 3원칙은 다음과 같다. 계속성의 원칙(중요한 내용이 계속 반복되는 것을 말한다. 이는 내용의 연속성을 강조하는 원칙으로, 학년 간 내용 조직의 종적인 연관 관계를 강조한다. 변화, 지속, 시대, 발전, 교류, 인과관계와 같은 역사의 핵심 개념들은 초등학교에서 고등학교까지 반복해서 나타난다.) 계열성의 원칙(내용의 종적인 조직을 위한 원칙으로, 선행개념과 내용을 기초로 하여 후속 경험과 내용을 전개하는 것을 말한다. 교과 내용을 단순한 것에서 복잡한 것으로 점차 심화, 확대하는 것은 계열성의 원칙을 말한다.) 통합성의 원칙(내용의 횡적 조직을 위한 원칙으로 내용을 상호 연결하고 통합해서 효과적인 학습이 이루어지도록 하는 것을 말한다.) (최상훈, 이영효, 김한종, 강선주, 『역사교육의 내용과 방법』, 책과함께, 2007, pp. 107-108.)

39) 최상훈, 「역사과 독립의 필요성과 내용조직 방안」 『역사와 담론』 35, 2003 참조.
40) 송상헌, 『역사인식의 논리와 역사교육』, 서울대학교출판문화원, 2017, p. 23.
41) 송상헌, 위의 책, 2017, p. 28.
42) 황은하 외, 「다양성, 공정성, 포용성(DEI)을 실천하기 위한 미국 대학 단위 한국어 프로그램의 운영 사례 연구-웰슬리 대학의 사례를 중심으로」 『한국어 교육』 35-3, 2024, p. 228
43) 윤영인, 「트럼프, 'Critical Race Theory' 금지 명령…대학의 다양성과 학문의 자유 위협 논란」, SportlightU, 2025.1.30. https://www.spotlightuniv.com(2025.2.15. 검색)
44) 최상훈, 앞의 글, 2021, p. 14.
45) 역사적 사고에 대한 논의는 본서의 '제4장 역사교육 연구는 어떤 철학, 어떤 역사학에 기반하고 있는가' 참조.
46) 샘 와인버그(Sam Winebug)는 미국 UC버클리대학 역사학부를 졸업하고 스탠퍼드대학에서 교육심리학 박사학위를 받았다. 중고등학교 교사로 근무하다가 1989년 워싱턴 대학을 시작으로 여러 대학에서 인지 교육학과 역사학을 가르쳤다. 현재 스탠퍼드 대학 교수로 재직 중이다. 저서로는 2007년 국내에 번역된 『역사적 사고와 역사교육』(한철호 역, 책과함께, 2007)이 있다. 그는 스탠퍼드 역사교육 그룹(SHEG)을 설립하고, 디지털 탐구 그룹(Digital Inquiry Group)을 이끌며 역사수업에 활용할 수 있는 교육과정 평가 자료 등을 개발해 무료로 제공하고 있다(sheg.stanford.edu). 현재 인터넷에 떠도는 가짜뉴스가 학생의 역사적 사고에 어떤 영향을 끼치는가에 대한 연구에 몰두하고 있다.
47) 와인버그가 말한 역사적 사고의 핵섬 요소로서 출처확인, 확증, 맥락회를 포함한 그의 이론에 대한 자세한 설명은 '제4장 역사교육 연구는 어떤 철학, 어떤 역사학에 기반하고 있는가 Ⅱ. 역사교육에서의 인식론' 참조.
48) Wineburg, Samuel S (정종복 · 박선경 역), 『(내 손안에 스마트폰이 있는데) 왜 역사를 배워야 할까?』, Humanist, 2019, p. 119.
49) Wineburg, Samuel S (정종복 · 박선경 역), 위의 책, 2019, pp. 136-139.
50) Wineburg, Samuel S (정종복 · 박선경 역), 위의 책, 2019, pp. 167-170.([그림 2-2]는 p.169 참조)
51) 하워드 진(Howard Zinn)은 미국 뉴욕의 브루클린에서 태어나 뉴욕대학교와 컬럼비아대학교를 졸업했다. 역사학자, 정치학자, 사회비평가, 사회운동가, 희곡 작가였으며, 흑인 민권운동, 베트남 전쟁 반대 운동 등에 앞장선 진보적 지식인이었다. 『살아있는 미국역사: 신대륙 발견부터 부시 정권까지, 그 진실한 기록(A Young People's History of the United States)』의 '1부 정복과 차별의 역사가 시작되다 1. 신대륙 개척 신화에 가려진 진실'에서 이 책은 기존의 미국사 책들이 일관해온 정복자와 영웅의 시각이 아니라, 그들의 야욕에 희생당한 수많은 민중의 시각에서 역사를 재해석했다. 민중의 관점에서 건국 초기부터 돈과 권력을 지닌 자들을 보호하도록 설계된 '미국정부'를 고발하고 있다. 이 책의 추수감사절 사례 참조.(하워드 진, 레베카 스테포프(김영진 역), 『살아있는 미국역사: 신대륙 발견부터 부시 정권까지, 그 진실한 기록』, 추수밭(청림출판), 2008. 참조).
52) Wineburg, Samuel S, 위의 책, 2019, pp. 170-171.
53) 구체적인 평가의 방안에 대해서는 본서의 '제8장 역사수업에서 어떻게 가르치고 무엇을 평가할까 Ⅲ. 평가문항 작성' 참조.

| CHAPTER 03 역사학이란 무엇인가 |

1) 우리나라의 전통적 역사 서술과 근대 역사학과의 관계는 흥미로운 주제이긴 하지만 여기서는 다루지 않는다.
2) Wolfgnag Hardtwig, *Geschichtskultur und Wissenschaft*, dtv, 1990, pp. 13-57.
3) 라인하르트 코젤렉 외(최호근 역), 『역사-코젤렉의 개념사 사전 16』, 푸른역사, 2021. 동양적인 관점까지 포괄한 역사 개념의 역사에 관한 축약된 서술은, 나인호, 「역사」 『개념사란 무엇인가-

역사와 언어의 새로운 만남』, 역사비평사, 2011, pp. 299-327. 이하 역사 개념에 대한 서술은 특별한 인용 표시가 없는 경우 모두 두 책에 의거해서 이뤄짐.

4) Georg W. F. Hegel, *Vorlesungen über die Philosophie der Geschichte*, Suhrkamp, 2012, p. 11.
5) 이하 각주 3번 참조.
6) 이 표현은 독일의 극작가 실러(J. Ch. Friedrich von Schiller)가 처음으로 쓴 것이다.
7) 이 표현은 독일 철학자 헤겔(G. W. F. Hegel)이 처음으로 쓴 것이다.
8) Georg W. F. Hegel, 앞의 책, p. 11.
9) '퇴보'와 '몰락'은 이미 '진보'와 '발전'을 전제로 한 개념들이다. 따라서 '진보'와 '발전'이라는 개념이 없다면 '퇴보'와 '몰락'은 개념화될 수 없다.
10) 뤼젠(Jörn Rüsen)과 이거스(George G. Iggers)는 사학사적 시대 구분을 했는데, 이들에 의하면 역사학은 계몽주의 역사학, 역사주의 역사학, 포스트역사주의적 역사학(역사적 사회과학)의 순서로 발전해 왔다고 한다. Jörn Rüsen, *Konfigurationen des Historismus*, Suhrkamp, 1993; 조지 이거스(최호근 역), 『독일역사주의』, 박문당, 1992.
11) '인류학적 세계사'라는 용어에 대해서는 나인호, 『증오하는 인간의 탄생. 인종주의는 역사를 어떻게 해석했는가』, 역사비평사, 2019, pp. 40-44. 괴팅겐 대학교의 세계사 연구 전반에 대해서는 Andre de Melo Araujo, *Weltgeschichte in Göttingen. Eine Studie über das spataufklarerische universalhistorische Denken*, 1756-1815, transcript Verlag, 2012.
12) 스코틀랜드의 흄(David Hume), 로버트슨(William Robertson), 프랑스의 볼테르(Voltaire)는 계몽사상가로서 역사 서술로도 유명한 사람들이다. 특히 볼테르는 '최초의 문화사가', '최초의 역사철학자'로 불린다.
13) Pierre Force, "Voltaire and the Necessity of Modern History," *Modern Intellectual History,* 6, 3, 2009, pp. 457-484 (인용: p. 458).
14) 나인호, 『증오하는 인간의 탄생』, pp. 42-44.
15) Joachim Ritter (ed.), *Historisches Wörterbuch der Philosophie*, vol. 3, Schwabe & Co. A. G. Verlag, 1974, p. 418.
16) 나인호, 「칸트의 세계사론」 『역사와 경계』, 114, 2020, pp. 193-230.
17) 그리스 신화에 나오는 프로크루스테스는 행인을 자신의 침대에 누이고는 행인의 키가 침대보다 크면 그만큼 잘라내고, 행인의 키가 침대보다 작으면 억지로 침대 길이에 맞추어 늘여서 죽였다고 한다.
18) 한스 위르겐 괴르츠(최대희 역), 『역사학이란 무엇인가』, 뿌리와 이파리, 2003, pp. 99-103.
19) Joachim Ritter (ed.), *Historisches Wörterbuch der Philosophie*, p. 434.
20) Johann G. Droysen, "Outline of the Principles of History," Robert M. Burns (ed.), *Historiography. Critical Concepts in Historical Studies*, Routledge, 2006, p. 41. 자세히는 요한 구스타브 드로이젠(이상신 역), 『역사학』, 나남, 2010.
21) Heinrich v. Sybel, "The Principles of Historical Knowledge," Robert M. Burns (ed.), 앞의 책, pp. 27-40.
22) 한스 위르겐 괴르츠, 『역사학이란 무엇인가』, pp. 76-77.
23) 한편, 과학철학자 칼 포퍼(Karl Popper)는 앞에서 살펴본 집합 단수 '역사'에 대한 역사철학, 특히 헤겔로 대표되는 진보의 역사철학을 역사주의라고 부른다.
24) 조지 이거스(임상우/김기봉 역), 『20세기 사학사』, 푸른역사, 2003, pp. 52, 228.
25) Leopold von Ranke, *The Secret of World History: Selected Writings on the Art and Science of History*, edited and translated by Roger Wines, Fordham University Press, 1981, pp. 56-59.
26) 위의 책, pp. 101-104.
27) Heinrich v. Sybel, "The Principles of Historical Knowledge," pp. 28-40.
28) Cf. Arthur Alfaix Assis, "Schemes of Historical Method in the Late 19th Century: Cross-Refrences between Langlois and Seignobos, Bernheim, and Droysen," Luiz Estevam de

Oliveira Fernandes et al. (eds.), *Contributions to Theory and Comparative History of Historiography. German and Brazilian Perspectives*, Peter Lang, 2015, pp. 105-125.

29) 한스 위르겐 괴르츠, 『역사학이란 무엇인가』, pp. 84-86.

30) 조지 이거스, 『20세기 사학사』, p. 47.

31) Cf. Wolgang Hardtwig, *Die Geschichtserfahrung der Moderne und die Ästhetisierung der Geschichtsschreibung. Vorträge anläßlich der 200. Wiederkehr des Geburtstages Leopold von Rankes*, 63, 1996, pp. 27-47.

32) Cf. Reinhart Koselleck, "Über die Theoriebedürfigkeit der Geschichtswissenschaft," idem, *Zeitschichten*, Suhrkamp, 2000, pp. 315-316.

33) Leopold von Ranke, *The Secret of World History*, pp. 101-104.

34) 위의 책, pp. 157-561.

35) Wolgang Hardtwig, *Die Geschichtserfahrung der Moderne*, pp. 27-47.

36) 위의 책.

37) 한스 위르겐 괴르츠, 『역사학이란 무엇인가』, pp. 77-78.

38) Cf. 라인하르트 코젤렉 외, 『역사』, pp. 211-224.

39) E. H. 카(김택현 역), 『역사란 무엇인가』, 까치, 2005, p. 186.

40) 이에 관한 탁월한 서술은, 라인하르트 코젤렉(한철 역), 『지나간 미래』, 문학동네, 1998, pp. 43-75.

41) 위의 책, pp. 48-52, p. 293.

42) 나인호, 『개념사란 무엇인가』, pp. 309-311.

43) 위의 책, p. 311.

44) 육영수, 『지식의 세계사. 베이커에서 푸코까지, 지식권력은 어떻게 세계를 지배해왔는가』, 휴머니스트, 2019, pp. 37-39.

45) 나인호, 『개념사란 무엇인가』, pp. 318-319.

46) 헤로도토스(천병휘 역), 『역사』, 숲, 2022, p. 22; 투퀴디데스(천병휘 역), 『펠로폰네소스 전쟁사』, 숲, 2022, p. 45.

47) 한영우, 『역사학의 역사』, 지식산업사, 2002, pp. 429-430.

48) 카의 '역사란 과거와 현재의 끊임없는 대화'란 표현은 '역사가와 그가 다루는 사실들의 지속적인 상호작용의 과정', 또 '현재 사회와 과거 사회의 대화'라는 두 가지 의미를 담고 있다.

49) 프리드리히 니체(이진우 역), 「삶에 대한 역사의 공과」 『니체전집 2: 비극의 탄생, 반시대적 고찰』, 책세상, 2012, pp. 287-388.

50) Reinhart Koselleck, "Über die Theoriebedürfigkeit der Geschichtswissenschaft," p. 316.

51) 물론 부르크하르트와 같은 문화사의 거장도 있었지만, 19세기 당시에는 문화사가 역사학의 주류는 아니었다.

52) Cf. Peter Burke (ed.), *New Perspectives on Historical Writing*, Penn state Univ. Press, 1991, pp. 1-23.

53) 이 두 슬로건에 대해서는 데이비드 케너다인 엮음(문화사학회 역), 『굿바이 E. H. 카』, 푸른역사, 2005, p. 267.

54) E. H. 카, 『역사란 무엇인가』, p. 130.

55) 폴 벤느(이상길 · 김현경 역), 『역사를 어떻게 쓰는가』, 새물결, 2004, p. 33.

56) 케이스 젠킨스(최용찬 역), 『누구를 위한 역사인가』, 혜안, 1999.

57) 예를 들어, 신문화사에 대한 탁월한 입문서인 조한욱, 『문화로 보면 역사가 달라진다』, 책세상, 2020.

58) 탈구조주의는 일반적으로 '저자의 죽음'을 선언한 롤랑 바르트(Roland Barthes)로부터 시작된 것으로 여겨진다. 바르트는 저자란 텍스트의 창조자가 아니라, 단지 여러 텍스트를 베껴 짜깁기 하는 자이며, 텍스트가 말하고자 하는 의미는 저자가 아니라 독자가 결정한다는 뜻으로 이 말을

했다.

59) Wolgang Hardtwig, *Die Geschichtserfahrung der Moderne*, pp. 22-47.

60) 뤼시엥 페브르, 마르크 블로흐 등의 아날 학파 1세대는 자신의 기관지 이름을 『경제와 사회의 역사연감(Annales d'histoire économique et sociale)』이라고 명명했다.

61) 프랑수아 도스(김복래 역), 『조각난 역사. 아날학파의 신화에 대한 새로운 해부』, 푸른역사, 1998, pp. 153-157.

62) Hans U. Wehler, *Das Deutsche Kaiserreich 1871~1918*, Vandenhoeck & Ruprecht, 1973, pp. 11 이하.

63) Carl G. Hempel, "The Function of General Laws in History," *The Journal of Philosophy*, Vol. 39, No. 2, 1942, pp. 35-48. http://www.jstor.org/stable/2017635 (2025.01.10. 검색).

64) 데이비드 블랙번, 제프 엘리(정용숙 · 최용찬 역), 『독일 역사학의 신화 깨뜨리기』, 푸른역사, 2007.

65) 국내 역사학자들은 보통 '계열사'라고 번역하지만, 계열사의 뜻이 불분명하다.

66) Cf. 조지 이거스, 『20세기 사학사』, pp. 77, 98-101; 또, 에마뉘엘 르 누아 라뒤리(김응종 · 조한경 역), 『랑그도크의 농민들』, 한길사, 2009.

67) 안병직 외, 『오늘의 역사학』, 한겨레신문사, 1998, pp. 111-113.

68) Richard E. Beringer, *Historical Analysis. Contemporary Approaches to Clio's Craft*, John Wiley & Sons, 1978, pp. 307-313.

69) 잠바티스타 비코(조한욱 역), 『새로운 학문』, 아카넷, 2019, pp. 15, 876, 881.

70) 빌헬름 딜타이(김창래 역), 『정신과학에서 역사적 세계의 건립』, 아카넷, 2009, p. 507.

71) 한스 위르겐 괴르츠, 『역사학이란 무엇인가』, pp. 202-204.

72) 한스 게오르그 가다머(임홍배 역), 『진리와 방법. 철학적 해석학의 기본 특징들』 2, 문학동네, 2012, pp. 27-43.

73) 위의 책, pp. 63-71; 한스 위르겐 괴르츠, 『역사학이란 무엇인가』, pp. 205-211.

74) 이하 빌헬름 딜타이, 『정신과학에서 역사적 세계의 건립』, passim.

75) 위의 책, p. 452.

76) 독자들이 루터에 대한 해석학적 '이해'와 심리학적 '설명'의 차이를 명료하게 인식하려면, 심리사학의 창시자이자 정신분석학자인 에릭슨(Erik Erikson)의 책을 읽을 것을 권한다. 에릭 에릭슨(최연석 역), 『청년 루터』, CH북스, 2013.

77) 빌헬름 딜타이, 『정신과학에서 역사적 세계의 건립』, p. 636.

78) 이하 클리포드 기어츠(문옥표 역), 『문화의 해석』, 까치, 1998, pp. 11-47.

79) 딜타이의 추체험은 앞서 살펴보았다시피 감정 이입과 같은 심리적 방법이 아님에도 그저 직관에 의존하는 것이라고 당시 신칸트 학파에게서 비난받았는데, 기어츠는 이 학파의 일원이자 훗날 나치 정권 때 미국으로 망명한 카시러(Ernst Cassirer)의 영향을 받았다. 카시러는 인간 문화를 상징(symbol)의 차원으로 이해한 문화 철학자이다.

80) 로버트 단턴(조한욱 역), 『고양이 대학살』, 문학과지성사, 1997, pp. 16-17.

81) 나탈리 제먼 데이비스(양희영 역), 『마르탱 게르의 귀향』, 지식의 풍경, 2000.

82) 에드워드 파머 톰슨(나종일 역), 『영국 노동계급의 형성』 상 · 하, 창비, 2000.

83) 로버트 단턴, 『고양아 대학살』, 제1, 2장.

84) 예를 들어 20세기 초 프랑스 식민지 모로코에서 일어난 유대인 상인, 베르베르족, 프랑스 군 장교 간의 강도 사건 및 양떼 약탈 사건을 둘러싼 해석 틀의 차이, 혹은 발리섬의 닭싸움을 둘러싼 당국과 민중 간의 해석 틀의 차이가 그것이다.

85) 카를로 진즈부르그, 김정하 외 옮김, 『치즈와 구더기: 16세기 한 방앗간 주인의 우주관』, 문학과지성사, 2012.

86) '지평(Horizont)'이란 말은 가다머에 의하면 "어떤 지점에서 시야에 들어오는 모든 것을 포괄하는 가시권을 가리킨다." 가다머, 『진리와 방법』 2, p. 187.

87) 나인호, 『개념사란 무엇인가』, pp. 57-67.
88) 폴 벤느, 『역사를 어떻게 쓰는가』, pp. 152-157.
89) 아리스토텔레스 외, 천영희 역, 『시학. 호라티우스 시학, 플라톤 시론』, 문예출판사, 1991, p. 60.
90) 라인하르트 코젤렉 외, 『역사』, pp. 46-50.
91) Raymond Williams, *Keywords. Vocabulary of Culture and Society*, 2nd ed., Oxford Univ. Press, 1983, p. 146.
92) 라인하르트 코젤렉, 『지나간 미래』, pp. 310-316.
93) 루샤오펑(조미원 외 역), 『역사에서 허구로. 중국의 서사학』, 길, 2001, p. 68.
94) Wolfgang Hardtwig, *Geschichtskultur*, pp. 22 이하.
95) Reinhart Koselleck, *Zeitschichten*, pp. 315-316.
96) Hayden White, Metahistory. *Die Historische Einbildugskraft im 19. Jahrhundert in Europa*, S. Fischer, 1991, 특히 pp. 553-564. 한국어 번역판은 헤이든 화이트(천형균 역), 『메타역사. 19세기 유럽의 역사적 상상력』, 지식을만드는지식, 2014.
97) Hayden White, "Historical Emplotment and the Problem of Truth," Saul Friedlander (ed.), *Probing the Limits of Representation. Nazism and the "Final Solution,"* Harvard Univ. Press, 1992, p. 37.
98) 철학에서 포스트모더니즘이란 용어를 처음 쓴 리오타르도 사실과 사건을 구별해야 한다고 하면서, '사건'을 단순히 '무엇인가가 일어났다'는 것을 알리는 신호(sign)로 본다.
99) 헤이든 화이트에 대한 탁월한 소개는 안병직, 「픽션으로서의 역사: 헤이든 화이트의 역사론」 『인문논총』, 51, 2004, pp. 35-75.
100) 『메타역사. 19세기 유럽의 역사적 상상력』, 안병직 위의 글 참조.
101) 이하 Hayden White, "Historical Emplotment," pp. 37-53.
102) Saul Friedlander (ed.), *Probing*, pp. 5, 96.
103) Carlo Zinzburg, "Just One Witness," Saul Friedlander (ed.), *Probing*, pp. 89-96.
104) 안병직, 「픽션으로서의 역사」, p. 65; 안병직 외, 『오늘의 역사학』, p. 128.
105) 안병직, 「픽션으로서의 역사」, p. 68.
106) 한스 위르겐 괴르츠, 『역사학이란 무엇인가』, pp. 269-271.

| CHAPTER 04 역사교육 연구는 어떤 철학, 어떤 역사학에 기반하고 있는가 |

1) Michael Williams, *Problems of Knowledge: A Critical Introduction to Epistemology*, Oxford University Press, 2001, p. 1; Matthias Steup and Ram Neta, "Epistemology," *The Stanford Encyclopedia of Philosophy*(Winter 2024 Edition), eds. Edward N. Zalta and Uri Nodelman. https://plato.stanford.edu/archives/win2024/entries/epistemology/
2) Duncan Pritchard, "Recent Work on Radical Skepticism," *American Philosophical Quarterly*, vol. 39, no. 3, 2002, pp. 215-257.
3) Richard Bett, "Pyrrho," *The Stanford Encyclopedia of Philosophy*(Fall 2022 Edition), eds. Edward N. Zalta and Uri Nodelman. https://plato.stanford.edu/archives/fall2022/entries/pyrrho/
4) Benjamin Morison, "Sextus Empiricus," *The Stanford Encyclopedia of Philosophy*(Fall 2019 Edition), ed. Edward N. Zalta. https://plato.stanford.edu/archives/fall2019/entries/sextus-empiricus/
5) Laurence BonJour, *Epistemology: Classic Problems and Contemporary Responses*, Rowman & Littlefield Publishers, 2010, pp. 9-22.
6) Williams, *Problems of Knowledge*, pp. 70-71; BonJour, *Epistemology*, pp. 241-242; Pritchard,

"Recent Work on Radical Skepticism," pp. 217-218.

7) E. H. Carr, *What Is History?*, Macmillan, 1961.

8) 베를린(I. Berlin, 1909-1997)은 카를 대표적인 상대주의자로 본다. 그는 『역사적 필연성(Historical Inevitability)』에서 카를 "강경한 실재주의자(tough-minded realist)"로 규정한다(p. 44). 동시에 카를 상대주의 입장을 지닌 인물로 묘사한다. 다음은 베를린의 카에 대한 해석이다.

카는 역사 해석이 절대적으로 객관적일 수 없다고 본다. 그는 모든 역사가가 자신의 시대, 사회적 위치, 이념적 조건에 따라 사고하고 판단한다고 주장한다. 따라서 어떤 역사 서술도 완전히 중립적일 수 없으며, 도덕 판단 역시 궁극적으로는 상대적이라는 입장을 취한다. 그러나 만약 모든 역사 해석과 판단이 시대적 조건에 따라 달라진다면, 우리는 어떻게 특정 역사 해석이 '편향되었다'고 비판할 수 있는가? 카는 역사가들이 과거 인물을 현재의 도덕 기준에 따라 판단하는 태도를 비판한다. 그에 따르면, 이러한 '도덕주의적 역사 서술'은 역사가가 자신의 가치관을 과거에 무비판적으로 적용한 데서 비롯된 결과이다. 그러면서 카는 객관적인 판단 기준이 존재하지 않는다고 주장한다. 이는 논리적 모순이다. 베를린은 카의 모순적 입장에 대해 다음과 같이 말한다.

> 주관적 거위에게 맞는 소스는 객관적 거위에게도 맞는 소스여야 한다(For what is sauce for the subjective goose must be sauce for the objective gander, p. 49).

이 말은 간단히 말해, 모든 판단 기준이 상대적이라면, 누가 누구를 객관적이지 않다고 비판할 수 없다는 뜻이다. 카의 상대주의는 결국 자기기반을 붕괴시키는 셈이다. 카는 자신이 타인을 평가할 때 사용하는 기준 역시 동일하게 상대적이라는 점을 인식하지 못하고 있다.

베를린은 이러한 상대주의가 초래하는 도덕적 무책임을 우려한다. 모든 역사적 판단이 그 시대의 산물이라고 본다면, 과거의 잘못을 비판할 근거가 사라지게 된다. 이 논리를 따를 경우, 식민지배나 전쟁 범죄, 인종차별과 같은 행위조차도 당시의 역사적 조건 속에서는 정당화될 수 있다는 결론에 이를 수 있다. 베를린은 이러한 사고가 도덕 판단과 책임의 토대를 붕괴시킨다고 본다.
Isaiah Berlin, *Historical Inevitability*, Oxford University Press, 1957.

9) Keith Jenkins, "An English Myth? Rethinking the Contemporary Value of E. H. Carr's *What Is History?*," in *E. H. Carr: A Critical Appraisal*, ed. Michael Cox, Palgrave Macmillan, 2000, p. 306.

10) E. H. Carr, *What Is History?*, 2nd ed., ed. R. W. Davies, Penguin Books, 1987, pp. 104-106.

11) Georg G. Iggers, *Historiography in the Twentieth Century: From Scientific Objectivity to the Postmodern Challenge*, Wesleyan University Press, 2005, pp. 10-11.

12) 포스트모더니즘에 대한 역사가들의 핵심적인 반박 논리에 대해서는 다음 논문을 참고할 수 있다. Jong-pil Yoon, "Is Historical Thinking Unnatural?," *Educational Philosophy and Theory*, vol. 54, no. 7, 2022, pp. 1022-1033.

13) Hayden White, *Metahistory: The Historical Imagination in Nineteenth-Century Europe*, Johns Hopkins University Press, 1973, p. 7.

14) *Ibid.*, pp. 8-10.

15) *Ibid.*, p. 12.

16) Hayden White, "Historical Emplotment and the Problem of Truth," in *Probing the Limits of Representation: Nazism and the 'Final Solution,'* ed. Saul Friedländer, Harvard University Press, 1992, p. 37.

17) Martin Jay, "Of Plots, Witnesses, and Judgments," in *Probing the Limits of Representation: Nazism and the 'Final Solution,'* ed. Saul Friedländer, Harvard University Press, 1992, pp. 97-107.

18) Saul Friedländer (ed.), *Probing the Limits of Representation: Nazism and the 'Final Solution,'* Harvard University Press, 1992. 화이트에 대한 제이의 비판은 해당 글의 97쪽부터 102쪽에 걸쳐 논의되고 있다.

19) Peter Novick, *That Noble Dream: The 'Objectivity Question' and the American Historical*

Profession, Cambridge University Press, 1988.

20) *Ibid.*, p. 128.

21) *Ibid.*, pp. 302-303.

22) *Ibid.*, p. 76.

23) *Ibid.*, p. 14.

24) *Ibid.*, pp. 628-629.

25) Thomas L. Haskell, *Objectivity Is Not Neutrality: Explanatory Schemes in History*, Johns Hopkins University Press, 1998, pp. 158-159. 또한 다음을 참조. Thomas L. Haskell, "Objectivity Is Not Neutrality: Rhetoric vs. Practice in Peter Novick's *That Noble Dream*," *History and Theory*, vol. 29, no. 2, 1990, pp. 129-157; David L. Hildebrand, "Pragmatic Objectivity in History, Journalism and Philosophy," *Southwest Philosophy Review*, vol. 27, no. 1, 2011, pp. 1-20.

26) 또한 다음을 참조. James T. Kloppenberg, "Pragmatism: An Old Name for Some New Ways of Thinking?," *The Journal of American History*, vol. 83, no. 1, 1996, p. 135.

27) Haskell, "Objectivity Is Not Neutrality," pp. 141-143.

28) Keith Jenkins, *Re-thinking History*, Routledge, 1991.

29) David Sylvester, "Change and Continuity in History Teaching 1900-93," in *Teaching History*, ed. Hilary Bourdillon, Routledge, 1994, p. 9.

30) Keith Jenkins and Peter Brickley, "Reflections on the Empathy Debate," *Teaching History*, no. 55, 1989, pp. 18-23.

31) Christopher Portal, "Empathy as an Objective for History Teaching," in *The History Curriculum for Teachers*, ed. Christopher Portal, The Falmer Press, 1987, pp. 89-99; Christopher Portal, "Empathy," *Teaching History*, no. 58, 1990, pp. 36-38.

32) Peter Lee and Rosalyn Ashby, "Empathy, Perspective Taking, and Rational Understanding," in *Historical Empathy and Perspective Taking in the Social Studies*, eds. O. L. Davis Jr., Elizabeth Anne Yeager, and Stuart J. Foster, Rowman & Littlefield Publishers, 2001, pp. 21-50.

33) Richard Harris and Lorraine Foreman-Peck, "Stepping into Other People's Shoes: Teaching and Assessing Empathy in the Secondary History Curriculum," *International Journal of Historical Learning, Teaching and Research*, vol. 4, no. 2, 2004, pp. 1-14.

34) David Harlan, "Intellectual History and the Return of Literature," *The American Historical Review*, vol. 94, no. 3, 1989, pp. 581-609.

35) *Ibid.*, p. 595.

36) Dominick LaCapra, "Rethinking Intellectual History and Reading Texts," *History and Theory*, vol. 19, no. 3, 1980, p. 254; David Harlan, *The Degradation of American History*, University of Chicago Press, 1997, p. 16; Harlan, "Intellectual History," pp. 594-595; Hayden White, *The Content of the Form: Narrative Discourse and Historical Representation*, Johns Hopkins University Press, 1990, p. 186; Mark Bevir, "The Errors of Linguistic Contextualism," *History and Theory*, vol. 31, no. 3, 1992, p. 279; Saul Cornell, "Splitting The Difference: Textualism, Contextualism, and Post-Modern History," *American Studies*, vol. 36, no. 1, 1995, pp. 61-62; Elizabeth A. Clark, *History, Theory, Text: Historians and the Linguistic Turn*, Harvard University Press, 2004, pp. 141-142; Kenneth B. McIntyre, "Historicity as Methodology or Hermeneutics: Collingwood's Influence on Skinner and Gadamer," *Journal of the Philosophy of History*, vol. 2, no. 2, 2008, pp. 156-157; Martin Jay, "Historical Explanation and the Event: Reflections on the Limits of Contextualization," *New Literary History*, vol. 42, no. 4, 2011, pp. 559-562; Petri Koikkalainen, "Contextualist

Dilemmas: Methodology of the History of Political Theory in Two Stages," *History of European Ideas*, vol. 37, no. 3, 2011, pp. 311-312; Michelle T. Clarke, "The Mythologies of Contextualism: Method and Judgment in Skinner's Visions of Politics," *Political Studies*, vol. 61, no. 4, 2013, p. 771; Takashi Shogimen, "On the Elusiveness of Context," *History and Theory*, vol. 55, no. 2, 2016, pp. 233-252.

37) Peter Seixas, "Historical Consciousness and Historical Thinking," in *Palgrave Handbook of Research in Historical Culture and Education*, ed. Mario Carretero, Stefan Berger, and Maria Grever, Palgrave Macmillan, 2017, p. 63.

38) Jörn Rüsen, *Studies in Metahistory*, ed. Pieter Duvenage, Pretoria: Human Sciences Research Council, 1993; Robert Parkes, "Postmodernism, Historical Denial, and History Education: What Frank Ankersmit Can Offer to History Didactics," *Nordidactica: Journal of Humanities and Social Science Education*, vol. 3, no. 2, 2013, pp. 20-37.

39) 포스트모더니즘에 대한 역사교육 연구자들의 대응을 파악하고자 한다면, 다음을 참고할 수 있다. 윤종필, 「역사적 사고에 대한 인식론적 고찰의 역사교육적 함의」, 고려대학교 대학원, 2018, pp. 135-163.

40) Tebeje Molla, "Towards Understanding Epistemological Assumptions of History Teacher Educators: My Experience with Phenomenological Enquiry," *Educational Research Journal*, vol. 25, no. 1, 2010, pp. 27-45; Liliana Maggioni, "Studying Epistemic Cognition in the History Classroom: Cases of Teaching and Learning to Think Historically," Ph.D. dissertation, University of Maryland, 2010; Bruce VanSledright and Kimberly Reddy, "Changing Epistemic Beliefs? An Exploratory Study of Cognition Among Prospective History Teachers," *Revista Tempo e Argumento*, vol. 6, no. 11, 2014, pp. 28-68; Bruce VanSledright and Liliana Maggioni, "Epistemic Cognition in History," in *Handbook of Epistemic Cognition*, eds. Jeffrey A. Greene, William A. Sandoval, and Ivar Bråten, Routledge, 2016, pp. 128-146; Gerhard Stoel, Albert Logtenberg, Bjorn Wansink, Tim Huijgen, Carla van Boxtel, and Jannet van Drie, "Measuring Epistemological Beliefs in History Education: An Exploration of Naïve and Nuanced Beliefs," *International Journal of Educational Research*, vol. 83, 2017, pp. 120-134; Jeremy Stoddard, "Addressing Teacher Epistemology and Ideology in History Pedagogy: Teaching Historical Thinking and Media," in *Teachers' Personal Epistemologies: Evolving Models for Informing Practice*, eds. Gregory Schraw, Jo Lunn Brownlee, Lori Olafson, and Michelle Vander Veldt Brye, Information Age Publishing, 2017, pp. 239-264; Diego Miguel-Revilla, Teresa Carril- Merino, and María Sánchez-Agustí, "An Examination of Epistemic Beliefs about History in Initial Teacher Training: A Comparative Analysis between Primary and Secondary Education Prospective Teachers," *The Journal of Experimental Education*, vol. 89, no. 1, 2021, pp. 54-73; Bjorn G. J. Wansink, Sanne F. Akkerman, and Brianna L. Kennedy, "How Conflicting Perspectives Lead a History Teacher to Epistemic, Epistemological, Moral and Temporal Switching: A Case Study of Teaching about the Holocaust in the Netherlands," *Intercultural Education*, vol. 32, no. 4, 2021, pp. 430-445; Martin Nitsche, Christian Mathis, and D. Kevin O'Neill, "Epistemic Cognition in History Education," *Historical Encounters*, vol. 9, no. 1, 2022, pp. 1-10; Gerhard Stoel, Albert Logtenberg, and Martin Nitsche, "Researching Epistemic Beliefs in History Education: A Review," *Historical Encounters*, vol. 9, no. 1, 2022, pp. 11-34; M. Mierwald and M. Junius, "Thinking Aloud about Epistemology in History: How Do Students Understand the Beliefs about History Questionnaire," *Historical Encounters*, vol. 9, no. 1, 2022, pp. 35-57; D. K. O'Neill, S. Guloy, F. M. MacKellar, and D. R. Martelli, "Development and Validation of a Practical Classroom Assessment of Students' Beliefs about Differing Historical Accounts," *Historical Encounters*, vol. 9, no. 1, 2022, pp. 58-77;

C. Ní Cassaithe, F. Waldron, and T. Dooley, "We Can't Really Know Cos We Weren't Really There": Identifying Irish Primary Children's Bottleneck Beliefs about History," *Historical Encounters*, vol. 9, no. 1, 2022, pp. 78-100; Daniel Miguel-Revilla, "What Makes a Testimony Believable? Spanish Students' Conceptions about Historical Interpretation and the Aims of History in Secondary Education," *Historical Encounters*, vol. 9, no. 1, 2022, pp. 101-115; K. A. Sendur, J. van Drie, and C. van Boxtel, "Epistemic Beliefs and Written Historical Reasoning: Exploring Their Relationship," *Historical Encounters*, vol. 9, no. 1, 2022, pp. 141-158; Henrik Åström Elmersjö and p. Zanazanian, "History Teachers and Historical Knowledge in Quebec and Sweden: Epistemic Beliefs in Distinguishing the Past from History and Its Teaching," *Historical Encounters*, vol. 9, no. 1, 2022, pp. 181-195; Javier Paricio, Silvia García-Ceballos, and Alodia Rubio-Navarro, "Epistemic Beliefs and Pre-service Teachers' Conceptions of History Instruction," *Frontiers in Education*, vol. 7, 2022; Hanna-Liis Kaarlõp, Mare Oja, and Katrin Poom-Valickis, "Teaching Issues Perceived to be Controversial in History: Estonian Teachers' Epistemic Cognition," *Journal of Social Science Education*, vol. 21, no. 1, 2022, pp. 99-126; Erzsébet Korom, Márió Tibor Nagy, and Maja Majkić, "First-Year Teacher Education Students' Epistemological Beliefs About Science and History: Domain-Specific Profiles and Relationships," *Science & Education*, 2023; Mbusiseni Celimpilo Dube, "The Epistemic Views of Rural History Teachers on School History as Specialised Subject Knowledge," *Yesterday and Today*, no. 30, 2023, pp. 136-152.

41) Diego Miguel-Revilla, María Sánchez-Agustí, and Teresa Carril-Merino, "History Education and Changing Epistemic Beliefs about History: An Intervention in Initial Teacher Training," *South African Journal of Education*, vol. 42, no. 3, 2022, p. 2; David Rosenlund, "The Nature of Historical Knowledge in Large-Scale Assessments: A Study of the Relationship Between Item Formats and Offerings of Epistemic Cognition in the Swedish Context," *Frontiers in Education*, vol. 8, 2023, p. 3.
42) Liliana Maggioni, Bruce VanSledright, and Patricia A. Alexander, "Walking on the Borders: A Measure of Epistemic Cognition in History," *The Journal of Experimental Education*, vol. 77, no. 3, 2009, p. 196.
43) *Ibid.*, p. 194.
44) *Ibid.*, pp. 194-195.
45) *Ibid.*, p. 195.
46) *Ibid.*, pp. 210-211.
47) Rüsen, *Studies in Metahistory*, p. 57.
48) Marek Tamm, "Truth, Objectivity, and Evidence in Historical Writing," *Journal of the Philosophy of History*, vol. 8, 2014, p. 278.
49) Richard Rorty, *Objectivity, Relativism, and Truth*, Cambridge, Cambridge University Press, 2011, p. 22.
50) Stéphane Lévesque and Penney Clark, "Historical Thinking: Definitions and Educational Applications," in *The Wiley International Handbook of History Teaching and Learning*, eds. S. A. Metzger and L. M. Harris, New Jersey, John Wiley & Sons, 2018, p. 131.
51) Jerome S. Bruner, *The Process of Education*, Harvard University Press, 1960.
52) Lee S. Shulman, "Those Who Understand: Knowledge Growth in Teaching," *Educational Researcher*, vol. 15, no. 2, 1986, pp. 4-14; "Knowledge and Teaching: Foundations of the New Reform," *Harvard Educational Review*, vol. 57, no. 1, 1987, pp. 1-23.
53) John Dewey, *The Child and the Curriculum*, University of Chicago Press, 1902; *Democracy*

and Education: An Introduction to the Philosophy of Education, Macmillan, 1916.

54) BKeith C. Barton and Linda S. Levstik, *Teaching History for the Common Good*, Lawrence Erlbaum Associates, 2004, pp. 206-224.

55) Sam S. Wineburg, *Historical Thinking and Other Unnatural Acts: Charting the Future of Teaching the Past*, Temple University Press, 2001, p. 111.

56) 윤종필, 「샘 와인버그(Sam Wineburg)와 그의 비판자들: '역사적 사고의 부자연성'에 관하여」『교육문화연구』 28, 2022, pp. 5-20.

57) Barton & Levstik, *Teaching History*, pp. 60, 179-180.

58) Sam S. Wineburg, "Historical Problem Solving: A Study of the Cognitive Processes Used in the Evaluation of Documentary and Pictorial Evidence," *Journal of Educational Psychology*, vol. 83, no. 1, 1991, p. 83, 87; "Reading Abraham Lincoln: An Expert/Expert Study in the Interpretation of Historical Texts," *Cognitive Science*, vol. 22, no. 3, 1998, p. 322.

59) '부자연스러운 행위'와 유사하게 역사적 사고를 개념화하는 표현으로는 다음이 있다. "학문적 사고(disciplinary thinking)," "학문 고유 발견법(disciplinary-specific heuristics)," "영역 고유 읽기 전략(domain-specific reading strategies)," "역사적 사고 습관(historical habits of mind)". Chauncey Monte-Sano and Susan De La Paz, "Using Writing Tasks to Elicit Adolescents' Historical Reasoning," *Journal of Literacy Research*, vol. 44, 2012, p. 276; Avishag Reisman, "Reading like a Historian: A Document-Based History Curriculum Intervention in Urban High Schools," *Cognition and Instruction*, vol. 30, 2012, p. 89; Lindsay Grace Charap, "Assessing Historical Thinking in the Redesigned Advanced Placement United States History Course and Exam," in *New Directions in Assessing Historical Thinking*, eds. Kadriye Ercikan and Peter Seixas, Routledge, 2015, p. 162.

60) Wineburg, *Historical Thinking and Other Unnatural Acts*, p. 90.

61) *Ibid.*, pp. 7-8.

62) *Ibid.*, pp. 8-9.

63) Wineburg, "Historical Problem Solving," pp. 73-87.

64) *Ibid.*, p. 73.

65) *Ibid.*, p. 83.

66) Wineburg, *Historical Thinking and Other Unnatural Acts*, p. 64.

67) Wineburg, "Historical Problem Solving," p. 77.

68) *Ibid.*

69) Zvi Reich, "Source Credibility as a Journalistic Work Tool," in *Journalists, Sources, and Credibility: New Perspectives*, ed. Bob Franklin and Matt Carlson, Taylor & Francis, 2010, p. 21; R. Bansal, *Media and Journalistic Writing for B.A. (Sem.-6) According to NEP-2020*, SBPD Publishing House, 2024, p. 82; Anthony Adornato, *Mobile and Social Media Journalism: A Practical Guide for Multimedia Journalism*, Routledge, 2021; Andy Williams, Cynthia Carter, Iñaki Garcia-Blanco, Janet Harris, Karin Wahl-Jorgensen, Lina Dencik, Richard Sambrook, Stephen Cushion, and Stuart Allan, eds., *The Future of Journalism: Risks, Threats and Opportunities*, Taylor & Francis, 2020.

70) Eleanor Farrow, "eyeWitness to Atrocities: Verifying Images with Metadata," in *Digital Investigative Journalism: Data, Visual Analytics and Innovative Methodologies in International Reporting*, ed. Oliver Hahn and Florian Stalph, Springer International Publishing, 2018, p. 145.

71) Jeffery D. Nokes, *Building Students' Historical Literacies: Learning to Read and Reason With Historical Texts and Evidence*, Taylor & Francis, 2022. 또한 다음을 참조. Jeffery D. Nokes, *Teaching History, Learning Citizenship: Tools for Civic Engagement*, Teachers College Press,

2019, p. 15.

72) Wineburg, *Historical Thinking and Other Unnatural Acts*, p. 94.

73) Wineburg, "Historical Problem Solving," p. 80.

74) Sam Wineburg, "Teaching the Mind Good Habits," *The Chronicle Review*, April 11, 2003. retrieved from https://www.chronicle.com

75) Cynthia Shanahan, Timothy Shanahan, and Cynthia Misischia, "Analysis of Expert Readers in Three Disciplines: History, Mathematics, and Chemistry," *Journal of Literacy Research*, vol. 43, no. 4, 2011, pp. 393-429.

76) Wineburg, *Historical Thinking and Other Unnatural Acts*, p. 110.

77) National Center for History in the Schools, *National Standards for United States History: Exploring the American Experience*, University of California, Los Angeles, 1994; *National Standards for World History: Exploring Paths to the Present*, University of California, Los Angeles, 1994; Wineburg, "Historical Problem Solving," pp. 73-87; Jean-François Rouet, Monik Favart, M. Anne Britt, and Charles A. Perfetti, "Studying and Using Multiple Documents in History: Effects of Discipline Expertise," *Cognition and Instruction*, vol. 15, no. 1, 1997, pp. 85-106; M. Anne Britt and Cindy Aglinskas, "Improving Students' Ability to Identify and Use Source Information," *Cognition and Instruction*, vol. 20, no. 4, 2002, pp. 485-522; Stéphane Lévesque, *Thinking Historically: Educating Students for the Twenty-First Century*, University of Toronto Press, 2008; Carla van Boxtel and Jannet van Drie, "'That's in the Time of the Romans!': Knowledge and Strategies Students Use to Contextualize Historical Images and Documents," *Cognition and Instruction*, vol. 30, no. 2, 2012, pp. 113-145; Tim Huijgen and Paul Holthuis, "Why Am I Accused of Being a Heretic?: A Pedagogical Framework for Stimulating Historical Contextualisation," *Teaching History*, no. 158, 2015, pp. 50-55; Mark Smith and Joel Breakstone, "History Assessments of Thinking: An Investigation of Cognitive Validity," in *New Directions in Assessing Historical Thinking*, ed. Kadriye Ercikan and Peter Seixas, Routledge, 2015, pp. 233-245; S. G. Grant, "Teaching Practices in History Education," in *The Wiley International Handbook of History Teaching and Learning*, ed. Scott Alan Metzger and Lauren McArthur Harris, Wiley-Blackwell, 2018, pp. 419-448; Carla van Boxtel and Jannet van Drie, "Historical Reasoning: Conceptualizations and Educational Applications," in *The Wiley International Handbook of History Teaching and Learning*, ed. Scott Alan Metzger and Lauren McArthur Harris, Wiley-Blackwell, 2018, pp. 149-176; Katalin Eszter Morgan, "Reasonable Interpretations or Emotional Identification?: Using Video Testimony in History Lessons," in *The Palgrave Handbook of History and Social Studies Education*, ed. Christopher W. Berg and Theodore M. Christou, Palgrave Macmillan, 2020, pp. 511-540; James Miles and Lindsay Gibson, "Rethinking Presentism in History Education," *Theory & Research in Social Education*, vol. 50, no. 4, 2022, pp. 509-529.

78) Wineburg, "Historical Problem Solving," p. 77.

79) Denis Shemilt, "Beauty and the Philosopher: Empathy in History and Classroom," in *Learning History*, ed. Alaric K. Dickinson, Peter J. Lee, and Peter Rogers, Heinemann Educational, 1984, pp. 39-84; Rosalyn Ashby and Peter J. Lee, "Children's Concepts of Empathy and Understanding in History," in *The History Curriculum for Teachers*, ed. Christopher Portal, Falmer Press, 1987, pp. 62-88; Sam S. Wineburg, "On the Reading of Historical Texts: Notes on the Breach Between School and Academy," *American Educational Research Journal*, vol. 28, no. 3, 1991, pp. 495-519; "Historical Problem Solving," pp. 73-87; "Historical Thinking and Other Unnatural Acts," *The Phi Delta Kappan*, vol. 80, no. 7, 1999, pp. 488-499; "Reading Abraham Lincoln: An Expert/Expert Study in the Interpretation of Historical Texts," *Cognitive Science*, vol. 22, no. 3, 1998, pp. 319-346; Jörn

Rüsen, "How to Overcome Ethnocentrism: Approaches to a Culture of Recognition by History in the Twenty-First Century," *History and Theory*, vol. 43, no. 4, 2004, pp. 118-129; Peter Seixas and Carla Peck, "Teaching Historical Thinking," in *Challenges and Prospects for Canadian Social Studies*, ed. Alan Sears and Ian Wright, Pacific Educational Press, 2004, pp. 109-117; Ola Halldén, "Conceptual Change and the Learning of History," *International Journal of Educational Research*, vol. 27, no. 3, 1997, pp. 201-210; Rouet, Favart, Britt, and Perfetti, "Studying and Using Multiple Documents," pp. 85-106; Stéphane Lévesque, *Thinking Historically*; Avishag Reisman and Sam S. Wineburg, "Teaching the Skill of Contextualizing in History," *The Social Studies*, vol. 99, no. 5, 2008, pp. 202-207; Anna Emilia Berti, Isabella Baldin, and Laura Toneatti, "Empathy in History: Understanding a Past Institution (Ordeal) in Children and Young Adults When Description and Rationale Are Provided," *Contemporary Educational Psychology*, vol. 34, no. 4, 2009, pp. 278-288; Elisabeth Erdmann and Wolfgang Hasberg (eds.), *Facing – Mapping – Bridging Diversity: Foundation of a European Discourse on History Education, Part 2*, Wochenschau-Verlag, 2011; Henk G.F. Havekes, Peter A.J.M. Coppen, Johan M. Luttenberg, and Carla A.M. van Boxtel, "Knowing and Doing History: A Conceptual Framework and Pedagogy for Teaching Historical Contextualisation," *International Journal of Historical Learning, Teaching and Research*, vol. 11, no. 1, 2012, pp. 72-93; Christine Baron, "Understanding Historical Thinking at Historic Sites," *Journal of Educational Psychology*, vol. 104, no. 3, 2012, pp. 833-847; Jason L. Endacott and Sarah B. Brooks, "An Updated Theoretical and Practical Model for Promoting Historical Empathy," *Social Studies Research and Practice*, vol. 8, no. 1, 2013, pp. 41-58; Huijgen & Holthuis, "Why am I accused of being a heretic?" pp. 50–59; Jason L. Endacott and Christina Pelekanos, "Slaves, Women, and War! Engaging Middle School Students in Historical Empathy for Enduring Understanding," *The Social Studies*, vol. 106, no. 1, 2015, pp. 1-7; Avishag Reisman, "The Difficulty of Assessing Historical Thinking," *Theory & Research in Social Education*, vol. 43, no. 4, 2015, pp. 402-427; Jukka Rantala, Marika Manninen, and Marko van den Berg, "Stepping into Other People's Shoes Proves to Be a Difficult Task for High School Students: Assessing Historical Empathy through Simulation Exercise," *Journal of Curriculum Studies*, vol. 48, no. 3, 2016, pp. 323-345; Jason L. Endacott and Sarah B. Brooks, "Historical Empathy: Perspectives and Responding to the Past," in *The Wiley International Handbook of History Teaching and Learning*, eds. Scott Alan Metzger and Lauren McArthur Harris, Wiley- Blackwell, 2018, pp. 203-226; Sirkka Ahonen, "Form or Substance? Weighing Critical Skills against Identity Narratives in History Education," in *The Palgrave Handbook of History and Social Studies Education*, eds. Christopher W. Berg and Theodore M. Christou, Palgrave Macmillan, 2020, pp. 145-163; James Miles and Lindsay Gibson, "Rethinking Presentism in History Education," *Theory & Research in Social Education*, vol. 50, no. 4, 2022, pp. 509-529.

80) 김보림 외, 『고등학교 한국사 1』, 서울, 리베르, 2024, p. 109.

81) 국사편찬위원회 우리역사넷, 「사료로 본 한국사」. https://contents.history.go.kr/front/hm/view.do?levelId=hm_115_0010 (2025.4.1. 검색)

82) 이병인 외, 『고등학교 세계사』, 비상교육, 2025, p. 150.

83) 위의 책, pp. 114-115.

84) Gabriel Bie Ravndal, *The Origin of the Capitulations and of the Consular Institution*, U.S. Government Printing Office, 1921, pp. 12-13.

85) Maurits van den Boogert, *The Capitulations and the Ottoman Legal System: Qadis, Consuls and Beratlıs in the 18th Century*, Brill, 2020, p. 7.

86) *Encyclopædia Britannica*, "Capitulation". retrieved from https://www.britannica.com/topic/

capitulation

87) Francis C. Jones, *Extraterritoriality in Japan and the Diplomatic Relations Resulting in Its Abolition, 1853-1899*, Yale University Press, 1931, pp. 2-3. 또한 다음을 참조. Pär Cassel, "Extraterritoriality in China: What We Know and What We Don't Know," in *Treaty Ports in Modern China: Law, Land and Power*, Taylor & Francis, 2016, pp. 25-26.

88) Richard T. Chang, *The Justice of the Western Consular Courts in Nineteenth-Century Japan*, Greenwood Press, 1984, p. 3.

89) Bevir, "The Errors of Linguistic Contextualism," pp. 277-278.

90) J. G. A. Pocock, "The Concept of a Language and the *Métier d'Historien*: Some Considerations on Practice," in *The Languages of Political Theory in Early-Modern Europe*, ed. Anthony Pagden, Cambridge University Press, 1987, pp. 19-20.

91) J. G. A. Pocock, "The Political Economy of Burke's Analysis of the French Revolution," *The Historical Journal*, vol. 25, no. 2, 1982, pp. 331-349.

92) Wineburg, *Historical Thinking and Other Unnatural Acts*, p. 27, footnote 45; "The Psychological Study of Historical Consciousness," in *Narration, Identity, and Historical Consciousness*, ed. Jörn Straub, Berghahn Books, 2005, p. 207.

93) Bevir, "The Errors of Linguistic Contextualism," pp. 277-278; "Mind and Method in the History of Ideas," *History and Theory*, vol. 36, no. 2, 1997, p. 173; "The Role of Contexts in Understanding and Explanation," *Human Studies*, vol. 23, no. 4, 2000, pp. 395-411; "Contextualism: From Modernist Method to Post-Analytic Historicism?," *Journal of the Philosophy of History*, vol. 3, no. 3, 2009, pp. 211-224.

94) J. G. A. Pocock, "The Concept of a Language and the Métier d'Historien: Some Considerations on Practice," in *The Languages of Political Theory in Early-Modern Europe*, ed. Anthony Pagden, Cambridge University Press, 1987, pp. 19-20; *Politics, Language, and Time: Essays on Political Thought and History*, University of Chicago Press, 1989, pp. 17-18.

95) Skinner, "Meaning and Understanding in the History of Ideas," 1969, pp. 25-26.

96) R. G. Collingwood, *An Autobiography*, Oxford University Press, 1939, p. 114. 또한 다음을 참조. Peter Johnson, *R. G. Collingwood: An Introduction*, Thoemmes Press, 1998, pp. 85-86; Tyson Retz, "A Moderate Hermeneutical Approach to Empathy in History Education," *Educational Philosophy and Theory*, vol. 47, no. 3, 2015, pp. 217, 224.

97) Quentin Skinner, "Meaning and Understanding in the History of Ideas," in *Meaning and Context: Quentin Skinner and His Critics*, ed. James Tully, Princeton University Press, 1988, p. 64.

98) R. L. Dees, *Great Trials and the Law in the Historical Imagination: A Law and Humanities Approach*, Routledge, 2023; Retz, "A Moderate Hermeneutical Approach to Empathy," pp. 214-226; "Teaching Empathy and the Critical Examination of Historical Evidence," in *Historical Thinking for History Teachers: A New Approach to Engaging Students and Developing Historical Consciousness*, eds. Tim Allender, Anna Clark, and Robert Parkes, Routledge, 2020, pp. 97-98.

99) Collingwood, *An Autobiography*, pp. 29-43.

100) R. G. Collingwood, *The Idea of History*, Vani Prakashan, 2024, pp. 282-283.

101) Karim Dharamsi, Giuseppina D'Oro, and Stephen Leach, "Introduction: The Armchair and the Pickaxe," in *Collingwood on Philosophical Methodology*, Springer International Publishing, 2019, p. 5.

102) R. G. Collingwood, *An Essay on Metaphysics*, Oxford University Press, 1948, pp. 31-33; Collingwood, *An Autobiography*, pp. 66-67. 또한 다음을 참조. Johnson, *R. G. Collingwood:*

An Introduction, p. 89.

103) Dharamsi, D'Oro, & Leach. "Introduction: The Armchair and the Pickaxe," pp. 5-6. 또한 다음을 참조. Dees, *Great Trials and the Law in the Historical Imagination*.

104) Quentin Skinner, "Meaning and Understanding in the History of Ideas," *History and Theory*, vol. 8, 1969, p. 52.

105) Quentin Skinner, *Visions of Politics*, vol. 1, Cambridge University Press, 2002, p. 120; "Lectures Part Two: Is it Still Possible to Interpret Texts?," *International Journal of Psychoanalysis*, vol. 89, no. 3, 2008, p. 652.

106) 이와 관련해서는 다음을 참조. L. Jonathan Cohen, "Philosophical Surveys, V: A Survey of Work in the Philosophy of History, 1946-1950," *The Philosophical Quarterly*, vol. 2, no. 7, 1952, pp. 172-186; "Has Collingwood Been Misinterpreted?," *The Philosophical Quarterly*, vol. 7, no. 3, 1957, pp. 147-157; Leon J. Goldstein, "Collingwood's Theory of Historical Knowing," *History and Theory*, vol. 9, no. 1, 1970, pp. 3-36; Margit H. Nielsen, "Re-Enactment and Reconstruction in Collingwood's Philosophy of History," *History and Theory*, vol. 20, no. 1, 1981, pp. 1-31.

107) Patrick Gardiner, "The 'Objects' of Historical Knowledge," *Philosophy*, vol. 27, no. 102, 1952, pp. 211-220; *The Nature of Historical Explanation*, Oxford University Press, 1952; Goldstein, "Collingwood's Theory," pp. 32-48; Nielsen, "Re-Enactment and Reconstruction," pp. 4-6.

108) Nielsen, "Re-Enactment and Reconstruction," pp. 7-8.

109) Nielsen, "Re-Enactment and Reconstruction," pp. 7-8; William H. Dray, "Historical Understanding as Re-Thinking," *University of Toronto Quarterly*, vol. 27, no. 2, 1958, pp. 200-215. 드레이와 유사한 관점을 내놓은 연구자로는 골드스타인(L. J. Goldstein)이 있다. 다음을 참조. Leon J. Goldstein, "Collingwood's Theory of Historical Knowing," *History and Theory*, vol. 9, no. 1, 1970, pp. 31-32. 콜링우드에 대한 주류 해석의 대표적인 서적으로는 다음이 있다. Alan Donagan, *The Later Philosophy of R.G. Collingwood*, Oxford University Press, 1962; William H. Dray, *History as Re-enactment: R.G. Collingwood's Philosophy of History*, Clarendon Press, 1995.

110) Skinner, *Visions of Politics*, p. 106; "Lectures Part Two," p. 652.

111) Retz, "A Moderate Hermeneutical Approach to Empathy," pp. 214-226.

112) *Ibid.*, pp. 220-221.

113) Tyson Retz, *Empathy and History: Historical Understanding in Re-enactment, Hermeneutics and Education*, Berghahn Books, 2018, pp. 140-141.

114) Hans-Georg Gadamer, *Wahrheit und Methode: Grundzüge einer philosophischen Hermeneutik*, J. C. B. Mohr (Paul Siebeck), 1960; Hans-Georg Gadamer, *Truth and Method*, trans. Garrett Barden and John Cumming, Seabury Press, 1975.

115) Gadamer, *Truth and Method*, p. 273; Retz, "A Moderate Hermeneutical Approach to Empathy," p. 219.

116) Tyson Retz, "Why Re-enactment Is Not Empathy, Once and for All," *Journal of the Philosophy of History*, vol. 11, no. 3, 2017, p. 321.

117) E. H. Carr, *What Is History?*, 2nd ed., ed. R. W. Davies, Penguin Books, 1987, p. 30.

118) Ludwig Wittgenstein, *Philosophical Investigations: The German Text, with a Revised English Translation*, 50th Anniversary Commemorative Edition, trans. G. E. M. Anscombe, Malden: Blackwell, 2001, pp. 117, 514.

119) *Ibid.*, p. 88.

120) Raia Prokhovnik, "An Interview with Quentin Skinner," *Contemporary Political Theory*, vol.

10, no. 2, 2011, pp. 273-285.

121) J. L. Austin, *How to Do Things with Words*, 2nd ed., Harvard University Press, 1975, pp. 98-99; 102, 108-109. 또한 다음을 참조. Peter Pagin and Neri Marsili, "Assertion," in *The Stanford Encyclopedia of Philosophy* (Winter 2021 Edition), ed. Edward N. Zalta, available at: https://plato.stanford.edu/archives/win2021/entries/assertion/, accessed 24 Jan. 2025.

122) Quentin Skinner, "A Reply to My Critics," in *Meaning and Context: Quentin Skinner and His Critics*, ed. James Tully, Polity Press, 1988, p. 270.

123) Mark Bevir, "The Role of Contexts in Understanding and Explanation," *Human Studies*, vol. 23, no. 4, 2000, p. 395.

124) Mark Bevir, *The Logic of the History of Ideas*, Cambridge University Press, 1999, pp. 44-45.

125) Bevir, "The Role of Contexts," pp. 404-406.

126) Peter Burke, *What is Cultural History?*, Polity Press, 2008, p. 3.

127) Lynn Hunt, "Introduction: History, Culture, and Text," in *The New Cultural History*, ed. Lynn Hunt, University of California Press, 1989, pp. 4-5.

128) *Ibid.*, p. 12.

129) Clifford Geertz, *The Interpretation of Cultures: Selected Essays*, Basic Books, 1973, p. 5.

130) *Ibid.*, p. 250.

131) *Ibid.*, p. 16. 또한 다음을 참조. Robert Darnton, *The Great Cat Massacre and Other Episodes in French Cultural History*, Basic Books, 1999, p. 96.

132) Gilbert Ryle, "The Thinking of Thoughts: What Is 'Le Penseur' Doing?" in *Collected Essays 1929-1968: Collected Papers Volume 2*, ed. Julia Tanney, Routledge, 2009, pp. 494-510.

133) Geertz, *The Interpretation of Cultures*, pp. 6-7.

134) Clifford Geertz, "Deep Play: Notes on the Balinese Cockfight," *Daedalus*, vol. 101, no. 1, 1972, pp. 1-37.

135) Robert Darnton, *The Great Cat Massacre and Other Episodes in French Cultural History*, Basic Books, 1984.

136) James W. Fernandez, "Historians Tell Tales: Of Cartesian Cats and Gallic Cockfights," *Journal of Modern History*, vol. 60, 1988, pp. 113-127; Dominick LaCapra, "Chartier, Darnton, and the Great Symbol Massacre," *Journal of Modern History*, vol. 60, 1988, 92-112; Harold Mah, "Suppressing the Text: The Metaphysics of Ethnographic History in Darnton's Great Cat Massacre," *History Workshop*, no. 31, 1991, pp. 1-20; Richard Biernacki, "Method and Metaphor after the New Cultural History," in *Beyond the Cultural Turn: New Directions in the Study of Society and Culture*, ed. Victoria E. Bonnell and Lynn Hunt, University of California Press, 1999, pp. 62-92; David Chaney, *The Cultural Turn: Scene Setting Essays on Contemporary Cultural History*, Routledge, 1994; Peter Burke, *What is Cultural History?*, Polity Press, 2004. 기어츠의 영향을 받은 또 다른 역사학 연구로는 다음이 있다. William H. Sewell Jr., *Work and Revolution in France: The Language of Labor from the Old Regime to 1848*, Cambridge University Press, 1980.

137) Darnton, *The Great Cat Massacre*, 1999, p. 99.

138) Thomas D. Fallace and Johann N. Neem, "Historiographical Thinking: Towards a New Approach to Preparing History Teachers," *Theory and Research in Social Education*, vol. 33, no. 3, 2005, pp. 329-346, https://doi.org/10.1080/00933104.2005.10473285; Thomas D. Fallace, "Once More Unto the Breach: Trying to Get Preservice Teachers to Link Historiographical Knowledge to Pedagogy," *Theory and Research in Social Education*, vol. 35, no. 3, 2007, pp. 427-446, https://doi.org/10.1080/00933104.2007.10473342

139) Fallace & Neem, "Historiographical Thinking," pp. 332, 338.

140) Sam Wineburg, Daisy Martin, and Chauncey Monte-Sano, *Reading Like a Historian: Teaching Literacy in Middle and High School Classrooms*, Teachers College Press, 2012.

141) Fallace & Neem, "Historiographical Thinking," p. 339.

142) James M. McPherson, *Battle Cry of Freedom: The Civil War Era*, Oxford University Press, 1988, pp. 6-7; 78; 283-284. 또한 다음을 참조. Eric Foner, "The Causes of the American Civil War: Recent Interpretations and New Directions," *Civil War History*, vol. 20, no. 3, 1974, pp. 197-214.

143) Carlene Young, "The Struggle and Dream of Black Studies," *The Journal of Negro Education*, vol. 53, no. 3, 1984, pp. 369-370.

144) 역사교육에 대한 경험중심교육과정 접근을 보여주는 대표적인 저작은 바튼이 레브스틱(L. S. Levstik)과 공저한 『공공선을 위한 역사교육(Teaching History for the Common Good)』(2004)이다. 따라서 이 접근의 성립에서 레브스틱의 기여를 간과할 수 없다. 다만, 아래에서 경험중심교육과정 접근에 대한 설명은 바튼을 중심으로 서술하고자 한다. 이는 해당 접근을 지속적으로 발전시키고 체계화하려 한 인물이 바튼이라고 판단되기 때문이다. 그가 유사한 문제의식을 바탕으로 발표한 또 다른 저서는 『정의와 조화를 위한 교육과정: 사회 및 시민 교육에서의 숙의, 지식, 그리고 행동(Curriculum for Justice and Harmony: Deliberation, Knowledge, and Action in Social and Civic Education)』이다. 이 책은 리칭 호(Li-Ching Ho)와 공동 집필하였다. (Keith C. Barton and Li-Ching Ho, *Curriculum for Justice and Harmony: Deliberation, Knowledge, and Action in Social and Civic Education*, Routledge, 2021)

145) David L. Hildebrand, "Pragmatic Democracy: Inquiry, Objectivity, and Experience," *Metaphilosophy*, vol. 42, no. 5, 2011, p. 591.

146) William R. Caspary, *Dewey on Democracy*, Cornell University Press, 2018, p. 9.

147) Jonathan Baron, "Personality and Intelligence," in *Handbook of Human Intelligence*, ed. Robert J. Sternberg, Cambridge University Press, 1982, p. 310.

148) 바튼 이외에 역사적 사고의 영역고유성을 비판한 연구로는 다음을 참조할 수 있다. Jon A. Levisohn, "Historical Thinking – and Its Alleged Unnaturalness," *Educational Philosophy and Theory*, vol. 49, no. 6, 2015, pp. 618-630; Andreas Körber, "Presentism, Alterity, and Historical Thinking," *Historical Encounters*, vol. 6, 2019, pp. 110-116; Yaron Vansover, "On the Natural Aspect of Historical Thinking in the Classroom," *International Journal of Innovation, Creativity and Change*, vol. 4, 2019, pp. 1-23; Jong-pil Yoon, "Was Emily Brown American Empress in Korea? The Limits and Meaning of Historical Inquiry as Seen Through Inferential Contextualism," *Journal of the Philosophy of History*, vol. 12, 2018, pp. 71-92; "Is Historical Thinking Unnatural?" *Educational Philosophy and Theory*, vol. 54, 2022, pp. 1022-1033. 역사적 사고의 영역고유성에 대해 이들 연구자들이 제기한 비판의 논리와 핵심 근거는 다음의 논문에 자세히 나와 있다. 윤종필, 「와인버그와 그의 비판자들: '역사적 사고의 부자연성'에 관하여」 『교육문화연구』 28, 2022, pp. 5-20. 참조.

149) Keith C. Barton, "Shared Principles in History and Social Sciences," in *Palgrave Handbook of Research in Historical Culture and Education*, eds. Mario Carretero, Stefan Berger, and Maria Grever, Palgrave Macmillan, 2017, pp. 449-467.

150) Barton & Levstik, *Teaching History for the Common Good*, pp. 241-242.

151) Jason L. Endacott, "Reconsidering Affective Engagement in Historical Empathy," *Theory & Research in Social Education*, vol. 38, no. 1, 2010, p. 6.

152) Stuart J. Foster, "Using Historical Empathy to Excite Students about the Study of History: Can You Empathize with Neville Chamberlain?" *The Social Studies*, vol. 90, no. 1, 1999, p. 19.

153) Foster, "Using Historical Empathy," p. 19.

154) *Ibid.*

155) Peter Lee and Rosalyn Ashby, "Empathy, Perspective Taking, and Rational Understanding," in ***Historical Empathy and Perspective Taking in the Social Studies***, eds. O. L. Davis, E. A. Yeager, and Stuart J. Foster, Rowman and Littlefield, 2001, pp. 24-25.

156) Elizabeth A. Yeager and Stuart J. Foster, "The Role of Empathy in the Development of Historical Understanding," in ***Historical Empathy and Perspective Taking in the Social Studies***, eds. O. L. Davis, Elizabeth A. Yeager, and Stuart J. Foster, Rowman and Littlefield, 2001, p. 13.

157) Peter Knight, "Empathy: Concept, Confusion and Consequence in a National Curriculum," *Oxford Review of Education*, vol. 15, no. 1, 1989, pp. 43-44.

158) *Ibid.*, pp. 45-46.

159) *Ibid.*, p. 48.

160) Endacott, "Reconsidering Affective Engagement," pp. 6-7.

161) Barbara S. Stern, "Addressing the Concept of Historical Empathy: Wit Frauen: German Women Recall the Third Reich," *International Journal of Social Education*, vol. 13, no. 1, 1998, pp. 43-48.

162) Karen L. Riley, "Historical Empathy and the Holocaust: Theory into Practice," *International Journal of Social Education*, vol. 13, no. 1, 1998, pp. 32-42.

163) Barton and Levstik, *Teaching History for the Common Good*, pp. 206-227.

164) 바튼은 레브스틱과 함께 'empathy as caring'을 다음 네 가지로 구분했다: caring about, caring that, caring for, caring to. 아래에서는 각각의 구성 요소를 그 의미에 맞게 의역하였다.

165) Barton and Levstik, *Teaching History for the Common Good*, p. 232.

166) *Ibid.*, p. 234.

167) *Ibid.*, pp. 234-237.

168) *Ibid.*, pp. 237-240.

169) Jada Kohlmeier, "Couldn't She Just Leave?: The Relationship Between Consistently Using Class Discussions and the Development of Historical Empathy in a 9th Grade World History Course," *Theory and Research in Social Education*, vol. 34, no. 1, 2006, pp. 34-57; Sarah Brooks, "Historical Empathy as Perspective Recognition and Care in One Secondary Social Studies Classroom," *Theory & Research in Social Education*, vol. 39, no. 2, 2011, pp. 166-202; Endacott, "Reconsidering Affective Engagement," pp. 6-47; Arja Virta and Elina Kouki, "Dimensions of Historical Empathy in Upper Secondary Students' Essays," *Nordidactica: Journal of Humanities and Social Science Education*, no. 2, 2014, pp. 137-160; Tim Huijgen et al., "Toward Historical Perspective Taking: Students' Reasoning When Contextualizing the Actions of People in the Past," *Theory and Research in Social Education*, vol. 45, no. 1, 2017, pp. 110-144; Retz, *Empathy and History*, pp. 4-5; Lindsay Gibson, Jennifer Roberts-Smith, Kristina R. Llewellyn, Jennifer Llewellyn, with the DOHR Team, "A New Approach to Virtual Reality in History Education: The Digital Oral Histories for Reconciliation Project (DOHR)," in *History Education in the Digital Age*, ed. Mario Carretero, María Cantabrana, and Cristian Parellada, Springer, 2022, pp. 103-121.

170) Brooks, "Historical Empathy," p. 189.

| CHAPTER 05 역사 재현과 수용의 문제는 역사 이해와 어떻게 연관되는가 |

1) Terrie Epstein and Carla L. Peck, "Introduction," in T. Epstein and C. L. Peck (eds.),

Teaching and Learning Difficult Histories in International Contexts: A Critical Sociocultural Approach, Routledge, 2017, p. 4.

2) Natasha Robinson,"Conceptualising Historical Legacies for Transitional Justice History Education in Postcolonial Society," *History Education Research Journal*, vol.19, no.1, 2022, p. 10.

3) Jörn Rüsen, "Geschichtsdidaktik Heute- Was ist und zu welchem Ende betreiben wir sie (noch)? [Didatics of History Today - What Is It and for What Purpose Do We (Still) Use it?]," in E. Hinrichs and W. Jacobmeyer (eds.), Bildungsgeschichte und Historisches Lernen Symposium aus Anlaß des 65. Geburtstages on Prof. Dr. Karl Ernst Jeismann [History of Education and Historical Learning. Symposium on the Occasion of the 65th Birthday of Prof. Dr. Karl-Ernst Jeismann] (pp. 9-24) Georg-Eckert Institut, 1991, p. 17.

4) Jörn Rüsen, "Historical Consciousness: Narrative Structure, Moral Function, and Ontogenetic Development," in P. Seixas (ed.), *Theorizing Historical Consciousness*, University of Toronto Press, 2004, p. 67.

5) William R. Penuel and James V. Wertsch, "Historical Representation as Mediated Action: Official History as a Tool," in J. F. Voss and M. Carretero (eds.), *Learning and Reasoning in History: International Review of History Education Vol.2*, Woburn Press, 1998, p. 27.

6) James V. Wertsch, "Struggling with the Past: Some Dynamics of Historical Representation," in M. Carretero and J. Voss (eds.), *Cognitive and Instructional Processes in History and Social Sciences*, Hilsdale, 1994, p. 335.

7) James V. Wertsch, "Specific Narratives and Schematic Narrative Templates," in P. Seixas (ed.), *Theorizing Historical Consciousness*, University Toronto Press, 2004, pp. 59-60.

8) Jocelyn Letourneau and Sabrina Moisan, "Young People's Assimilation of a Collective Historical Memory: A Case Study of Quebeckers of French-Canadian Heritage," P. Seixas (ed.), *Theorizing Historical Consciousness*, University of Toronto Press, 2004, pp. 109-128.

9) Isabel Barca, "Identities and History-Portuguese Students' Accounts," *International Journal of Historical Learning Teaching and* Research, vol. 8, no. 1, 2009, pp. 19-27.

10) 김진아, 「학생들은 중요한 역사를 어떻게 판단할까? - '내러티브 템플릿' 사용이 역사 이해에 미치는 영향」, 『역사교육』 139, 2016, p. 43.

11) 김진아, 위의 글, 2016, pp. 50-51.

12) 박주현, 「서로 다른 역사 재현에 대한 한국 중등학생들의 이해: 역사 영화를 중심으로 (Students' Ideas about Different Historical Representations of the Past: South Korean Adolescents Interpret Historical Film)」, 런던대학교 대학원 박사학위논문, 2008.

13) 학생들이 시청한 홀로코스트에 대한 영화는 '쉰들러의 리스트(Shindler's List)' (스티븐 스필버그, 1993)와 '쇼아(Shoah)' (클라우드 란츠만, 1985)이고, 러시아 혁명에 대한 영화는 '10월(October)'(세르게이 에이젠슈타인, 1928)과 '레즈(Reds)'(워렌 비티, 1981)이다. 학생들은 영화의 일부를 편집된 클립의 형태로 시청했다.

14) 이러한 차이를 가져온 것이 무엇인지는 단정하기 어렵다. 식민지의 기억이 국민적 내러티브로 넘쳐나고 있는 반면 분단의 기억은 희미하다고 볼 수도 있다. 혹은 냉전 이데올로기의 종식으로 인해 학생들의 생활 경험 속에서 더 이상 남북 문제가 이슈가 되지 않는 것일 수도 있다. 아니면 학교 안과 바깥에서 접하는 각종 사회문화적 담론 구조 속에서는 더 이상 분단 현실이 현재 삶에 끼치는 영향에 대한 논의가 이루어지기 어려운 것일 수도 있다.

15) Wertsch, "Struggling with the Past," p. 334.

16) Letourneau and Moisan, "Young People's Assimilation of a Collective Historical Memory," pp. 109-128.

17) Maria Grever and Robbert-Jan Adriaansen,"Historical Culture: A Concept Revisited," in M.

Carretero, S. Berger and M. Grever (eds.), *Palgrave Handbook of Research in Historical Culture and Education*, Palgrave Macmilan, 2017, pp. 77-78.

18) Grever and Adriaansen, "Historical Culture: A Concept Revisited," p. 84.

19) *Ibid.*

20) Grever and Adriaansen, "Historical Culture: A Concept Revisited," p. 75

21) 마르틴 뤼케 · 이름가르트 췬도르프(정용숙 역), 『공공역사란 무엇인가』, 푸른역사, 2020, p. 34.

22) Ludmilla Jordanova, *History in Practice*, (2nd edition), Hodder Arnold, 2006, p. 126.

23) 박주현 · 조혜진, 「역사 재현의 다양한 경로와 대중 역사」, 양호환 편, 『한국역사교육의 연구동향』, 책과함께, 2011, p. 355.

24) Robert Kelly, "Public History: Its Origins, Nature, and Prospects," *The Public Historian* 1, 1978, p. 16.

25) Thomas Cauvin, *Public History: A Textbook of Practice* (2nd edition), Routledge, 2016, p. 11.

26) 나인호, 「시민을 위한 역사교육으로서 독일의 공공역사(public history)」, 『역사교육논집』 69, 2018, pp. 77-79.

27) 박상욱, 「'퍼블릭 히스토리(public history)'에서 '역사문화(Geschichtskultur)'로 – 독일 '퍼블릭 히스토리'의 작용 메카니즘으로서 역사문화」', 『서양사론』 139, 2018, pp. 29-30.

28) 이하나, 「공공역사 논의의 한국적 맥락과 공공역사가들」, 『역사비평』 136, 2021, pp. 392-394.

29) 강선주, 「공공역사와 역사교육: 제도적 역사교육 기관으로서 박물관의 책임과 역사 전시 방향」, 『현대사와 박물관』 3, 2020, pp. 32-33.

30) 특히 유럽에서는 공공역사를 공공의 지적 작업으로 개념화하고 있는데 이와 같은 형태의 사례로 역사학자들이 정부 정책 마련에 정보를 제공하거나 학교에서의 역사 문해력 향상을 지원하는 것을 들 수 있다. James B. Gardner and Paula Hamilton, "The Past and Future of Public History: Developments and Challenges," in P. Hamilton and J. B. Gardner (eds.), *The Oxford Handbook of Public History*, Oxford University Press, 2017, pp 2-3.

31) Hilda Kean, "Introduction," in H. Kean and P. Martin (eds.), *The Public History Reader*, Routledge, 2013, p. xvi.

32) Jordanova, *History in Practice*, (2nd edition), '6. Public History' 참조.

33) Cauvin, *Public History: A Textbook of Practice*, p. 15.

34) Kean, "Introduction," p. xxi.

35) 강선주, 「유튜브 역사 콘텐츠 스토리텔링의 특징 – 초등학생용 역사 콘텐츠로부터 알고리즘이 안내하는 역사 콘텐츠까지 –」, 『역사교육연구』 43, 2022, pp. 255-292 참조.

36) Bruce A. Vansledright, *Assessing Historical Thinking and Understanding: Innovative Designs for New Standards*, Routledge, 2014, p. 97.

37) 박주현, 「학생들의 역사 개념에 대한 이해와 역사의식」, 『역사교육』 111, 2009, pp. 25-26.

38) Stephen Lévesque는 '실질적 지식', '1차 지식'과 대비되는 역사 지식의 유형을 '2차 지식(second-order knowledge)' 혹은 '절차적 지식(procedural knowledge)'으로 명명하였으며, 역사라는 학문의 구조적 기초를 제공하는 개념에 주목하였다. 그는 증거, 감정이입, 진보, 쇠퇴 등과 같은 개념은 학문으로서 과거를 연구하는 데 필요하고, 역사 지식의 내용 구성에 요구되는 개념적 도구라고 보았다.(Stephen Lévesque, *Thinking Historically: Educating Students for the Twenty-First Century*, University of Toronto Press, p. 16).

39) 양호환, 「집단기억, 역사의식, 역사교육」, 『역사교육』 109, 2009, p. 29.

40) 박주현 · 조혜진, 「역사 재현의 다양한 경로와 대중 역사」, 양호환 편, 앞의 책, 2011, p. 353.

41) 테사 모리스-스즈키가 주목한 것은 역사적 이해를 소비하는 방식이 대중의 역사상에 끼치는 영향이다. 그는 역사 지식의 전달을 '① 역사적 사건, ② 기록이나 표현 종사자(전달 매체의 성격, 전달자의 사상과 관점), ③수용자의 현재 위치'의 세 요소가 맺는 관계의 연속으로 본다. 즉, 대중이 수용하는 과거 이미지는 ①, ②, ③에 의해 규정받는다는 것이다. 테사 모리스-스즈키(김경원

역), 『우리 안의 과거: 미디어 · 메모리 · 히스토리』, 휴머니스트, 2006, p. 47.

42) Chris Husbands, *What is History Teaching?: Language, Ideas and Meaning in Learning about the Past*, Open University Press, 1996, pp. 73-75.

43) 박주현 · 조혜진, 「역사 재현의 다양한 경로와 대중 역사」, 양호환 편, 앞의 책, 2011, p. 353.

44) Jonathan Stubbs, *Historical Film: A Critical Introduction'*, Bloomsbury, 2013, p. 19.

45) 정영권, 「한국 근현대사 영화의 정치사적 계기들 2003~2019」, 정영권 외, 『영화는 역사가 아니다: 한국 현대사 영화는 어떻게 관객을 사로잡았나』, 한국문화사, 2024, p. 19.

46) 로버트 A. 로젠스톤 편(김지혜 역), 『영화, 역사: 영화와 새로운 과거의 만남』 소나무, 2002

47) Robert A. Rosentone, *Visions of the Past: The Challenge of Film to Our Idea of History*, Havard University Press, 1995.

48) Marnie Hughes-Warrington, *History Goes to the Movies: Studying History on Film*, Routledge, 2007, p. 115.

49) 이하나, 「공공역사로서의 역사영화와 개연성으로서의 역사」, 『역사비평』 139, 2022, p. 170.

50) 이하나, 「역사영화를 매개로 한 역사비평의 가능성 - 역사대중화와 역사의 대중문화화 사이에서 역사연구자의 역할을 고민함 -」, 『사학연구』 121, 2016, p. 29.

51) 이하나, 위의 글, pp. 25-28.

52) Guy Westwell, "Critical Approaches to the History Film - A Field in Search of a Methodology," *Rethinking History*, vol. 11, no. 4, 2007, p. 583.

53) James L. Hoberman, "The Film Critic of Tomorrow, Today," M. Berger(ed), *The Crisis of Criticism*, New Press, 1998, p. 80.

54) Robert A. Rosenstone, *History on Film/Film on History*, Pearson Education Limited, 2006, p. 160.

55) Rosenstone, *Visions of the Past*, p. 59

56) *Ibid.*

57) Wulf Kansteiner, "Film, the Past, and a Didactic Dead End: From Teaching History to Teaching Memory," in M. Carretero, S. Berger and M. Grever (eds.) *Palgrave Handbook of Research in Historical Culture and Education*, 2017, p. 172.

58) Pierre Solin, *The Film in History: Restaging the Past*, Basil Blackwell, 1980, p. 27

59) Marc Ferro, *Cinema and History*, Wayne State University Press, 1988.

60) Kansteiner, "Film, the Past, and a Didactic Dead End," pp. 179-180.

61) Rosentone, *History on Film/Film on History*, p. 164.

62) Jerome De Groot, "13. Historical Film," *Consuming History: Historians and Heritage in Contemporary Popular Culture*, (2nd edition), Routledge, 2016, 247.

63) 원래 프레이밍(framing)은 시각 예술에서 허구 세계와 '실재' 세계의 분리를 말하려고 사용하는 은유적 표현이면서 내러티브를 텍스트에 어떻게 끼워넣을지 설명하는 데 사용된다. 영화에서 쓰이는 보이스오버도 일종의 프레이밍 장치로 사용되어 주요 사건의 진행을 마감하고 관객을 사건으로부터 거리를 두게 할 수 있다. 따라서 이와 같은 프레이밍은 뒤이어 일어나는 액션에 대해 우리가 어떻게 대응할지 지도하고 안내하는 기능을 수행한다.(브론웬 토마스(황인석 역), 『미디어 내러티브와 스토리텔링』, 컬쳐룩, 2023, pp. 84-85). 영화에서 나타나는 프레이밍 작업이 관객들의 수용 경험에 영향을 미치듯이, 역사 연구에서 역사가가 선택하는 초점, 서술 범위에 따라 독자들의 해석에 영향을 줄 수 있다.

64) Tracney, Loughran, "Introduction: Frameworks and Perspectives," in T. Loughran (ed.), *A Practical Guide to Studying History: Skills and Approaches*, Bloomsbury Academic, 2017, pp. 10-11. (원 출처: Lithograph after P,A,A, Brouillet, Une Leçon Clinique á la Salpêtrière (1887). Courtesy of Wellcome Library, London.

65) 프레이밍 (a)~(c)에 대한 설명은 Tracey Loughram, "Introduction: Frameworks and Perspectives",

pp. 10-11을 참조하였음.

66) Loughran, *A Practical Guide to Studying History*, p. 12.

67) Hughes-Warrington, *History Goes to the Movies*, pp. 3-4.

68) 김민정, 「영화의 역사서술과 역사교육의 가능성」 『역사교육』 94, 2005. p. 14.

69) 김민정, 위의 글, 2005, p. 25.

70) Peter Seixas, "Confronting the Moral Frames of Popular Film: Young People Respond to Historical Revisionism," *American Journal of Education,* vol, 102, no. 3, 1994, p. 263

71) Seixas, "Confronting the Moral Frames of Popular Film," p. 280.

72) Rosalyn Ashby, Peter Lee and Denis Shemilt, "Putting Principles into Practice: Teaching and Planning," in M. Donovan and J. Bransford (eds.), *How Students Learn: History in the Classroom,* The National Academic Press, 2005, p. 151.

73) 하세봉, 『역사지식의 시각적 조형: 동아시아 박물관의 역사와 전시』, 민속원, 2016, p. 27.

74) 하세봉, 위의 책, 2016, p. 26.

75) 조혜진, 「식민화, 탈식민화 공간으로서의 박물관과 '가르칠 내용'」, 『역사교육』 171, 2024, p. 101.

76) George Ellis Burcaw, *Introduction to Museum Work* (3rd edition), AltaMira Press, 1997.

77) 요시미 순야(이태문 역), 『박람회: 근대의 시선』, 논형, 2004, p. 37.

78) 18세기에 전성기를 맞이한 박물학은 사물을 기술하는 행위와 그 효과에 변화를 가져왔다. 박물관, 동물원, 식물원 등 박물학적 공간에 적용된 분류와 체계화라는 박물학적 시선 속에는 단계적인 우열, 주객의 분리라는 기제가 내포되어 있었다.(요시미 순야, 위의 책, 2004, pp. 30-36).

79) Eileen Hooper-Greenhill, "The Past, the Present and the Future: Museum Education from the 1790s to the 1990s," *Journal of Education in Museums* 12, 1991, pp. 1-3

80) 다니엘 지로디 · 앙리 뷔이예(김혜경 역), 『미술관 · 박물관이란 무엇인가』, 화산문화, 1996.

81) 이름가르트 췬도르프, 5장. 박물관과 기념관, 마르틴 뤼케, 이름가르트 췬도르프(정용숙 역) 앞의 책, 2020, p. 183.

82) 조혜진, 앞의 글, 2024, pp. 105-107.

83) Kevin Moore, *Museum and Popular Culture,* Leicester University Press, 1997, p. 5

84) 네 시기로 구분하여 정리된 국내 박물관 전시 변화는 조혜진, 「박물관 전시 변화에 대한 해석과 교육적 쟁점 - 배치 이론을 중심으로 - 」, 서울대학교 대학원 박사학위논문, 2024, pp. 205-207 참조.

85) Jerome De Groot, "15. Museums and Physical Encounters with the Past," *Consuming History: Historians and Heritage in Contemporary Popular Culture,* Routeledge, 2009, pp. 236-240.

86) National Curriculum Council, *Non-Statutory Guidance for History*, April, 1991, p. 24.

87) *Ibid.*

88) Carol Adams and Sue Miller, "Museums and the Use of Evidence in History Teaching," *Teaching History* 34, 1982, p. 5.

89) 강선주, 「박물관과 역사교육」 『역사교육 새로보기: 복합의 시각』, 한울앰플러스, 2015, pp. 314-315.

90) 강선주, 「디지털 공공역사와 박물관 전시를 통한 역사교육」 『디지털 시대, 역사 · 박물관 교육』, 한울아카데미, 2022, p. 216

91) 강선주, 위의 책, 2022, p. 219.

92) 박주현, 「역사 탐구 체험으로서의 영국의 지역사 교육 」 『역사교육연구』 14, 2011, p. 10.

93) 마르틴 뤼케, 이름가르트 췬도르프(정용숙 역), 앞의 책, 2020, p. 181.

94) Paul Williams, "The Personalization of Loss in Memorial Museums," in p. Hamilton and J. B. Gardner (eds.), *The Oxford Handbook of Public History,* Oxford University Press, 2017, pp. 382-383.

95) 이소은, 「'어려운 역사' 논의를 통한 역사과 재난교육의 탐색」『역사교육』 167, 2023. pp. 14-15.
96) Emilia Salvanou, "James B. Gardner and Paula Hamilton (eds), The Oxford Handbook of Public History," *Historein*, vol,19, no.1 2020, p. 4.
97) Reinhart Koselleck, *The Practice of Conceptual History: Timing History, Spacing Concepts,* Stanford University Press, 2002, p. 287. 특히, 기념물에서 죽음의 재현이 이루어지는 방식과 그 현재적 함의에 대해서는 "Chapter 17. War Memorials: Identity Formations of Survivors" 참조.
98) 강선주, 「역사와 유산, 이성과 감정의 복합 전시」『디지털 시대, 역사·박물관 교육』, 한울아카데미, 2022, p. 282.
99) Liz Dawes Duraisingh and Veronica Boix-Mansilla, "Interdisciplinary Forays within the History Classroom: How the Visual Arts Can Enhance (or Hinder) Historical Understanding", *Teaching History* 125, 2006, pp. 22-30.
100) Mike Murray, "Three Lessons about a Funeral: Second World War Cemeteries and Twenty Years of Curriculum Change," *Teaching History* 94, 1999, pp. 6-11.
101) 박주현, 앞의 글, 2011, pp. 29-30.
102) 김민정, 「학교 밖 독립운동사 교육의 현황과 과제」『역사교육』 156, 2022, p. 109.
103) Sharon M. Leon, "Complexity and Collaboration: Doing Public History in Digital Environments, in P. Hamilton and J. B. Gardner (eds.), *The Oxford Handbook of Public History,* Oxford University Press, 2017, pp. 49-51.
104) Leon, "Complexity and Collaboration," p. 55.
105) Leon, "Complexity and Collaboration," p. 49.

| CHAPTER 06 역사교육의 내용을 어떻게 선정하고 조직할까 |

1) 교육과정(curriculum)과 교수요목(syllabus)은 혼용되는 경우가 많지만, 대개 실용적 접근에서는 '교육과정', 이론적 접근에서는 교수요목을 사용한다. 교육과정이 교과목의 목표, 내용, 교수방법, 평가 등에 관한 총괄적인 계획이라면, 교수요목은 특정 강의나 과목에서 무엇을 어떻게 가르칠 것인가를 구체화한 것이라고 할 수 있다(김정숙, 「통합 교육을 위한 한국어 교수요목 설계 방안 연구」『한국어교육』 14-3, 국제한국어교육학회, 2003, pp. 82-83).
2) 박도순 외, 『교육과정과 교육평가』(3판), 문음사, 2011, pp. 74-75.
3) ① 중요성-역사 교과에 기본이 되는 지식인가? 역사의 전체적인 흐름을 잘 설명하고 있는가? 인간 활동의 중요한 국면들을 다루고 있는가? ② 타당성-보편타당한 역사 교과 지식인가? 역사교육 목표를 달성하는 데 적합한 내용인가? ③ 지속성-오래 지속될 수 있는 지식인가? ④ 균형성-적절한 범위와 깊이를 함께 갖춘 내용인가? 지식뿐 아니라 역사적 사고와 태도 함양에도 도움이 되는 내용인가? ⑤ 적절성-학습자의 필요나 흥미, 그리고 발달 단계에 적절한가? ⑥ 적용성-다양한 범위와 목적에 적용될 수 있는가? 현재 사회 문제를 설명하고 해결하는 데 도움을 줄 수 있는가? 시대적, 사회적 요구에 맞는 내용인가?(최양호, 『역사교육의 현장』, 청년도서, 1991, p. 153).
4) 데이비드 로웬덜 저, 김종원·한명숙 역, 『과거는 낯선 나라다』, 개마고원, 2006.
5) 박도순 외, 앞의 책, 2011, p. 162.
6) 유영식, 『2022 개정 교육과정 기반 교사 교육과정과 수업 디자인』, 테크빌교육, 2023, pp. 31-32.
7) 최양호, 『역사교육의 현장』, 청년도서, 1991, pp. 160-165.
8) 김한종, 『역사수업의 원리』, 책과함께, 2007, pp. 138.
9) 역사적 통찰력은 역사적 사실이나 자료의 내면에 숨어있는 핵심적 의미나 가치, 혹은 본질을 파악하는 능력. 역사적 사건을 꿰뚫어 보는 능력 등으로 정의된다. 정선영은 역사 교육의 목적을 내재적인 것과 외재적인 것으로 구분하고, 그중 내재적 목적의 최종 도달점을 역사의식, 역사적 사

고력, 판단력 및 통찰력 등으로 설정하였다. 그 가운데 역사적 판단력과 통찰력을 역사교육의 최종 목표의 범주에 속한다고 보았다(정선영, 「역사교육의 최종 목표와 역사적 통찰력」 『역사교육』 108, 역사교육연구회, 2008, pp. 26-33).

10) 김한종, 앞의 책, 2007, pp.148-152.

11) 1898년 9월 1일 서울 북촌 양반 여성들이 주축이 되고 300여 명의 여성이 찬동해 이뤄진 대한민국 최초의 여성인권선언으로 여권통문(女權通文)이라고도 한다.

12) Department for Education, *The national curriculum in England Key stages 3 and 4 framework document*, Hampshire: Shurville Publishing, 2014, pp. 95-97.

13) ibid., 2014, p. 95.

14) 교육부 고시 제1997-15호, 『사회과교육과정』, 교육부, 1997, p. 86; 국사편찬위원회 · 국정도서편찬위원회, 『고등학교 국사』, 2002, 교육인적자원부. 교과서의 서문에서 저자들은 분야사적 방법에 따라 역사 교과서를 편찬한 이유를 다음과 같이 설명하였다. "우리의 역사상을 정치, 경제, 사회, 문화 등으로 분류하여 서술하였다는 점이다. 이에 따라 학생들은 초등학교와 중학교에서 학습한 내용을 바탕으로 좀 더 깊이 있게 역사상의 중요한 문제나 현상을 탐구하여 체계적으로 학습할 수 있을 것이다. 또, 각 시대의 특징을 이루는 핵심 개념과 주제 중심으로 단원을 구성하여 한국사 전체의 흐름 속에서 역사적인 의미를 파악할 수 있도록 하였다."

15) 아리스토텔레스는 인간을 일컬어 '폴리스적 동물(zōion politikon)'이라고 했다. 곧잘 '인간은 정치적 동물'이라고 해석되기도 하는 이 말은 본래 인간이 폴리스 안에서 살아가야 하는 존재라는 점을 강조한 말이다. 아리스토텔레스가 생각한 폴리스는 정치적 정의와 법치에 근거한 정치적 행위가 이루어지는 공간이자 사람을 사람답게 키우는 공동체이다. 폴리스 안에서 인간은 공교육을 받고, 공동체 속에서 개인과 전체의 행복을 강구한다(H. D. F. Kitto, *The Greeks*, 김진경 역, 옮김, 『그리스 문화사』, 탐구당, 1984, p. 11).

16) 아리스토텔레스는 정치의 목적을 '우리의 본성을 표현하고 좋은 삶의 본질과 인간의 능력을 펼쳐 보이는 데 있다'고 보았다. 따라서 페리클레스처럼 시민의 덕이 뛰어나고, 공동선에 대해 가장 잘 이해하는 사람이 정치를 맡아야 한다고 주장하였다(Aristotle, The Politics, Book Ⅲ, chap. 9 [1280b]).

17) 온라인 영어 어원 사전(https://www.etymonline.com/kr), 'politic'(2025.4.13. 검색).

18) 신희섭 編, 『정치학강의』Ⅰ, 마에스터북, 2008, p. 5.

19) 고등학교 『정치』 교과서에서는 정치의 개념을 좁은 의미와 넓은 의미로 구분하여 설명한다. 좁은 의미의 정치란 사회적 갈등을 조정하고, 공동체의 목표를 실현하기 위해 국가나 정부 차원에서 시행하는 활동이고, 넓은 의미에서의 정치란 다양한 사회집단 간에 발생하는 갈등을 조정하고, 공동체의 의사를 결정하는 모든 과정을 의미한다. 전자의 대표적인 사례는 법을 만들거나 고치는 입법부의 활동, 정책을 결정하고 실시하는 행정부의 활동, 후자의 사례로는 노사 협상, 가족회의 등을 제시하고 있다(정필운 외, 『정치』, 비상교육, 2023, p. 8).

20) 신희섭 編, 앞의 책, p. 27.

21) 2007 개정 교육과정~2022 개정 교육과정에 제시된 성취기준, 학습요소 등에 제시된 중심 개념 중에서 중복되는 개념들을 유형화한 것이다. 정치 체제의 경우 지배체제(2018), 정치체제(2015, 2018, 2022), 통치체제(2015, 2018, 2022) 등으로 서술되어 있으나 통치체제는 주로 정치 기구의 조직과 같은 의미로 많이 쓰이고 있는 점을 고려하여 정치체제라는 말로 통일하였다.

22) 앤드류 헤이우드(조현수 역), 정치학, 성균관대학교출판부, 2009, p. 173.

23) 앤드류 헤이우드, 위의 책, p. 176.

24) 오스틴 래니(권만학 역), 『현대 정치학』, 을유문화사, 1994, p. 34.

25) 장현근, 「중국 고대 정치사상에서 '국가(國家)' 관념의 형성과 변천」 『한국정치학회보』 49-2, 2015, pp. 160-166.

26) 國을 뜻하는 초기 글자 或은 군대가 지키는 작은 방국이란 뜻으로 쓰이다가 본래 뜻이 상실되면서 土자를 덧붙여 역(域)과 함께 썼다. 다시 域의 본뜻이 상실되면서 성벽으로 둘러쳐져 있음을

강조한 國자와 함께 혼용하다가 춘추전국시대에 이르면 國이 주로 쓰이게 되었다. 家자는 돼지와 관련되는 사람의 거처로 출발하였다가 대부(大夫)가 다스리는 통치 단위의 하나가 되었다. 장현근, 「중국 고대 정치사상에서 '국가(國家)' 관념의 형성과 변천」『한국정치학회보』 49-2, 한국정치학회, 2015, pp. 176-177).

27) 洪亨雨, 「族長社會(Chiefdom)에 대한 一考察」『韓國古代國家形成論』, 서울대학교출판부, 1997, pp. 99-105.

28) 부족국가와 성읍국가는 유사한 면이 있다. 부족국가는 천관우가 제기한 개념으로 족장직을 계승한 후계자가 대대로 구릉 지대에 성을 쌓고 살면서 성 밖의 평야에 사는 농민들을 지배했다는 설이다. 성읍국가론(城邑國家論)은 이기백이 제기한 것으로 성읍을 중심지로 하고 그 주변에 있는 거점마을 그리고 그 아래의 중소 규모의 촌락을 통치했다는 견해이다.

29) 전덕재, 「이기백의 사학과 한국고대사 연구」『한국고대사연구』 53, 한국고대사학회, 2009, pp. 104-105; 노태돈, 「초기 고대국가의 국가구조와 정치운영-부체제론을 중심으로」『한국고대사연구』 17, 한국고대사학회, 2000, pp. 6-8.

30) 노태돈, 위의 글, pp. 25-28; 한국사특강편찬위원회, 『새로 쓴 한국사특강』, 서울대학교출판문화원, 2024, pp. 44-45.

31) 전덕재, 「고등학교 국사교과서의 삼국 및 통일신라 정치사 서술의 특징과 변천 -제3차~제7차 국사교과서를 중심으로-」『역사교육논집』 43, 역사교육학회, 2009, pp. 418-425.

32) 김창성, 『사료로 읽는 서양사』 2, 책과함께 2014, pp. 242-243.

33) 김장수, 『유럽의 절대왕정시대』, 푸른사상, 2011.

34) 박윤덕 외, 『서양사 강좌』, 아카넷, 2022, pp. 289-311. 2022 개정 교육과정에서도 재정・군사국가의 개념을 소개하고, 절대왕정과 동일시하지 않을 것을 강조하고 있다(교육부, 『사회과 교육과정』, 2022, p. 80).

35) 이진영, 「2022 개정 교육과정의 재정・군사 국가에 대한 이해: 16-18세기 영국과 프랑스를 중심으로」, 고려대학교 교육대학원 석사학위논문, 2025, pp. 48-50에서 재인용.

36) 영국형 모델은 의회와의 협치를 통해 조세와 외채를 확보하고, 전문 관료제를 통해 지방과의 타협을 이루었다. 또한, 중상주의에 기반한 해외식민지 개척과 대서양 삼각무역을 통해 국가 재정을 마련하였다는 특징이 있다. 반면, 프랑스형 모델은 루이 14세의 절대주의를 특징으로 하며, 대의제를 무시하고 전문 관료제를 통해 국가 재정을 마련하였다. 따라서 프랑스에서는 영국과 달리 의회가 소집되지 않았고, 군주는 새로운 상공 계층의 징세 전문 청부업자를 활용하여 재정을 확보하였다. 이러한 방식은 관직 매매와 같은 사적 이익을 추구하는 경향이 있었으나, 마련된 재정은 상비군 유지에 사용되었다.

37) 김준석, 『근대국가』, 책세상, 2011.

38) 정용덕, 「계몽과 근대국가 형성: 일반적 특성을 중심으로」『OUGHTOPIA』, 경희대학교 인류사회재건연구원, 2024.

39) 2022 개정 교육과정의 경우 국가 체제는 2회, 정치체제는 5회, 통치제제는 9회 정도 확인된다. 그러나 세 용어는 약간씩 다른 특징이 있다. [9역09-02] 통일신라와 발해의 국가 체제 정비와 변동을 분석한다(2022 개정 교육과정, 중학교 역사, p. 17), [9역05-01] 미국 혁명과 프랑스 혁명 과정에서 인권과 민주주의에 입각한 새로운 정치 체제의 확립 시도가 이루어졌음을 이해하고, 혁명이 아이티 등 라틴 아메리카의 여러 나라에 끼친 영향을 파악한다(2022 개정 교육과정, 중학교 역사, p. 14), [9역02-02] 페르시아와 그리스, 로마 등 다양한 정치체(폴리스, 제국, 왕국 등)를 통치 체제(민주정, 공화정, 제정)상의 다양성에 따라 비교하면서 각각의 특징을 파악한다(p. 12) 등이 대표적이다. 중학교 역사 ①에서는 정치체를 폴리스, 제국, 왕국으로 구분하고, 통치 체제는 민주정, 공화정, 제정 등으로 분류하고 있음이 확인된다.

40) 아리스토텔레스는 국가를 통치체제에 따라 크게 6개(왕정, 참주정, 귀족정, 과두정, 혼합정, 민주정)로 나누었다. 왕정과 참주정은 1인이 최고 권력자가 되어 모든 권력을 행사하는 것이다. 왕정은 국왕 1인, 참주정은 참주의 1인 독재이다. 귀족정과 과두정은 소수의 몇몇 권력자가 권력을

장악하는 형태이다. 귀족정은 소수의 귀족이 통치하는 것이고, 과두정은 소수가 독재하는 형태이다. 혼합정과 민주정은 다수가 통치한다는 점에서는 공통점이 있지만 혼합정체는 다수가 다스리는 것이고 민주정은 다수가 독재하는 것으로 분류하였다. 그중에서 참주제는 최악이고, 과두제(寡頭制)는 그 다음이며, 민주제는 중용을 취한 것이라고 평가하였다.

41) 김창성, 『사료로 읽는 서양사』 1, 책과함께, 2014, p. 267. 공화정은 '레스 푸블리카(res publica)'라는 말의 번역어로 본래 공유물이라는 의미였다. 이후에는 왕정을 대신한 국가 체제를 가리키는 명칭으로 널리 쓰이게 되었다.
42) 김창성, 위의 책, pp. 266-270.
43) 김경현, 「로마 공화정 초기 호민관의 기원과 발전」『서양고전학연구』 57, 한국서양고전학회, 2018, pp. 220-222.
44) 문경호, 「역사과 민주시민 교육의 성과와 과제」『교과교육학연구』 25(5), 2021, pp. 429-430.
45) 오토 에른스트 쉬데코프 외(김승렬 역), 『미래를 건설하는 역사교육』, 역사비평사, 2003, p. 82.
46) 한성정, 「제국주의 연구의 자료와 자유에 관하여」『한국민족운동사 연구』, 2000, pp. 493-494 (임석준, p. 54에서 재인용).
47) 신희섭 編, 『정치학 강의』, 마에스터북, 2008, p. 151.
48) 이대희, 「근대주의 그리고 민족과 민족주의의 기원」『인문사회과학연구』 22-2, 부경대학교 인문사회과학연구소, 2021, pp. 354-355.
49) 에르네스트 르낭(신행선 역), 『민족이란 무엇인가』, 책세상, 2024, pp. 53-84.
50) B. Anderson, *Imagined Communities: Reflexions on the Origins and Spread of Nationalism*, 2nd ed. London: Verso, 1991, pp. 6-7; 이대희 앞의 글, p. 361에서 재인용.
51) 이대희, 위의 글.
52) 이대희, 위의 글, p. 90.
53) 이대희, 위의 글, p. 91.
54) 한국사특강편찬위원회 編, 새로 쓴 한국사특강, 서울대학교출판문화원, 2024, pp. 282-283.
55) 고유경, 「'문화민족'과 '국가민족' 사이에서-통일 이전 독일 민족형성의 길-」『이화사학연구』 30, 이화사학연구소, 2003, pp. 656-660.
56) 오토 에른스트 쉬데코프 외, 앞의 책, pp. 118-119.
57) 정주환, 「그리스 민주정치와 선거제도 - 아테네 민주주의의 형성과 추첨제를 중심으로 -」『법학논총』 40-1, 단국대학교 법학연구소, 2016, pp. 171-176.
58) 인드로 몬타넬리(김정하 역), 『로마제국사』, 까치, 1998, pp. 83-89.
59) 『백호통의(白虎通義)』 卷1, 爵.
60) 이헌창, 「Political economy와 Economics의 개념과 번역」『개념과 소통』 2, 한림대학교 한림과학원, 2008, pp. 117-118. 고대 그리스어 Oikonomia politika와 라틴어 Oeconomia가 모두 가정의 관리라는 의미를 가졌으나, 근세 프랑스의 économie politique는 국가 관리를 의미하게 되었다는 것이다.
61) 조성환, 「Political Economy란 무엇인가?」『시장경제연구』, 서강대학교 지암남덕우경제연구원, 1992, pp. 151-152.
62) 조성환, 위의 글, p. 128.
63) 조성환, 위의 글, p. 130.
64) 『論語』, 顔淵, "子貢問政 子曰, 足食 足兵 民信之矣".
65) 『論語注疏』 卷16, 季氏篇.
66) 이헌창, 앞의 글, p. 129.
67) 『孝宗實錄』 卷20, 孝宗 9년 9월 5일(기해), "平生以經濟自任 及爲相 多所施設. 兩湖大同之法 其所建白也".
68) 이영훈, 『한국사회경제사』 I, 일조각, 2016, p. 39.

69) 에드워드 윌슨(이한음 역), 『지구의 정복자』, 사이언스 북, 2017, pp. 77-82.

70) 김길식, 「부여 송국리 유적의 발굴조사 개요와 성과」 『한국고고학전국대회 발표문』 18, 한국고고학회, 1994, pp. 184-186.

71) 김창성, 『로마 공화정의 조세체제와 신분』, 한울, 2024.

72) 『당육전(唐六典)』에는 "부역(賦役) 제도에 넷이 있으니, 첫째를 조(租), 둘째는 조(調), 셋째를 역(役), 넷째를 잡요(雜徭)라고 한다."라고 하였다. 租는 속(粟: 찧지 않은 곡식) 2석이고 庸은 역(役: 노동력)의 대납으로 絹 1.5필이며, 調는 가(家)에게 부과하는 것으로 견 0.5필이었다. 조용조는 일반적으로 균전제 하에서 토지를 받은 정남에게 부과되었다.

73) 국왕의 즉위에 공을 세운 공신, 전쟁에서 공을 세운 공신, 외교적 성과가 있는 공신 등에게 지급되는 식읍, 사패지는 토지 수조권만 지급되던 시기에도 예외적으로 존재하였다.

74) 국가에서 토지를 지급하던 시기에도 녹봉이 함께 지급되는 경우가 많았다. 고려시대 관리들도 전시과 외에 관등과 관직에 따라 별도의 녹봉을 받았다. 토지분급이 없어지고, 녹봉만 지급한 것은 조선 명종 이후이다.

75) 조르주 뒤비(최생열 역), 『전사와 농민』, 동문선, 1999, p. 235.

76) 마르크 블로크(김주식 역), 『프랑스 농촌사의 기본성격』, 신서원, 1994, pp. 176-179. 농노의 경우 거주이전의 자유가 없었던 것으로 인식되었으나 마르크 블로크는 그에 부정적이다. 농노의 이주는 신분에 대한 위법이 아니었기 때문에 공공연하게 예견될 수 있는 일이었다고 한다. 그러나 자유로운 영지 주민과는 달리 농노의 경우에는 당지 이주한다고 하여 그를 속박하고 있는 쇠사슬이 잘리는 것은 아니었으므로 정착한 후 이전 영주와 새 영주에게 모두 부조의 의무를 가져야 했으므로 실제 이주가 어려웠을 뿐이라고 한다(pp. 177-178).

77) 한국사에서는 고려시대의 향도, 조선시대의 계, 향도, 두레 등이 있다.

78) 중국 송대의 행(行), 북유럽의 무역공동체 한자 동맹 등이 있다. 한국사에서는 근대 보부상 조직인 혜상공국, 상무사, 황국협회 등이 있다. 조선 후기에 시전 상인들이 조직한 도중(都中)이나 황국중앙총상회 등도 상인 조합에 해당한다.

79) 김창성, 『사료로 읽는 서양사』, 책과함께, 2014, pp. 64-65.

80) 김창성, 『세계사 산책』, 솔, 2003, p. 333.

81) 주경철, 『문명과 바다』, 산처럼, 2009, pp. 198-211.

82) 주경철, 위의 책, pp. 228-235.

83) 주경철, 위의 책, pp. 236-242.

84) 주경철, 위의 책, pp.184-225.

85) 가와기타 미노루(장미화 역), 『설탕의 세계사』, 좋은책만들기, 2008, pp.53-56.

86) 신용하, 「한국사회사의 대상과 이론(理論)의 문제」 『韓國學報』 7-4, 1981, pp. 2-3.

87) 살아있는 라틴어 사전(https://latina.bab2min.pe.kr/xe/lk/socius). (2025.4.13. 검색)

88) 영어 어원 사전(https://www.etymonline.com/kr/word/society). (2025.4.13. 검색)

89) 영어 어원 사전(https://www.etymonline.com/kr/word/society). (2025.4.13. 검색)

90) 김태진, 「근대 일본과 중국의 'society' 번역 — 전통적 개념 속에서의 '사회적인 것'의 상상 —」 『개념과 소통』 19, 2017, pp. 181-186.

91) 남의 일을 통하여 서로 일을 교역함을 말한다(謂通人之功而交易其事).

92) 서로 생양한다는 것의 이미지 속에는 스스로 돕고, 서로를 돕는 자조와 상생의 집합적 신체, 공공적 신체가 숨어 있다.

93) 김태진, 앞의 책, pp. 187-209.

94) 곽차섭 編, 『미시사란 무엇인가』, 푸른역사, 2000. 미시사의 명칭은 다양하다. 영국, 미국, 이탈리아 등지에서는 미시사, 프랑스에서는 심성사(histoire des mentalités), 독일에서는 일상사라고 한다. 그 외에 미시사, 심성사, 일상사, 역사인류학, 언어로의 전환 등을 포괄하는 의미로 신문화사라고 부르기도 한다(강영심, 「문화를 통해 역사를 보는 신문화사의 연구 경향을 둘러보며」 『한국문화연구』 4, 이화여자대학교한국문화연구원, 2003, p. 184).

95) 조한욱, 「미시사의 이론과 실제」 『한국사론』 32, 국사편찬위원회, 2001, pp. 144-145.
96) 영국의 마르크스주의 역사가인 톰슨(E. p. Thompson)은 계급뿐만이 아니라 계급의식이라는 측면에서 정통 마르크스주의에 문화적 해석을 접목해야 한다는 주장을 제기하였다. 데이비스 역시 계급이 아닌 다른 방식으로 사회사를 연구할 수 있다고 하였으며, 린 헌트(Lynn Hunt)는 소설, 그림, 포르노그라피, 멜로드라마 등과 같은 문화적 산물을 통해 프랑스 혁명과 같은 역사적 사건을 설명할 수 있다고 보았다(조한욱, 위의 글, pp. 143-144).
97) 곽차섭, 「미시사-줌렌즈로 당겨본 역사」 『역사비평』 46, 역사비평사, 1999, pp. 69-77; 카르로 진즈부르그 저, 장문석 역, 「미시사: 내가 알고 있는 몇 가지 것들」 『역사연구』 7, 역사학연구소, 2000.
98) 에마뉘엘 르 루아 라뒤리(유희수 역), 『몽타이유 - 중세말 남프랑스 어느 마을 사람들의 삶』, 길, 2006.
99) 곽차섭, 「문화사의 새로운 흐름 - 까를로 진즈부르그의 미시사를 중심으로」 『이화사학연구』 23·24합집, 이화사학연구소, 1997, pp. 27-28; 곽차섭, 앞의 글, 1999, pp. 78-81. 저자가 주장한 미시사의 특징은 크게 네 가지이다. ① 역사의 리얼리티를 작은 규모를 통해 보고자 한다. ② 연구의 초점이 개인이든 단체이든 간에 반드시 실명을 추적한다. ③ 사회를 문화적 텍스트로 취급하려는 경향이 강하다. 이야기식 서술을 지향한다. ④ 예외 없이 가능성의 역사를 지향한다.
100) 클리퍼드 기어츠(문옥표 역), 『문화의 해석』, 까치, 2009.
101) 조한욱, 앞의 글, pp. 146-149.
102) 권태환 외, 『사회학의 이해』, 다산출판사, 2009, pp. 30-34.
103) 국사편찬위원회, 『신편한국사』 15, 2002, pp. 13-14.
104) 국사편찬위원회, 위의 책, p. 13.
105) 권태환 외, 앞의 책, pp. 174-181.
106) 국사편찬위원회, 위의 책, p. 14.
107) 한국사특강편찬위원회 編, 「신분과 일상의 삶」 『새로 쓴 한국사특강』, 서울대학교출판문화원, p. 340.
108) 위와 같음.
109) 위의 책, p. 341.
110) 조선시대의 신분 또는 분은 처지, 분수라는 의미로 쓰였으며, 분이라는 말과 동의어였다. 갑오개혁 이전 일본과 주고받은 문서에는 신분이라는 용어가 종종 사용되지만, 조선에서는 줄곧 처지, 분수라는 말로 쓰였다. 신분이 사회적 지위나 계급을 나타내기 시작한 것은 갑오개혁 전후라고 생각된다.
111) 한국사특강편찬위원회 編, 위의 책, p. 341.
112) 파리다 샤히드, 「역사교과서와 역사교육에 관한 문화적 권리 분야의 특별 조사관의 보고서(2013.8.9.)」, '69회 UN총회임시안건 (A/68/150)의 69(b) 조항', p. 14에서 재인용.
113) 김혜경 외, 『가족복지론』, 공동체, 2013, pp. 14-15. Family(가족)의 어원은 라틴어 '파밀리아(Familia)'이다. 파밀리아는 "가족 하인, 집안 사람, 집안의 하인" 등 집에 속한 모든 것을 포함하는 개념으로, 생활하는 장소로서의 집과 소속된 인간, 가족 구성원 모두를 아우르는 말이다.
114) 권태환 외, 『사회학의 이해』, 다산출판사, 2009, pp. 98-99. '家族'이란 같은 가옥에 모여사는 집단 또는 친족(혈연) 집단을 가리키는 말이었다. 옛날 중국에서는 가족이란 말이 같이 살고(동거), 재산을 공유하며(동재), 식사를 같이 하는 것(동찬)으로 정의되었으며, 그 세 가지는 서로 바꾸어 쓰거나 같이 붙여 쓰는 것이 가능하였다.
115) 권경희, 「헌법이 보장하는 혼인과 가족제도의 내용 — 전통, 제도적 보장과 가족제도」 『법학연구』 29-3, 연세대학교 법학연구원, 2019, pp. 1-3.
116) 프리드리히 엥겔스(김경미 역), 『가족·사적 소유·국가의 기원』, 책세상, 2007.
117) 프리드리히 엥겔스, 위의 책.
118) 문숙자, 「조선후기 균분상속의 균열과 그 이후의 상속관행」 『국학연구』 39, 한국국학진흥원,

2019, pp. 139-143. 지금까지 17세기 이후 상속제도는 적장자 상속, 장자 이외의 아들과 딸은 상속에서 제외된 것처럼 설명되어 왔다. 그것은 재산 상속이 제사의 이행과 밀접한 관련이 있기 때문이었다. 도이힐러가 "조선전기에는 자녀들에게 재산을 상속하는 목적이 자녀들을 위한 일종의 경제적 보험이었던 반면에, 조선후기에는 부계 자손들의 제례를 지속시키기 위한 문화적 장치로 바뀌게 되었다"라고 평가한 것도 그러한 이해에 근거한 것이다. 그러나 저자가 17~19세기까지 영양 남씨 난고 후손의 분재기를 분석한 결과 17세기부터 딸이 상속에서 차별을 받기는 하였으나 완전히 제외된 것은 아니며, 아들은 균분을 유지한 것으로 확인되었다. 장자에게 봉사답이 상속되기는 하였으나 그것 또한 면적에 큰 변화가 없었고, 장자 혼자 처분할 수 있는 땅도 아니었다. 저자는 이런 결과를 토대로 적장자 단독 상속의 사례는 19세기 전반까지 확인되지 않는다고 결론을 지었다.

119) 도이힐러, 『한국사회의 유교적 변환』, 아카넷, 2003, p. 315. '권래(權來) 유언장'

120) 도이힐러, 위의 책, p. 313.

121) 『譯註 經國大典』, 韓國精神文化硏究院, 1985, pp. 171-172, 442. 『경국대전』 형전(刑典), 금제(禁制)에는 "사인(士人)으로서 인륜을 그르친 자 및 횡령을 범한 자, 사족(士族)의 부녀로서 실행한 자는[세 남편을 바꾸어 맞은 자도 같다] 문안에 기록하고, 이조 · 병조 · 사헌부 · 사간원에 공문을 보낸다."라고 하였고, 예전(禮典), 제과(諸科)에서는 "장리(贓吏)의 아들, 재가하거나 실행한 부녀의 아들 및 손자(再嫁失行婦女之子孫), 서얼(庶孽) 자손은 문과(文科), 생원 · 진사시에 응시하지 못한다."하여 사실상 여성의 재가를 금지하였다. 그러나 '금부녀재가(禁婦女再嫁)', '재가녀자손금고법(再嫁女子孫禁錮法)'은 관직 임용상의 규정이기 때문에 모든 재가녀의 자손이 대상이 되는 것이 아니라, 그동안 관직자를 배출해 왔고 앞으로도 배출해 낼 가능성이 있는 계층에 한정하는 것이었다.

122) 이종근, 「고대 메소포타미아의 수메르 우르-남무 법의 도덕성에 관한 연구」 『法學硏究』 32, 한국법학회, 2008, pp. 2-4.

123) 『漢書』 卷28下, 「地理志」 8下 燕郡.

124) 국왕의 권위 인정, 가부장권의 인정, 채무와 재산 분쟁의 조정, 전쟁 수행의 의무, 결혼과 상속, 법률 위반에 대한 징계 등이다.

125) 김창성, 앞의 책, 2003, pp. 100-103.

126) 김창성, 앞의 책, 2014, pp. 256-272.

127) 김창성, 위의 책, p. 269.

128) 조선시대의 개인일기는 국립문화유산연구원에서 2015~2018년까지 네 차례에 걸쳐 대구 · 경북(1권, 2015), 인천 · 경기(2권, 2016), 서울(3권, 2017), 충청 · 전라 · 강원 · 경남(4권, 2018) 지역으로 구분하여 해제 · 번역하였다. 번역된 자료와 해제는 국가유산연구원홈페이지-발간자료에서 볼 수 있다(https://portal.nrich.go.kr/kor/originalUsrTotalList.do?m enuIdx=1046). 조선시대 일기관련 연구는 이종숙, 「조선시대 개인 일기의 현황과 특징」 『MUNHWAJAE』 52, 국립문화재연구원, 2019, pp. 142-153 참조.

129) 남평 조씨(박경신 역), 『병자일기』, 나의시간, 2015.

130) 박병호, 『한국 법제사고』, 법문사, 1970, pp. 250-251, 255; 이종구, 「조선시대의 민사소송 제도에 대한 현대적 평가」 『법학논총』 39-4, 2015, pp. 17-21.

131) 정근식 외, 「사회사업에서 사회복지로: '복지' 개념과 제도의 변화」 『사회와역사』 98, 한국사회사학회, 2013, p. 11.

132) 청묘법은 농민들에게 낮은 이자로 농자금을 빌려주어 지주에게 고리대를 얻어쓰는 일을 방지하는 것이었고, 균수법은 지방에서 올라오는 공물의 운송을 담당하는 발운사를 두어 중간에서 이익을 취하는 것을 막는 것이었다. 시역법은 중소 상인들에게 자본을 대여하여 이익을 독점하는 대상인들의 행위를 방지하는 것을 목적으로 하였다.

133) 김창성, 『세계사산책』 1, 솔, 2003, pp. 271-276.

134) 오토 에른스트 쉬데코프 외, 앞의 책, p. 83.

135) 오토 에른스트 쉬데코프 외, 위와 같음.

136) 이준갑, 「중국문화사의 서술경향과 주요 저작의 목차분석」 『韓國史論』 35, 국사편찬위원회, 2002, p. 141; 최갑수, 「문화사란 무엇인가」 『韓國史論』 35, 국사편찬위원회, 2002, pp. 295-296.

137) 후자의 경우 문화사라는 말보다는 문명사에 가깝다고 할 수 있다. 문화사와 문명사의 관계, 초기의 연구자들이 A History of Civilization을 서양문화사로 번역한 배경 등은 최갑수, 위의 글, pp. 306-309에 상세하다.

138) 살아있는 라틴어 사전(https://latina.bab2min.pe.kr/xe/lk/cultura). (2025.4.13. 검색)

139) 영어어원사전(https://www.etymonline.com/kr/word/culture). (2025.4.13. 검색)

140) 『說苑』 卷15, 指武, "聖人之治天下也 先文德而後武力. 凡武之興 爲不服也. 文化不改 然後加誅. 夫下愚不移 純德之所不能化 而後武力加焉".

141) 『芝峯先生集』 卷21, 雜著 「李敬憲公關北祠堂事錄後跋」, "少陵公曾莅成州 亦以文教化人". 『지봉선생집』은 이수광(1563~1628)의 저술로 1633년에 발간되었다. 소릉은 이상의(李尙毅, 1560~1624)를 일컫는다. 이상의가 평안도 성천부사로 재직하면서 문치를 펴서 과거 합격자가 배출된 것을 찬양한 것이다.

142) 青柳綱太郎, 『朝鮮文化史大全』, 長坂金雄, 조선연구회인쇄부, 大正 13(1924).

143) 稻葉岩吉, 『朝鮮文化史硏究』, 웅산각, 大正 14(1925).

144) 李丙燾 · 金廷鶴, 『우리나라 문화의 발달(韓國文化史)』 1, 백영사, 1954. 이 교과서의 초판은 1952년에 발행되었으며, 당시 본래의 교과명은 국사였다.

145) 백낙준, 『세계문화사(고등 세계사)』, 정음사, 1959. 본래 교과명은 세계사였다.

146) 이홍직, 『인문계고등학교 국사』, 동아출판사, 1969, p. 1. 머리말.

147) 김상기, 『국사』, 장왕사, 1967, p. 1. 국사의 의의와 학습의 목적.

148) 이병도, 『인문계고등학교 국사』, 일조각, 1967, p. 1. 머리말.

149) 제7차 교육과정 고등학교 국사의 Ⅵ. 민족 문화의 발달은 1. 고대의 문화, 2. 중세의 문화, 3. 근세의 문화, 4. 근대 태동기의 문화, 5. 근 · 현대의 문화로 구성되어 있다. 각 단원은 일부 차이가 있기는 하지만 학문과 사상, 종교, 과학 기술의 발달, 예술, 국제 교류 등의 내용이 중심을 이룬다.

150) 마빈 해리스(박종렬 역), 『문화의 수수께끼』, 한길사, 2017.

151) 金璟東, 『현대의 사회학 · 사회학적 관심』, 박영사, 1982, p. 281.

152) 이윤희, 「文化正體性 확립을 위한 硏究」 『한국사상과 문화』 51, 2010, p. 312.

153) 신정근, 「맹자와 순자 사상의 결정적 차이」 『동양철학연구』 67, 동양철학연구회, 2011.

154) 이종환, 『플라톤 국가 강의-정의롭고 좋은 삶에 관한 이야기』, 김영사, 2019.

155) 盧泰久, 「종교와 정치」 『종교교육학연구』 15, 韓國宗教教育學會, 2002, pp. 3-5.

156) 박희영, 「종교란 무엇인가?: 고대 신화와 의식에 대한 분석을 중심으로」 『西洋古典學硏究』 13, 韓國西洋古典學會, 1999, pp. 305-309.

157) 송인재, 「근대 한국 '예술' 개념의 전개 양상」 『어문논집』 98, 2023, pp. 188-190.

158) 살아있는 라틴어사전, 'ars'. https://latina.bab2min.pe.kr/xe/lk/ars?form=ars&q=ars (2025.4.13. 검색)

159) 송인재, 앞의 글, p. 189.

160) 영어어원사전, 'art'. https://www.etymonline.com/kr/word/art (2025.4.13. 검색)

161) 김성근, 「근대 일본에서 '기술(技術)' 개념의 변천」 『동서철학연구』 94, 한국동서철학회, 2019, pp. 158-159.

162) 오토 에른스트 쉬데코프 외, 앞의 책, p. 115.

163) 강선주, 「'문화적 접촉과 교류의 역사'의 내용 선정 방안」 『역사교육연구』 3, 한국역사교육학회, 2006, pp. 77-90. 저자는 대주제를 '접촉과 교류가 이루어졌을 만한 방식'과 '충돌 또는 교환되었을 만한 문물'로 크게 구분하였다. 문화적 접촉과 교류가 이루어졌을만한 방식으로는 교역, 이주, 정복전쟁(문화 집단 간 전쟁), 선교활동 등을 제시하였고, 충돌 또는 교환되었을 만한 문

물로는 기술(농경 기술, 제지술 인쇄술, 역법, 군사기술 가운데 전차술이나 기마술, 범선 제조술, 화약 제조술과 같은 기술), 그리스와 이슬람의 수학과 과학, 유럽의 과학 등을 제시하였다.

164) 이 부분은 2015~2022 개정 교육과정의 내용 요소를 참고하였다. 동아시아의 교류에 관한 부분은 최진열, 「동아시아 교과서의 교통사 서술과 역사교육」『역사와 교육』 21, 역사와 교육학회, 2015 참조.

| CHAPTER 07 어떤 세계사를 어떻게 가르칠 것인가 |

1) 데이비드 크리스천(염운옥 역), 「새로운 상상의 공동체: 종족사에서 인류사로」, 조지형, 김용우 편, 『지구사의 도전: 어떻게 유럽중심주의를 넘어설 것인가』, 서해문집, 2010, pp. 344-345.
2) 임상우, 「도전 받는 오늘의 역사학」『한국사학사학보』 49, 2024, pp. 195-196.
3) 게오르그 G. 이거스(임상우 · 김기봉 역), 『20세기 사학사: 포스트모더니즘의 도전, 역사학은 끝났는가?』, 푸른역사, 1999, pp. 15-55.
4) 윤해동, 『근대역사학의 황혼』, 책과함께, 2010, p. 6.
5) Daniel Wolf, *A Global History of History,* Cambridge: Cambridge University Press, 2011, pp. 7-9.
6) 신주백, 「現代 韓國에서 歷史學의 制度的 形成과 日本: '3分科制度'의 定着을 中心으로」『歷史研究의 三分法 문제에 대해: 過去, 現在, 未來』, 第22回 日韓 · 韓日歷史家會議 자료집, 2022, pp. 35-36. 이와 함께, 김기봉, 「글로벌 시대 한국 역사학의 해체와 재구성: 한국사 · 동양사 · 서양사 3분과 체제의 역사화를 위하여」『한국사학사학보』 32, 2015 참조.
7) 마쓰자와 유우사쿠, 「일본 연구인가 역사학인가?: 19세기 일본의 '국사학'」『歷史研究의 三分法 문제에 대해: 過去, 現在, 未來』, 第22回 日韓 · 韓日歷史家會議 자료집, 2022, pp. 25-33.
8) William H. McNeill, "Mythistory, or Truth, Myth, History, and Historians," *American Historical Review* 91, 1986, p. 7.
9) 이에 대해서는 백옥경, 「한말 세계사 저 · 역술서에 나타난 세계 인식」, 조지형, 김용우 편, 『지구사의 도전: 어떻게 유럽중심주의를 넘어설 것인가』, 서해문집, 2010 참조.
10) 클라이브 폰팅(왕수민 옮김), 『클라이브 폰팅의 세계사』 vol. 1, 민음사, 2019, p. 21.
11) Daniel Wolf, *A Global History of History*, p. 7.
12) Sebastian Conrad, *What Is Global History?,* Princeton: Princeton University Press, 2016, pp. 18-20.
13) 도미닉 작센마이어(류충기 역), 「세계사의 진화」, 데이비드 크리스천 편, 『세계사의 탄생: 전통과 주제와 서술 방식』, 소와당, 2021, pp. 109-110.
14) Sebastian Conrad, *What Is Global History?*, pp. 24-26.
15) Cf. 에릭 R. 울프(박광식 역), 『유럽과 역사 없는 사람들: 인류학과 정치경제학으로 본 세계사, 1400~1980』, 뿌리와 이파리, 2015.
16) 마니 휴스-워링턴(류충기 역), 「세계사의 세계사」, 데이비드 크리스천 편, 『세계사의 탄생: 전통과 주제와 서술 방식』, 소와당, 2021, p. 70.
17) 에른 뤼젠(염운옥 역), 「집단중심주의를 넘어 보편사로: 문제와 도전」, 조지형, 김용우 편, 『지구사의 도전: 어떻게 유럽중심주의를 넘어설 것인가』, 서해문집, 2010, pp. 170-174.
18) Jürgen Osterhammel, "Global History," Marek Tamm and Peter Burke(Eds.), *Debating New Approaches to History,* London: Bloomsbury Academic, 2019, p. 22.
19) 조지형, 「지구사의 미래와 역사의 재개념화」, 조지형, 김용우 편, 『지구사의 도전: 어떻게 유럽중심주의를 넘어설 것인가』, 서해문집, 2010, p. 82.
20) Dominic Sachsenmaier, *Global Perspectives on Global History: Theories and Approaches in a Connected World,* Cambridge: Cambridge University Press, 2011, p. 1.

21) 에릭 R. 울프, 『유럽과 역사 없는 사람들』, pp. 47-55.

22) J. R. McNeil and William H. McNeil, *The Human Web: A Bird's-Eye View of World History,* New York: W. W. Norton & Company, 2003.

23) 위르겐 오스터함멜(박종일 역), 『대변혁: 19세기의 역사풍경』, vol. 1, 한길사, 2021, p. 29.

24) 마이클 랭(류충기 역), 「진화와 단절, 그리고 시대구분의 문제」, 데이비드 크리스천 편, 『세계사의 탄생: 전통과 주제와 서술 방식』, 소와당, 2021, pp. 183-184.

25) 이에 대해서는 본서의 '제3장 역사학이란 무엇인가 Ⅰ. 역사학의 역사'에서 19세기 역사주의 시대에 관해 다룬 논의 참조.

26) Jennifer Summit and David Wallace, "Rethinking Periodization," *Journal of Medieval and Early Modern Studies* 38, 2007, pp. 447-448.

27) 위르겐 오스터함멜, 『대변혁』, vol. 1, p. 30.

28) 잭 구디(류충기 역), 「인류학은 세계사에 어떻게 기여했는가」, 데이비드 크리스천 편, 『세계사의 탄생: 전통과 주제와 서술 방식』, 소와당, 2021, pp. 473, 476.

29) 아리프 딜릭(정지민 역), 「탈중심화하기: 세계들과 역사들」, 조지형, 김용우 편, 『지구사의 도전: 어떻게 유럽중심주의를 넘어설 것인가』, 서해문집, 2010, p. 161-162.

30) Jürgen Osterhammel, "Global History," p. 28.

31) Piere-Yves Saunier, *Transnational History,* Basingstoke: Palgrvae Macmillan, 2013, p. 8; Sebastian Conrad, *What Is Global History?*, p. 45.

32) 이를 고려하면, 흔히 거대사나 전체사 등의 커다란 규모의 역사서술과 비교되곤 하는 미시사의 경우에도 역시, 한 개인이나 집단의 경험을 지구적 차원에서 전개되는 교역이나 다문화적 관계 속에서 해명하려는 시도가 이른바 "지구적 미시사"라는 이름 아래 이루어지고 있다는 점에 주목하지 않을 수 없다. 이에 대해서는 장문석, 「이탈리아 미시사에서 지구적 미시사로: 미시사의 전통과 변형」 『동아문화』 60, 2022, pp. 200-207을 참조.

33) Sebastian Conrad, *What Is Global History?*, pp. 65-66.

34) Jürgen Osterhammel, "Global History," pp. 29-30.

35) Jürgen Osterhammel, "Global History," pp. 26-27.

36) Jürgen Osterhammel, "Global History," p. 31.

37) 조지형, 「새로운 세계사와 지구사: 포스트모던 시대의 성찰적 역사」 『역사학보』 173, 2002, p. 365.

38) 데이비드 크리스천(류충기 역), 「서장: 책을 펴내며」, 데이비드 크리스천 편, 『세계사의 탄생: 전통과 주제와 서술 방식』, 소와당, 2021, p. 29.

39) 위르겐 오스터함멜, 『대변혁』 3 vols.

40) 새뮤얼 헌팅턴(이희재 역), 『문명의 충돌: 세계질서 재편의 핵심 변수는 무엇인가』, 김영사, 2016; William H. McNeill, *The Rise of the West: A History of the Human Community,* Chicago: University of Chicago Press, 1963.

41) William H. McNeill, "*The Rise of the West* after Twenty-five Years," in his *The Rise of the West,* Chicago: University of Chicago Press, 1991 new edition, pp. xxi-xxii.

42) 백영서, 「자국사와 지역사의 소통: 동아시아인의 역사서술 성찰」 『역사학보』 196, 2007, p. 105.

43) 위르겐 오스터함멜, 『대변혁』 vol. 1, pp. 193-201.

44) 메리 위스너-행크스(류형식 역), 『케임브리지 세계사 콘사이스: 글로벌 시대 새로운 세계사를 위하여』, 소와당, 2018.

45) 데이비드 노스럽(류충기 역), 「분화에서 통합으로: 세계사의 구심력과 원심력」, 데이비드 크리스천 편, 『세계사의 탄생: 전통과 주제와 서술 방식』, 소와당, 2021. 이와 함께 하나의 뿌리에서 시작된 제도나 관습 그리고 문화 등이 다양한 지역으로 전파되면서 다른 모습으로 전개되는 '분기'의 역사에서 그것이 시간이 지나면서 하나의 보편적인 현상으로 '수렴'하는 지구적인 차원의 과정을 글로벌 히스토리의 주제로 논의한 크로슬리의 논의에도 주목할 수 있다. 이에 대해서는, 특

히 파멜라 카일 크로슬리(강선주 역), 『글로벌 히스토리란 무엇인가: 세계사에서 지구사로, 역사학의 최전선』, 휴머니스트, 2010, 2장과 3장 참조.

46) Jerry H. Bently, "The Task of World History," Jerry H. Bently(Ed.), *The Oxford Handbook of World History,* Oxford: Oxford University Press, 2011, p. 2.

47) 임병철, 「글로벌 르네상스?: 사학사적 검토」 『청람사학』 39, 2024, p. 171.

48) Benedict Anderson, *The Spectre of Comparisons: Nationalism, Southeast Asia, and the World,* London: Verso, 1998.

49) Sebastian Conrad, *What Is Global History?*, pp. 42-44.

50) 케네스 포메란츠(김규태, 이남희, 심은경 역), 『대분기: 중국과 유럽, 그리고 근대 세계 경제의 형성』, 에코리브르, 2016; cf. 강진아, 「중국의 부상과 세계사의 재조명: 캘리포니아 학파에서 글로벌 헤게모니論까지」 『역사와 경계』 80, 2011, pp. 156-157.

51) Sebastian Conrad, *What Is Global History?*, p. 64.

52) Jürgen Osterhammel, "Global History," pp. 30-31.

53) 강성호, 「21세기 한국 서양사교육의 현황과 과제」, 한국서양사학회 편, 『한국 세계사교육의 미래: 제19회 전국서양사연합학술대회 자료집』, 2024, p. 283.

54) 이에 대해서는, 임병철, 「역사교과서 국정화 논쟁, 그 이후?」 『역사교육연구』 24, 2016 참조.

55) 소니에의 논의는 Marek Tamm and Peter Burke(Eds.), *Debating New Approaches to History,* pp. 35-37에 실린 Jürgen Osterhammel, "Global History,"에 대한 그의 "Comment"를 참조.

56) 김진아, 「학생들은 중요한 역사를 어떻게 판단할까? 내러티브 템플릿의 사용이 학생들의 역사 이해에 미치는 영향」 『역사교육』 139, 2016; 김진아, 「학생들이 세계사에서 '중요한 역사'를 판단하는 기준」 『역사교육』 143, 2017.

57) 강선주, 「유럽중심주의 담론을 통해 본 역사교육의 과제: 포스트모더니즘과 포스트콜로니얼리즘의 도전」 『역사교육』 131, 2014.

58) 강선주, 『역사교육 새로 보기: 복합의 시각』, 한울, 2015, p. 69; 양호환, 「세계사 교육: 변화의 담론과 교과서 서술의 현실」 『역사교육』 140, 2016, p. 27.

59) 에른 뤼젠, 「집단중심주의를 넘어 보편사로」, pp. 177-178.

60) 로스 E. 던(이길상 · 최정희 역), 「두 개의 세계사」, 린다 심콕스 · 애리 윌셔트, 『세계의 역사교육 논쟁』, 푸른역사, 2012.

61) Cf. Christopher C. Martell and Kaylene M. Stevens, *Teaching History for Justice: Centering Activism in Student's Study of the Past,* New York: Teachers College Press, 2021.

62) 교육부 고시 제2022-33호 [별책 7] 사회과 교육과정, pp. 142-143.

63) 최상훈, 「세계사교육의 쟁점과 당면과제」 『역사교육』 138, 2016, pp. 192-197.

64) 조지형, 「새로운 세계사와 지구사」, pp. 339-340.

65) 양호환, 「세계사 교육: 변화의 담론과 교과서 서술의 현실」 『역사교육』 140, 2016, pp. 8-9.

66) 양호환, 「세계사 교육: 변화의 담론과 교과서 서술의 현실」, p. 23.

67) Jürgen Osterhammel, "Global History," p. 23.

68) 조승래, 「유럽중심주의의 논쟁과 세계화 시대의 새로운 역사의식」, 조지형, 김용우 편, 『지구사의 도전: 어떻게 유럽중심주의를 넘어설 것인가』, 서해문집, 2010, p. 234; 임병철, 「역사교과서 국정화 논쟁, 그 이후?」, pp. 272-274.

69) 위르겐 오스터함멜, 『대변혁』 vol. 1, pp. 35-38.

70) 박혜정, 「유럽중심주의 극복과 전 지구적 연계성 사이에서: 미국 대학용 세계사 교과서 7종의 인도양, 산업혁명, 제국주의 내용 분석」 『역사교육논집』 68, 2018.

71) 박상민, 「새로운 세계사를 위한 밑그림」, 전국역사교사모임 편, 『더 늦기 전에 시작하는 생태환경사 수업: 기후위기 시대, 역사교사의 역할을 찾아서』, 휴머니스트, 2024, pp. 243, 260.

72) 교육부 고시 제2022-33호 [별책 7] 사회과 교육과정, p. 142. 이 고시에서는 "(1) 지역 세계의 형

성 및 변화, 지역 세계 간 상호 관련성을 파악한다, (2) 인권, 평화, 민주주의, 생태환경의 가치가 역사적 구성물임을 이해한다, (3) 자료의 분석 · 해석을 통해 능동적으로 세계사 인식을 형성한다, (4) 다양한 시기와 지역의 역사를 열린 자세로 이해하고 세계시민 의식을 함양한다,"라는 네 가지 세계사교육의 목표를 제시한다. 기실 (2)와 (3)은 세계사교육이 아닌 '역사교육'의 목표라고 해도 무방하다. 그렇다면 실제 세계사와 관련 교육목표는 (1)과 (4)에 해당한다고 볼 수 있다.

| CHAPTER 08 어떻게 가르치고 무엇을 평가할까 |

1) 서혁, 「국어과 교수학습 방법 구성의 원리」 『국어교육학연구』 24, 국어교육학회, 2005, pp. 300-308.
2) 서혁, 위의 글, pp. 303-304.
3) 최상훈, 이영효, 김한종, 강선주, 『역사교육의 내용과 방법』, 책과함께, 2007, p. 219.
4) 최상훈 외, 위의 책, pp. 222-223.
5) 최상훈 외, 위의 책, pp. 217-226.
6) 김한종 외, 『역사교육과 역사인식』, 책과함께, 2012, p. 28.
7) 한국교육심리학회, 『교육심리학용어사전』, 학지사, 2000, p.260.
8) 최상훈 외, 『역사교육의 내용과 방법』, 책과 함께, 2007, pp. 231-235. 이 책에서 강선주는 극화수업을 연극형식(영상극, 인형극, 그림자극, 뮤지컬), 다큐멘터리 형식, 뉴스 보도 형식, 시사토론 형식, 모의재판 형식, 모의국회 형식, 마당극 형식 등으로 분류하였다.
9) 최상훈 외, 위의 책, pp. 241-242.
10) 최상훈 외, 위의 책, pp. 227-228.
11) 문창로, 「'역사 글쓰기'를 통한 史料學習의 접근방안」 『중등교육연구』 53, 경북대학교 사범대학 부속중등교육연구소, 2005, pp. 278-279.
12) 최상훈 외, 앞의 책, p. 243.
13) 왕경수, 「개념학습의 대안적 관점과 교육적 함의」 『교육과정평가연구』 11(1), 한국교육과정평가원, 2008, pp.98-99.
14) 박상준, 『사회과 교재연구 및 지도법』, 교육과학사, 2023, p. 103.
15) 김한종, 『역사교육의 원리』, 책과 함께, 2007, pp. 148-152.
16) 최상훈 외, 2007, 앞의 책, p. 252.
17) 홍진희, 「역사교육에서의 인물학습 수업방안 연구: 중학교 역사(하) 『쑨원(孫文)』의 이해를 중심으로」, 이화여자대학교 교육대학원, 2013, p. 5.
18) 최상훈 외, 앞의 책, 2007, pp. 225-237.
19) 박현희, 『토론의 달인을 키우는 토론수업』, 즐거운 학교, 2013, pp. 16-17.
20) 한성숙, 「역사적 리얼리즘과 엘리아데 소설 읽기: 소설 『슨지에네의 밤』에서 신화 재현(再現)과 재연(再演) 양상」 『동유럽발칸연구』 47, 한국외국어대학교(글로벌캠퍼스) 동유럽발칸연구소, 2023, pp. 58-62; 김미정, 「전쟁에 대한 기록과 그 증후적 재현: 정준모, 『한국미술, 전쟁을 그리다: 화가들이 기록한 6 · 25』 마로니에북스, 2014」 『내일을 여는 역사』 57, 내일을 여는 역사재단, 2014. 재현은 당시의 상황을 치밀하게 복원하는 것이고, 재연을 그것을 되풀이함으로써 상황과 감정을 이해하는 것이다.
21) 최완기, 『역사학습지도의 원리와 실제』, 느티나무, 2000, p. 251.
22) 시뮬레이션 학습에 관한 연구는 최정은, 「역사수업에서 시뮬레이션 게임의 의의와 활용」 『역사교육논집』 25, 역사교육학회, 1999가 있다. 저자는 시뮬레이션 게임으로 리차드 1세가 도시에 성벽을 두르려는 요구가 수락될 것인가를 두고 여러 도시 사람들의 입장에서 생각하게 한 후 학급토의를 거쳐 결정하는 문제를 예시로 들고 있다. 그러나 연구내용은 주로 이론 중심이기 때문에 실제 수업에 도움을 받기는 어려운 면이 있다.

23) 국립국어원 표준국어대사전(https://stdict.korean.go.kr/search/searchView.do, 검색어 '신문', 2025.4.13. 검색).
24) 김윤경, 「역사 신문 만들기를 통한 내용 중심 쓰기 교육 연구」 대구교육대학교 교육대학원 석사학위논문, 2013, pp. 18-21.
25) 국사편찬위원회, 『신편한국사』 28, pp. 235-239.
26) 강인욱, 「인물사 학습을 위한 역사일기 쓰기 수업 모형 개발: 항일 독립 운동을 중심으로」 부경대학교 교육대학원 석사학위논문, 2009, pp. 13-21.
27) 피터 버크(박광식 역), 『이미지의 문화사: 역사는 미술과 어떻게 만나는가』, 심산, 2005, p. 17.
28) e뮤지엄 홈페이지의 '내가 해보는 전시'에 접속하면 학생들이 전시관의 모형과 전시품을 선택하여 전시를 직접 기획할 수 있다(https://emuseum.go.kr/m/main, 메뉴-내가 해보는 전시) (2025.4.13. 검색).
29) e뮤지엄에는 여러 전시 유형과 제작 방식의 예시가 있으므로 마음에 드는 디자인을 선택할 수 있다.
30) 강인애 외 2, 『PBL의 실천적 이해』, 문음사, 2007.
31) 오정현 외, 「역사과 창의 · 인성 교육 사례 연구」 『교과교육학연구』 17-4, 이화여자대학교 교과교육연구소, 2013, pp. 151-152.
32) 정보통신부, 「UCC이용자들을 위한 실천적 가이드라인 보고서」, 정보통신부, 2007, p. 86; 박지영, 「고등학교 역사교육과 다매체 · 역사 UCC의 수업 활용」 『강원문화연구』 29, 2010, pp. 99-105.
33) 이경헌, 「역사적 사고력 향상을 위한 학생 제작 UCC 활용 역사수업 프로그램 개발- 초등학교 5학년 역사수업을 중심으로 -」, 경인교육대학교 교육전문대학원 석사학위논문, 2022, pp. 22-23.
34) 이승영, 「인터넷 신문 인포그래픽 뉴스의 유형분석에 관한 연구」, 『한국디자인문화학회지』 한국디자인문화학회지 20(1), 2014, p. 498.
35) 오병근, 『정보디자인 교과서』, 안그라픽스, 2008; 이승영, 위의 글, p. 499.
36) 문경호, 「역사수업의 설계와 운영」 『2007학년도 역사 연수교재』, 공주대학교사범대학 부설중등교육연수원, 2007, pp. 305-312.
37) 이상수, 「수업설계와 지도안 작성」 『대전교원연수원 연수자료집』, 2007.
38) 김덕년, 『교육과정-수업-평가-기록 일체화-학교를 바꾸고 학생의 올바른 성장을 돕는』, 에듀니티, 2017, pp. 63-112.
39) 여러 학급을 복수의 교사가 가르치는 경우에도 해당한다. 중규모 이상의 학교에서는 두 명 이상의 교사가 학급을 나누어 수업하는 경우가 많다. 그 경우 수업지도안을 공유하게 되면 일관된 수업의 진행이 가능해진다. 물론, 그것이 모든 교사가 같은 방식으로 수업을 해야 한다는 것은 아니지만, 교사들이 공유할 내용과 학습 자료를 공유하면 여러 교사가 일관된 수업을 진행할 수 있다.
40) 미국 사회과교육협의회(National Council for the Social Studies)에서 제시한 사회과 교육과정 표준안(NCSS, 1994)에서 지식, 기능, 가치 · 태도의 영역으로 구분한 이래 우리나라에서도 유사하게 사용되고 있다.
41) 박도순 외, 『교육과정과 교육평가』, 문음사, 2011(12쇄), p. 335.
42) 박도순 외, 위의 책, pp. 304-306.
43) 이명섭, 『교육과정-수업-평가-기록 일체화 - 성적을 넘어 한 뼘 성장을 돕는』, 교육과실천, 2022, Ⅲ장 참조.
44) 박도순 외, 앞의 책, pp. 299-230.
45) 홍세희 외, 『교육평가의 기초와 이해』, 박영스토리, 2020, p. 153.
46) 홍세희 외, 위의 책, pp. 121-123.
47) 최상훈 외, 앞의 책, 2007, p. 301.
48) 최상훈 외, 위의 책, 2007, p. 302.
49) 최상훈 외, 위의 책, 2007, p. 303.
50) 박일수, 『교육평가의 이해』, 창지사, 2023, pp. 76-78.

51) 박일수, 위의 책, pp. 68-71.
52) 김경희, 「교육평가의 종류와 특징」『행복한교육』 2016(4), 교육부, pp. 53-54.
53) 홍세희 외, 앞의 책, pp. 215-216.
54) 교육부 외, 『2017학년도 수능 한국사 필수화에 따른 교사 연수 자료』, 2014, p. 6.
55) 교육부, 위의 자료, p. 16.
56) 교육부, 위의 자료, p. 19.
57) 교육부, 위의 자료, p. 25.
58) 교육부, 위의 자료, p. 29.
59) 교육부, 위의 자료, p. 31.
60) 교육부, 위의 자료, p. 34.
61) 교육부, 위의 자료, p. 37.
62) 교육부, 위의 책, p. 45.
63) 신항수, 「사회탐구 영역 평가 문항 개발-역사 영역을 중심으로-」『출제 담당자 워크숍자료』, 대전광역시교육청, 2009, pp. 87-89; 최상훈 외, 『역사과 평가의 이론과 실제』, 책과함께, 2012, pp. 150-175.
64) 김경희, 앞의 자료, 2016, pp. 53-54.
65) 박일수, 앞의 책, 2023, pp. 192-194.
66) 박일수, 위의 책, pp. 195-197.
67) 김경희, 위의 자료, p. 55.
68) 김경희, 위의 자료, p. 54.
69) 교육부 고시 제2022-33호 [별책 7] 사회과 교육과정의 '중학교 역사', '고등학교 한국사', '세계사', '동아시아 역사 기행' . 매 단원의 성취기준 부분과 평가 부분에는 각 성취기준에 적합한 평가 방법이 제시되어 있다.
70) 이형빈, 「성장중심평가의 취지에 따른 평가 루브릭 개발 가능성 탐구」『교육과정평가연구』 26(2), 한국교육과정평가원, 2023, pp.262-263.
71) 교육부 훈령 제504호(2024.12.23., 일부 개정)의 학교생활기록 작성 및 관리지침(시행 2025.3.1.) 참조.
72) 교육부 훈령 제504호(2024.12.23., 일부 개정)의 학교생활기록 작성 및 관리지침(시행 2025.3.1.), pp. 19-20.
73) 교육부, 「학교생활기록 작성 및 관리지침 해설 및 기재요령」, 교육부, 『2025학년도 학교생활기록부 기재요령: 고등학교』, 2025, p. 140.
74) 교육부, 「학교생활기록 작성 및 관리지침 해설 및 기재요령」, 교육부, 『2025학년도 학교생활기록부 기재요령: 고등학교』, 2025, p. 139.
75) 교육부, 『교과 세부능력 및 특기사항 기재 도움자료: 사회교과(군)』, 교육부 · 17개 시도교육청 · 한국과학창의재단, 2020, p. 5.
76) 각 시도교육청 「고등학교 학생평가 안내서(톺아보기)」 참조.
77) 교육부, 「학교생활기록 작성 및 관리지침 해설 및 기재요령」, 교육부, 『2025학년도 학교생활기록부 기재요령: 고등학교』, 2025, p. 138.

| CHAPTER 09 한국의 역사 교육과정, 어떻게 바뀌어왔나 |

1) 차경수, 『현대의 사회과교육』, 학문사, 2004, p. 94.
2) 전숙자, 『사회과 교육의 통합적 구성과 교수-학습 설계』, 교육과학사, 2003, p. 75.
3) Newmann, F. M, *Education for citizenship action*. Berkely: McCutuhan, 1977, pp. 175-187.
4) Savage & Armstrong, *Effective teaching elementary social studies*. NJ: Prentice-Hall, 1996, pp.

9-10.
5) 유재봉, 『현대 교육철학 탐구』, 교육과학사, 2002, pp. 23-26.
6) 최성철, 「역사와 서사」, 『한국사학사학보』 35, 2017, pp. 197-232.
7) 구자현, 「서사와 과학-서사적 패러다임에 비추어 본 진스의 과학과 음악」, 『인문연구』 77, 2016, pp. 407-436.
8) 강범모, 「텍스트 맥락과 단어 의미: 잠재의미분석」, 『언어학』 제68권, 2014, pp. 3-34.
9) 송상헌, 「역사교육과 역사학의 거리」, 『역사교육』 138, 2016, p. 39.
10) 양정현, 「역사과 국가 교육과정에 대한 대안 모색」, 『역사와 세계』 53, 2018, pp. 1-24.
11) 김정남, 「이야기하는 원숭이가 만드는 문명의 내러티브: 동굴벽화에서 디지털 서사까지」, 『픽션과논픽션』 제6집, 2024, pp. 61-79.
12) 최병택, 「역사교육과정 개선을 위한 대안서사 모색 및 핵심개념 도출의 필요성」, 『역사비평』 137, 2021, pp. 208-236.
13) 김한종, 『역사교육으로 읽는 한국현대사』, 책과 함께, 2013, pp. 194-275.
14) 「우리 교육의 국적 되찾자」, 『조선일보』, 1972.3.25.
15) 「교육자대회결의문」, 『경향신문』, 1972.3.24.
16) 「국적있는 교육 강화」, 『매일경제』, 1972.12.28.
17) 김행선, 『박정희와 유신체제』, 선인, 2006, pp. 118-119.
18) 「1979년도 예산안 제출에 즈음한 시정 연설문」, 『박정희대통령연설문집 제15집』.
19) 「박정희대통령국회연설」, 『박정희대통령연설문집 제16집』.
20) 문교부, 「국사교과서의 국정화 방안 보고」, 대통령기록관 관리번호 PEA0020799.
21) 한철호, 「제3차 교육과정기 고등학교 『국사』 국정교과서의 한국 근·현대사 서술과 그 특징」, 『역사와 교육』 27, 2018, pp. 157-196.
22) 「역사교과서 신회로 취급 단군조선을 부정」, 『경향신문』, 1974.7.26.
23) 「국사 교과서 대폭 수정」, 『조선일보』, 1982.12.31.
24) 함종규, 『한국교육과정변천사연구』, 교육과학사, 2003, p. 182.
25) 민성희, 「해방 직후 황의돈의 국사교육 재건활동」, 『역사교육연구』 21, 2015, pp. 89-140.
26) 「교육이념을 재수정, 교육심사본회의에서」, 『동아일보』, 1945.12.25.
27) 「중등교과과정 확정」, 『매일신보』, 1945.9.30.
28) 김상훈, 「해방 전후 중등 교육과정의 변화」, 『역사와 교육』 21, 2015, pp. 5-62.
29) 김상훈, 「해방 후 사회생활과의 도입과 역사교육의 방향」, 『서강인문논총』 41, 2014, pp. 149-195.
30) 양윤선, 「교수요목기~2차 교육과정기 중학교 국사교육의 변천」, 이화여자대학교 대학원 박사학위논문, 2018, pp. 18-19.
31) 남한호, 「제2차 교육과정 세계사 교과서 서술체제와 내용 분석」, 『대한민국의 역사교육과정(1)』, pp. 337-369.
32) 류승렬, 「제1차 교육과정기 발행 중등국사 (역사교육연구회 엮음) 교과서의 특성과 의의」, 『역사교육』 146, 2018, pp. 129-172.
33) 강우철, 「중학교 국사교과서의 기능과 내용분석」, 『역사교육』 8, 1964, pp. 307-351.
34) 강우철, 「교과과정과 교과서-중학교 국사교과서에의 제언」, 『역사교육』 1, 1956, p. 29.
35) 문지은, 「제2차 교육과정 개정의 특징과 사회적 맥락(1958~1963)」 THE SNU JOURNAL OF EDUCATION RESEARCH March 2018 27(1), pp. 47-69.
36) 김병극, 「내러티브 탐구의 존재론적, 방법론적, 인식론적 입장과 탐구과정에 대한 이해」, 『교육인류학연구』 15(3), 2012, pp. 1-28.
37) 김유석, 「서사적 정체성의 현대적 의의」, 『인문과학연구』 29, 2011, pp. 29-49.
38) 박진동, 「제2차 교육과정기 '사회2'에 적용된 중학교 역사의 통합 방식과 검정 교과서의 내용 구

성」, 『역사와 교육』 24, 2017, pp. 55-100.
39) 김승호, 『수업이란 무엇인가』, 학지사, 2019, pp. 119-125.
40) 「소송 제기에 경고, 성명 맞서 제2라운드에 접어든 국사논쟁」, 『경향신문』, 1978.11.24.
41) 「국사찾기 이론은 억지」, 『조선일보』, 1978.11.24.
42) 「박대통령의 문화정책」, 『동아일보』, 1979.10.29.
43) 이왕무, 「'임진전쟁'의 기록과 왕조의 역사 서술- 선조실록의 서술을 중심으로」, 『동양고전연구』 97, 2024, pp. 341-368.
44) 임기환, 「한국사 교과서 서사의 비판적 검토와 전망」, 『역사교육논집』 80, 2022, pp. 3-32.
45) 최종석, 「내재적 발전론 '이후'에 대한 몇 가지 고민」, 『역사와 현실』 100, 2016, pp. 56-90.
46) 차미희, 「4차 교육과정기(1982-89) 중등 국사 교과서의 내용상 특성」, 『열린교육연구』 제15권 3호, 2007, pp. 245-262.
47) 윤종영, 「국사교과서 편찬준거안」, 『실학사상연구』 10·11, 1999, pp. 681-763.
48) 도면회, 「분단된 조국, 분단된 민족 교육 - 중학교용 국정 국사교과서 개정본 초고 분석」, 『역사와 현실』 창간호, 1989, pp. 237-258.
49) 신소연, 2015 개정 중학교 「역사」 「교육과정의 구성 체계 및 현장검토본의 내용 분석 - 고려 시대를 중심으로 -」, 『역사학연구』 2017, vol., no. 65, pp. 99-137.
50) 이현아·홍후조, 「2022 개정 교육과정의 핵심 아이디어 선정 논리에 관한 연구」, 『한국교육학연구』 제30권 제2호, 2025, pp. 79-108.
51) 임유나, 「2022 개정 교육과정의 '핵심 아이디어'에 대한 비판적 검토」, 『학습자중심교과교육연구』 제23권 18호, 2023, pp. 747-768.
52) 정혜승, 「2015 개정 교육과정의 핵심 개념 중심 내용 체계에 대한 비판적 분석: 국어과 교육과정을 중심으로」, 『교육과정연구』 34(3), 2016, pp. 29-50.
53) 백은진, 「2015 개정 교육과정에 도입된 역사과 핵심역량 설정의 현황과 모순」, 『사총』 86, 2015, pp. 245-274.
54) 이광우·정영근, 「2015 개정 교과 교육과정 내용 체계 구성의 반성적 고찰」, 『학습자중심교과교육연구』 제17권 16호, 2017, pp. 597-622.
55) 한혜정 외, 『2022 개정 교육과정 각론 조정 연구(Ⅰ) (연구보고 CRC 2022-5)』, 한국교육과정평가원, 2002.
56) 임유나, 「2022 개정 교육과정의 '핵심 아이디어'에 대한 비판적 검토」, 『학습자중심교과교육연구』 제23권 18호, 2023, pp. 747-768.
57) 강선주, 「역사 교육과정 개발 방법: 역사교육 개선의 방향 설정과 역사교육 연구 성과 활용 방안을 중심으로」, 『歷史敎育』 146, 2018, p. 10.

| CHAPTER 10 역사과 교육과정 설계를 위해 알아야 할 기초적인 개념과 쟁점은 무엇인가 |

1) 전라북도교육청 고시 제2021-12(2021.8.30.) 전라북도 초등학교 교육과정 총론, pp. i-iii, 9.
2) 〈교사 교육과정 '규칙' 고시한 전북교육청 논란…국가 교육과정 무시 vs 교사 자율성 강조〉, 교육플러스, 2022.03.02., https://www.edpl.co.kr/news/articleView.html?idxno= 4770 (2025.2.14. 검색).
3) 역사교육연구소·전국역사교사모임, 『역사교사, 교육과정을 디자인하다』, 2020; 김성자, 「역사과 교사 교육과정 구성 사례의 검토」 『학습자중심교과교육연구』 22-9, 2022 참조.
4) 이하 국가 교육과정의 내용은 특별한 언급이 없으면 2022 개정 교육과정을 기준으로 하여 다룬 것임을 밝혀둔다.
5) 교육부 고시 제2022-33호 [별책 1] 초·중등학교 교육과정 총론.
6) 캐나다의 Ross는 사회과 교사가 수업에서 하는 역할에 대해 교육과정 전달자(teacher-as-

curriculum conduit), 교육과정 조정자(teacher-as-mediators of curriculum), 교육과정 이론가(teacher-as-curriculum theorizer)로 분류한 바 있다. E. W. Ross, "Teachers as Curriculum Theorizers," in E. W. Ross (Ed.), *Reflective practice in social studies*, National Council for the Social Studies, Bulletin 88, 1994, pp. 35-41.

7) J. Snyder, F. Bolin, & K. Zumwalt, "Curriculum implementation," in P. W. Jackson (Ed.), *Handbook of research on curriculum*, Macmillan Publishing Company, 1992, pp. 402-435.
8) 이주연 · 정영근 · 김기철 · 전호재 · 임유나 · 강서원, 『2022 개정 교육과정에 따른 초 · 중학교 교육과정 편성 · 운영 방안』(RRC 2023-4), 한국교육과정평가원, 2023, p. 27.
9) 교사의 교육과정 구성 자율권이 침해된다는 점을 비판적으로 다룬 논문으로 서경혜, 「교육과정 재구성 논쟁」『교육과정연구』 34-3, 2016 참조.
10) 역사교육연구소 · 전국역사교사모임, 『역사교사, 교육과정을 디자인하다』, 2020.
11) 백은진, 「역대 초 · 중학교 사회과 및 역사과 교육과정에서 '영역'의 의미」『교육논총』 44-3, 2024.
12) 2000카합 2513 가처분 이의, 서울지방법원 제50 민사부(2000.12.15).
13) 이혁규, 「중학교 사회과 교실 수업에 대한 일상생활기술적 사례 연구」, 서울대학교 대학원 박사 학위논문, 1996.
14) 강대현, 「한국 사회과 교육과정의 변천과 양상」『사회과교육』 54-1, 2015.
15) 교육부 고시 제2022-33호 [별책 1] 초 · 중등학교 교육과정 총론, p. 12.
16) 박진동 · 박주현 · 신항수, 「역사과 성취기준 · 성취수준 개발의 원리: 2009 개정 교육과정에 따른 성취기준 · 성취수준 개발 연구를 중심으로」『歷史教育』 123, 2012, p. 277.
17) 교육과학기술부 고시 제2012-3호 [별책 7] 사회과 교육과정.
18) 교육부 고시 제2022-33호 [별책 7] 사회과 교육과정의 '일러두기'.
19) 교육부 훈령 제477호(2024.2.8., 일부 개정)의 학교생활기록 작성 및 관리지침(시행 2024.3.1.), p. 2.
20) 교육부, 『2024학년도 학교생활기록부 기재요령: 고등학교』, 2024, p. 129. 이 부분은 '기재요령'의 고등학교 편에서 인용하였는데, 이는 초등학교와 중학교 편에도 동일하게 수록되어 있다.
21) 랠프 타일러(이해명 역), 『교육과정과 학습 지도의 기본 원리』, 교육과학사, 1998, p. 45.
22) 박진동 · 박주현 · 신항수, 「역사과 성취기준 · 성취수준 개발의 원리: 2009 개정 교육과정에 따른 성취기준 · 성취수준 개발 연구를 중심으로」『歷史教育』 123, 2012; 김민정, 「역사과 교육과정 내용체제의 대강화와 성취기준 제시 방식에 대한 재검토」『사회과교육연구』 21-3, 2014; 강선주, 「역사 교육과정 개발 방법: 역사교육 개선의 방향 설정과 역사교육 연구 성과 활용 방안을 중심으로」『歷史教育』 146, 2018; 백은진, 「2015 역사과 개정 교육과정에 도입된 성취기준별 교수학습 방법 진술의 적절성」『역사교육연구』 32, 2018; 배지혜 · 윤세병, 「독일 역사교과서의 세계사 내용구성 및 탐구활동 분석: 중국사를 중심으로」『교육과정평가연구』 25-1, 2022; 박가람 · 박현숙, 「Bloom의 신교육목표분류체계에 의한 2015 개정 중학교 역사 교육과정 성취기준 분석」『교육과정평가연구』 26-1, 2023 등을 참고할 수 있다.
23) 박주현은 레베스크(S. Lévesque)와 채프먼(A. Chapman)의 논의를 종합하여 교육과정 논의에서의 실질적 지식에 대해 '1차/실질적 지식'과 '2차/메타역사적/학문적 지식'의 구도로 연구한 바 있다. 박주현, 「'강력한 지식'을 둘러싼 교육과정 논의에 대한 검토와 역사 이해에서 '실질적 지식'의 위상과 역할」『역사와세계』 62, 2022. 추가적으로 역사교육에서 실질 지식에 대한 연구로는 이소은, 「역사 실질 지식 연구의 동향과 과제」『歷史教育』 164, 2022도 참고할 수 있다.
24) 이러한 문제의식에 관해서는 백은진, 「역사 교수법의 의미와 역사다운 교수법의 필요성」『학습자중심교과교육연구』 22-7, 2022 참조.
25) 이는 2015 개정교육과정에 따라 예비 교원의 학생 참여형 수업 및 과정 중심 평가 역량을 제고할 필요성(교육부, '교원양성과정 개선 계획 수립', 2016.8.4.)에 따른 것이었다. 교육부, '2024년도 교원자격검정 실무편람', 2024, p. 66.
26) 허경철 · 백순근 · 김신영 · 채선희 · 구자억 · 최돈형 · 이인제 · 김왕근 · 박경미, 『국가 공통 절대

평가기준 일반모형 개발 연구』(RM96-04), 한국교육개발원, 1996; 허경철 · 백순근 · 김신영 · 채선희 · 유균상 · 이인제 · 박경미 · 김정호 · 이찬희 · 최돈형 · 조미혜 · 장기범 · 박소영, 『국가 공통 절대평가기준 교과별 모형 개발 연구』(CR97-18), 한국교육개발원, 1997.

27) 이미경 · 정영근 · 권점례 · 이근호 · 김희경 · 이주연 · 이명애 · 가은아 · 김현수 · 박은아 · 박진동 · 김현경 · 진의남 · 김기철 · 이경언 · 양윤정 · 주형미 · 백경선 · 김경훈 · 장호성 · 이근남 · 한혜정 · 서민철, 『2015 개정 교육과정에 따른 초 · 중학교 교과 교육과정 평가기준 개발 연구(총론)』(CRC 2016-2-1), 한국교육과정평가원, 2016, p. 83.

28) 이미경 · 정영근 · 권점례 · 이근호 · 김희경 · 이주연 · 이명애 · 가은아 · 김현수 · 박은아 · 박진동 · 김현경 · 진의남 · 김기철 · 이경언 · 양윤정 · 주형미 · 백경선 · 김경훈 · 장호성 · 이근남 · 한혜정 · 서민철, 『2015 개정 교육과정에 따른 초 · 중학교 교과 교육과정 평가기준 개발 연구(총론)』(CRC 2016-2-1), 한국교육과정평가원, 2016; 이미경 · 박순경 · 권점례 · 백경선 · 이근호 · 김성혜 · 김희경 · 한혜정 · 이주연 · 김현정 · 김현수 · 박은아 · 박주현 · 변희현 · 김현경 · 김현정 · 박영수 · 서지영 · 이경언 · 최성희 · 장경숙 · 이용백 · 김영춘 · 김종윤, 『2015 개정 교육과정에 따른 고등학교 교과별 평가기준 개발 연구(총론)』(CRC 2017-5-1), 한국교육과정평가원, 2017.

29) 김현미 · 노은희 · 김수진 · 서민희 · 이민희 · 이주연 · 강원정 · 김원예 · 백희정 · 유영식 · 이병기 · 제연강 · 지영명, 『초 · 중학교 성취수준 개발 연구(총론)』(CRC 2024-11), 한국교육과정평가원, 2024, pp. 47-58.

30) 백은진 · 김광규 · 김진아 · 유단비 · 이대희 · 정희연 · 최중림, 『2022 개정 교육과정에 따른 중학교 역사 성취수준 개발 연구』(CRC 2024-15), 한국교육과정평가원, 2024, p. 26.

31) 박진동 · 박주현 · 신항수, 「역사과 성취기준 · 성취수준 개발의 원리: 2009 개정 교육과정에 따른 성취기준 · 성취수준 개발 연구를 중심으로」『歷史教育』 123, 2012.

32) 백은진 외, 앞의 책, 2024, p. 39.

33) 블룸의 '이해'는 comprehend의 의미라는 견해도 있다. '이해 중심 교육과정'에서는 이해(understand)에 대해 ① 의미를 파악하고, ② 일반화나 원리를 내면화하여, ③ 새로운 상황과 맥락에 적용하고 활용하는 것으로 보는데, 블룸의 understand는 ①에 해당하는, 의미를 파악하는 정도의 수준으로 보아야 한다는 것이다. 온정덕 외, 『교실 속으로 간 이해 중심 교육과정』, 살림터, 2020, p. 50.

34) 제이 맥타이 · 그랜트 위긴스(정혜승 · 이원미 역), 『핵심 질문: 학생에게 이해의 문 열어주기』, 사회평론아카데미, 2016, pp. 78-80.

35) 온정덕 외, 『교실 속으로 간 이해 중심 교육과정』, 살림터, 2020, pp. 48-49.

36) 교육부, 『2024학년도 학교생활기록부 기재요령: 고등학교』, p. 123. 이 부분은 '기재요령'의 고등학교 편에서 인용하였는데, 이는 중학교 편에도 동일하게 수록되어 있다.

37) 교육부, 『2024학년도 학교생활기록부 기재요령: 중학교』, p. 117. 이 부분은 '기재요령'의 중학교 편에서 인용하였는데, 이는 고등학교 편에도 동일하게 수록되어 있다.

38) 교육부 훈령 제477호(2024.2.8., 일부 개정)의 학교생활기록 작성 및 관리지침(시행 2024.3.1.) 중 [별표9] 교과학습발달상황 평가 및 관리, p. 1.

39) 위의 자료, p. 2.

40) 송상헌, 「5장 역사적 사고」, 양호환 외, 『역사교육의 이론』, 책과함께, 2009, pp. 336-352; 양호환, 「역사학습에서 인지발달에 관한 몇 가지 문제」『역사교육의 입론과 구상』, 책과함께, 2012, pp. 280-290 등을 참고할 수 있다.

41) 해당 사례는 김성자, 「뉴질랜드 NCEA '역사' 시험의 역사적 사고 평가」『歷史教育論集』 85, 2024에서 인용 및 활용하였다.

42) 차조일 · 김혜숙 · 박주현 · 배화순 · 김상범 · 조철기 · 김병연 · 강선주 · 오정현 · 박형준 · 이영호 · 김민재 · 차승한 · 정윤미, 『역량 함양 사회교과군 교육과정 재구조화 연구』, 한국교육과정평가원 연구보고 CRC 2021-21, 2021, pp. 60-62.

43) 강선주, 『소통으로 만드는 역사교육: 역사 문서 읽기와 성찰적 역사의식』, 서울대학교출판문화

원, 2017); 양호환 · 천세빈, 「역사 텍스트 독해에서 맥락화 교수학습의 문제」『歷史教育』 148, 2018.

찾아보기

[인명]

[내용]

저자약력

김보림 현재 충북대학교 역사교육과 교수로 재직 중이다. 서울대학교 역사교육과를 졸업한 후 동 대학원에서 석사 및 박사학위를 취득하였다. 용산고등학교에서 기간제 역사교사, 총신대학교에서 조교수, 콜롬비아 대학교(Columbia University)의 한국학연구소에서 객원교수를 지냈다. 대표 저서로는 『역사교육론 입문』(충북대학교 출판부, 2015), 『국민과의 창설과 '국사' 교육』(서울대학교 출판문화원, 2023), 『고등학교 한국사』 교과서(공저, 리베르, 2025) 등이 있다. 현재 한국근현대사 속에서 역사교육의 생성과 발전 과정, 사회과에서 역사과 독립의 문제, AI 시대의 역사교육 등에 관심을 갖고 연구하고 있다.

나인호 현재 대구대학교 역사교육과 교수로 재직 중이다. 연세대학교 사학과와 동대학원을 졸업한 후 독일 보훔 대학교(Ruhr Univ. Bochum) 역사학부에서 박사학위를 취득하였다. 대구대학교 박물관 관장과 한국독일사학회 회장, 대구사학회 회장을 역임하였고 미국 위스콘신 대학교 매디슨 캠퍼스 방문교수를 지냈다. 대표 저서로는 Sozialreform oder Revolution (Tectum, 2003), 『개념사란 무엇인가』 (역사비평사, 2011), 『증오하는 인간의 탄생』 (역사비평사, 2019), 『중학교 역사』 교과서(공저, 천재교육, 2013) 등이 있다. 현재 세계사 교육 등에 관심을 갖고 연구하고 있다.

문경호 현재 국립공주대학교 역사교육과 교수로 재직 중이다. 공주대학교 역사교육과를 졸업한 후 동 대학원에서 석사 및 박사학위를 취득하였다. 대전관저고등학교, 대전외국어고등학교, 대전과학고등학교에서 역사교사를 지냈고, 현 웅진사학회 회장, 한국중세사학회 기획연구위원장 등을 맡고 있다. 대표 저서로는 『고려시대 조운제도 연구』(혜안, 2014), 『1123년 코리아 리포트, 서긍의 고려도경』(푸른역사, 2023) 『바다에서 발굴한 고려사』(푸른역사, 2023), 『중학교 역사』 교과서(공저, 리베르, 2025), 『고등학교 한국사』 교과서(공저, 지학사, 2025) 등이 있다. 현재 역대 우리나라의 포구와 항로 그리고 역사교육에서의 교수법과 북한의 역사교육 등에 관심을 갖고 연구하고 있다.

박주현 현재 한국교원대학교 역사교육과 조교수로 재직 중이다. 서울대학교 역사교육과를 졸업한 후 영국 런던대학교(University of London)에서 역사교육 전공으로 박사학위를 취득하였다. 한국교육과정평가원 연구위원을 지내며 국가수준 교육과정 개발, 교사의 수업 전문성 향상 방안과 관련된 연구 프로젝트에 참여하였다. 대표 저서로는 역사교육 연구 분야의 전문화된 연구 성과를 정리한 『한국역사교육의 연구동향』(공저, 책과함께, 2011) 등이 있다. 다양한 미디어를 통해 역사 지식을 접하는 문화 환경 속에서 성장하는 청소년의 역사 인식을 분석하는 연구를 수행하였으며, 현재 교사 교육 방법론, 교수학습 혁신 방향 등 교사 전문성 제고 등에 관심을 갖고 연구하고 있다.

백은진 현재 한국교육과정평가원 부연구위원으로 재직 중이다. 고려대학교 역사교육과를 졸업한 후, 동 대학원 사학과에서 석사, 서울대학교 역사교육과에서 박사학위를 취득하였다. 현 역사교육학회 편집위원장, 역사교육연구회 특별연구이사(역사교육), 한국역사교육학회 대외협력이사 등을 맡고 있다. 대표 저서로는 『역사교육 목적의 인식과 실제』(서울대학교 출판문화원, 2018), 『역사교육 첫걸음』(공저, 책과함께, 2022) 등이 있다. 현재 역사 연구의 방법을 적용하는 역사과 교육과정 설계, 초중학교 역사교육의 연계 강화 등에 관심을 갖고 연구하고 있다.

윤종필 현재 동국대학교 역사교육과 부교수로 재직 중이다. 고려대학교 역사교육과를 졸업한 후 동 대학원에서 석사 및 박사 학위를 취득하였다. 대표 논문으로는 "Moral judgment in History Education and Historical Positionality as a Moral Evaluator"(Theory & Research in Social Education, vol. 50, 2022) 등이 있다. 현재 영미 철학의 인식론, 근대 유럽 사상사, 그리고 역사적 사고에 관한 이론 및 경험적 연구 등에 관심을 갖고 연구하고 있다.

임병철 현재 한국교원대학교 역사교육과 교수로 재직 중이다. 서강대학교 사학과와 동 대학원을 졸업한 후 미국 인디애나 대학교에서 근대 초 유럽 지성사와 문화사 전공으로 박사학위를 취득하였다. 신라대학교 역사교육과 교수 및 미국 오리건 대학교 미술사학과의 방문초빙교수를 지냈다. 한국서양중세사학회 편집위원장 등으로 활동하였고, 현 한일역사가회의 한국 측 운영위원, 한국역사교육학회 편집위원 등을 맡고 있다. 대표 저서로는 『르네상스기 이탈리아인들의 자아와 타자를 찾아서』(푸른역사, 2012), 『불안 속에서 피어난 지성의 향연』(여문책, 2023) 등이 있다. 현재 주전공인 르네상스 및 서양지성사 외에 역사이론 및 세계사교육 등에 관심을 갖고 연구하고 있다.

최병택 현재 공주교육대학교 사회과교육과(역사전공) 교수로 재직 중이다. 서울대학교 역사교육과를 졸업한 후 동 대학 국사학과 대학원에서 석사 및 박사학위를 취득하였다. 현 역사교육연구회 편집위원장 등을 맡고 있다. 대표 저서로는 『100년전의 한국사』(공저, 휴머니스트, 2013), 『일제의 임업 및 수산업 정책』(동북아역사재단, 2024), 『고등학교 한국사』 교과서(공저, 지학사, 2025) 등이 있다. 현재 일제 강점기 사회경제사, 산림녹화 문제, 지역 경제 변화 등에 관심을 갖고 연구하고 있다.

역사교육학 개론

2025년 9월 25일 1판 1쇄 인쇄
2025년 9월 30일 1판 1쇄 발행

저 자 : 김보림 나인호 문경호
박주현 백은진 윤종필
임병철 최병택

발행인 : 한 정 주
발행처 : 교 육 과 학 사

경기도 파주시 광인사길 71
전화 (031)955-6956~8 / 팩스 (031)955-6037
Home-page : www.kyoyookbook.co.kr
E-mail : kyoyookbook@daum.net
등록 : 1970년 5월 18일 제2-73호

정가 35,000원
ISBN 978-89-254-1943-5